本书为国家社科基金项目“清代湖南乡村书院文献整理与研究（12BZS009）”结项成果

清代湖南乡村书院志

〔清〕曹维精　胡林翼　周瑞松　等◎辑　著
邓洪波　兰　军　姚　岳　赵瑶杰◎点　校

人　民　出　版　社

目　录

湖南乡村书院及其文献特色（代序）

传统中国社会是农业社会，城镇极少，绝大部分人口都分散居住在广大的乡村山寨。他们远离城市，生活自给自足，加以交通设施极为落后等原因，很多人一生一世都难得进府、州、县城一次。城可以不进，但培养后人则不能不进行。于是一些有识之士就在乡村山寨间创建书院，令其乡民子弟就近入学。我们把这种不建于中心城市或其近郊而就近招收乡里子弟肄业的书院称作乡村书院。它有两个界定：一是建在乡村，二是以一乡一村或几个邻近的村社为招生范围。

一、乡村书院的兴起与演变

聚族而居是中国乡村的一个特点，一乡一村的人同姓共宗是一种比较普遍的现象，因此乡村和家族在很多时候就处于连体混生的状态，两者难分难解。从这种意义上说，所谓乡村书院的兴起就可以和家族书院的兴起划上等号了。然而，乡村书院毕竟强调的是一种地缘性，和血缘性家族书院有着明显的不同，它以地之远近来权衡，而不是以亲疏相区别，只有当异姓之人进入家族书院学习时，我们才能去谈论其地缘性。以唐代义门陈氏东佳书堂（义门书院）为例，当它只是令“弟侄子姓”之秀者肄业时，它是完全意义上的“家族性”书院，而当它后来迈越于此，而为“四方游学者”服务后，它就具有了某种程度的地缘性，而不得称之为完全性质的血缘家族书院了。也就是说，从理论上讲，乡村书院脱胎于家族书院，它的产生稍晚于家族书院，其时当在唐末五代之世。

宋代是乡村书院开始发展的时期。一方面，地方民众主要是大家族，由家族而及乡村，致力于乡村书院建设。如浙江东阳郭钦止，创建石洞书院，将自家山、田、书捐献院中，请名师为山长，令郭氏子孙及乡里之秀肄业其中。山长叶适在《石洞书院》中曾有明确记载，其称：“东阳郭君钦止，作书院于石洞之下。石洞，郭氏名山也。……（钦止）既而叹曰：‘吾寒生也，地之偶出于吾庐，非赐余者，吾自可自泰而游！将使子孙勤而学于斯，学其可以专，盍使乡里之秀并焉！’于是度为书院，礼名士主其学，徙家之藏书以实之，储洞之田为书院之食，而斥洞之山为书院山，示郭氏不敢有也。君既卒，诸子修之不废。”①非常明显，石洞书院虽是郭氏所建，但郭氏不敢私有，它公属于乡里，当然也包括居乡之郭氏。这是典型的由家族脱胎而来的乡村书院。

另一方面，地方官府也参加到了乡村书院建设的行列。如赣州兴国县安湖书院，就是由知县何时于咸淳八年（1272）为县城以东二百里的衣锦乡创建的，文天祥以赣州知州身份为其作记，其称：

> 赣兴国县夫子庙，在治之北门。县六乡，其五乡之人来游来歌，被服儒雅。东二百里曰“衣锦乡”，其民生长斗绝险塞，或为龙蛇，渎于邦经，有司黾勉，以惠文从事。咸淳八年，宣教郎临川何时来为宰。……乃夏四月，即其地得山水之胜，议建书堂，以风来学。召其豪长，率励执事。堂庭毕设，讲肄有位。汇试馆下，录为生员凡二十八人，又拔其望四人为之长。……置讲学日记，令躬课其业，督以无怠。又上诸府，改其乡曰“儒学”，植之风声。于是，山长谷荒，

① （宋）叶适：《水心集》卷九，见陈谷嘉、邓洪波主编：《中国书院史资料》，浙江教育出版社1988年版，第144页。

人是用劝，咸愿进向文事，率由训程。[①]

安湖书院虽然只属于兴国县六个乡之一的衣锦乡，但它由知县主持创建，又有乡中“豪长”执事，因此，其规模宏敞，“前为燕居，直以杏坛，旁为堂，左先贤祠，祠后为直舍，缭斋以庑，不侈不隘，临溪为之门。堂名絜矩，斋名笃志、求敏、明辨、主善、率性、成德”，已不亚于一般的州县书院。至于创建书院，并改衣锦乡为儒学乡，“植之风声”，而令积千百年之风俗“一朝变之”，诚如文天祥所言，“今也遐荒陋僻，沐浴教恩，如狂得瘳，如述得呼，王泽之渗漉日深，地气之推移日至，此岂偶然之故哉！”全然是书院作用于地方文化之功效。更为可喜的是，安湖自创立之后，虽有天灾兵之祸，但兴复有续，办学不断，历宋元明清数百年，神化成近乎一种文化图腾，得到乡民的百般呵护，至今仍存。

元代是乡村书院得到较大发展的时期。元以蒙古贵族入主中原，受“夷夏之防”教育的很多汉族士人不仕新朝，自成遗民，且援朝廷“凡名贤先哲过化之地得建书院”的诏令，在其家乡创建书院，教化乡里子弟，以至研究者有“乡里书院在元代数量最多，分布也广，可以说是元代书院的主体类型”的说法。[②]在长江流域，这样的事例特别多，兹分区略举几例如下，以见其概。

今湖南有靖州会同广德书院。靖州“居楚之极壤，洞庭渚其左，巴蜀据其右，猃獠与邻，猨鸟与游，而兵革之所狃籍也”，至今还是一个少数民族杂居之地。其属邑会同县民粟朝仪，“忧其土地僻陋，去上国遐远，士不典于学，惴惴然恐王化之不流，乃筑书院于居之里，因其乡名曰‘广德’。厚岁币以聘良师，高廪稍以养生徒，凡乡之子弟俊茂者、窭不给者，咸得来学其中”。此举得到了揭傒斯的赞许，撰《靖州广德书院记》，将其

---

① （宋）文天祥：《赣州兴国县安湖书院记》，见陈谷嘉、邓洪波主编：《中国书院史资料》，第161—162页。本段以下引文皆出于此。

② 徐梓：《元代书院研究》，社会科学出版社2000年版，第140页。

与化民成俗的汉代文翁，唐代韩愈、柳宗元等大贤相比，并以其行训诲乡民子弟，其称："今粟氏以穷邦韦素之人，奋然鼓义，以韩、柳、文、魏之责自任，亦可谓难也。呜呼，士之居是乡、游是乡，以及粟氏之子子孙孙，而有违其志背其道，壅文教而不宣，而惟暴弃之归，复何颜以自顾其身耶？可无念哉！"①

今江西永丰一县就有同文、浮云两院。同文为李克家所建，"凡乡人有志于学者，聚而教焉，买田以给之"②。浮云书院为刘鹗所建，亦"以教其乡族子弟"③。朱熹祖籍婺源(原属徽州）一县也有晦庵、阆山二院。晦庵为纪念朱熹而建，延祐元年（1314）火灾后重建，柳贯作记，称"新是祠塾于先生父母之邦，而聚其乡人子弟，以时修习礼教于其中"④。阆山书院为行枢密判官汪同创建，"聘赵汸为师，以教乡之俊秀者"⑤。

朱元璋以驱除挞虏相号召，建立明政权，明初以前朝遗民自居而讲学乡里者极少，加以政府重学校、科举，因而近八十年间乡村书院和全国书院一起，进入沉寂阶段。正德前后，渐次重兴，其沿前承旧而教乡人子弟者不少，可以略而不论。当王湛之学兴盛时期，各地门人大倡师说，居家讲学，聚众述教，出现了一批不以招收子弟读书问学为任务，而以集成人开讲会宣教化为目的的乡村书院。以安徽泾县为例，"自姚江之学盛于水西（书院），而吾泾各乡慕而兴起，莫不各建书屋，以为延纳友朋，启迪族党之所，其在台泉则有云龙书屋，麻溪则有考溪书屋，赤山则有赤麓书院，蓝岭则有蓝山书院。一时讲学水西诸前辈会讲之暇，地主延之，更互往来，聚族开讲。故合则考德问业，孜孜以性命为事，散则传

① （元）揭傒斯：《靖州广德书院记》，见陈谷嘉、邓洪波主编：《中国书院史资料》，第401—402页。

② 光绪《江西通志》卷八十一。

③ 雍正《江西通志》卷二十一。

④ （元）柳贯：《婺源州重建晦庵书院记》，《待制集》卷十五，文渊阁四库全书本。

⑤ 光绪《安徽通志》卷九十二。

语而述教，拳拳以善俗为心”[①]。这类书院，有“考德问业，孜孜以性命为事”，即关注学术阐发、学派建设者，有“传语而述教，拳拳以善俗为心”，即传播推广学说，将其落实为民俗者。一般情况下，它们对后者的关顾可能更多些。如赤麓书院的《赤山会约》，开列遵谕、四礼、营葬、睦族、节俭、正分、广仁、积德、慎言、忍气、崇宽、勤业、止讼、禁赌、备赈、防盗、举行、黜邪、戒党、置产、恤下、闲家、端本等23条，皆“吾儒实学”之事，要求赤山一乡与会诸友“以此意劝勉各家”，以期达到“维风范俗”的目的，[②]从而提升地方文明水平。

满族入关建立清朝，汉族士大夫又多自甘遗民，讲学乡里，家族、村社书院又兴，此其一。其二，从明代开始，书院有从中心城镇下移乡村的倾向，到清代终成普及之势，尤其是清代中后期，一乡建一书院，联村合建书院者到处可见。兹举长江上游四川达县为例，据胡昭曦先生《四川书院史》记载，[③]达县为绥定府（今达川市）首邑，县治附廓府城。城中有汉章书院，始建于乾隆六年（1741），为达县诸生肄业之所，嘉庆九年（1804）扩建，始在府属各县招生，称作“府书院”，不得为达县一县诸生所有。道光元年（1821），知县胡元瓒以“县中文风日盛，学子日增，仅汉章书院收府属生徒肄业，久不能容”，乃创建龙山书院为“县书院”，院长由知县延聘，“生童以县人为盛，而他县远来就学者亦不乏人”[④]。至于县境清风、明月、翠屏、垂虹、宝芝五乡，则建有“乡书院”26所，其中康熙年间建1所，嘉庆年间建1所，道光年间建6所，咸丰年间建5所，同治年间建8所，光绪年间1所，时间不详者4所。这些书院分布在五乡各场寨，对文化知识的普及与教育贡献良多，“县中文风日盛，学子日

① （清）赵绍祖：《赤山会约跋》，见陈谷嘉、邓洪波主编：《中国书院史资料》，第730页。

② （明）萧雍：《赤山会约》，见陈谷嘉、邓洪波主编：《中国书院史资料》，第717—730页。

③ 胡昭曦：《四川书院史》，巴蜀书社2000年版，第161—162，191—192页。

④ 《达县志》卷十三。

多”，既是其创设之动因，也是其创设之功效。此则乡村书院可以满足民众日益增长的文化教育生活的需要，是其意义所在。

就总体情况而言，乡村书院在清代中后期得到极大的发展，其数量在所有类型的书院中占绝大多数，以四川而论，它已占书院总数的90%左右，[①]成为当年国家实施文化教育，尤其是启蒙教育和初等教育的主体，宜乎二十世纪初年学制改革时，它变而成为现代教育体制最坚实的基础。

二、乡村书院的类型

乡村实在太大，各地的情况又都各不相同，如何建设和经营书院，各有各的办法，这就决定了乡村书院的复杂性。仅清代四川一省，胡昭曦先生在《四川书院史》中就列出了把乡镇书院列为乡学、由义学而改名书院、义学与书院不分或把以前的书院称为“小义学”、把义塾称为“小书院”、新建时就称为书院、义学为乡书院的补充、由家塾而改为书院等七种乡村书院的情形，[②]因此，要很好地把握好乡村书院实非易事。以下，我们从创建的角度切入，将其分为四种类型来作讨论。

第一种类型是，某个有力之人单独创建以教乡人。以下所举几例皆属此类：广丰县杉溪瑜山书院，宋提刑俞掞创建，“集里之贫士读书其中”[③]。吉水县文昌乡文昌书院，“元翰林编修王相创建，以教其乡之子弟及四方从游者”[④]。这类书院的创建者可以是一位在职或退休官员，也可以是一个豪富的士绅，其院址一般都选在创建者所在的村庄，受惠者则首先是其家

① 胡昭曦：《四川书院史》，第189、194页。

② 胡昭曦：《四川书院史》，第192—193页。

③ 光绪《江西通志》卷八十二。

④ 光绪《江西通志》卷八十一。

中子弟及族人，然后才是乡人子弟。实际上它是前述家族书院的延伸，由一家推及一族，由一族推及一乡，范围越来越大。由于乡村聚族而居的现象特别普遍，一个自然村寨的人同姓同族者比比皆是，杂姓很少，所谓族人往往也就是乡人了。因此前述建以"教其乡族子弟"的浙江太平方岩书院、江西贵溪桐源书院也可以归于此类。

第二种类型是，以某个人为主倡建，众人响应共襄其成。如攸州（今湖南攸县）凤山书院，在州城东南一百四十余里的凤岭，元元贞二年(1296)，谭渊"以其里之士距州几二百里，庙学瞻仪讲肄之弗及，度地凤山麓为书院，面峙三峰，罗浮江发源其下，属禹洞之水与攸水会而西，山水明秀，朋来宜之。乃捐田百亩，又率亲友欧阳发炳、赵宜孙、刘忠节益田百五十亩，以资廪膳。潭州总管赵公全行县，躬为相牒之府，以'凤书院'为额，凡里中之士隶焉。崇门严严，燕居申申，东西序祀先贤，枕山为堂曰'明德'，笾豆几席，舍皮庖湢，既具既戒。大德元年（1297）八月朔行释奠祀，前进士黎君桂肇开讲席"[①]。凤山是元代一个带有官学色彩的乡村书院，其创建之由、环境、规制等皆可从所引文字中概知。一般来讲，凡建在乡里，地方志中载明由邑人、乡人、邑绅、乡绅某某"倡建"的书院，皆属于此类。如清代湖南茶陵州（今茶陵县）即有四所这样的书院："大湖书院在州北潞水上坊，庠生颜可象倡建"；"龙湖书院在州上一都，咸丰元年谭叙伦倡建"；"鳌峰书院在州下十一者，咸丰五年李春辉倡建"；"范乐书院在州二十三都，蓝纯夫倡建"。按清代茶陵共有乡村书院13所，[②] 分乡人公建和某人倡建两种类型，其中倡建者占总数的30.7%，公建者占69.3%。由此可以推知，这种类型的乡村书院也不是少数。

第三种类型的乡村书院与官府有关。有由官府创建者，如江西上犹县大傅书院，在县西一百里之礼信乡，地接湖南省境，"宋淳祐间知军

---

① （元）陈康祖：《凤山书院记》，光绪《湖南通志》卷六十八。

② 皆见同治《茶陵州志》卷十三。

陆镇请建乡学于礼信乡，设山长教授，赐名大傅，以其乡有大傅山，故名”①。有由官吏倡建修复者，如清代湖南浏阳县东西南北四乡共有狮山、洞溪、文华、浏西、石山等五所乡村书院，其中东乡狮山、南乡文华两书院皆由知县胡泰阶创建于道光二十一年（1841），至咸丰元年（1851），知县赵光裕增修文华，咸丰十年，知县蔡式钰又重建狮山，② 可谓频频关顾。

第四种类型是乡人公建。如东馆书院在四川眉州州城之西七十五里东馆镇，“宋绍兴初，东馆乡士仿古乡校，创为肄业之所，冯时行为记。元至元间重修”③。又如前述湖南兴宁县程水乡，“古有书院四，醽泉最先，观澜继之，辰冈次之，文峰又次之，其圮而废也，均数百年矣。故何也？辰冈归袁（姓），文峰归焦（姓），醽泉、观澜归曹（姓），其成也方术同之，其毁也一姓私之”。到清咸丰七年（1857），“合乡谋建书院，欲统四书院而两成之”，于是就有各族各姓合力捐资，兴建郴侯书院之盛举。④ 乡人“公建”“同建”“共建”“谋建”的乡村书院比较多，这从前述茶陵州此类书院占乡村书院总数近70%的比例中可以推知，这种现象是乡村士民要求提高文化素质愿望的反映。

上述四种类型的乡村书院，除了官府关顾者外，其余三类皆与家族书院有较深的联系，从某种意义上说，它们都是家族书院的推广与延伸，因而也就具有家族书院的某些特质和属性。但其区别也是明显的，“止一姓一族，教泽所及未广也”⑤，此乃家族书院的短处，也正是乡村书院的长处所在。

---

① 《明一统志》卷五十八，万寿堂刊本。

② 光绪《湖南通志》卷六十八。

③ 《明一统志》卷七十一，万寿堂刊本。

④ （清）曹惟精：《郴侯书院志叙》。

⑤ （清）曹炳奎：《建造郴侯书院记》，曹惟精：《郴侯书院志》卷一。

三、乡村书院的特点

综合而言，乡村书院有如下一些基本特点。首先是数量较多，分布较广。凡书院不建在府州县城、通都大邑及其近郊者，凡书院建于乡村而不属于一家一姓者，无论官建民建，皆属乡村书院，其数量之多，其分布范围之广，自不待言。全国较大的行政区难以统计，兹以四川、重庆为例，各取一县来作分析。据民国所刊四川《遂宁县志》卷七《书院》所载，清代正式列名的书院有县城书台书院、吉祥乡云龙书院、东禅乡金鱼书院、白马乡天睿书院、桂花园桂香书院、县城内宝善书院、德阳陌德阳书院、仁里乡旗山书院、安居镇安溪书院、横山乡龙翔书院、卢家场仁和书院、观音场玉堂书院、金龙场云峰书院、河沙乡凤栖书院、北坝莲峰书院、三教镇鹿鸣书院、拦江镇凤鸣书院、西眉镇敷文书院、拦江镇玉泉书院、老池沱昭德坝昭文书院、分水岭□□书院，凡21所。其中书台、宝善二书院在县城，书台书院为全县诸生肄业之所，宝善书院则为“楚人自设”以为侨居此地的楚人子弟肄业之所。其余19所分布在18个乡镇，且未标注属于某一家族，皆得视作乡村书院，占当时全县书院总数的95%。据嘉庆《四川通志》卷七十九、嘉庆《大足县志》卷二、民国《大足县志》卷三、1996年修《大足县志》第二十八篇《教育》所载，清代大足县（今属重庆市）有县城棠香书院（宝鼎书院）、敖溪场敖溪书院、云路场凤池书院、凤山书院、中敖镇鼎新书院、集成书院，凡6所，其中乡村书院5所，占全县书院总数的83.3%。是为长江上游的情况，若再参照前述地处中游的湖南茶陵乡村书院占书院总数69.3%这一数据，可以类推出这类书院的数量是极大的，其分布的范围也很广。

第二，乡村书院的招生范围较小，一般是以参与建设的乡村为限，不投资者不享其利。但一般由名人所建者则往往招收从其游学的外乡外地人，不过这不是普遍的现象，难以改变其乡村书院的属性。还有一种情况值得指出，那就是官府插手的乡村书院其涵盖的范围往往是多个乡村，比一乡一村的教泽更广，具有乡村联办的属性。而乡村联办的原则又可衍生出边界地区跨县、跨州、跨府，乃至跨省的情况出现。如今江西井冈山宁冈的客籍居民，在县中土籍人士创建巽峰、鹅峰、联奎三书院，大力发展教育的情势下，集合相邻的湖南酃县（今炎陵）、茶陵二县的客籍豪绅共同协议，于道光二十年（1840）创建龙江书院于龙市，招二省三县之客籍子弟肄业其中，并刊《龙江书院尚义录》以载其事。①

第三，乡村书院所招学生绝大多数与家族书院相类似，属子弟之列，即未成年人。因此程度不高，多为启蒙教育或稍高于蒙学，属于初级教育阶段。但也有例外，从前引材料中我们也看到了供贫士读书、集里中士人肄习等记载，“士”则为成年人，其学识远高于蒙学童子，至少应是中等教育程度。而数村数乡联办的书院，虽所招多为子弟，但这些子弟往往已在家族书院或家学、私塾中学习过一段时间，程度已高于蒙学。总之，无论是生徒年龄和学识程度，乡村书院大体上都要高于家族书院，这又是两者间的区别所在。

乡村书院和家族书院一起，构成历代书院总量的大多数，承担了中国古代社会普及教育的主要任务，成为将儒家文化知识和观念源源输向广大农村的主要渠道。除了教学之外，还兼为家族与乡村社会文化活动的中心，不独为发展教育之体，亦为醇正风俗之原。

---

① 见陈钢：《龙江书院》，载邓洪波等：《中国书院揽胜》，湖南大学出版社2000年版，第128—129页。

四、乡村书院志

记录乡村书院发展历程的书院志，既有乡野、土色的鲜活，更有理性、书香的儒雅，是特色分明、极富文化内涵的民间文献，其学术价值、史料价值甚高。但这类书院志长期受到不应有的冷落，基本处于无人问津状态，其价值无从体现。而历时既久，难免残破，今各馆所藏，不少已是非拼凑难称全本，亟待整理，具有急迫性。有鉴于此，2012 年我们以《清代湖南乡村书院文献整理与研究》为题，申报国家社科基金年度课题，获得批准（12BZS009）。

本书以中国书院如何在乡村社会传承优秀传统文化为问题意识，更在意为解决这一问题提供扎实、具体而又比较全面的文献资料。这样做，一是借助一个省区比较系统的乡村书院文献整理与研究，推动书院研究走向深化、细化；二是多少改变一点研究论著与文献整理比例失调的现状，引起学界对民间书院与乡村书院文献的注意；三是为乡村书院文献这一独特的民间文书整理提供省域案例，拓充历史文献的发展空间。是为本书的理论与实践意义所在。

清代湖南乡村书院志的成书时间多在同治、光绪之际，正值“中兴将相十九湖湘”的湘军盛势期。湘军是书生带兵打仗，战后裁军，告老还乡，形成人数庞大的乡绅阶层。这批人财富、知识、见识、胆识俱备，大多出身书院，有人文情怀，行动力强，影响大。他们意气风发，假荡平天下之豪气，意欲重整河山，而建书院、修院志，正可将其改造社会、重建家园的意志和理想尽情抒发。湖南乡绅主导的乡村书院，成为引领地方文化教育事业发展的先锋，提升地方文化品位的标志，移风易俗的大本营，了解考察这些书院的发展、演变历史，及其运作机制、管理模式、社会文化功效等等，可以还原当年乡村社会生活景象，为今日农村社会转型与发展提供有益的启示、借鉴。

本书选取清代湖南乡村书院志，首开规模性、系统性整理研究民间书院文献之记录，可以提供省域范围的实验性案例，推进书院研究的深化与细化，这本身就是创新之举。就历史文献整理而言，此举开疆拓土，扩大研究领域，使乡村民间书院文献得以与城镇官方书院文献并列，合而观之，或可形成“书院文献”这一新类目，促进中国历史文献学科的繁荣与发展。

五、本书收录各乡村书院志提要

本书为 2012 年国家社科基金项目《清代湖南乡村书院文献整理与研究》（12BZS009）的最终成果的主体部分，收录清代湖南地区的七种乡村书院文献，以《清代湖南乡村书院志》为名刊布。谨以刊刻时间先后为序，将其基本情况介绍如下：

郴侯书院志三卷，同治二年（1863）刻本

清曹维精辑。维精，湖南兴宁（今资兴）人，道光二十九年（1849）贡生，候选训导。书院在湘南兴宁县程水乡。程水自宋以来即有醽泉、观澜、文峰、辰冈四书院，分属曹、袁、焦三大家族，数百年弦歌不断，成为各家族的精神园地。但终于抵不住咸丰年间的大变故，废于乱局。战后，改“囿于一姓之私”，“合一乡之善”，公建郴侯一院以代之，成为共识。同治二年（1863）院成，即辑刊此志。分三卷，卷一载形胜、沿革、学规、艺文、仪注、书院、礼器图等。卷二以下纪捐助姓氏、公置田亩、租额等。前有志序四篇、修志及建院姓氏、修志凡例及规条十三条。

鲜活呈现乡村社会从血缘到地缘的变化，是本志最大的亮点；乐捐序引文字是典型的民间文书；捐租谷皆详记地名、丘亩、粮税、租额等，又近乎黄册。

益阳箴言书院志三卷，同治五年（1865）刻本

清胡林翼撰。林翼，字贶生，号润芝，湖南益阳人。道光十六年（1836）进士，历官至湖北巡抚，与曾国藩、左宗棠、彭玉麟并称中兴名臣。咸丰年间，林翼捐巨资建院，将三代家藏图书尽数移入院中，虽“事未集而先成志稿”，但院未成而身先死，幸得曾、左等人赞助，于同治二年(1863）落成，五年，山长庄受祺始刊院志。志凡三卷，分经始、规制、岁用、选士、育材、祭祀、典籍、田亩八目，以纪书院之创建、编制、经费来源与开支、招生、教学、藏书、祭祀等情况。规定山长“不由当道荐致”，而“由监院、掌管等公同酌定”；山长、监院、首事、掌管等职事任期皆以其功过治迹“而久暂之”；胡氏子孙姻戚不得承佃书院田亩，入院肄业仍一例考课；学有专长者可免试入学；将学术分为汉、宋、经济、词章四端，令士人各依志气所近肄习等等，皆有特色。

书院不建于胡家附近，远离县城官衙，化私为公，寄托的是一代名臣嘉惠乡里后进的殷殷之望；院志成于战事之中，制度皆手定自划，可谓深思熟虑，实可视作湖湘将帅战后重建“儒秀”乡村的社会理想。

宁乡云山书院志二卷卷首一卷，同治十三年（1874）活字本

清周瑞松辑。瑞松，字云先，湖南宁乡人。同治二年（1863）进士，

任刑部主事。主讲宁乡玉潭、云山书院。后随左宗棠入疆，以道员升用。书院在宁乡水云山，其地近湖湘学派大师张栻墓，附近曾出土四羊方尊等商周青铜器。同治四年（1865），乡人原陕西巡抚刘典捐资创建。十三年，瑞松以山长辑刊此志。凡二卷，分书院（附公牒、年表、章程）、庙祀、学规、胜迹、艺文、田额（附山场）、杂识（附捐名、书目、器具）七个类目。卷首一卷为学校条规。凡书院形胜之概、兴作之劳、考课之规、租赋之额，与夫官师劝学之勤、乡人士好义之勇等纪述甚详。其章程规定收取生童火食钱、米；《惜字文社章程》戒生童珍纸惜字，设收字纸工役，制定《桥渡章程》维持交通等等，为其他书院少见。

成功乡人建院、修志，以书香提升乡里品位，传高雅文化于村社，是本志的亮点；登载大量记录捐赠的地契、田契、山契、塘契、地基契、捐契，记录变更产权的兑契、兑山契、兑田契，记录租佃关系的佃约、吐退字、领退字、遵释字等文献，是其最大的特点。

浏东狮山书院志八卷，光绪四年（1878）刊本

清李芸、萧振声撰。芸字香洲，常宁县教谕，补用同知直隶州候选知县。振声字润生，秀才出身。皆湖南浏阳人。院在浏阳东乡，道光十九年（1839）创于狮山。咸丰二年（1852）毁于兵，四年迁建于高唐。同治九年（1870），芸创修院志，书未成而卒。振声率二三同志续成此书，刊于光绪四年（1878）。志分图考、形胜、书院、祀典、封禁、捐输、艺文、界址八卷，前有修志凡例八条。人称“体例精严，纂辑详赡，其于形势之函邃，建置之沿革，规程之画一，亦概为纪载，尽臻美善”。

狮山之建，缘于禁止挖山以保省城脉这样一个民间理念，先文昌阁培植，后讲院书声。院志修于中兴之世，使得“一乡一邑之政事、文学、风

俗、人心，于此可见”，属于典型儒雅的民间文献。

石山书院汇纪三卷，光绪十年（1884）刊本

清张颂卿等纂修。颂卿，名钰，字构辉，号颂卿，诰授奉直大夫，以号行。湖南浏阳北乡人。同治十三年（1874），颂卿等人以县境东南西三乡皆建书院育士，北乡独缺，遂率众捐修石山书院，招乡中子弟肄业。院成，即辑此志。光绪十年（1884），张清汉刊印。分三卷，列首事名目、缘首名目、经理章程、图、形胜纪略、八景诗、粮饷案卷、祭器图、祭品备考、祭品制法、颁定乐章、仪注、祝文、乡贤祀纪、名媛祀纪、捐资名目等类目。

院志“名媛祀纪”一目，记北乡妇女捐建书院之事，实为其他书院罕见，而女性高居堂中享受诸生之膜拜，更有典型意义。东乡洞溪书院由贡生张良赞之妻张氏创建，而光绪后期邑人谭嗣同创不缠足会，渊源相续，抑湘东浏阳尊重女性自有传统耶！

浏东洞溪书院志二卷，光绪二十五年（1891）刊本

清罗汝廉辑。汝廉，湖南浏阳人。书院在浏阳东乡张家坊，道光二十七年（1847），贡生张良赞遗命其妻陈氏倾家财创建。寻陈氏与张族人争讼近十年，始定为东乡公地。汝廉咸丰年间曾肄业其中，受书院董事之托，于光绪二十五年（1891）辑刊此志。分上下二卷，计营建、章程、院长、艺文、祀典、捐资、产业七个类目。规定收取生徒火食“帮钱”“洗衣服事”等杂费，课程分读、看、问、记四门，课式膏奖分古学、经学、

史学、算学及泰西政书、史志等内容，以及《领借藏书章程》《增补斋规》等，皆有特色，实为书院近代化进程之写照。

儒生遗命教乡人子弟，体现的是建设乡村的善心；族人与寡妇争产，呈现的是家族与乡村的利益矛盾；志书所载奉祀张良赞夫妇、土地神、魁星、文昌等祝词，有关捐资议叙文书、产业记录文字，皆有浏阳东乡特色。

箴言书院学约，光绪三十年（1904）刻石，清拓本

清王文龙撰。文龙，生平未详。同治四年（1865），出任箴言书院首任山长，定《箴言书院学程》，分经史、立身、治事、为文四门课程；订《箴言书院学约》，以立志、存耻、补过、择友训士，成就人才甚众，影响深远。文龙以后，黄自源、庄受祺、朱锦、程霖寿等先后任山长，书院办学不断。光绪三十年（1904），书院改为校士馆。次年，唐锡侯、胡祖藩将《学约》刻石立于馆中，以为纪念。可惜《学程》不传。

课程分门，既重经史基础，又讲立身治事，是中兴名臣经世致用思想的具体体现；学约讲立志，更讲知耻改过、与友携行，可以视作理学家教育理想在书院有益实践。

需要说明的是，当年申报课题所列抄本《明山书院私志》二卷、稿本《箴言书院志》一卷，查为明代官办府级书院、内容重复，这次不予收录。

六、乡村书院志特色

以上各乡村书院志，内容各异，体例不尽相同，卷以下类目设置也有差别，显示其志书内容的丰富性。各类目名称甚多，大致可以分为八

个方面。一是环境与建设：形胜图、形胜纪略、书院图、营建、胜迹、名迹、界址；二是历史：沿革、年表、经始；三是规章制度：学规、章程、学约、规制、岁用、选士、育材、经理章程、首事名目、缘首名目、四是经费：公置田亩、租额、器具、捐助姓氏、田额（附山场）、粮饷案卷、捐资姓氏、祭田、产业；五是图书：典籍、书目；六是祭祀：庙祀、仪注、祭器图、祭品备考、祭品制法、颁定乐章、仪注、祝文、告祭文乡贤祀纪、名媛祀纪、祀典、礼器图；七是往来文书：书札、公移、公牒；八是诗文：记、唱和诗、艺文。

上述文献所涉内容，除了教育、教化等共性之外，还具有鲜明的乡土特色，显示其弥足珍贵的史料价值。如浏阳各书院的土客之争（浏阳乡村书院众多与土居客家人之间的竞争关系甚大），属于不同族群的矛盾与联系；洞溪的寡妇和族人争讼财产，与郴侯的由三家书院合为一乡书院，虽然表现不同，但同属家族血缘与乡村地缘关系的变化；石山、洞溪的妇女建院与享受奉祀，尤其是妇女与土地神、文昌、魁星共同拱卫的耕读传家理念；箴言、云山等书院之湘军将帅介入地方文化建设；云山建惜字文社提倡珍纸惜字，制定《桥渡章程》维持地方交通等等，从各个层面展示出乡村书院的文化功效与社会职能。其他如云山书院的吐退字、领退字、遵释字租佃文书，浏阳各书院的祭祀仪式、乐章，石山的、云山的《惜字文社章程》，箴言、石山的董事会制度等，都是特别而罕见的，尤其是浏阳祭祀乐谱、祭品制法，堪称独特的非物质文化遗产。

而从文献角度来看，以上志书又有三个特点：第一，文献种类较全，且院志多“体例精严，纂辑详赡”，能自成立，有文献学的价值，而以上类目设置之多，也显示其体裁的丰富与成熟。第二，有地域代表性，各书院分布在湖南东部、南部、中部，可以反映一省基本情况。乡村书院文献，藉此可以成立。第三，这批文献的成书时间多在同治、光绪之际，正值“中兴将相十九湖湘”的湘军盛势期。湖南乡绅假荡平天下之豪气，意欲重整河山，而建书院、修院志，正是其重大文化举措之一，遗存文献忠实记录了其发展教育、改造社会、重建家园的意志、理想与方略，极富生气，有操作性，值得重视。

七、有关本书的工作说明

本书是师生合作的成果。2011—2015年间，即申报国家社科基金课题《清代湖南乡村书院文献整理与研究》前后，与我一起学习的研究生兰军、马友斌、蒋紫云、姚岳、赵瑶杰、何君扬等，或收集信息、或复印资料、或录入文字、或提供初稿、或校改初稿，围绕乡村书院文献展开整理与研究的系列工作，他们是本书的共同承担者。尤为可喜的是，赵瑶杰、姚岳、何君扬以这批文献为基础，先后完成了《云山书院研究》《箴言书院研究》《清代浏阳书院研究》等三篇硕士学位论文，它们和本书一起，共同构成本课题的最终成果。

本书进入出版阶段之后，研究生周文焰，又加入到清样校改工作中，而宗尧、丁利帮忙填写项目结题书；人民出版社的杨美艳主任关心与支持本书出版，责任编辑雷坤宁润色文字，改正错简，使本书增色不少。谨此说明，并致诚挚谢意。

邓洪波

2019年9月，于湖南大学岳麓书院胜利斋

郴侯书院志

（清）曹维精纂
邓洪波　兰军　点校

叙

岁庚申，余捧檄湖南直隶郴州兴宁县知县，侨寄长沙省垣，与前任兴宁县彭君厚轩往来日密，相得甚欢。每剧谈，彭君为余言兴邑民俗勤俭，有古朴风，其士人亦循谨自持，无嚣张气习，四乡之内，笃学能文者，固不乏人，而北乡称极盛焉。北乡近有书院之建，皆其地士民不惜重资，踊跃从事，其有志于读书上进，深有足嘉。维时彭君详言之，余遂谨识之弗忘。及莅任，公馀之暇，进多士而课以诗古文辞，靡不斐然成章，堪以造就。而又两次扃童子试，披阅之下，见其佳文林立，美不胜收。每遇学使按临，北乡之入泮者，往往多至八九人。余始信彭君之言为不谬也。

岁壬戌同治元年，举行恩科，并补行咸丰己未恩科。余以调廉赴省，放榜后奉饬回任，道经永邑，抵北乡，有贡生曹维精，监生戴廖诗、袁国华，廪生段兴镗、谢书林、龙起云，增生方其义、廖恢祖、谢鸿渐，(付)〔附〕生曹炳奎、黄由艺、谢灵源等遮道款留，迎入所建书院。余周视之，内构讲堂学舍，备极高朗，周围数十丈，广可容百馀人，门以外额曰“郴侯书院”，因汉封楚怀王之孙畅于此而遂以名焉。其前则有长江之回环，其后则有冠山之屹立，左与延道之波流相接，右与回龙之日出争辉。四顾空明，渺无涯际，居其中者藏修息游斯，亦极佳山佳水之乐事矣。既而入席坐定，诸生请谒者接踵而来，余因微扣其中藏，并觇其言论丰采，类多淹雅之士，余益信彭君之言为不谬也。

兹诸生谢书林、方其义等以书院于咸丰九年三月丁未创始，于同治元年九月戊寅落成，而且广置腴田以作山长修金及诸生膏火之费，悉述其颠末，乞余言以勒诸贞珉，思不辞而为之叙。至于穷经汲古，努力殚心，不囿于小成，不杂以歧务，于以弋取科第，储国家有用之才，是尤余之所厚望也夫！

诰授奉政大夫钦加清军府衔充湖南壬戌恩科并补行己未恩科乡试同考试官知兴宁县事万时若撰。

时皇清同治二年岁次癸亥孟秋上澣谷旦。

序[①]

程乡诸君子，远跂乎鲁之尼、邹之绎，近攀乎道山之壁、极洞之岩，而规摹乎灵麓之轩亭、妙高之楼阁，欲萃其乡诸人士寻圣域，敏贤关，极高明，致广大，乃卜巘之崇高正大，胥原之宏广爽明者，临程水之麋，作书院于郴侯之（鹿）〔麓〕焉。郴侯在兴宁北境，古谓之侯公山，宁邑名区也，实古郴县旧壤也。志称：汉昭帝侯楚怀王孙畅于郴，宇实启此。此地本郴地，故侯曰郴侯。后虽析其地为宁，俗仍以郴侯姓其山，今且以郴侯名其书院。书院之兴，盖肇自唐，以丽正书院聚文学之士，本屹然官廨也。洎宋而诸大儒留心名教者，往往择名山，筑书院，以讲明道学，作育士林，学者宗之如泰岱焉。后世遐陬僻壤，亦设书院以培植人材，于是书院与黉宫分岐而并峙。程乡之有书院也，见于《兴宁县志》者三：曰观澜、曰辰冈、曰文峰，如太华之三峰鼎立，故其时峩峩髦士，类多登巍科，跻峻秩，以崛起其间。迨诸书院陵谷迁移，而向之峥嵘者未免颓陁矣。

诸君子所以殷殷于书院，而景郴侯之景，冈郴侯之冈也。郴侯山自帽岭蜿蜒八九里，突起一大峰，程乡一大观也。余尝从山足历山腰，且凌山顶矣。于其势之挺拔，见志士之襟期焉；于其体之端凝，见雅人之蕴蓄焉；于其气之雄厚，见前哲之文章焉；于其境之超群出类，而诸峰拱揖，诸水萦纡，见古圣先贤之道高德重，良臣硕辅之烈伟功丰，而世皆向往

① 编按：标题原有书名“郴侯书院志”，今从略，以下同改，不再出注。

焉。近代志岳麓者，谓其杰然一峰，高明广大，实与古圣贤、名臣、硕儒所造就德业事功相映发。其人以地杰耶，抑地以人灵耶！何讶乎诸君子之作书院于郴侯而为之志。余郴人也，鄙在郴东，幸密迩郴侯之故宇。属者诸君子辑《郴侯书院志》，柬余于东山书院，而问序于余。方愧余之久卧东山，未能讲学明道，而无以持赠也。因思郴侯往矣，郴地久为宁地矣，而数千载下宁之人犹册其书院曰郴侯，想见郴侯必有可与此山并永者。诸人士之学于是书院者，果正其趋于贤关圣域，超其诣于广大高明，处为名儒，出为名宦，以并永于高明广大之山，而得江山助者，且作名山主。山以郴侯重，郴侯不更以书院灵哉！

钦加清军府衔拣选知县己亥科举人郴郡谢宣敬撰于东山书院之小鲁嵓。

同治二年岁在癸亥天贶节辛巳谷旦。

叙

昔朱子措置岳麓书院，张南轩记之，闻风而起者，遂遍湖南焉。程水乡古有书院四，醽泉最先，观澜继之，辰冈次之，文峰又次之。其圮而废也均数百年矣，故何也？辰冈归袁，文峰归焦，醽泉、观澜归曹，其成也方术同之，其毁也一姓私之。徜所谓绍名世，继昔贤，开来学，缵作育人材之事，意在斯乎，意在斯乎！咸丰七年岁丁巳，合乡谋建书院，欲统四书院而两成之，甚盛事也。其时义声一倡，乡中义士靡然从之。戊午春，邑侯彭公来相宅，既取郴侯山，又取辰冈岭，两地首事矢公矢慎，经营不辍者三年，功始竣。壬戌秋，谋修《郴侯书院志》，邑侯万公捐俸以倡之，且为之纂而序之。

志者何？志书院也。书院何以志？信于今，传于后，使后人知书院之成，邑侯万公成之，世世万子孙继作育人才之志，而毋或变也。其志形胜沿革何？东西汉邈矣。郦道元《水经注》：程水经县东侯公山下，楚怀王孙畅受郴侯之封于昭帝，山故以侯名。其时地属郴县，故曰县之东，《宁志》程乡醁水八景之一。隶州隶县，变迁靡常，盖自其变者观之，故受之以疆域沿革焉；自其不变者观之，故受之以山川形胜焉。志祀典何也？皮弁祭菜，示敬道也；宵雅肄三，官其始也；八学鼓箧，孙其业也。有文庙故受之以大礼，有释奠故受之以备乐。其志义金、义田何？有财斯有土，有土斯有谷。利者义之和，义者书院所由兴也。首多金，重倡义也；次饩田，予存义也；载赋税，备国课也；纪佃租，实膏火也。《周官》士田，历代义庄曷为有名无实耶。志人物何也？中州清淑得气者，多魁奇忠信，代不乏人。受之乡贤，标其最也；受之选举，取其正也。其志艺文、遗文、杂志何？维彼哲人，国之典型，发性抒怀，取诸《贲》也；含毫吐秀，取《大畜》也；文献足徵，取《无妄》也。凡为卷有三，为目一十有二。

精既受读而卒业，因仰而言曰：邑侯之所序，其即朱子措置岳麓之意欤？惜无有南轩其人者，为记其事以开来学耳。然朱子记石鼓书院，谓南轩阐发仁道以示学者，仅言上达，未及下学之功，因以四语括下学之要。其旨在穷理，其功在慎独，明其道者，顾力行何如耳。后之学者敦下学之实，以求进于上达之诣，庶不负朱子之意，并不负南轩之意，且不负邑侯作育人材之至意。

己酉岁贡生候铨训导曹惟精撰。

时皇清同治二年岁次癸亥孟冬月谷旦。

叙

郴侯书院始造于咸丰九年，以同治二年冬讫功。厂于梵宫之前，制仿岳麓，如朱子道林精舍，因爽垲而建焉。层层叠叠，卑而益谦，仰则弥高。立以圣殿，宫墙峻焉；重以讲堂，学舍严焉。凌云之梯，拾级而登，化雨之轩，及时以润。循而次第之，翼以龟纹之石栏。斋房如其长之数，分而为四条，别而为东西。左时习、日新，右九思、三省。己未秋，值文星照耀，乃立院门，拓地数十馀丈，广可容百馀人。结构森严，规模廓大，去雕而朴，以质为文，盖将以为久远计也。平临而视，其上则有侯山之冠盖，其前则有雁字之排行，映以回龙之清奇，带以程江之萦绕，古树参差，仙踪缥渺，每当风花雪月，幽绝倍增，而妙生文境。

院既成，乡先生辈与诸同人叹赏者久之。回忆经营伊始，苦心分任，贞如金石，雅意乐捐，应若星云者为不爽也。越明年，延师主讲，将绛帐，设经缁，帷问字。高冠长剑，结鞘而至者固多；广厦细旗，夺席而谈者不乏。庶兹院与兹山并寿，而称为极盛已。前者邑侯彭公亲相其地，今者邑侯万公亲纂其序，其宏奖斯文，优崇后学为何如乎！从此人才崛起，佳士林立，敦行立品，佩实衔华，共仰副圣天子作育人材之至意。蜚英声，腾茂实，炳炳麟麟，又岂独观澜、辰冈、文峰之擅美于前哉。是为序。

廪膳生段兴锽敬撰。

皇清同治二年岁次癸亥孟冬月谷旦。

郴侯书院修志并创建姓氏

鉴　定

直隶郴州与宁县知县万时若

总　纂

贡生曹维精

同　纂

增生方其义、廪生段兴锽

参　阅

庠生曹炳奎、增生谢鸿渐、廪生龙起云、廪生谢书林

编修兼对阅缮书

庠生谢学校、庠生谢罗星、庠生刘振藻、廪生曹维桢、副生何鸿勋

倡　首

廪生黄云著、选拔段兴钊、监生袁直哉、监生戴廖诗、增生方其义、监生唐书斋、庠生曹炳奎、廪生谢书林、优生曹宏道、庠生谢阶、庠生谢灵源

总　理

庠生黄由艺、庠生廖光大、监生袁国华、庠生谢灵源

理　局

从九袁双壁、耆龙国瑞、增生廖恢祖、监生方作祥、监生黄克壮、从九曹明恕、监生段钦臣、监生段平纲、副生何鸿勋、吏刘典重

理捐分任

贡生段绍龙、廪生谢才斌、从九曹宣昭、廪生戴廖琎、庠生段俊生、军功刘德斋、庠生谢才辅、庠生谢岩、监生廖祖范、耆方光耀、庠生戴家椿、庠生黄桂芳、庠生谢国重、吏白心田、耆萧忠良、监生唐生发、增生戴寿祺、庠生段邦琛、监生唐连科、庠生谢恩沄、监生谢学详、监生尹善祥、军功欧博文、监生黄清泉、监生方作万、董王春发、副生廖根立、军功唐秀哉、生段邦南

督　工

耆龙国瑞，副生何勋臣、段君弼、曹国风

凡例并规条十三

一、郴侯书院创于邑尊彭公，成于邑尊万公，后先济美，相与有成，二公实大有造于我乡也。

一、程乡书院由来旧矣，焦有文峰，袁有辰冈，曹有醽泉、观澜，悉囿于一姓之私，圮废已经数百馀年。咸丰丁巳，诸同人合一乡之善，拟建书院于郴侯山之麓，事虽似创意，实出于因也。

一、书院为礼乐重地，事关巨典。凡至圣典制赞序，并设奠、仪注、礼器、图考，次第编入。惟乐谱、舞器数章，未便刊刷，非惮于纪载，实拘于工费也。

一、书院志恭载《御制训士子文》《卧碑文》并先贤先儒名论，撮其典要，付诸剞劂，俾鼓箧来游者知法守云。

一、书院两图，规模各异，一为学舍正图，一为形胜全图。披览之下，爽人心目。然下按舆图，必上应列宿。楚分翼轸，郴侯山实轸宿所属，但天星分野，所主不同，其占亦异，而度数分杪、岁差迟速之间，更难明晰，故暂从略，不敢强载。

一、艺文所以发挥奥义，彪炳才华。其有关于此山水、朝廷、学校者，应宜博采诸体，以广见闻。然纵横数十里，显晦殊途，或宦游外境，或秉铎遐方，间有老师宿儒，或又韬光惜墨，兹所采辑，新旧不过数篇，知此外遗珠为不少矣。后有作者，采次补入可耳。

一、缘首捐项义金约数千串，租约数千斗，多寡次第，俱录入各鸿名下，于以见建舍赡学之有赀，且知我乡倡兴义举多人，而不敢没人之善之意也。

一、山长老师修金计一百四十串，薪水钱计四十串，俱出一时公论，不必援为定额。至奖赏宜重，膏火宜轻，亦向无成例，准学租多寡，随时变通可耳。

一、考书院并月课，原为评定甲乙，以示鼓励。其卷面考名，必先用弥封，另递誊录，庶真才始出，弊窦不生。

一、书院之设原以熏德行，端士习。如有酗酒、嗜音、洋烟、赌博诸弊，一经查核，不论学内学外，实时出斋，决无姑容。

一、经理书院，每年公举端正绅士分届轮掌，额规费用，逐一登记，以便查核付交，毋得擅入私囊，致坏学规。

一、每岁仲冬，值至圣诞辰，祭祀一次，公同酌议章程。绅士愿入胙者，捐钱一千文，作为办祭永额；嗣后有入泮纳监先未出赀者，准备铜钱五百文，以广入胙暂额。生则与祭分胙，没后无许顶替，斯为两便。凡届祭祀之辰，先期斋戒，各具衣冠，以襄祀事，不必分永额、暂额也。

一、书院志创修于癸亥年之秋，告竣于是年之冬，先后不下数月，其中错落讹舛颇多，凡阅斯志者，尚其谅之。

增生方其义谨识。

一、议拔贡入京公帮钱六十千文。

一、议中举入京公帮钱八十千文。

一、议会进士公帮钱壹百千文。

一、议点鼎甲翰林公帮钱壹百千文。

一、议出仕饯行钱二十千文。①

---

① 洪波按：以上五条，紧随方其义识语之后，不在十三条凡例规条之列，当为后来增补。

目　录

卷　一[1]

御制至圣先师孔子赞并序康熙三十三年

盖自三才建而天地不居其功，一中传而圣人代宣其蕴。有行道之圣，得位以绥猷；有明道之圣，立言以垂宪。此正学所以常明，人心所以不泯也。粤稽往绪，仰溯前徽，尧、舜、禹、汤、文、武达而在上，兼君师之寄，行道之圣人也；孔子不得位，穷而在下，秉删述之权，明道之圣人也。行道者，勋业炳于一朝；明道者，教思周于百世。尧、舜、禹、汤、文、武之后，不有孔子，则学术纷淆、仁义湮塞，斯道之失传也久矣。后之人而欲探二帝三王之心法，以为治国、平天下之准，其奚所取衷焉？然则孔子之为万古一人也，审矣！朕巡省东国，谒祀阙里，景企滋深，敬摛笔而为之赞曰：

清浊有气，刚柔有质。圣人参之，人极以立。行著习察，舍道莫由。惟皇建极，惟厚绥猷。作君作师，垂统万古。曰惟尧舜，禹汤文武。五百馀岁，至圣挺生。声金振玉，集厥大成。序《书》删《诗》，定礼正乐。既穷象系，亦严笔削。上昭往绪，下示来型。道不终晦，秩然大经。百家纷纭，殊途异趣。日月无踰，羹墙可晤。孔子之道，惟中与庸。此心此理，千圣所同。孔子之德，仁义中正。秉彝之好，根本天性。庶几夙夜，

① 标题原缺，据底本目录补。

勖哉令图。溯源洙泗，景躅唐虞。载历庭除，式观礼器。摛笔仰赞，心焉遐企。百世而上，以圣为归。百世而下，以圣为师。非师夫子，惟师于道。统天御世，惟道为宝。泰山岩岩，东海泱泱。墙高万仞，夫子之堂。孰窥其藩？孰窥其径？道不远人，克念作圣。

颜子赞：

圣道早闻，天资独粹。约礼博文，不迁不贰。一善服膺，万德来萃。能化而齐，其乐一致。礼乐四代，治法兼备。用行舍藏，王佐之器！

曾子赞：

洙泗之传，鲁以得之。一贯曰唯，圣学在兹。明德新民，止善为期。格致诚正，均平以推。至德要道，百行所基。纂承统绪，修明训辞。

子思子赞：

于穆天命，道之大原。静养动察，庸德庸言。以育万物，以赞乾坤。九经三重，大法是存。笃恭慎独，成德之门。卷之藏密，扩之无垠。

孟子赞：

哲人既萎，杨墨昌炽。子舆辟之，曰仁曰义。性善独阐，知言养气。道称尧舜，学屏功利。煌煌七篇，并垂六艺。孔学攸传，禹功作配。

雍正二年颁定位次图于左

正殿

至圣先师孔子神位，正中南向。

四配

复圣颜子，名回，字子渊，鲁人。

述圣子思子，名伋，字子思，鲤之子。

在殿内东旁，西向。

宗圣曾子，名参，字子舆，鲁人。

亚圣孟子，名轲，字子舆，邹人。

在殿内西旁，东向

十二哲

闵子，名损，字子骞，鲁人。

冉子，名雍，字仲弓，鲁人。

端木子，名赐，字子贡，卫人。

仲子，名由，字子路，鲁人。

卜子，名商，字子夏，卫人。

有子，名若，字子有，鲁人。

在殿内次东旁，西向。

冉子，名耕，字伯牛，鲁人。

宰子，名予，字子我，鲁人。

冉子，名求，字子有，鲁人。

言子，名偃，字子游，吴人。

颛孙子，名师，字子张，阳城人。

朱子，名熹，字元晦，婺源人。康熙五十一年升附。

在殿内次西旁，东向。

东庑先贤

蘧瑗，字伯玉，卫人。雍正二年复祀。

澹台灭明，字子羽，武城人。

原宪，字子思，《檀弓》作“仲宪”，宋人。

南宫适，字子容，鲁人。

漆雕开，《家语》字子若，蔡人。《史记》字子开，鲁人。

商瞿，字子木，鲁人。

司马耕，字子牛。《家语》作“司马黎耕”，宋人。

梁鳣，《史记》“鳣”作“鲤”，字叔鱼，齐人。

伯虔，《家语》字子楷，一作“子析”。《史记》子析，鲁人。

冉孺，字子鱼，鲁人。

冉季，字子产，鲁人。

漆雕徒父，字子文，鲁人。

漆雕哆，字子钦，鲁人。

公西赤，字子华，鲁人。

任不齐，字子选，楚人。

公良孺，字子正，陈人。

鄡单，《史记》字子家，《家语》作“县亶”，字子象，聊城人。

公肩定，《家语》字子仲，《史记》作“坚定”，鲁人。

罕父黑，《家语》作“宰父黑”，字子素，一字子黑。

荣旂，《家语》作“祈”，字子旂，鲁人。

左人郢，字子行，鲁人。

郑国，《家语》作“薛邦”，字子徒，鲁人。

原亢，字子杭。《家语》作“元亢”，字子籍，鲁人。

廉洁，字子庸，卫人。

叔仲会，字子期。《文翁图》作“哙”，《家语》，鲁人。

公西舆如，字子上，齐人。

邽巽，字子钦。《家语》作“邦选”，鲁人。

陈亢，字子禽，鲁人。

琴张，一作牢，字子张。《家语》字子开，卫人。

步叔乘，字子车，齐人。

按，朱竹垞《曝书亭集·孔子弟子考》：“步叔乘”作“小步乘”，注云：按应（邵）〔劭〕《风俗通》云，凡氏于字，伯、仲、叔、季是也。

氏有太叔、仲叔，则有少叔，无足异者。子车之姓，《家语》《史记》作“步”，而《广韵》注云：孔子弟子有少叔乘，系复姓。附录于此，以备参考。

秦非，字子之，鲁人。

颜哙，字子声，鲁人。

颜何，字子冉，鲁人。雍正二年复祀。

县亶，一云即鄡单。雍正二年增祀。

乐正克。雍正二年增祀。

万章。雍正二年增祀。

周敦颐，字茂叔，营道人。

程颢，字伯淳，洛阳人。

邵雍，字尧夫，范阳人。

东庑先儒

公羊高，齐人。

伏胜，字子贱，邹平人。

董仲舒，广川人。

后苍，字近君，东海郯人。

杜子春，河间人。

诸葛亮，字孔明，南阳人。雍正二年增祀。

王通，字仲淹，龙门人。

范仲淹，字希文，吴人。康熙五十四年从祀。

欧阳修，字永叔，庐陵人。

杨时，字中立，将乐人。

罗从彦，字仲素，延平人。

李侗，字愿中，剑浦人。

吕祖谦，字伯恭，婺州人。

蔡沈，字仲默，建阳人。

陈淳，字安乡，龙溪人。雍正二年增祀。

魏了翁，字鹤山，蒲江人。雍正二年增祀。

王柏，字鲁斋。雍正二年增祀。

赵复，字仁甫，德安人。雍正二年增祀。

许谦，字白云，金华人。雍正二年增祀。

吴澄，字幼清，临川人。

胡居仁，字叔心，馀干人。

王守仁，字伯安，馀姚人。

罗钦顺，泰和人。雍正二年增祀。

西庑先贤

林放，鲁人。雍正二年复祀。

宓不齐，字子贱，鲁人。

公冶长，字子长，鲁人。《家语》作“襄”，《史记》齐人。

公皙哀，字季沉，齐人。《史记》作“字季次”。

高柴，字子羔，卫人。《家语》齐人。

樊须，字子迟，鲁人。

商泽，字子秀，鲁人。

巫马施，字子期，陈人。《史记》作“字子期”。

颜辛，《史记》作“幸”，字子柳，鲁人。

曹恤，字子循，蔡人。

公孙陇，《家语》作“龙”，卫人，或曰赵人，字子石。

秦商，《家语》字丕兹。《史记》字子丕，鲁人。

颜高，字子乔。《家语》作“颜刻”，鲁人。

穰驷赤，《家语》字子从。《史记》“穰”作“壤”，秦人。

石作蜀，字子明，《家语》作“石子蜀”，秦人。

公夏首，字子乘，鲁人。

后处，《家语》作“后处，字里之”。《史记》作“后处，齐人”。

奚容蒧，《家语》字子楷。《史记》字子晳，卫人。

句井疆，《阙里志》字子野。《山东志》子孟，卫人。

颜祖，字子襄，鲁人。

秦祖，字子男，鲁人。或曰齐人。

县成，字子期。《家语》作“悬成”，字子横，鲁人。

公祖句兹，《家语》作“公祖兹”，字子之，鲁人。

燕伋，字子思，秦人。

乐欬，《家语》作“乐欣”，秦人。《史记》字子声，鲁人。

狄黑，一作墨，《家语》作“字晳之”，卫人。

孔忠，字子蔑，《史记》作“孔子兄孟皮之子”。

公西蒧，字子尚，《史记》作“子尚”，鲁人。

颜之朴，字子叔，鲁人。

施之常，字子常，《史记》作“子恒”，鲁人。

申枨，《史记》作“申党”，《家语》作“绩”，字子周。

左（邱）〔丘〕明，鲁人。

秦冉，字子冉，蔡人。雍正二年复祀。

牧皮。雍正二年增祀。

公都子。雍正二年增祀。

公孙丑，齐人。雍正二年增祀。

张载，字子厚，郿人。

程颐，字正叔，洛阳人。

西庑先儒

穀梁赤，字符始，鲁人。

高堂生，字伯，鲁人。

孔安国，字子国，孔子十一世孙。

毛苌，大毛公亨之子，赵人。

郑康成，名元，高密人。雍正二年复祀。

范甯，字子武。雍正二年复祀。

韩愈，字退之，修武人。

胡瑗，字翼之，泰州人。

司马光，字君实，夏县人。

尹焞，字彦明，洛阳人。雍正二年增祀。

胡安国，字康侯，崇安人。

张栻，字敬夫，绵竹人。

陆九渊，字子静，金溪人。

黄榦，字直卿。雍正二年增祀。

真德秀，字景元，浦城人。

何基，字北山。雍正二年增祀。

陈澔，字可大，都昌人。雍正三年增祀。

金履祥，字仁山。雍正二年增祀。

许衡，字仲平，河内人。

薛瑄，字德温，河津人。

陈宪章，字公辅，新会人。

蔡清，字介夫，福建人。雍正二年增祀。

陆陇其，字稼书，平湖人。雍正二年增祀。

两庙先贤凡七十七，先儒凡四十六，共一百二十三位。

崇圣祠，旧名启圣祠，祀启圣公叔梁纥。国朝雍正元年奉旨追封孔子五代为王，改今祠。主皆南向，先中，次左右，次左之左，次右之右为序。

按，叔梁进公而王自宋大中祥符始，称启圣公自元始。

肇圣王木金父公。

裕圣王祈父公。

诒圣王防叔公。

昌圣王伯夏公。

启圣王叔梁公。

东配先贤

颜氏无繇，字季路，渊之父。

孔氏鲤，字伯鱼，子思之父。

西配先贤

曾氏点，字哲，参之父。

孟氏激，字公宜，轲之父。

东庑先儒

周氏辅成，敦颐之父。

程氏珦，颢、颐之父。

蔡氏元定，（沉）〔沈〕之父。

西庑先儒

张氏迪，载之父。雍正二年增祀。

朱氏松，熹之父。

丁祭礼乐仪注备考

直省府州县庙祀先师孔子，皆以岁春、秋仲月上丁行释奠礼。县以长官为正献，其贰及所属两序分献，司祝、司香、司帛、司馔、引赞、通赞、引班以学子弟员娴礼仪者执事，致斋如期。祭前一日，饬庙户洁扫殿庑内外，藉以椶荐拂拭神座。眡割牲官公服，诣神厨，眡割牲以豆，取毛血瘗于坎。先一日，宰夫预凿于宰牲所之西。正献官率执事生入学习仪，教官率乐舞诸生入学习乐舞。夜分陈设：

先师位前：牛一、羊一、豕一、登一、铏二、簠二、簋二、笾十、豆十、炉一、灯二。按，《会典》帛一、尊一、爵三。

四配位前：各羊一、豕一、铏二、簠二、簋二、笾八、豆八、炉一、灯二。按，《会典》各帛一、爵三。

十二哲位前：铏一、簠一、簋一、笾四、豆四。东西各羊一、豕一、炉一、灯二。按，《会典》各帛一、爵三。

殿中设一案，少西北向，供祝版。其南东设一案，西向，陈礼神制：帛九、色白。香盘四、尊三、爵二十有七。西设一案，东向，陈礼神制：帛八、色白。香盘三、尊二、爵二十有四。凡牲陈于俎，凡帛正位。四配异篚，十二哲东、西共篚。凡尊实酒，陈以舟疏、布幂、勺具。东庑二位同案，每位爵一实酒，每案簠一、簋一、笾四、豆四。

先贤案前：羊二、豕二、香案一、炉一、灯二。

先儒案前：羊一、豕一、香案一、炉一、灯二。

设一案于南，北向，陈礼神制：帛二白色、香盘二、尊三、虚爵六、俎、篚、幂、勺具。

西庑同陈乐于殿外，两阶特钟一、编钟十有六。在东特磬一、编磬十有六。在西皆悬以虡业，东升龙麾一、应鼓一、柷一。西降龙麾一、群书皆麾一，《圣门礼乐统》云：后增为二。详后乐器麾幡注。鼗鼓一、敔一。东、西分列琴六、瑟四、箫六、笛六、篪二、排箫二、埙二、笙六、搏拊二、旌二、羽钥三十有六。

祭日昧爽，各官齐集，竢于大成门外之官厅，均朝服。

通赞：行春、秋丁祭礼。鼓初严，钟鼓齐鸣。鼓再严，麾生转幡，节生转旌。鼓三严，乐生序立，舞生序立，执事者各司其事。启户。各官盥手。

引赞：各官盥手。

通：承祭官就位，分献官就位，陪祭官就位。迎神。

麾赞：举迎神乐，奏昭平之章。

通：上香。

引：上香。诣先师香案前，跪，叩首，兴，上香。司香跪奉香。承祭官上炷香，三上瓣香。跪，叩首，兴。以次引诣四配位前，上香仪同。

引：复位。承祭官退，降阶，复位。

初迎神时，通：分献官上香。

引：引东、西序分献官各一，升东、西入殿左右门，诣十二哲位前，上香仪同。退，降阶，复位。

引：引两庑分献官东西各二，分诣先贤、先儒位前，上香仪同。退，复位。

通：三跪九叩首，兴。

通：奠帛爵，行初献礼。

麾：举初献乐，奏宣平之章。

节：舞羽籥钥之舞。

引：行初献礼。诣醴尊所。司尊者举幂酌醴，司帛者奉帛，司爵者奉爵。诣先师位前，跪，叩首，兴，奠帛，引帛跪奉篚，承祭官受篚，拱举奠于案。献爵。初献爵，司爵跪奉爵，承祭官受爵，拱举奠于垫中，亚献奠垫左，终献奠垫右。跪，叩首，兴。

通：就读祝位。读祝生诣读祝所，跪，叩首三。不赞。

引：承祭官跪。

通：各官皆跪。

麾：乐止，玉振金声句止。节舞止。

通：读祝。奉祝版跪案左。

祝辞曰：

维某年月日，某官某致祭于至圣先师孔子，曰：维先师德隆千圣，道冠百王，揭日月以常行，自生民所未有。属文教昌明之会，正礼和乐节之时。辟雍钟鼓，咸恪荐于馨香；泮水胶庠，益致严于笾豆。兹当仲春、秋，祗率彝章，肃展微忱，聿将祀典，以复圣颜子、宗圣曾子、述圣子思子、亚圣孟子配。尚飨！

读毕。读祝生随兴，奉祝版跪安于先师位前篚内，随跪与承祭官，叩，兴。不赞。

麾：起乐。

节：起舞。

引：叩首三，兴。以次诣四配位前，奠献仪同。退，降阶，复位。

引：引两序分献官如前入殿，诣十二哲位前，奠献仪同。退，降阶，复位。

引：引两庑分献官分诣先贤、先儒位前，奠献仪同。退，复位。

通：行亚献礼。无献帛，馀如初献仪。

麾：举亚献乐，奏秩平之章。

节：舞羽籥之舞。

通：行终献礼。如亚献仪，亚献、终献、十二哲两庑分献如初献仪。

麾：举终献乐，奏叙平之章。

节：舞羽籥之舞。

通：羽籥之舞退。竢舞生退毕。

通：饮福受胙。

引：饮福受胙。诣受福胙位，奉福胙二人自东案奉福胙，至先师位前拱举。退，立于承祭官之右，接福胙二人自西案进立于左。不赞。

引：跪饮福酒，右一人跪递福酒。承祭官受爵拱举，以授于左，接以兴。不赞。

引：受福胙如饮福酒仪。

引：叩首三，兴，复位。

通：谢胙，三跪九叩首，彻馔。

麾：举彻馔乐，奏懿平之章。

通：送神。

麾：举送神乐，奏德平之章。

通：三跪九叩首。

麾：乐止。流泽无疆句止。

通：奉祝、帛、香、馔送燎。执事各诣先师位前，跪，三叩。司祝奉祝，司帛奉篚，司香奉香，司爵奉馔，预备馔盘，各奉少许于燎所。兴。各由中道出，恭送燎所。不赞。

东配、东哲、东庑香、帛、馔，均由东阶恭送燎所。

西配、西哲、西庑香、帛、馔，均由西阶恭送燎所。不赞。

麾：乐作。

通：焚祝、帛、香、馔。承祭官、分献官各诣燎所视燎。复位。礼成。退位。钟鼓齐鸣，麾生退幡，节生退旌。

乐 章

迎神，昭平之章

大哉孔子，先觉先知。与天地参，万世之师。

祥征麟绂，韵答金丝。日月既揭，乾坤清夷。

初献，宣平之章

予怀明德，玉振金声。生民未有，展也大成。

俎豆千古，春秋上丁。清酒既载，其香始升。

亚献，秩平之章

式礼莫愆，升堂再献。响协鼓镛，诚孚罍甗。

肃肃雍雍，誉髦斯彦。礼陶乐淑，相观而善。

终献，叙平之章

自古在昔，先民有作。皮弁祭菜，于论思乐。

惟天牖民，惟圣时若。彝伦攸叙，至今木铎。

彻馔，懿平之章

先民有言，祭则受福。四海黉宫，畴敢不肃。

礼成告彻，毋疏毋渎。乐所自生，中原有菽。

送神，德平之章

凫绎峩峩，洙泗洋洋。景行行止，流泽无疆。

聿昭祀事，祀事孔明。化我蒸民，育我胶庠。

崇圣祠仪注

崇圣祠，教谕正献，前后两庑皆食饩学弟子员各一分献。先一日夜分陈设：

正位前，各羊一，豕一，铏二，簠、簋各二，笾、豆各八，炉一，灯二。按，《会典》各帛一、爵三、尊一。

配位前，簠一，簋一，笾四，豆四。东西羊、豕各一，炉一，灯二。按，《会典》各帛一、爵三、尊一。

中设一案，少西，供祝版。

东设一案，陈礼神制：帛五、色白。香盘五、尊四、爵十有五。

西设一案，陈礼神制：帛四、色白。香盘四、尊三、爵十有二。

两庑东二案，西一案，每位爵一实酒，每案陈设簠、簋、笾、豆、羊、豕、炉、灯，如配位之数。

各南设一案，陈礼神制：帛一、色白。香盘一、尊一、虚爵三、俎、篚、幂、勺具。

祭日鸡鸣。赞：行春、秋丁祭礼。承祭官诣阶下盥手。执事者各司其事。就位。迎神。司香奉香盘就各香案前立不赞。

赞：就上香位。

引：引承祭官升东阶入殿左门。不赞。

赞：诣肇圣王位前，跪，叩首，兴，上香，司香跪奉香。承祭官上炷香，三上瓣香。跪，叩首，兴。以次诣左右正位前，上香仪同。降阶。

赞：复位。

引：引分献者升东、西阶，入殿左、右门，分诣配位前，上香如仪，降阶。

引、赞：复位。

引：引两庑分献者分诣两庑从位，上香如仪。

引、赞：复位，跪，叩首，兴，行三跪九叩礼，兴。

赞：奠帛爵，行初献礼，引承祭官升阶。不赞。

赞：诣中案前，跪，叩首，兴。司帛跪奉篚，承祭官受篚，拱举奠于案。司爵跪奉爵，承祭官受爵，拱举奠于垫。不赞。

赞：跪，叩首，兴。以次诣左右案前，奠献如仪。

赞：就读祝位。承祭官诣拜位立，司祝奉祝至案前，跪，三叩，奉祝版跪案左。不赞。

赞：承祭官跪，皆跪。读祝。

祝辞曰：

维某年月日，某官某致祭于肇圣王、裕圣王、诒圣王、昌圣王、启圣王曰：惟王奕叶钟祥，光开圣绪。盛德之后，积久弥昌。凡声教所覃敷，率循源而溯本。宜肃明禋之典，用申守土之忱。兹届仲春、秋，聿修祀事。配以先贤颜氏、先贤曾氏、先贤孔氏、先贤孟氏、孙氏。尚飨。

读毕。赞：兴。司祝者奉祝版跪安于肇圣王位前篚内，三叩首，兴，退不赞。

赞：承祭官跪，以下皆跪，行三叩礼，兴，复位，引承祭官降阶，复位不赞。引正殿分献者升东、西阶，入殿左、右门，诣配位前。引两庑分献者分诣两从位前。仪同正献。亚献各献爵于左，终献各献爵于右，均不奠帛。馀如初献仪。

赞：彻馔。执事彻馔毕。

赞：送神。三跪九叩礼，兴，奉祝、帛、香馔，送燎。司祝、司帛、司香、司爵，各奉祝、帛、香、馔，恭送燎所如仪。

赞：诣燎所，视燎，复位。礼毕，退位。

祭　品

大羹

《礼·乐记》："大羹不和。"按注云："大羹，肉湆。不调以盐菜。"今用犊牛全体，刷洗洁净，大汤锅煮熟，不加盐料，别其脂腻，止存清汁。勺之登内。

和羹

《书·说命》："若作和羹，尔惟盐梅。"按注云："羹须咸、醋以和之。"今用豚脊膂肉切片，牛汤焯过，漉起加盐、酱油、醋、芹、韭丝调匀。又切猪腰如荔形，覆面，用时以淡牛热汁浇蒲，勺之铏内。

黍稷稻粱

《诗 · 秦风》：“每食四簋。”按《传》云：“四簋，黍稷稻粱也。”朱子谓：“簠、簋，皆宗庙盛黍稷之器。”今拣完洁米，如法蒸造。盛簠曰黍饭、稷饭，盛簋曰稻饭、粱饭。

形盐

《周礼 · 天官 · 笾人》：“朝事之笾，其实形盐。”《左传 · 僖公三十年》：“王使周公阅来聘，飨有昌歜、白黑、形盐。”按王氏曰：“形盐堀地以出之，积卤所结，其形似虎。”今以白盐作成虎形，实笾内。

白黑

《周礼 · 笾人》：“朝事之笾，其实白黑。”按，郑氏众云：“稻曰白，黍曰黑。”今用白麦面拌以油蜜，内包蜂蜜、熟榛、菱为馅，印成白饼，如掌大，炉干。又用荞麦面为黑饼，如作白饼法。笾各二十枚。

枣栗

《周礼 · 笾人》：“馈食之笾，其实枣栗。”

榛

榛似栗而小。《周礼 · 笾人》：“馈食之笾，其实榛实。”

菱芡

《周礼 · 笾人》：“加笾之实，菱芡。”

韭菹

《周礼 · 天官 · 醢人》：“朝事之豆，其实韭菹。”按，《侯鲭录》：细切曰齑，全物曰菹。郑氏康成曰：“切之四寸为菹。”贾疏：四寸，以一握为限。

菁菹

《周礼 · 醢人》：“朝事之豆，其实菁菹。”按，郑氏康成曰：“菁蔓，菁也。”

芹菹

《周礼·醢人》："加豆之实芹菹。"按，郑氏康成曰："芹，楚葵也。"

笋菹

《周礼·醢人》："加豆之实笋菹。"按，郑氏康成曰："笋，竹萌也。"

醓醢

《周礼·醢人》："朝事之豆，其实韭菹、醓醢。"按，郑氏众曰："醓醢，肉酱也。"郑氏康成曰："作醢者，必先膊干其肉，乃后莝之，杂以粱麦及盐渍，以美酒涂置瓶中，百日则成矣。"

鹿醢

《周礼·醢人》："朝事之豆，其实菁菹鹿臡。"按，郑氏众曰："有骨为臡，无骨为醢。皆肉酱。"

兔醢

《周礼·醢人》："加豆之实，芹菹兔醢。"

鱼醢

《周礼·醢人》："加豆之实，笋菹鱼醢。"

按，郑氏康成曰："凡菹醢，皆以气味相成。"今玩《周礼》文义，韭菹与醓醢配，菁菹与鹿醢配，芹菹与兔醢配，笋菹与鱼醢配，水陆之品其相配也，必有义存其间焉。

豚拍

《周礼·醢人》："馈食之豆，其实豚拍。"按，郑氏、杜氏以拍为膊谓胁也，或曰：豚，拍肩也。今用猪膊肉取方大块，抹以油酱、盐、蜜、醋、酒，蒸熟，实豆内。

脾析

《周礼·醢人》："馈食之豆，其实脾析。"按，郑氏众曰："脾析，牛百叶也。"今用牛羊百叶，刷去黑皮，切细，系沸汤焯过，加油、盐、醋、酱、葱、姜、酒，拌匀炒香。

酒

《周礼·天官》："酒正辨三酒之物，一曰事酒，二曰昔酒，三曰清酒。"按郑氏众曰："清酒，祭祀之酒。"郑氏康成曰："事酒，今之醳酒；昔酒，酋久白酒；清酒，冬酿，接夏而成。"贾疏："昔酒久酿，清酒又久于昔酒。"今取久窨而洌者。

礼器图

鼎

《考工记》曰："六分其金，而锡居一，谓之钟。"鼎之齐上有耳，下有足。有幂以覆之，有铉以举之。按《士虞礼》有上鼎、中鼎、下鼎之别。有司彻，有羊鼎、豕鼎、鱼鼎之分。

俎

《明堂位》曰：俎，有虞氏以梡，夏后氏以嶡，商以椇，周以房俎。

虞氏之俎斲而为四足，夏足加横距，商有横距而曲其足若椇然。周又设下跗于两端，若房然。大抵为盛牲醴、鱼肉而设。按牲醴在鼎曰胥，在俎曰载。

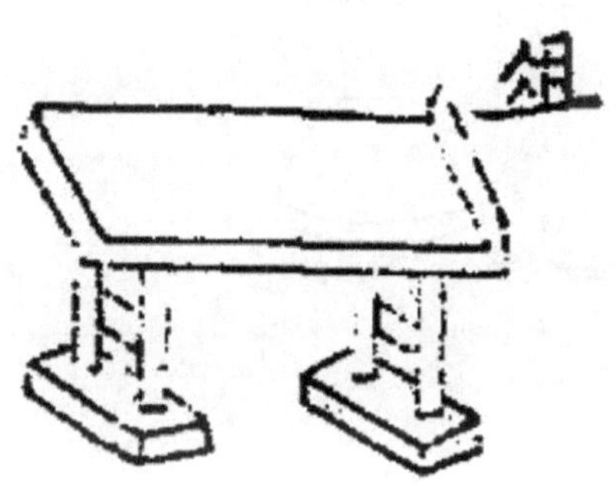

铏柶

受一斗，两耳，三足，有盖。所以和菜羹。按，自羹言之曰铏羹，自器言之曰铏鼎。以其在正鼎后曰陪鼎，以其入庶羞内曰羞鼎。极铏有柶，柶如勺。

登

高一尺，空径二寸，厚半寸。《尔雅·豆》谓之“登”。《大雅》：“于豆于登。”《毛传·木》曰：“豆瓦曰登。”按，登盛大羹，以其盛湆，故有盖。

簠

外方内圆，高一尺，厚半寸。唇寸，足高二寸。漆赤。中口径六寸，深七寸。底径五寸二分，厚八分。足底径六寸，挫其四角。盖方，上刻龟。受一斗二升，盛稻粱。

簋

内方外圆，高一尺，厚半寸。唇寸，足高二寸。漆赤。中口径五寸二分，深七寸二分。底径五寸二分，厚八分。足底径六寸。盖圆，上刻龟。受一斗二升，盛黍稷。

笾

以竹为之，形制如豆，受四升。按《乡射记》：荐脯以豆，宜干物。盛枣、栗、桃、梅、菱芡、脯修、膴鲍、糗饵之属。有巾，（元）〔玄〕被纁裹圜一幅。

豆

以木为之，受四斗。按《乡射记》曰："醢以豆，宜濡物。"盛昌本、脾析、豚拍之赍，醓蠃，兔、雁之醢，韭、菁、芹、笋之菹，麋臡、鹿臡之属。有盖取，称笾巾。

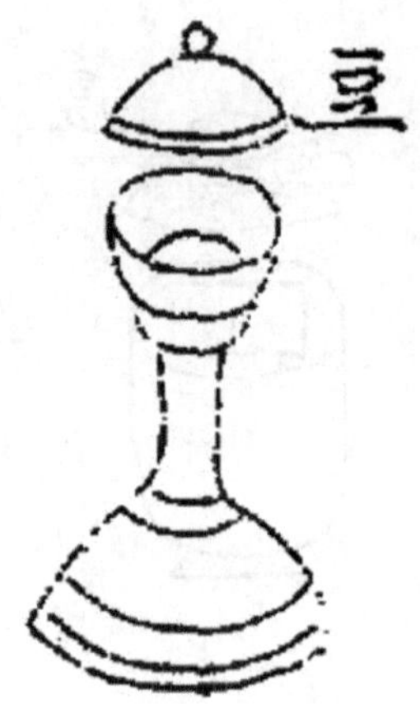

龙勺

《明堂位》曰：夏后氏以龙勺，殷以疏勺，周以蒲勺，所以斟齐酒明水。今止及龙勺，而疏勺、蒲勺可类推矣。

幂

《周礼·幂人》掌共巾幂。祭祀，以疏布巾幂八尊，以画布巾幂六彝。王氏注曰："用以幂物，以事言之则主于覆冒，以礼言之则主于设饬。"按《圣门礼乐统》：锦绘为之，四隅缀以金钱。

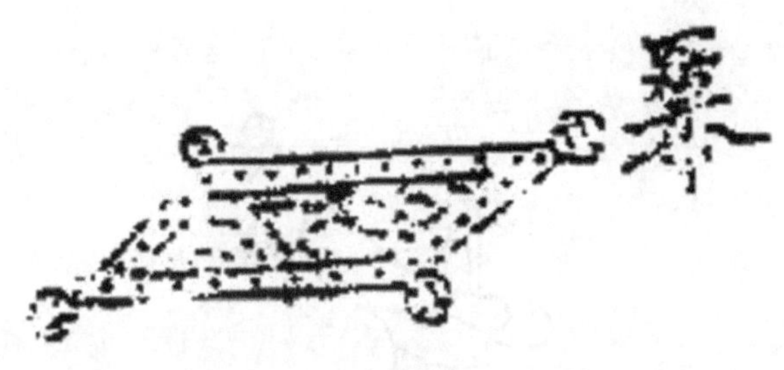

篚

以竹为之，长三尺，广一尺，深六寸，足高三寸，有盖。实于中者若爵、若膳、若币、若食之不一，而其制则一。今以承币帛，“承筐是将”之遗意也。

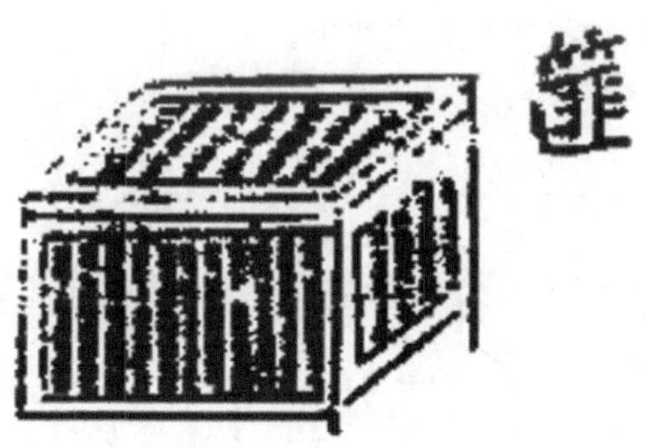

爵坫

《朱子图》：范铜为之。两柱，三足，有流有鋬。通柱高八寸二分，深三寸三分，阔二寸九分。按杨氏桓《六书统》爵字作三足。爵首从爪，三足之象。两柱前为流如圭瓒。龙口在前，以其出酒，故谓之流鋬，即柄。《宣和博古图》所谓其后为尾，执者为鋬也。中作篆鄂。

坫，木制，漆赤。中以置爵，亦承爵。按陆氏曰：“古者爵有承盘，坫与丰是也。”

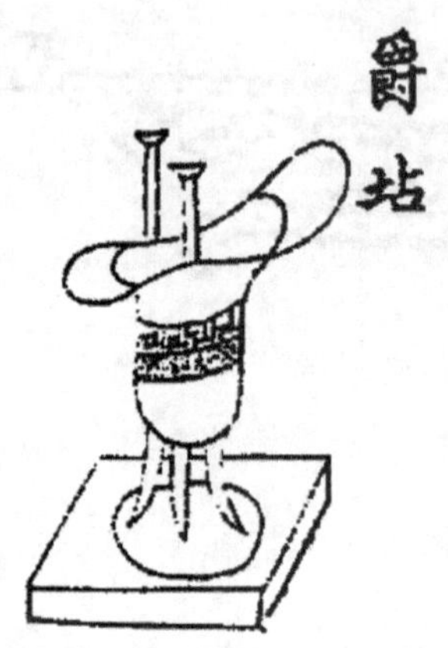

泰尊

古之瓦尊也。口圆径一尺，脰高三寸，中横径九寸，脰下横径一尺二寸，底径八寸，腹上下空，径一尺五寸，厚半寸，唇寸，底平厚寸。受五斗。按《明堂位》：泰，有虞氏之尊也。

山尊

口圆，径九寸。腹高三寸，中横径八寸。脰下大横径一尺二寸，底径八寸。腹上下空，径一尺五寸。足高二寸。下径九寸，刻山云之形。夏后氏之尊也。

著尊

口圆，径一尺二寸。底径八寸。上下空，径一尺五分。受五斗。著地亦无足无饰，殷尊也。

壶尊

口圆，径八寸。中径六寸半。脰下横径八寸。腹下横径一尺一寸。底径八寸。足高五寸。受五斗。

云雷尊

纽以螭首，脰饰饕餮，腹画云雷，示有节止。又明施泽之及时，其来之不测。按《圣门礼乐》：统贮初献酒。

象尊

后郑云：以象骨饰尊。阮氏云：以画象饰尊。今从阮氏。按《圣门礼乐》：统贮亚献酒。

牺尊

牺，《周礼》作“献”。阮氏《谌礼图》于象、牺二尊，皆于腹画为牛，象形。可见王肃《全刻牺象形鉴》“背”为“尊”之误。按《圣门礼乐》：统贮终献酒。

罍

《仪礼》称设罍。按注云：罍，水器。

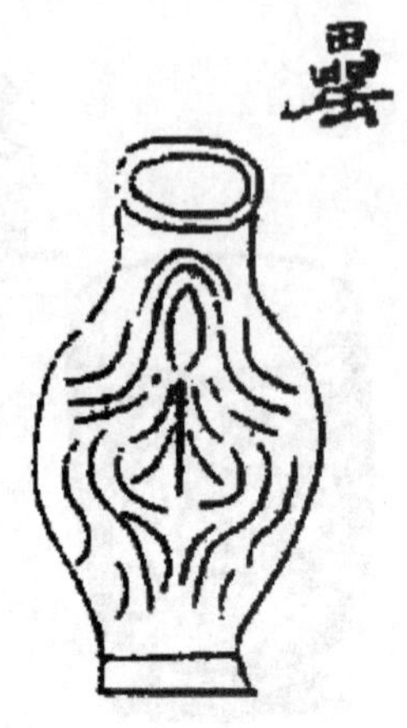

洗

《仪礼》称设洗。按注云：洗承盥洗者之弃水，恐其秽地也。

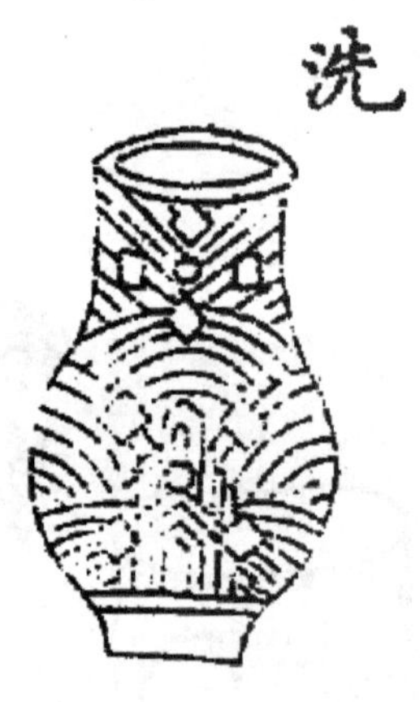

御制训饬士子文康熙四十一年

国家建立学校，原以兴行教化，作育人材，典至渥也。朕临御以来，隆重师儒，加意庠序，近复慎简学使，厘剔弊端，务期风教修明，贤材蔚起，庶几棫朴作人之意。乃比年士习未端，儒效罕著，虽因内外臣工奉行未能尽善，亦由尔诸生积锢已久，猝难改易之故也。兹特亲制训言，再加警饬，尔诸生其敬听之。

从来学者，先立品行，次及文学。学术事功，源委有叙。尔诸生幼闻庭训，长列宫墙，朝夕诵读，宁无讲究？必也躬修实践，砥砺廉隅。敦孝顺以事亲，秉忠贞以立志。穷经考业，勿杂荒诞之谈；取友亲师，悉化骄盈之气。文章归于醇雅，毋事浮华；轨度式于规绳，最防荡佚。子衿佻达，自昔所讥，苟行止有亏，虽读书何益？若夫宅心弗淑，行己多愆，或蜚语流言，胁制官长；或隐粮包讼，出入公门；或唆拨奸猾，欺孤凌弱；或招呼朋类，结社要盟。乃如之人，名教不容，乡党弗齿。纵幸脱褫扑，滥窃章缝，返之于衷，宁无愧乎？况乡会科名，乃抡才大典，关系尤巨，士子果有实学，何患困不逢年。顾乃标榜虚名，暗通声气，夤缘诡遇，罔顾身家。又或改窜乡贯，希图进取，嚣凌腾沸，网利营私，种种弊端，深可痛恨。且夫士子出身之始，尤贵以正。若资厥初拜献，便已作奸犯科，则异日败检踰闲，何所不至？又安望其秉公持正，为国家宣猷树绩，应后先疏附之选哉？朕用嘉惠尔等，故不禁反复倦倦。兹训言颁到，尔等务共体朕心，恪遵明训，一切痛加改省，争自濯磨，积行勤学，以图上进。国家三年登进，束帛弓旌，不特尔身有荣，即尔祖父亦增光宠矣！逢时得志，宁俟他求哉？若乃视为具文，玩愒勿儆，毁方跃冶，暴弃自甘，则是尔等冥顽无知，终不能率教也！既负栽培，复干咎戾，王章具在，朕亦不能为尔等宽矣。

自兹以往，内而国学，外而直省乡校，凡学臣师长，皆有司铎之责者，并宜传集诸生，多方董劝，以副朕怀。否则，职业不修，咎亦难逭，勿谓朕言之不豫也。尔多士尚敬听之哉！

谕士子乾隆四年

上谕：士为四民之首，而太学者，教化所先，四方于是观型焉。比者聚生徒而教育之，董以师儒，举古人之成法，规条亦既详备矣。独是科名声利之习，深入人心，积重难返。士子所以汲汲皇皇者，惟是之求，而未尝有志于圣贤之道。不知国家以经义取士，由圣贤之言，体圣贤之心，正欲使之为圣贤之徒，而岂沾沾为文艺之末哉！

朱子《同安县谕学者》云："学以为己。今之世，父所以诏其子，兄所以勉其弟，师所以教其弟子，弟子之所以学，舍科举之业，则无为也。使古人之学，止于如此，则凡可以得志于科举斯已尔。所以汲汲焉爱日不倦，以至于死而后已者，果何为而然哉？今之士子不知此，以为苟足以应有司之求矣，则无事乎汲汲为也。是以至于惰游而不知返，终身不能有志于学。而君子以为非士之罪也，使教素明于上，而学素讲于下，则士子固将有以用其力，而岂有不勉之患哉？诸君果能致思于科举之外，而知古人之所以为学，则将有欲罢不能者矣。"观朱子此言，洵古今通患。夫"为己"二字，乃入圣之门。知为己，则所读之书一一有益于身心，而日用事物之间，存养省察，闇然自修，世俗之纷华靡丽，无足动念，何患文章声誉之能夺志哉！况为科举，亦无碍于圣贤之学。朱子云："非是科举累人，人累科举。若见高识远之士，读圣贤之书，据吾所见，为文以应之，得失置之度外，虽日日应科，亦不累也。居今之世，虽孔子复生，也不免应科举，然岂能累孔子耶？”朱子此言，即是科举中为己之学。诚能如此，则《四书》《五经》皆圣贤之精蕴，体而行之，为圣贤而有馀。不能为己，则虽经义、治事而督责，亦糟粕陈言，无裨实用，浮伪与时文等耳。故学者莫先于辨志。志于为己者，圣贤之徒也；志于科名者，世俗之陋也。国家养育人材，将用以致君、泽民、治国、平天下，而囿于积习，不能奋然求志于圣贤，岂不谬哉！朕膺君师之任，有厚望于诸生。适读朱子书，见其言切中士习流弊，故亲切为诸生言之，俾司教者知所以教，而学者知所以学。

上谕文体乾隆十年

国家设科取士，首重者在《四书》文。盖以六经精微，尽于四子之书。设非读书穷理、笃志潜修，而欲握管挥毫，发先圣之义蕴，不大相径庭耶？我皇考有“清真雅正”之训，朕题贡院诗曰“言孔孟言大是难”，乃古今之通论，非一人臆说也。近今士子以科名难幸获，或故为艰深语，或矜为俳俪词，争长角胜，风檐锁院，中偶有得售，彼此仿效，为夺帜争标长技。不知文风日下，文品日卑，有关国家抡才大典，非细故也。夫古人之论文，以浑金璞玉，不雕不琢为比。未有穿凿支离，可以传世行远者。至于诗赋，掞藻摛华，虽不免组织渲染，然亦必真气贯乎其中，乃为佳作。今于《四书》文，采掇词华，以示淹博，不啻于孔、孟立言本意相去万里矣。先正具在，罔识遵从；习俗难化，职此之故。嗣自今其令各督学诸臣，时时训饬，乡、会考官，加意区择。凡有乖于先辈大家理法者，摈弃勿录，则诡遇之习泯，而士风还淳，朕有厚望焉。

学　规顺治九年

钦颁学校卧碑

朝廷建立学校，选取生员，免其丁粮，厚以廪膳，设学院、学道、学官以教之，各衙门官以礼相待，全要养成贤才，以供朝廷之用。诸生皆当上报国恩，下立人品。所有教条，开列于后：

一、生员之家，父母贤智者，子当受教；父母愚鲁，或有非为者，子既读书明理，当再三恳告，使父母不陷于危亡。

一、生员居心忠厚正直，读书方有实用，出仕必作良吏。若心术邪刻，读书必无成就，为官必取祸患。行害人之事者，适以自杀其身，常宜思省。

一、生员不可干求官长，结交势要，希图进身。若果心善德全，上天知之，必加以福。

一、生员当爱身忍性，凡有司官衙门不可轻入。即有切己之事，止许家人代告，不许干与他人词讼，亦不许牵连生员作证。

一、为学当尊敬先生。若讲说，皆须诚心听受。如有未明，从容再问，毋妄行辨难。为师者，亦当尽心教训，勿致怠惰。

一、军民一切利病，不许生员上书陈言。如有一言建白，以违制论，黜革治罪。

一、生员不得纠党多人，立盟结社，把持官府，武断乡曲。所作文字，不许妄行刊刻。违者听提调治罪。

规 条

宋淳祐六年，御书《白鹿洞教条》，颁天下学立石。后废。

朱子白鹿洞规条

父子有亲，君臣有义，夫妇有别，长幼有序，朋友有信。

右五教之目。尧舜使契为司徒，敬敷五教，即此是也，学者学此而已。而其所以学之序，亦有五焉，具列于左：

博学之，审问之，慎思之，明辨之，笃行之。

右为学之序。学、问、思、辨，四者所以穷理也。若夫笃行之事，则自修身以至于处事接物，亦各有要，具列于左：

信言忠，行笃敬，惩忿窒欲，迁善改过。

右修身之要。

正其谊，不谋其利；行其道，不计其功。

右处事之要。

己所不欲，勿施于人；行有不得，反求诸己。

右接物之要。

熹窃观古昔圣贤所以教人为学之意，莫非讲明义理，以修其身，然后推以及人，非徒欲其务记览、为词章，以钓声名、取利禄而已。今人之为学者，既反是矣。然圣贤所以教人之法，具存于经。有志之士，固当熟读而问辨之。苟知理之当然，而责其身以必然，则夫规矩禁防之具，岂待他人设之而后有所持循哉！近世于学有规，其待学者已为浅矣，而其为法又未必古人之意也。故今不复施于此堂，而特取凡圣贤所以教人为学之大端，条列于左而揭之楣间。诸君相与讲明遵守而责之于身焉，则夫思虑云为之际，其所以戒谨恐惧者，必有严于彼者矣。其有不然，而或出于禁防之外，则彼所谓规者，必将取之，固不得为略也。诸君其念之哉！

罗慎斋夫子训士子格言

明窗净几，顿坐生潇洒之思；白日青天，猛励发激昂之志。读书须要几分静气，静则生明；作文全凭一点灵机，灵则不滞。有三到：口到、眼到，还要心到。有三多，读多、讲多，还要做多。贵有恒，何必三更眠，五更起；最无益，祇怕一日暴，十日寒。念念如观榜日，无待拍案搥胸；心心似在场时，何必翻书问字。澹泊是书生本等，耻恶衣恶食何为；矜满是学人病根，宜若无若虚为贵。尺幅中恒有师保，能会悟者不负诗书；寸心内常有父兄，能检束者是佳子弟。学海深哉，不打紧一年混了半载；光阴逝矣，且慢些三字误着一生。做切实功夫，莫存一毫私念；求生平受用，须振满腹精神。看到趁意时，谷鸟、溪花，俨若横生机趣；读到会心处，松风、萝月，依然对景生情。黄卷青灯，学士本来辛苦；玉堂金马，儒生分内荣华。

郴侯书院图说

书院之有图，以图重乎？实以人重也。书院为文人讲习之区，图之所呈，见鼓箧之有地焉。凡堂构之宏敞，斋舍之精致，与山川之形胜，靡不具备。俾阅斯志者，披览之下，心领神会，足当卧游。此郴侯书院所以贵有图，图之分而为二，而不嫌其赘也。作《图说》者增生方其义。

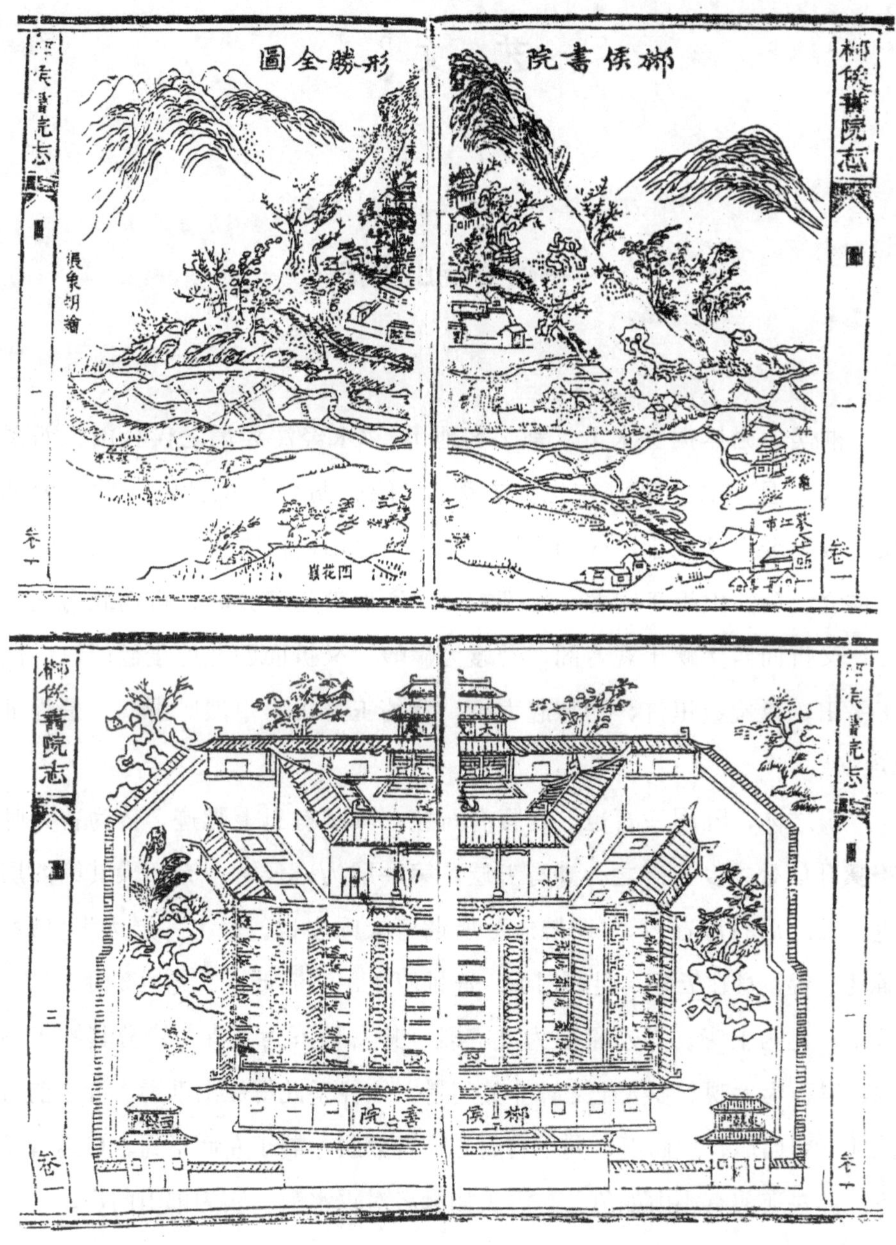

其书院地基，左系黎姓，右系曹姓，所上前后俱系庵地。

艺　文①

郴侯书院山水记

谢鸿渐

郴侯山岿然据程水上，吾宁名地也。《水经注》谓之侯公山，而系以县东。县东者，郴县东也。志称：汉昭帝封楚怀王孙畅于此，为郴侯，故至今山已属宁，侯仍为郴。而程水之山尚氏郴侯，则此山固尝为公侯之宇矣。山祖于回龙，磅礴蜿蜒，迤而南为鸡公岭，折而北为横冈岭，又折而西南峡于观音阁，乃巊为帽岭，又折而西北停于谾门口，伏于平田，盘旋数里许，乃特起大嶂，背倚玉屏山，卓然旷野间，是为郴侯山。

山之体，囫囵一石也，其腹有石窟，其腰有石上骡迹，传为曹天师跨骡升仙处，乡人寺之。寺有五层，第一层为郴侯祠，天师殿其第四层也。殿之后石窟在焉，《明统志》所谓曹天师岩也。最上一层为玉皇殿，游其上者，身在云际，足蹑树巅，连岫罗之，清流带之，凭栏凝眺，气象万千，是为上寺。其左稍前为灵官殿，其右稍下为下寺，皆分其胜于山水，以蔚为大观。乡人士之肄业其间者，往往于此得江山助焉。寺之前有隙地，爽而垲，坦而夷，翼于右而微隆者数层，翼于左而阜焉，阜焉者尤不一。左迤前有小山如龟，与澜头如狮者对踞水滨，实为郴山门户。

---

① 艺文，底本无，据底本目录补。

其前而横于水外者为莳花岭，岭右为鲮尻山，左为金鸡堆，皆环于近者也。其峙于莳花岭外者中为天马山，左为炉山，右为狮岩。自狮岩迤东以峰名者为凉伞，为走马，为展诰，又东为虬角，为文肇。炉山迤西以山称者，为大风，为石莲，为清溪，为辰冈。其踞于西南陲者为螺狮砦，为白石岩，为酒瓮砦，为虾蟆石，则皆罗于远，以为郴山闭捍者也。

郴山之前，带以程水，源出回龙。诸石罅积为二豀，一自山西公婆石北流半谿，一自山北唐巾谿西流，合于半谿。北出嫂嫂岩，过桃源关，绕太平山，径湘源桥合湘源水，至石马脚合龙门口水。过郴侯山麓，至蓼江，会延道水于澜头，径大韩，历大坪，绕田塘，至两江口会宝源水。水出羊角山，历半都，出宝源山，至鹿鸣桥会周源水，至两江口入程水。下滑石滩，过高马墟，合凤梧水，又历漩水湾、螺蛳砦、白石岩、酒瓮砦、虎爪厂、虾蟆石。如之如巴，作数十折，乃出程口，入耒水，为湘上流。此则程水之漩澴洞瀑，以为郴山钤键者也。

吾闻宋初天下有四大书院：曰徂徕，曰金山，曰岳麓，曰石鼓，厥后庐山有白鹿，铅山有鹅湖，皆书院之著者也。往者吾乡亦有书院三矣，若观澜，若文峰，若辰冈，大都皆因山水之胜以建之，即因山水之胜以名之。咸丰间，乡先生将有事于书院，形家曹维新辈盛称此地之胜，而格于道谋计，犹豫未有定。会邑侯彭公厚轩履其地，谓可出理学名儒，而前邑侯傅公堃山亦谓其有郁郁葱葱佳气，其议始定，乃相阴阳而堂构焉。越六年观厥成，颜之曰“郴侯书院”。予喜于书院之成，且喜于书院之成此胜地也。仰观乎郴山之搜莪岌业，俯瞰乎程水之澄澈汪洋。因由郴山而导其山所由来，并旷览夫山之崧者、岑者、峤者、扈者之或圆、或锐、或椭、或葶，巑岏而罗绕；由程水而朔其水所由出，并旁探夫滥者、沃者、氿者、瀵者之或远、或近、或大、或小，回复而萦纡。窃愿吾乡之学其间者，焕其文于山辉水媚，蓄其德于山峙水渟，大其业于山高水远。得山水之助，而还以光乎山水者；助乎山水，将山水之发灵于人者，不且赖人之增重于山水乎哉！于是乎记。

时同治二年岁次癸亥孟秋月上澣谷旦。

郴侯书院记

方其义

蓼江东南多高山，其最近为郴侯山，盖诸山之小者，而其名独著于北乡，岂非地以人传，而山以形胜哉！自汉封楚怀王孙畅为郴侯于此，而山以之名。其山上窄下阔，形若覆钟。有溪焉，环抱山麓，水清而味甘，而其源发于七宝、回龙诸名山。绕溪而上，数十级得一地，古木参差，怪石突怒，常有瑞烟紫雾，缥缈其间，斯地之灵固昭昭也。乡先辈拟建书舍而未果。洎咸丰七年，邑尊彭公轩輶至此，望其地异之，亟称其胜。因铲木凿石，度基创置，为屋约四十楹，颜之曰郴侯书院，仿岳麓、白鹿之例也。

既成，偕同人登堂四顾，悉爱其质素浑朴，相土地之高下为宜。惟中大成殿高甍巨桷，疎椂石柱，稍事雕刻，亦华不为靡也。步庭近视，则山之高，溪之流，莫不绘声绘影，于一览之下，由是而远观焉。若凉伞，若香炉，若虬角，诸峰悉拖青耸翠，争为奇状，环拱于书院之外。诸同人徘徊久之，以为会友讲习，莫此为宜也。已而绕廊东上，间数丈许为下寺，自下寺西顾，登石径数百级，宫其上为王灵庙。度宫东上曰上寺，其址半附岩，重楼叠架，至四五层，若蜂蛎房。上戴绝顶，背通石穴，前临深壑，无非以奇售者。俯视书舍，廊檐钩斗，瓦缝参差，罨画于疏林乔木之间，意之所触，不觉扑去面尘三斗矣。

噫，斯地得斯山，犹得以郴侯名，且建书院以壮色，固知天地磅礴之气，不择地而钟，而名山诚不以地限也。所愿鼓箧来游者，触境会心，睹溪水之活泼，则契洙泗之渊源也；睹草木之葱蔚，则契杏坛之薪传也。睹山路之层累而上，则知学道有序，登高必自卑，下学可上达也。异日者，名山储公辅之材，岩穴备庙廊之选，爵公封侯，与此山并垂不朽，斯无负北乡之有书院，而书院之作于是山也，岂徒纪山水之胜，供游观之乐云尔哉！余同事书院有年，今乐观厥成，因志此以为好学者劝。

时同治二年岁次癸亥孟秋月上澣谷旦。

郴侯书院记

谢书林

宁之山高且大者，夥矣。其团圞一石，杰出于平壤间，空所依傍而矗矗然高且大者曰郴侯。首回龙，面天马，背屏峦，趾程水，诚吾乡胜地也。而考诸往古，则郴侯故居也。乃山之名尚属郴侯，而实于山者惟上下寺焉。昔昌黎论郴之山川，蜿蜒磅礴而郁积，中州清淑之气，于是乎锺，其水土所生，神气所感，必有魁奇、忠信、才德之士生其间。是山之荦峦峥嵘，其为清淑所锺，大可见矣。而乃委诸方外，徒为梵宇，为禅房哉！余往者爱其地之超旷，悦其境之幽闲，尝读书其际，藏修之下，时息游以博其趣，或瞻山上之石而得其趣之奇杰，或观山下之水而得其趣之汪洋，或对山间之霁月光风而得其趣于吟弄。余固拙于读者也，而领其趣且颇有得于江山外，矧英隽之士，开明善悟，其心地之磊落活泼百倍乎余者哉！惜乎，其徒为梵宇，为禅房，可以资布袋、蒲团者之寂处，不足庇峨冠博带者之潜修也。

咸丰丁巳，诸乡先生翕然有书院之议，使青乌氏按舆图，选名胜，佥曰郴侯山最良，而董其事者未之信也。会彭明府厚轩善形家言，有理学名儒之谶，而前邑宰傅公堃山尤邃其术，亦谓此间气甚佳。信如二公言，则地之蜿蜒磅礴，郁积以效其灵者，当验诸人之忠信、才德、魁奇，以成其杰矣。遂以戊午秋鸠工攻位，既而兵燹往复，故自大成殿而讲堂，而左右斋房，于今六年，始得成胜观于胜地。盖至是而梵宇、禅房之外，美轮美奂者，特开一圣域贤关矣。夫自郴侯畅以楚王孙为郴侯宅于山，而山号郴侯，去今数千载矣。当年之云飞画栋，雨卷珠帘者，已令人有阁中帝子、槛外长江之感。而此日之书院，煌煌乎鸿规雅制，忽焜耀于郴侯之山。后之学于书院中，而藏焉、修焉、息焉、游焉者，将不徒藉郴山之清淑，取青紫于记诵词章，而勉为魁奇、忠信、才德之英，以当郴山之蜿蜒磅礴郁积，岂惟足以验彭公、傅公之钤哉。即质诸郴侯，当亦乐夫兴起于郴侯书院者之有以光乎书院，且有以光乎郴侯也已。

时同治二年岁次癸亥孟秋月上澣谷旦。

建造郴侯书院记

曹炳奎

程乡多奇峰，其林壑尤美，望之蔚然而深秀者惟郴侯山，《水经注》所谓侯公山是也。自汉昭帝封楚怀王孙畅为郴侯，故宅在焉，后人因名山为郴侯。予观郴侯胜状，自帽岭蜿蜒而来，斩然壁立，回龙峙其东，辰冈镇其西，程溪绕于前，周源障于后，磊落崔巍，上干霄汉，固吾乡一名胜也。他若天师冲举、子婿同升与骡迹、石穴诸胜，前人之述备矣。若夫茂林深篁中有寺曰下寺，悬岩峭壁间有寺曰上寺。吾乡之秀，尝诵读于斯，学成有器识者居多，盖往往有得于山川之助矣。寺之上下左右皆巨石，森立如狮、如象、如熊、如罴。尖者如笔，直者如笏，圆者如金钟，方者如玉印，昂头于上者如凤凰之冲霄，低首于下者如龟蛇之捧足，悉拱伏环抱于其间，而争为奇状者，殆不可胜数。中有平地，磅礴郁结，扶舆之精，蕴蓄于兹。望气者以为灵秀所锺，虽鹅湖、鹿洞不是过焉。道光初，乡先生议建书院于中，以育英才而不果。咸丰丁巳，乃相与捐赀财，置义田，嗣于戊午秋，庀财鸠工，及今同治二年春，始落成焉，颜曰“郴侯书院”，盖因地命名意也。

噫，王侯旧址化为坵墟，真人遗踪荡为草莽，而兹书院独鼎新特起，不可谓非吾道之幸也，予因之有感焉。吾乡书院建于前代者不一矣。曹有观澜，焦有文峰，袁有辰冈，其间擢高科、登显士者，固赫赫照人耳目焉。乃风消雨蠹，不旋踵间而感慨系之者，盖止一姓一族教泽所及未广也。今则郴侯为兴邑名山，书院为通乡义学，将来秀良迭出，应历兵燹，荡风雨而常保勿替者，然此有数存焉，亦听其适然而已。惟是六七年间，同志诸先生惨淡经营，其功亦良苦矣，所当大书特书，列名志乘，以为后贤劝者。后之人有感斯文，将历数其名而美之曰某也公廉，某也正直，某也怀仁慕义，某也好善乐施，某也留心学校，某也作意人才。当有闻风而起善承先志者，嗣是修葺其墙宇，阔大其规模，兴起斯文，以风厉夫士习。庶兹院之建，与兹山并寿云。

时同治二年岁次癸亥孟秋月上澣谷旦。

郴侯书院记

龙起云

吾乡多佳山水，滥觞于回龙山麓，纳细流，成巨浸，而汇于蓼江，入于耒水者，程溪也。故乡曰程水。觱沸于程水之隩而不注程水，搅之弗浊，扬之弗清，大旱弗涸，大雨弗溢者，醽醁也。故里曰醽醁。其近乎醽醁而据乎程水之上，浑然一石，竦于半空，戴帽岭，负屏冈，祖回龙，宾天马，儿鸡堆，与鲮阜、奴狮岈与龟山，以独雄乎列岫者，是为郴侯山。山之隶宁久矣，而系以郴者，楚怀王之孙曰畅，以汉昭帝时侯于郴宇，于此山之下居焉。方是时，郴犹未析为宁也。故其后山已移于宁，而侯无以易于郴，至今数千百年，尚从其朔，谓之郴侯也。今日者，郴侯不可作矣，郴侯之宇不可复识矣。惟郴侯之寺，累五层而分三窟者，尚剩于郴侯之山。寺之在是山也，略郴侯而崇曹天师。天师者，名贵传，宋时程水人，少好道，遇异人，得秘术。及卒，舁棺者讶其轻，启视无所有，始知羽化焉。后有人见其御一骑上郴侯山，觅之，惟见石上骡迹，乡人神之，尊为天师而寺之。寺之后有石穴，号天师岩，岁旱祷之，岩有燕出，辄雨。何山之在汉也以侯荣，而山之在宋也又以仙名乎？恐名山之毓秀孕灵，未可独当于僧院、道院也。

岁丁巳，乡先生惩文风之不振也，谋建书院，以造就乡之人材。术者咸以郴侯山献，而不知此山真面目者，顾往往疑之。明年春，邑宰彭公以事临其地，谓诸为植者曰："此当有理学名儒出其间。"于是群疑顿释，而广醵有力者之钱谷，以经之营之。既而风鹤频惊，故迟之久，迟之又久，然后讲堂书室，乃获壮其观于寺之外，而成其胜于山之前。

客有观于院书者，鼸然而咍曰：古之为书院也，将以讲明道学；今之为书院，将以弋取科名。恶用是哙哙哕哕者为？予谓君子之为学，如观山然，四书其萃也，六籍其冈也，百氏其岥也，制艺其径也。善学者，取其径于制艺，览其坡于百氏，陟其冈于六籍，跻其萃于四书，以登峰造极。处为名士，出为名臣，道学寓乎科名，科名根乎道学，方将竟美于妙高之月榭，灵麓之曦台，子犹不足于书院乎？客怏墨谢。予乃漱醽醁之润，回程水之澜，仰郴山之高，以大而为之记。

时同治二年岁次癸亥孟秋月上澣谷旦。

游郴侯书院记

曹松年

壬戌冬十月，松自岳麓归，仍肄业于酉阳家塾。时趋庭，家君亟诏问岳麓景地、人物，今昔恐殊。松悉目所见，耳所闻，心所领者禀之。家君曰："使吾乡书院亦若是焉则善矣!"越数日，而乡先生谒家君，言郴侯山书院规模甚悉。家君曰："岳麓不是过矣。"遂命松随乡先生后而往观焉。

酉阳距郴山二里许，山之下有溪曰程溪，源醽醁，溪流有声，水色尽绿玉，中边皆见，若带之拖青然。隔岸数百武，有市曰蓼市，洲曰蓼洲。缘溪而来者有小水，水滨乱石，流影左右交相生，或左右隐，或左右微。断瘦透玲珑，若虎豹争立。然其大者曰路佛石，从石直上数十级，而书院通焉。古木杈枒，怪石巍嵯，若难逼视者。少顷，始得门，额书"郴侯书院"。便乘兴而入，依次而坐。谈叙移时，将抵大成殿，步经两廊，两廊共十间，庭可容花，种者数十。乃升阶，阶十馀级，可步可倚，与两廊楼凑阶，代楼为梯者强半，揣本齐末，至楼之腰，升自阶，诣大成殿。殿下为讲堂，颇雕饰无华。右行数武，入西斋，斋中石如蟠龙，以火烛之，若万点金然。石上为楼者一，广丈馀。缘石而上，才通楼，便四顾。楼后则高山屏之，石若坠而突怒，偃蹇争为奇状。相累而下者若无隙，隙之平处则置屋为下寺，从楼右视之不甚远，其远而最高者为上寺。路通楼之左，石栏磴道，若俯树巅，仅隐约可观。虽层层益上，前轩后寝，累累缀高，壁上下叠，势若悬压，而不能辨其楼之层第者，且不觉其上下通也。乡先生喟然曰："使读书若此，无难登峰造极矣。"因怅望者久之，始转眺于前，前则诸峰映带，时让时争，时拒时迎，时违时应，裒益避就，准形匠心，横竖参错，各有妙理，不可思议。向所谓蓼市、蓼洲，虎豹之争立者皆不见，无论程溪。乃舍楼而下，近东斋，乡先生曰："此老师游息地也。"为花厅者一，子间者二，厅后为园者一。老树寒覆根如石，石盘空可容花，种者亦数十，群鸟往来时，有声若游鱼，特无水，幽深静辟，洞达清明，若难遽去者。然自东斋步阶而下，两廊外斋各五间，廊外可容花，种者亦数十。近门楼者各四间，厨房东西各一间，俱不事雕饰，朴素坚实，信可为千万载基。回望大成殿及东西两斋，犹低徊留之，不能去云。已而日渐夕，上下寺欲鸣钟，余亦兴尽欲返。乡先生犹欲为上寺观，以穷上下之通，层楼之第，与诸峰映带之不可思议者。余意不欲往，竟下往，逐从路佛石而下，别乡先生而归。

面家君，家君曰："书院之游何如乎？"松悉目所见，耳所闻，心所领者禀之。家君曰："岳麓不是过矣。"其曰程溪，岳麓之湘江也；蓼市，岳麓之星沙也；蓼洲，岳麓之水落洲也。诸峰映带于前，环拱于左右，上下寺层累于后，势若悬压，即岳麓之猴子、铜弯、云麓、万寿也。至若西斋之石，石上之楼，东斋之洞达清明，两廊之可养花种者数十，视之岳麓，又何多让焉。肄业于斯者，涵养而扩充之，倘所谓登峰造极，形匠心而不可思议者，其在斯乎，其在斯乎！爰命松而记之。

时皇清同治二年岁次癸亥孟秋上澣谷旦。

竖大门启

段邦琛

三皇御世，敷教开基；五帝抡才，成均有地。故庠分上下，重增舜陛之华；因序辨东西，久仰官家之教。鸣来鼍鼓，西京之雅化犹崇；睹忆鸾旗，东国之流风未艾。自古名传塾序，于今法守胶庠。兹值咸丰之九年，且诹八月之三日。同延学班之匠，用竖大门；共祷营室之神，堪成书院。时逢璧宿，刻际奎星。方谋学士之居，遂得文昌之气。郴侯山，古名更新以郴侯；醽醁水，清派还衍夫醽醁。及此涵濡时雨，岂徒涧采菁莪；趁兹宏奖儒风，尤必廷收杞梓。只冀人文鹊起，长生兔窟之辉；相期科甲蝉联，永快龙门之跃。

旧郴侯山记

方华翰

邑北四十里有郴山，曰郴侯。嵯峩峻削，结体皆石，背倚辰冈，与蓼江相望。以楚怀王孙畅受汉昭帝封为郴侯，山由是得名。近时，有于山巅得掘宝坑者，则当年盛概可想已。其下则长溪绕麓，源出七宝、回龙，澄澈见底，为程水。《水经注》云："县有渌水，出县东侯公山，西北流而南屈，注于耒，谓之程乡溪。郡置酒官，酝于山下，名曰'程酒'，献同酃也。"侯公山，即谓郴侯山。盖吾宁在汉地属郴县，《水经》所指汉郴县之东，乃今兴宁县之北，无疑也。渡溪而上，石磴数十级，约半岭为下寺。竹树环列，左上道益迂回，古木葱郁，有天然石径，势甚陡绝，近砌以石级。径上有骡迹，旁有天师岩，相传宋邑人曹贵传得异术，偕一子一婿同升仙于兹，至今民犹祷祀。岩有燕出，辄得雨云。越数十武，乃抵庵曰上寺。折而右，层楼迭起，最高处为神像台。四山环拱，俨如城郭，千村烟火，星布碁（例）〔列〕。台后石穴，外窄中窿。昔有人入其中，两渡其水，通数里，别有一天，今洞门石磴尚存。及陟绝顶，则水光山色，吞吐太虚，成一巨观矣。

噫嘻，仙迹不足怪，吾于郴侯独有感也。方秦之未亡，立楚以号召天下，云集响应。及秦灭楚兴，项氏反复，至决之如瘫瘤。然过郴者，无不凭吊陵墓而心伤矣。汉昭之封其孙也，毋亦本高祖缟素发丧之义，而推恩及其后裔与。阅今千百馀年，求其故封遗迹，杳不可得。而宁之此山，犹以侯公得名，是可见公论之在人心，有不与时代而俱尽者，岂仅与仙灵冥窈之迹同其不朽哉！余故为郴侯山记，以志慨焉。

时皇清乾隆二十四年岁已卯仲冬月谷旦。

游郴侯书院有感　五言古

方其义

崭然一高峰，上与浮云白。
昔封王孙侯，长留仙人迹。
人杰应地灵，思古我心获。
抗怀古人居，新构读书宅。
葱葱郁佳气，即此契道脉。
景行仰高山，莫负青云客。

郴侯书院落成　七言律

曹宏道

春华秋实赋嘉宾，矮屋应驱李杜兵。
倒峡词翻泉万斛，回澜笔健弩千钧。
心敦素履魁多士，头点朱衣暗有神。
天爵味浓人爵淡，羹墙先圣笑谈亲。

又

龙恩锡

千古杏坛仰铸渊，经营学舍绍薪传。
木工藏处瞻云丽，茅塞开时见地鲜。
业迈肩墙期附骥，功深面壁悟飞鸢。
郴侯遗迹今安在，堂构森严鹫岭前。

又

黄云著

水抱山环翰墨材，宫墙外望俯千寻。
图南未展鹏抟志，面北先含蚁慕忙。
数尺雪深怀木铎，几时雨化度金针。
石中蕴玉求雕琢，端仗良工运匠心。

又

龙起云

残烟扫净觅奇踪，指点前山六大峰。
案上翻书羞祭獭，壁间点笔欲飞龙。
滋培意蕊文章祖，养活心花理义宗。
得兔忘蹄休着迹，春风绕座兴偏浓。

又

龙起云

历炼功深九转丹，终期奋羽到云端。
欲从虎榜标科第，务向鸡窗耐苦寒。
名士天生铜作骨，大人风度铁为肝。
龙门昨夜雷初震，定化甘霖万姓欢。

又

谢灵源

森森郴岭近芳洲，问柳寻花快溯游。
地涌才峰锺淑气，天开道岸引名流。
升高恍挹龙山秀，造极如探鹿洞幽。
解得个中真乐趣，岩前笑指月当头。

又

谢才斌

郴水郴山分外青，于今开拓更锺灵。
门环醽醁神龟护，座拥岑峦天马停。
殿宇森严排广厦，墙垣回抱列横屏。
个中佳趣知心领，衲子何堪许问径。

咏郴侯山 七言绝句二首

谢才斌

老树寒烟古刹存，楚侯侨寄渺难论。
相传宋代留仙迹，此日祷求犹布恩。

巉崖峭壁侯公山，曲复曲兮弯复弯。
直上孤云片石处，举头天外有无间。

郴侯山怀古

曹炳奎

其一

石室盘空最上头，摩天碍日涌高楼。
岩衔梵宇悬如画，万古留存吊故侯。

其二

程水长流天尽头，高人凭眺每登楼。
江山胜迹无他见，明月曾经照楚侯。

其三

远望云山石点头，樵夫遥指上层楼。
岩泉漱玉香于酒，自古何人是醉侯。

其四

孤峰峭壁白云头，鬼斧神工建此楼。
古木苍苍多岁月，直疑手植自郴侯。

其五

三生石上问羊头，不见王孙只见楼。
谁在山中称宰相，烟霞啸傲薄公侯。

郴侯山怀古 双红豆

曹炳奎

程水流，蓼江洲。山前缭绕日悠悠，沧桑几度秋。 层楼惨回头，故宅圻墟，暮云浮，何处觅郴侯。

卷　二[1]

大缘首捐项[2]

现任直隶郴州兴宁县知县万时若，捐纹银壹百两。

前任直隶郴州兴宁县知县彭嗣昌，捐纹银壹百两。

兴宁县儒学教谕刘克道，捐纹银贰拾两。

兴宁县儒学训导张振玉，捐纹银贰拾两。

乐捐小序

自古人才盛衰，悉关学校。余乡自宋明以来，若观澜，若文峰，若辰冈，三方鼎峙，以为士子肄业之区。故掇巍科，登显爵，出则黼黻皇猷，处则羽翼圣经，虽僻处一隅，而人文荟萃，于斯为盛。厥后累遭兵燹，学舍废，人才渐衰，于今已数十年矣。丁巳冬，乡绅辈欲建舍置田，以赡来学，大有昌黎起衰之意。由是众志佥同，悉量家道之丰啬，或捐租田，或捐银钱。间有将捐项总标于祖父名下，或于乃祖、乃父下分注

① 卷二，底本作“郴侯书院捐项卷之二”，据底本目录统一。

② 标题原缺，据底本目录补。

己名，捐项若干。俱各成其曲体先志之意，而不厌其烦。其银钱、租田，自十而百而千，不分区，不分姓，以捐项多寡为次序。其未上十数者，按团乡次各标地名，以便查核，非故为外之也。今书院告竣，不敢汲□人好善之怀，因刊捐项于各鸿名下，俾览斯志者，知□作斯文之有所资藉也。

癸亥夏五月谷旦方其义谨识。

丹团段常安，九年内捐钱肆百千文。

孙平升，十一年捐谷伍十桶。地名□□桶牛□背，禾田三担，一坵。又□□背，禾田六担，二坵。又罗坵，禾田五担，一坵。又长坵五担，一坵。又大坵十五担半，二坵。增二口。共田三十四担半，计七坵。粮出三都一八甲兴廉袋内税米二斗零七合。

孙廪平武，十一年捐租谷四十五桶。地名七里山蔡家半塘侧边，禾田十二担，二坵。粮出三都一八甲本名袋内税米七升二合。

孙监必得，十一年捐租谷三十二桶。地名力家丰山屋背，禾田十二担，一坵。粮出三都一八甲本名袋内税米七升二合。

孙尧敷，十年捐租谷三十桶。地名巷口上，禾田八担，一坵。又地名虎形山下，禾田五担，三坵。共计十三担，四坵。粮出三都一八甲兴探袋内税米七升八合。

孙敬敷，元年捐租谷二十二桶。地名猫儿垄，禾田十担，五坵。粮出三都一八甲平衡袋内税米六升正。

孙监润敷，二年捐钱贰拾千文。

威武诰封曹楚魁，元年捐钱捌千文。

长男职员达道，十年捐钱玖拾陆千文。元年捐租谷一百零四桶。地名十八都崇祯观禾田九担，一坵。又出山口巩桥边桅杆坵，禾田十四担，一坵。又牌上一百七十二坦内捐十六坦八把。共田三十九担八把。粮出二十都六甲元魁袋内税米二斗正。

次男优生宏道。十年捐钱玖拾贰千文。元年捐租谷一百零八桶。地名十八都出山口巩桥上郑家垮栗山嘴猴菜树下，禾田九担，一坵，秧塘一口。又涌冲禾田十五担，一坵。又李姓村右山脚下秧塘一口。又牌上下园大路下等处禾田四十二担内上十八担。共田四十二担。粮出二十都六甲元魁袋内税米二斗一升。

威武监曹行五，十年捐租谷一百三十桶。地名寨上门首中截，禾田三十四担，四坵。又搭把冲禾田五担，坵址不计。共田三十九担。粮出三都二十甲文杰袋内税米二斗三升四合正。

长男监岐鸣，元年捐钱壹千壹百文。

孙清灵，十年捐租谷三十桶。地名泮泥冲禾田十担，二坵。粮出三都二十甲道贞袋内税米六升正。

孙星南，十一年捐租谷二十桶。地名月光冲门首秧塘一口，三担。又井边禾田三担，坵址不计。粮出三都二十甲孔诰袋内税米三升六合正。

国学次男昌化，十一年租谷三十桶。地名塘冲珑禾田十担，三坵。粮出三都二十甲华堂袋内税米六升正。

孙监如兰，元年捐钱叁千文。

三男廪生宣化。九年捐租谷四十桶。地名牌楼下李发辉珑禾田十二担，三坵。粮出三都二十甲宏德袋内税米九升六合正。

元孙、元吉兄弟，元年捐钱肆千文。

桃源吏戴令行，九年捐钱壹百千文。

长男监可兴，九年捐钱伍拾千文。

次男职执礼，九年捐租谷三十桶。地名深坳背脚下禾田五担，八坵。

又地名桅杆垇禾田二担七垇。共田七担十五（担）〔垇〕。粮出三都二三甲戴书袋内税米四升九合。又元年捐钱壹千伍百文。

三男监敬哉，九年捐钱贰拾千文。元年捐钱壹千伍百文。

四男监和平，九年捐谷二十桶。地名半垄虎形左边坝泥科禾田五担。上一处六垇，下一处七垇。受埧泥科泉水灌润。粮出三都二三甲戴乐袋内税米三升正。元年又捐钱伍千文。

得胜监黄世钦，九年捐租谷拾肆桶。

长男生克修，九年捐租谷叁拾壹桶。

次男生克操，九年捐租谷拾贰桶。

三男生克顺，九年捐租谷拾捌桶。

四男克显，九年捐租谷拾陆桶。

五男生克峻，九年捐租谷叁拾一桶。又捐钱壹拾千文。

六男监克刚，九年捐租谷贰拾捌桶。又捐钱壹拾千文。

七男监克壮，九年捐租谷叁拾桶。又捐钱壹拾千文。

地名十八都饶家屋背洞中祥云洞下处禾田十二担，一垇。又塘上田一垇。又一处饶家屋左边金山禾田七担，一垇。又一处地名竹草塘方姓门首禾坪下禾田十担，四垇。又界碑山坟前禾田三担，一垇。又一处婁婁岩垇集上禾田十担，三垇。又饶家祥云洞禾田十五担，垇址不计。粮出十八都七甲兴诗袋内，税米八升正。又出成乐袋内税米八升正。又出步青克显袋内税米五升正。

孙明之，元年捐钱贰千文。

孙生得之，元年捐钱贰千文。

孙循之，元年捐钱贰千文。

孙生约之兄弟，元年捐钱壹千文。

孙书之，元年捐钱壹千文。

威武曹武略，九年捐租谷叁拾桶。

男职维禧兄弟叔侄，九年捐租谷壹百桶。地名东塘桥坰上田十九担，计四坵。润水塘一口。又格背塘禾田二十三担半，计九坵。润水塘一口六分，该本四分，饬放灌润，照分轮流。又枫树下禾田五担，二坵。又狮岭脚新塘一口，与曹辛保等连共布放灌润，照田轮流。又门首鲤鱼塘秧塘一口，种谷十六桶，该本一桶耕种布润，照分轮流。又门首右边黄坡塘禾田一担，计一坵。又下禾塘秧塘一口，种谷十二桶，该本三桶。又下禾塘禾田一担，一坵。又大鲤鱼塘秧塘一口，种谷三十二桶，该本二桶。又鲤鱼塘秧塘一口，种谷十六桶，该本一桶。又水塘上禾田十担半，计三坵。共田六十担，计二十坵。塘三口，秧塘七桶，内公买租谷二十桶。粮出三都二三甲开成袋内税米三斗七升一合正。

胜得国学谢献朝，九年捐租谷贰拾叁桶。地名塘冲头禾田七担，一坵。润水塘一口。粮出三都二七甲鹍鹏袋内税米四升九合正。

长男增生帝臣，九年捐谷叁拾陆桶。地名高陂上绕冲与清选连共内上禾田十二担。粮出三都二七甲贵瑚袋税米七升二合正。

次男生亮臣，九年捐钱叁千贰百伍拾文。

三男增生佐臣，九年捐租谷伍拾肆桶。地名谭家庄毛坪头等处禾田二十二担，坵址不计。粮出十八都九甲有馀堂袋内税米五升五合正。又出右都一甲光裕堂袋内税米五升五合正。元年捐钱叁千文。

四男生师臣，九年捐钱壹拾千文。元年捐钱壹千文。

得胜谢楚麟，九年捐租谷伍拾肆桶。地名十八都大垄口、毛园里、竹岭背、牛巷里等处共田一百零五担，内捐禾田一十五担七厘。粮出十七都五甲发科袋内税米六升正。又出十七都三甲品一袋内税米九升零五勺。

男监腾云，九年捐租谷肆拾捌桶。地名十八都梅树垄禾田十担，二坵。又地名茅屋背禾田十担，四坵。粮出十九都三甲恒一袋内税米一斗二升正。

孙职恒一。元年捐钱贰千文。

威武监曹楚望。元年捐钱陆千文。

长男监谨箴，九年捐租谷叁拾捌桶四升。地名牌上下首出山口大路下等处禾田一百七十二担，内上禾田一十七担。粮出十八都三甲万邦袋内税米九升正。

次男敏箴，九年捐租谷陆拾桶。地名牌上下首出山口大路下等处禾田一百七十二担，内上禾田二十二担，坵址不计。粮出十八都三甲望隆袋内税米一斗一升。

得胜监黄上钦，九年捐租谷贰拾桶。

长男职伟臣，捐钱壹拾千文。

次男翰臣，九年捐租谷叁拾壹桶。

三男监丹臣，九年捐租谷叁拾桶。元年捐钱肆千文。地名红毛塘、黄牯垄禾田十七担，坵址不计。又地名良田洞禾田四担，一坵。又地名槽礁坵禾田五担，不计坵。共田二十六担。粮出二都二十甲步阶袋内税米一斗一升九合。又二都二十甲义中袋内税米六升三合正。

孙监立之，元年捐钱肆千文。

威武曹自立子孙，十年捐租谷贰百陆拾桶。地名黄沙坑禾田二十八担，计十五坵。又地名花墟坵禾田十担，计一坵。又地名渣岭塘禾田三担，计一坵。又铜镇塘屋后禾田四担，一坵。长任田禾田六担，一坵。碓田塘禾田十二担，一坵。又地名彭家门首禾田一担，一坵。又地名上窖洞正冲禾田八担，一坵。布洗塘田四担，一坵。共七十六担，大小二十四坵。粮出二都二四甲维宝袋米一斗二升，维贤袋米一斗五升，食德袋米一斗二升，义轼袋米六升六合内。

维宝名下租谷六十八桶。

副生维贤名下租谷五十六桶。

维贵名下租谷六十八桶。

维宾名下租谷六十八桶。

又元年共捐钱贰拾肆千文。

龙虎唐会友，九年捐钱壹百千文。元年捐钱捌千文。

桃源尹和友，元年捐钱壹千文。

长男耆玉章，九年捐钱陆千文。

次男龙章，九年捐租谷贰拾桶。地名窑门口田四担，庙门口四担，共八担，不计坵。粮出三都二三甲名会袋米四升八合。

三男职员美章，九年捐钱捌千文。

四男维一，九年捐钱陆千文。

五男奉彰，九年捐租谷伍十桶。地名山背禾田九担，一坵。又岭婁田禾田三担，一坵。又地名岭背塘禾田九担，一坵。共田二十一担，计三坵。粮出三都二三甲袋内税米。

孙监慎祥，元年捐钱柒千文。

龙虎国学袁直斋兄弟，九年捐钱玖拾千文。

七都白绍安子孙，九年捐租谷壹百斗。地名大塆桥，小地名竺山下禾田八担，坵址不计。其界上以岭脚，下右以何姓田，左以圳。又一处株冲背上截禾田一十七担，坵址不计。其界上以岭脚，下以本名田，左以水圳栿量，右以岭脚，二处共田二十五担。粮出四都二六甲白远林、白远兴袋内税米二斗正。元年捐钱捌千文。

威武曹熊飞，九年捐租谷陆拾贰桶。地名十八都饶家禾田三十壹担，坵址不计。粮出二十都六甲道熊袋内税米一斗八升六合。元年捐钱壹千伍百文。

桃源段兰馨，九年捐租谷陆拾桶。地名十八都土地塘六十担，内禾田二十担，大小六坵。粮出十八都七甲兴仁袋内税米一斗正。元年捐钱叁千文。

威武廖桂攀，九年捐租谷伍拾桶。地名中陂垻石洲上禾田十五担，坵址不计。粮出一都一甲杨兴黉袋内税米九升正。二年捐钱壹拾千文。

七都唐瑞祥，九年捐阴租谷七十二斗。地名十八都上福坑与曾□钧□干容三等，三房学会朋官地名高楼冲禾田四担，坵址不计。其界俱以随出山倒水为界。粮出十七都七甲俊荣袋内税米五升三合三勺。又出俊求袋内税米一升二合一勺。又出禾发袋内税米三升七合三勺。又出生发袋内税米四升五合三勺。元年捐钱肆千文。

威武方珍瑞兄弟，九年捐钱陆拾陆千文。

得胜谢蕙心，九年捐租谷伍拾肆桶。地名十八都谭家庄、茅坪头等处禾田二十二担，坵址不计。粮出十八都九甲庆馀堂袋内税米一斗一升正。元年捐钱叁千文。

得胜国学谢清选，九年捐租谷伍拾肆桶。地名上绕冲禾田三十四担，与谢帝臣连共，该本一半，坵址不计。粮出□□都□甲□□袋内税米一斗零二合。元年捐钱一千伍百文。

桃源黄贵楚，九年捐租谷伍拾肆桶。地名下板塘，小地名藕塘禾田一十四担，一坵。粮出十八都七甲许楚袋内税米七合正。

桃源蔡考成，九年捐租谷伍拾桶。

地名朝væ塘下禾田十五担一坵。水系朝væ塘水灌润布放，其有界址、水分，照旧管理。粮出一都五甲君望袋内税米九升正。

元年捐钱壹千伍百文。

威武国学廖英才，九年捐租谷肆拾伍桶。地名𡋾上禾田十担，七坵。又禾田五担，一坵。又一担半，二坵。又竹节𡋾禾田二担，一坵。共田十八担半。粮出三都二四甲廖凌云袋内税米一斗一升一合正。

威武曹余钱，九年捐租谷四十桶。地名西边塘禾田十担，计四坵。粮出三都一六甲义精袋内税米六升正。元年捐钱壹千伍百文。

威武曹式九,九年捐租谷肆拾桶。

地名羊屎𡋾塘下禾田五担，计四坵。塘一口，照田灌润。又地名道士窝禾田五担，计二坵。塘一口，照田布放灌润。粮出二十都六甲道平袋内税米五升正。

元年捐钱叁百文。

威武方汉兴，九年捐租谷肆拾桶。地名松树龙禾田三担。又荒宝垄禾田九担，二共禾田十二担，计十坵。粮出三都一九甲方兴袋内税米七升二合。

得胜国学曹成章，九年捐钱肆拾千文。元年捐钱陆千文。

龙虎李兴才子孙，九年捐钱肆拾千文。元年捐钱伍千文。

七都唐雍祥，九年捐租谷叁拾桶。元年捐钱肆千文。

侄奇英，九年捐租谷拾伍桶。元年捐钱壹千伍百文。地名池塘下禾田四亩，该本二亩。又一处八亩里禾田四亩，内该本半亩。契内雍祥捐田拾担，阴谷三十桶。又奇英捐田五担，阴谷十五桶。粮出二十都九甲，连先袋内税米六升五勺。又出十七都七甲新臣袋内税米二升三合五勺。又出秀龙袋内税米三升七合三勺。又出俊求袋内税米二升五合二勺。

龙虎增生刘华实。元年捐钱陆千文。

长男太和，九年捐钱壹千文。

次男继明，九年捐钱壹拾陆千文。

三男庠生玉振，九年捐钱玖千文。

四男耆玉重，九年捐钱壹拾壹千文。

得胜曹红万，元年捐钱陆千文。

长男振兴，九年捐钱陆千陆百文。

次男启贤，九年捐钱贰拾千文。

三男育之，九年捐钱壹千陆百文。

四男国学武城，九年捐钱陆千文。

威武高陂曹呈祥，九年捐钱肆拾千文。元年捐钱壹千伍百文。

得胜谢庆贤。元年捐钱壹千文。

男德祥，九年捐租谷捌桶。地名永丰洞禾田二担半，一坵。粮出三都二七甲德祥袋内税米二升正。九年捐钱叁拾壹千文。

威武曹华升，九年捐租谷叁拾桶外，公买租谷贰拾桶正。共租谷伍拾桶。地名十八都下山田，小地名大荒冲，禾田一十五担，计六坵。粮出十八都七甲孔盛袋内税米一斗一升一合。

威武方致福，九年捐租谷叁拾桶。地名丰山下边禾田五担。又西冲禾田五担，坵址不计。粮出三都一九甲家德袋内税米六升正。元年捐钱肆千文。

威武方人兴，九年捐租谷叁拾贰桶。地名人形浪下禾田十六担。大小五坵，与方汉兴连共，该本一半。又地名塞上垄头禾田四担，一坵。粮出三都一九甲方贵晟袋内税米七升二合正。元年捐钱壹千文。

桃源黄学才，九年捐租谷叁拾桶。地名十八都丁家门首株树垄娘娘祠门前禾田六担，三坵。又四方塘禾田四担，二坵。外圳边田一坵。粮出十八都七甲由达袋内税米五升正。元年捐钱肆千文。

桃源蔡必富，九年捐租谷叁拾桶。地名火门江檀树岭禾田十担，一坵。粮出十七都七甲蔡信袋内税米五升正。元年捐钱叁千文。

威武曹维烈，九年捐租谷叁拾桶。地名庐门口禾田六担半，计四坵。又一处对庐横珑一双禾田五担，坵址不计。粮出三都二一甲戴凤占袋内税米六升九合正。元年捐钱壹千文。

桃源段力如，九年捐租谷贰拾陆桶。地名棋梓山禾田六担，一坵。受土角塘水灌润。粮出二都一九甲袁自荬袋内税米三升六合。

男国学平彩。元年捐钱柒千文。

得胜刘秀裳，九年捐钱贰拾捌千文。元年捐钱肆千文。

七都刘楚重九年捐钱贰拾陆千文。元年捐钱陆千文。

任湘乡县教谕龙恩锡，九年捐钱叁拾千文。

五谷廪生黄云著，九年捐钱叁拾千文。

武威曹呈祥叔侄，九年捐租谷贰拾柒桶。地名牛岭下禾田九担，计三坵，粮出三都二十甲道理袋内税米五升四合。元年捐钱一千捌百文。

七都何凤鸣叔侄，九年捐阴租谷叁拾叁斗。地名过江□一处，又地名仙鹅塘，又正垄内一坵，禾田十担，坵址不计。粮出四都二六甲英豪袋内税米七升正。元年捐钱壹千伍百文。

得胜国学谢彰之，九年捐租谷拾贰桶。地名双江边禾田三担，一坵，粮出三都二七甲永丰堂袋内税米二升四合。九年捐钱壹拾陆千文。

威武刘鸿发，九年捐租谷贰拾肆桶。地名岭背冲禾田六担半，三坵。又地名四花树下禾田一担半，一坵。润水井一口。粮出三都二六甲刘书才袋内税米四升八合。元年捐钱贰千文。

桃源黄乾元，九年捐租谷贰拾伍桶。地名王桶背禾田九担，二坵。粮出三都一七甲体梅袋内税米六升三合。元年捐钱壹千文。

威武国学曹鹤飞，九年捐租谷贰拾伍桶。地名十八都牌上李家门首禾田八担一坵。粮出二十都六甲占进袋内税米四升八合。

五谷国学黄清泉，九年捐钱叁拾千文。

威武庠生曹守先，九年捐租谷贰拾肆桶。地名锺家洞禾田八担一坵，上边水圳一条，系本田开出受泉水灌润。粮出三都一六甲曹林袋内税米五升六合。元年捐钱叁百文。

得胜国学谢梦青，九年捐租谷贰拾肆桶。地名塘冲垄蛇形禾田八担，一坵。粮出三都二七甲□生茂袋内税米四升八合。

桃源黄朝之，九年捐租谷贰拾桶。地名新屋门首禾田五担，一坵。粮出三都一七甲昌由袋内税米三升正。元年捐钱肆千文。

桃源黄作周，九年捐租谷贰拾桶。地名广塘门首禾田八担，二坵，受井水灌润。粮出三都一四甲段文德袋内税米四升八合正。元年捐钱肆千文。

桃源吏员段绍观，九年捐钱壹千文。

长男经纶。捐钱拾千文。

次男发科。捐钱贰千文。

三男国学平纲。捐租谷拾桶。地名水头把官升塘禾田三担，一坵。粮出下都十甲段平蛟袋内税米二升四合。

四男昌纶。捐钱壹千文。

五男登科。捐钱壹千文。

满男有科。捐钱贰千文。

威武李福星子孙，九年捐租谷贰拾贰桶。地名上冲禾田七担，一坵。粮出三都二一甲福星袋内税米四升二合。

得胜耆曹国院，九年捐钱贰拾千文。

孙白开、红开。元年捐钱陆千文。

七都谢本成，九年捐钱贰拾肆千文。

七都曹羡华，九年捐钱贰拾千文。元年捐钱肆千文。

威武国学袁凤扬，九年捐钱廿叁千柒百伍拾文。

七都国学陈世茂妻段氏，九年捐租谷贰拾贰桶。地名沙塘下禾田十一担半，大小五坵。粮出。元年捐钱贰千文。

七都袁凤仪，九年捐租谷贰拾桶。地名杨家坊，小地名吴必塘，禾田七担。糠口塘水灌润。又□□门首禾田三担，井水灌润。共田十担，坵址不计。粮出十一都九甲国望袋内税米四升正。元年捐钱壹千伍百文。

得胜谢拔朝子孙，九年捐租谷贰拾桶。地名下冲垅禾田八担，一坵。与谢峻飞连共，该本一半。粮出三都二七甲同仁袋内税米二升四合。元年捐钱壹千贰百文。

威武廖云从，九年捐租谷贰拾桶。地名礼塘门首指麻都禾田五担，一坵。受长塘源水灌润。粮出一都一甲杨盛发袋内税米四升正。元年捐钱壹千文。

威武吏员廖承修，九年捐租谷贰拾桶。地名园下岭禾田五担，一坵。粮出三都二四甲继作袋内税米三升正。元年捐钱壹千文。

得胜庠生谢峻极，九年捐租谷贰拾桶。地名下冲垄禾田八担，一坵，与谢授朝连共，该本一半。粮出三都二七甲同仁内税米二升四合。元年捐钱壹千文。

威武乡贡生廖希谟，九年捐租谷贰拾壹桶。地名坳上禾田七担一坵。受竹节□塘水灌润。粮出三都二四甲廖瑶袋内税米四升二合。

威武方文运子孙，九年捐租谷贰拾桶。地名石壕冲禾田十担，计十四坵。粮出三都一九甲方贵臣袋内税米六升正。

威武曹融和，九年捐租谷贰拾桶。地名桐树背禾田六担，三坵。粮出三都二十甲孔立袋内税米三升六合。

丹团段兴祥，九年捐租谷贰拾桶。地名四月塘禾田十担，大小三坵。粮出三都一八甲段初发袋内税米五升正。

五谷庠生张利学，九年捐租谷贰拾桶。地名鸡公坳庙背岭禾田十担，五坵。粮出二都一三甲宜正袋内税米六升正。

威武方作万，九年捐租谷贰拾桶。地名念经冲禾田七担，六坵。又润水塘一口。粮出三都一九甲方富学袋内税米四升二合正。

七都李官清。元年捐租谷贰拾伍斗。地名猪婁口棉花垄开張禾田五担，坵址不计。其界上以何姓祭田，下以李观音田，左右以山岭为界。内有馀坪未开。

龙虎唐荣昌，九年捐钱拾贰千文。元年捐钱捌千文。

得胜杨瑞清，九年捐租谷拾捌桶。地名李家塝台上禾田六担，一坵。粮出一都一甲杨义学袋内税米三升六合。

威武曹学礼，九年捐钱拾捌千文。元年捐钱壹千伍百文。

五谷曹仕廷，九年捐租谷拾陆桶。地名丰山门首堆脚禾田四担，一坵。粮出三都二三甲曹耀袋内税米二升四合。

威武廖配贤，九年捐租谷壹拾陆桶。地名坰上禾田五担，一坵。粮出三都二三甲曹昌逻袋内税米三升正。

威武曹作音，九年捐租谷壹拾伍桶。地名大塘冲对门江禾田六担，三坵。粮出三都二十甲曹□□袋内税米。元年捐钱壹千文。

威武曹锡求，九年捐租谷壹拾伍桶。地名景武塘禾田四担，大小五坵。粮出三都二十甲达丁袋内税米二升四合。

得胜刘从万，九年捐钱壹拾捌千文。

威武袁恒厚，九年捐钱壹拾陆千文。元年捐钱伍百文。

七都军功欧博文，九年捐阴租谷拾捌斗。地名下七都大垮桥，田名老屋里庙边禾田七担，坵址不计。粮出七都五甲家昆袋内税米五升六合。

得胜黄体江。元年捐租谷陆桶。

男汉兴。捐钱壹千文。

孙耆星聚。捐租谷捌桶。地名火门江观音桥禾田八担，二坵。粮出十八都九甲柳丰袋内税米四升八合。

五谷国学曹升朝兄弟，九年捐租谷壹拾肆桶。地名杨椢平禾田五担，二坵。粮出三都二二甲曹□袋内税米三升正。

得胜方希圣，九年捐钱壹拾陆千文。

威武国学戴敷皇，九年捐钱壹拾陆千文。

威武廪生唐之桢，九年捐租谷壹拾肆桶。

威武唐显扬，九年捐租谷壹拾肆桶。

威武唐享廷，九年捐租谷壹拾肆桶。地名东虎塘禾田九担，一坵。水井一口，四分一分。又地名青洙塘禾田二担，一坵。粮出三都三十甲秀芳袋内税米六升六合。

得胜黄圣钦，九年捐钱贰拾贰千文。元年捐钱贰千文。

龙虎刘超群，九年捐钱壹拾肆千文。

得胜谢才训，九年捐钱叁千伍百文。

男羽之，捐钱壹拾千文。

龙虎唐凤楚，九年捐钱壹拾贰千文。元年捐钱壹千文。

桃源国学张春凤九年捐钱拾千文。元年捐钱叁千文。

威武曹德昌，九年捐租谷壹拾贰桶。地名鸟石冲对门垄丝塘下禾田四担，二坵。粮出四都二五甲曹义纪袋内税米二升四合正。

威武贡生廖中柱，九年捐租谷拾贰桶。地名下洞中心禾田六担，一坵。外公买谷四桶。共租谷十六桶。粮出三都二四甲廖福珩袋内税米三升六合。

桃源蔡在林，九年捐租谷拾桶。地名大屋头大路上禾田四担，一坵。受上泉水坪水灌润。粮出六都十甲蔡谋龙袋内税米二升八合。元年捐钱贰千伍百文。

得胜谢恢绪，九年捐钱拾贰千柒百文。

丹团任宝庆府教谕段绍模，九年捐钱拾千文。元年捐钱贰千伍百文。

威武曹若士，九年捐租谷拾桶。地名脾楼下新屋对门江禾田三担，四坵。粮出三都二十甲曹道珍袋内税米一升八合。元年捐钱壹千文。

威武职员袁泽民，九年捐租谷拾桶。地名黄沙垄对门塆上禾田五担，五垢，受坝水灌润。粮出二十都六甲立道袋内税米二升五合。

威武袁分祥，九年捐租谷拾桶。地名楼下对门江禾田四担，一垢，原受坝水灌润。粮出二都一一甲，万镭袋内税米二升四合正。

□□萧科苏，九年捐租谷拾贰斗。地名泮冲禾田五担，垢址不计。粮出下都三甲萧圣谓袋内税米四升正。

桃源段绍本，九年捐钱壹拾贰千文。

塘金垄李超群，九年捐钱壹拾千文。元年捐钱贰千文。

塘金垄赵清华，九年捐钱壹拾千文。元年捐钱壹千伍百文。

得胜唐仰瞻，九年捐钱壹拾千文。元年捐钱壹千柒百文。

得胜罗承先，九年捐钱壹拾千文。

威武曹达文兄弟，九年捐钱壹拾千文。元年捐钱陆百文。

得胜曹国风，九年捐钱捌千文。元年捐钱贰千伍百文。

龙虎唐辅廷，九年捐钱捌千文。元年捐钱贰千伍百文。

威武曹鸿发兄弟，九年捐钱壹拾千文。元年捐钱叁百文。
五谷吏员谢经纶，九年捐钱壹拾千文。

得胜张祖徫，九年捐钱壹拾千文。

威武李文勋兄弟，九年捐钱拾千文。

龙虎龙绍林，九年捐钱壹拾千文。又钱二千文。

丹团曹元盛，九年捐钱壹拾千文。

龙虎唐凤仪，九年捐钱壹拾千文。

丹团省吏段高华，九年捐钱壹拾千文。

龙虎董王祥，九年捐钱壹拾千文。

龙虎张万隆，九年捐钱壹拾千文。

得胜谢诗学，九年捐钱壹拾千文。

得胜刘良心，九年捐钱壹拾千文。

得胜张明魁，九年捐钱壹拾千文。

得胜曹在田，九年捐钱一十千文。

得胜张显爵，九年捐钱一十千文。

桃源监生方锺毓子孙，九年捐钱一十千文。

威武生古文凤，九年捐钱一十千文。

威武耆袁临之兄弟，元年捐钱一十千文。

得胜刘书容，元年捐钱一十千文。

五谷曹惟明，九年捐钱一十千文。

龙虎副生何勋臣，九年捐钱壹拾三千文。

五谷庠生谢玉书，九年捐租谷壹十四桶。地名十八都观音桥右边禾田五担，二坵。粮出十九都书显袋内税米三升正。

威武李祥光，九年捐租谷捌桶。地名黄家塘下首庙吉冲岭脚禾田五担，二坵。粮出二都三十甲李得位袋内税米三升正。

五谷训导黄鸾裔，九年捐租谷一十桶。地名白家洞黄家坊庙门首禾田五担，一坵。粮出二都二十甲黄鸾袋内税米三升正。

五谷庠生黄纯熙，九年捐租谷二十七桶。

五谷监生黄光国，九年捐租谷一十五桶。

五谷监生黄咸熙叔侄，九年捐租谷一十五桶。

五谷黄兴学，九年捐租谷一十桶。

五谷黄江城，九年捐租谷一十桶。

五谷黄玉章，九年捐租谷一十桶。

五谷监生黄咸熙，九年捐租谷一十桶。

五谷监生黄执中，九年捐租谷八桶。

其租田地名、坵址，候书契补入。

同治二年乐捐鸿名

鹿鸣诰授奉直大夫李阁然捐钱二百串。

威武国学曹庸甫捐租谷一百桶。

地名　禾田　担大小　坵粮出　都　甲　袋内税米　斗　升　合正。[①]

丹田段八海捐钱六十千文。

得胜刘益盛兄弟捐钱一十三千文。

五谷焦聚衔捐钱一十千文；刘任开捐钱六十千文；李洪顺捐钱二十千

① 曹庸甫捐租数目，底本原缺，今依底本空缺。

文；蔡谋忠捐钱十千文，男允福捐钱二千文；袁裕仁捐钱贰千文。

桃源段□□子孙捐钱拾叁千文；段裕后捐钱二千文；段彩安捐钱拾叁千文。

大缘首补捐①

戴明山仝男文华捐租谷四十桶。又捐钱廿串。

吏文林捐租谷四十桶。

作章租捐谷八十桶。

监平章捐租谷四十桶。

贡贡勋捐租谷四十桶。

经纶捐租谷二十桶。

军功亮勋捐租谷二十桶。

监可求捐租谷十桶。

从九茂福捐谷十桶。

一处地名黑梓冲禾田二十七担，七坵。塘一口，与曹甲斋连共，该管一半。又了塘禾田八担，二坵。又大波坝禾田十七担，二坵。又牛栏塘禾田三担，二坵。又杨树坪垦禾田一十六担，二坵，无粮。又大屋图屋背禾田捌担，一坵。易公塘石角脚禾田十担，三坵。额受鸡塘、□冲塘二塘轮流布放灌润。共田八十九担，计十九坵。粮出三都二三甲代明诚袋内税米一斗一升四合，代名魁袋内税米一斗一升四合，代进升袋税米四升八合，代智凤袋内税米六升六合，代贡勋袋内税米六升正，代智隆袋内税米三升

① 标题原缺，据底本目录补。

正。额租谷三百桶。

振黉堂捐钱三十五千文。

松柏茂捐钱二十四千文。

累席斋捐钱二十千文。

明升廷捐钱一十五千文。

书生捐项[①]

书生乐捐小引

创建书院，支度浩繁，乡先生辈解囊乐捐，尚已。己未秋，诸同学念事关学校，番踊跃赴公，以轻助重，以寡益多。爰各禀父兄命，量出些赀，襄厥盛举。匪矜结纳，匪侈声气，童冠偕来，英奇毕至，用深芝兰臭味，而订同心之雅云。

书生督捐姓氏

庠生刘振藻、谢日升、庠生谢罗星、段亮衢、黄梅雨、曹圣谟、段兴铭、曹资深、谢恒春、戴淡如、曹作谋、庠生廖光大、庠生方家树、曹义

① 标题原缺，据版心及底本目录补。

渊、杨士一。

书生乐捐鸿名

戴爵一捐钱叁千文。

戴文瑞捐钱肆千文。

戴淡如捐钱叁千文。

生员曹维桢捐钱贰千文。

黄梅雨捐钱陆千文。

谢日升捐钱壹千文。

段少春捐钱伍千文。

段小春捐钱伍千文。

曹亮彩捐钱壹千文。

段兴奇捐钱贰千文。

曹作谋捐钱壹千文。

杨士一捐钱贰千文。

生员谢锺岳捐钱贰千文。

生员刘振藻捐钱贰千文。

方家树捐钱贰千文。

方振德捐钱贰千文。

曹善谋捐钱壹千文。

段亮渠捐钱贰千文。

袁在廷捐钱贰千文。

段兴仁捐钱贰千文。

段兴义捐钱贰千文。

段兴璠捐钱贰千文。

段邦文捐钱叁千文。

段锦春捐钱壹千文。

段兴锦捐钱壹千文。

谢学洙捐钱壹千文。

谢学泗捐钱壹千文。

谢书臣捐钱壹千文。

廖光荣捐钱叁千文。

曹伟堂捐钱贰千文。

唐锺毓捐钱壹千文。

刘芳梅捐钱壹千文。

刘翠兰捐钱壹千文。

刘象之捐钱壹千文。

谢学之捐钱壹千文。

段兴瑚捐钱壹千文。

曹廷诗捐钱壹千文。

曹承凯捐钱壹千文。

监生谢学详捐钱贰千文。

袁起文捐钱壹千文。

段兴铭捐钱壹千文。

王董隆捐钱壹千文。

黄义林捐钱贰千文。

古季兰捐钱壹千文。

蔡柱臣捐钱壹千文。

代献贞捐钱叁千文。

代廖[illegible]捐钱壹千文。

黄义礼捐钱贰千文。

尹慎祥捐钱叁千文。

黄春魁捐钱叁千文。

胡秀奇捐钱壹千文。

袁起谟捐钱贰千文。

尹明亮捐钱壹千文。

尹孝禄捐钱壹千文。

尹禄祥捐钱壹千文。

曹丹成捐钱叁千文。

曹九发捐钱壹千文。

曹义田捐钱贰千文。

曹醇儒捐钱肆千文。

曹义山捐钱贰千文。

曹振常捐钱壹千文。

廖恢绩捐钱壹千文。

李映宸捐钱壹千文。

李代桢捐钱贰千文。

曹含璧捐钱壹千文。

廖循陔捐钱壹千文。

生员戴文昭捐钱壹千文。

廖明仪捐钱壹千文。

廖象贤捐钱叁千文。

廖腾辉捐钱壹千文。

廖光耀捐钱壹千文。

方书城捐钱壹千文。

方峻谋捐钱壹千文。

黄金台捐钱贰千文。

黄义持捐钱壹千文。

黄义适捐钱壹千文。

黄义喻捐钱壹千文。

黄义基捐钱壹千文。

黄义逵捐钱壹千文。

黄义松捐钱壹千文。

谢恒益捐钱壹千文。

曹庭瑞捐钱壹千文。

谢琳球捐钱贰千文。

谢灵心捐钱壹千文。

谢金兰捐钱壹千文。

谢能沃捐钱壹千文。

谢学松捐钱肆千文。

谢华昌捐钱壹千文。

袁禄祥捐钱壹千文。

袁添祥捐钱壹千文。

段邦洸捐钱壹千文。

袁遂发捐钱壹千文。

唐泰阶捐钱壹千文。

唐秀斋捐钱壹千文。

唐麟书捐钱壹千文。

唐文成捐钱壹千文。

方家谅捐钱壹千文。

唐瑞仁捐钱壹千文。

廖曹元捐钱壹千文。

谢阳和捐钱壹千文。

谢阳复捐钱壹千文。

方世求捐钱壹千文。

龙本奇捐钱壹千文。

龙翻云捐钱壹千文。

戴岳生捐钱贰千文。

段益寿捐钱壹千文。

段艺林捐钱壹千文。

段寿春捐钱壹千文。

谢礼彬捐钱壹千文。

谢季春捐钱壹千文。

方家玉捐钱壹千文。

曹锦春捐钱贰千文。

段庚喜捐钱贰千文。

段戊喜捐钱贰千文。

段桅喜捐钱贰千文。

曹善起捐钱壹千文。

曹才亨捐钱壹千文。

谢品一捐钱叁千文。

段贵春捐钱壹千文。

刘启后捐钱壹千文。

段玉春捐钱壹千文。

唐情言捐钱壹千文。

唐立之捐钱壹千文。

龙际云捐钱壹千文。

曹由义捐钱壹千文。

刘振汉捐钱壹千文。

刘先瑜捐钱贰千文。

谢学诗捐钱壹千文。

龙本源捐钱壹千文。

方忠仁捐钱壹千文。

方贵厚捐钱壹千文。

方贵元捐钱壹千文。

廖邦光捐钱壹千文。

廖家光捐钱壹千文。

方忠厚捐钱壹千文。

生员谢举校捐钱贰千文。

唐秀儒捐钱壹千文。

唐秀文捐钱壹千文。

曹贤杰捐钱壹千文。

曹定尔捐钱壹千文。

曹定理捐钱壹千文。

袁孝容捐钱壹千文。

方家福捐钱壹千文。

黄夺锦捐钱壹千文。

颜道纲捐钱壹千文。

黄吐金捐钱壹千文。

段兴科捐钱壹千文。

段琎璜捐钱壹千文。

段平琎捐钱壹千文。

刘步青捐钱壹千文。

唐俊选捐钱壹千文。

谢能华捐钱壹千文。

谢书川捐钱壹千文。

生员段邦琛捐钱壹千文。

段兴启捐钱壹千文。

蔡言扬捐钱壹千文。

袁端捐钱贰千文。

袁富启捐钱壹千文。

段育贤捐钱壹千文。

唐俊德捐钱壹千文。

袁国治捐钱壹千文。

袁国泰捐钱壹千文。

曹师孔捐钱壹千文。

曹宗孔捐钱壹千文。

曹希孔捐钱壹千文。

曹孟蛟捐钱壹千文。

曹孟滨捐钱贰千文。

唐维祖、唐纯祖、唐应祖、唐思祖、唐念祖、唐惠祖捐钱拾陆千文。

曹烈湛捐钱壹千文。

曹承光捐钱壹千文。

曹承灵捐钱壹千文。

曹承照捐钱壹千文。

李历数捐钱壹千文。

李历传捐钱壹千文。

李历辰捐钱壹千文。

李海良捐钱壹千文。

黄由昱捐钱壹千文。

刘祥诗捐钱壹千文。

刘祥书捐钱壹千文。

李嘉喜捐钱壹千文。

袁汝礼捐钱壹千文。

段兴学捐钱壹千文。

段兴校捐钱壹千文。

刘承师捐钱贰千文。

曹孔荣捐钱壹千文。

袁载南捐钱壹千文。

国学谢学坛捐钱贰千文。

谢恒春捐钱贰千文。

段兴宗捐钱叁千文。

段锺奇捐钱贰千文。

段清奇捐钱贰千文。

廖烈禹捐钱贰千文。

段兴琛捐钱壹千文。

段兴樽捐钱壹千文。

段兴桦捐钱壹千文。

曹有猷捐钱壹千文。

刘国器捐钱贰千文。

方馀庆捐钱壹千文。

方馀麟捐钱壹千文。

袁申秋捐钱壹千文。

曹承忠捐钱壹千文。

黄由礼捐钱壹千文。

尹学详捐钱壹千文。

尹禄萱捐钱壹千文。

尹长节捐钱壹千文。

曹义渊捐钱伍千文。

曹义基捐钱伍千文。

曹遵义兄弟捐钱拾千文。

国学曹文苑捐钱肆千文。

曹鸿福兄弟捐钱捌千文。

曹常照捐钱壹千文。

曹义重捐钱叁千文。

曹壬祥捐钱壹千文。

李永清捐钱壹千文。

廖嘉会捐钱贰千文。

副生廖根烈捐钱贰千文。

廖光烜捐钱壹千文。

谢万川捐钱叁千文。

曹凌云捐钱壹千文。

谢悟川捐钱贰千文。

谢霜桥捐钱壹千文。

谢香桂捐钱壹千文。

黄由诗捐钱贰千文。

李德明捐钱贰千文。

李比斋捐钱壹千文。

谢晨一捐钱壹千文。

谢章甫捐钱壹千文。

谢学醽捐钱壹千文。

谢学酥捐钱壹千文。

唐瑞成捐钱贰千文。

谢勤学捐钱壹千文。

袁富祥捐钱贰千文。

段华林捐钱肆千文。

段士孔捐钱壹千文。

谢学基兄弟捐钱肆千文。

谢富春捐钱壹千文。

曹奇勋捐钱壹千文。

谢学经捐钱壹千文。

段邦典捐钱壹千文。

监生李有成捐钱壹千文。

刘安邦捐钱壹千文。

刘安全捐钱壹千文。

方家睦捐钱壹千文。

李永贞捐钱壹千文。

袁初林捐钱壹千文。

黄忠点捐钱贰千文。

段兴亮捐钱壹千文。

段兴宏捐钱壹千文。

段兴琎捐钱壹千文。

段兴廷捐钱壹千文。

段邦玲捐钱壹千文。

袁志贯捐钱壹千文。

袁国珍捐钱壹千文。

袁必恒捐钱贰千文。

袁起发捐钱壹千文。

袁迎祥捐钱壹千文。

唐祖作捐钱壹千文。

曹孔旋捐钱贰千文。

曹孔施捐钱贰千文。

曹孟麟捐钱壹千文。

曹孟邻捐钱壹千文。

曹孟兰捐钱壹千文。

曹维球捐钱贰千文。

曹孔诰捐钱壹千文。

曹孔谟捐钱壹千文。

曹孔仁捐钱贰千文。

唐润之捐钱壹千文。

黄首兴捐钱贰千文。

黄由选捐钱壹千文。

段兴发捐钱壹千文。

焦绍怀捐钱壹千文。

袁富起捐钱壹千文。

蔡二祥捐钱壹千文。

蔡满祥捐钱壹千文。

蔡兴祥捐钱贰千文。

李时习捐钱壹千文。

李文学捐钱壹千文。

唐永辉捐钱壹千文。

唐秀兰捐钱壹千文。

唐永荣捐钱壹千文。

唐永庸捐钱壹千文。

欧质明捐钱壹千文。

陈义宏捐钱壹千文。

曹恒德捐钱壹千文。

萧汉文捐钱壹千文。

曹守德捐钱壹千文。

黄义路捐钱壹千文。

黄义吉捐钱壹千文。

黄义旗捐钱壹千文。

黄存良捐钱壹千文。

黄义杨捐钱壹千文。

黄义周捐钱壹千文。

黄存馨捐钱壹千文。

黄静存捐钱壹千文。

曹食德捐钱壹千文。

黄存孝捐钱壹千文。

黄义通捐钱壹千文。

黄义取捐钱壹千文。

曹硕德捐钱壹千文。

黄存德捐钱壹千文。

黄义鹄捐钱壹千文。

黄存忠捐钱壹千文。

曹人珠捐钱贰千文。

黄昌炽捐钱壹千文。

曹德乡捐钱壹千文。

曹德陈捐钱壹千文。

曹德馨捐钱壹千文。

段邦瑛捐钱壹千文。

段兴泮捐钱壹千文。

段兴云捐钱壹千文。

段兴谦捐钱壹千文。

曹黄宗捐钱壹千文。

段照容捐钱贰千文。

段平凰捐钱壹千文。

戴华夏捐钱叁千文。

戴华璧捐钱叁千文。

戴华表捐钱叁千文。

戴华衮捐钱叁千文。

戴华宝捐钱叁千文。

戴华梁捐钱贰千文。

戴华堂捐钱贰千文。

戴华秀捐钱贰千文。

戴华椿捐钱贰千文。

戴华瑛捐钱贰千文。

戴丙星捐钱贰千文。

戴华兴捐钱贰千文。

戴荣封捐钱壹千文。

戴华瑚捐钱壹千文。

戴华琏捐钱壹千文。

戴华富捐钱壹千文。

戴华贵捐钱壹千文。

戴华双捐钱壹千文。

戴华前捐钱壹千文。

戴华栋捐钱壹千文。

戴华玉捐钱壹千文。

戴华璋捐钱壹千文。

戴华灵捐钱壹千文。

得胜团乐捐鸿名

碓臼井

督理尹贵华捐钱壹千贰百伍十文。

尹芳文捐钱叁千贰百伍十文。

尹光照捐钱壹千贰百伍十文。

尹易之捐钱捌百伍拾文。

尹必兴捐钱陆百伍拾文。

尹秀华捐钱陆百伍拾文。

尹呈芳捐钱陆百伍拾文。

尹腾芳捐钱陆百伍拾文。

尹庭芳捐钱陆百伍拾文。

尹祥芳捐钱陆百伍拾文。

尹华山捐钱陆百伍拾文。

尹融和捐钱陆百伍拾文。

尹蛟龙捐钱陆百伍拾文。

尹克家捐钱陆百伍拾文。

尹文明捐钱陆百伍拾文。

李介福捐钱陆百伍拾文。

北边把

督理唐寿发捐钱壹千文。

督理曹才达捐钱壹千文。

督理曹容达捐钱壹千文。

曹元光捐钱伍千陆百文。

曹登元捐钱伍千伍百文。

曹可乐捐钱壹千文。

黄玉榜捐钱捌百文。

曹作容捐钱陆百伍拾文。

耆老曹阳德捐钱陆百伍拾文。

曹荫萱捐钱陆百伍拾文。

曹书之捐钱肆百文。

曹华廷捐钱肆百文。

曹瑞珍捐钱肆百文。

曹兰开捐钱肆百文。

曹烂贱捐钱肆百文。

唐显邦捐钱肆百文。

曹丁科捐钱肆百文。

杨明才捐钱肆百文。

倒水垄

督理张怀成捐钱壹千文。

督理张德风捐钱壹千文。

张应第捐钱伍千文。

张作之捐钱伍千文。

耆老张酬勋捐钱叁千文。

张太阳捐钱壹千伍百文。

张诗可捐钱壹千伍百文。

张绍周捐钱壹千贰百伍拾文。

张福星捐钱壹千贰百伍拾文。

张星华捐钱玖百文。

张光前捐钱玖百文。

张允诚捐钱柒百文。

张金石捐钱柒百文。

张明经捐钱陆百伍拾文。

张得之捐钱肆百文。

张春发捐钱肆百文。

张宜春捐钱肆百文。

坪上谢张姓

耆老、督理谢张拔廷捐钱贰千文。

督理文彦捐钱贰千文。

督理德修捐钱壹千捌百文。

昌廷捐钱贰千文。

希元捐钱壹千贰百伍拾文。

循规捐钱壹千贰百伍拾文。

文彩捐钱壹千贰百伍拾文。

玉之捐钱柒百伍拾文。

耆老谢张日新捐钱陆百伍拾文。

芹之捐钱陆百伍拾文。

自奇捐钱陆百伍拾文。

慎修捐钱陆百伍拾文。

春苟捐钱陆百伍拾文。

玉兰捐钱陆百伍拾文。

上宾捐钱陆百伍拾文。

容之捐钱陆百伍拾文。

身修捐钱陆百伍拾文。

应龙捐钱陆百伍拾文。

作明捐钱陆百伍拾文。

玉树捐钱陆百伍拾文。

国学志恒捐钱陆百伍拾文。

矮子兄弟捐钱伍百文。

楚辉捐钱肆百文。

谢张兆春捐钱肆百文。

秧田头

督理段良茂捐钱壹千贰百伍拾文。

督理段良翰捐钱壹千贰百伍拾文。

段诗海捐钱壹千贰百伍拾文。

段良任捐钱壹千零伍拾文。

段又开兄弟捐钱玖百文。

段良元捐钱陆百伍拾文。

段良清捐钱陆百伍拾文。

段双喜捐钱陆百伍拾文。

段德文捐钱肆百文。

段素文捐钱肆百文。

段广寿捐钱肆百文。

鸡婆堆欧罗

督理欧阳和捐钱贰千贰百伍拾文。

欧秀成捐钱壹千贰百伍拾文。

欧天福捐钱壹千贰百伍拾文。

欧满寿捐钱壹千文。

欧路寿捐钱捌百伍拾文。

欧雪礼捐钱捌百伍拾文。

罗庚六捐钱捌百伍拾文。

罗细苟捐钱陆百伍拾文。

欧顺古捐钱陆百伍拾文。

欧金玉捐钱陆百伍拾文。

欧义苟捐钱陆百文。

欧福开捐钱肆百文。

欧长寿捐钱肆百文。

罗贵古捐钱肆百文。

梨洞山

督理曹圣洋捐钱壹千文。

督理曹四寿捐钱壹千文。

曹宽裕捐钱捌百文。

曹青松捐钱肆百文。

曹良余捐钱肆百文。

曹春齐捐钱肆百文。

曹双孝捐钱肆百文。

曹林开捐钱肆百文。

碓臼井唐

督理唐锺毓捐钱壹千贰百伍拾文。

唐升之捐钱伍仟贰佰伍拾文。

唐文炳捐钱捌佰伍拾文。

唐正学捐钱陆百伍拾文。

唐英明捐钱陆百伍拾文。

唐本茂捐钱陆百伍拾文。

碓臼井罗蔡

罗芹学捐钱贰千陆百文。

庠生蔡通唯捐钱贰千文。

罗文兴捐钱伍百文。

罗冬矮子捐钱伍百文。

下洞

督理曹明垣捐钱壹千文。

督理曹祥发捐钱壹千文。

督理曹玉质捐钱壹千文。

曹万兴捐钱陆千文。

监生曹集祥捐钱伍千文。

曹金帛捐钱肆千文。

曹捷攀捐钱贰千叁百文。

曹敦伦捐钱贰千文。

曹拔萃捐钱壹千贰百伍拾文。

曹简书捐钱壹千文。

曹宏兴捐钱壹千文。

曹经纶捐钱壹千文。

曹三多捐钱陆百伍拾文。

曹谓顺捐钱陆百伍拾文。

曹经纬捐钱陆百文。

曹经德捐钱伍百文。

曹金玉捐钱肆百文。

曹才亨捐钱肆百文。

曹达礼捐钱肆百文。

曹福林捐钱肆百文。

曹永之捐钱肆百文。

曹心田捐钱肆百文。

曹平心捐钱肆百文。

曹顺之捐钱肆百文。

曹成之捐钱肆百文。

曹品珍捐钱肆百文。

曹泰舒捐钱肆百文。

曹从斋捐钱肆百文。

水口山

督理刘龙兴捐钱肆千肆百文。

督理刘九林捐钱壹千叁百文。

督理刘名标捐钱壹千贰百伍拾文。

督理刘集成捐钱壹千贰百伍拾文。

督理刘承道捐钱壹千贰百伍拾文。

督理刘恒心捐钱壹千贰百伍拾文。

督理刘安化捐钱壹千文。

刘冠群捐钱陆千文。

吏员刘典重捐钱叁千陆百文。

刘飞赞捐钱叁千贰百伍拾文。

刘才顺捐钱叁千文。

刘见田捐钱贰千贰百伍拾文。

军功刘德斋捐钱贰千文。

刘初斋捐钱壹千陆百文。

刘在有捐钱壹千贰百文。

刘德明捐钱壹千壹百文。

刘金发捐钱壹千零伍拾文。

刘承恩捐钱玖百文。

刘锦绣捐钱捌百伍拾文。

刘才进捐钱捌百伍拾文。

刘作维捐钱捌百伍拾文。

刘楚泽捐钱捌百伍拾文。

刘四林捐钱捌百伍拾文。

刘连城捐钱捌百伍拾文。

刘先辉捐钱捌百伍拾文。

刘清泰捐钱捌百伍拾文。

刘清美捐钱捌百伍拾文。

刘承凤捐钱柒百伍拾文。

刘国华捐钱陆百伍拾文。

刘华兴捐钱陆百伍拾文。

刘连芝捐钱陆百伍拾文。

刘吉兴捐钱陆百伍拾文。

刘怀福捐钱陆百伍拾文。

刘知化捐钱陆百伍拾文。

刘新化捐钱陆百伍拾文。

刘明星捐钱陆百伍拾文。

刘孟秋捐钱陆百伍拾文。

刘告化捐钱陆百伍拾文。

刘良友捐钱陆百伍拾文。

刘长发捐钱陆百伍拾文。

刘承风捐钱陆百伍拾文。

刘作田捐钱陆百文。

耆老刘书田捐钱伍百伍拾文。

恩副榜刘玉书捐钱肆百文。

刘金华捐钱肆百文。

刘抡元捐钱肆百文。

刘德盛捐钱肆百文。

刘福发捐钱肆百文。

刘毛苟捐钱肆百文。

刘安乐捐钱肆百文。

刘巨川捐钱肆百文。

刘沙毛捐钱肆百文。

刘直书捐钱肆百文。

刘甲开捐钱肆百文。

刘直林捐钱肆百文。

刘扶存捐钱肆百文。

刘元松捐钱肆百文。

刘己斋捐钱肆百文。

刘吉星捐钱肆百文。

刘德贵捐钱肆百文。

刘开寿捐钱肆百文。

刘丙近捐钱肆百文。

刘谟化捐钱肆百文。

刘直清捐钱肆百文。

刘兰秀捐钱肆百文。

刘七开捐钱肆百文。

刘八开捐钱肆百文。

刘九开捐钱肆百文。

刘戊发捐钱肆百文。

水头堡

督理、耆老刘宋勋兄弟捐钱玖千壹百文。

督理刘光禄捐钱壹千贰百伍拾文。

刘兴尧捐钱捌千文。

刘秀明捐钱贰千叁百文。

曹涌聚捐钱壹千玖百伍拾文。

刘明辉捐钱壹千陆百文。

刘席丰捐钱壹千陆百文。

刘盛时捐钱壹千贰百伍拾文。

刘泰林捐钱壹千零伍拾文。

刘嘉喜捐钱壹千文。

刘照楚捐钱壹千文。

刘恒如捐钱捌百伍拾文。

刘丕承捐钱陆百伍拾文。

刘真林捐钱陆百伍拾文。

刘汉昌捐钱陆百伍拾文。

刘国祥捐钱陆百伍拾文。

刘清和捐钱陆百伍拾文。

刘孟春捐钱陆百伍拾文。

刘秀华捐钱陆百伍拾文。

刘升廷捐钱陆百伍拾文。

刘禄容捐钱陆百伍拾文。

刘介禄捐钱陆百文。

刘谷城捐钱肆百文。

刘元材捐钱肆百文。

刘佳祥捐钱肆百文。

刘太和捐钱肆百文。

刘维楚捐钱肆百文。

刘曲保捐钱肆百文。

刘启发捐钱肆百文。

刘明心捐钱肆百文。

刘任甲捐钱肆百文。

刘达照捐钱肆百文。

刘登庸捐钱肆百文。

西廊

国学曹祝龄捐钱肆千柒百伍拾文。

督理曹伟堂捐钱壹千文。

曹吉星捐钱叁千文。

曹文哉捐钱贰千贰百伍拾文。

国学曹卓章捐钱壹千贰百伍拾文。

曹培植捐钱壹千贰百伍拾文。

曹寄开捐钱壹千贰百伍拾文。

分府曹卓梁捐钱壹千文。

曹勋立捐钱壹千文。

曹南星捐钱捌百文。

曹文星捐钱陆百伍拾文。

曹丙福兄弟捐钱陆百伍拾文。

曹丙开兄弟捐钱陆百伍拾文。

曹茂华捐钱陆百伍拾文。

曹诗臣捐钱肆百文。

曹攀元捐钱肆百文。

柏树塘

督理曹楚贤捐钱叁千贰百伍拾文。

督理曹觉远捐钱壹千贰百伍拾文。

曹序元捐钱贰千贰百伍拾文。

曹容光捐钱贰千贰百伍拾文。

曹思美捐钱壹千伍百文。

曹华兴捐钱捌百伍拾文。

曹宏福捐钱捌百文。

曹宏斋捐钱柒百文。

曹任贤捐钱柒百文。

曹觉宏捐钱陆百文。

曹玉光捐钱陆百文。

曹作才捐钱陆百文。

曹冬蓝捐钱陆百文。

曹魁远捐钱伍百文。

曹必贤捐钱伍百文。

曹庚蓝捐钱伍百文。

曹福星捐钱伍百文。

曹秋龙捐钱肆百文。

曹茂兴捐钱肆百文。

曹金秀捐钱肆百文。

曹含书捐钱肆百文。

曹品秀捐钱肆百文。

曹能芝捐钱肆百文。

曹庚任捐钱肆百文。

曹庭玉捐钱肆百文。

曹荣财捐钱肆百文。

曹冬斋捐钱肆百文。

石牛堆唐

督理唐实哉捐钱壹千陆百文。

拔贡唐世叙捐钱壹千柒百伍拾文。

吏员唐昌言捐钱贰千文。

唐芝哉捐钱壹千陆百文。

唐敬哉捐钱壹千陆百文。

唐慎哉捐钱壹千陆百文。

唐尧廷捐钱柒百文。

唐永升捐钱伍百文。

唐贞荀捐钱肆百文。

会冲头

谢广学捐钱壹千文。

谢正学捐钱玖百文。

谢德学捐钱玖百文。

庠生谢涵学捐钱陆百文。

桃源洞方

贡生方荣逾捐钱壹千文。

方云从捐钱肆千文。

方垂裕捐钱壹千贰百文。

方万禄捐钱壹千文。

方生财捐钱捌百文。

方书启捐钱陆百文。

方发兰捐钱肆百文。

方秋近捐钱肆百文。

方二开捐钱肆百文。

方满寿捐钱肆百文。

方财盛捐钱肆百文。

塘湾黎

督理黎首元捐钱壹千肆百文。

督理黎桂攀捐钱壹千肆百文。

督理黎必哉捐钱壹千贰百伍拾文。

黎光廷捐钱贰千文。

黎得哉捐钱壹千肆百文。

黎立礼捐钱壹千贰百文。

黎得祥捐钱壹千文。

黎十古捐钱柒百文。

黎首富捐钱陆百伍拾文。

黎首贵捐钱陆百伍拾文。

黎元斋捐钱陆百伍拾文。

黎初任捐钱陆百伍拾文。

黎福寿捐钱陆百伍拾文。

黎春苟捐钱陆百伍拾文。

黎路发捐钱肆百文。

黎妹斋捐钱肆百文。

黎丁开捐钱肆百文。

黎丙发捐钱肆百文。

黎辛发捐钱肆百文。

茅坪段

督理段玉兴捐钱叁千肆百文。

督理段连福捐钱壹千三百伍拾文。

段邦福捐钱柒千伍百文。

段扬鼎捐钱贰千叁百文。

段邦朝捐钱贰千叁百文。

段才华捐钱壹千玖百文。

段荣华捐钱壹千三百文。

段壬开捐钱壹千三百文。

段盛本捐钱壹千贰百五十文。

段路开捐钱壹千文。

段吉旺捐钱捌百伍拾文。

段甲古捐钱陆百文。

段壬科捐钱陆百文。

段福安捐钱肆百文。

寨上胡

督理胡玉兴捐钱贰千伍百文。

督理胡信康捐钱贰千贰百文。

督理胡发寿捐钱壹千贰百伍拾文。

督理胡登古捐钱壹千贰百伍拾文。

胡华善捐钱陆千贰百伍拾文。

胡作哲捐钱伍千文。

胡见占捐钱叁千贰百伍拾文。

胡咸宜捐钱贰千贰百伍拾文。

胡可成捐钱壹千贰百伍拾文。

胡善古捐钱壹千贰百伍拾文。

胡满开捐钱壹千贰百伍拾文。

胡辛开捐钱壹千文。

胡观朝捐钱柒百伍拾文。

胡经业兄弟捐钱柒百伍拾文。

胡达兴捐钱陆百伍拾文。

胡初登捐钱陆百伍拾文。

胡启连捐钱陆百伍拾文。

胡存心捐钱陆百伍拾文。

胡星纬捐钱陆百伍拾文。

胡己发捐钱肆百文。

胡德望捐钱肆百文。

胡路开捐钱肆百文。

胡乱贱捐钱肆百文。

胡作元捐钱肆百文。

胡满贱捐钱肆百文。

胡孝古捐钱肆百文。

胡癸酉捐钱肆百文。

胡五开捐钱肆百文。

胡才连捐钱肆百文。

胡茂林捐钱肆百文。

胡袗连捐钱肆百文。

润头塆谢

督理、耆老谢德明捐钱贰千文。

督理谢德祥捐钱贰千文。

督理谢长发捐钱壹千叁百文。

督理庠生谢学海捐钱壹千贰百伍拾文。

督理谢名驹捐钱贰千肆百文。

国学谢贵朝捐钱叁千文。

庠生谢书升捐钱贰千伍百文。

廪生谢才科捐钱贰千叁百文。

谢才达捐钱贰千贰百伍拾文。

耆老谢才盛捐钱贰千文。

耆老谢才通捐钱贰千文。

耆老谢圣明捐钱贰千文。

吏员谢万民捐钱贰千文。

耆老谢崇绪捐钱贰千文。

谢裕昌捐钱壹千柒百文。

谢显试捐钱壹千陆百文。

庠生谢文凤捐钱壹千陆百文。

庠生谢学黉捐钱壹千叁百文。

谢贵达捐钱壹千叁百文。

谢贵福捐钱壹千贰百文。

谢贵亨捐钱壹千壹百文。

职员谢孝安捐钱壹千文。

贡生谢显邦捐钱壹千文。

谢洪廷捐钱玖百文。

谢寿开捐钱捌百伍拾文。

谢辛开兄弟捐钱捌百伍拾文。

谢品贤捐钱捌百伍拾文。

谢治心捐钱柒百伍拾文。

谢南斋捐钱柒百文。

谢启发捐钱柒百文。

谢茄斋捐钱陆百伍拾文。

谢源盛捐钱陆百伍拾文。

谢招开捐钱陆百伍拾文。

谢真开捐钱陆百伍拾文。

谢满开捐钱陆百伍拾文。

谢任苟捐钱陆百伍拾文。

谢宏任捐钱陆百伍拾文。

耆老谢荣朝捐钱陆百文。

谢珍璧兄弟捐钱陆百文。

谢绍元捐钱陆百文。

谢细毛捐钱肆百文。

谢兴明捐钱肆百文。

谢才诚捐钱肆百文。

谢富德捐钱肆百文。

谢丙苟捐钱肆百文。

谢贵寿捐钱肆百文。

谢孝苟捐钱肆百文。

大路脚谢

督理谢正秀捐钱陆千文。

督理、监生谢用之捐钱肆千伍百文。

督理谢咸亨捐钱壹千文。

督理谢德茂捐钱壹千文。

谢路近捐钱陆千文。

谢光邦捐钱叁千肆百文。

谢碧魁捐钱叁千叁百文。

监生谢汉秀捐钱叁千叁百文。

谢贤清捐钱叁千文。

谢太成捐钱叁千文。

廪生谢风华捐钱壹千柒百伍拾文。

监生谢茂才捐钱壹千伍百文。

谢兴隆捐钱壹千壹百文。

谢述文捐钱壹千零伍拾文。

国学谢国林捐钱壹千文。

国学谢超宗捐钱壹千文。

国学谢承宗捐钱壹千文。

国学谢拔宗捐钱壹千文。

谢良国捐钱壹千文。

谢玉占捐钱壹千文。

谢秀斋捐钱壹千文。

谢春发捐钱壹千文。

谢德敦捐钱捌百伍拾文。

谢文星捐钱捌百伍拾文。

谢才洪捐钱捌百文。

谢细秀捐钱柒百文。

谢秀松捐钱柒百文。

谢秋发捐钱柒百文。

谢庚秀兄弟捐钱柒百文。

谢满苟捐钱柒百文。

谢天德捐钱柒百文。

谢秀发捐钱柒百文。

谢学光捐钱柒百文。

谢佐廷捐钱柒百文。

谢振发捐钱柒百文。

谢才翰捐钱柒百文。

谢庚发捐钱柒百文。

谢细己斋捐钱陆百伍拾文。

谢寿开捐钱陆百伍拾文。

谢文蔚捐钱陆百伍拾文。

谢禹万捐钱陆百伍拾文。

谢五龙捐钱陆百伍拾文。

谢启发捐钱陆百伍拾文。

谢癸近捐钱陆百文。

谢体秀捐钱陆百文。

谢文炳捐钱伍百文。

谢贱发捐钱伍百文。

谢顺发捐钱伍百文。

谢黑珠捐钱伍百文。

谢成龙捐钱肆百文。

谢思惠捐钱肆百文。

谢初发捐钱肆百文。

谢辛发捐钱肆百文。

谢席珍捐钱肆百文。

谢云占捐钱肆百文。

谢任开捐钱肆百文。

谢赞廷捐钱肆百文。

谢加兴捐钱肆百文。

谢善哉捐钱肆百文。

谢辛珠捐钱肆百文。

谢贱发捐钱肆百文。

谢有开捐钱肆百文。

润头塆谢帝加捐钱捌百文。

坝泥杂姓

督理、庠生黄制轩捐钱壹千贰百伍拾文。

黄彩升捐钱壹千贰百伍拾文。

邹容盛捐钱壹千贰百伍拾文。

黄秋古捐钱壹千贰百伍拾文。

黄文才捐钱壹千零伍拾文。

方希宏捐钱壹千文。

黄蓝寿捐钱捌百伍拾文。

黄腾飞捐钱肆百文。

黄金祥捐钱肆百文。

黄正兴捐钱肆百文。

王钦士捐钱肆百文。

邱国煌捐钱肆百文。

李速安捐钱肆百文。

东塆

督理曹汉章兄弟捐钱壹千伍百文。

督理曹登元捐钱壹千文。

状元曹一本捐钱壹千文。

进士曹一监捐钱壹千文。

传胪曹一筵捐钱壹千文。

曹魁廷捐钱壹千文。

曹玉攀捐钱壹千文。

曹辉楚捐钱肆百文。

曹利川捐钱肆百文。

曹成达捐钱肆百文。

曹福星捐钱肆百文。

曹初近捐钱肆百文。

曹贵开捐钱肆百文。

曹田龙捐钱肆百文。

曹楚华捐钱肆百文。

杨满任捐钱肆百文。

文上坪刘

督理刘象贤捐钱壹千肆百文。

刘路斋捐钱壹千贰百伍拾文。

刘任龙捐钱壹千贰百伍拾文。

刘回龙捐钱壹千贰百伍拾文。

刘代昌捐钱壹千贰百伍拾文。

刘金章捐钱壹千文。

刘治成、壬苟各捐钱壹千文。

桃源张启贤捐钱贰千叁百文。

桃源赵秀华捐钱贰千文。

桃源扶二寿兄弟捐钱壹千陆百文。

桃源段书泰捐钱壹千贰百伍拾文。

桃源张春舒捐钱壹千文。

桃源张春发捐钱捌百文。

桃源李云炳捐钱捌百文。

卷　三[1]

威武团乐捐鸿名

东塘桥

督理、从九廖宣传捐钱叁千文。

督理廖含玉捐钱贰千文。

督理廖守训捐钱壹千伍百文。

督理、吏员廖钦哉捐钱壹千文。

督理廖嘉会捐钱壹千文。

增生廖恢祖捐钱叁千文。

廖商儒捐钱贰千文。

庠附生廖鸿春捐钱壹千柒百文。

廖凌云捐钱壹千伍百文。

廖观从捐钱壹千贰百伍拾文。

庠附生廖宗元捐钱壹千贰百文。

贡生廖祖范捐钱壹千文。

廖光斗捐钱捌百文。

廖彩章捐钱柒百文。

---

① 标题原缺，据底本目录补。

廖才高捐钱陆百伍拾文。

廖贻谋捐钱陆百伍拾文。

廖摄之捐钱陆百伍拾文。

廖忠心捐钱肆百文。

廖七古捐钱肆百文。

廖敦诗捐钱肆百文。

廖福斋捐钱肆百文。

廖孟秋捐钱肆百文。

廖明著捐钱肆百文。

廖一苟捐钱肆百文。

廖旺国捐钱肆百文。

廖培之捐钱肆百文。

廖衷哉捐钱肆百文。

廖遵之捐钱肆百文。

廖谋之捐钱肆百文。

廖达之捐钱肆百文。

廖颂平捐钱肆百文。

廖癸发捐钱肆百文。

耆老袁宗璋捐钱贰千伍百文。

袁馨明捐钱肆百文。

袁秀明捐钱肆百文。

袁辛兰捐钱肆百文。

袁分珠捐钱肆百文。

东塘桥廖冬开捐钱肆百文。

仙姑坰、龙塘

督理、耆老曹发陵捐钱叁千伍百文。

督理、耆老曹贵章兄弟捐钱壹千捌百文。

督理曹雅南捐钱壹千贰百伍拾文。

曹元周捐钱壹千零伍拾文。

曹必成捐钱壹千文。

曹成章叔侄捐钱捌百伍拾文。

曹明睿捐钱捌百伍拾文。

耆老曹金照捐钱陆百伍拾文。

曹元发捐钱陆百文。

曹序元捐钱陆百文。

吏员曹云章捐钱陆百文。

曹法尧捐钱伍百文。

曹德位捐钱肆百文。

曹玉昆捐钱肆百文。

曹甲开捐钱肆百文。

曹美才捐钱肆百文。

曹辛林捐钱肆百文。

耆老曹体福捐钱肆百文。

曹见心捐钱肆百文。

曹志凌捐钱肆百文。

曹富章捐钱肆百文。

曾家

督理曾光前捐钱壹千肆百文。

曾履亨捐钱壹千文。

曾玉祥捐钱捌百伍拾文。

耆老曾交廷捐钱陆百伍拾文。

曾奇学捐钱陆百伍拾文。

曾秋开捐钱陆百伍拾文。

曾占开捐钱陆百伍拾文。

曾甲任捐钱肆百文。

麻塘山

刘赤城捐钱贰千柒百文。

刘文楚捐钱贰千肆百伍拾文。

刘文星捐钱贰千壹百文。

刘启凤捐钱壹千贰百伍拾文。

刘初发兄弟捐钱陆百伍拾文。

刘杰人捐钱陆百伍拾文。

刘庚发捐钱肆百文。

刘任发捐钱肆百文。

刘春发捐钱肆百文。

高陂六甲

督理曹文思捐钱壹千文。

督理曹高发捐钱壹千文。

督理曹咸福捐钱壹千文。

曹桂开捐钱肆千文。

曹有成捐钱叁千伍百文。

曹浩然捐钱叁千伍百文。

耆老曹咸熙捐钱叁千文。

曹道珍捐钱叁千文。

曹道达捐钱叁千文。

耆老曹叙九捐钱叁千文。

生曹宗杠捐钱贰千伍百文。

耆老曹宗伦捐钱贰千贰百伍拾文。

曹富显捐钱贰千贰百伍拾文。

耆老曹盈万捐钱贰千贰百伍拾文。

贡生曹敬宗捐钱贰千文。

曹春桂捐钱贰千文。

曹德茂捐钱贰千文。

曹咸桂捐钱壹千肆百文。

曹隆盛捐钱壹千肆百文。

曹致和捐钱壹千贰百伍拾文。

拔贡曹宗之捐钱壹千文。

生曹韶九捐钱壹千文。

生曹道章捐钱壹千文。

曹熙崇捐钱壹千文。

曹思崇捐钱壹千文。

曹容万捐钱壹千文。

曹宗旭捐钱壹千文。

曹惠吉捐钱壹千文。

曹才万捐钱壹千文。

曹道鑽捐钱壹千文。

曹攀廷捐钱壹千文。

曹金和捐钱壹千文。

曹乙苟捐钱捌百文。

曹顺万捐钱捌百文。

曹登贤捐钱陆百文。

曹仰安捐钱伍百文。

耆老曹文祺捐钱肆百文。

曹名成捐钱肆百文。

曹泽民捐钱肆百文。

曹发兴捐钱肆百文。

曹路发捐钱肆百文。

吏曹经宜捐钱肆百文。

曹金万捐钱肆百文。

曹高万捐钱肆百文。

曹玉龙捐钱肆百文。

曹文美捐钱肆百文。

曹辉楚捐钱肆百文。

曹明征捐钱肆百文。

曹其昌捐钱肆百文。

曹乐显捐钱肆百文。

曹国柱捐钱肆百文。

曹见贤捐钱肆百文。

曹中庸捐钱肆百文。

方隽溪捐钱壹千陆百文。

方有卿捐钱壹千伍百文。

方富兴捐钱一千叁百伍拾文。

方有古捐钱壹千叁百伍拾文。

方圣隆捐钱壹千贰百伍拾文。

方作秀捐钱壹千贰百伍拾文。

方冬苟捐钱壹千贰百伍拾文。

方癸发兄弟捐钱壹千贰百伍拾文。

方兴国捐钱壹千贰百伍拾文。

方初近捐钱壹千贰百伍拾文。

方容光捐钱壹千贰百伍拾文。

方戊开捐钱壹千贰百伍拾文。

方贵峩捐钱壹千零伍拾文。

方玉发捐钱壹千零伍拾文。

庠生方九如捐钱壹千文。

方龙苟捐钱壹千文。

方贵开捐钱壹千文。

方显望捐钱壹千文。

方丙苟兄弟捐钱玖百文。

方鹏程捐钱捌百伍拾文。

方书章捐钱捌百伍拾文。

方家图捐钱捌百伍拾文。

方成章捐钱捌百伍拾文。

方禹才捐钱捌百文。

方玉廷捐钱柒百伍拾文。

方习之捐钱柒百伍拾文。

方丕显捐钱柒百伍拾文。

方作才捐钱柒百文。

方寿春捐钱柒百文。

方贵春捐钱柒百文。

方艳春捐钱柒百文。

方寿开捐钱柒百文。

方九斋捐钱柒百文。

方皮斋捐钱柒百文。

方作兴捐钱陆百伍拾文。

方立朝捐钱陆百伍拾文。

方贵发捐钱陆百伍拾文。

方日华捐钱陆百伍拾文。

方永年捐钱陆百伍拾文。

方蓝斋捐钱陆百伍拾文。

方占古捐钱陆百伍拾文。

方登榜捐钱陆百伍拾文。

方明楚捐钱陆百伍拾文。

方发榜捐钱陆百伍拾文。

方在朝捐钱陆百伍拾文。

方林发捐钱陆百伍拾文。

方细近捐钱陆百伍拾文。

方福顺捐钱陆百伍拾文。

方绍春捐钱陆百伍拾文。

方贵珠捐钱陆百伍拾文。

方初福捐钱陆百伍拾文。

方岳阳捐钱陆百伍拾文。

方立成捐钱陆百伍拾文。

方细近捐钱陆百伍拾文。

方长发捐钱陆百文。

方满近捐钱伍百文。

方己开捐钱伍百文。

方隆兴捐钱伍百文。

方全发捐钱肆百文。

方任苟捐钱肆百文。

方福冬捐钱肆百文。

方甲开捐钱肆百文。

方发开捐钱肆百文。

方丁开捐钱肆百文。

方富弼捐钱肆百文。

方必重捐钱肆百文。

方立廷捐钱肆百文。

方孟光捐钱肆百文。

方贵成捐钱肆百文。

方贱开捐钱肆百文。

方贵嵩捐钱肆百文。

方辛开捐钱肆百文。

方壬斋捐钱肆百文。

方初龙捐钱肆百文。

方路改捐钱肆百文。

方茄开捐钱肆百文。

方新耳捐钱肆百文。

方有万捐钱肆百文。

方凤飞捐钱肆百文。

方石开捐钱肆百文。

方家初捐钱肆百文。

方林才捐钱肆百文。

方名榜捐钱肆百文。

方毛觅捐钱肆百文。

方奇照捐钱肆百文。

方吉斋捐钱肆百文。

方晏乐捐钱肆百文。

方林春捐钱肆百文。

方楚春捐钱肆百文。

方元廷捐钱肆百文。

方灿如捐钱肆百文。

方慎养捐钱肆百文。

方才兴捐钱肆百文。

方壬龙捐钱肆百文。

方贵福捐钱肆百文。

方六九捐钱肆百文。

方分龙捐钱肆百文。

方凤魁捐钱肆百文。

方习祥捐钱肆百文。

方细毛捐钱肆百文。

方秀春捐钱肆百文。

方观龙捐钱肆百文。

方任发捐钱肆百文。

方希贤捐钱肆百文。

方毛子捐钱肆百文。

方品宏捐钱肆百文。

方春发捐钱肆百文。

方玉声捐钱肆百文。

方丁斋捐钱肆百文。

方禹德捐钱肆百文。

方含英捐钱肆百文。

方春龙捐钱肆百文。

李长发捐钱壹千文。

袁扬名捐钱捌百文。

袁丙秀捐钱肆百文。

李壬发捐钱肆百文。

大屋图

督理、庠生李映云捐钱贰千叁百文。

督理李贵荣捐钱壹千肆百文。

督理李经魁捐钱壹千贰百伍拾文。

李启明捐钱壹千肆百文。

李耀魁捐钱壹千叁百文。

庠生李同春捐钱壹千贰百伍拾文。

李耀辉捐钱玖百文。

李登照捐钱玖百文。

李咸清捐钱玖百文。

李咸兴捐钱柒百伍拾文。

李韶音捐钱柒百文。

李运发兄弟捐钱柒百文。

李楚祥捐钱陆百伍拾文。

李珍之捐钱陆百伍拾文。

李在兹捐钱陆百伍拾文。

李耀先捐钱陆百伍拾文。

李雍熙捐钱陆百伍拾文。

李孔韶捐钱肆百文。

李从蛟捐钱肆百文。

李明典捐钱肆百文。

李初发捐钱肆百文。

李楚魁捐钱肆百文。

半垄

督理、监生古登庸捐钱贰千贰百伍拾文。

督理袁莲堂捐钱壹千贰百伍拾文。

督理袁擅英捐钱壹千贰百伍拾文。

袁忠常捐钱贰千贰百伍拾文。

袁德魁捐钱壹千贰百伍拾文。

袁齐望捐钱壹千贰百伍拾文。

袁居明捐钱壹千文。

袁甲科捐钱壹千文。

古时哉捐钱壹千文。

古彩卿捐钱壹千文。

袁戊发捐钱陆百伍拾文。

黄家塘

督理李六发捐钱壹千伍百文。

督理、监生李有成捐钱壹千文。

吏员李章谟捐钱肆千文。

李圣兴捐钱壹千贰百伍拾文。

李毛礼捐钱壹千零伍拾文。

李已斋捐钱壹千零伍拾文。

李鸡保捐钱壹千文。

李陋改捐钱捌百伍拾文。

李维之捐钱陆百伍拾文。

李才位捐钱伍百文。

李细古捐钱肆百文。

李观近捐钱肆百文。

李黄皮捐钱肆百文。

李起发捐钱肆百文。

李易改兄弟捐钱肆百文。

永丰洞杨

督理杨德明捐钱壹千文。

杨国读捐钱壹千陆百文。

杨亨望捐钱壹千文。

杨兰松捐钱柒百伍拾文。

杨丙发捐钱陆百伍拾文。

杨秀文捐钱陆百伍拾文。

杨福廷捐钱陆百伍拾文。

杨容之捐钱陆百伍拾文。

杨仕九捐钱陆百伍拾文。

杨石开捐钱陆百伍拾文。

杨路寿捐钱陆百伍拾文。

杨士一兄弟捐钱伍百文。

杨家贵捐钱肆百文。

杨贞开捐钱肆百文。

澜头湾唐家　袁罗李附

督理唐桂兰捐钱壹千叁百文。

督理唐金陵捐钱壹千贰百伍拾文。

督理唐树勋捐钱壹千文。

督理唐挺秀捐钱壹千文。

督理唐泰阶捐钱壹千文。

督理罗顺万捐钱壹千叁百文。

唐超人捐钱伍千文。

唐拔萃捐钱伍千文。

唐冠群捐钱伍千文。

唐文廷捐钱肆千贰百伍拾文。

唐驰声捐钱肆千文。

罗良万捐钱贰千贰百伍拾文。

袁金望捐钱贰千文。

唐光廷捐钱壹千伍百文。

袁观近捐钱壹千伍百文。

袁铁近捐钱壹千肆百文。

贡生唐安富捐钱壹千贰百伍拾文。

袁明照捐钱壹千文。

罗成万捐钱捌百伍拾文。

唐耀廷捐钱捌百伍拾文。

唐士元捐钱柒百伍拾文。

唐孝开捐钱陆百伍拾文。

唐睿智捐钱陆百伍拾文。

唐必兴捐钱陆百伍拾文。

唐良贵捐钱陆百伍拾文。

唐超常捐钱陆百伍拾文。

唐仪廷捐钱陆百伍拾文。

唐乐得捐钱陆百伍拾文。

唐外贱捐钱陆百伍拾文。

罗秀福捐钱陆百伍拾文。

袁复成捐钱陆百文。

唐得才捐钱伍百贰拾伍文

唐奉仟捐钱伍百贰拾伍文

唐祯祥兄弟捐钱肆百文。

唐配常（钱捐）〔捐钱〕肆百文。

唐清明捐钱肆百文。

唐分斋捐钱肆百文。

唐季开捐钱肆百文。

唐日苟捐钱肆百文。

唐蒂芝捐钱肆百文。

唐名望捐钱肆百文。

唐致祥捐钱肆百文。

唐迎祥捐钱肆百文。

唐福祥捐钱肆百文。

罗福秀捐钱肆百文。

罗任苟捐钱肆百文。

罗石古捐钱肆百文。

唐贵禄捐钱肆百文。

李松苟捐钱肆百文。

袁甲开捐钱肆百文。

袁信陵捐钱肆百文。

袁品芝捐钱肆百文。

桥头洞东塘桥曹

督理曹在明捐钱贰千叁百文。

督理曹习文捐钱贰千文。

督理曹绍兴捐钱壹千捌百伍拾文。

督理曹致重捐钱壹千零伍拾文。

曹成章捐钱陆千叁百文。

曹廖义捐钱肆千贰百伍拾文。

曹玉含捐钱叁千捌百伍拾文。

曹相林捐钱贰千肆百文。

曹三近捐钱贰千文。

曹克让捐钱贰千文。

曹禄才捐钱贰千文。

曹相国捐钱壹千陆百文。

曹贤魁捐钱壹千陆百文。

曹儒珍捐钱壹千贰百伍百文。

耆老曹碧常捐钱壹千零伍拾文。

曹寿康捐钱壹千文。

曹禄康捐钱壹千文。

曹桂福捐钱捌百文。

曹祥开捐钱陆百伍拾文。

曹亮朝捐钱陆百伍拾文。

曹纯臣捐钱陆百伍拾文。

曹富才捐钱陆百文。

曹首之捐钱伍百文。

曹诗忠捐钱伍百文。

曹三保捐钱肆百文。

曹路苟捐钱肆百文。

曹贵开捐钱肆百文。

曹化之捐钱肆百文。

曹名贤捐钱肆百文。

曹彩旺捐钱肆百文。

曹福发捐钱肆百文。

曹烈油捐钱肆百文。

杨家田廖

督理廖鸡林捐钱肆千贰百伍拾文。

督理廖勋臣捐钱叁千捌百文。

廖启明捐钱贰千贰百伍拾文。

廖振采兄弟捐钱贰千文。

廖品章捐钱壹千柒百伍拾文。

廖鲁臣捐钱壹千文。

廖起训捐钱柒百伍拾文。

廖戎臣捐钱陆百伍拾文。

廖初林捐钱陆百伍拾文。

廖席珍捐钱陆百文。

廖宏规捐钱伍百文。

廖杨眉捐钱肆百文。

廖如衡捐钱肆百文。

廖毫臣捐钱肆百文。

廖杨声捐钱肆百文。

廖丙林捐钱肆百文。

廖杨宏捐钱肆百文。

廖必照捐钱肆百文。

柏柘廖

督理、佾生廖承尧捐钱壹千伍百文。

督理廖清泉捐钱壹千文。

廖贵运子孙捐钱捌千文。

廖绍尧捐钱壹千伍百文。

廖贵开捐钱壹千贰百伍拾文。

庠生廖魁榜捐钱壹千文。

廖宗琳捐钱壹千文。

廖长顺捐钱玖百文。

廖季丁捐钱陆百伍拾文。

廖才重捐钱陆百伍拾文。

廖龙顺捐钱肆百文。

廖孝丁捐钱肆百文。

廖纯友捐钱肆百文。

廖满丁捐钱肆百文。

廖满福捐钱肆百文。

高坡曹

督理曹显成捐钱壹千文。

曹启明捐钱壹千文。

曹焕章捐钱壹千文。

曹重明捐钱壹千文。

曹麟长捐钱捌百文。

曹睿明捐钱陆百文。

曹才华捐钱陆百文。

曹鸡寿捐钱陆百文。

曹万芳捐钱陆百文。

曹初发捐钱陆百文。

曹瑞珍捐钱陆百文。

曹成明捐钱肆百文。

曹珍玩捐钱肆百文。

曹敦明捐钱肆百文。

曹雍和捐钱肆百文。

曹斯行捐钱肆百文。

曹斯文捐钱肆百文。

曹万章捐钱肆百文。

耆老曹文祺捐钱肆百文。

大头冲曹

督理曹文明捐钱陆千贰百伍拾文。

督理曹融和捐钱壹千伍百文。

督理曹亮音捐钱壹千贰百伍拾文。

督理曹隆顺捐钱壹千文。

督理曹若士捐钱壹千文。

曹丰之捐钱贰千文。

曹永宁捐钱贰千文。

颜景祥捐钱贰千文。

颜成康捐钱贰千文。

国学曹圣传捐钱壹千伍百文。

曹豪英捐钱壹千贰百文。

曹福开捐钱壹千贰百文。

曹庆文捐钱壹千零伍拾文。

佾生曹摄擎捐钱壹千文。

曹启周捐钱壹千文。

曹国贤捐钱壹千文。

曹盛朝捐钱玖百伍拾文。

曹兆平捐钱捌百伍拾文。

陈龙飞捐钱捌百文。

曹绍先捐钱柒百伍拾文。

曹华升捐钱柒百伍拾文。

曹秀里捐钱柒百伍拾文。

曹志善捐钱陆百伍拾文。

曹宾兴捐钱陆百伍拾文。

曹见祥捐钱陆百伍拾文。

曹尧斋捐钱陆百伍拾文。

曹福升捐钱陆百文。

曹贵升捐钱陆百文。

曹惠成捐钱陆百文。

曹吁谟捐钱陆百文。

曹致君捐钱陆百文。

曹章琼捐钱伍百文。

曹章弘捐钱伍百文。

曹章琏捐钱伍百文。

曹品升捐钱伍百文。

曹文照捐钱伍百文。

曹超群捐钱伍百文。

曹席珍捐钱伍百文。

曹庚斋捐钱肆百文。

曹观寿捐钱肆百文。

曹圣福捐钱肆百文。

曹百里捐钱肆百文。

曹芝仁捐钱肆百文。

曹五斋捐钱肆百文。

曹春芝捐钱肆百文。

曹贱珠捐钱肆百文。

曹良心捐钱肆百文。

曹超望捐钱肆百文。

曹桂开捐钱肆百文。

曹富邦捐钱肆百文。

曹经邦捐钱肆百文。

曹德照捐钱肆百文。

曹融楚捐钱肆百文。

曹灵芝捐钱肆百文。

曹兴兆捐钱肆百文。

曹五开捐钱肆百文。

曹贵发捐钱肆百文。

曹恩楚捐钱肆百文。

曹腾芳捐钱肆百文。

曹初苟捐钱肆百文。

曹得禄捐钱肆百文。

曹林春捐钱肆百文。

曹福兴捐钱肆百文。

曹矮子捐钱肆百文。

颜仁寿捐钱肆百文。

颜路寿捐钱肆百文。

颜喜隆捐钱肆百文。

颜任发捐钱肆百文。

颜圣福捐钱肆百文。

颜发开捐钱肆百文。

上下蓝坑

督理、耆老曹腾兴捐钱壹千肆百文。

督理曹作球捐钱壹千文。

庠生曹良弼捐钱伍千文。

耆老曹佐彩捐钱伍千文。

庠生曹麟标捐钱贰千文。

曹绍孟捐钱贰千文。

耆老曹青含捐钱壹千贰百文。

曹荩臣捐钱壹千文。

曹才成捐钱壹千文。

曹文祥捐钱捌百文。

曹亹聪捐钱陆百文。

曹鸿飞捐钱陆百文。

曹大山捐钱陆百文。

曹可兴捐钱陆百文。

曹秋林捐钱陆百文。

庠生曹时化捐钱肆百文。

曹龙飞捐钱肆百文。

曹玉成捐钱肆百文。

曹日庆捐钱肆百文。

曹戊开捐钱肆百文。

曹己开捐钱肆百文。

曹甲寿捐钱肆百文。

茅坪上、楚家坳、周堂等处

督理、庠生戴彝叙捐钱贰千伍百文。

督理戴春晖捐钱贰千贰百伍拾文。

庠生戴寿祺捐钱贰千贰百伍拾文。

庠生戴明珠捐钱贰千文。

庠生戴文星捐钱贰千文。

戴腾蛟捐钱壹千陆百文。

戴显安捐钱壹千肆百伍拾文。

戴文达捐钱壹千肆百文。

戴有恒捐钱陆百伍拾文。

戴有能捐钱肆百文。

戴经国捐钱肆百文。

戴冬开捐钱肆百文。

戴连万捐钱肆百文。

戴玉春捐钱肆百文。

戴九开捐钱肆百文。

戴丁开捐钱肆百文。

戴四开捐钱肆百文。

戴又兴捐钱肆百文。有粮吝捐。

茅坪上彭家

彭禄章捐钱壹千文。

彭福章捐钱陆百伍拾文。

彭智章捐钱陆百伍拾文。

高陂袁

袁志性捐钱玖千文。

袁初林捐钱玖千文。

耆老袁志廷捐钱肆千文。

袁商朝捐钱贰千文。

袁五魁捐钱壹千伍百文。

袁福星捐钱壹千伍百文。

袁光国捐钱壹千文。

袁甲寿捐钱壹千文。

袁才香捐钱壹千文。

袁昌斋捐钱壹千文。

袁克兴捐钱捌百文。

袁恩发捐钱捌百文。

袁兴朝捐钱陆百文。

袁仁朝捐钱陆百文。

袁搏武捐钱陆百文。

袁翰元捐钱伍百文。

袁赞猷捐钱伍百文。

袁光前捐钱伍百文。

袁绍前捐钱伍百文。

袁友先捐钱伍百文。

袁搏文捐钱伍百文。

袁万亨捐钱伍百文。

袁盛时捐钱伍百文。

袁宝廷捐钱伍百文。

袁亿朝捐钱伍百文。

袁理堂捐钱伍百文。

袁韩萱捐钱伍百文。

袁志宏捐钱伍百文。

袁利民捐钱伍百文。

袁有章捐钱伍百文。

袁文秀捐钱肆百文。

袁扳秀捐钱肆百文。

袁仪一捐钱肆百文。

袁允明捐钱肆百文。

袁路古捐钱肆百文。

袁明谦捐钱肆百文。

袁咸林捐钱肆百文。

袁善哉捐钱肆百文。

袁达权捐钱肆百文。

袁见春捐钱肆百文。

袁高飞捐钱肆百文。

袁希贤捐钱肆百文。

袁舒和捐钱肆百文。

袁成达捐钱肆百文。

袁建中捐钱肆百文。

袁梦弼捐钱肆百文。

袁周章捐钱肆百文。

袁四林捐钱肆百文。

袁元龙捐钱肆百文。

袁贱发捐钱肆百文。

袁增连捐钱肆百文。

袁宗泰捐钱肆百文。

袁路苟捐钱肆百文。

袁锡朋捐钱肆百文。

袁克发捐钱肆百文。

袁献之捐钱肆百文。

袁光荣捐钱壹千伍百文。有粮吝捐。

龙虎团乐捐鸿名

下山脚

督理袁洪璧捐钱壹千文。

督理袁贵龙捐钱壹千肆百文。

袁秀开兄弟捐钱壹千贰百伍拾文。

袁发祥捐钱捌百文。

袁连近捐钱陆百伍拾文。

袁庚球捐钱陆百伍拾文。

袁化成捐钱肆百文。

袁作蓝捐钱肆百文。

袁兆祥捐钱肆百文。

袁日珠捐钱肆百文。

袁科祥捐钱肆百文。

袁教巴捐钱肆百文。

袁木斋捐钱肆百文。

袁发科捐钱肆百文。

察下垄何

督理、副生何勋臣捐钱叁千文。

国学何孔若捐钱壹千零伍拾文。

何祥华捐钱壹千贰百伍拾文。

何善成捐钱陆百伍拾文。

何升科捐钱陆百伍拾文。

何鸿福捐钱陆百伍拾文。

何乙开捐钱陆百伍拾文。

何成章捐钱陆百伍拾文。

何直臣捐钱陆百伍拾文。

何九开捐钱陆百伍拾文。

何名成捐钱陆百伍拾文。

何钦成捐钱肆百文。

何名榜捐钱肆百文。

何四开捐钱肆百文。

袁国兴捐钱壹千文。

马茄松捐钱肆百文。

塘冲

督理刘科发捐钱壹千伍百文。

督理刘献斋捐钱壹千文。

刘名标捐钱捌千伍百文。

刘邦朝捐钱肆千文。

刘发通捐钱壹千陆百文。

刘奉廷捐钱壹千伍百文。

刘发滨捐钱壹千壹百文。

刘毛开捐钱壹千零伍拾文。

庠生刘异盛捐钱玖百文。

刘宗尾捐钱玖百文。

刘南斋捐钱玖百文。

刘甘古捐钱捌百伍拾文。

刘黑觅捐钱柒百伍拾文。

刘四开捐钱柒百伍拾文。

刘善发捐钱陆百伍拾文。

刘容照捐钱陆百伍拾文。

刘俊杰捐钱陆百伍拾文。

刘必哉捐钱陆百伍拾文。

刘来苟捐钱陆百伍拾文。

刘福斋捐钱陆百伍拾文。

刘告化捐钱陆百伍拾文。

刘必朝捐钱陆百伍拾文。

刘安祁捐钱陆百伍拾文。

刘平周捐钱陆百伍拾文。

刘安郊捐钱陆百伍拾文。

刘任开捐钱伍百文。

刘罗斋捐钱肆百文。

刘寿凤捐钱肆百文。

刘庚斋捐钱肆百文。

刘元龙捐钱肆百文。

刘舞斋捐钱肆百文。

刘善祥捐钱肆百文。

刘庚林捐钱肆百文。

杨柳坪、石马脚

督理、耆老龙国瑞捐钱捌千文。

督理龙孝开捐钱壹千贰百伍拾文。

督理龙本礼捐钱壹千贰百伍拾文。

龙作霖捐钱肆千文。

龙喜惠捐钱叁千贰百伍拾文。

龙福松捐钱贰千贰百伍拾文。

廪生龙起云捐钱壹千文。

龙文信捐钱壹千文。

耆老龙鸿发捐钱壹千文。

龙照廷捐钱玖百文。

龙达武捐钱陆百伍拾文。

龙四任捐钱陆百伍拾文。

龙黑□捐钱陆百伍拾文。

龙树蓝捐钱陆百伍拾文。

龙颜皮捐钱陆百伍拾文。

龙连发捐钱陆百伍拾文。

龙才近捐钱陆百伍拾文。

龙祥廷捐钱陆百伍拾文。

龙蓝发捐钱陆百伍拾文。

龙陋近捐钱肆百文。

龙福隆捐钱肆百文。

龙玉成捐钱肆百文。

龙飞腾捐钱肆百文。

龙任发捐钱肆百文。

龙三开捐钱肆百文。

龙寿保捐钱肆百文。

龙章仁捐钱肆百文。

龙文经捐钱肆百文。

龙福佑捐钱肆百文。

龙本信捐钱肆百文。

龙初庚捐钱肆百文。

塘埖上

督理唐建南捐钱壹千捌百伍拾文。

督理唐楚望捐钱壹千捌百伍拾文。

督理唐平安捐钱壹千贰百伍拾文。

督理唐贵发捐钱壹千文。

唐良臣捐钱捌千贰百伍拾文。

唐九连捐钱贰千贰百伍拾文。

唐克先捐钱贰千贰百伍拾文。

唐作兴捐钱壹千贰百伍拾文。

唐书盛捐钱壹千贰百伍拾文。

唐相臣捐钱壹千零伍拾文。

唐德重捐钱壹千零伍拾文。

庠生唐振黉捐钱壹千文。

唐有望捐钱壹千文。

唐辉朝捐钱捌百伍拾文。

唐庚发捐钱捌百伍拾文。

唐王苟捐钱捌百伍拾文。

唐纯粹捐钱捌百伍拾文。

唐富昌捐钱捌百文。

唐吉安捐钱柒百伍拾文。

唐全哉捐钱柒百伍拾文。

唐龙珠捐钱柒百伍拾文。

唐毛苟捐钱陆百伍拾文。

唐作聿捐钱陆百文。

唐贵昌捐钱陆百文。

唐已近捐钱伍百文。

唐金兰捐钱伍百文。

唐秋发捐钱伍百文。

唐觐寿捐钱伍百文。

唐春发捐钱肆百文。

唐任开捐钱肆百文。

唐白苟捐钱肆百文。

唐戊发捐钱肆百文。

唐卓之捐钱肆百文。

唐林发捐钱肆百文。

唐松古捐钱肆百文。

唐秋开捐钱肆百文。

唐明之捐钱肆百文。

唐四连捐钱肆百文。

唐生之捐钱肆百文。

唐炳儒捐钱肆百文。

唐凤舞捐钱肆百文。

唐正元捐钱肆百文。

唐望庆捐钱肆百文。

唐路发捐钱肆百文。

袁万民捐钱陆百文。

谢路吉捐钱陆百文。

方珠斋捐钱肆百文。

方起寿捐钱肆百文。

曹二斋捐钱肆百文。

唐九苟捐钱肆百文。

湘源垄

督理、耆老王董祥捐钱壹千文。

督理、耆老黄顺典捐钱壹千文。

督理、军功李自求捐钱壹千文。

李章龄捐钱陆千肆百文。

曹顺明捐钱陆千文。

李熙登捐钱肆千叁百文。

王明华捐钱肆千文。

黄遂升捐钱叁千文。

黄辉聚捐钱贰千叁百文。

黄近仁捐钱贰千文。

黄长发捐钱贰千文。

曹文桂捐钱贰千文。

王文安捐钱贰千文。

黄亮国捐钱壹千肆百文。

黄体贵捐钱壹千肆百文。

耆老王永华捐钱壹千肆百文。

李腾芳捐钱壹千文。

黄上魁捐钱壹千文。

黄初开捐钱壹千文。

林乾秀捐钱玖百文。

曹茂廷捐钱柒百文。

曹发廷捐钱柒百文。

王昌秀兄弟捐钱陆百伍拾文。

曹丁开捐钱伍百文。

黄成德捐钱肆百文。

曹乙开捐钱肆百文。

曹宽口捐钱肆百文。

林顺贵捐钱肆百文。

王永遂捐钱肆百文。

上山脚袁

督理袁在成捐钱壹千肆百文。

督理袁六龙捐钱壹千肆百文。

袁光文捐钱捌千文。

吏员袁日之捐钱伍千文。

庠生袁效之捐钱肆千肆百文。

袁嵩山捐钱肆千贰百伍拾文。

袁泰恒捐钱壹千肆百文。

袁己任捐钱壹千贰百伍拾文。

袁佐才捐钱壹千贰百伍拾文。

袁亮臣捐钱捌百伍拾文。

袁润寿捐钱陆百伍拾文。

袁善蓝捐钱陆百伍拾文。

袁致臣捐钱陆百伍拾文。

袁顺福捐钱肆百文。

练图塘

督理唐述明捐钱壹千肆百文。

唐玉魁捐钱肆千肆百文。

唐庚科捐钱肆千肆百文。

监生唐英豪捐钱壹千伍百文。

帽岭上唐

督理唐易廷捐钱贰千文。

督理唐训典捐钱贰千文。

督理吏唐旁求捐钱壹千文。

耆老唐观海捐钱肆千伍百文。

唐联廷捐钱叁千文。

唐咸若捐钱贰千文。

唐昭邦捐钱壹千肆百文。

唐冬有捐钱壹千贰百伍拾文。

唐孔存捐钱捌百伍拾文。

唐福星捐钱柒百伍拾文。

唐凤廷捐钱柒百伍拾文。

唐九发捐钱伍百文。

唐伟人捐钱肆百文。

唐戊任捐钱肆百文。

唐桂庆捐钱肆百文。

邹冬开捐钱柒百伍拾文。

岭集上湘源垄

唐龙飞捐钱肆千文。

唐绍廷捐钱肆百文。

唐直章捐钱肆百文。

良田耆老黄庚龙捐钱柒千文。

湘源垄

吏员黄由明捐钱伍千文。

瓦屋头、鱼口坑等处

李容光捐钱贰千捌百文。

曹文华捐钱陆百伍拾文。

曹高华、兆华、冬秋各捐钱肆百文。

耆老曹茂哉、庚发各捐钱肆百文。

刘锦发、梅桂芳各捐钱肆百文。

良田、枫树垄、红茅塘等处

督理唐麟书捐钱叁千文。

唐启成捐钱贰千贰百伍拾文。

唐戊蓝捐钱壹千文。

唐秀峩捐钱柒百伍拾文。

唐四寿捐钱陆百伍拾文。

唐元龙捐钱陆百文。

唐辅光捐钱陆百文。

唐卷书捐钱肆百文。

唐连近捐钱肆百文。

唐秋古捐钱肆百文。

唐可先捐钱肆百文。

唐雄斋捐钱肆百文。

唐茂轩捐钱肆百文。

唐发开捐钱肆百文。

唐甲秀捐钱肆百文。

唐必祥捐钱肆百文。

唐咸熙捐钱肆百文。

学头把

曹书林捐钱肆千贰百伍拾文。

湘源桥圳埁上唐

督理唐清林捐钱叁千文。

督理唐禄祯捐钱叁千文。

督理唐随缘捐钱壹千贰百伍拾文。

督理唐雍世捐钱壹千贰百伍拾文。

督理唐腾羲捐钱壹千贰百伍拾文。

督理唐美和捐钱壹千文。

唐祥临捐钱叁千文。

唐祥光捐钱贰千叁百文。

唐咸发捐钱壹千捌百文。

唐长寿捐钱壹千捌百文。

唐秀章捐钱捌百伍拾文。

唐启成捐钱柒百伍拾文。

唐初开捐钱陆百伍拾文。

唐长松捐钱陆百伍拾文。

唐逵达捐钱陆百伍拾文。

唐陛臣捐钱陆百伍拾文。

耆老唐懿先捐钱陆百文。

唐成志捐钱肆百文。

唐兰芝捐钱肆百文。

唐德成捐钱肆百文。

唐寿龙捐钱肆百文。

唐任开捐钱肆百文。

唐宾世捐钱肆百文。

唐书志捐钱肆百文。

唐名成捐钱肆百文。

唐春和捐钱肆百文。

唐时人捐钱肆百文。

唐仁和捐钱肆百文。

唐幼苟捐钱肆百文。

唐庚任捐钱肆百文。

唐财升捐钱肆百文。

唐冬开捐钱肆百文。

唐祥林捐钱肆百文。

唐建照捐钱肆百文。

唐融春捐钱肆百文。

唐宏庆捐钱肆百文。

唐兴楚捐钱肆百文。

桃源团乐捐鸿名

桃源洞段

督理段茂林捐钱壹千贰百伍拾文。

督理段继绪捐钱壹千贰百伍拾文。

督理段高魁捐钱壹千贰百伍拾文。

督理、从九段含章捐钱壹千文。

督理段昌纶捐钱壹千文。

督理段定彰捐钱壹千文。

督理、监生段平彩捐钱壹千文。

贡生段绍唐捐钱伍千文。

增生段绍熹捐钱肆千贰百伍拾文。

段绍诚捐钱肆千贰百伍拾文。

耆老段绍业捐钱肆千文。

段福山捐钱肆千文。

段金儒捐钱叁千叁百叁拾叁文

段纯儒捐钱叁千叁百叁拾叁文

段通儒捐钱叁千叁百叁拾叁文

贡生段绍龙捐钱叁千贰百伍拾文。

庠生段恒丰捐钱叁千贰百伍拾文。

段奋古捐钱贰千伍百文。

段善开捐钱贰千肆百文。

段全沛捐钱贰千文。

庠生段登榜捐钱贰千文。

庠生段中澜捐钱贰千文。

耆老段安国捐钱贰千文。

段燕谋捐钱贰千文。

段首魁捐钱壹千陆百文。

段超睿捐钱壹千肆百文。

段富哉捐钱壹千肆百文。

段遂顺捐钱壹千肆百文。

段时重捐钱壹千壹百文。

耆老段鸣岐捐钱壹千文。

庠生段杰捐钱壹千文。

段俊林兄弟捐钱壹千文。

耆老段光瑞捐钱壹千文。

段绍谋捐钱壹千文。

段分庆捐钱壹千文。

段秋斋捐钱壹千文。

段鸿起捐钱壹千文。

段循理捐钱壹千文。

段金吉捐钱壹千文。

段已发捐钱壹千文。

耆老段鼎三捐钱壹千文。

监生段承扬捐钱壹千文。

庠生段灵奎捐钱壹千文。

段兰芝捐钱壹千文。

段全才捐钱壹千文。

段全锦捐钱壹千文。

段全孝捐钱壹千文。

段全享捐钱壹千文。

段全璧捐钱壹千文。

段全伦捐钱壹千文。

段善华捐钱壹千文。

段祯元捐钱壹千文。

段敬诚捐钱捌百文。

段学礼捐钱陆百伍拾文。

段年头（钱捐）〔捐钱〕陆百伍拾文。

段文光捐钱陆百伍拾文。

段得成捐钱陆百伍拾文。

耆老段立兴捐钱陆百文。

耆老段兴谋捐钱陆百文。

段乔松捐钱陆百文。

段敬苟捐钱陆百文。

段庚科捐钱陆百文。

段良哉捐钱陆百文。

段青山捐钱伍百文。

段道发捐钱肆百文。

段壬古捐钱肆百文。

段有连捐钱肆百文。

段生桂兄弟捐钱肆百文。

段禾开捐钱肆百文。

段锦绣捐钱肆百文。

段岁分捐钱肆百文。

段和气捐钱肆百文。

段麦开兄弟捐钱肆百文。

段燕日捐钱肆百文。

段纬绩捐钱肆百文。

段品魁捐钱肆百文。

段起魁捐钱肆百文。

耆老段名标捐钱肆百文。

段克绪捐钱肆百文。

段化之捐钱肆百文。

段有和捐钱肆百文。

段有为捐钱肆百文。

段纯秀捐钱肆百文。

段万宝捐钱肆百文。

段立章捐钱肆百文。

段冬阳捐钱肆百文。

段高年捐钱肆百文。

段万有捐钱肆百文。

段高飞捐钱肆百文。

段戊苟捐钱肆百文。

段丹阳捐钱肆百文。

段正阳捐钱肆百文。

段凤兮捐钱肆百文。

段光兴捐钱肆百文。

段劳皮捐钱肆百文。

段正开捐钱肆百文。

段映起捐钱肆百文。

段寿科捐钱肆百文。

段又一捐钱肆百文。

段大廷捐钱肆百文。

段秀芝捐钱肆百文。

段可福捐钱肆百文。

段书游捐钱肆百文。

段发恒捐钱肆百文。

段德恒捐钱肆百文。

段志元捐钱肆百文。

段志华捐钱肆百文。

段仁开捐钱肆百文。

段观斋捐钱肆百文。

段清秀捐钱肆百文。

段人兴捐钱肆百文。

段戊任捐钱肆百文。

段己开捐钱肆百文。

段礼元捐钱肆百文。

段栽重捐钱肆百文。

七里山黄

督理黄履宗捐钱贰千文。

督理黄对廷捐钱壹千文。

黄顺楚捐钱玖千文。

黄必明捐钱陆千文。

黄元重捐钱贰千贰百伍拾文。

黄缘轩捐钱壹千贰百伍拾文。

黄明亮捐钱陆百伍拾文。

黄顺发捐钱陆百伍拾文。

黄照临捐钱陆百伍拾文。

黄悦来捐钱陆百伍拾文。

黄达才捐钱陆百伍拾文。

黄大廷捐钱陆百伍拾文。

黄丁发捐钱肆百文。

黄挺之捐钱肆百文。

黄睿之捐钱肆百文。

黄用臧捐钱肆百文。

黄有才捐钱肆百文。

黄里儒捐钱肆百文。

黄福名捐钱肆百文。

七里山尹

督理尹嘉祥捐钱壹千文。

督理尹同禄捐钱壹千文。

尹兰鼎捐钱柒千伍百文。

尹呈祥捐钱陆千贰百伍拾文。

尹天禄捐钱伍千贰百伍拾文。

尹显章捐钱肆千贰百伍拾文。

尹廷章捐钱肆千贰百伍拾文。

尹定显捐钱贰千伍百文。

尹纯乐捐钱贰千贰百伍拾文。

尹美禄捐钱贰千贰百伍拾文。

尹昌惠捐钱贰千文。

尹楚人捐钱壹千零伍拾文。

尹亨廷捐钱壹千文。

尹宏才捐钱壹千文。

尹丁运捐钱壹千文。

尹日新捐钱壹千文。

尹有桂捐钱捌百文。

尹唐人捐钱陆百伍拾文。

尹恒廷捐钱陆百伍拾文。

尹旺廷捐钱陆百伍拾文。

尹亦珍捐钱陆百伍拾文。

尹得桂捐钱陆百伍拾文。

尹成蛟捐钱陆百伍拾文。

尹汉庸捐钱陆百文。

尹翠钦捐钱陆百文。

尹懿钦捐钱肆百文。

尹仪文捐钱肆百文。

尹日斋捐钱肆百文。

尹伟臣捐钱肆百文。

王介福捐钱肆百文。

七里山蔡

督理、吏员蔡贡求捐钱壹千贰百伍拾文。

督理蔡纯修捐钱壹千贰百伍拾文。

督理蔡福启捐钱壹千贰百伍拾文。

督理蔡光祥捐钱壹千文。

蔡必贵捐钱肆千文。

蔡富朝捐钱壹千捌百伍拾文。

蔡新红捐钱壹千伍百文。

蔡良臣捐钱壹千贰百伍拾文。

蔡发开捐钱壹千文。

蔡平恒捐钱壹千文。

蔡登有捐钱壹千文。

蔡辛寿捐钱陆百伍拾文。

蔡云凌捐钱陆百伍拾文。

蔡六开捐钱陆百伍拾文。

蔡禄寿捐钱陆百伍拾文。

蔡发开捐钱陆百伍拾文。

贡生蔡贞秀捐钱肆百文。

蔡庚松捐钱肆百文。

蔡荣光捐钱肆百文。

蔡典章捐钱肆百文。

蔡文星捐钱肆百文。

蔡章桂捐钱肆百文。

蔡智成捐钱肆百文。

蔡满祥捐钱肆百文。

蔡初开捐钱肆百文。

蔡戊发捐钱肆百文。

蔡清华捐钱肆百文。

蔡成章捐钱肆百文。

蔡丹成捐钱肆百文。

蔡壬福捐钱肆百文。

蔡扳一捐钱肆百文。

蔡首魁捐钱肆百文。

蔡明魁捐钱肆百文。

蔡元发捐钱肆百文。

蔡恒丰捐钱肆百文。

金龟塘

督理戴秋元捐钱壹千贰百伍拾文。

督理、军功戴成德捐钱壹千文。

耆老戴普元捐钱陆千贰百伍拾文。

戴秀万捐钱伍千贰百伍拾文。

戴玉兴捐钱叁仟贰百伍拾文。

戴德茂捐钱壹千肆百伍拾文。

耆老戴在邦捐钱壹千贰百伍拾文。

戴芬菲捐钱壹千贰百伍拾文。

庠生戴德昭捐钱壹千文。

戴兴朝捐钱壹千文。

戴长庆捐钱陆百伍拾文。

戴幼起捐钱陆百伍拾文。

戴绍先捐钱陆百伍拾文。

戴映南捐钱陆百伍拾文。

戴季元捐钱肆百文。

戴克常捐钱肆百文。

戴幼海捐钱肆百文。

戴德光捐钱肆百文。

戴任重捐钱肆百文。

戴春发捐钱肆百文。

戴丙庆捐钱肆百文。

戴良发捐钱肆百文。

戴己庆捐钱肆百文。

戴书容捐钱肆百文。

戴丙隆捐钱肆百文。

戴三隆捐钱肆百文。

戴玉开捐钱肆百文。

戴席儒捐钱肆百文。

黄古洞

督理庠生袁正达捐钱贰千叁百文。

督理袁富之捐钱贰千文。

督理袁敬之捐钱贰千文。

督理庠生袁伟烈捐钱壹千文。

袁希尧捐钱肆千贰百伍拾文。

袁正兴捐钱叁千叁百文。

袁显名捐钱叁千贰百伍拾文。

庠生袁嘉谋兄弟捐钱叁千文。

袁一阳捐钱贰千贰百伍拾文。

袁汲泉捐钱捌百文。

袁云飞捐钱捌百文。

袁锦堂捐钱陆百伍拾文。

袁桂开捐钱陆百伍拾文。

袁致廷捐钱陆百文。

袁满林捐钱肆百文。

庠生袁哲明捐钱肆百文。

袁正昌捐钱肆百文。

袁长林捐钱肆百文。

袁念之捐钱肆百文。

袁分祥捐钱肆百文。

袁重美捐钱肆百文。

袁在之捐钱肆百文。

袁均平捐钱肆百文。

袁贯之捐钱肆百文。

七里山曹

督理曹心志捐钱壹千文。

督理曹生枝捐钱壹千文。

曹源修捐钱伍千文。

曹六开捐钱叁千文。

曹在之捐钱贰千文。

曹全玉捐钱壹千伍百文。

曹金玉捐钱伍百文。

曹甲发捐钱伍百文。

曹学成捐钱肆百文。

曹二发捐钱肆百文。

深圳背

督理何彩德捐钱壹千文。

督理黄四阳捐钱壹千文。

赖永春捐钱捌千文。

李德昌捐钱壹千文。

何成德捐钱肆百文。

何有德捐钱肆百文。

何惠德捐钱肆百文。

何冬林捐钱肆百文。

何开隆捐钱肆百文。

萧辛庆捐钱肆百文。

方相禄捐钱肆百文。

白料开捐钱肆百文。

白吉化捐钱肆百文。

塘金垄

督理、监生张春凤捐钱壹千文。

庠生张泽善捐钱伍千百伍文[①]。

丹团乐捐鸿名

横直冲

督理曹琇莹捐钱伍千文。

督理曹得之捐钱壹千贰百伍拾文。

曹庆诗捐钱伍千肆百文。

曹作人捐钱叁千伍百文。

曹攀桂捐钱贰千文。

曹士志捐钱壹千伍百文。

曹庆详捐钱壹千伍百文。

曹碧章捐钱壹千文。

曹明德捐钱壹千文。

曹平林捐钱陆百伍拾文。

曹秋龙捐钱陆百文。

曹庆名兄弟捐钱陆百文。

曹桂科捐钱伍百文。

曹桂龙捐钱伍百文。

---

① 伍千百伍文，疑为“伍千伍百文”之误。

曹永申捐钱肆百文。

曹龙章捐钱肆百文。

曹寅宾捐钱肆百文。

曹孔芝捐钱肆百文。

曹易详捐钱肆百文。

曹嘉详捐钱肆百文。

曹陋斋捐钱肆百文。

曹庆廷捐钱肆百文。

曹庆清捐钱肆百文。

曹福星捐钱肆百文。

曹有之捐钱肆百文。

曹松元捐钱肆百文。

曹相臣捐钱肆百文。

曹贤臣捐钱肆百文。

曹达尊捐钱肆百文。

曹新书捐钱肆百文。

曹夏蓝捐钱肆百文。

曹九开捐钱肆百文。

曹贱苟捐钱肆百文。

段家

督理、耆老段泉渊捐钱壹千文。

督理段兴祥捐钱壹千文。

督理、国学段文启捐钱壹千文。

段正朝捐钱捌千文。

国学段懿德捐钱捌千文。

段兴吉捐钱陆千陆百文。

州同段勋朝捐钱陆千文。

段壬发捐钱伍千文。

廪生段平武捐钱肆千文。

段万名捐钱肆千文。

段锦廷捐钱叁千柒百伍拾文。

国学段必德捐钱叁千文。

段承先捐钱贰千贰百伍拾文。

国学段润敷捐钱贰千伍百文。

段敬敷捐钱贰千伍百文。

耆老段平龙捐钱贰千文。

庠生段佐朝捐钱贰千文。

段祥泰捐钱贰千文。

段毛冬捐钱贰千文。

耆老段四龙捐钱壹千捌百伍拾文。

段名邦捐钱壹千陆百文。

段谱苟捐钱壹千贰百伍拾文。

段兴福捐钱壹千贰百伍拾文。

段冬寿捐钱壹千贰百伍拾文。

庠生段平芝捐钱壹千文。

国学段德敷捐钱壹千文。

段平地捐钱壹千文。

段满古捐钱壹千文。

段碧城兄弟捐钱壹千文。

庠生段吐华捐钱壹千文。

廪生段兴煌捐钱壹千文。

段天衢捐钱壹千文。

拔贡段兴钊捐钱壹千文。

庠生段兴铎捐钱壹千文。

段福衢捐钱壹千文。

段文廷捐钱壹千文。

段林斋捐钱壹千文。

段加龙捐钱壹千文。

段平文捐钱玖百文。

段和廷捐钱捌百文。

段明德捐钱陆百伍拾文。

段楚良捐钱陆百伍拾文。

段路发捐钱陆百伍拾文。

庠生段贡北捐钱肆百文。

段龙春捐钱肆百文。

耆老段玉芳捐钱肆百文。

段安吉捐钱肆百文。

耆老段锡兹捐钱肆百文。

段明清捐钱肆百文。

段发南捐钱肆百文。

段平利捐钱肆百文。

段甲开捐钱肆百文。

段启福捐钱肆百文。

段贱福捐钱肆百文。

段二开捐钱肆百文。

段任福捐钱肆百文。

段正发捐钱肆百文。

段冬斋捐钱肆百文。

段细木牛捐钱肆百文。

段夏开捐钱肆百文。

段发珠捐钱肆百文。

段言斋捐钱肆百文。

段朋荀捐钱肆百文。

段逢古捐钱肆百文。

段兴发捐钱肆百文。

段彩章捐钱肆百文。

段二斋捐钱肆百文。

庠生段邦琛捐钱肆百文。

袁联珠捐钱贰千文。

管山曹

督理曹升廷捐钱壹千肆百文。

曹正龙捐钱叁千肆百文。

曹寿蓝捐钱贰千文。

曹运古捐钱壹千肆百文。

曹效文捐钱壹千贰百伍拾文。

曹福廷捐钱壹千文。

曹辛发捐钱陆百伍拾文。

曹九九捐钱肆百文。

曹景星捐钱肆百文。

江边

曹庚龙捐钱肆千文。

曹铭心兄弟捐钱陆百伍拾文。

丹党下段

督理段锡九兄弟捐钱壹千肆百文。

督理段亮臣捐钱壹千肆百文。

督理段德崇兄弟捐钱壹千文。

段继先捐钱贰千肆百文。

段占魁捐钱壹千柒百文。

段烈堂捐钱壹千肆百文。

段咸亨捐钱壹千肆百文。

段之臧捐钱壹千叁百文。

段春魁捐钱壹千文。

段文哉捐钱玖百文。

军功段富邦捐钱玖百文。

耆老段兴家捐钱捌百文。

国学段清臣捐钱柒百文。

段振刚捐钱陆百伍拾文。

段兴才捐钱陆百伍拾文。

段伟元捐钱陆百伍拾文。

段宏九捐钱陆百伍拾文。

段肇修叔侄捐钱伍百文。

段焕堂捐钱肆百文。

段吉开捐钱肆百文。

段清秀捐钱肆百文。

段福近捐钱肆百文。

上冲湾

袁万贤捐钱贰千文。

五谷团乐捐鸿名

水西坪

督理、监生谢咸熙捐钱肆千伍百文。

督理谢积玉捐钱贰千伍百文。

督理谢承福捐钱壹千叁百文。

督理谢亮心兄弟捐钱壹千叁百文。

谢玉太捐钱贰千肆百文。

谢桂攀捐钱贰千叁百文。

谢学成捐钱贰千文。

谢琪章捐钱壹千捌百伍拾文。

谢珪章捐钱壹千捌百伍拾文。

谢启禄捐钱壹千捌百伍拾文。

谢亮德兄弟捐钱壹千叁百文。

谢焕成捐钱壹千贰百伍拾文。

谢禄章捐钱壹千贰百伍拾文。

谢君望捐钱壹千贰百伍拾文。

谢吉星捐钱壹千贰百伍拾文。

谢首太捐钱壹千零伍拾文。

谢九近捐钱壹千零伍拾文。

谢二开捐钱壹千零伍拾文。

谢德五捐钱壹千文。

任临州二府谢祖达捐钱壹千文。

谢文成捐钱捌百伍拾文。

谢占廷捐钱捌百文。

谢南开捐钱柒百伍拾文。

谢茄开捐钱陆百伍拾文。

谢程开捐钱陆百伍拾文。

谢汉章捐钱伍百文。

谢正发捐钱伍百文。

谢初开兄弟捐钱伍百文。

谢成立兄弟捐钱伍百文。

谢智廷捐钱伍百文。

谢发隆捐钱肆百文。

谢利恒兄弟捐钱肆百文。

谢日升捐钱肆百文。

杨塘冲谢

督理谢易攀捐钱壹千肆百文。

谢时攀捐钱叁千文。

谢彩攀捐钱贰千叁百文。

谢连寿捐钱壹千贰百伍拾文。

谢玉攀捐钱陆百伍拾文。

谢佗子捐钱陆百伍拾文。

谢苟相捐钱陆百伍拾文。

谢豨毛捐钱陆百伍拾文。

谢秀攀捐钱肆百文。

谢均章捐钱肆百文。

谢黑斋捐钱肆百文。

大坪寺塘下曹

督理曹诗可兄弟捐钱肆千叁百文。

督理曹燕乐捐钱贰千文。

督理曹肇英捐钱壹千贰百伍拾文。

督理、耆老曹元勋捐钱壹千贰百伍拾文。

督理曹直常捐钱壹千文。

督理曹奇勋捐钱壹千文。

曹宏文捐钱捌千文。

耆老曹元享捐钱伍千文。

曹正良兄弟捐钱肆千叁百文。

曹显邦捐钱肆千贰百伍拾文。

曹明德捐钱贰千叁百文。

诰赠奉直大夫曹启明捐钱贰千文。

曹守相捐钱贰千文。

副榜曹邦康捐钱贰千文。

曹勋达捐钱贰千文。

曹贵来捐钱贰千文。

江西布政司曹隆捐钱贰千文。

贡生曹惟精捐钱贰千文。

曹必照捐钱贰千文。

生曹崇阶捐钱贰千文。

增生曹世彬捐钱贰千文。

生曹掞捐钱贰千文。

廪生曹广达捐钱贰千文。

曹志贵捐钱壹千捌百文。

曹善庆伯侄捐钱壹千陆百文。

耆老曹魁元捐钱壹千伍百文。

曹守玳捐钱壹千叁百文。

曹道讲捐钱壹千叁百文。

曹在朝捐钱壹千叁百文。

廪生曹述志捐钱壹千贰百伍拾文。

曹经纬捐钱壹千贰百伍拾文。

曹祥占兄弟捐钱壹千零伍拾文。

生曹得志捐钱壹千文。

庠生曹车斋捐钱壹千文。

曹世觉捐钱壹千文。

耆老曹泽沛捐钱壹千文。

生曹世俊捐钱壹千文。

生曹楠捐钱壹千文。

曹惟珍捐钱壹千文。

曹意美兄弟捐钱壹千文。

曹茄福捐钱壹千文。

曹茂家捐钱壹千文。

廪生曹广教捐钱壹千文。

曹廷英捐钱捌百伍拾文。

曹上才捐钱捌百文。

曹名贤捐钱捌百文。

耆老曹星兆捐钱柒百伍拾文。

曹三冬捐钱陆百文。

省察曹广运捐钱陆百文。

曹心达捐钱陆百文。

曹寿开捐钱陆百文。

曹绍林捐钱陆百文。

曹达望捐钱陆百文。

曹希贤捐钱伍百文。

曹龙发捐钱伍百文。

曹仕望捐钱伍百文。

曹相礼捐钱伍百文。

曹有为捐钱伍百文。

曹进恒捐钱伍百文。

曹顺和捐钱伍百文。

曹秀章捐钱伍百文。

曹心明捐钱伍百文。

曹有成捐钱伍百文。

曹戊苟捐钱伍百文。

曹策名捐钱伍百文。

曹顺朝捐钱伍百文。

曹范田兄弟捐钱伍百文。

曹五斋捐钱伍百文。

曹辛开捐钱伍百文。

曹顺伟捐钱伍百文。

曹满近捐钱伍百文。

曹世辽捐钱伍百文。

曹春元捐钱伍百文。

曹秋兰捐钱肆百文。

曹惟荣捐钱肆百文。

曹盛启兄弟捐钱肆百文。

下江边

督理曹惟粮捐钱壹千贰百伍拾文。

曹戊苟捐钱陆百文。

曹禄寿捐钱伍百文。

曹三古捐钱伍百文。

曹惟迟捐钱肆百文。

曹玉禄捐钱肆百文。

曹毛苟捐钱肆百文。

曹黑斋捐钱肆百文。

曹季毛捐钱肆百文。

曹石福捐钱肆百文。

源塘张

督理张作善捐钱壹千文。

督理张佐朝捐钱壹千文。

张善祥捐钱贰千伍百文。

张才进捐钱壹千文。

张登科捐钱捌百文。

张仁道捐钱捌百文。

张显达捐钱捌百文。

张善连捐钱肆百文。

张秋隆捐钱柒百文。

张幼秋捐钱柒百文。

张尊贤捐钱肆百文。

张冬发捐钱肆百文。

张科发捐钱肆百文。

张丙开捐钱肆百文。

张易成捐钱肆百文。

张可群捐钱肆百文。

张会群捐钱肆百文。

张庆苟捐钱肆百文。

高冲焦

督理焦礼厚捐钱捌千文。

督理焦峰蓉捐钱壹千文。

督理焦春山捐钱壹千文。

督理焦丰美捐钱壹千文。

督理焦秀兰捐钱壹千文。

督理焦吉祥捐钱壹千文。

督理焦秀生捐钱壹千文。

焦庆荣捐钱贰千伍百文。

焦崇□捐钱贰千文。

给事焦起良捐钱贰千文。

进士焦从周捐钱贰千文。

廪生焦世邦捐钱贰千文。

焦文立捐钱贰千文。

焦蒂元捐钱壹千文。

焦文彩捐钱壹千文。

焦道受捐钱壹千文。

焦光华捐钱壹千文。

廪生焦起霖捐钱壹千文。

焦念楚捐钱壹千文。

焦兴斋兄弟捐钱壹千文。

焦茂良捐钱壹千文。

焦可祥捐钱壹千文。

焦发兴捐钱壹千文。

焦运上捐钱壹千文。

焦日章捐钱陆百文。

焦纯昌捐钱伍百文。

焦其盛兄弟捐钱肆百文。

焦桂林兄弟捐钱肆百文。

焦亨祥捐钱肆百文。

焦呈瑞捐钱肆百文。

焦致祥捐钱肆百文。

焦时明捐钱肆百文。

焦长清捐钱肆百文。

焦清林捐钱肆百文。

焦复兴捐钱肆百文。

焦精祥捐钱肆百文。

焦祥有捐钱肆百文。

凌波

监生黄远志捐钱四千文。

黄善吾捐钱三千文。

黄体仁捐钱二千文。

黄和厚兄弟捐钱二千文。

黄尚文捐钱二千文。

黄路保捐钱一千文。

黄尊爵捐钱一千文。

黄致中捐钱一千文。

黄裔元捐钱一千文。

黄衡钦兄弟捐钱一千文。

黄茄荀捐钱八百文。

黄吉苟捐钱八百文。

黄学之兄弟捐钱八百文。

黄国开捐钱八百文。

黄壬苟兄弟捐钱八百文。

黄圣裕捐钱六百文。

黄义祥捐钱六百文。

黄文廷捐钱六百文。

黄鹿鸣捐钱六百文。

黄圣祥捐钱四百文。

黄鹤鸣捐钱四百文。

黄才望捐钱四百文。

黄正兴捐钱四百文。

黄才兴捐钱四百文。

黄美林捐钱四百文。

黄昌苟捐钱四百文。

黄福苟捐钱四百文。

黄甲开捐钱四百文。

黄元龙捐钱四百文。

黄冬福捐钱四百文。

黄发开捐钱四百文。

黄福春捐钱四百文。

黄致朝捐钱四百文。

黄木度捐钱四百文。

黄致祥捐钱四百文。

黄九苟捐钱四百文。

黄初近捐钱四百文。

黄九开捐钱四百文。

黄义凰捐钱四百文。

黄光秀捐钱四百文。

黄迎冬捐钱四百文。

黄彩廷捐钱四百文。

黄禄科捐钱四百文。

黄兴邦捐钱四百文。

黄启斋捐钱四百文。

黄耀廷捐钱四百文。

黄水苟捐钱四百文。

黄缉熙捐钱四百文。

黄启后捐钱四百文。

黄千重捐钱四百文。

黄飞鸣捐钱四百文。

黄鸾捐钱五千文。

源塘

督理张成国捐钱一千文。

张享斋捐钱二千文。

张甲魁捐钱二千文。

张礼祥捐钱二千文。

张相朝捐钱四百文。

张广寿捐钱四百文。

张春魁捐钱肆百文。

五谷焦林裔捐钱一千二百文。

五谷谢化南捐钱一千文。

七都乐捐鸿名

唐朗元捐钱柒千伍百文。

谢化龙捐钱肆千文。

曾腾芳捐钱肆千文。

戴克清捐钱肆千文。

曹瑞华捐钱叁千伍百文。

曹聚华捐钱叁千伍百文。

生员杨曹元捐钱壹千文。

袁立凤捐钱壹千文。

廖熊飞捐钱壹千文。

曹有仁捐钱捌百文。

曹玉华捐钱捌百文。

段邦福捐钱肆百文。

段改斋捐钱肆百文。

段国义捐钱肆百文。

段戊苟捐钱肆百文。

鹿鸣团乐捐鸿名

督理袁任发捐钱壹千叁百文。

耆老李其昌捐钱贰千叁百文。

耆老李在中捐钱壹千叁百文。

李富开捐钱壹千叁百文。

袁初发捐钱壹千叁百文。

黄万镒捐钱壹千叁百文。

袁起祥捐钱壹千叁百文。

袁德斋捐钱壹千贰百伍拾文。

李军楚捐钱壹千壹百伍拾文。

李秀苟捐钱壹千文。

李文运捐钱壹千文。

耆老唐和平捐钱壹千文。

袁望隆捐钱壹千文。

生员李良臣捐钱肆百文。

袁启发捐钱肆百文。

唐怀清捐钱壹千文。

唐元亮捐钱壹千文。

李三发捐钱四百文。

唐恒兴捐钱四百文。

李长春捐钱四百文。

罗丙古捐钱四百文。

同治二年乐捐鸿名

得胜刘承评叔侄捐钱伍千肆百文。

威武曹选清捐钱三千文。

得胜刘承读叔侄捐钱六百文。

得胜刘招开兄弟捐钱六百文。

得胜刘试诚捐钱四百文。

公置饩田

一、得买段镜如禾田二十担，额租谷六十二桶。地名花头山冲头上禾田捌担一坵，又五担二坵，又七担一坵，计四坵。又义树塘二口，塘水灌润。粮出三都一八甲萃钊堂袋内税米一斗二升正。其契存段其昌家收。

一、得买段星台禾田二十四担，额租谷七十五桶。地名党冲垄鳞鱼井上边禾田五担一坵，又鳞鱼井下边禾田六担一坵，又一处桑园坪禾田六担一坵，又一处地名瓜杓把禾田五担一坵，又一处地名屋土头禾田二担一坵，计五坵。粮出三都一八甲段大魁袋内税米一斗四升四合正。

一、得买黄通六禾田三担一坵，额租谷一桶。地名十八都观音桥。粮出十八都九甲柳丰袋内税米一升八合正。

一、得买曹武略租谷二十桶。其田与本名乐捐田连共，地名、坵址、税米载捐项名下。

一、得买曹华升租谷二十桶。其田与本名乐捐田连共，地名、坵址、税米载捐项名下。

一、得买廖丕承租谷四桶。其田与本名乐捐田连共，地名、坵址、税米载捐项名下。

一、得买曹大毛荒塘一口。地名东塘桥□上竹节堋八分。该管二分，以作灌田用。

箴言书院志

（清）胡林翼纂

邓洪波　姚岳　点校

卷　上[①]

志经始第一

林翼读先宫詹《弟子箴言》书，谨追述先宫詹之志，作箴言书院于邑治之南。今两江总督曾君涤生、太常侍卿左君季高，既赐之序铭，垂之贞石，林翼乃复推本先宫詹教学之指归，所以佑启我后人，与林翼之所以祇承先人遗训，而惧弗克嗣者，具著于篇，既用自咎责，亦庶以迪夫来者。

先宫詹生林翼也晚，林翼甫襁褓，先宫詹以优贡生就京兆试，族戚之祖者咸集。先宫詹抱林翼谒于先祠，而告于先大父赠光禄律臣公曰："是儿状貌类颖慧者，他日幸赖先人遗泽，或能自立。然豫教之道，某其无敢废。"及林翼稍长，先宫詹命之学，早夜督责，无少暇。

盖先宫詹之学，由宋五子上推孔、孟之旨，尤严于公私义利之际，始于切近，以致远大。尝谓"为学自蒙养始"，故其教人必以朱子《小学》《近思录》诸书为先。及林翼受书，则一以是为教。然林翼方稚昧，弗克率后。先宫詹以岁辛丑弃养。林翼年及壮矣，经历世故险阻，退旁稽于圣籍，乃知向时矫焉，以求异于一世之不足据，而为学之道，必断然一本于诚。虽躬豪杰之资，任天下之重，未有违此而不败者。因是追省先宫詹之言，确

① 卷上，据版心标注补。洪波按，底本在"志经始第一"之前，分两行标注书名与作者："长沙府益阳县箴言书院志。太子太保头品顶戴兵部侍郎都察院右副都御史湖北巡抚胡林翼纂。"

乎其不可易。后之君子，诚深念乎此，则知先宫詹之所以学与所以教，固修己治人之要，苟有志于斯道，其勿慎其所之哉！

呜呼！先宫詹仕于嘉、道之际，实当海内富庶，国家隆平之日，然其时士之学亦少变矣。先宫詹独以有宋诸儒之学，力践诸其躬，盖所谓卓然不惑者。今自四方盗贼起，疆事日益坏，而俗日益衰，天下扰攘兵革之间，而学士殆于废业。然人不知学，则乱之生将无日以已，将欲弭天下之乱，终必自正学术、培人材始。林翼思从事于此，以绍先宫詹之志业。而从戎十载，寇乱讫不得平，重以疾病侵加，惴惴不自保，大惧先泽之坠湮，则异时私恨，将遂无穷。然使学于斯者，刻意励行，不与时之污隆转移，而得失一主于己，成德达材，以储当世之用，是固先宫詹夙夕之所深期。虽林翼之德薄，不足逮此，区区之心，未尝以一日已也。

曾阁部箴言书院记

国藩以道光戊戌通籍于朝，湘人官京师者，多同时辈流。其射策先朝，耆年宿望，凋散略尽，而少詹事益阳胡云阁先生独为老师祭酒，乡之人就而考德稽疑，如幽得烛，众以无陨。而喆嗣润之，亦以编修趾美名父，回翔馆阁，今兵部侍郎、湖北巡抚、海内称为宫保胡公者是也。

少詹君晚而纂《弟子箴言》十六卷，国藩实尝受而读之。自洒扫应对，以暨天地经纶，百家学术，靡不毕具。甄录古人嘉言，衷以己意，辞浅而指深。要使学者自幼而端所习，随其材之大小，董劝渐摩，徐底于成而已。

窃尝究观天之生斯人也，上智者不常，下愚也亦不常，扰扰万众，大率皆中材耳。中材者，导之东而东，导之西而西；习于善而善，习于恶而恶。其始瞳焉无所知识，未几而骋耆欲，逐众好，渐长渐贯，而成自然。由一二人以达于通都，渐流渐广，而成风俗。风之为物，控之若无有，鳝之若易靡。及其既成，发大木，拔大屋，一动而万里应，穷天人之力，而莫之能御。先王鉴于此，欲民生早慎所习，于是设为学校以教之：琴瑟钟鼓以习其耳，俎豆登降以习其目，诗书讽诵以习其口，射御投壶以习其筋力，书升以奖其能，而郊遂以作其耻。故其高材则道足济天下，而智周万汇，其次亦不失为圭璧自饬之士。贾生有言："习与正人居之，不能毋正。犹生长于齐，不能不齐言也。"其不然欤？

侍郎自开府湖北以来，即以移风易俗为己任。自部曲之长，郡县之吏，暨百执事，片善微长，不敢自襮，而褒许随之。曰："尔之发见者微，而善端宏大，不可量也。"或有过差，方图盖覆，谴亦及之。曰："此犹小眚，过是，诛罚重矣。"与其新，不苛其旧；表其独，不遗其同。上下兢兢，日有课，月有举。当世推湖北人才极盛，侍郎则曰："吾先人箴言中育材之法如此，吾讵能继述直什一耳。"

咸丰十年，侍郎治鄂六载矣，功成而化洽。又以一湖之隔，吾教成于北，而反遗吾父母之邦，其谓我何？于是建箴言书院，将萃益阳之士而大淑之。置良田以廪生徒，储典籍以馈孤陋。宽其涂辙，而严其条教。崇实而黜华，贱通而尚介。循是不废，岂惟一邑之幸！即汉之十四家法，宋之洛闽渊源，将于是乎在。后有名世者出，观于胡氏父子仍世育才肫肫之意，与余小子慎其所习之说，可以兴矣。

咸丰十一年六月曾国藩记。

左督帅箴言书院碑铭并序

咸丰十年，太子少保、兵部侍郎、湖北巡抚益阳胡公奉命起复督师。

时将东征，于故居资水之阳建诰赠光禄大夫、故詹事府少詹事先公祠堂，旁为书院，藏赠公所著《弟子箴言》，因颜曰“箴言书院”。别庋书若干卷，俾同里承学之士聚读其中。买田若干亩，岁取其出饩之。规画甫毕，语其友湘阴左宗棠叙而铭之。

余维詹事公积学累善，信于家邦；笃生巨人，为国藩辅。侍郎读其遗书，罔敢失坠，用能殄寇息民，流惠南纪。又推其学所自出，公之邑人士，冀得与闻至道之要，俾学于兹者辨志笃行，储为良材，各致其用。大哉，其与人为善之心乎！自顷学术陵迟，风俗颓敝，士竞科名利禄之途，靡靡然无所止极。一旦谿洞群蛮，盗兵以逞，流毒遂半天下。而湖湘诸君子独发扬蹈厉，慨然各毕其志力，以当世变而扶其衰，忠义之风照耀区宇。揆厥由来，非本其先世积累之厚、教诲之勤所贻，则亦乡里老生流风余韵所渐被而成者也。然则箴言书院之设，侍郎岂徒然哉？故第谓詹事公有穀贻孙子，侍郎善则归亲者，犹浅之为见也。铭曰：

公昔在野，读书岳麓，稽经诹律，用宏厥蓄。首以学行，贡于明堂，联掇甲科，望实益彰。庆光之际，回翔馆阁，秉道砥节，含冲守约。校士滇黔，讲学城南，祖汉祢宋，精义是耽。余游京师，亲公杖履，勖言谆谆，以故人子。物滋于稚，圣养于蒙，节性日迈，其道自充。箴言之作，公意在兹，闵彼习非，牖其心知。余与侍郎，年齐逾冠，意气方新，不可抑按。公引墨徽，更落以斧，矫轻警惰，饬其气宇。喆人云徂，古型靡企，遗书在匮，百世以俟。阴阳之沴，实生螟螣，盗起岭峤，祸及下国。侍郎奉命，自黔来楚，建旆徂征，磔彼穴鼠。江汉再平，遂规淮甸，目营九壥，气雄百战。幕府祁祁，群英是趋，勇爵举雄，礼罗致儒。得人其昌，造士斯极，我里悠悠，曷所矜式。珍涟山麓，资水之湄，经堂肇开，斯其取斯。烝我髦士，有图有书，有田可食，有庐可居。绎厥庭闻，以训以徇，以葆其华，以泻厥润。毋侪于俗，毋荒于嬉，毋画乃成，惟公是师。

附录　呈恽中丞词 同治甲子年八月二十日

为创建书院，公恳咨部行县，并颁发监院钤记事。益邑治南石笱地方新设箴言书院，乃故湖北巡抚胡文忠公所创建也。先是，文忠之父赠光禄大夫、故少詹事公胡公云阁，以鼎甲第三人司成均十余载，淑身淑世，至近至平，著有《弟子箴言》书，津逮来学，童蒙养正，不出乎兹。文忠以衣被虽已云遥，而感孚必先自近。乃诹诸梓里，建书院以广裁成，颜曰"箴言"，承先志而申继述。凡藏书若干卷，置田若干顷，久经综核，纂有志书。

其时土木之经营，薪工之耗费，寒暑既经三稔，度支亦逾万金。楚子文毁家纾难之余，橐囊久乏；檀道济唱筹量沙之日，廉俸皆捐。勤俭所储，始终不继。而又惧三军卧将，余马革于边陲；一篑功亏，慚风毛于池上。车难呼伯，事莫因人。乃未几大帅陨星，亦孰计学徒立雪。幸今爵阁督部曾、原仕安徽巡抚李，各出重赀，共襄斯举，然后大功乃告成焉。

夫莫为之前，虽美弗彰；莫为之后，虽盛弗传。今值大人开府湘南，凡兴利除害，无政不修；则毓德储材，有美必合。职等是用，拟刊全志。向铃阁以赍呈，即希转赐大咨，登容台之记载。且印昭符信，畀职事于监官；柄藉地方，饬行文于本籍。庶几来年春吉，得以开馆延师，廪有饩而室有书，因其文以考其道。行见鸾旗、鹭鼓，搴芹藻以从公；鹿洞、鹅湖，溯渊源而合派。小子之得所造就，实大人之笃于栽培也。职等前经文忠见委，经理书院，所有恳请，咨部行县，兼颁发监院，钤记事宜。除书院志书刻成，另行呈缴外，理合缕呈事由。伏乞核准饬行，深为公便。谨呈。

恽大中丞批：据禀已悉。仰即会同妥议章程，善为经理，以副胡文忠公敦崇实学，培植人才之意。候分别咨部行县，并颁发监院钤记。此缴。

八月二十一日，核咨行稿，钤记饬司颁发。

附呈徐县尊词

为书院启馆，公恳考课送学、出示定章事。邑治东南石笋地方设立箴言书院，乃邑人故湖北巡抚胡文忠公本其先考《弟子箴言》一书而创建之者也。几经寒暑，幸已全完。广厦百间，良田十顷，学堪弛担，饥不持麇。结构乘乎地灵，甄陶庶多人杰。登其堂，则庐峰远列而瀑布飞腾；循其麓，则石笋高擎而流泉奔注。凡诸名胜，悉布几筵。而况兵燹之余，遗经散逸；汉唐以后，墨宝凋残。文忠公不惜重赀，广为罗致。间关而求蠹简，直将一字一缣；剔藓而认残碑，几欲三薰三沐。盖行间不忘弦诵，故东南百战而并蓄兼收；亦俸入都付缥缃，虽廪禄千钟而倾囊倒箧。治经兼治事，原期学继苏湖；刘向得刘歆，然后书传藜阁。盖成功若斯之难也，岂善后竟可无策乎？

然而提裘者不挈其领，则劳而无功也；举网者不持其纲，则百不一获也。若夫省试有程，群拜《廪人》之继；胶庠乍启，来赓《小雅》之章。问钱谷之几何，数枚以对；苟职司之不废，按册堪稽。凡有应举条规，皆待有心持护。恭惟公祖大人，署理斯土，不下堂而就理。再看子贱鸣琴，咸相与以有成；群颂文翁化蜀，君子以引以翼。

邑人斯爱斯传，职等前经文忠公见委，经理书院。兹拟来春延师启馆，所有一切事宜，除恳请中丞咨部及志书另缴外，理合公恳主持，粘单呈核。盖学问之道，大成基于小成；职司所关，公事直如家事。稽察非由邑长奉行，恐涉虚文。为此缕呈考课送学、出示定章各款。伏乞裁度施

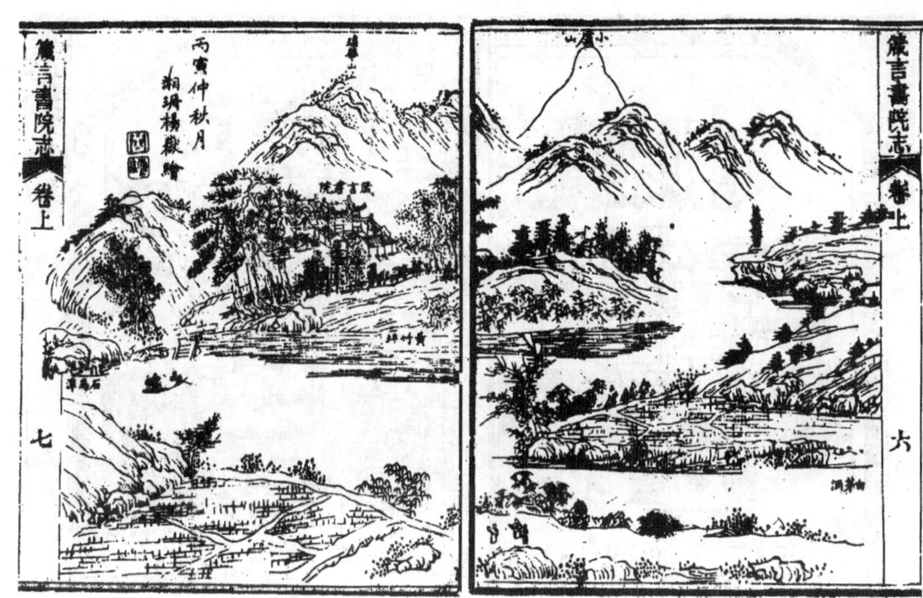

箴言书院图

行，深为公便。谨呈。

先范按，文忠公常艳称邑治南山川雄秀。庚申，驻军英山，延溧水陈太史作梅鼐来益相度书院地，嘱以毋近城市，避嚣杂也；适县之中，道里均也；近水道，便负笈也。太史卜基于瑶华山下，先以图邮寄文忠，阅之，喜与所议合，而距宫詹公墓地近，尤惬所怀。明年春，驻军太湖，则已病矣。太史来复审择葬地，他皆不遂，卒就于花桥之书堂湾，去此数里，山水因缘，重重相结。书院之成，生前虽不得目见，千岁后魂魄来归，其犹依此山乎！今绘其图于右。

夏先范谨识。

瑶华山为小庐山支麓，书院建于其阿，制凡四重。据山之半建先圣祠，南向，地高数仞，室三楹。中设龛，奉至圣先师神位。前有扉，非祭祀不启，以将敬也。重拱重檐，阶修堂三之一，中缭以栏，旁不设四配、十哲、两庑，以别于庙制，不敢僭也。东西砌石级，高七尺许。旁两房藏

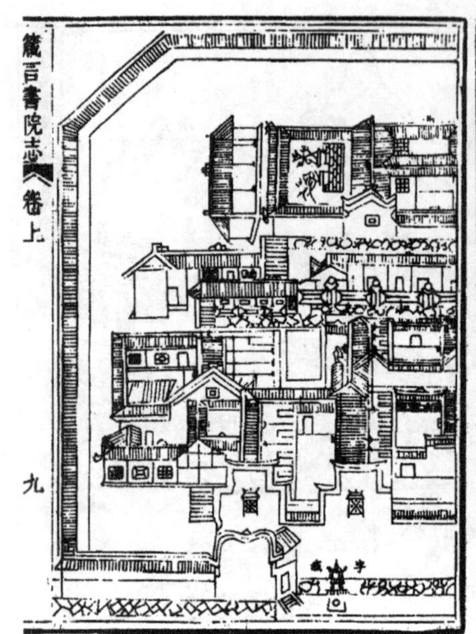

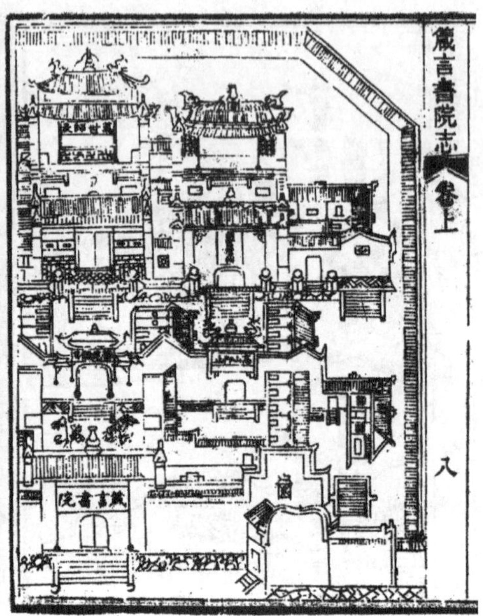

箴言书院堂室图

祭器，上设书楼，庋古今图籍。东建宫詹公祠，亦南向，中设龛奉祀。东有塾以行事，西有回廊以达至圣祠。前有两阶，皆石级。西建半学斋，东向，室三楹。中有堂，旁两房为书室，山长居之。前为庭，庭左右有院。后有廊，有小隙地。左庑两楹，可居童仆。旁为厨，为湢，为厕，莫不备。此一重也。

至圣祠下为大堂，虚其南垣，其三面，石刻列焉。山长进馆、出馆、讲学、课艺及院之大礼仪、大事，皆于堂。西有横斋，居可十人。前有石级，高亦七尺许。宫詹祠下为享堂，虚其北垣，其三面，前有门，颜曰“宫詹公祠”。东有庑三楹，供祭祀者居之。后有牲室，有曲院，有厨，有湢。西有回廊，达大堂之后。此一重也。

大堂下为中唐，砌以石。两旁列直斋四，居可三十二人。西有横斋，北向，居可八人。唐前有庭有门，颜曰“艺苑储英”。东有庭有门，直达宫詹公祠，颜曰“高山仰止”。此一重也。

门外有石级，高亦七尺许。下有空院，院有唐，砌以石，旁列树木。东列直斋一，居可二十人。西列直斋二，居可三十二人。前为大门，颜曰“箴言书院”。门有塾，司阍居之。西斋之西有大院，为仓库，为厨、湢，监院及掌管居焉。前有廊有院，有侧门，以通出入。东斋之东有廊有院，有侧门，入宫詹公祠者由焉。门以内为庭院者四十有八，为廊者三十有六，为石级者二十有八。各斋之左右，厨、厕、浴室悉具，斋夫主之。门以外有石级，高亦七尺许。前有泮池，泉水清洌，环以柳。西有化字塔三级，高丈余，基以石砖，合其尖。左右有射圃，有园场，植蔬果，树竹木。周围以垣，垣以石。垣内外皆有隍，隍两岸皆缘以石。

先范按，文忠公《志堂室》原文极为精详，然皆事前所预拟者。今随山之高庳广狭以为结构，不能悉遵其法度。因地制宜，师其意，不师其迹也。经始于咸丰十年，落成于同治二年，别成《堂室图说》，不能不就现制增损原文，非擅改易也。今图其规模于右。

夏先范谨识。

志规制第二

山长一人，掌教诸生，品文艺，以道化人，而不与公事焉。不拘科第、年齿、本乡、外县，务访品行端正，经学淹通，有名于时，无玷于躬者，监院、掌管及众士绅公论之，论定而后请之。请之礼，先通书问，俟其既允，呈明县尊，请其名柬。先冬遣使送关书、聘金，期以来岁仲春上旬至院。监院先期请县尊至院，迎山长到馆，诸生行礼如常仪。县尊有故，即请两学师一人代之。山长关书岁一易，其允惬众论者，久留可也。

监院一人，掌经理庶务，常住院中，院之庶事取决焉。必择素有品望，能调和舆情而不偏党，识时宜而不执拗者任之。无定期日，以功过而久暂之。

掌管二人，掌收契约、理田产、量租谷、葺房屋、发膏火、经庶用，祠堂、书院祭祀之规必饬焉。仓库器具之数，书籍之储，以时佐监院而稽核之。举、贡、生、监所不拘也，贵介而不贵通，贵朴而不贵华。其受任也，视勤惰、公私而久暂之。

首事数人，于启馆、放馆及春秋祭祀请之入院，共襄公事，轮流派任掌管，耳目既习，擘画无难，且以示公也。

各县书院山长，多由当道荐致，品行学问既难深知，每年到馆率不过三数月，即行解归，以书院为应酬周旋之具，于教育人材之道毫无实际。箴言书院聘请山长，由监院、掌管人等公同酌定，不由当道荐致。其监院、掌管人等，亦务访人品端方，而学问文艺亦复优长者，方与诸生有益，不得稍徇私情，率尔延请。尚祈当道诸公，鉴此教本实意，不勒荐诸人，实为幸甚。

开馆之先，呈明湖南巡抚部院存案，并请给发箴言书院钤记。院有公事及月课文案，与凡宜牒呈地方官者，监院命吏备文，盖用之登记其由于册，以备稽考。监院更替，凡所领契约、书籍、器具及钤记一颗，旧监院出交卸之牒，新监院出领受之牒，呈县中存案。倘有遗失、含糊，公同追究。

院中书籍、金石文字，悉登于册，监院掌之，派司书分理之。其书库为楼以远湿，为厨以防鼠。岁以六月晒之，岁有淫雨，则俟晴日必加晒之。院中领读者，开单呈监院，监院饬司书检交，登记于册，载明某月某日某人领某书某帖若干卷，由监院验标，限日缴还。毋许涂抹毁损，毋许借出书院头门。岁四季，监院按册清查，有遗失不全者，查明领书帖之人，责令购赔全部，并酌罚司书者。凡院外之人愿读某书者，自具薪水蔬油来院，呈明监院，限以日月而借之，仍不许出院门，其标记、赔偿之法悉如前。

凡收租课期，务须于收割后，即令各佃输送。收谷进仓，必加车晒。

限以九月初一日，宫詹公祠堂祀事毕，公同会计本年所入若干。间因水旱酌减，亦必公商，毋得擅专。其谷石除照定额支给外，所余尚有杂用需钱者，如办理祭祀、添盖屋瓦、补修墙垣、加置器用之类，监院与掌管公同酌议，以时粜卖，须使岁有余谷，以备水旱凶荒而弥其缺。或余谷已多，可公商变卖，以为添置田亩、增课额之用，但不得擅行出粜，暗自移挪，托名济公，以权子母。违者公罚。

山长放馆，定以十二月朔日，监院人等公同礼送之。

司书一人，掌收登书帖，以时晒之，缺者补之，残者完之。守其目录，副记其假借，以贰监院整齐之风。日之毋玩，毋私借人。司书兼充书吏，凡斋课，监院饬令备试卷，造册、唱名及发案写榜，皆此人。

司阍、司更共一人，稽察出入，巡视火烛，防守盗贼。院内之物毋许出院外，闲人毋许入。每夜二更即将头门扃锁，钥匙送交监院。如司更迟不送钥，及私行开门，即行革退。如生童违禁夜出，亦即扣除。

院分志道、据德、依仁三斋，斋夫三人，掌为生童办置薪水蔬菰。各斋器具若干，出具领帖取用，失损者责令赔偿。起工之时，各备押字钱三十串，告退则如数还之。

斋夫每月向住斋生童支取食米三斗，火钱一百八十文，包办油盐蔬菜钱三百六十文。其蔬菜自办者听。

每年经管院事之人，不得以胡氏子孙承充。书院田亩，胡氏子孙姻戚不得承佃，以别嫌也。子弟入院肄业者，仍一例考课。

志岁用第三

山长每年束脩谷三百石，每月火食谷四石。厨役、随丁每月工食谷二石。初送关书，具聘银六两，入学贽仪银六两。端午、中秋各节仪银四两。来往舟车之费，随远近具备，无常制。

正课生监十五名，正课童生十五名，每名膏火谷十二石；附课生童各十名，每名膏火谷六石，皆分十月给发。谷挥由生童转交斋夫领取，值闰则多给一月。其不住斋者，虽经官课考取，亦不准发。无论有无事故，告假满一月者，停止膏火，以免斋夫浮支。

监院一人，掌管二人，岁给舆马谷各二十石，监院住院火食谷六十石，皆按时支发。其请各首事入院，量路远近送给轿费。

司书一人，工食谷二十五石。司阍一人兼司更，谷十二石，另给灯油谷三石。斋夫三人，各给谷十二石。以上皆按月给领。放馆以后，腊、正两月，司书、司阍、斋夫、更夫等，仍毋得离院。肄业生童有留院度岁者，由监院察验，果系勤学寒士，各给米三斗，以示鼓励。

县尊临院送学，监院先期禀明，请简仪卫。行礼后未能回署，监院、管事以礼接待，酌用火食钱五串文，轿费钱八串文。

凡祭祀、修葺、每月课卷及一切杂费，难以预计之项，约须谷若干石以上。大概计算，岁须谷一千几百几十石。岁九月，监院、掌管、首事计本年之入以定来岁之用。岁终则揭本岁所用以示于外，而副著之，以为籍焉。

书院落成，总数自十年起计，文忠所捐，爵相曾公国藩、前皖抚李公续宜、邑人前署孝感县知县文君希范所助，共入银二万三千三百六十六两四钱零七厘九毫，兑钱三万六千六百七十七千三百七十三文。入各佃退庄钱三千七百五十九千二百一十文。变卖节年租谷入钱三千七百三十四千五百八十一文。凡入钱四万四千一百七十一千一百六十四文。置田付钱二万二千二百零五千零一十文，又中费并杂用付钱一千二百四十一千四百零四文，建院付钱一万九千二百四十一千二百三十一文，修庄屋、置器具并各项杂用付钱一千四百八十三千五百一十九文，凡付钱四万四千一百七十一千一百六十四文。余存谷二千二百二十五石有奇，以俟四年开馆。历时既久，所费甚多，惧其散而无纪也，特汇记之。

同治三年十二月，监院、首事公识。

志选士第四

岁十一月上旬，愿入院肄业者，各具姓名、年貌、三代籍贯、居地，告于监院。监院黜其素不安分者，而缮其余于册，以告于县尊，请示期接连龙洲书院甄别课期，考试生童，以定去取。取正课生监十五名，正课生童十五名，附课生童各十名。由书吏张其榜于考棚，纳其卷于监院而藏之司书，以俟稽察。

司徒论学，秀士偕升，三载宾兴，计偕同赴，贡监一途，宜与生员为一体。惟近来捐例太繁，宜严为甄别，尤须验明监照，方准入院。

凡有天姿高迈，乐于学问，言行敦谨，志期远大，能通贯一经，精熟三史者；算法、地舆、水利、小学、典制、掌故，各擅专门，名其家者，无论本年曾否取课，由山长谕令监院牒呈县中，来岁免其赴试，作为正课。县尊于发案日，照牒呈名次扣存正课额数，以俟坐补。但生童均不得过二名，以示限制，宁缺毋滥。课期月三次，其初三、二十三两次，皆试以四书文、应制诗，遵功令也；其十三一次，专以经史、解论及经文命题，古文诗赋课，亦附于此。

凡言天文者，尚推步而禁灾祥；言地舆者，重沿革，尤重形势。若忘其实而妄谈变异、荧惑人心，流览山川、寄怀高尚者，不录。

凡他籍生童，有闻风来学者，学舍可容则容之。若愿与去取，由监院牒呈县尊，一例考课。

二月上旬山长到馆后，定期十三日请官课。次日，由监院封卷赍送。

其先经官取而此次不到，及平日无故三课不到者，皆扣课。诸生如真有切己要事，及告病假，许于监院处呈明假日。假满，三课不到者，仍扣课。如有傲慢不率教，及别滋事端者，由监院告之山长而扣除之。凡生童先经考取正、附课，开馆到不满额，于二月官课榜超等、上取挨次以附课补正课，以额外附课补附课。其斋课连考三次前五名者，有缺，以次升补；连考三次后三名者，以次黜降。如正、附课有缺，而无三次前五名者，则择斋课屡列前茅、品学俱优者补之。以道里辽远，不能月请官课，而甄别有定，又不能随意淆乱故也。

志育材第五

性赋于天，志定于己，古今学者多矣，而源流派别约有四端：汉儒尊其师说，各守一经，动不违礼，其学长于考证，许、郑之徒其最著者，今名之曰“汉学”；宋儒格物致知，返身切己，其学精于义理，濂洛诸子始辟其途，今名之曰“宋学”；湖州之学，有吏治、理财、兵戎、水利数端，故其门人长于政事，后世称之，是为“经济之学”；自孔门有文学之科，三代而下，屈、宋振风骚，而汉魏六朝遂极其藻绘，班、马垂典则，而唐宋八家遂沿其波澜，是为“词章之学”。要其异源同揆，必归实践躬行，而后考证不涉繁芜，义理不嫌空腐，经世皆为有用，立言弗至无根。所期学者能自得师，贯通融澈。性之所近而志深焉，志之既笃而学成焉。其各以所志告之山长，而假书于司书。百日之后，山长试以所学，涉其藩篱耶？哜其羹胾耶？入其阃奥耶？而递掖进之，以底于成，是教之本也。山长于阅文偶暇，亦可进诸生谈论，各抒心得，教学相长之义也。

学问之道，先入者为主。故志汉学者，先教以读《说文》、三礼；志宋学者，先教以读《近思录》《小学》《大学或问》；志经济者，先教以读《通鉴》、三通；志辞章者，先教以读《乐府》《史》《汉》《文选》。数者既熟，再及其余，先河后海之义也。

读书之法，先教以墨守，次教以融会贯通。毋为异说所挠，毋为新说自喜，各守家法，上希儒林、文苑之遗。

凡入院者，顾名思义，先以狷者自防，次以进取自任。远大之业在道义不在科名，徒以文艺烂熟，词赋优长，即增傲慢，殊非学问相期本意。后来英俊，尚其戒之。

志祭祀第六

先圣祠祀以春、秋二仲上丁，国典也，书院不敢同。今拟二月初十日、九月初一日为定期。

先祭一日，监院及掌管备牲牲羊一，豕一，饬笾、豆、铏、登、鼎、俎诸器具，乐人二名。其夕，监院、掌管率仆人陈设品物，预戒仪节，勿怠，勿傲，勿哗。

祭前三日，监院请山长告诸生斋戒。山长主祭，监院、掌管、首事、肄业诸生助祭。礼生四人，择诸生仪貌壮伟、进退雍容者充之。先期习仪于讲堂，其他诸生与观焉。书祝版、读祝诸执事，皆诸生分任之。

宫詹公祠祀，即于祀先圣毕，以祀乡贤祠之礼祀之。监院主祭，诸生助祭。九月朔日为宫詹公诞日，五月二十五日为公讳日，定为子孙私祭之期，质明行事，行三献礼。行礼皆一跪三叩，日中乃竣。

大成殿仪注

通赞：行丁祭礼，执事者各司其事。击鼓鸣钟。鼓初严，再严，三严。启户。主祭官就位。与祭生就位。瘗毛血。作乐。迎神。

陪通：跪。叩首，叩首，叩首，兴。跪，叩首，叩首，叩首，兴。跪，叩首，叩首，叩首，兴。

通赞：执事者齐鸣钟鼓。引主祭官诣至圣先师神位前，行初献礼。

引赞：行初献礼，诣盥洗所，盥洗、授巾。诣酒尊所，司尊者举幂、酌斝。诣至圣先师神位前，跪，初上香，亚上香，三上香。献帛，初献爵。叩首，兴。诣读祝位前，跪。读祝生诣读祝位前，跪。

通赞：以下皆跪。

引赞：乐止。读祝。

引赞：作乐。叩首，兴。以下皆兴。复位。

通赞：执事者齐鸣钟鼓，引主祭官诣至圣先师神位前，行亚献礼。

引赞：接呼如初献。

通赞：执事者齐鸣钟鼓。引主祭官诣至圣先师神位前，行三献礼。

引赞：接呼如亚献，不复位。

通赞：引主祭官诣福胙位前，行饮福受胙礼。

引赞：行饮福受胙礼，诣福胙位前，跪。饮福酒，受福胙，叩首，兴。谢胙。跪，叩首，叩首，叩首，兴。复位。

通赞：撤馔。送神。

陪通：跪，叩首，叩首，叩首，兴。跪，叩首，叩首，叩首，兴。跪，叩首，叩首，叩首，兴。

通赞：司帛者捧帛，读祝者捧祝，恭诣燎所，申祝文，焚帛。主祭官侧立望燎。复位。合门。礼成。

视牲仪注

行视牲礼。

击鼓，奏乐，进位，诣香案前上香。

初、亚、三进爵。

初、亚、三复位。

一揖，再揖，三揖。

化楮。

礼成。

祀先圣祝文

惟先师德隆千古，道贯百王。揭日月以常行，自生民所未有。属文教昌明之会，正礼节乐和之时。辟雍钟鼓，咸恪荐于馨香；泮水胶庠，益致严于笾豆。兹当（春）〔秋〕仲，祇率彝章，肃展微忱，聿修祀典。尚享。

宫詹公以林翼官品，例不得请入乡贤祠。今从诸公议推古称“乡先生殁，可祭于社”之义，酌定祀至圣后，监院率诸生祀之。用帛一、羊一、豕一，行一跪三叩礼。上香、奠帛、读祝、三献爵、望燎，均如常仪。

祀宫詹公祝文

惟公学重薪传，懿行著师儒之范；教严蒙养，箴言垂弟子之经。精神自在胶庠，德业允光俎豆。兹以宜祭之日，谨率肄业诸生敬行祀典。苾芬肆荐，景北斗以兴怀；矩矱常新，式南邦而迪教。伏维昭格，鉴此悃忱。尚享。

祀宫詹公诞、讳日祝文

惟公望隆圭璧，绪启箕裘。炳明德之家声，肃遗徽于乡校。箴垂后进，鼓钟宏乐育之功；泽挹先芬，雨露动悽怆之感。兹逢（诞）〔讳〕日，用展微忱。陈薄奠以维虔，衣德言而罔替。伏维昭鉴，俯赐格歆。尚享。

按，文忠公创建书院，捐置田亩、典籍，嘉惠后学，实深食其德，宜崇其报。今祀宫詹而不及文忠，恐为缺典。爰仿同堂异室之制，宫詹公神龛居中，其右特设一龛以奉文忠。龛前有案祭祀，簠、簋、笾、豆，一如宫詹公龛前所陈。主祭官于宫詹公位前献帛、奠斝毕，赞礼者即导诣文忠公神位前，上香、献帛、奠斝，三献皆如之。祝文后书“谨以宫太保文忠公配”字样。如此，虽未能专祠致祭，而各自为龛，即各自为尊，不相降压。祭则配享，子随父食，于义亦安。至宫詹公生日、讳日，其子孙、主祭亦依此行之。

夏先范识。

卷　中[①] 箴言书院藏书目录

志典籍第七

经　部

易类

御纂周易折中二十卷。康熙五十四年大学士李光地等奉敕撰。

子夏易传十一卷。旧题卜子夏撰，实后人依托，非其原书。通志堂经解。

周易郑康成注一卷。汉郑玄撰。原本久散，宋浚仪王应麟伯厚采诸书重编。附玉海。

新本郑氏周易三卷。国朝长洲惠栋定宇重编。雅雨堂丛书。

周易注疏九卷，释文音义一卷，附校勘记一卷。魏山阳王弼注，系辞以下，晋颍川韩康伯注，唐衡水孔颖达等正义。音义，吴陆元朗德明撰。后附校勘记，国朝仪征阮元芸台撰。十三经并同。阮氏重刻宋本十三经。二部。

周易集解十七卷。唐资州李鼎祚撰。雅雨堂丛书。

① 卷中，据底本版心标注补。

周易口诀义六卷。唐史徵撰。武英殿聚珍版。

易数钩隐图三卷，遗论九事一卷。宋彭城刘牧长民撰。通志堂经解。

温公易说六卷。宋司马光撰。武英殿聚珍版。

横渠易说三卷。宋张载撰。通志堂经解。

伊川易传四卷。宋程颐撰，其门人南剑杨时编。二程全书。二部。

吴国易解九卷。宋德兴张根知常撰。武英殿聚珍版。

易学一卷。宋同州王湜撰。通志堂经解。

紫岩易传十卷。宋广汉张浚撰。通志堂经解。

易小传六卷。宋吴兴沈该守约撰。通志堂经解。

汉上易集传十一卷，卦图三卷，丛说一卷。宋荆门朱震子发撰。通志堂经解。

易璇玑三卷。宋临川吴沆德远撰。通志堂经解。

易原八卷。宋休宁程大昌泰之撰。武英殿聚珍版。

郭氏传家易说十一卷。宋洛阳郭雍子和撰。武英殿聚珍版。

周易义海撮要十二卷。宋江都李衡彦平删定蜀房审权周易义海原本。通志堂经解。

复斋易说六卷。宋新安赵彦肃子钦撰。通志堂经解。

周易玩词十六卷。宋江陵项安世平甫撰。通志堂经解。

诚斋易传二十卷。宋吉水杨万里廷秀撰。武英殿聚珍版。

易图说三卷。宋昆山吴仁杰斗南撰。通志堂经解。

古周易一卷。宋金华吕祖谦伯恭编。通志堂经解。

易裨传二卷。宋松江林至德久撰。通志堂经解。

童溪易传三十卷。宋宁德王宗传景孟撰。通志堂经解。

丙子学易编一卷。宋隆州李心传微之撰，吴县俞琰重编。通志堂经解。

易象意言一卷。宋建阳蔡渊伯静撰。武英殿聚珍版。

水村易镜一卷。宋莆田林光世逢圣撰。通志堂经解。

东谷易翼传二卷。宋处州郑汝谐舜举撰。通志堂经解。

朱文公易说二十三卷。宋朱鉴子明编。通志堂经解。

易学启蒙小传一卷，附古经传一卷。宋临邛税与权巽甫撰。通志堂经解。

周易辑闻六卷，附易雅一卷，筮宗一卷。宋汴水赵汝楳撰。通志堂经解。

周易传义附录十四卷。宋台州董楷正叔撰。通志堂经解。

易学启蒙通释二卷。宋婺源胡方平师鲁撰。通志堂经解。

三易备遗十卷。宋东嘉朱元昇日华撰。通志堂经解。

周易集说十卷。宋吴县俞琰玉吾撰。通志堂经解。

易图通变五卷。宋临川雷思齐齐贤撰。通志堂经解。

读易私言一卷。元河内许衡平仲撰。通志堂经解。

易本义附录纂注十五卷，易学启蒙翼传三卷，外篇一卷。元婺源胡一桂庭芳撰。通志堂经解。

易纂言十卷。元崇仁吴澄幼清撰。通志堂经解。

大易辑说十卷。元昂州王申子巽卿撰。通志堂经解。

易学滥觞一卷。元资州黄泽楚望撰。武英殿聚珍版。

周易本义通释十二卷。元婺源胡炳文仲虎撰。原本仅存上下经，其十翼乃其九世孙珙玠杂采他书所引炳文之说以成编。通志堂经解。

周易本义集成十二卷。元南昌熊良辅任重撰。通志堂经解。

大易象数钩深图三卷，易象图说三卷。元清江张理仲纯撰。通志堂经解。

学易记九卷。元李简撰。通志堂经解。

周易会通十四卷。元鄱阳董真卿季真撰。此即因其师胡一桂书而广之。通志堂经解。

周易参义十卷。元新喻梁寅孟敬撰。通志堂经解。

周易图注十六卷，卷首序图不入卷数。明梁山来知德矣鲜撰。

周易稗疏四卷，考异一卷。国朝衡阳王夫之而农撰。船山遗书。

周易内传十二卷，大象解一卷，易外传七卷。国朝王夫之撰。船山遗书。

仲氏易三十卷。国朝萧山毛奇龄大可撰。皇清经解。

周易通论四卷，周易观象十二卷，观象大旨二卷。国朝安溪李光地厚庵撰。榕村全集。

合订删补大易集义粹言八十卷。国朝纳喇性德容若撰。是书取宋陈友文大易集义、方闻一大易粹言，删除重复，合为一编。按，原本纳喇性德作纳兰成德，方闻一讹为曾穜。今从四库目录考正。通志堂经解。

易说六卷。国朝吴县惠士奇仲孺撰。皇清经解。又璜川吴氏本一部。

周易述二十一卷。国朝元和惠栋定宇撰。皇清经解。

易汉学八卷。国朝惠栋撰。经训堂丛书。

易章句十卷，通释二十卷，图略八卷，周易补疏一卷。国朝江都焦循理堂撰。皇清经解。

周易述补四卷。国朝甘泉江藩子屏撰。按，是书因惠栋周易述尚阙鼎以下十五卦及序卦、杂卦二传，为补其阙帙。皇清经解。

周易虞氏义九卷，虞氏消息二卷，虞氏易礼二卷，周易郑氏义二卷，周易荀氏九家义一卷，易义别录十四卷。国朝武进张惠言皋文撰。义别录则纂汉魏逮六朝诸易说。皇清经解。笺易诠[①]全集九家义作三卷。余同。

虞氏易候一卷，虞氏易言二卷，周易郑荀义三卷，易纬略义三卷，易图条辨一卷。国朝张惠言撰。笺易诠全集。

---

① 诠，底本作“铨”。

周易本义补说五卷，附历代筮卦断例解朱子易赞作易源流一卷。国朝蕲水蔡绍江伯澄撰。

易图正旨一卷。国朝浏阳朱文炑畬甫撰。

易象阐微五卷，附大易图解。不列卷。国朝善化萧寅显仲虎撰。

读易初稿八卷。国朝长沙丁叙忠质臣撰。

附录

周易乾凿度二卷。是书为易纬八种之二，旧称郑康成注。雅雨堂丛书。

右易类六十八部七百三十卷①。重本三部四十九卷②。

书类

钦定书经传说汇纂二十一卷。卷首纲领上下及后古书序未入卷数。康熙六十年大学士王顼龄等奉敕撰。

尚书注疏二十卷。旧题汉孔安国传，唐孔颖达等正义。安国传即东晋梅赜所托。阮氏重刻宋本十三经。二部。

尚书全解四十卷。宋（候）〔侯〕官林之奇少颖撰。通志堂经解。

书古文训十六卷。宋永嘉薛季宣士龙撰。按，是编经文多作奇字。通志堂经解。

禹贡指南四卷。宋衢州毛晃撰。武英殿聚珍版。

禹贡论三卷，山川地理图一卷。宋程大昌撰。通志堂经解。

禹贡说断四卷。宋义乌傅寅同叔撰。按，四库目录据永乐大典，旧题禹贡说断，通志堂本名禹贡集解，又通志堂本所称原阙四十余简，及山川总会、九河、三江、九江四图，误入程大昌书者，俱在编内。盖永乐大典所编犹宋时原本也。武英殿聚珍版。通志堂本作二卷。

增修东莱书说三十五卷。后十三卷，宋吕祖谦因其师林之奇书终召诰，故其书始召诰前二十二卷。其门人时澜因杂取门人所记之语，补为全

---

① 应为七百三十一卷。

② 重本数应为四部五十三卷。

经。通志堂经解。

尚书说七卷。宋新昌黄度文叔撰。通志堂经解。

尚书详解五十卷。宋安福陈经正甫撰。武英殿聚珍版。

融堂书解二十卷。宋淳安钱时子是撰。编内阙伊训、梓材、秦誓三篇。武英殿聚珍版。

尚书集传或问二卷。宋东阳陈大猷复斋撰。大猷先著尚书集传，因仿朱子注四书例，作或问以明去取。通志堂经解。

尚书详解十三卷。宋庐陵胡士行撰。通志堂经解。

尚书表注二卷。宋兰溪金履祥吉父撰。于每页乌丝栏外上下、左右皆以细字标注，在注经家别为一体。通志堂经解。

书疑九卷。宋金华王柏会之撰。按，是书多窜乱圣经，故四库只录其目。通志堂经解。

书纂言四卷。元吴澄撰。自宋吴棫作书裨传，始掊击古文，故此书专释今文。通志堂经解。

尚书集传纂疏六卷。元休宁陈栎定宇撰。通志堂经解。

书传六卷。元鄱阳董鼎季亨撰。按，四库目录作尚书辑录纂注。通志堂经解。

尚书通考十卷。元邵武黄镇成元镇撰。通志堂经解。

书蔡传旁通六卷。元彭蠡陈师凯撰。通志堂经解。

读书管见二卷。元吉水王充耘耕野撰。通志堂经解。

尚书纂传四十六卷。元梅浦王天与立大撰。通志堂经解。

尚书句解十三卷。元庐陵朱祖义子由撰。通志堂经解。

定正洪范一卷。元诸暨胡一中允文撰。按，四库提要谓其凭臆割裂旧文，强分经传，故只录其目。通志堂经解。

书经稗疏四卷，尚书引义六卷。国朝王夫之撰。船山遗书。

禹贡锥指二十卷，图一卷。国朝德清胡渭朏明撰。皇清经解。又漱六轩本一部。

尚书解义一卷，洪范说一卷。国朝李光地撰。所解仅二典、三谟、禹贡、洪范七篇。榕村全集。

古文尚书考二卷。国朝惠栋撰。皇清经解。

尚书小疏一卷。国朝吴江沈彤果堂撰。皇清经解。

尚书地理今释一卷。国朝常熟蒋廷锡扬孙撰。此编盖乾隆中僳直时仰承圣训指授，敬缮成帖。皇清经解。

尚书注疏考证一卷。国朝天台齐召南次风撰。皇清经解。

尚书既见一卷，书说一卷。国朝武进庄存与方耕撰。味经斋遗书。

尚书集注音疏十四卷。国朝吴县江声木沄撰。皇清经解。

尚书后案三十卷，附后辨一卷。国朝嘉定王鸣盛凤喈撰。皇清经解。又另本一部。

尚书释天五卷。国朝秀水盛百二柚堂撰。皇清经解。

禹贡三江考三卷。国朝歙县程瑶田易田撰。皇清经解。

古文尚书撰异三十二卷。国朝金坛段玉裁若膺撰。皇清经解。经韵楼丛书。

尚书今古文注疏三十九卷。国朝阳湖孙星衍季述撰。皇清经解。

尚书补疏二卷。国朝焦循撰。皇清经解。

太誓问答一卷。国朝仁和龚自珍定庵撰。

附录

尚书大传四卷，补遗一卷，考异一卷，续补遗一卷。旧题汉伏胜撰，郑元注。据元序，则张生、欧阳生等所录胜之遗说也。补遗，国朝德州卢见曾撰。考异、续补遗，余姚卢文弨召弓撰。雅雨堂丛书。

右书类四十一部，五百一十七卷①。重本五部一百六卷。

① 应为五百一十五卷。

诗类

钦定诗经传说汇纂二十一卷。序首纲领上下及诗序未列卷数。康熙六十年户部尚书王鸿绪等奉敕撰。

毛诗注疏二十卷。汉毛亨传，郑元笺，唐孔颖达等正义。阮氏重刊宋本十三经。二部。

毛诗指说一卷。唐成伯玙撰。通志堂经解。

毛诗本义十五卷，附郑氏诗谱一卷。宋欧阳修撰。通志堂经解。

毛诗名物解二十卷。宋蔡卞撰。通志堂经解。

毛诗集解四十二卷。不著编录人氏，盖集宋李樗迂仲、黄櫄质夫两家诗解，而附以李泳、徐卿所订吕祖谦释音共为一编。通志堂经解。

诗总闻二十卷。宋兴国王质景文撰。武英殿聚珍版。

续吕氏家塾读诗记三卷。宋戴溪萧望撰。武英殿聚珍版。

絜斋毛诗经筵讲义四卷。宋鄞县袁燮和叔撰。武英殿聚珍版。

诗缉三十六卷。宋邵武严粲坦叔撰。

诗说一卷。宋淮阴张耒文潜撰。通志堂经解。

诗传遗说六卷。宋朱鉴编。盖因重椠朱子诗集传取文集、语录中论诗之语辑为此书。通志堂经解。

诗考一卷，诗地理考六卷。宋王应麟撰。诗考皆采掇诸书所引齐、鲁、韩三诗之遗说，惟韩诗后亡，所采较夥。地理考全录郑氏诗谱，又旁采尔雅、说文、地志、水经及先儒传注有涉诗中地名者，荟萃成编，案而不断。附玉海。

诗疑二卷。宋王柏撰。是书攻驳毛郑，辄敢删削本经，较书疑尤甚。通志堂经解。

逸斋诗补传三十卷。宋人，失名。通志堂经解。

诗集传名物钞八卷。元东阳许谦白云撰。通志堂经解。

诗疑问七卷，附诗辨说一卷。诗疑问，元新城朱倬孟章撰。辨说，宋宗室赵惪撰，体例与倬书相似。刘锦文合编。通志堂经解。

诗解颐四卷。明丰城朱善一斋撰。通志堂经解。

诗经稗疏四卷。国朝王夫之撰，末附考异一篇，叶韵辨一篇。船山遗书。

诗广传五卷。国朝王夫之撰。船山遗书。

毛诗稽古编三十卷。国朝吴江陈启源长发撰。皇清经解。

诗所八卷。国朝李光地撰。榕村全集。

诗说四卷。国朝吴县惠周惕元龙撰。皇清经解。

毛郑诗考正四卷，诗经补注二卷。国朝休宁戴震东原撰。皇清经解。

毛诗说四卷。国朝庄存与撰。味经斋遗书。

毛诗故训传三十卷。国朝段玉裁撰。皇清经解。经韵楼丛书。

诗经小学四卷。国朝段玉裁撰。皇清经解。经韵楼丛书原本三十卷。

毛诗补疏五卷。国朝焦循撰。皇清经解。

毛诗紬义二十四卷。国朝嘉应李黼平撰。皇清经解。

毛诗名物图说九卷。国朝吴县徐实鼎文撰。

毛诗传笺通释三十二卷。国朝桐城马瑞辰撰。

毛诗后笺三十卷。国朝泾县胡承珙墨庄撰。

诗古微二卷。国朝邵阳魏源默深撰。

右诗类三十八部四百四十五卷①。重本三部八十卷。

礼类

钦定周官义疏四十八卷。卷首序例不入卷数，附礼器图四卷。乾隆十三年御定三礼义疏之第一部。

周官注疏四十二卷。汉郑元注，唐洺州贾公彦等疏。阮氏重刻宋本十三经。二部。

---

① 应为三十三部四百四十六卷。

礼经会元四卷。宋钱塘叶时秀发撰。通志堂经解。

太平经国之书十一卷。宋永嘉郑伯谦节卿撰。通志堂经解。

周礼订义八十卷。宋乐清王与之次点撰。通志堂经解。

鬳斋考工记解二卷。宋福清林希逸肃翁撰。通志堂经解。

礼说十四卷。国朝惠士奇撰。皇清经解。

周礼疑义举要七卷。国朝婺源江永慎修撰。皇清经解。

周官田禄考三卷。国朝沈彤撰。皇清经解。

周礼军赋说四卷。国朝王鸣盛撰。皇清经解。

考工创物小记四卷，磬折古义一卷，沟洫疆理小记一卷，水地小记一卷，九谷考四卷。国朝程瑶田撰。皇清经解。

考工记图二卷。国朝戴震撰。皇清经解。

周礼汉读考六卷。国朝段玉裁撰。皇清经解。经韵楼丛书。

周官说五卷，周官记五卷。国朝庄存与撰。味经斋遗书。

考工记车制图解二卷。国朝阮元撰。皇清经解。

右礼类周礼之属一十六部[①]二百四十六卷。重二部四十八卷。

钦定仪礼义疏四十八卷。卷首纲领一卷、释官一卷不入卷数，殿以礼器图四卷、礼节图四卷。乾隆十三年钦定三礼义疏之第二部。

仪礼注疏五十卷。汉郑元注，唐贾公彦等疏。阮氏重刻宋本十三经。二部。

仪礼识误三卷。宋永嘉张淳忠甫撰。武英殿聚珍版。

仪礼集释三十卷，仪礼释宫一卷。宋庐陵李如圭宝之撰。武英殿聚珍版。

仪礼图十七卷，仪礼旁通图一卷。宋福州杨复信斋撰。仪礼图二百有

① 应为一十五部。

五，旁通图二十有五。通志堂经解。

仪礼逸经传二卷。元吴澄撰。仪礼本残阙之书，此编采掇逸礼之见于他书者，以补所遗。通志堂经解。

仪礼集说十七卷。元长乐敖继公君善撰。通志堂经解。

经礼补逸九卷。元祁门汪克宽德辅撰。其书钞合三礼三传诸经文，以五礼统之，五礼中又分子目百八十四类。通志堂经解。

仪礼章句十七卷。国朝仁和吴廷华中林撰。皇清经解。

仪礼小疏八卷。国朝沈彤撰。取仪礼士冠、士昏、公食、大夫丧服、士丧礼五篇，各为疏笺数十条，每篇后又各为刊误，卷末附左右异尚考一篇。皇清经解。

仪礼丧服文足徵记十卷。国朝程瑶田撰。皇清经解。

仪礼汉读考一卷。国朝段玉裁撰。皇清经解。经韵楼丛书。

仪礼释官九卷。国朝绩溪胡匡衷撰。皇清经解。

读仪礼记二卷。国朝张惠言撰。笺易诠全集。

礼说四卷。国朝江都凌曙撰。皇清经解。

弟子职选注一卷。国朝高密任大鹤青田撰。敷文阁丛书。

仪礼注疏详校十七卷。国朝卢文弨撰。抱经堂丛书。

右礼类仪礼之属一十七部二百四十二卷①。重本二部五十一卷。

钦定礼记义疏八十二卷。卷首纲领不入卷数，附礼器图五卷。乾隆十三年钦定三礼义疏之第三部。

礼记注疏六十三卷。汉郑元注，唐孔颖达等正义。阮氏重刻宋本十三经。二部。

礼记集说一百六十卷。宋吴郡卫湜正叔撰。采汉至宋说礼之言，凡

---

① 应为二百四十七卷。

百四十四家。通志堂经解。

礼记章句四十九卷。国朝王夫之撰。船山遗书。

礼记陈氏集说补正三十八卷。国朝纳喇性德撰。通志堂经解。

深衣考误一卷。国朝江永撰。皇清经解。

宗法小记一卷。国朝程瑶田撰。皇清经解。

禘说二卷，明堂大道录八卷。国朝惠栋撰。经训堂丛书。

礼记注疏考证一卷。国朝齐召南撰。皇清经解。

抚本礼记郑注考异二卷。国朝阳城张敦仁撰。皇清经解。

礼记补疏三卷。国朝焦循撰。皇清经解。

附录

大戴礼记十三卷。汉梁国戴德撰，周卢辩注。戴德书为戴圣删削之余，凡八十五篇。隋志所录已佚四十七篇，卢辩注亦仅存八卷。武英殿聚珍版。雅雨堂丛书。

大戴礼践阼篇集解一卷。宋王应麟撰。附玉海。

夏小正解四卷。宋山阴傅嵩卿撰。通志堂经解。

大戴礼记补注十三卷。国朝曲阜孔广森撰轩撰。皇清经解。又孔氏原本一部。

大戴礼正误一卷。国朝江都汪中容甫撰。皇清经解。

夏小正疏义四卷，附释音异字记。国朝临海洪震煊撰。皇清经解。

夏小正考注一卷。国朝镇洋毕沅弇山撰。经训堂丛书。

右礼类礼记之属一十八部四百四十五卷[①]。重本三部八十九卷。

三礼图集注二十卷。宋洛阳聂崇义撰。三礼图有郑玄、阮谌、夏侯伏朗、张镒、梁正及开皇官撰六家，崇义参考定为此书。通志堂经解。

---

① 应为四百四十七卷。

学礼质疑二卷。国朝鄞县万斯大充宗撰。皇清经解。

读礼志疑六卷。国朝当湖陆陇其稼书撰。

三礼仪制歌诀一卷。国朝安溪李钟伦世得撰。榕村全集。

弁服释例八卷，释缯一卷。国朝兴化任大椿幼植撰。皇清经解。

礼笺三卷。国朝歙县金榜辅之撰。皇清经解。

礼学卮言六卷。国朝孔广森撰。皇清经解。

礼经释例十三卷。国朝歙县凌廷堪次仲撰。皇清经解。

右礼类三礼总义之属八部五十二卷①。

礼书一百五十卷。宋福州程祥道用之撰。

读礼通考一百二十卷。国朝昆山徐乾学原一撰。

五礼通考二百六十二卷。国朝金匮秦蕙田树峰撰。因徐乾学读礼通考惟详凶礼，乃仿其体例，补为五礼全书。

朱子礼纂五卷。国朝李光地编于朱子仪礼经传通解、家礼二书外，采其说礼之见于文集语录者，以类纂辑，分为五目。榕村全集。

右礼类通礼、杂礼之属四部五百三十七卷。

春秋类

钦定春秋传说汇纂三十八卷。首卷纲领、年表二卷，不入卷数。康熙三十八年奉敕撰。

春秋左传注疏六十卷。周左邱明撰，晋西安杜预注，唐孔颖达正义。阮氏重刻宋本十三经。二部。

春秋公羊传注疏二十八卷。旧题公羊高撰。虽高所传述，其孙寿及胡毋子都录为书。汉任城何休注，唐徐彦疏。阮氏重刻宋本十三经。二部。

---

① 应为六十卷。

春秋穀梁传注疏二十卷。周穀梁赤所述，而传其学者录为书。晋范甯注，唐杨士勋疏。阮氏重刻宋本十三经。二部。

春秋释例十五卷。晋杜预撰。武英殿聚珍版。

春秋名号归一图二卷。蜀冯继先撰，宋岳珂重编。通志堂经解。

春秋年表一卷。不著撰人名氏，所列凡二十国。通志堂经解。

春秋尊王发微十二卷。宋平阳孙复明复撰。通志堂经解。

春秋皇纲论五卷。宋太原王晳撰。通志堂经解。

春秋权衡十七卷，春秋传十五卷，春秋意林二卷。宋新喻刘敞原父撰。通志堂经解。

春秋传说例一卷。宋刘敞撰。武英殿聚珍版。

春秋辨疑四卷。宋庐陵萧楚子荆撰。其门人胡铨等附注。武英殿聚珍版。

春秋列国名臣传三十卷。宋眉州王当子思撰。通志堂经解。

春秋本例二十卷。宋涪陵崔子方彦直撰。以日月为本，仍分析为一十六门，每门又分著例、变例二子目。通志堂经解。

春秋考十六卷。宋吴县叶梦得少蕴撰。武英殿聚珍版。

石林春秋传二十卷。宋叶梦得撰。通志堂经解。

春秋集注四十卷。宋鄞县高闶抑崇撰。武英殿聚珍版。

春秋后传十二卷。宋温州陈傅良君举撰。通志堂经解。

春秋集解三十卷。宋婺州吕本中居仁撰。通志堂经解。

春秋左氏传说二十卷。宋吕祖谦撰。通志堂经解。又另本一部。

春秋集注十一卷。宋清江张洽元德撰。通志堂经解。

春秋王霸列国世纪编三卷。宋吴郡李琪开伯撰。以诸国为纲，而以事迹类编为目，前后有序论。通志堂经解。

春秋左氏传事类始末五卷。宋天台史章冲茂深撰。通志堂经解。

春秋通说十二卷。宋永嘉黄仲光若晦撰。通志堂经解。

春秋经筌十六卷。宋绵州赵鹏飞企明撰。通志堂经解。

春秋或问二十卷，附春秋五论一卷。宋南安吕大圭圭叔撰。大圭尝著春秋集传，或问则申明集传，其书已佚，或问则申明集传之意者也。通志堂经解。

春秋详说三十卷。宋家铉翁则堂撰。通志堂经解。

春秋类对赋一卷。宋徐晋卿撰。通志堂经解。

读春秋编十二卷。宋平江陈深子微撰。通志堂经解。

春秋提纲十卷。元陈则通铁山撰。例分征伐、朝聘、盟会、杂例四门，每门又类分其事，体如史论。通志堂经解。

春秋集传释义大全十二卷。元新安俞皋心远撰。通志堂经解。

春秋诸国统记六卷，目录一卷。元大名齐履谦伯恒撰，凡二十二篇。通志堂经解。

春秋本义三十卷，或问十卷。元庆元陈端学时叔撰。本义所采三传以下一百七十六家之说，原书散佚者，多赖是以传。通志堂经解。

春秋诸传会通二十四卷。元庐陵李廉行简撰。通志堂经解。

春秋集传十五卷，属词十五卷，师说三卷，左氏传补注十卷。元休宁赵汸子常撰。集传谓策书之例十有五，笔削之例八；属词其例凡八，大致以杜预释例、陈傅良后传为本；师说盖本其师黄泽之说而演之；补注即采傅良章指以补杜注之注缺。通志堂经解。

春王正月考二卷。明古田张以宁撰。通志堂经解。

公穀传注二十四卷。明闵齐伋遇五撰。

春秋四传质二卷。明衡阳王介之石崖撰。是书取三传及胡传异同而断以己意。

春秋稗疏二卷，家说七卷，世论五卷，续春秋左氏传博议二卷。国朝王夫之撰。船山遗书。

左传杜解补正三卷。国朝昆山顾炎武亭林撰。皇清经解。

学春秋随笔十卷。国朝万斯大撰。皇清经解。

春秋毛氏传三十六卷，简书刊误二卷，属辞比事记四卷。国朝毛奇龄撰。毛氏传依经为次，中分二十二类，而总括以四例；简书刊误取三传异文，详为辨说；属辞比事记以春秋经文分隶二十二门，属稿未竟，仅得七门。皇清经解。

春秋毁余四卷。国朝李光地撰。榕村全集。

三传折诸四十卷。国朝吴县张尚瑗宏蘧撰。是书多取汉魏以下史书以证传文。

春秋说十五卷。国朝惠士奇撰。是书以礼为纲，而纬以春秋之事，比类相从，约取三传附之，间证以史记诸书。皇清经解。

春秋地理考实四卷。国朝江永撰。于春秋地名，皆确指今为何地，故曰考实。皇清经解。

三传注疏考证四卷。国朝齐召南撰。皇清经解。

春秋左传小疏一卷。国朝沈彤撰。盖补杜预左传注之遗，其稿未成，故只一卷。皇清经解。

左传补注六卷。国朝惠栋撰。皆援引旧诂以补杜预左传注之遗。皇清经解。

春秋正词十三卷，举例一卷，要指一卷。国朝庄存与撰。皇清经解。味经堂遗书内正辞作十一卷。余同。

春秋公羊通义十三卷。国朝孔广森撰。皇清经解。

春秋左传补疏五卷。国朝焦循撰。皇清经解。

春秋左传补注三卷。国朝桐城马宗琏撰。皇清经解。

公羊何氏释例十卷，公羊何氏解诂笺一卷，发墨守评一卷，穀梁废疾申何二卷，左氏春秋考证二卷，箴膏肓评一卷。国朝武进刘逢禄申甫撰。皇清经解。

春秋异文笺十三卷。国朝仁和赵坦北岚撰。皇清经解。

公羊礼说一卷。国朝凌曙撰。皇清经解。

春秋左氏古经十二卷。国朝段玉裁编。经韵楼丛书。

稽古楼春秋辨疑一卷。国朝益阳夏逢芝任斋撰。

春秋五传十七卷。国朝张墣编。

春秋周鲁纂论八卷。国朝益阳张孝龄亦九撰。

附录

春秋繁露十七卷。汉董仲舒撰。抱经堂丛书。

右春秋类六十一部九百五十卷。重本五部一百四十一卷。

四书类

论语注疏二十卷。魏宛邑何晏平叔注，宋邢昺疏。阮氏重刊宋本十三经。二部。

孟子注疏十四卷。汉京兆赵岐邠卿注，宋博平孙奭宗古疏。阮氏重刊宋本十三经。二部。

中庸集解二卷。宋新昌石𡼏子重编。

论语意原四卷。宋郑汝谐撰。武英殿聚珍版。

南轩论语解十卷，孟子说七卷。宋广汉张栻敬夫撰。通志堂经解。

四书集编二十六卷。宋浦城真德秀希元撰。学庸，真氏所编。论孟，则刘承其遗说以成编。通志堂经解。

孟子集疏十四卷。宋建安蔡模仲觉撰。通志堂经解。

论语集说十三卷。宋永嘉蔡节撰。通志堂经解。

孟子音义二卷。宋孙奭撰。通志堂经解。

四书纂疏二十六卷。宋括苍赵顺孙格庵撰。通志堂经解。

四书通二十六卷。元胡炳文撰。通志堂经解。

四书通证六卷。元新安张存中德庸撰。通志堂经解。

四书纂笺二十八卷。元临川詹道传撰。通志堂经解。

四书通旨六卷。元番阳朱公迁克升撰。通志堂经解。

学庸集说启蒙二卷。元余姚景星讷庵撰。通志堂经解。

四书辨疑十五卷。元人，失姓名，朱彝尊经义考称宁晋陈天祥撰。通志堂经解。

四书说约三十三卷。明定兴鹿继善伯顺撰。

四书训义三十八卷，四书稗疏二卷，考异一卷。国朝王夫之撰。船山遗书。

漸哽存愚二卷。国朝李光地撰。榕村全集。

论语札记二卷，大学古本说一卷，中庸章段说一卷，中庸四记一卷，中庸余论一卷，孟子札记二卷。国朝李光地撰。榕村全集。

松阳讲义十二卷。国朝陆陇其撰。

三鱼堂四书大全四十卷。附宋王应麟论语孟子考异。国朝陆陇其本，明永乐诏修四书大全点定编次。

论语稽求篇七卷，四书賸言六卷。国朝毛奇龄撰。皇清经解。

四书释地一卷，续一卷，又续一卷，三续一卷。国朝太原阎若璩百诗撰。皇清经解。

四书朱子异同条辨四十卷。国朝盱眙李沛霖岱云撰。

四书考异三十六卷。国朝仁和翟灏撰。皇清经解。

乡党图考十卷。国朝江永撰。皇清经解。

四书订疑四卷。国朝益阳夏逢夔听斋撰。

论语补疏二卷，孟子正义三十卷。国朝焦循撰。皇清经解。

论语述何二卷。国朝刘逢禄撰。皇清经解。

四书释地辨证二卷。国朝长洲宋翔凤撰。皇清经解。

论语偶记一卷。国朝仁和方观旭撰。皇清经解。

四书不贰字音释一卷。国朝成都龙万育燮堂撰。敷文阁丛书。

右四书类三十二部四百九十八卷①。重本二部三十四卷。

---

① 应为三十三部五百二卷。

孝经类

孝经注疏九卷。唐元宗注，宋济阴邢昺叔明疏。阮氏重刊宋本十三经。二部。

孝经注解一卷。宋司马光解，华阳范祖禹淳甫说。本系二书，不知编辑人氏。通志堂经解。

孝经大义一卷。元董鼎撰。通志堂经解。

孝经定本一卷。元吴澄撰。通志堂经解。

孝经句解一卷。元朱申、周翰撰。通志堂经解。

孝经全注一卷。国朝李光地撰。榕村全集。

孝经义疏一卷。国朝仪征阮福撰。皇清经解。

右孝经类七部一十五卷。重本一部九卷。

乐类

苑洛志乐十三卷。明朝邑韩邦奇汝节撰，容城杨继盛椒山编。

声律小记二卷。国朝程瑶田撰。皇清经解。

古乐经传五卷。国朝李光地撰。榕村全集。

右乐类三部二十卷。

群经总义类

郑志三卷。魏郑小同撰。小同元之孙辑其祖与门人问答之语，原本久佚，此又后人从诸书缉缀而成。武英殿聚珍版。

经典释文三十卷。唐陆德明撰。通志堂经解。抱经堂丛书。

经典文考证三十卷。国朝卢文弨撰。抱经堂丛书。

程氏经说八卷。宋程颐撰。不著编辑名氏。二程全书。二部。

七经小传三卷。宋刘敞撰。通志堂经解。

六经奥论六卷。旧题宋郑樵渔仲撰。考书中引樵说称夹漈先生，知非其原本。通志堂经解。

仿宋版五经萃室九十三卷。宋汤阴岳珂肃之十行原本。国朝贵阳马恬侯重刊。

六经正误六卷。宋衢州毛居正谊父撰。通志堂经解。

经说七卷。元南昌熊朋来与可撰。通志堂经解。

十一经问对五卷。元何异孙撰。通志堂经解。

五经蠡测六卷。明福宁蒋悌生叔仁撰。通志堂经解。

五经绎十五卷。明盱江邓元锡汝极撰。

日知录二卷。国朝顾炎武撰。皇清经解。

榕村讲授三卷。国朝李光地撰。榕村全集。

经问十五卷。国朝毛奇龄撰。皇清经解。

潜（邺）〔邱〕札记二卷。国朝阎若璩撰。皇清经解。

经义杂记十卷。国朝武进臧琳在东撰。皇清经解。

群经补义五卷。国朝江永撰。皇清经解。

湛园札记一卷。国朝慈溪姜宸英西溟撰。皇清经解。

经史问答七卷。国朝鄞县全祖望谢山撰。皇清经解。

解春集二卷。国朝钱塘冯景山公撰。皇清经解。按，经解编收各集，只采其诂经之篇，与集部所收作者专集有别，所厘卷数亦异，故此列解春集二卷，集部重列解春集十二卷，余仿此。

白田草堂存稿一卷。国朝宝应王懋竑子中撰。皇清经解。

质疑一卷。国朝仁和杭世骏大宗撰。皇清经解。

果堂集一卷。国朝沈彤撰。皇清经解。

九经古义十六卷。国朝惠栋撰。皇清经解。

经书源流歌诀一卷，附帝王姓系一卷。国朝李钟伦撰。榕村全集。

钟山札记一卷，龙城札记一卷。国朝卢文弨撰。皇清经解。抱经堂丛书钟山札记作四卷，龙城札记作三卷。

十驾斋养新录三卷，余录一卷，潜研堂文集六卷。国朝嘉定钱大昕辛楣撰。皇清经解。

读书脞录二卷，脞录续编二卷。国朝仁和孙志祖贻谷撰。皇清经解。

东原集二卷。国朝戴震撰。皇清经解。

经韵楼集六卷。国朝段玉裁撰。皇清经解。

经学卮言六卷。国朝孔广森撰。皇清经解。

溉亭述古录二卷。国朝嘉定钱塘学源撰。皇清经解。

群经识小八卷。国朝高邮李惇成裕撰。皇清经解。

经读考异八卷。国朝偃师武亿虚谷撰。皇清经解。

问字堂集一卷。国朝孙星衍撰。皇清经解。

校礼堂文集一卷。国朝凌廷堪撰。皇清经解。

刘氏遗书一卷。国朝宝应刘台拱端临撰。皇清经解。

述学二卷，经义知新录一卷。国朝汪中撰。皇清经解。

隶经文四卷，附续隶经文一卷。国朝江藩撰。

十三经校勘记二百四十八卷。国朝阮元撰。皇清经解。

揅经室集七卷。国朝阮元撰。皇清经解。

拜经日记八卷，拜经集一卷。国朝武进臧庸镛堂撰。皇清经解。

瞥记一卷。国朝仁和梁玉绳曜北撰。皇清经解。

经义述闻二十八卷，经传释词十卷。国朝高邮王引之伯申撰。皇清经解。

五经异义疏证三卷，左海经辨二卷，左海文集二卷。国朝闽县陈寿祺恭甫撰。皇清经解。

鉴止水斋集二卷。国朝德清许宗彦撰。皇清经解。

研六室杂著一卷。国朝绩溪胡培翚撰。皇清经解。

宝甓斋札记一卷，宝甓集一卷。国朝赵坦撰。皇清经解。

秋槎杂记一卷。国朝宝应刘履恂撰。皇清经解。

吾亦庐稿四卷。国朝海盐崔应榴撰。皇清经解。

经传考证六卷。国朝宝应朱彬撰。皇清经解。

甓斋遗稿一卷。国朝宝应刘玉麐撰。皇清经解。

经义丛钞三十卷。国朝钱塘严杰编。皇清经解。

经学质疑录二十卷。国朝汉川秦笃辉榆邨撰。

经学提学十五卷。国朝江州蔡孔炘撰。

附录

说纬一卷。国朝浪穹王崧撰。皇清经解。

汉魏遗书钞七十三种。国朝金溪王谟仁圃编。此编俱从诸注裒辑成书，内分易翼七种，书翼八种，诗翼十一种，礼翼二十六种，乐翼八种，春秋翼十三种。

右群经总义类五十八部七百六十一卷[①]。重本三部四十五卷。以种计者不计卷数，余仿此。

尔雅小学类

尔雅注疏十卷。晋闻喜郭璞景纯注，宋邢昺疏。阮氏重刊宋本十三经。二部。五雅集刻作三卷，有注无疏。

方言十三卷。汉杨雄撰，晋郭璞注。武英殿聚珍版。抱经堂丛书附卢文弨校正补遗。

释名八卷。汉北海刘熙成国撰。五雅集刻。

广雅十卷。魏清河张辑稚让撰。五雅集刻。

匡谬正俗八卷。唐万年颜籀师古撰。雅雨堂丛书。

埤雅二十卷。宋山阴陆佃农师撰。五雅集刻。

尔雅翼三十二卷。宋歙县罗颐端良撰。五雅集刻。

尔雅正义二十卷。国朝余姚邵晋涵与相撰。皇清经解。

释宫小记一卷，释草小记一卷，释虫小记一卷。国朝程瑶田撰。皇清经解。

---

① 应为七百三十二卷。

燕寝考三卷。国朝胡培翚撰。皇清经解。

广雅疏证十卷。国朝王念孙撰。末一卷，子引之撰。皇清经解。

经籍纂诂一百六卷。国朝阮元撰。

尔雅义疏二十卷。国朝栖霞郝懿行兰皋撰。皇清经解。

释名疏证八卷，补遗一卷，续一卷。国朝毕沅撰。又篆文释名疏证一部，就原书重加改正。江声校刊。经训堂丛书续。

四书字诂七十八卷，群经字诂七十二卷。国朝黔阳段谔庭讱庵撰。

右小学类训诂之属一十六部[①]四百二十三卷。重本四部三十六卷。

御定康熙字典四十二卷。康熙五十二年大学士张玉书等奉敕撰。

急就篇四卷。汉史游撰。唐颜师古注，宋王应麟补注。附玉海。

说文解字繫传四十卷，附校勘记三卷。汉汝南许慎叔重撰。南唐会稽徐锴楚金传释，国朝江阴承培元等校勘。寿阳祁寯藻重刊宋本。

佩觿三卷。宋洛阳郭忠恕恕先撰。泽存堂重刊宋本。

班马字类五卷。宋嘉兴娄机彦发撰。泽存堂重刊宋本。

字鉴五卷。元长洲李文仲撰。泽存堂重刊宋本。

字画辨讹一卷。国朝李光地撰。榕村全集。

说文解字注十五卷，附部目、分韵。国朝段玉裁撰。部目、分韵，长洲陈焕编。皇清经解。

解字小记一卷。国朝（陈）〔程〕瑶田撰。皇清经解。

艺文备览一百二十卷，附详补字义十四卷。国朝嘉兴沙木青岩撰。

说文问答疏证六卷，文选古字通六卷。国朝甘泉薛传均子韵撰。

说文解字旧音一卷，经典文字辨正五卷，音同义异辨一卷。国朝毕沅撰。经训堂丛书。

---

① 应为一十五部。

说文通训定声十八卷，附分部柬韵一卷，分部检韵目一卷，说雅一卷，古今韵准一卷。国朝元和朱骏声允倩撰。

右小学类字书之属一十五部[①]二百九十四卷。重本一部五卷[②]。

原本广韵五卷。不著撰人名氏。国朝顾炎武校刊宋重修以前旧本。

群经音辨七卷。宋获鹿贾昌朝子明撰。泽存堂重刊宋本。

音论一卷，诗本音十卷，易音三卷。国朝顾炎武撰。皇清经解。音学五书音论三卷，余同。

唐韵正三十卷，古音表二卷。国朝顾炎武撰。音学五书。

古今韵略五卷。国朝武进邵长蘅子湘撰。

声韵考四卷。国朝戴震撰。经韵楼丛书。

六书音均表五卷。国朝段玉裁撰。皇清经解。

韵字略二卷。国朝归安毛谟撰。

右小学类音韵之属七部六十四卷[③]。重本一部十六卷。

史　部

正史类

史记一百三十卷。汉司马迁撰。缺十篇，褚少孙补，宋裴骃、唐司马贞、张守节注。武英殿版、南监版、汲古阁本。

史记评林一百三十卷。明归安凌稚隆以栋编。

汉书一百二十卷。汉班固撰。其妹昭续成之。唐颜师古注。武英殿

① 应为一十三部。

② 查无重本。

③ 应为八部七十四卷。

版、南监版。汲古阁本作一百卷。二部。

后汉书一百二十卷。宋范蔚宗撰，唐章怀太子贤注。志三十卷则晋司马彪续汉书之文，梁刘昭注。武英殿版。南监版作一百三十卷，汲古阁本作一百三十卷。二部。

后汉书补注二十四卷。国朝惠栋撰。

两汉刊误补遗十卷。宋昆山吴仁杰斗南撰。

三史拾遗五卷。国朝钱大昕撰。潜研堂丛书。

三国志六十五卷。晋陈寿撰。宋裴松之注。武英殿版、南监版、汲古阁本。

晋书一百三十卷。唐房玄龄等撰。何超音义。武英殿版、南监版、汲古阁本。

晋书地理志新补正五卷，音义三卷。国朝毕沅撰。音义，何超撰。经训堂丛书。

宋书一百卷。梁沈约撰。武英殿版、南监版、汲古阁本。

南齐书五十九卷。梁萧子显撰。武英殿版、南监版、汲古阁本。

梁书五十六卷。唐姚思廉撰。盖因其父察遗稿成编。武英殿版、南监版、汲古阁本。

陈书三十六卷。唐姚思廉撰。亦因其父察遗稿而成，而父所撰不过二卷。武英殿版、南监版、汲古阁本。

魏书一百十四卷。北齐魏收撰。宋刘恕、范祖禹等校定。武英殿版、南监版。汲古阁本作一百三十卷。

北齐书五十卷。唐李百药撰。亦承其父德林之业纂辑成书。武英殿版、南监版、汲古阁本。

周书五十卷。唐令狐德棻等撰。是书多残阙，取北史补亡。武英殿版、南监版、汲古阁本。

隋书八十五卷。唐魏徵、颜师古等撰。武英殿版、南监版、汲古阁本。

南史八十卷。李延寿撰。南监版、汲古阁本。

北史一百卷。唐李延寿撰。武英殿版、南监版、汲古阁本。

新唐书二百二十五卷。宋欧阳修、宋祁同撰。南监版、汲古阁本。

新旧唐书合稿二百六十卷，附宰相世系表，订讹十二卷。国朝归安沈炳震东甫编。

唐书合钞补正六卷。国朝嘉兴丁子复小鹤撰。附新旧唐书合稿。

旧五代史一百五十卷。宋薛居正等撰。扫叶山房重刊。武英殿版。二部。

新五代史七十四卷。宋欧阳修撰，徐无党注。武英殿版、南监版、汲古阁本。

五代史记纂误三卷。宋成都吴缜廷珍撰。武英殿聚珍版。

五代史记注七十四卷。宋徐无党原注。国朝南昌彭元瑞芸楣增注，刘凤诰编刊。

宋史四百九十六卷。元托克托（原作脱脱）等撰。南监版。二部。

辽史一百十五卷。元托克托等撰。武英殿版。南监版作一百十六卷。

辽史拾遗二十四卷，拾遗补五卷。国朝钱塘厉鹗大鸿撰。

金史一百三十五卷。元托克托等撰。武英殿版、南监版。

元史二百十卷。明宋濂等撰。武英殿版、南监版。

辽史国语解十卷，金史国语解十二卷，元史国语解二十四卷。乾隆四十六年敕撰。武英殿版。各附本史。

廿一史约编八卷，续编一卷。国朝郑元庆芷畦编。

诸史拾遗五卷。国朝钱大昕撰。潜研堂丛书。

明史三百三十六卷。国朝大学士张廷玉等奉敕撰。武英殿版。

明史稿三百十卷。国朝华亭王鸿绪俨斋撰。

分纂明史稿二十卷。国朝睢州汤斌伯孔撰。

右正史类三十八部三千九百八十七卷。重本三十九部四千一百七十六卷[①]。

编年类

资治通鉴二百九十四卷。宋司马光撰。元天台胡三省身之音注。

通鉴地理通释十四卷。宋王应麟撰。附玉海。

资治通鉴释文辨误十二卷。元胡三省撰。附通鉴。

通鉴注辨正二卷。国朝钱大昕撰。潜研堂丛书。

通鉴纲目正编五十九卷。宋朱子撰。明长洲陈仁锡明卿评。

通鉴纲目前编二十五卷。明渭南南轩叔后撰。陈仁锡评。

通鉴纲目续编二十七卷。明商辂等撰。陈仁锡评。

毕氏续资治通鉴二百二十卷。国朝毕沅撰，桐乡冯集梧补刊。

右编年类九部[②]六百五十三卷。

纪事本末类

通鉴纪事本末正编四十二卷。宋建安袁枢机仲撰。明高安陈邦瞻德远补辑。

通鉴纪事本末前编十二卷。明江宁沈朝阳宗明撰。

宋史纪事本末十卷。明陈邦瞻因临朐冯琦具区遗稿增订成编。

元史纪事本末四卷。明陈邦瞻撰。律令一篇，归安臧懋循补编。

绥寇纪略十二卷，补遗三卷。国朝太仓吴伟业骏公撰。

明史纪事本末八十卷。国朝丰润谷应泰赓虞撰。

三藩纪事本末四卷。国朝青浦杨陆荣采南撰。

圣武记十四卷。国朝魏源撰。

右纪事本末类九部[③]一百八十一卷。

① 重本数应为四千三百十六卷。

② 应为八部。

③ 应为八部。

别史类

逸周书十卷。是书隋志称汲冢，然晋志载汲冢无此书，惟郭璞尔雅注称逸周书。抱经堂丛书。

东观汉纪二十四卷。旧题汉刘珍等撰，实则递有增续。原本久残，兹则乾隆时开四库馆所补葺。武英殿聚珍版。又另本一部。

东都事略一百三十卷。宋眉州王称、李平撰。

历代史表五十三卷。附吴、南唐、南汉、蜀、后蜀、北汉将相大臣年表六卷。国朝鄞县万斯同季野撰。

元史氏族表三卷，艺文志四卷。国朝钱大昕撰。潜研堂丛书。

尚史七十卷。国朝襄平李锴铁君撰。

南疆绎史三十卷，序例二卷，摭遗十八卷，恤谥考八卷。国朝李瑶子玉因乌程温睿临原本补编。

右别史类八部四百一十卷[①]。重本一部二十四卷。

杂史类

国语二十一卷。周左邱明撰，吴云阳韦昭宏嗣注，宋安陆宋庠公序补音。

战国策注三十三卷。旧题汉高诱注，实宋姚宏所补。雅雨堂丛书。

右杂史类二部五十四卷。

诏令奏议类

上谕内阁八十九卷。谨案，雍正上谕，自康熙六十一年十一月至雍正七年为廷臣奏请宣布庄亲王允禄校刻。兹系原本，不题卷目，维每月别为起讫，今恭依乾隆初续编例，即以每月为一卷。

御选明臣奏议四十卷。乾隆四十六年大学士蔡新等奉敕编。

陆忠宣公奏疏二十二卷。唐嘉兴陆贽敬舆撰，权德舆载之编。

---

① 应为七部三百五十八卷。

包孝肃奏议十卷。宋合肥包拯希仁撰，门人张田编。

历代名臣奏议三百十九卷。明黄淮杨士奇等奉敕编，太仓张溥天如重编。

治河奏疏二卷。明宁乡周堪赓仲声撰，其子仲宣编。

名臣经济录十八卷。明麋城陈九德删次，黄训原编。

李文襄奏疏十二卷，附别录一卷，年谱一卷。国朝武定李之芳邺园撰，其子钟麟编。年谱，武林程光桓撰。

抚豫宣化录五卷。国朝河南巡抚田文镜撰。雍正六年二月进呈御览。

防河奏议十卷。国朝无锡嵇会筠松友撰。

那文毅公奏议八十四卷。国朝那彦成绎堂撰，其子容安编。

陶文毅公奏疏七十六卷，题本八卷。国朝安化陶澍子霖撰，安陆李廷锡编。

皇朝经世文编一百二十卷。国朝魏源编。善化贺长龄耦耕辑刊。

右诏令奏议类一十三部八百一十七卷。

传记类

孔子编年五卷。宋绩溪胡仔元任撰。国朝嘉庆中，仔裔孙培翚校注。

孟子章句考年五卷。国朝无为蒋一鉴存斋撰。

朱子年谱二卷，前录二卷，后录二卷。国朝朱子裔孙烈编。

黄石斋年谱四卷，补遗一卷。国朝邺山庄起俦子鹤撰。

先儒赵子言行录二卷。国朝安陆陈廷钧右臣编。

右传记类圣贤之属五部二十三卷。

晏子春秋七卷，音义二卷。撰人无考，题晏婴撰者，非是。音义，国朝孙星衍撰。经训堂丛书续①。

孙莘老年谱一卷。国朝高邮茆泮林雩水撰。

---

① 续，底本作“读”。

右传记类名人之属二部一十卷。

宋名臣言行录前集十卷，后集十四卷，续集八卷，别集二十六卷，外集十七卷。前、后集，并宋朱子撰，续集、别集、外集，庐陵李幼武士英补编。

元朝名臣事略十五卷。元真定苏天爵伯修撰。武英殿聚珍版。

楚宝四十五卷。明湘潭周圣楷伯孔撰，国朝新化邓显鹤湘皋增辑。

明儒学案六十二卷。国朝余姚黄宗羲太冲撰。

历代名臣言行录二十四卷。国朝宜兴朱桓拙存撰。

历代名臣传三十五卷，续编五卷。国朝高安朱轼可亭、漳浦蔡世远梁邨同撰。

国朝汉学师承记八卷，宋学渊源记二卷，附经师经义一卷。国朝江藩撰。

皇朝藩部要略十八卷，世系表四卷。国朝寿阳祈韵士鹤皋撰。

圣域述闻二十八卷。国朝宁乡黄本骥虎痴撰，黄宅中重编。

熙朝宰辅录一卷。国朝吴县潘世恩芝轩撰。

姚氏先德传六卷。国朝桐城姚莹石甫撰。

右传记类总录之属一十一部三百二十九卷。

载记类

邺中记一卷。晋陆翙撰。武英殿聚珍版。

十六国春秋一百卷。旧题魏清河崔鸿彦鸾撰，实明屠乔孙项琳所托。国朝仁和汪自桂一之校刊。

南唐书十八卷，音释一卷。宋山阴陆游务观撰。音释，元戚光撰。国朝襄平蒋国祥国祚校编。

南唐书三十卷。宋宜兴马令撰。国朝蒋国祥国祚校编。

十国春秋一百十四卷，拾遗一卷，备考一卷。国朝仁和任臣志伊撰，拾遗、备考，海虞周昂少霞撰。

使琉球记六卷。国朝绵州李鼎元和叔撰。

东槎纪略五卷。国朝姚莹撰。

右载纪类七部二百七十七卷。

史评类

御批续资治通鉴纲目二十七卷。康熙四十六年御撰。武英殿聚珍版。

唐鉴二十四卷。宋范祖禹撰，吕祖谦注。

唐书直笔四卷。宋晋江吕夏卿缙叔撰。

读史管见三十卷。宋建安胡寅仁仲撰，明张溥评。

通鉴答问五卷。宋王应麟撰。附玉海。

宋论十五卷。国朝王夫之撰。

廿二史札记三十六卷，补遗一卷。国朝阳湖赵翼云崧撰。瓯北全集。

廿二史考异一百卷。国朝钱大昕撰。潜研堂丛书。

古史论纂一卷。国朝益阳张绳纲叙三撰。

右史评类九部二百四十二卷①。

地理类

钦定大清一统志三百五十六卷。乾隆中户部尚书陈德华等奉敕重修。

钦定中外一统舆地图一卷。乾隆庚辰内府制。

元和郡县志四十卷。唐赞皇李吉甫宏宪撰。武英殿聚珍版。

太平寰宇记一百九十三卷，补阙七卷。宋宜黄乐史子正撰，国朝临桂陈兰森补辑。

元丰九域志十卷。宋丹阳王存等奉敕撰，国朝桐乡冯集梧校刊。

天下郡国利病书一百二十卷。国朝顾炎武撰。

---

① 应为二百四十三卷。

读史方舆纪要一百三十卷，舆图要览四卷。国朝常熟顾祖禹景范撰。

增订广舆记二十四卷。国朝昆山蔡方炳九霞因明陆应旸原本删补成编。

三国疆域志二卷，东晋疆域志四卷，十六国疆域志十六卷。国朝阳湖洪亮吉稚存撰。

乾隆府厅州县图志五十卷。国朝洪亮吉撰。

晋太康三年地记一卷。旧不著撰人，原本久佚。国朝毕沅重辑。经训堂丛书。

晋书地道记一卷。旧本晋王隐撰，久已阙佚。国朝毕沅重辑。经训堂丛书。

皇清舆地志韵编二卷，历代地理志韵编今释二十卷。国朝武进李兆洛申耆撰。

大清一统志表一部。国朝陈兰森撰。

大清中外一统舆地图三十三卷。国朝新繁严树森渭春撰。

舆地经纬度里表一部。国朝长沙丁取忠云梧撰。

右地理类总志之属一十六部一千九卷[①]。

日下旧闻四十二卷。国朝秀水朱彝尊锡鬯撰。

宸垣识略十六卷。国朝元和吴长元太初撰。

江南通志二百卷。国朝两江总督尹继善等监修。

安徽通志二百六十卷。国朝安徽巡抚陶澍等监修。

河南通志八十卷。国朝河南巡抚王士俊等监修。

续河南通志八十卷。国朝河南巡抚阿思哈等监修。

山西通志二百三十卷。国朝山西巡抚觉罗石麟等监修。

① 应为一千十四卷。

陕西通志一百卷。国朝陕西总督刘于义监修。

甘肃通志五十卷。国朝甘肃巡抚许容等监修。

广东通志六十四卷。国朝广东巡抚郝玉麟等监修。

云南通志三十卷。国朝云贵总督鄂尔泰等监修。

贵州通志四十六卷。国朝云贵总督鄂尔泰等监修。

湖北通志二百卷。国朝湖广总督吴熊光等监修。

湖南通志一百七十四卷。国朝湖南巡抚陈宏谋等监修。

大定府志六十卷。国朝新化邹汉勋叔绩撰。

安顺府志五十四卷。国朝邹汉勋、永宁吴寅邦仝撰。

宝庆府志一百四十六卷，序首六卷。国朝邓显鹤撰。

广顺州志十四卷。国朝广顺但明伦云梧等撰。

黄平州志十二卷。国朝黄平李台笠山撰。

凤凰厅志二十卷。国朝孙均铨秋崖、仁和黄元复柳桥增修潘曙原本。

南汇县志十五卷。国朝南汇吴省钦白华等撰。

益阳县志三十七卷。国朝益阳县符鸿又超撰。

右地理类都会郡县之属二十二部一千九百三十六卷。

水经注四十卷。水经，旧题汉桑钦撰。注，后魏郦道元善长撰。武英殿聚珍版。

水经注释四十卷，附录二卷，笺注刊误十二卷。国朝仁和赵一清诚夫撰。

治河方略十卷。国朝靳辅紫垣原本，江夏崔应阶吉升重编。

水道提纲二十八卷。国朝天台齐召南次风撰。

三江水利纪略四卷。国朝苏尔德撰。

历代河防类要六卷。国朝桐城徐璈六骧撰。

楚北水利隄防纪要二卷。国朝宛平俞昌烈鸿甫撰。

右地理类河渠之属七部一百四十四卷。

钦定新疆识略十二卷。国朝嘉庆中伊犁将军松筠奉敕撰。

伊犁总统事略十二卷，附绥服纪略图诗一卷，西陲词一卷。国朝松筠重辑，汪廷珍仰亭原编。西陲词，祁韵士撰。

三省边防备览十四卷，苗防备览二十二卷。国朝溆浦严如煜乐园撰。

西域水道记五卷，西域传补注二卷，附新疆赋一卷。国朝大兴徐松星伯撰。

防海辑要十八卷。国朝宛平俞昌会同甫撰。

右地理类边防之属五部八十八卷。

三辅黄图六卷，补遗一卷。不著撰人名。补遗，国朝毕沅撰。经训堂丛书。

长安志二十卷。宋平棘宋敏求次道撰。国朝毕沅校注。经训堂丛书。

长安志图三卷。元东明李好文惟中撰。国朝毕沅校刊。经训堂丛书。

岱览三十八卷。国朝善化唐仲冕陶山撰。

洞庭湖志十四卷。国朝华容綦世基鳌柱原本，湘潭夏大观枫江补辑，华容万年淳弹峰重订。

右地理类宫殿山水古迹之属五部八十二卷。

岭表录异三卷。唐南海刘恂撰。武英殿聚珍版。

黔书二卷。国朝德州田雯纶霞撰。

黔南识略三十二卷。国朝爱必达撰。安化罗饶典苏溪刊。

蜀輶日记四卷。国朝陶澍撰。

右地理类杂记之属四部四十一卷。

琉球国志略十六卷。国朝涪州周煌景垣撰。武英殿聚珍版。

续琉球国志略五卷。国朝齐鲲、费锡章撰。

海国图志六十卷。国朝魏源撰。

右地理类外纪之属三部八十一卷。

职官类

钦定国子监则例四十五卷。道光四年管国子监事务汪廷珍等奉敕修。

钦定吏部处分则例五十二卷。道光二十九年吏部尚书文孚等奉敕修。又小板一部，作六部则例。

唐六典三十卷。唐元宗御撰。李林甫奉敕注。

麟台故事五卷。宋开化程俱致道撰。武英殿聚珍版。

右职官类官制之属四部一百三十二卷。

钦定训饬州县条规一卷。雍正八年河东总督田文镜、浙江总督李卫奉敕撰。

福（慧）〔惠〕全书三十二卷。国朝宜丰黄六鸿思湖撰。

资治新书初集十三卷，二集二十卷。国朝李渔笠翁编。

在官法戒录摘要四卷。国朝临桂陈宏谋汝咨撰。全椒王铸、太仓钱宝琛辑刊。

帘舫治谱三种。国朝南丰刘衡韫声撰。

佐治药言一卷，续一卷；学治臆说二卷，续说一卷；说赘一卷，附双节堂庸训六卷。国朝萧山汪辉祖焕曾撰。

越中从政录四种。国朝婺源王凤生振轩撰。

牧令书二十三卷，附保甲书四卷。国朝安肃徐栋致初编。

勉益斋偶存稿八卷，续存稿十四卷。国朝裕谦鲁山撰。

守宝前录五卷，后录二十卷。国朝魁联荫亭撰。

右职官类官箴之属九部[①]一百五十六卷。

政书类

钦定大清会典一百卷。乾隆二十九年履亲王允祹等奉敕修。

钦定大清会典图一百卷。嘉庆十六年大学士庆桂等奉敕修。

通典二百卷。唐万年杜佑君卿撰。

宋朝事实二十卷。宋泸州李攸好德撰。武英殿聚珍版。

通志略五十二卷。宋莆田郑樵渔仲撰。国朝歙县黄晟晓峰刊。

汉制考四卷，王会编一卷。宋王应麟撰。附玉海。

文献通考三百四十八卷。元乐平马端临贵与撰。

三通序三卷。国朝合河康纶钧梦芸编。江夏周恭寿重刊。

吾学录二十四卷。国朝南海吴荣光编。

右政书类通制之属八部八百卷[②]。

畿辅义仓图一部。国朝直隶总督方观承撰。

两淮盐法志四十卷。国朝两淮盐政吉庆等监修。

江苏海运全案十二卷。国朝江苏巡抚陶澍等撰。

淮北票盐志略十四卷。国朝海州分司运判童濂等撰。

筹济编三十二卷。国朝常熟杨景仁静闲撰。

右政书类邦计之属五部九十八卷。

大清律例三十九卷。道光二十四年刑部奏修。

督捕则例二卷。嘉庆十六年刑部奏修。

---

① 应为十部。

② 应为九部八百五十二卷。

三流道里表一部。嘉庆十六年刑部奏修。

洗冤录四卷。刑部律例馆校正。

大清律例总类三十九卷，例限汇编二卷。道光十六年刑部刊行。代州郎汝琳重编。

补注洗冤录集证四卷，附作吏要言一卷。集证，国朝王又槐撰，阮其新补注，童濂删辑。作吏要言，叶镇撰，朱椿增辑。

续增刑案汇览十六卷。国朝祝松庵编。

右政书类法令之属七部一百七卷。

目录类

钦定四库全书总目提要二百卷。乾隆四十七年文渊阁直阁事纪昀等奉敕撰。

钦定四库全书简明目录二十卷。文渊阁直阁事纪昀等奉敕撰。

直斋书录解题二十二卷。宋吴兴陈振孙撰。武英殿聚珍版。

汉艺文志考证十卷。宋王应麟撰。附玉海。

汇刻丛书目录十卷。国朝桐乡顾修菉崖撰。

右目录类书籍之属五部二百六十二卷。

绛帖平六卷。宋鄱阳姜夔尧章撰。武英殿聚珍版。

金石萃编一百六十卷。国朝青浦王昶述庵撰。

积古斋钟彝器款识二卷。国朝阮元撰。皇清经解。

金石文跋尾六卷，续六卷，又续七卷。国朝钱大昕撰。

关中金石记八卷。国朝毕沅撰。经训堂丛书。

中州金石记五卷。国朝毕沅撰。经训堂丛书。

右目录类金石之属六部一百九十八卷[①]。

---

① 应为二百卷。

子　部

儒家类

御定孝经衍义一百卷。康熙二十年侍郎张英等奉敕撰。

圣谕广训一卷，附四言韵文一卷。十六条，康熙御制；广训，雍正二年御制；韵文，道光二十二年敕撰。二部。

荀子二十卷，附校勘补遗一卷。周荀况撰，唐杨倞注。补遗，国朝钱大昕撰。十子全书。抱经堂丛书。

扬子法言十卷。汉扬雄撰，晋李轨，唐柳宗元，宋吴秘、宋咸、司马光音注。十子全书。

贾子新书十卷。汉贾谊撰。抱经堂丛书。

傅子一卷。晋北地傅（元）〔玄〕休奕撰。武英殿聚珍版。

文中子中说十卷。旧题隋王通撰。实其子福郊、福时，多所依托。注，阮逸撰。十子全书。

周子全书二十二卷。宋周敦颐撰。国朝董榕辑编。编内太极图解一卷，通书注释一卷。并刻榕村全集。

张子全集十二卷。宋张载撰。国朝仪封张伯行孝先编。编内西铭一卷。并刻榕村全集。

注解正蒙二卷。国朝李光地撰。榕村全集。

二程遗书二十五卷，附录一卷，外书十二卷，粹言二卷。遗书、附录，二程子门人记，朱子编次。外书，亦程子门人记，朱子补编。粹言，程子门人杨时编。二程全书。二部。

二程遗书纂二卷，外书纂一卷，论定性书一卷，颜子所好何学论一卷。国朝李光地编订。榕村全集。

公是先生弟子记四卷。宋刘敞撰。武英殿聚珍版。

朱子语类一百四十卷。宋导江黎德靖编。

朱子语类四纂五卷。国朝李光地编。榕村全集。

明本释三卷。宋东平刘荀撰。武英殿聚珍版。

大学衍义四十三卷。宋真德秀撰。二部。

读书记四十卷。宋真德秀撰。

黄氏日钞九十七卷。宋慈湖黄震东发撰。

项氏家说十卷，附录二卷。宋项安世撰。武英殿聚珍版。

读书分年日程三卷。元鄞县程端礼敬叔撰。

读书录粹语四卷。明河津薛瑄德温撰。国朝蒲城王鼎省厓编。

居业录粹语二卷。明余干胡居仁敬斋撰。国朝王鼎编。

读书录摘要二卷，居业录摘要二卷。国朝吴县郑绪章编。敷文阁丛书。

大学衍义补一百六十卷。明琼山邱濬仲深撰。

学蔀通辨十二卷。明东莞陈建清澜撰。国朝张伯行重订。

人谱一卷，人谱类记二卷。明山阴刘宗周起东撰。国朝歙县洪正治陔华校编。

四书反身录六卷。国朝盩厔李容中孚撰。其门人鄠县王心敬辑。

正学三书三卷。国朝宗绩辰玫耻编，集陆陇其、汤斌、李光地三子语录。

嘉言录一卷。国朝铁岭杨书绩校刊徐东海原本。

榕村语录三十卷。国朝李光地撰。其孙清植及门人徐用锡编。榕村全集。

五子近思录发明十四卷。国朝新安施璜虹玉纂注。近思录，本朱子、吕祖谦同撰，叶采集解，明休宁汪佑星溪复取朱子节要为五子，璜又取明儒之说以补叶注之遗。

曾子注释四卷。国朝阮元撰。皇清经解。

倪卮二卷。国朝符鸿撰。

罗山遗稿五种七卷。国朝湘乡罗泽南仲岳撰。细目详附编。

弟子箴言十六卷。

右儒家类三十七部八百五十一卷①。重本五部六十六卷②。

兵家类

握奇经一卷。旧题风后撰。汉公孙宏解，晋马隆述，实宋人因唐独孤及八阵图记依托而成。国朝光地注。榕村全集。

孙子十家注十三卷，附遗说一卷，叙录一卷。周孙武撰。宋吉天保集魏武梁、孟氏，唐李筌、杜牧、陈皞、贾林，宋梅尧臣、王晳、何延锡、张预十家之注；遗说，宋郑友撰；叙录，文登毕友珣撰。国朝孙星衍校刊。

虎铃经二十卷。宋吴兴许洞渊夫撰。

水陆战守攻略方术秘书七种三十一卷。不著纂辑名氏，唯题𦀗絖道人序刊。各种细目详附编。

武备志二百四十卷。明防风茅元仪止生编撰。内兵诀评。细目详附编。

纪效新书十八卷。明登州戚继光元敬撰。国朝常熟虞山张海鹏校刊。

练兵纪实九卷，杂集六卷。明戚继光撰。

则克录二卷。明宁国焦勗撰。

草庐经略六卷。明黄州黄之瑞撰。

敏果斋团练丛书三种三卷。不著编辑名氏。

防御纂要一卷，附救荒策邪教告示二种。国朝乐安游闳白斋辑。二部。

乡守外编辑要十卷。国朝钱塘许乃钊贞恒辑编。又另刊本一部。

---

① 应为三十六部八百五十卷。

② 重本数应为四部一百六卷。

右兵家类十三部四百七卷[1]。重本二部一十一卷。

法家类

管子二十四卷。旧题周管仲撰。实后人多所附益。注，题唐房玄龄撰，宋晁公武以为尹知章作。明钱塘朱养纯元一编。十子全书。

韩非子二十卷。周韩非撰。注，不知何人作，元何犿以为李瓒撰。十子全书。

右法家类二部四十四卷。

农家类

农桑辑要七卷。元至元十年司农司撰。武英殿聚珍版。

农政全书六十卷。明上海徐光启子先撰。

右农家类二部六十七卷。

医家类

御纂医宗金鉴九十卷。乾隆四年大学士鄂尔泰等奉敕撰。

黄帝内经素问注证发微九卷。内经、素问，云出上古，固未必然，当亦周秦间人传述旧闻。注，唐王冰撰。注证发微，明会稽马莳元台撰。

素问节文注释十卷。明马莳撰。

灵枢经注证发微九卷，附补遗一卷。灵枢经，或以为唐王冰所依托；注证发微、补遗，明马莳撰。

难经集注六卷。难经，周秦越人撰。集注，国朝安义熊庆笏叔陵撰。

金匮玉函经二注二十二卷，附十药神书一卷。金匮，汉南阳张机仲景撰，晋高平王叔和编。此编，宋赵以德衍义，国朝周扬俊补注，李清俊重刊；十药神书，元葛可久撰。

伤寒论本义大全十八卷。伤寒论，汉张机撰，晋王叔和编，金聊摄成无已注。国朝柏乡魏荔彤念庭纂注。

---

① 应为十二部三百六十二卷。

巢氏诸病源候论五十卷。隋巢元方等奉敕撰。国朝胡益谦校编。

千金要方九十三卷。唐华原孙思邈撰，明乔世宁校刊。

千金翼方三十卷。唐孙思邈撰，国朝金匮华希闳萯圃校刊。

外台秘要四十卷。唐郿县王焘撰。明新安程衍道刊。

苏沈良方八卷。宋钱塘沈括存中撰，后人附以苏轼之说。武英殿聚珍版。

小儿药证直诀三卷。宋东平钱乙仲阳撰，大梁阎季忠编。武英殿聚珍版。

证类大全本草三十一卷。宋华阳唐慎微寓元撰，明彭端吾重刻，万历丁丑翻刻，元大德宗文书院本。

类证普济本事方十卷。宋真州许叔微知可撰。

东垣十书二十二卷。金真定李杲明之撰。

纲目本草五十二卷。明蕲州李时珍东壁撰。

奇经八脉一卷，濒湖脉学一卷。明李时珍撰。

医统正脉一百六十四卷。明金坛王肯堂宇泰原辑，歙县吴勉学师古编刊。此书据丛书目录，共四十四种，兹存二十八种。

东医宝鉴二十二卷。明朝鲜阳平君许浚撰。国朝顺德左翰文刊。

本草备要八卷，医方集解二十一卷。国朝休宁汪昂讱庵撰，童濂校刊。

伤寒悬解十五卷，长沙药解四卷，四圣心源十卷，素灵微蕴四卷。国朝昌邑黄元御坤载撰。按，四库提要存目元御所著尚有素问、灵枢、难经、悬解以下七种。兹编伤寒悬解、素灵微蕴，从京都史鸿德镌本钞出，长沙药解二种，从阳湖校本钞出，近长沙徐氏刊有黄元御八种。

王氏医案二卷，续编八卷，霍乱论二卷。国朝武林王士雄孟英撰。

医学从众八卷，金匮要略浅注十卷，金匮歌括六卷，伤寒论浅注六卷，伤寒论歌诀六卷。国朝长乐陈念祖修源撰。

余医录四种十四卷。国朝陈念祖撰。

神农本草经三卷。国朝孙星衍与从子冯翼同辑。

六醴斋医书十种五十五卷。国朝吴县程永培编。

医林指月十二种二十三卷。国朝仁和王琦琢崖编。

右医家类二十八部八百九十八卷。

天文算法类

周髀算经二卷，音义一卷。是编为相传古本，莫知谁作首章。周公与商高问答，其算法为勾股之祖，推步即盖天之术，欧罗巴法实从此出。汉赵爽君卿注，北周甄鸾重述，唐岐州李淳风释。音义，宋李籍撰。算经十书。

六经天文编二卷。宋王应麟撰。附玉海。

历象本要一卷。国朝李光地撰。榕村全集。

观象授时十四卷。国朝秦蕙田撰。皇清经解。

勾股割圆记三卷。国朝戴震撰，歙县吴思孝注。算经十书。

三统术衍三卷，三统术钤一卷。国朝钱大昕撰。潜研堂丛书。

畴人传九卷。国朝阮元撰。皇清经解。

造各表简法截球解义一卷。国朝徐有壬撰。

经书算学天文考一卷。国朝陈懋龄撰。皇清经解。

右天文算法类推步之属九部三十八卷。

数术记遗一卷。魏东莱徐岳撰，北周甄鸾注。算经十书。

九章算术九卷，音义一卷，附策算一卷。不著撰人名氏，汉张苍删正，晋刘徽、唐李淳风注。音义，宋李籍撰。策算，国朝戴震撰。算经十书。

孙子算经三卷。不著撰人名氏，当是汉魏人所述。武英殿聚珍版。算经十书。

海岛算经一卷。晋刘徽撰，唐李淳风注。武英殿聚珍版。算经十书。

五曹算经五卷。不著撰人名氏。唐志载有甄鸾注，当在北周以前。武英殿聚珍版。算经十书。

夏候阳算经三卷。旧题夏候阳撰，不著时代。唐志载有甄鸾注，当亦北周以前。武英殿聚珍版。算经十书。

张邱建算经三卷。旧题张邱建撰，不著时代。其自序引及夏候阳，则犹在阳以后。甄鸾注。李淳风注释已佚，唐刘孝孙细草。算经十书。

五经算术二卷，附考证一卷。北周甄鸾撰，唐李淳风注。考证，国朝戴震撰。武英殿聚珍版。算经十书。

缉古算经一卷。唐王孝通撰，并注。算经十书。

校正缉古算经一卷，音义一卷，算经细草一卷，图解三卷。国朝乌程陈杰静萶编撰。敷文阁丛书。

笔算五卷。国朝宣城梅文鼎定九撰。榕村全集。

理堂学算记五种十七卷。国朝焦循撰。

六九轩算书五种七卷。国朝南丰刘衡讱堂撰。

勾股细草一卷。国朝李锡蕃晋夫撰。

算学初集十七种十七卷。国朝吴嘉善、丁取忠同撰。

右天文算法类算书之数十五部八十四卷。重本五部一十五卷。

术数类

管蠡汇占十二卷。国朝蒲圻周人甲解亭编。

右术数类占候之属一部十二卷。

谱录类

宝真斋法书赞二十八卷。宋岳珂撰。武英殿聚珍版。

墨法集要一卷。宋沈继孙学翁撰。武英殿聚珍版。

右谱录类书画之属二部二十九卷。

杂家类

墨子十五卷，目考一卷。周墨翟门人所记。国朝毕沅校注。经训堂丛书。又单本一部。

鹖冠子三卷。楚隐士以鹖为冠，号鹖冠子。注，宋陆佃撰。十子全书。

吕氏春秋二十六卷。秦吕不韦宾客撰，汉高诱注。国朝毕沅校正。经训堂丛书。又单本一部。

淮南子二十一卷。汉淮南王刘安撰，高诱注。武进庄逵吉校刊。十子全书。

颜氏家训七卷。隋临沂颜之推介撰，国朝江阴赵曦明敬天注，卢文弨校补。抱经堂丛书。

右杂家类杂学之属五部七十三卷。重本三部六十三卷[①]。

钦定四库全书考证一百卷。乾隆间候补司业王太岳、曹锡宝奉敕撰。武英殿聚珍版。

白虎通六卷，通义考一卷，附阙文一卷，校勘一卷，补遗一卷。白虎通，汉班固、贾逵撰。通义考，国朝阳湖庄述祖葆琛撰。阙文，述祖辑。校勘、补遗，卢文弨撰。抱经堂丛书。

独断二卷。汉蔡邕撰。抱经堂丛书。

学林十卷。宋长沙王观国撰。武英殿聚珍版。

瓮牖闲评八卷。宋鄞县袁文质甫撰。武英殿聚珍版。

猗觉寮杂记二卷。宋舒州朱翌新仲撰。武英殿聚珍版。

云谷杂记五卷。宋婺州张淏清源撰。武英殿聚珍版。

考古质疑六卷。宋叶大庆荣甫撰。武英殿聚珍版。

① 重本数应为二部四十二卷。

朝野类要五卷。宋赵昇向辰撰。武英殿聚珍版。

困学纪闻五笺集证二十卷。困学纪闻，宋王应麟撰。集证，国朝黄冈万希槐蔚亭汇纂阎若璩、何焯、全祖望、方棨如、程瑶田、钱大昕各家评注，屠继序校补，胡香海刊本。

升庵外集一百卷。明成都杨慎升庵撰，瑯琊焦竑澹园编。

事物考八卷。明两曲王三聘撰。

日知录集释三十二卷，刊误二卷，续刊误二卷。日知录，国朝顾炎武撰。集释、刊误，嘉定黄汝成潜夫撰。

陔馀丛考四十三卷。国朝赵翼撰。瓯北全集。

博雅备考二十七卷。国朝彭城张彦琦次韩撰。

十架斋养新录二十卷，余录三卷。国朝钱大昕撰。潜研堂丛书。又单本一部。

癸巳类稿十五卷。国朝黟县俞正燮理初撰。

右杂家类杂考之属一十七部四百二十卷。重本一部二十三卷。

论衡三十卷。汉上虞王充仲任撰。

封氏闻见记十卷。唐封演撰。雅雨堂丛书。

文昌杂录六卷。宋单州庞元英懋贤撰。雅雨堂丛书。

涧泉日记三卷。宋许昌韩淲仲止撰。武英殿聚珍版。

敬斋古今黈八卷。元栾城李冶仁卿撰。武英殿聚珍版。

右杂家类杂说之属五部五十七卷。

意林五卷。唐马总元会编。武英殿聚珍版。

词林海错十六卷。明夏树芳茂卿编。国朝铅山蒋春帆刊。

言行集要二卷。国朝当湖贾三登庸堃删订湘阴王之铁言行汇纂成编。

述记三十四种三十四卷。国朝震泽任兆麟文田编。

五种遗规十六卷，附在官法戒录四卷。国朝陈宏谋编。

右杂家类杂纂之属五部七十七卷。

百川学海一百种一百七十卷。宋左圭禹锡编。

续百川学海一百十四种一百三十卷。明昌江吴永编。

竹裕园笔语集十五卷。明临川李日涤亦白撰。

船山遗书五种。国朝王夫之撰。郭孔岚补刊。

蓝鹿洲集四十卷。国朝漳浦蓝鼎元玉霖撰。

杭大宗八种十八卷。国朝杭世骏撰。

揅经室集五十卷。国朝阮元撰。

右杂家类杂编之属七部四百二十八卷[①]。

类书类

御定渊鉴类函四百五十卷。康熙四十九年敕撰。

御定分类字锦六十四卷。康熙六十年敕撰。

御定子史精华一百六十卷。康熙六十年敕撰。

初学记三十卷。唐徐坚等奉敕撰。

太平御览一千卷。宋李昉等奉敕撰。

分类古今纪要十九卷。宋黄震撰。附黄氏日钞。

玉海二百卷，附词学指南四卷。宋王应麟撰。国朝合河康基田校刊。

小学绀珠十卷，姓氏急就篇二卷。宋王应麟撰。附玉海。

唐类函二百卷。明吴郡俞安期羡长编，徐显卿校正。

荆川稗编一百二十卷。明武进唐顺之应德撰。

事物异名录四十卷。国朝慈溪厉荃静芗编，仁和关槐晋轩增辑。

右类书类之属一十二部二千三百三卷[②]。

---

① 应为四百二十三卷。

② 应为一十一部二千二百九十九卷。

小说家类

西京杂记六卷。旧题汉刘歆撰，或题晋葛洪，实则梁吴均所托。抱经堂丛书。

唐摭言十五卷。五代王定保撰。雅雨堂丛书。

北梦琐言二十卷。宋贵平孙光宪孟文撰。雅雨堂丛书。

涑水纪闻十六卷。宋司马光撰。武英殿聚珍版。

唐语林八卷。宋长安王谠正甫撰。武英殿聚珍版。

归潜志十四卷。元浑源刘祁京叔撰。武英殿聚珍版。

檐曝杂记六卷。国朝赵翼撰。瓯北全集。

右小说类杂事之属七部八十五卷。

山海经注新校正十八卷。山海经，或称夏禹撰，或称伯益撰，其中乃有帝启、周文王及秦汉地名，可知其妄然，亦周秦古书。注，晋郭璞撰。国朝毕沅增注。经训堂丛书。

三水小牍二卷。唐安定皇甫枚尊美撰。抱经堂丛书。

右小说家类异闻琐记之属二部二十卷。

道家类

阴符经注一卷。此经旧题黄帝撰，实唐李筌所托。注，国朝李光地撰。榕村全集。

老子评注二卷。旧题汉河上公章句，实唐以前道流所托。注，明昆山归有光熙甫撰，吴县文震孟文起校订。十子全书。

老子道德经注二卷。魏王弼撰。武英殿聚珍版。

道德经考异二卷。国朝毕沅考定唐傅奕本。经训堂丛书。

列子八卷。旧题周列御寇撰，而书有御寇以后事，当是门人所追记。晋张湛处度注。其书至唐称至德真经，宋又加冲虚二字。十子全书。

庄子注八卷，音义一卷。周庄周撰。庄子至唐称南华真经。注，晋河南郭象子玄撰。世称象攘窃向秀注，然亦所补缀。音义，唐陆德明撰。十子全书。

文子缵义十二卷。文子，不知名字，称老聃弟子，计能者非。缵义，宋武康道士杜道坚南谷撰。武英殿聚珍版。

参同契章句一卷。周易参同契，汉魏伯阳撰。章句，国朝李光地撰。榕村全集。

右道家类之属八部三十九卷[①]。

集　部

楚辞类

楚（词）〔辞〕章句十七卷。汉刘向辑屈原以下诸作为楚辞十六卷。宜城王逸师叔益以己作为十七卷，并为撰注。宋曲阿洪兴祖庆善补注。明毛晋校刊。

离骚经注一卷，九歌注一卷。国朝李光地撰。榕村全集。

右楚辞类二部一十九卷。

别集类

高宗纯皇帝诗余集二十卷，目录三卷。谨案：乾隆御制以十二年为一集，凡五集。余集则丙辰授玺后训政所作。

仁宗睿皇帝味馀书室全集定本四十卷，目录四卷，附随笔二卷。谨案：味馀书室诗文全集，乾隆壬辰至乙卯潜邸所作。嘉庆五年，大学士庆桂、户部尚书朱珪等恭编。

---

① 应为三十七卷。

仁宗睿皇帝诗初集四十八卷，目录六卷，二集六十四卷，目录八卷，三集六十四卷，目录八卷，诗余集六卷，文余集二卷。谨案：嘉庆御制诗文以八年为一集，自元年丙辰至癸亥为初集，大学士庆桂等恭编；甲子至辛未为二集；壬申至己卯为三集，大学士托津等恭编；庚辰后诗文为余集。

陶靖节集十卷，附年表考异二卷。晋陶潜撰，国朝陶澍集注。年表考异则本宋吴仁杰、王质二家所撰年谱，而以诸家参考之。湘潭周贻朴校刊。

江文通集十卷。梁考城江淹撰，明歙县汪士贤校刊。

庾子山集笺注十卷。北周新野庾信撰。笺注，国朝吴江吴兆宜显令撰。按，信集至明已佚，此本从诸书钞撮，已非其旧，胡渭欲作注，未竟。兆宜采其遗稿，与徐树谷等补缀成编。

徐孝穆集笺注六卷。陈东海徐陵撰。笺注，国朝吴兆宜撰。

骆丞集十卷。唐义乌骆宾王撰，国朝元和顾广圻涧薲校编，江都秦恩复敦甫刊。

张燕公集二十五卷。唐洛阳张说说之撰。武英殿聚珍版。

杜诗注二十卷。唐杜甫撰。笺注，国朝虞山钱谦益撰。

文忠集十六卷。唐颜真卿撰。武英殿聚珍版。

颜鲁公集十二卷，外集八卷，书评十卷。国朝黄本骥编订。

东雅堂韩昌黎集注四十卷，外集十卷。集注，宋廖莹中撰，即世彩堂本也。明徐时泰重刊，因改题东雅堂。

韩子粹言二卷。国朝李光地编。榕村全集。

吕衡州集十卷。唐河中吕温和叔撰。国朝秦恩复刊。

李元宾文集六卷。唐赵州李观撰。国朝秦恩复刊。

南阳集六卷。宋西安赵湘叔灵撰。武英殿聚珍版。

元宪集三十六卷。宋宋庠撰。武英殿聚珍版。

景文集五十六卷。宋宋祁子京撰。武英殿聚珍版。

文恭集四十卷。宋晋陵胡宿武平撰。武英殿聚珍版。

范文正公全集四十八卷。宋范仲淹撰。国朝裔孙时崇、能濬重辑。

宛陵集六十卷，附年谱一卷，拾遗三卷，续金针诗格一卷。宋宣城梅尧臣圣俞撰，谢景初初编，国朝尧臣裔孙枝凤重编。年谱，张师曾编。

欧阳文忠公诗集六卷，文集三十卷，末附一卷。宋欧阳修撰，国朝南丰彭期编订。

华阳集四十卷。宋华阳王珪禹玉撰。武英殿聚珍版。

公是集五十四卷。宋刘敞撰。武英殿聚珍版。

彭城集四十卷。宋新喻刘攽贡父撰。武英殿聚珍版。

净德集三十八卷。宋成都吕陶元钧撰。武英殿聚珍版。

忠肃集二十卷。宋东光刘挚莘老撰。武英殿聚珍版。

范忠宣公文集二十卷，政府奏议二卷，遗文一卷，附录一卷，补编一卷。宋范纯仁尧夫撰，康熙中裔孙能濬重辑。

明道文集五卷。宋程颢撰。二程全书。二部。

伊川文集八卷，附录二卷。宋程颐撰。二程全书。二部。

苏文忠公诗集五十卷。宋苏轼撰，国朝献县纪昀晓岚评。

施注苏诗四十二卷，年谱一卷，王注正讹一卷，续补遗二卷。宋吴兴施元之德初撰，国朝武进邵长蘅、高邮李必恒补，钱塘冯景续注，商邱宋荦刊。年谱，长蘅订定，王宗稷原编。王注正讹，长蘅订正，王十朋注。

伐檀集二卷。宋分宁黄庶亚夫撰，庶山谷之父编。亦列山谷集中。

山谷正集三十二卷，卷首四卷，外集二十四卷，别集十九卷。宋黄庭坚鲁直撰。正集，其甥洪炎编。外集，李彤编。别集及年谱，其孙䓨、子耕编。国朝元和宋调元澹甫汇编。

山谷内集诗注二十卷，外集诗注十七卷，别集诗注二卷。内集注，宋新津任渊子渊撰。外集注，青衣史容公仪撰。别集注，容之孙季温、子威补撰。武英殿聚珍版。

后山集十二卷。宋彭城陈师道无己撰，任渊注。武英殿聚珍版。

陶山集十六卷。宋陆佃撰。武英殿聚珍版。

柯山集五十卷。宋淮阴张耒文潜撰。武英殿聚珍版。

学易集八卷。宋东光刘跂斯立撰。武英殿聚珍版。

西台集二十卷。宋郑州毕仲游公叔撰。武英殿聚珍版。

浮沚集九卷。宋永嘉周行己恭叔撰。武英殿聚珍版。

龟山全集四十二卷。宋杨时撰，明潮阳林春熙编刊。

毘陵集十六卷。宋晋陵张守全真撰。武英殿聚珍版。

浮溪集三十二卷。宋德兴汪藻彦章撰。武英殿聚珍版。

简斋集十六卷。宋洛阳陈与义去非撰。武英殿聚珍版。

韦斋集十二卷。宋婺州朱松乔年撰，国朝其裔孙海阳鹏翼重辑。

茶山集八卷。宋赣县曾几吉甫撰。武英殿聚珍版。

文定集二十四卷。宋玉山汪应辰圣锡撰。武英殿聚珍版。

朱子文集大全一百卷，别集七卷，续集五卷。宋朱子子在编。别集，余师鲁编。续集，不著编辑姓氏。

朱子文集大全类编一百十二卷。国朝朱子裔孙玉编。

雪山集十六卷。宋王质撰。武英殿聚珍版。

梅溪王忠文公全集五十卷，目录四卷。宋乐清王十朋龟龄撰，其子闻诗、闻礼编，国朝唐传鉎重编。

攻媿集一百十二卷。宋鄞县楼钥大防撰。武英殿聚珍版。

乾道稿二卷，淳熙稿二十卷，章泉稿五卷。宋郑州赵蕃昌父撰。武英殿聚珍版。

止堂集十八卷。宋清江彭龟年子寿撰。武英殿聚珍版。

象山全集三十六卷。宋金溪陆九渊子静撰，其子持之编，明李茂元重刊。

絜斋集二十四卷。宋袁燮撰。武英殿聚珍版。

南涧甲乙稿二十二卷。宋雍邱韩元吉无咎撰。武英殿聚珍版。

江湖长翁集四十卷。宋高邮陈造唐卿撰，明元和李之藻振之校刊。

南轩文集八卷，诗集七卷。宋张栻撰，朱子编，国朝其裔孙湘潭德林刊。

真西山文集五十五卷，年谱一卷。宋真德秀撰，国朝姚兆祯修辑。武陵杨鹗本。

蒙斋集十八卷。宋鄞县袁甫广微撰。武英殿聚珍版。

笺释四六标准四十卷。宋崇仁李刘公甫撰。武英殿聚珍版。

耻堂存稿八卷。宋蒲江高斯得不妄撰。武英殿聚珍版。

拙轩集六卷。金玉田王寂元老撰。武英殿聚珍版。

金渊集六卷。元钱塘仇远仁父撰。武英殿聚珍版。

学古录五十卷。元崇仁虞集伯生撰。①

宋文宪公全集五十三卷，序首四卷。明金华宋濂景濂撰，国朝吴县严荣辑刊。

高青邱诗集辑注十八卷，凫藻集五卷。明长洲高启季迪撰，国朝桐乡金坛辑注。

逊志斋集二十四卷，拾补一卷，外纪一卷。明宁海方孝孺希直撰，越州卢演编。

方正学集七卷。明方孝孺撰，国朝张伯行编。

东里文集二十五卷。明泰和杨士奇撰。

白沙子全集十二卷，古诗教解二卷。明新会陈献章公甫撰，其门人增城湛若水元明编。国朝陈炎宗补辑。

怀麓堂诗集二十卷，文集三十卷，诗后集十卷，文后集三十卷，杂记十卷。明茶陵李东阳宾之撰，国朝茶陵刘美度重刊。

---

① 原本无撰者信息，据通行本补。

康斋诗文集十二卷。明崇仁吴与弼子传撰，国朝王楷鲁斋重编。

邵半江存稿四卷。明宜兴邵珪文敬撰，其子天和编。

俨山全集一百卷。明上海陆深子渊撰，其门人黄标编。

王阳明全集十六卷。明余姚王守仁伯安撰，国朝浏阳陶浔霍勉行评，长沙柳廷芳坦田刊。

阳明诗集一卷。国朝张钧衡堂重刊。施四明评本。

康对山集二十四卷。明武功康海德涵撰，朱孟震秉器编。

何大复集三十八卷。明信阳何景明仲默撰，康海原编，南海陈堂等重刊。

端溪集八卷。明王崇庆德征撰，其门人孔天允编。

顾文康集二十二卷。明昆山顾鼎臣九和撰。

泾野文集三十六卷。明高陵吕柟仲木撰，其门人徐绅等刊。

沧溟集三十卷，附录一卷。明济南李攀龙于鳞撰，国朝其裔孙献章校刊。

何文毅集四卷。明金溪何宗彦君美撰。

王百谷全集四十二卷。明太原王穉登撰，凡二十一集，明金陵叶均宇刊。

张太岳文集四十六卷，附行实一卷。明江陵张居正叔大撰，子敬修、懋修等编。

熊襄愍集十卷，附一卷。明江夏熊廷弼非之撰，国朝裔孙本槐刊。

杨忠烈公集十卷，补遗一卷，表忠录一卷。明应山杨涟文孺撰，国朝忠烈裔孙祖宪等编刊。

左忠毅公文集二卷。明桐城左光斗遗直撰，弟光先编。

拟山园文选集三十二卷。明孟津王铎觉斯撰。

刘蕺山全集二十四卷，年谱二卷。明刘宗周撰。年谱，其子汋撰，国朝汀州雷鋐、韩江郑肇奎刊。

黄石斋文集十三卷。明漳浦黄道周幼平撰，国朝其门人龙溪洪思考正，龙岩郑玟编刊。

陶庵文集七卷，补一卷，语录一卷，诗集八卷，补一卷，首末二卷。明嘉定黄淳耀蕴生撰，国朝其门人陆元辅翼王、侯元汸俭德原辑，溧水陶应鲲编刊。

吴诗集览二十卷。国朝昆山吴伟业骏公撰，顾湄、许旭编，靳荣藩辑注。

潜庵遗稿五卷，疏稿一卷，洛学编五卷，家书一卷。国朝汤斌撰，其子濬、孙之旭编。洛学编，潜庵辑，曾孙定详校刊。

魏伯子文集十卷。国朝宁都魏际瑞伯善撰。三魏文集。

魏叔子文集二十二卷。国朝宁都魏禧冰叔撰。三魏文集。

魏季子文集十六卷。国朝宁都魏礼和公撰。三魏文集。

三鱼堂文集十二卷，外集六卷，附崇祀录一卷。国朝嘉定陆陇其稼书撰。

带经堂集九十二卷。国朝新城王士祯贻上撰，歙县程哲编刊。

精华录十二卷。国朝王士祯撰，曹禾盛、符升同编，实贻上所自定。

寒松堂全集六卷，年谱一卷。国朝蔚州魏象枢环溪撰，子学诚编。

张文贞集十二卷。国朝丹徒张玉书素存撰。

古懽堂诗集十四卷，文集四卷，杂著文集二十二卷，附长河志籍考八卷，年谱一卷。国朝德州田雯纶霞撰。

午亭文编五十卷。国朝泽州陈廷敬说岩撰。

曝书亭诗注二十二卷。国朝秀水朱彝尊锡鬯撰，嘉兴杨谦辑注。

南畇文稿十二卷。国朝长洲彭定求凝祉撰，子正乾、孙启丰编。

穆堂初稿五十卷，别稿五十卷。国朝临川李绂巨来撰。

榕村文集四十卷，别集五卷，制义四集，附文贞年谱二卷，谱录合考二卷。国朝李光地撰。年谱，其孙清直立侯撰。谱录考，其孙清馥根侯撰。榕村全集。

梓室文稿六卷。国朝宁都魏世杰兴士撰。附三魏文集。

耕庑文稿十卷。国朝宁都魏世效昭士撰。附三魏文集。

为谷文稿八卷。国朝宁都魏世俨敬士撰。附三魏文集。

朱文端公文集二卷，广惠编二卷，轺车杂录二卷，附行述一卷。国朝高安朱轼可亭撰。文集，门人吴学濂编。广惠编、杂录，洪洞刘镇校编。

西堂杂俎看云草堂诗八卷，祖述诗一卷，于京诗二卷，哀弦集一卷，乐府一卷，竹枝词一卷，钧天乐二卷，杂曲一卷，附湘中草一卷。国朝长洲尤侗展成撰。湘中草，吴县汤传楹卿谋撰。

尚志馆文述九卷，续文述九卷。国朝单父卢锡晋子弓撰。

漱芳居文钞八卷，二集八卷。国朝泾县赵青藜星阁撰。

卷施阁文集二十卷，诗集二十卷，坿鲒轩诗八卷，更生斋文集六卷，诗八卷，诗余二卷。国朝洪亮吉撰。

墨香阁集十四卷。国朝茶陵彭维新石原撰。

杨氏全书三十六卷。国朝江阴杨名时宾实撰。

培远堂偶存手札节要三卷。国朝陈宏谋撰。

听涛园古文四卷。国朝益阳曹耀珩鸣佩撰。

东原集十二卷，年谱一卷。国朝戴震撰。经韵楼丛书。

经韵楼集十二卷。国朝段玉裁撰。经韵楼丛书。

瓯北初集五十三卷，诗钞二十卷，附年谱一卷。国朝赵翼撰。瓯北全集。

陶园文集八卷，诗集二十四卷，诗余二卷，附六如亭传奇二卷。国朝湘潭张九钺度西撰。

书圃古文四卷。国朝益阳张谠梅渠撰。

解春集文钞十二卷，补遗二卷，解春集诗钞三卷。国朝冯景撰。抱经堂丛书。

抱经堂文集三十四卷。国朝卢文弨撰。抱经堂丛书。

潜研堂文集五十卷，诗集十卷，续诗集十卷。国朝钱大昕撰。潜研堂丛书。

茗柯文五卷，拟名家制艺一卷。国朝张惠言撰。附张皋文笺易诠全集。

萸江诗存三卷，古文存四卷。国朝安化陶必铨士升撰。

孟涂初集十卷。国朝桐城刘开东明撰。

有正味斋骈体文二十四卷。国朝钱塘吴锡麒圣征撰。

瘦羊录两溟诗文集五十六卷。国朝天门熊士鹏撰。

陶文毅公全集六十四卷，首末二卷。国朝陶澍撰，海州许乔林编。

印心石屋文钞三十五卷。国朝陶澍撰。

刘礼部集十二卷。国朝刘逢禄撰。

磵东诗钞十卷。国朝新化欧阳辂念祖撰。

闰榻集三十卷。国朝武宁张望椶坛撰。

东溟全集二十九卷。国朝姚莹撰。

听雨轩诗草一卷。国朝长白崇德寿石撰。二部。

江忠烈公遗稿一卷。国朝新宁江忠源岷樵撰，新化邓瑶伯昭、湘乡彭洋中彦深校刊。

春星阁诗草十五卷。国朝宁远杨季鸾紫卿撰。

双梧山馆文钞二十四卷。国朝邓瑶撰。

胡文忠公遗集八卷。

右别集类之属一百四十八部四千三百三卷①。重本一部一卷②。

总集类

御选古文渊鉴六十四卷。康熙二十四年御选，内阁学士徐乾学奉敕

① 应为四千三百十卷。

② 重本数应为三部十六卷。

编注。

御定全唐诗九百卷。康熙四十六年敕编，所采凡二千二百余家。

御选悦心集五卷。雍正五年御选。武英殿聚珍版。

御选唐宋文醇五十卷。乾隆元年御定。

御选唐宋诗醇四十七卷。乾隆十五年御定。

钦定四书文选四十一卷。乾隆元年内阁学士方苞奉敕编。前明文四集，国朝文一集。

钦定熙朝雅颂集一百三十四卷。嘉庆九年山东巡抚铁保编辑八旗诗集进呈、赐名。列天潢宗派为首集，二十六卷；次集一百六卷；余集二卷。

文选李注六十卷。梁昭明太子萧统编，唐李善注，国朝何焯评，长洲叶树藩订刊。

文选集评十六卷。国朝金坛于光华惺介编次，何焯评本，孙矿月峰及各家评释。

文选补遗四十卷。宋茶陵陈仁子同辅编，其门人谭绍烈纂类，国朝善化唐岱、高巨源重校。

古文苑九卷。不著编辑姓氏。书录解题称唐人旧本，宋孙洙得于佛寺，韩元吉编为九卷。国朝顾广圻重刊。

文苑英华辨证十卷。宋卢陵彭叔夏撰。武英殿聚珍版。

唐文粹一百卷。宋吴兴姚铉宝臣编，明徐煜校刊。

文章正宗三十卷，续集十二卷。宋真德秀编，国朝杨仲兴重刊。

明文奇赏四十卷。明陈仁锡编。

二十一史文选序一百卷。明金坛周钟介生编，凡分论赞、诏令、章疏、对策、议说、策论、书、词、移教、符、檄、著撰、文序、赋、箴铭、赞颂十六类。

古诗选五言十七卷，七言歌行钞十五卷。国朝王士祯编。

明诗综一百卷。国朝朱彝尊编。

宋诗钞一百六卷。国朝石门吴之振孟举编。按，此编随得随刊，竟少全帙。原本百家，此存七十五家。四库中有录无编者尚十六家。

古文精藻二卷，诗选八卷。国朝李光地编。榕村全集。

唐诗叩弹集十二卷，续集三卷。国朝无锡杜诏紫纶、秀水杜廷珠贻谷同编。

续古文苑二十卷。国朝孙星衍编。

国朝古文所见集十三卷。国朝休宁陈兆麒仰韩撰。

古文眉诠七十九卷。国朝金匮浦起龙二田编。

宋四六选二十四卷。国朝歙县曹振镛笙陔编次，彭元瑞定本。

古诗源十四卷。国朝长洲沈德潜确士编。

唐宋八家文读本三十卷。国朝沈德潜评定，宜兴储欣同人增订，明茅坤选本。

赋汇录要笺略二十八卷，附补遗注、外集注二卷。国朝秀水吴光昭翼心撰。

湖海文传七十五卷。国朝王昶编。

乐游联唱集二卷。国朝毕沅编。

小山嗣音四卷。国朝李兆洛申耆编。

吴中唱和集八卷。国朝长乐梁章钜芷林编。

资江耆旧集六十卷，附盛事一卷。国朝邓显鹤编。

右总集类三十三部二千二百五十三卷①。

诗文评类

文心雕龙十卷。梁东莞刘勰彦和撰，国朝黄叔琳昆圃辑注。

岁寒堂诗话二卷。宋正平张戒撰。武英殿聚珍版。

碧溪诗话十卷。宋莆田黄彻常明撰。武英殿聚珍版。

---

① 应为二千二百八十一卷。

浩然斋雅谈三卷。宋湖州周密公谨撰。武英殿聚珍版。

金石例十卷。元济南潘昂霄苍厓撰，鄱阳杨本端如编。金石三例。

墓铭举例四卷。明王行止仲撰。金石三例。

金石要例一卷。国朝黄宗羲撰。金石三例。

汉石例六卷。国朝宝应刘宝楠楚桢撰。

律诗四辨四卷。国朝安溪李宗文郁斋撰。榕村全集。

瓯北诗话十二卷。国朝赵翼撰。瓯北全集。

千金谱三十九卷。国朝杨廷兹右文编辑，朱燮饮山增释王士祯原本。

右诗文评类十一部一百一卷。

词曲类

宋名家词二十册四十七卷。明常熟毛子晋编，凡四十七家。

茗柯词一卷。国朝张惠言撰。附笺易诠全集。

词选二卷，附录一卷，续词选二卷。国朝张惠言编。附笺易诠全集。

右词曲类三部五十三卷。

碑　刻

秦碑

峄山刻石。二世元年李斯篆书，宋郑文宝重刻，徐铉摹本。

汉碑

鲁相乙瑛置孔庙百石卒史碑。永兴元年八分书。

鲁相韩敕造孔庙礼器碑。永寿二年八分书。

礼器碑阴。八分书。

泰山都尉孔宙碑。延熹七年七月八分书。

孔宙碑阴。八分书。

元氏封龙山颂。延熹七年八分书。

西岳华山庙碑。延熹八年四月郭香察八分书。隶释以东汉无二字名，作郭香察正他人之书。原石已佚，此重刻。

冯皇卿碑。永康元年十月八分书，宋崇宁时重刻。

鲁相史晨奏祀孔子庙碑。建宁二年八分书。

博陵太守孔彪碑。建宁四年七月八分书，崔烈立石。

熹平残碑。熹平二年十一月八分书。

郃阳令曹全碑。中平二年十月八分书。

豫州从事孔褒碑。无年月，八分书。褒即泰山都尉宙长子。

李事残碑。

益州太守高君碑。

魏碑

上尊号碑。延康元年，是年十月改黄初元年。八分书。

受禅碑。黄初元年十月八分书。世传受禅、尊号二碑为梁鹄书，颜真卿辨为钟繇。

封宗圣侯孔羡庙碑。黄初元年八分书，宋张稚圭定为梁鹄书。

大将军曹真碑。八分书。

荡寇将军李苞开阁道碑。景元四年十二月八分书。

晋碑

潘宗伯等造桥格题字。泰始六年五月八分书。

道德经。王羲之正书。右军诸书，俱系后人摹刻。

十七帖。王羲之草书。

大字兰亭。王羲之草书。考槃余事云恐非真迹。

后魏碑

石门题字。正始、永平时正书。

郑道昭云峰山题字。正书。

荥阳郑道昭题名。正书。

雒州刺史刁遵墓铭。熙平二年十月正书。

鲁郡太守张猛龙碑。正光三年正书。

张猛龙碑阴。正书。

王世宗等造象记。正光三年正书。

高贞碑。正光四年正书。此碑新出。

金刚般若经。正书。钱大昕定为北魏刻。

东魏碑

中岳嵩阳寺碑铭。天平二年四月八分书。

敬使君显俊碑。兴和二年正书。

李仲璇修孔子庙碑。兴和三年十二月正书。

后齐碑

维摩经。皇建元年正书。

重登云峰山记。河清三年五月郑述祖撰，正书。

郑述祖题云居馆石刻。天统元年九月八分书。

隋碑

淮安定公赵芬残碑。开皇五年正书。

唐碑

豳州昭仁寺碑。贞观四年十月朱子奢撰，正书。

九成宫醴泉铭。贞观六年四月魏征撰，欧阳询正书。

虞恭公温彦博碑。贞观十一年十月岑文本撰，欧阳询正书。

睦州刺史张琮碑。贞观十三年二月于志宁撰，正书。

伊阙佛龛记。贞观十五年十一月岑文本撰，褚遂良正书。

文安县主墓志。贞观二十三年正书。

芮定公豆卢宽碑。永徽元年六月李义府撰，正书。

左监门大将军樊兴碑。永徽元年正书。

万年宫铭。永徽五年五月高宗御制并行书。

万年宫碑阴诸臣题名。永徽五年正书。

颍川定公韩仲良碑。永徽六年三月于志宁撰，王行满正书。

汾阴献公薛收碑。永徽六年八月于志宁正书。

卫景武公李靖碑。显庆三年五月许敬宗撰，王知敬正书。

岱岳观郭行真题名。显庆六年二月正书。

代州都督许洛仁碑。龙朔二年十一月正书。

道因法师碑。龙朔三年十月李严撰，欧阳通正书。

清河公主碑。公主名敬，太宗女，麟德时陪葬昭陵。正书。

敬善寺石像铭。乾封元年正书。

淄川公李孝同碑。咸亨元年五月诸葛思桢正书。

中书令马周碑。上元元年十月许敬宗撰，殷仲容八分书。

武后少林寺诗及书。永淳二年王知敬正书。

奉仙观老君石像铭。垂拱二年十二月李审几撰，沮渠智烈正书。

书谱二卷。垂拱二年孙过庭撰并草书。

附释文。国朝陈奕禧撰并行书。

周顺陵残碑。长安二年正月武三思撰，相王旦正书。

景龙观钟铭。景云二年睿宗御撰，八分书。

周公祠碑。开元二年十二月贾大义撰，正书。

巂州都督姚懿碑。开元三年十月胡浩撰，徐峤之正书。

有道先生叶国重神道碑。开元五年三月李邕撰并行书，重刻本俗呼追魂碑。

云麾将军李思训碑。开元八年六月李邕并行书。

镇军大将军吴文残碑。开元九年十月僧大雅集晋王羲之行书，俗呼半截碑。

御史台精舍碑。开元十一年崔湜撰，梁昇卿八分书。

内侍高福墓志。开元十二年正月孙翌撰，正书。

荐福寺思恒律诗志文。开元十四年常□□撰并行书。

端州石室记。开元十五年正月李邕撰，正书。集古录作张庭珪书。

嵩岳少林寺碑。开元十六年七月裴漼撰并行书。

陇州开元寺尊胜陀罗尼经幢。开元十六年十一月杨溪造僧佛陀波利正书，末有宋绍圣间题名。

兴圣寺主尼法澄塔铭。开元十七年十一月嗣彭王志暕撰并正书。

岳麓寺碑。开元十八年九月李邕撰并行书。

大智禅师碑。开元二十四年九月严挺之撰，史维则八分书。

易州铁象颂。开元二十七年五月王端撰，苏灵芝行书。

梦真容碑。开元二十九年六月张九龄奏，苏灵芝行书。重摹本。

金仙长公主神道碑。开元□□□年徐峤之撰，元宗御书，行书。

隆阐法师怀恽碑。天宝二年十二月行书。

石台孝经。天宝四年九月元宗注并八分书。

中岳永泰寺碑。天宝十一年闰三月僧靖彰撰，荀望正书。

东方先生画象赞。天宝十三载十二月夏侯湛撰，颜真卿正书。

古佛龛记。乾元三年严武奏状行书。

右武卫将军臧怀恪碑。广德元年十月颜真卿撰并正书。

谒华岳庙诗。广德二年六月贾竦撰并正书。

与郭仆射书。无年月，王虚舟定为广德二年十一月，颜真卿草书。

左武卫大将军白道生神道碑。永泰元年三月于益撰，□贽宗正书。

晤台铭。大历二年六月元结撰，瞿令问篆书。

光禄卿王训墓志。大历二年八月王滤撰并正书。

李氏三坟记。大历二年李季卿撰，李阳冰篆书。

中兴颂。大历六年六月元结撰，颜真卿正书。

八关斋会报德记。大历七年颜真卿撰并正书。

般若台题名。大历七年李阳冰篆书。

容州都督元结墓碑。大历七年十一月颜真卿撰并正书。

干禄字书。大历九年正月颜元孙撰，十三侄真卿正书，宋人重刻。

清河公王忠嗣神道碑。大历十年四月元载撰，王缙行书。

鲜于氏里门碑。大历十二年韩云卿撰，韩秀实正书。

无忧王寺大圣真身塔铭。大历十三年张彧、杨播正书。

钱塘县丞殷府君夫人颜氏碑。大历□□年颜真卿撰并正书。

赠太子太保颜惟贞庙碑。建中元年七月颜真卿撰并正书，俗呼四面碑。

景教流行中国碑。建中二年僧景净撰，吕秀岩正书。

宣城县尉李府君夫人贾氏墓志。建中二年正书。

敬爱寺法玩禅师塔铭。贞元七年十月李充撰，马士瞻正书。

张维岳碑。贞元八年三月邵说撰，□膺正书。

诸葛武侯新庙碑。贞元十一年二月沈回撰，元锡正书。

襄阳张氏墓志九通。始龙朔，迄元和。所志皆张柬之父母、兄弟、子孙。道光二十二年新出。

忠武军监军使朱孝诚神道碑。长庆元年二月苏遇撰，曹郢正书。

安国寺寂照和尚碑。太和七年十二月段成式撰，僧无可正书。

义阳郡王符璘碑。太和七年李宗闵撰，柳公权正书。

梓州刺史冯宿神道碑。开成二年五月王超撰，柳公权正书。

九经字样一卷。开成二年八月唐元度撰，正书。

五经文字三卷。开成中立张参撰，正书。

国子学石刻十二经。开成二年十月艾居晦、陈玠、段绛等奉敕正书，历代递有修补。周易九卷，附王弼周易略例；尚书十三卷；毛诗十二卷，阙一卷；周礼十二卷，全阙；仪礼十七卷；礼记二十卷，阙三卷；春秋左传三十卷，阙十七卷；公羊传十二卷；穀梁传十二卷，全阙；论语十卷，阙四卷；孝经一卷；尔雅三卷。孟子七卷，补刊。

大泉寺新三门记。开成三年十一月姚謩撰，僧齐操行书。

赵公夫人夏侯氏墓志。开成五年正书。

大达法师元秘塔碑。会昌元年十二月裴休撰，柳公权正书。

僧文鉴等经幢。会昌二年九月僧契元正书。

西安石幢。系正书，陀罗尼经文。书撰人氏，岁月漫患，故附此。

周公祠灵泉记。大中二年十月崔珙奏状正书。

花严寺杜顺和尚行记。大中六年杜殷撰，董景仁行书。

空观塔志铭。大中七年正月陈宽撰，崔倬正书。

高元裕碑。大中七年十月柳公权正书。

圭峰定慧禅师传法碑。大中九年十月裴休撰，柳公权正书。

魏文贞公先庙碑。咸通末柳公权正书。

重修法门寺塔庙记。天祐十九年二月薛昌序撰，王仁恭正书。

皈依发愿碑文。无年月，李思明镌字，正书。

宋碑

千字文。乾德三年十二月僧梦英篆书，袁正己正书。

阴符经。乾德四年四月刻，郭忠恕三体书。

江淹拟休上人诗。乾德五年僧梦英十八体篆书；注解，八分书。

张仲荀抄高僧传序。无年月，陶谷撰，僧梦英行书。

老君常清净经。太平兴国五年闰三月庞仁显正书。

京兆府广慈禅院新修瑞像记。雍熙二年三月陈抟撰，杨从乂正书。

说文偏旁字原。咸平二年六月僧梦英篆书。

教兴颂。天禧三年五月马应撰，唐英篆书。

荔支谱。嘉祐五年三月蔡襄撰并行书，有政和小印，当是重拓本。

泷冈阡表。熙宁三年四月欧阳修撰正书。

欧阳氏世次碑。欧阳修撰正书。

白崖张子辨集事留题。元丰二年十月张若讷正书。

伯夷叔齐墓碑。元祐六年六月黄庭坚撰并正书。

醉翁亭记。元祐六年十一月欧阳修撰，苏轼行书。

山河庙诗。元祐六年黄庭坚撰并行书，明正德时补刊。

洋州园池诗中山松醪赋诗。元祐九年二月苏轼撰，行书。诗无年月，并行书。

金刚经。无年月，苏轼行书。明万历间重刻。

罗池庙迎送神辞。苏轼撰并书，嘉定十年刻，顺治中永州知府文安重刻。

高陵重修学舍记。绍圣元年五月吴柔嘉撰，朱革正书。

三十六峰赋。建中靖国元年九月楼异撰，僧昙潜行书。

山谷诗。建中靖国元年九月黄庭坚撰并行书。

山谷论书。无年月，黄庭坚撰并行书。

遂州善济塔记。崇宁二年二月张庚时正书。

高陵重修县学记。崇宁四年范栋撰行书。

建安黄公诗。崇宁五年三月束长孺正书。

宝晋斋行书九帙。米芾书。国朝襄阳知府高茂选重刻。

绛帖。潘师旦汇刻。屡经重摹。

善济禅师记。淳熙元年郑闻正书。

崇安县学田记。淳熙十一年朱子撰并正书。

城南大像记。庆元六年陈氏书。

永嘉偈碑。行书。

恺悌诗。孙宗闵撰并正书。

子张问政章。张栻正书。

金碑

沂州普照寺碑。皇统四年十月仲汝尚撰，集柳公权正书。二部。

元碑

追封鲁郡公许熙载神道碑。至元四年八月欧阳元撰，赵孟頫正书。

诚明真人道行碑。至元九年九月王磐撰，贾庭臣正书。

终南山重阳祖师仙迹记。至元十三年八月刘祖谦撰，姚燧正书。

敕赐伊川书院碑。延祐三年四月薛友谅撰，赵孟頫行书。

河南学宫记。延祐三年赵孟頫行书。

赤赫神道碑。至治元年元明善撰，赵孟頫正书。

泾县尹承务苏公政绩记。至治二年梅震撰，赵孟頫正书。

道教碑。天历二年茅绍之撰，赵孟頫行书。

赵氏十札真迹。赵孟頫撰并行书。乾隆中御题，华亭王氏重刻。

明碑

示学诗。陈献章撰，草书。道光中汪采臣家刻。

五十七体篆释。弘治十年王庄僖篆书。

栖霞洞记。弘治十年四月行书。

子午镇城隍庙碑。嘉靖十八年闰七月马理撰并正书。

浯溪石镜诗。万历二十八年张乔松草书。

临定武褉帖。天启五年董其昌书。

敬一堂法帖。董其昌临书。

临右军十七帖墨迹。王铎书。

近刻

玉虹楼帖。孔继涑汇刻。

卷 下[1]

志田亩第八

田亩清簿

咸丰十年九月二十四日，接受十五里符监亭兄弟叔侄地名黄竹坪、刘家垅二处水田，大小十九丘，计种二石七斗四升。黄竹坪田系大塘、荒塘水，照田承分车放无阻。又行宫坛门首水塘一口，独管，挨自田水圳一条，直至河边。井丘内井壹只。各处田边遮荫，任其撩砍。石马潭瑶华山树木山场一块，东抵王应超山，以堤沟直上，依古荡窖石挖沟为界；南抵契内田，西上抵契内田；中抵庙场外义渡亭滴水，直至石马潭河心；下抵义渡亭，后以嘞直上马头为界；北抵以上马头，抵曹人坟山。契内堤沟直上仑顶为界，庙社、基宇、树木在内。又地名泉塘冲、汤家垅、湾树山、乌龟山、椅栗垅、十家井、横冲子、萧家冲、茅栗嘴、瓜形山、蛇形嘴、泉塘尾水田，大小三十九丘，计种三石八斗二升。系泉塘、腰塘、余家塘、十家塘、横冲子塘、萧家冲塘，照田承分车放灌注。各处源流水圳，任其随田作坝塘塞车放。粮载十五里一区符石峰全户，熟减粮一石一斗零

① 卷下，据版心标注补。

四合；五区符合五户内，熟粮一斗零一合。泉塘冲房屋二栋，正杂屋宇、门楼、垣墙、基地、余地、禾场、园土、内外粪荡。屋后有堤有沟，堤外竹木柴山一所，以坐势论，前抵契内田。泉塘后有堤有沟，左抵符光玉堤，沟直至契内田，右抵符春华山，由契内堤沟挖荡窖石为界。又瓜形山荒坪一块，以坐势论，左抵五共山坪，右抵符光玉公坪，后抵符天瑞坪，前抵契内荒坪田为界。各处山内古冢，均以覆椀为界。当出业价十足铜钱一千四百零二串文。

符监亭黄竹坪田

新开丘，四百九十五弓九分，此田改作院基。长丘，在新开丘下，五百一十五弓八分。大边丘，五百六十八弓六分。下松树丘，一百二十九弓四分。大窖丘，一百四十三弓九分。小窖丘，八十一弓。它肚丘，三百零七弓六分。方丘，三百六十弓零九分。井丘，一百七十八弓三分。老秧田，一百五十弓零五分。小方丘，一百四十九弓八分。小条子丘，九十一弓二分。细方丘，一百一十六弓八分。三角丘，七十弓零六分。石头丘，一百二十三弓四分。扎骨丘，五十四弓八分。又扎骨丘，四十二弓五分。龙马丘，三百六十四弓二分。挨山新开丘，行宫坛下第二丘，一百六十四弓二分。

符监亭泉塘冲田

方丘，在汤家垅符宅门首，一百二十六弓二分。井丘，二百四十二弓九分。蛇丘，二百二十三弓六分。小蛇丘，二百二十五弓一分。井丘，八十八弓七分。小湾丘，二百六十二弓。发板丘，挨山下，五十二弓。边丘，九十八弓一分。小窖丘，一百一十七弓三分。黄板石丘，七十一弓一分。扮桶丘，三十五弓九分。湾丘，在栗树垅，二百六十一弓二分。小丘，二弓。老秧田，一百五十弓零六分。靴丘，三百六十二弓三分。皮刀丘，一百七十二弓九分。椀丘，九十九弓四分。抱肚丘，一百九十弓零二分。枕头丘，三十三弓四分。戽丘，四百二十五弓五分。斗半丘，三百零二弓三分。又斗半丘，三百一十四弓五分。长斗半丘，二百五十六弓八分。烧衣丘，八十四弓。秧田斗半丘，二百三十七弓四分。路斗半丘，二百二十三弓三分。条子丘，八十弓零九分。门首方丘，一百五十四弓四分。尖丘，三十弓零八分。纸荡丘，一十五弓一分。新开丘，泉塘冲五分山下，五十八弓二分。山下丘，在新开丘下，六十二弓。小条丘，二十一弓。沙丘，四十三弓二分。木马丘，二百二十九弓一分。小丘，九弓。横冲包衣塘下田一丘，二百八十二弓一分。萧家冲塘下新开丘，四十二弓八分。瓜形山下条子丘，四十二弓九分。

咸丰十年十月初七日，接受十五里符佐堂地名黄竹坪水田十一丘，计种一石伍斗。系泉塘二口，大塘一口，照田承分车放灌注随田水圳、水沟、车台、车埠。粮载十五里又五区符佐堂户内，熟粮二斗八升二合七勺五抄。房屋壹栋，正杂屋宇、门楼、垣墙、内外禾场、粪荡、古井、基地、余地，前抵圳边，后与左右均有堤有沟为界，园土、茶兜、棕果、杂木在内。屋后堤外山，以坐势论，上抵王人山，骑仑分水，由石崀直下，抵行人大路，下抵符长清堤沟，右抵大路，左抵符翼辅山，以坡心直下，抵堤沟为界。又屋后垣外荒坪一所，上抵契内山，下抵契内田，左抵契内垣堤，右抵符长清荒坪。屋上首园土一所，以坐势论，左抵符翼辅山，园土窖石为界，其余均抵契内业。当出业价十足铜钱柒百零伍串文。

符佐堂黄竹坪田

园内秧田，一百五十五弓三分。松树丘，八十六弓五分，此田已废。靴丘，三百零八弓四分。二斗丘，二百四十一弓一分。新开丘，九十七弓八分。五斗丘，七百二十二弓九分。七星丘，二百零八弓一分。枕头丘，六十四弓三分。以上系大塘水车放、灌注。邹家垅长丘，二百二十七弓。方丘，一百零六弓三分。湾丘，四十一弓六分。

咸丰十年十二月十一日，接受十五里符远翥羽、高汉辉地名方塘冲、学堂坪二处水田六丘，计种九斗八升一合八勺。系方塘、藕塘水，照田车放灌注。又系泉塘冲余水，灌注三丘田垱，小私塘一口在内。粮载十五里又五区符佑松户内，熟粮一斗九升七合。茅园荒坪一所，东抵文周公公坪，南抵敦有坟山，西抵陈宗训坟山，北抵直出塘边为界。界内坟茔一冢，覆椀为界。当出业价十足铜钱一百七十六串文。

符远翥田

此业近泉塘冲。

荷叶塘西岸方丘，六十四弓一分。湾搭丘，一百三十二弓三分。横二斗丘，三百六十四弓六分。上三斗丘，四百三十三弓八分。下三斗丘，四百三十一弓九分。挨坟山边下小条丘，四十六弓。

咸丰十年十二月十一日，接受符长清地名黄竹坪水田一丘，计种一斗。系方塘、大塘水，照分车放灌注。挨田荒山一所，以坐势论，前抵田，左、右、后均抵书院山田，垱堤围余地在内。当出业价十足铜钱一百二十五串二百文。

此业作院基。

咸丰十年十二月二十日，接受十四里杜俊德兄弟地名蒋家垅水田，大小三十二丘，计种五石零九升一合。李元才住屋垣外过水圳一带，车埠一座，系车灌。龙天丘水田二丘，江家坝水轮流，十日内系一日一夜。孙家屋场侧水田二丘并黄泥丘，水与罗人公共一夜车放灌注。住屋后水塘一口，塘尾水田一丘，罗人塝下水圳一条，均系独管，随田水圳、枧路、车台、车埠、薅场在内。粮载十四里三区杜珍玉户内，荒熟粮□□□□□。正杂屋宇、门楼、垣墙、内外禾场、粪荡、基地、余地，前抵契内田，后抵契内塘，上抵契内园，下抵罗人屋，滴水沟横截。前至田，后至塘，以契内堤为界。罗人上不撩砍，下不铲削。屋上手菜园一只，周围以契内堤为界，茶兜、棕果、竹木在内。园内喻姓坟茔照老契存留。瓦厂坪菜园堤围、荒坪余地，照老契管理。螺头山柴山一岸，以出坡论，前以坡心直出田边，后以骑仓分水，有沟有荡为界，左以山边横截挖沟，抵刘人荒坪，至水府庙基，直出河心为界，右上抵王墨林山，骑仓分水，右中抵夏人坟山，横截挖沟，曲转坡心，直出田边为界。内有杜古四室人坟一冢，罗挋为界。杉坡竹木柴山一岸，以坐势论，右抵有堤有沟，左抵王墨林山，仓崀挖沟直上，左下抵王墨林菜园外路为界，前抵契内菜园外田边为界，后以骑仓分水，内右有蒋氏坟横穿心五丈，直穿心三丈，内左有杜俊德父坟，以出山论，右随杜名山坟顶起量，横二丈五尺，左抵杜姓公山，后以骑仓，下随杜名山坟顶起量，三丈。印子屋后红曲薅坪一所，右抵蔡尚絅坪，左抵王墨林坪。各处古冢，俱以覆椀为界。当出业价十足铜钱八百九十六串八百文。

杜俊德蒋家垅田

此业近道林港。

门首秧田丘，八十三弓三分。门首园塝下上秧田丘，一百七十五弓八分。过水丘，一百三十九弓六分。三斗丘，四百五十三弓。三斗丘下戽丘，三百二十四弓七分。戽丘垱圳边丘，二百零八弓六分。戽丘下蛇丘，三百九十三弓八分。蛇丘下猪肚丘，一百六十弓零二分。台上龙天丘，三百四十九弓。椀丘，一百七十五弓八分。垅田二斗丘，二百八十三弓五分。理辅丘，七百八十五弓一分。虎头丘，二百八十四弓。内有小间。过水丘，八十九弓九分。小圈丘，五十弓零七分。胡卢丘，二百零八弓四分。黄泥丘，五百二十五弓二分。在瓦厂坪台上。承天丘，四百一十一弓七分。在瓦厂坪。挨大路下一丘，一百零八弓七分。又一丘，四十五弓九分。挨下坟坪丘，六十五弓八分。又坟坪丘，一百零三弓。尖丘，八十七弓七分。又坟坪丘，一百四十弓零三分。接垅田水。罗人屋后过水条子丘，九十六弓六分。又过水条丘，五十四弓七分。挨下垅田四斗丘，四百三十三弓三分。五斗丘，五百五十二弓三分。五斗丘下小方丘，二百六十五弓四分。台上五斗丘垱小丘，五十七弓八分。罗人屋侧五斗丘，五百一十六弓二分。屋上手园内小丘，六弓。

咸丰十年十二月二十日，接受十四里邓朝轩、咸律、立忠兄弟叔侄地名孟家坊邓家屋场水田大小五十二丘，计种七石零七合。屋门首水塘一口，垅内张公塘一口，均系独管。肩胛坪尾乾塘一口，与罗人照田车放灌注各处圳路、枧路，车埠源流在内。粮载十四里三区邓兰轩、邓松庄、邓九如户内，荒熟粮□□□□□□□。正杂屋宇、门楼、垣墙、内外禾场、粪荡、基地、余地，左抵罗人正屋齐廒，直出罗人粪荡，右抵垣墙外契内田，后抵园墈，前抵荡，右抵塘。屋后竹木、茶兜、棕果，园土山场一所，周围有堤有沟为界。肩胛坪山一块，东抵邓人坟山，西抵罗人山，北有堤有沟，南抵过水圳为界。圳下小坪横直二丈六尺，抵田为界。屋后山内喻人坟茔，挖沟为界。契内堤外薅场一块，东抵契内堤，西抵陈人坟山，北抵李人山，南抵契内田。当出业价十足铜钱一千串文。

邓朝轩孟家坊陈家屋场田

此业在白水潭下。

门首塘下上秧田，二百八十五弓八分。下秧田，三百零五弓七分。船丘，七百一十弓。上蓼丘，三百二十九弓九分。牛栏丘，五百一十三弓三分。大茶盘丘，一百七十六弓五分。小茶盘丘，一百二十五弓三分。下蓼子丘，三百八十二弓五分。斗丘子，一百八十一弓九分。打通丘，八百五十八弓七分。方四斗丘，四百七十七弓五分。廯丘，三百四十六弓八分。大刀把丘，二百九十三弓二分。小刀把丘，一百一十二弓五分。挨下小方丘，四十八弓二分。垅田内张公塘六斗丘，塘在田内，八百四十六弓四分。张公塘上三斗丘，五百二十一弓九分。三斗丘上椀丘，三百六十二弓五分。湾五升丘，在椀丘上，一百零八弓七分。长三斗丘，三百五十一弓七分。大路子丘，挨长三斗下，一百八十九弓二分。大崽丘，长三斗下，一百四十八弓三分。小崽丘，三十五弓五分。坟坪丘，二百六十七弓四分。挨下第一丘，六十三弓三分。第二丘，五十五弓七分。第三丘，一百七十弓零五分。第四丘，土地后，一百零三弓三分。第五丘，土地后丘垱，三十八弓八分。第六丘，土地后丘，三十三弓六分。第七丘，挨坟坪，七十九弓二分。打通丘垱下二斗丘，二百四十八弓四分。大路下蛇丘，四十四弓二分。枧丘侧第一丘，九十二弓六分。第二丘，一百九十四弓三分。第三丘，一百九十九弓七分。第四丘，一百零三弓。屋下手塝下栗树丘，一百一十弓。牛栏丘后天平丘，四十弓零二分。天平丘上大田，一百三十六弓五分。塘边上湾丘，一百三十六弓三分。湾丘上一丘，五十二弓二分。又上一丘，八十弓零九分。园塝下一丘，四十二弓四分。荒小丘二丘，连弓四十弓零九分。窑眼丘，一百四十二弓三分。挨上条子丘，四十二弓四分。烟斗丘，一百零六弓六分。小窑眼丘，三十三弓五分。小条子丘，在烟斗丘上，一十五弓。官塘尾上一丘，一百二十五弓七分。

咸丰十一年二月十二日，接受十五里孙友五兄弟伯侄地名新窑冲良家塅大小水田一百九十二丘①，计种二十三石零五斗七升。新窑冲尾小塘一口，腰塘一口，大塘一口。住屋门首月塘一口，金钩塘一口，赵公塘一口。董家坝一、五、九水分柞树荡，车台一座，两车。每月逢初一、十一、二十一，初五、十五、二十五，初九、十九、二十九独管。高家坝水分坝分横塘、冲塘水，照分灌注各处水路、沟港、水圳，车台、车埠在内。粮载二十里十区孙五辛全户，原粮、荒粮共六石二斗一升九合六勺；

① 应为一百九十三丘。

又长卫里五柱徐能哲全户，粮一斗二升五合。新窑冲住宅一栋，正杂屋宇、门楼、内外禾场、粪荡、园土、基地、余地，左右两边有墙有沟，抵徐星阶横屋后檐，直至出路曲转，抵徐田为界。上至山坳为界，左与后俱抵契内山为界，前抵塘为界。冲尾庄屋一栋，正杂屋宇、门楼俱全，内外禾场、粪荡、园土，前后左右俱抵契内山、田、塘为界。冲口住屋后柴山一所，以坐势论，右抵徐星阶山，有墙有沟为界，后曲转，有堤有巷为界，前抵契内田及屋基为界。新窑冲出冲右山场一带，以坐势论，右抵徐星阶山，横截挖沟，直上仑脊，下至契内田边，后以骑仑分水，随峰曲转，均有堤有沟为界。又从左顶直下正坡心，抵徐星阶山，挖沟直下塘尾为界，前抵田边殷家冲尾。出冲左山一岸，以坐势论，右抵徐星阶山，从冲尾小塘基直上仑崀，抵黄人山堤角为界，后曲转，以堤沟直下为界，左有堤，抵行人巷心，直下官冲尾，抵契内田边，前抵契内田边，冲尾屋后山周围有堤有沟为界。内罗姓坟茔，窖石为界。陈姓坟茔，横直穿心二丈五尺为界。出冲左牌坊山下火架仑山一岸，以坐势论，右抵牌坊山，有堤有沟，直上仑脊，左抵行路堤巷为界，后抵薛人山骑仑，有堤有沟，直上路巷为界。出冲左路巷下尖角山一块，上抵契内山行人巷，下抵徐庆扬山，挖沟窖石为界，左抵曹人山堤直下，右抵契内田。赵公塘上山一所，右抵徐庆扬山，挖沟为界，左抵徐星阶山，挖沟为界，上抵曹人山堤，下抵赵公塘边田边为界，鬼塘坡山一所在内。杉坡古坟二冢，覆椀为界。徐人坟一冢，横直穿心三丈。又徐人坟一冢，横直穿心三丈。各处山内童坟、古冢，俱以覆椀为界。各处田边遮荫，任其撩砍。当出业价十足铜钱。

孙友五新窑村并曾家湾门首等处田

新窑村尾进村左边小塘下湾丘，二百四十四弓六分。挨山调羹丘，一百八十六弓四分。下调羹丘，一百十一弓六分。挨下荡丘，八十弓零六分。枣树丘，二百六十五弓三分。官村沙丘，九十二弓。官村顶方丘，二百六十四弓一分。官村尾第三丘，六十八弓五分。官村垅田第一丘，三百八十七弓八分。荡丘下长丘，一百三十五弓三分。大塘下垅田第一丘，二百二十五弓五分。第二丘，三百六十二弓。第三丘，一百二十九弓七分。第四丘，即大湾丘，四百三十七弓三分。第五丘，即小湾丘，二百零九弓五分。第六丘，即它背丘，一百三十八弓。长小丘，在第三丘挡进村左边。八十六弓一分。第八丘，即大方丘，三百九十五弓九分。第九丘，即四斗丘，四百一十八弓三分。第十丘，即藕塘丘，五百二十五弓九分。第十一丘，二百零七弓七分。第十二丘，五百二十八弓六分。第十三丘，三百一十九弓六分。第十四丘，三百一十七弓四分。第十六丘，挨圳，二百四十六弓六分。冲尾屋门首坪下滩田第一丘，五十六弓八分。第二丘，八十二弓九分。第三丘，五十九弓八分。第四丘，八十弓零五分。第五丘，一百一十六弓二分。第六丘，四十弓。第七丘，七十三弓九分。第八丘，梨子树坪下，六十五弓。第九丘，梨子树坪下小丘，二十六弓三分。第十丘，一百二十六弓。缠山丘，三百三十一弓二分。缠山丘尾上一丘，八十九弓二分。又上一丘，九十一弓三分。连二丘，五十九弓九分。大路上长条丘，七十二弓六分。挨下小长丘，三十弓零七分。又下一丘，四十九弓八分。又下一丘，一百二十一弓五分。缠山丘下一丘，六十九弓一分。又下一丘，五十九弓一分。又下一丘，九十六弓三分。又下一丘，八十九弓。路下长丘，二百一十四弓二分。路上长丘，一百六十七弓五分。巷子口下港边圞丘，五十三弓八分。又下尖丘，一百三十五弓。又下小丘，三十三弓。又下长丘，一百三十四弓一分。

殷家村第二塘出村右边南荡丘，八十四弓八分。大路右边条子丘，九十八弓二分。杉坡新开丘，一百一十二弓。大塘右头滩第一丘，六十弓。第二丘，七十弓零四分。第三丘，九十二弓三分。第四丘，一百六十六弓四分。第五丘，六十二弓二分。第六丘，一百六十弓零八分。第七丘，八十六弓一分。巷子口二滩第一丘，七十八弓六分。

第二丘，九十一弓四分。第三丘，六十五弓三分。第四丘，七十八弓三分。第五丘，即扦担丘，二十二弓五分。第六丘，二十四弓八分。第七丘，即湾丘，六十七弓一分。第八丘，一百六十九弓七分。第九丘，挨大塘，一百二十九弓四分。挨塘右三滩第一丘，二百零一弓九分。第二丘，一百五十六弓二分。第三丘，六十九弓六分。第四丘，五十七弓七分。第五丘，三十二弓七分。第六丘，八十二弓八分。第七丘，即窑荡丘，一百八十二弓二分。第八丘，即小三角丘，四十一弓三分。第九丘，五十弓零五分。第十丘，四十五弓四分。屋后园内挨山方丘，九十八弓五分。又园内下方丘，九十弓零七分。又园内下长丘，一百七十七弓八分。门首田角一只。七弓三分。门首塘边小方丘，七十四弓一分。小方丘下一丘，二百三十一弓六分。秧田下方丘，二百二十四弓二分。门首义口丘，四百一十六弓四分。鸟嘴丘，九十二弓。义口丘下一丘，一百三十三弓三分。鸟嘴丘垱下挨山一丘，六十九弓一分。井丘，一百二十五弓三分。眼甲叶丘，二百一十二弓二分。塘丘一边。在出村右井下，二百零八弓五分。挨下一丘，即湾丘，一百零一弓四分。又下一丘，二百六十七弓。又下一丘，一百四十五弓六分。又下一丘，二百零二弓八分。枫树堤方丘，一百三十四弓四分。挨下一丘，四十八弓一分。山塝下方丘，一百四十八弓二分。枫树堤方丘上一丘，一百九十一弓六分。

枫树堤下第四丘，一百四十三弓八分。第五丘，一百三十弓零九分。第六丘，二百弓零零[①]三分。第七丘，即路湾丘，二百二十弓四分。第八丘，在七丘垱下，八十一弓九分。第九丘，挨河边小港，三十一弓八分。第十丘，六十八弓四分。第十一丘，挨河边高塝下大路上，二百三十三弓二分。第十二丘，一百一十弓零五分。赵公塘下第一丘，一百四十八弓三分。第二丘，即小湾丘，一百七十四弓五分。又塘角下小丘，六十弓零九

① 此处的“零”字为衍文。

分。鞋底丘，一十五弓。屋上首方荡丘，一十六弓。赵公塘仑下大方丘，一百五十八弓。小方丘，八十四弓五分。荡丘，一百一十五弓八分。

吴家嘴后湾庰丘，二百七十六弓，此丘内有小眼丘伴山边，不在内。赵公塘大湾丘，六百零二弓一分。出水港右边大路下小丘，一十一弓五分。又大路墈下小丘，三十八弓。河坪柞树荡上丘，一百零七弓五分，此荡水逢一、五、九日独车。河边车埠丘上三角丘，一百八十六弓八分。河坪吴家嘴曹家门首墈下第一丘，八十一弓六分。第二丘，九十一弓七分。第三丘，八十五弓九分。第四丘，三十三弓。第五丘，六十六弓五分。庰丘，三百九十弓零二分。六角丘，二百六十弓。坝边圞丘，二百五十三弓四分。虾蟆嘴五斗丘，在曾祠门首左，七百七十一弓。挨上扦担丘，四百四十四弓四分。三斗丘垱下一丘，二百五十一弓。土地丘下一丘，二百三十六弓。虾蟆嘴湾丘，三百零二弓六分。湾丘垱上方丘，九十八弓四分。土地左侧一丘，九十五弓三分。又上一丘，四十八弓二分。

曾家湾门首大路下长方丘，八十七弓一分。又下方丘，二百三十九弓六分。屋场丘，一百五十三弓九分。挨下一丘，三百三十六弓零二分。又下曾祠门首虾蟆嘴湾丘，四百二十一弓八分。又上一丘，一百三十六弓。挂金榜土地后第三丘，三百三十三弓七分。又小丘，七十四弓六分。挨上一丘，二百弓零六分。鳜鱼丘，五百九十六弓一分。河边沙丘，四百弓零四分。金榜土地后湾丘，二百七十六弓五分。挨下二斗丘，二百二十一弓。横丘子。二百六十五弓八分。小圞丘，一百一十九弓五分。挨上长丘，一百二十九弓三分。连五丘，一百九十六弓八分。挨上一丘，九十四弓五分。又上三角丘，一百一十三弓五分。又三角丘，一百九十五弓五分。带里丘，一百八十二弓一分。

曾家湾门首路下大尖丘，三百六十九弓四分。路下挨圳港一丘，二百零六弓九分。又路上挨圳港小尖丘，一百零四弓六分。曹家塅八斗丘，一千零一十四弓一分。挨下条丘，一百一十二弓九分。又下港边方丘，一百二十四弓九分。又下土地侧节秧田，二百弓零三分。又下一丘，在墨斗盖上，一百七十弓零二分。又横过丘，一百四十七弓二分。四斗丘，四百九十五弓八分。挨下二斗丘，一百八十一弓三分。墨斗盖丘，五百三十八弓四分。挨垱尖二丘，二百一十二弓六分。又尖丘垱一丘，挨港边，一百五十八弓四分。方丘，抵黄马港，二百九十九弓二分。墨斗丘下四斗丘，四百九十三弓二分。茄肚丘，二百八十弓零三分。挨下小丘，七十五弓七分。过水长二斗丘，二百四十一弓二分。挨下尖丘，一百一十九弓二分。肉老官丘，六百一十弓零八分。挨下茶盘丘，三百七十九弓一分。皮刀丘，二百二十九弓八分。蛇丘，一名梭子丘，二百四十四弓七分。金榜土地侧靴丘五斗，五百五十七弓六分。挨下一丘，一百三十八弓。曹家塅河边柞树荡茶盘丘，一百八十三弓七分。挨下一丘，六十四弓三分。河边梭子丘，四十二弓一分。

咸丰十一年三月二十四日，买十四里杜汉周地名道林港大小水田二十丘，计种三石三斗一升六合二勺六抄六撮。系江家坝水，十日内承分一日一夜，独管灌注车放。三角塘一口，又屋后堤外长塘二口，均系独管，车放灌注各处水路无阻。粮载十四里三区本名户内，原减粮七斗。当出业价十足铜钱五百三十串零八百五十文。

杜汉周道林港田

圳口丘，三百一十一弓一分。黄泥丘，五百七十五弓三分。圆五斗，六百八十二弓九分。四斗丘，六百零五弓八分。湾三斗，四百四十七弓九分。它三斗，三百三十二弓三分。挨坟边方丘，四百六十四弓八分。上条子丘，二百二十八弓二分。中条子丘，九十一弓三分。下条子丘，七十三弓六分。挨下条子丘下一丘，一百三十七弓八分。挨上条子丘下一丘，一百零五弓九分。方丘下上荡丘，七十二弓五分。方丘下荡丘，七十二弓二分。小柞树丘，一百五十四弓八分。大柞树丘，二百九十弓零六分。挨下条子丘，八十四弓九分。三角塘垱一丘，四十四弓八分。三角塘下丘，九十三弓六分。三角塘下荡丘，一百零四弓一分。

咸丰十一年十月初二日，买十五里符奇珍地名井垅水田一十四丘，计种一石九斗七升一合。系廖家村塘水，照田承分各处水路车放灌注无阻。粮载十五里五区符光普户内，原粮四斗六升。当日出备业价十足铜钱三百五十二串五百文。

包衣丘，一百四十三弓九分。挨下一丘，一百六十六弓九分。下二丘，一百五十八弓五分。下三丘，一百五十六弓四分。第三丘垱一丘，四十七弓。垅田第五丘，一百四十一弓。第六丘，即瓜瓢丘，三百二十一弓三分。搭连丘，二百七十九弓四分。茶盘丘，五十八弓二分。搭连丘下大丘，三百六十弓零四分。井丘，一百六十六弓九分。挨下一丘，二百一十四弓一分。上枫树丘，三百五十三弓九分。下枫树丘，三百八十八弓七分。

咸丰十一年十月初三日，买十五里符楚书地名陈家村并萧家村二处水田，大小二十四丘，计种一石三斗七升九合一勺。系陈家村塘并三角塘、萧家村塘、泉塘、腰塘各处水，照田承分车放灌注水路无阻。粮载十五里五区符朝佐户内，原粮二斗八升。当出业价十足铜钱二百二十二串文。

符楚书田

茅镰丘，二百八十一弓。桃子丘，二十一弓四分。壶卢丘，一八六十二弓九分。通丘，一百零四弓一分。塘下接丘，四十三弓七分。竹山丘，九十五弓八分。小条子丘，四十八弓三分。仰天丘，一百一十三弓六分。挨三角塘边五升丘，七十一弓八分。山下桃子丘，八十九弓三分。横条子丘，八十弓零六分。刘家港子丘，八十二弓。挨下一丘，九十二弓五分。萧家村方丘，一百四十一弓八分。毛栗嘴尖方丘，四十九弓三分。过水丘，六十二弓。又过水丘，六十四弓五分。茶盘丘，七十弓零二分。瓦杂丘，七十二弓九分。三升丘，六十一弓三分。挨下一丘，六十五弓一分。蛇形丘，一百一十弓。挨下一丘，五十六弓四分。萧家村桃子丘，二十八弓二分。

咸丰十一年十一月，买十二里邓六合兄弟叔侄地名严家湾水田，大小二百九十五丘，计种四十石零二斗。并坝田、公田在内，白竹塘一口，羊霎塘一口，新塘一口，三塘子一口，小塘一口，吃水塘一口，屋前塘一口，小铁塘一口，上铁塘一口，下铁塘一口，棕树桥积水塘一口，均系独管。粟家潭、郭家坊车埠四处，车运照额。夏油陂水十日十夜，契内独管四日四夜。其末坝，独管独车，系四日四夜内水坝田，田粮照水分，公管公完。又夏油陂坝山河洲与坝，众公管。又夏油陂尾抵黄栗坝，其中历无水垱、车埠，邀截源流，有官谳契据。又夏油陂黄獭沤进水圳路，系十日十夜轮流灌注。田亩沿岸居人，历无壅塞。泥坝塘、罾爪坝、丁人车出面水、底上余水，付契车注。抛子坝、石坝并粟家潭尾木坝，均系照分车注。又石坝直出河心，付契内全管。云霄洞河水任契内车注。羊霎村荒山一岸，系独管，并村内源流，余水随田灌注，又各处随田水圳、水荡在内。藤缠树接受曾人开挖，坟田系契内管理。中屋后高氏祖茔周围，砌堤为界。又军山嘴丁氏废穴，罗围为界。又中山嘴丁金玉原接邓占元荒地，横直穿心五丈，葬有祖茔，不得藉占。又各处童坟古冢，俱以覆椀为界。茅屋三座，正杂屋宇俱全，各处基地、余地、社场、社神、社树、水圳、古井、粪荡、薅场，均照老契批载，随业管理。当出业价十足铜钱五千六百四十串文。

邓六合严家湾田

老秧田，二百零三弓九分。横丘秧田，一百七十八弓八分。挨下横丘，二百二十五弓七分。牌子丘，三百五十四弓二分。又上牌子丘，一百九十八弓四分。四六升丘，五百五十八弓。高二老丘，五百九十弓零四分。戽丘，四百一十八弓四分。上屋门首秧田，二百二十八弓四分。挨塘上秧田，一百七十九弓五分。又上秧田，三百三十六弓六分。六升丘，一百三十六弓七分。井丘，四百一十三弓。铜锣丘，二百九十五弓四分。门首外面秧田，二百五十八弓一分。长条子丘，三百四十五弓四分。五升丘，一百一十二弓五分。半戽丘，二百三十四弓一分。又半戽丘，二百五十五弓五分。方四斗，七百零六弓六分。挨上五升丘，九十八弓三分。腰龙丘，二百七十二弓三分。上二斗，三百五十五弓一分。下二斗，四百二十八弓一分。四斗丘，挨圳垱有小石桥，七百六十四弓四分。三斗丘，六百五十二弓四分。四斗丘垱铜锣丘，一百七十九弓二分。三斗丘垱五升丘，一百零六弓六分。塘塥丘，一百四十三弓二分。上塘塥丘，二百一十三弓八分。五斗丘，九百七十九弓一分。挨垱下八升丘，一百六十七弓六分。通角丘，三百六十六弓五分。它背丘，二百五十四弓五分。挨上三升丘，六十五弓四分。猫尾把丘，二百二十三弓。高塘塥丘，二百五十弓零一分。五升丘，一百零八弓。庙下丘，一百二十四弓六分。猪肚子丘，三百零一弓六分。挨边七升丘，一百六十三弓六分。泉源里丘，三百六十四弓一分。鸭溇丘，七百二十七弓八分。二七升丘，十三弓。上二七升丘，二百八十二弓七分。又鸭溇丘，四百二十八弓二分。箩丘子，四百一十一弓一分。荡丘子，一百九十四弓七分。牛舌丘，五百八十四弓八分。挨下方丘，四百二十六弓五分。天鹅丘，六百五十九弓。挨下港边小丘，四十五弓一分。八升丘，一百八十弓零三分。竹山丘，二百一十二弓二分。又竹山丘，二百五十八弓三分。又竹山丘，二百三十五弓五分。斗半丘，三百二十九弓三分。方丘，四百零四弓七分。三斗丘，六百七十八弓一分。两节丘，二百二十五弓五分。下漏丘，二百三十四弓六分。深水丘，四百四十三弓。五斗丘，一千一百一十七弓六分。五升丘，九十一弓九分。黄桶丘，八百八十三弓。边丘子，二百二十三弓。狗舌丘，三百二十六弓一分。苓角丘，二百三十九弓一分。二斗丘，三百九十四弓八分。长三斗，五百六十七弓。挨圳二斗丘，三百八十一弓五分。三斗八丘，五百六十九弓。鹅蛋丘，三百八十弓零三分。挨圳方丘，二百七十四弓六分。斗丘，一百六十一弓六分。圳上七升丘，一百五十弓零九分。小河口小丘，十弓。五升丘，九十六弓八分。二升丘，五十八弓五分。方丘，二百二十弓零六分。二斗三丘，四百三十二弓五分。圳边小丘，十六弓。窑厂垅，二百九十五弓七分。八升丘，一百二十八弓三分。小鹅眼丘，一百五十九弓四分。砂嘴上三小丘，共二十三弓。小条丘一丘，十四弓。挨大河边一丘，九十七弓八分。湾丘，一百三十弓。河垅新丘，五十三弓六分。砂眼丘，六十三弓二分。小新丘，三十六弓。石港壶卢丘，二百二十七弓六分。茶盘丘，一百五十三弓六分。上茶盘丘，二百二十九弓。二斗丘，挨圳，三百四十二弓九分。条子丘，一百三十六弓四分。二升丘，七十弓零九分。挨小河茶盘丘，三百零二弓八分。挨圳上小丘，三十七弓二分。罾爪坝八升丘，一百四十九弓八分。罾爪坝边四斗丘，三百二十弓零四分。挨圳边四斗，三百九十二弓五分。尖三斗，四百六十二弓。五升丘，一百一十二弓，近藤缠树。挨藤缠树六升丘，一百三十一弓二分。挨坝基边小丘，三十四弓五分。藤缠树小港边小湾丘，八十八弓三分。坟山丘，二百二十七弓三分。挨藤缠树戽丘，三百四十五弓四分。挨戽丘二斗丘，二百八十八弓四分。湾丘子，一百零四弓九分。新小丘，四弓。港垅湾丘，八十九弓九分。小尖丘，四十七弓七分。小丘，七弓。

粟家塅挨小港渡船丘，一百一十二弓九分。屋场丘，二百九十四弓六分。上屋场丘，三百五十二弓九分。枧口五升丘，一百九十六弓七分。粟家塅边五斗，七百三十四弓七分。二斗丘，三百零五弓二分。路边湾丘，一百四十五弓。上湾丘，二百七十弓零八分。五升丘，一百一十四弓四分。斗丘，二百一十二弓三分。壶卢丘，一百七十三弓。近藤缠树五升丘，一百三十弓零一分。斗半丘，二百二十八弓一分。路下八升丘，一百四十弓零五分。近藤缠树八升丘，二百一十三弓四分。挨下横小丘，五十九弓。挨圳小丘，三十一弓。粟家塅三升丘，八十六弓二分。白泥桥壶卢丘，一百七十弓零二分。方丘，一百一十九弓六分。牛尾丘，二百四十九弓二分。挨圳胡大丘，二百二十八弓二分。挨下小丘，十六弓。挨圳小丘，二十四弓。白泥桥二斗丘，三百三十五弓。白泥桥上方丘，三百八十六弓四分。圳口小丘，三十弓。毛丘，一百九十二弓五分。又毛丘，一百九十九弓一分。屠刀丘，二百七十二弓一分。屠刀丘外节，二百二十二弓七分。屠刀丘又一节，一百一十弓零八分。桶丘，二百六十六弓一分。又桶丘，二百六十弓零三分。又桶丘，二百六十二弓五分。大湾丘，三百零一弓七分。挨庙台塘边八升丘，一百零七弓六分。乾塘下秧田，一百八十七弓三分。挨庙台秧田，三百六十六弓一分。门首挨荡小丘，十八弓五分。吃水塘墈上小丘，五十五弓五分。鹿角并尖子，四百三十七弓八分。挨庙台小秧田，一百六十弓零三分。鹿角丘下庙上丘，一百九十八弓五分。上漏丘子，二百九十六弓三分。鹿角丘下抱肚丘，一百三十四弓二分。三角丘，一百四十五弓二分。挨下斗丘，一百五十九弓。湾丘，二百九十八弓五分。上两节丘，三百零二弓九分。下两节丘，二百六十九弓九分。五升丘，九十弓零四分。二升丘，七十二弓。节湾丘，二百四十五弓六分。七升丘，一百四十一弓五分。上鹿角丘，三百六十五弓五分。瓜瓣丘，三百八十九弓。枫树条子丘，一百五十八弓三分。枫树方三斗，五百七十五弓八分。上枫树小三斗，四百八十弓零七分。五丘子垅内路边丘，一百零七弓九分。第二丘，一百六十四弓八分。第三丘，一百四十七弓六分。第四丘，一百九十五弓八分。第五丘，六十五弓五分。却鱼边子丘，一百三十六弓八分。挨挡小丘，二十四弓。拦水丘，三百三十二弓三分。五升丘，挨山边圳，八十八弓一分。吻叭丘，挨圳，三十二弓。又吻叭丘，六十一弓八分。白竹塘下路下条子丘，六十八弓三分。白竹塘下路上丘，一百零五弓三分。路上第二丘，五十一弓。路上第三丘，五十一弓。白竹塘下小丘，十五弓。羊𡢃塘上小丘，十五弓。又小丘，三十五弓。羊𡢃塘圳边小丘，六弓。又小丘，十七弓。皮刀丘，一百三十四弓八分。坼丘，八十七弓二分。下坼丘，一百八十三弓一分。牛角丘，一百七十弓零三分。虎大丘，五百零三弓三分。下虎丘，三百九十三弓。上虎丘，三百三十八弓。小虎丘，五十六弓一分。新开丘，一百零六弓八分。又新开丘，一百一十弓零三分。又新开丘，六十七弓。挨堤新开小丘，二十八弓。乾塘墈上五升丘，八十弓零一分。荡丘子，一百七十三弓九分。和合二丘，系上小丘，五十七弓五分。又和合二丘，系下条丘，一百五十弓零六分。挨下五升嘴丘，一百零四弓二分。又下五升丘，一百三十九弓一分。湾丘，系和合丘下第三丘，一百三十四弓零五分。挨下湾丘，一百六十二弓三分。荡丘子，一百八十六弓二分。下荡丘，二百二十五弓零八分。乾塘墈上七升丘，一百六十五弓二分。五升丘，一百三十弓零一分。大官丘，三百三十一弓四分。下官丘，二百零五弓二分。茶园丘，一百二十三弓七分。早禾滩二升丘，七十六弓四分。五升丘，一百五十六弓。六升丘，一百五十六弓六分。草柱小丘，十五弓。箩丘，四十九弓九分。早禾滩路边丘，一百四十五弓。五升丘，八十二弓零七分。门首坪下丘，六十四弓四分。挨小桥二升丘，二十八弓。挨下小丘，四弓。棕树桥八升丘，一百八十一弓八分。铁塘边五升塘，一百二十三弓九分。过水小丘，十四弓。垅尾大丘，四百六十四弓三分。挨垱七升丘，二百二十八弓。挨上五升丘，一百零四弓六分。菜园丘，二百八十五弓。塘大丘，四百五十八弓一分。牛角湾丘，二百五十三弓四分。挨垱五升丘，一百零八弓五分。牛厄丘，五百四十五弓七分。推把丘，二百六十一弓九分。又一节，一百七十一弓六分。上铁塘边三斗丘，五百五十九弓七分。过水丘，一百一十弓零七分。方眼子丘，三十三弓五分。下方眼丘，三十二弓。新方眼丘，在屋后，十八弓。新开小眼，十八弓。又小眼丘，三十六弓。尖角丘，二百二十八弓。胜卦丘，三百八十六弓一分。圞胜卦丘，一百零二弓五分。长胜卦丘，八十四弓六分。小胜卦丘，三十八弓五分。桑树仑第一丘，二百零四弓七分。第二丘，一百二十五弓六分。第三丘，一百二十五弓三分。挨桑树仑新开丘，三百二十三弓。下铁塘塝上团丘，八十四弓六分。神仙丘，一百零七弓二分。王家园团丘，一百九十七弓四分。塘下梭子丘，一百三十八弓五分。挨下一丘，七十二弓五分。又下一丘，八十七弓七分。又下肚斗丘，一百九十五弓。挨垱小丘，十三弓。肚斗丘下荡丘，一百二十九弓二分。挨下窑眼丘，一百零五弓八分。又窑眼丘，五十弓零三分。搭连丘，一百三十六弓九分。挨下小丘，四十弓。小月亮丘，四十五弓。大月亮丘，一百一十六弓九分。二斗丘，三百四十五弓。二升丘，五十五弓六分。中山嘴圞丘，二百一十五弓二分。方丘，二百三十四弓七分。六升丘，一百二十弓。路下小眼丘，二十七弓。又路边小丘，二十六弓。又小丘，二弓。又小丘，十五弓。又小丘，一弓五分。屋垱路上小秧田，一百六十六弓八分。又小眼二丘，十弓。粟家滩长丘，二百四十二弓二分。挨大河边一丘，二百五十四弓。粟家潭丘，一百二十弓。三角丘，五十八弓。粟家滩屋场丘，一百三十弓。

咸丰十一年十二月初四日，买十四里罗锦堂兄弟叔侄地名向家坪水田一十五石三斗三升三合九勺九抄八撮，共计大小八十一丘。塘角坡水塘一口，独管，日后开挖，不得伤挖。罗维高山边金家坝水分九日九夜，契内田系管五日五夜。苦竹坝照田承分河潭、河水、坝水，随田作垱，沿河车灌无阻。屋场二只，茅屋一栋，四缝三间。瓦屋一栋，四缝三间。两处东西横屋、披厦、杂屋、基地、余地、禾场、园土。荒屋场一只，屋上首内粪荡一只。上庄屋后山一岸，上抵苦竹坝公山，以坡沟直上仑顶，骑仑转至软堋，曲转挖沟，以坡直下坡心，横截直至罗东化园塝为界，下抵契内田屋为界。中庄屋后山一岸，以坐势论，左抵罗东化屋下手，以蜡树窖石直上，嘞至仑顶，均以窖石为界，右抵罗维高山，骑仑直上仑顶为界，下抵契内屋园土为界。下屋场坪后山一岸，以坐势论，左从塘角坡尾骑仑直上仑顶，右抵罗维高山骑仑堤为界，上抵骑仑堤，下抵契内田。抵内坟茔，照老契管理。

东头坊水田一十一石五斗四升一合六勺，共计大小八十四丘。黄茅塘、小水塘、井坡新塘，禹山屋场前塘二口、孟亭兵塘二口、坪上鱼塘二口，坟山坝、土地坝、大坝、罗家坝、土木坝，塘水坝水，照田承分车放灌注无阻。老屋西头屋宇一座，基地前从门楼中直出塘边，后从香火直上堤为界。屋后菜园一只，周围有堤有沟为界。横屋后园内周人坟山一所，周围以高台筑堤，窖石为界。又园内水田二丘，挨土地堤后，系罗介夫兄弟随堤管理。大河边车台、车埠水，由雷公丘经过，照田承分车救。江家湖下湖荡，照田灌注。

白水潭水田一十二石一斗九升八合五勺九抄九撮，共计大小八十丘。住屋上手大塘一口，独管。上冲乾塘一口，得半冲内余水，源流承接无阻。小塘一口，三角塘、茶园塘二口，三股系二。挨下藕塘一口，契内得半，照田承分，车放无阻。孟家湖水田三丘，照额车救。白水潭车台、车埠水路，三日轮班，钟人系一日，契内系二日。瓦屋一栋，正横屋宇、包厮、披厦、门楼、垣墙、内外禾场、基地，前抵塘，后抵嘞，左抵菜园，右抵书院，屋滴水直出塘边。屋后山前抵屋嘞，后与左有堤有沟为界，右抵书院菜园，抵内坟茔照老契管。屋上手陈人坟茔前薅场一块，左、右、前抵契内田，后以水路窖石为界。庵后冲乾塘边荒坪一块，以出山论，左骑崀，有堤，上抵园堤，右抵乾塘，下抵书院山。乾塘出冲右荒坪一块，以出山论，左抵田，右抵邓人坟坪，上抵堤，下抵钟人荒坪，窖石为界。又出冲右下荒坪一块，以出山论，左抵田，右抵邓人坟山坪，上抵钟人荒坪，下窖石直至塘边为界。小塘薅坪一块，以坐势论，前抵契内田，后抵罗开甲坟山堤，左抵塘，右抵钟人荒坪，窖石为界。白水庵外尖角山一岸，以坐势论，左抵钟人山堤沟，直下田边窖石为界，右抵庵山堤沟，直下田边为界。界内古冢，俱照老契管理。白水潭河边薅场一块，随田以江心为界。

以上三业共计原减粮七石三斗一升零八勺五抄，分载十四里一区罗百友里田、泉田、混泉竹田、葛田、向荣东里户内。当出业价十足铜钱六千四百七十四串三百六十文。

罗锦堂陈家屋场田

塘下大秧田，三百五十六弓三分。塘下斗丘，一百五十六弓八分。百箩大丘，一千六百五十四弓。横二斗丘，三百二十六弓一分。百箩丘下桃子丘，一百三十一弓九分。挨百箩丘小秧田丘，一百五十四弓二分。秧田方丘，二百五十九弓三分。鹅公丘，四百一十三弓五分。七斗丘，一千零二十三弓七分。推把丘，四百五十弓零八分。犁劈丘，即马虹丘，一百五十一弓六分。七斗丘下二斗丘，三百四十一弓九分。下桃子丘，即乌龟丘，六十五弓一分。蛇丘，二百零九弓八分。茶盘丘，二百二十八弓九分。孟家湖土地下二斗丘，二百六十一弓九分。挨土地下小丘，二十三弓三分。挨孟家湖四斗丘，六百二十七弓四分。捞箕丘，七十八弓一分。小蛇丘，一百二十八弓。小蛇丘下条子丘，四十五弓五分。捞箕丘上犁劈丘，五十一弓八分。荡丘，一百二十三弓四分。又桃子丘，一百零四弓。哪老丘，七十三弓七分。坟坪边小方丘，七十五弓一分。挨百箩丘下小尖丘，二百一十四弓五分。它三斗丘，四百九十八弓一分。八升丘，一百一十弓。藕荡丘，三百六十六弓八分。茶园五斗丘，七百三十四弓。耨荡边小丘，十二弓。接圳丘，三百一十四弓四分。挨山新开小丘，四十六弓五分。挨白水潭黄泥丘，一百六十四弓七分。白水庵山下山角小丘，在黄泥丘垱，一百零七弓五分。车口丘，挨大河白水潭，二百三十六弓三分。车口丘下小方丘，一百零五弓。河垅边大方丘，一百八十八弓五分。挨河边尖砂丘，一百五十八弓。它二斗丘，三百零三弓四分。荡三斗丘，四百六十五弓八分。方四斗丘，六百九十五弓一分。上排子丘，一百九十弓零九分。下排子丘，二百三十七弓。湾搭子丘并斗丘，共弓二百一十五弓四分。上戽丘，三百四十弓零五分。挨戽丘垱条子丘，一百四十四弓五分。下戽丘，三百三十九弓四分。坟山边四斗丘，五百二十四弓八分。墨斗丘，二百零七弓二分。路下树老丘，七十八弓三分。路下井丘，一百五十八弓八分。石四斗丘，六百一十四弓六分。挨大河边砂丘，即三斗丘，四百一十五弓五分。方四斗上长三斗丘，四百一十三弓二分。藕荡丘下斗丘，一百四十二弓八分。短三斗丘，三百六十三弓七分。茅帘丘，二百零六弓四分。路下五升丘，七十三弓四分。官冲塘下方丘，一百六十弓零七分。方丘下第二丘，七十九弓五分。第三丘，九十八弓三分。黄泥滩新开丘，三十二弓。挨下第一丘，三十五弓三分。又挨下第二丘，四十三弓六分。三角塘墈上斗种丘，一百零七弓三分。挨三角塘边侧湾条子丘，二十五弓。挨邓人坟山边黄泥小丘，六十六弓四分。挨下第一丘，五十七弓二分。挨坟山边小丘，七弓。小园新开共三丘，六十弓。园墈下小丘，即麻谷子丘，六十三弓一分。大塘墈上小条丘，十五弓。糟门左边方丘，二十三弓三分。下手园内第一丘，七十七弓。第二丘，六十六弓三分。第三丘，四十弓零五分。①

向家坪田

五斗丘，七百一十三弓二分。上戽丘，二百五十五弓。挨戽丘垱条子丘，一百四十三弓六分。上牛厄丘，七十九弓三分。下牛厄丘，一百三十一弓一分。挨牛厄丘下条子丘，二百二十六弓八分。下戽丘，三百零四弓二分。挨屋场秧田丘，六百一十一弓一分。挨秧田垱条子丘，

① 五分之后，底本上有手书补录“大老丘，二百一十四弓五分一斗四升三合正。羊角丘，一百三十七弓四分九升一合六勺”三十五字。

一百八十三弓四分。方五斗丘，七百零六弓五分。挨牛厄丘边云台四斗丘，四百五十二弓三分。挨方五斗下条子丘，二百三十四弓五分。挨方四斗垱三斗丘，五百零一弓六分。长七斗丘、五斗丘、四斗丘共三丘，二千五百八十四弓九分。大路边湾条子丘，二百二十八弓八分。路下荡丘，一百八十五弓三分。瓜瓢丘并肚子丘，共八百八十一弓一分。六斗丘并下条子丘，共一千三百七十六弓三分。二斗丘，三百零二弓七分。挨下戽丘，三百三十一弓八分。挨路长丘上上条子丘，八十九弓九分。路长丘，一百二十四弓六分。崩塝五斗丘，四百八十九弓四分。挨河湾出水圳套口丘，五百四十一弓六分。挨套口丘四斗丘，四百七十八弓五分。套口丘上垱挨河堤砂条子丘，二百二十四弓二分。挨砂条子上河边湾丘，九十八弓八分。长方小丘，七十八弓二分。湾丘下小丘，七十二弓。挨四斗丘上小方丘，五十五弓八分。台上天井丘，三十九弓六分。小山角丘，五十弓零九分。套口丘上戽丘，二百九十四弓九分。崩塝丘下小砂条丘，六十六弓八分。挨下条子丘，三十七弓五分。又挨下一丘，六十五弓。河垅大砂丘，三百六十七弓六分。挨大砂丘小方丘，七十四弓一分。墦眼丘，二百二十五弓一分。崩塝丘垱荡丘，二百五十二弓八分。路下梭子丘，五十八弓八分。路下尖条子丘，三十五弓八分。挨下小尖角丘，一百一十弓。墦眼丘侧挨堤小方丘，五十弓零六分。路下大尖丘，二百九十一弓二分。路下它肚丘，一百八十四弓。挨河垅大砂丘下一丘，一百二十一弓八分。挨河大砂丘，二百八十三弓四分。挨砂丘上一丘，一百三十弓零八分。荔枝坡口上小丘，二十七弓六分。荔枝坡口下小丘，二十七弓六分。荔枝坡上条子丘，三十六弓八分。又上条子丘，三十弓。屋下手挨荒屋场坪小丘，一十六弓。屋场坪边方丘，四十弓零八分。屋下手塘下一丘，一百三十二弓八分。门首下秧田丘，六百七十五弓五分。门首上秧田丘，六百一十三弓五分。秧田上小丘，三十弓。铜鼓四斗丘，四百五十五弓三分。遗爱丘，二百一十四弓九分。挨下六斗丘，六百二十八弓八分。烧衣丘一连二丘，共三十六弓。苦竹坝二斗丘，二百五十三弓四分。六斗丘，八百六十六弓。方四斗丘，四百八十八弓。枧口五斗丘，五百七十二弓四分。上戽丘，三百四十五弓六（弓）〔分〕。上半戽丘，二百五十三弓一分。路下三角丘，一百三十一弓一分。下半戽丘，一百零五弓一分。中戽丘，三百六十弓零三分。上屋门首圳下小丘，三十八弓。河边上戽丘并下戽丘，共五百三十八弓七分。包坟丘，一百三十五弓三分。河边砂丘，一百九十弓。硚垱方丘，一百七十九弓三分。硚垱河边砂丘，八十二弓五分。挨下一连二丘，七十弓。

东头坊田

门首塘下小秧田丘，一百八十六弓五分。路下大秧田丘，四百六十一弓六分。秧田角下方丘，三百四十五弓六分。黄泥条子丘，三百五十九弓五分。上调盘丘，二百二十九弓八分。下调盘丘，二百七十七弓七分。孔七丘，四百九十一弓八分。木鱼丘，五十五弓七分。下壶卢丘，二百五十弓零九分。上壶卢丘，二百七十九弓。七斗丘，九百四十九弓五分。马家长丘，三百一十七弓九分。挨垱下砂眼子丘，一百三十九弓六分。路边小砂条丘，九十二弓二分。它四斗丘，四百五十一弓三分。搭子四斗丘，六百三十一弓九分。五斗丘，九百一十弓。挨圳搭连丘，八十四弓。边丘，一百九十四弓七分。石桥丘，一百三十五弓。挨路节丘，一百六十四弓六分。挨路上边丘，一百七十弓零七分。檀树丘，三百一十一弓八分。挨港小方丘，三十四弓。三角丘，四百六十四弓四分。高天坪挨坪小丘，十二弓。耙却子丘，一百一十八弓四分。方三斗丘，四百五十四弓三分。屠刀丘，一百五十九弓五分。梭子丘，四十四弓四分。荡丘，八十九弓七分。上四斗丘，四百八十八弓。三角子丘，一百二十七弓二分。两节连二丘，一百二十三弓八分。下四斗丘，四百七十五弓八分。方田丘，二百零九弓。五升丘，九十四弓四分。挨路板三斗丘，三百八十八弓一分。二斗丘，二百五十五弓七分。长湾搭子丘，二百三十七弓六分。沤子丘，五十六弓八分。猪嘴丘，二百一十弓零五分。排三斗丘，四百零九弓二分。瓜瓢丘，五十弓零八分。六斗丘，八百六十一弓。土木桥垱一丘，中间一厢，一百四十八弓七分。长秧田丘，二百一十六弓六分。秧田上丘，挨港一节，一百五十三弓一分。大秧田丘，二百六十二弓。挨港条子丘，一百三十六弓二分。小尖刀丘，一百五十二弓三分。挨垱一丘，一百二十八弓六分。乌龟丘，三百四十一弓一分。大尖刀丘，一百八十二弓。推把勾丘，二百零五弓。坪上菜园丘，一百一十七弓四分。路上荡丘，一百四十二弓七分。三角丘，一百零四弓。墈下长方丘，一百五十三弓五分。坪上窑丘，一百二十七弓七分。边三斗并新开丘，共五百一十八弓。坟坪边新开丘，七十一弓一分。通丘，四百九十弓零二分。塘边小丘，十二弓。塘上小丘，十弓。又小丘，九弓。挨上方丘，三十五弓。又上一丘，三十五弓。挨坟边方丘，三十六弓。土地垱条丘，二十七弓。土地门首上条丘，四十六弓。路下小丘，四弓。搭连丘，九十三弓。挨下小丘，十二弓。铺子丘下节。一百零一弓一分。三角子丘，七十五弓一分。门首塘垱条子丘，五十弓。园内大丘，一百五十弓零六分。又条子丘，四十六弓三分。又小丘，十二弓。挨墙小丘，十四弓。挨堤条丘，二十五弓。挨下小方眼丘，二十弓。

咸丰十一年十二月初三日，买十五里王其祥地名黄竹坪水田六斗零二合八勺二抄，共计大小一十九丘[①]。系大塘水，照田承分车放灌注。住屋一座，正横屋宇、包廒、披厦、垣墙、门楼、基地、余地、园土，屋后竹木、柴山，周围俱抵田。抵内屋左手袁人坟茔，左右前后挖沟窖石为界。又袁人坟一冢，随罗裾起，周围五尺挖沟为界。屋右手山嘴龚人坟茔两排，俱以覆椀为界。行宫坛后山场一所，以坐势论，右抵书院山，左抵贺

① 应为一十八丘。

人山，窖石为界。上以骑仑分水，下抵行宫坛堤沟为界。界内王人女坟一冢，横直穿心一丈。当出业价十足铜钱四百九十七串文。

王其祥黄竹坪田

屋门首起第一丘，一百零一弓五分。第二丘，四十四弓九分。第三丘，十八弓。第四丘，五十一弓八分。第五丘，三十六弓五分。第六丘，二十五弓八分。第七丘，十八弓。第八丘，十四弓。第九丘，八十二弓一分。第十丘，八十九弓。第十一丘、十二丘、十三丘，共二百弓。第十四丘，四十五弓。第十五丘，五弓。河边小丘，二弓。河边大丘，八十七弓七分。行宫坛下手丘，八十三弓四分。

同治元年三月初八日，买十五里彭正位地名黄竹坪书院门首水田一丘，计种一斗二升。粮载本里又五区彭见堂户内，割粮三升，系大塘水灌注。当出业价十足铜钱六十七串五百文。

同治元年四月初三日，买十五里符翼辅地名黄竹坪茶子柴山一块，以出山论，右抵书院山界，左随仑脊直下，抵启裕山，后齐仑顶，右前直抵书院山，左前曲转抵启裕山，俱以窖石为界。当出业价十足铜钱二十九串六百文。

同治元年九月二十二日，买十五里王学古地名黑石村柴山一所，上齐仑脊直下，均抵书院山界，西北抵坡心大路，北抵符人堤沟，东抵坡心罗超群山。当出业价十足铜钱二十串零八百文。

同治二年九月初十日，买十五里符胜廷太辅、文辅、贤辅、石溪嗣孙地名黄竹坪水田大小四丘，计种一斗六升。粮载十五里再五区符合五户内，原粮五升。当出业价十足铜钱六十五串文。

附邑城文忠公祠祭田契

同治三年十一月二十四日，买十四里夏允旭兄弟地名芭蕉水田六石八斗四升五合二勺，共计大小八十四丘[①]。屋下手水塘三口，系独管。莲花形祖坟颈上水圳，及各处随田水圳，河边砂洲、蘛场、荒坪、车台、车埠，概付契内管理。粮载本里八区夏仙峰户内，荒熟粮一石。住屋二栋，正杂屋宇、朝门、垣墙、内外禾场、粪荡、基地、余地、园土、茶兜、棕果、社神、社场、社树、泉井，后与左右抵契内山，前抵契内田。屋后竹木柴山一岸，以坐势论，后以骑仑分水，前上截抵河心，前下截抵契内屋基并契内田，右抵罗仙舸山，左以屋下手上塘基下第一丘田塍起，挖沟曲上仑脊为界。界内坟茔三堰，后与左右俱以堰外一丈为界，前以下堰道口堰外二丈为界。石屋仑下黄土仑一只，周围俱抵契内田。抵内张人坟茔一冢，朱人坟茔一冢，俱以罗堰为界。又夏人坟茔一冢，以举顶起，各方一丈。其余古冢，俱以覆椀为界。鳜鱼山尾黄土仑一只，后抵坟山堤，前与左右均抵契内田为界。界内古冢，俱以覆椀为界。当出业价十足铜钱一千五百零五串九百四十四文。

夏允旭兄弟田

屋上手石屋仑第一丘，三百七十弓零一分。第二丘，三百四十七弓六分。河塝上连二丘，四百四十弓零三分。挨下长丘，二十七弓。方丘，二百五十八弓八分。枕头丘，一百零九弓一分。琵琶丘，七十九弓六分。磬子丘，一百五十五弓五分。三角丘，一十七弓五分。新开丘，五十五弓三分。排子丘，八十七弓九分。方丘，一百五十九弓五分。窑丘，六十二弓三分。挨下一丘，五十三弓三分。园下条子丘，一百六十二

① 应为八十三丘。

弓五分。挨下条子丘，一百四十一弓三分。排子丘，七十三弓五分。牛挖丘，四百三十二弓。挨下一丘，九十六弓七分。又下一丘，六十九弓八分。又下一丘，七十四弓三分。月亮丘，二十八弓七分。靴丘，二百六十三弓二分。戽丘，五百零四弓九分。沙丘，挨河，六十五弓二分。塘下第八丘，三十六弓一分。第七丘，十九弓。第六丘，三十一弓五分。第五丘，三十弓。第四丘，三十三弓六分。第三丘，十九弓二分。第二丘，二百零三弓二分。第一丘，一百六十二弓三分。枧坡塘下第二丘，一百二十七弓。连二小丘，六十弓零九分。塘下第一丘，四十弓零七分。三角塘下第一丘，七十六弓三分。第二丘，一百六十一弓八分。第三丘，一百四十八弓二分。第四丘，一百四十八弓八分。第五丘，六十二弓三分。第六丘，一百一十九弓八分。第七丘，一百零九弓四分。井丘，四十四弓四分。挨下一丘，四十弓零三分。又下一丘，一百四十弓零三分。又下一丘，七十四弓三分。又下一丘，五十五弓七分。又下一丘，一十八弓六分。又下一丘，三十弓零六分。又下一丘，四十一弓。又下一丘，三十九弓七分。坟山侧小丘，二十弓零四分。纸荡丘接连二丘并下小丘，共九十三弓七分。茶盘丘，七十四弓六分。黄泥丘，三百零三弓九分。方丘，九十九弓七分。又下方丘，三十八弓三分。挨下沙丘，二百六十三弓七分。松树条子丘，二百二十六弓。八升丘，一百四十六弓八分。茶盘丘，七十八弓四分。又下一丘，二十五弓一分。又下一丘，五十六弓六分。松树条子丘，一百九十六弓三分。庙垅裤当丘，二百四十三弓四分。下小湾丘，一百零二弓三分。荡丘，三十九弓三分。方丘，二百三十弓零一分。庙门下小丘，二十四弓。鸭公丘，七百四十五弓。挨下荡丘，一百七十四弓七分。挨下条子丘，三十六弓。泉水丘，二十五弓。鞋底丘，四十六弓三分。下沙丘，一百四十五弓一分。上沙丘，四百四十一弓七分。园内菜丘，一百弓。

后　叙

《箴言书院志》者，益阳胡文忠公所手纂也。公既再造楚疆，益厉人材，安攘内外，更思嘉惠乡里后进儒秀，乃悉蠲积年廉俸，卜地于益城之南四十里曰瑶华山，营为书院。以公考宫詹公有书训士者，曰《弟子箴言》，因取"箴言"二字名之。正室为先圣祠，而立宫詹公祠于东偏。前建学舍近百楹，为书院师生肄习之地。尽发其家所藏书，益以搜采册籍几数万卷置院中，为诸生读诵。置良田千亩，岁获谷千数百石，以资经费。事未集，先成志稿。其目凡八，于措置、规模，至纤至悉，且为图度久远，不遗毛发弊累。稿成而公已病，于是湘乡协揆曾公涤笙、皖抚李公希庵等助以白镪。未经始而公遽薨，易箦时犹拳拳以书院为念。乌乎！公于教育人材，可谓诚挚尔矣。

先是，公延益之绅士陈君兰轩国辂、丁君霖谱时澍经理田亩。又延蔡君云帆用锡、文君湘浦南邦、文君任吾希范、罗君仙舸登瀛、周君寿山开锡、姚君桂轩绍崇、刘君子香桂本、夏君古彝先范、田君春皋沐霖、张君镜潭家焯、熊君曙初运昇、曾君少固耀业、陈君简亭德懋、郭君霖甫光奎共十六人公理其事。其中有仕宦远游及遇他故者，随时更易。

公薨后一年，始诹吉营建。又二年，方落成。至同治乙丑岁，始启院延山长，俾诸生入斋肄业焉。又逾年，而志稿方校定付梓，其文悉仍原本。惟院宇乃公薨后所进，夷高筑庳，因地赋形，不能无稍出入，乃就今制而图说之，仍体公之意也。谨叙其后曰：

资水之南，实启名山。因其灵淑，规此方圆。爰开广厦，为辟贤关。请思先德，无忘克艰。志经始第一。

粤古有训，师严道尊。砥节为本，朴学是敦。亦有职司，庶事毕举。整齐明壹，锜金筐筥。志规制第二。

廉不溢求，俭不弃物。准兹入纳，以权赢黜。凡我庶士，其罔予咈。志岁用第三。

精镠千辟，跃治不祥。昆山寸瑜，磨错维良。士有百行，文其一长。敢凭爱憎，而置衡量。志选士第四。

器有晚成，勿矜早慧。业或中隳，慎先立志。要眇穷探，广博咸备。裕斯器识，发为文艺。遗诫谆谆，反复堪味。志育材第五。

雍雍宫庭，神其鉴之。结念羹墙，肃礼明粢。社祭先贤，春秋荐簋。典崇报本，敢忘创始。志祭祀第六。

五经纷纶，勿局门户。诸史灿陈，贵挈心矩。百家备列，质近易求。如入都市，胡弗兼收。志典籍第七。

任土殖谷，治生之原。禾三百廛，其懔素飧。垂之百祀，永永勿谖。志田亩第八。

同治五年六月，阳湖庄受祺谨叙。

附　录

王龙文：箴言书院学约①

一、立志

帅气以发诸言，见诸行者，何物乎？曰志也。贞之百年，持之瞬息，唯此而已。昔文信国入学宫，见乡先生之谥忠者，欣然曰：殁而不俎豆其间，非夫也。王文成见塾师，问："何为天下第一等人？"师教以"读书登高第"，即徐质曰："恐当读书学圣贤耳。"卒其所成，蔚为世教之光，然皆志定于少时仁远乎哉！愿诸生早竖尔志，毋自隘，毋自沮。

一、存耻

耻之于人大矣哉。百善皆从耻生，百不善皆从耻丧。夫子之言耻屡矣。其论士即孝弟信果者，次之必首推行己有耻。故顾亭林尝拈此以为圣门论学之宗。今与诸生约，贫贱不足耻也，而耻道不足以自赡，独立实与之不足耻也，而耻不能自治其一身。

---

① 洪波按，王文龙，生平未详。同治四年（1865），出任箴言书院首任山长，定《箴言书院学程》，分经史、立身、治事、为文四门课程；订《箴言书院学约》，以立志、存耻、补过、择友训士，成就人才甚众，影响深远。文龙以后，黄自源、庄受祺、朱锦、程霖寿等先后任山长，书院办学不断。光绪三十年（1904），书院改为校士馆。次年，唐锡侯、胡祖藩将《学约》刻石立于馆中，以为纪念。可惜《学程》不传。

一、补过

吉凶悔吝生乎动，吉一而凶悔吝三。吾辈中人，无日不在过内，苦不自省耳。然吉凶之兆，止争此悔与吝一念之顷，危哉，微哉，可不凛凛乎？夫子系易而示之曰：无咎者，善补过也。其万世学者自新之方哉？愿与诸生致察于几微，严审于幽独，毋少自逭焉，毋少自欺焉。

一、择友

切劘道义，广益集思，厥赖友哉。然于宗之吝，比匪之伤，愿与诸生戒之。不宁唯是，即尚友，古人决须审择，未可苟焉而已。曾子固之称扬雄，苏长公之颂荀彧，石徂徕之尊冯道，丘琼山之慕秦桧。其诸入于鲍鱼之肆乎？殆难免君子之讥矣。毋诡好而作恶，毋伐异以党同，是所望于能自得师者。

时大清光绪三十有一年乙巳孟夏月谷旦，唐锡侯、胡祖藩刻石。

李元度：箴言书院胡宫詹先生祠记

三代下，理学莫盛于宋。自濂溪周子挺生营道，得圣人之学于遗经，遂开洛闽之统。至今永、宝、衡、郴，并有濂溪书院及周子祠，而邵州周程三子祠，记之者朱子也。南渡后，朱子与张子讲学岳麓，遂为海内四大书院之一。今有祠祀朱张曰崇道，凡以效法其人，则必俎豆而尸祝之，此天理民彝之不容自已者也。绍兴中，胡文定公自崇安来居潭州，游衡岳，读书紫云峰下，十五年不出，著《春秋传》，子明仲、仁仲继之，学者称致堂、五峰先生，而五峰实为南轩张子之师，可谓盛矣。文定所筑碧泉书堂，后人为建书院，今改为祠，像祀文定公，而致堂、五峰两先生配。自宋阅元、明，至今余七百年不废。元度常拜其祠，为低徊不能去。国朝正学昌明，大湖以南，士之有志斯道者，争以周、程、朱、张为法。而文定公之子姓，蕃衍布濩于衡湘、沩鼎间，其流风遗韵，感人尤易入。

吾师益阳胡云阁先生，先世自江西迁湖南，视文定之来自崇安，非一族也，而其禔躬履道，实与文定后先一辙。先生胎胚家学，早岁掇巍科，官至少詹事，长成均最久，以濂洛关闽之学教士。晚主城南书院，元度犹幸及其门。先生所著曰《弟子箴言》，荟萃《小学》《近思录》及诸儒语录之菁华，都为十六卷，语皆心得，无一字蹈袭前人。盖自躬行实践而出，非空谈性命者比也。先生既殁，哲嗣文忠公起而光大之，繇侍从躐封圻，出所学以见诸政事。会粤逆跳梁，毅然以天下为任，拨乱反正，蔚为中兴名臣，然皆先生之教所成也。

咸丰十年，文忠在军中，欲广先生之教泽以陶成后进，乃卜建箴言书院于县南瑶华山，尽出家藏书三万卷畀之，丰其既禀，延名师以教邑子，手定《书院志》，所为教条及规制大备。工未竟，文忠薨，逾年始溃于成。盖至是而宫詹先生之所以学与其所以教，及文忠经济之所自来，皆粲然弸襮于世，后之人苟有志于斯道，其必以是为归矣。书院始末，详曾文正及左爵相二记。院中祀先圣，其左方建宫詹公祠，下为享堂，额其门曰“高山仰止”，志景行也。邑人士春秋释奠后，必祀宫詹，而以文忠公侑飨。炜哉懿乎！宫詹先生之世祀，盖与文定父子比隆。然文定生偏安之世，为权奸所龁，未竟厥施，公父子生值圣明，本理学以发为经济，遭逢为独盛矣。祠故未有记，文忠子少芝谒元度属为之辞。

乌呼！有学术而后有人才，人才不古若，繇正学之不明也。欲弭天下之乱，而使之长治久安，必自正人心、端学术始。后之学者，观于宫詹父子之间，可以奋然而兴矣。《记》曰：凡释奠者必有合也，有国故则否。国故谓国之先献，如《乐》有制氏，《诗》有毛公，《书》有伏生，《礼》有高堂生之类。宫詹先生本周、程、朱、张之道学，以传其子而迪其邦人，固与文定、致堂、五峰同为湖湘之国故也。拜斯祠者，亟思所以则象之，其庶有豸哉！[①]

① 李元度：《天岳山馆文钞》卷十七。

宁乡云山书院志

（清）周瑞松　辑

邓洪波　赵瑶杰　点校

序

云山书院之建，已逾十年矣。其间形胜之概、兴作之劳、考课之规、租赋之额，与夫官师劝学之勤，吾乡人士好义之勇，皆不可以无述。过此而不纪，久而浸失其真，后之君子将无所考信焉。爰属周云先院长为之分类纂辑，勒成一编。余于同治庚午，自秦告养归里，云先亦因其尊人抱恙，请假省侍。逾二年，主讲斯席。未几而遘其母夫人之戚，今年小祥。后营宅兆，既竣事，乃克成书，寄余是正。余维云先当忧戚之时，处淡寂之境，道味自为亲切。空山风雪，午夜一灯，亦得发其尚友千秋之志。虽不欲以文自见，而考订成规，以垂久远。俾后之览者加意人才，有基勿坏，踵事增华，则斯编洵足以备名山之掌故也已。是为序。

同治十三年岁次甲戌仲冬月，刘典撰。

同辑参订

陕西补用县丞何桂

监生李瑞鹏

附生李煦基

附生李干荣

校　对

附生李福基

童生何莹

缮　书

童生雷雨

童生刘世臣

童生萧骏昌

目录

卷首

学校条规

顺治九年题准，刊立卧碑，置于明伦堂之左，晓示生员：朝廷建立学校，选取生员，免其丁粮，厚以廪膳，设学院、学道、学官以教之，各衙门官以礼相待，全要养成贤才，以供朝廷之用。诸生皆当上报国恩，下立人品，所有教条，开列于后：

一、生员之家，父母贤智者，子当受教；父母愚鲁，或有非为者，子既读书明理，当再三恳告，使父母不陷于危亡。

一、生员立志，当学为忠臣清官，书史所载忠清事迹，务须互相讲究，凡利国爱民之事，更宜留心。

一、生员居心忠厚正直，读书方有实用，出仕必作良吏。若心术邪刻，读书必无成就，为官必取祸患，行害人之事者，往往自杀其身，常宜思省。

一、生员不可干求官长，交结势要，希图进身。若果心善德全，上天知之，必加以福。

一、生员当爱身忍性，凡有司官、衙门不可轻入，即有切己之事，只许家人代告，不许干与他人词讼。他人亦不许牵连生员作证。

一、为学当尊敬先生，若讲说皆须诚心听受，如有未明，从容再问，毋妄行辨难。为师亦当尽心教训，勿致怠惰。

一、军民一切利病，不许生员上书陈言，如有一言建白，以违制论，黜革治罪。

一、生员不许纠党多人立盟结社，把持官府，武断乡曲。所作文字，不许妄行刊刻，违者听提调官治罪。

康熙四十一年御制训饬士子文

国家建立学校，原以兴行教化，作育人才，典至渥也。朕临御以来，隆重师儒，加意庠序，近复慎简学使，厘剔弊端，务期风教修明，贤才蔚起，庶几棫朴作人之意。乃比年士习未端，儒效罕著。虽因内外臣工奉行，未能尽善，亦由尔诸生积锢已久，猝难改易之故也。兹特亲制训言，再加警饬，尔诸生其敬听之。

从来学者先立品行，次及文学、学术、事功，原委有叙。尔诸生幼闻庭训，长立宫墙，朝夕诵读，宁无究心，必也躬修实践，砥砺廉隅，敦孝顺以事亲，秉忠贞以立志。穷经考业，勿杂荒诞之谈；取友亲师，悉化骄盈之气。文章归于醇雅，毋事浮华；轨度式于规绳，最防荡轶。子衿佻达，自昔所讥。苟行止有亏，虽读书何益？若夫宅心弗淑，行己多愆，或蜚语流言，挟制官长；或隐粮包讼，出入公门；或唆拨奸滑，欺孤（陵）〔凌〕弱；或招呼朋类，结社要盟。乃如之人，名教不容，乡党勿齿，纵幸脱褫扑，滥窃章缝，返之于衷，宁无愧乎？况夫乡会、科名，乃抡才大典，关系尤钜，士子果有真才实学，何患困不逢年。顾乃标榜虚名，暗通声气，夤缘诡遇，罔顾身家。又或改篡乡贯，希图进取，嚣陵腾沸，网利营私，种种弊端，深可痛憾。且夫士子出身之始，尤贵以正。若兹厥初拜献，便已作奸犯科，则异时败检逾闲，何所不至？又安望其秉公持正，为国家宣猷树绩，膺后先疏附之选哉？朕用加惠尔等，故不禁反复倦倦，颁兹训言。尔等务共体朕心，恪遵明训，一切痛加改省，争自濯磨，积行勤学，以图上进。国家三年登造，束帛弓旌，不特尔身有荣，即尔祖父亦增光宠矣。逢时得志，宁俟他求哉！若乃视为具文，玩愒勿儆，毁方跃冶，暴弃自甘，则是尔等冥顽无知，终不能率教也。既负栽培，复干咎戾，王章具在，朕亦不能为尔等宽矣。自兹以往，内而国学，外而直省乡校，凡学臣师长，皆有司铎之责者，并宜传集诸生，多方董劝，以副朕怀。否则职业勿修，咎亦难逭，勿谓朕言之不豫也。尔多士尚敬听之。

乾隆五年钦颁太学训饬士子文

士为四民之首，而太学者教化所先，四方于是观型焉。比者聚生徒而教育之，董以师儒，举古人之成法规条，亦既详备矣。独是科名声利之习，深入人心，积重难返。士子所为汲汲皇皇者，惟是之求，而未尝有志于圣贤之道。不知国家以经义取士，使多士由圣贤之言，体圣贤之心，正欲使之为圣贤之徒，而岂沾沾焉文艺之末哉？

朱子《同安县谕学者》云：“学以为己。今之世，父所以诏其子，兄所以勉其弟，师所以教其弟子，弟子之所以学，舍科举之业，则无为也。使古人之学止于如此，则凡可以得志于科举斯已尔。所以孜孜焉爱日不倦，以至于死而后已者，果何为而然哉？今之士惟不知此，以为苟足以应有司之求矣，则无事于汲汲为也。是以至于惰遊而不知反，终身不能有志于学，而君子以为非士之罪也。使教素明于上，而学素讲于下，则士子固将有以用其力，而岂有不勉之患哉？诸君苟能致思于科举之外，而知古人之所以为学，则将有欲罢不能者矣。”观朱子此言，洵古今通患。夫“为己”

二字，乃入圣之门。知为己，则所读之书，一一有益于身心，而日用事物之间，存养省察，暗然自修，世俗之纷华靡丽，无足动念，何患词章声誉之能夺志哉。况即为科举，亦无碍于圣贤之学。朱子云：“非是科举累人，人累科举。若高见远识之士，读圣贤之书，据吾所见，为文以应之，得失置之度外，虽日日应举，亦不累也。居今之世，虽孔子复生，也不免应举。然岂能累孔子也？”朱子此言，即是科举中为己之学。诚能为己，则四书、五经皆圣贤之精蕴，体而行之，为圣贤而有余。不能为己，则虽举经义治事而督课之，亦糟粕陈言，无裨实用，浮伪与时文等耳。故学者莫先于辨志。志于为己者，圣贤之徒也；志于科名者，世俗之陋也。国家养育人才，将用以致君泽民，治国平天下，而囿于积习，不能奋然求至于圣贤，岂不谬哉！

朕膺君师之任，有厚望于诸生。适读朱子书，见其言切中士习流弊，故亲切为诸生言之，俾司教者知所以教，而学者知所以学。

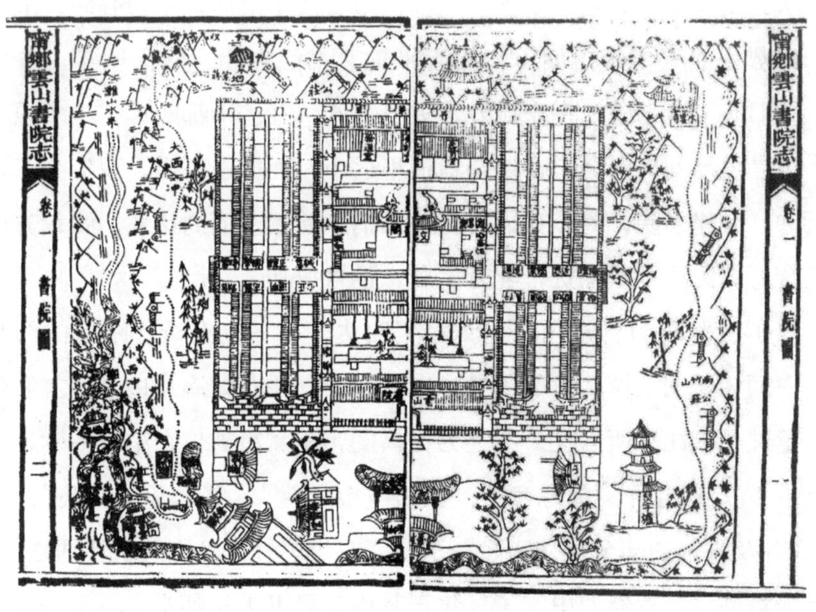

云山书院图

卷 一

书 院

云山书院形势纪略

水云山在宁乡县西九十里，六都横市，沩水南岸，重峦叠嶂，上入霄汉，山势由双蘗峰蜿蜒而下，拓为平地，书院在焉。同治四年，合邑创建。邑旧有玉潭书院，在东城外，去邑之八、九、十都颇远，士多艰于负笈。至是邑绅刘典等合议，以斯地道里适中，而群山环拱，双流交汇，灵秀所钟，宜建书院，为作育人材计，乃捐廉首倡。而周达武、张福齐诸军门暨合邑绅民均踊跃捐资，经营二载，遂告成功。

以丁山癸向为讲堂，广七丈，袤四丈，高三丈有奇，距大门约数十武，中间树梧桐二株，葱郁茂翳，春夏之交，绿荫如滴。讲堂后左右各有房，董理首事往来所居也。又上为文昌阁，祀文昌神位，中辟一堂，为每月会课、文艺之所，左为客厅，额曰“宝箴堂”，书程子“四箴”、范氏“心箴”及张侗初却金堂“四箴”于壁。右为思补斋，则院长所居之室也。其上为藏书楼，置经、史、子、集于其中。最上为先师堂，奉至圣先师神位，右为先贤堂，奉四配神位，左为崇道堂，祀朱子及胡五峰、张南轩两先生。讲堂左、右、东、西各八斋，斋舍各十间，东曰行义、曰达道、曰切问、曰近思、曰进德、曰修业、曰居敬、曰循理，西曰诚意、曰正心、曰正谊、曰明道、曰博学、曰笃志、曰时习、曰日新。先师堂之后曰退省斋，舍凡四间。书院后倚水云诸峰，矗立天半。中一小峰，林木峭蒨，石骨嶙峋，即其上构一小亭，额曰“凌云”。每一登眺，烟云、树石、沙鸟、风帆之胜，尽在几席。

讲堂之前为大门，榜“云山书院”四大字，门左右有房，司阍者居焉。大门外宽广数十亩，前凿偃月池，如泮水然。池上为仰极台，左右杂植竹柏，缭以周垣。月池之右为希贤堂，祀易先生祓，忠臣张公镗、张公敏，孝子刘公端及陶先生汝鼐、王先生陛父子。大门外左右各一门，右曰“云路”，左曰“山天”。出云路门，历平畴，旁有小涧，自滴水岩逶迤而来，泉声淙淙，一泓直达沩水。行数十武，方塘之下，甃石为井，味甚清洌，名曰鉴泉。仰极台之前，左右两小天马山对峙如门，右偏天马峰外建奎光阁，俯瞰沩江，凭栏四望，尽得江山之概。左出山天门外，平冈上建焚字亭，亭二层，高三丈有奇，如孤塔屹立，突兀凌空。折而北，则危岩邃谷，清泉夹道，最深处则水云寺也。循奎光阁而北，澄江匹练，长虹卧波，则步云桥也。桥之南岸覆以亭，共两进，为屋六间，左右棚厂翼如，自院西望之，屹然如重镇焉。遥望隔江诸峰，飘渺天际，洵蔚然大观也。

吾楚自濂溪崛起道州，朱张讲明道学，有潇湘洙泗之目，流风余韵，历久如新。我国家昌明正学，嘉惠士林，遐陬僻壤，争自濯磨，斯院之兴，行见英才蔚起，足以嗣响于岳麓、城南。而官师之振兴文教，与乡先达之加意人材，都人士之急公好义，并足徵人心、风俗之盛，而彰圣朝亿万年菁莪乐育之休也已。

公　牒

知宁乡县事郭庆扬请增设书院，置买卷田通禀同治三年四月

敬禀者按，据卑县职员刘倬云、李镜春、梅镜源、曾毓郯及各都绅士范虚堂、杨春台、周跃门、杨篠亭、朱兰恬、王蔚亭、张荔云、潘笏亭、童价臣、陶策臣、黎星槎、袁心台、吴晓庄、杨活渠、戴璧堂、谢倩丞、姜香畹、蒋芳池、罗翊廷等禀称：县志有书院三：一玉潭，一灵峰，一南轩。灵峰、南轩不知兴废何时，基址无复存者，惟玉潭墙屋岁修，膏火月给，游其中者，裨益良多。但迩来文教日隆，士类云集，而欲广课额，则薪米不敷；欲添斋房，则基地亦隘，有志之士不免有宫墙外望者。兹合邑公同商议，择于邑西九十里之水云山地方增建书院。其地川原汇秀，僻静无哗，允堪为士子藏修息游之所。又岁科诸试原系各自备价买卷，在富者固易为力，而寒儒每因囊空羞涩，踯躅不前，今拟照长善、醴陵、浏阳、安化等县章程，置立卷田，亦属善举。惟是需费浩繁，筹办匪易，因公议照田捐助，每正饷一两之田，本年捐钱三百文，明年亦捐钱三百文，均于完饷时便交县城团练总局。迭经询问，各都绅粮均无异言。此外，有好义急公者、另行乐捐者听。其一并交局，择公正、殷实、老成经管，以作书院卷田之资，庶不负朝廷栽培之至意。至捐收若干、置田若干、修建用费若干，俟事竣缕禀，合将现在所办情形恳即转申等情到县。据此，卑职查该绅等所议，系因作育人材，体念寒畯起见，既据合词公恳前来，似应准如所请。理合据情转禀宪台，俯赐查核，批示饬遵。

知宁乡县事郭庆扬请照田捐钱修书院、广育婴、助宾兴通禀同治四年十二月

案：据卑县职员刘汝康、童光斗、曾毓郯、杨咏春、喻兆奎、邓崇烈及各都绅耆梅小霖、贺仲荃、丁汉门、罗翊廷、王小憨、姜香畹、林辅丞、周莲瑞、邓六筠、黄湘桥、蒋芳池、周熙台、李春翘、何蓂生、张朗臣等禀称："上年邑中绅耆公议，照田捐钱，每完正饷一两之田捐钱三百文，于完三四两年之饷银，便交团练局增设书院，并置田收租，备办岁科试卷。"禀蒙转达，奉前抚宪恽批："所办甚是，饬即遵照。"各都均极踊跃，一律捐交。而好义之家于照田捐输外，另有捐助之项。现置买田产租息无多，经费尚需宽筹，工料亦宜捐集，要必于完饷照收捐项，庶一举而三善备焉。

一、书院束脩膏火，与夫试卷之费，虽拟于现捐田租取给，然岁有荒欠，租或不敷，兼之水云山书院鼎新，鸠工庀材，在在需用，非预为宽备，终恐善举辍于垂成。

一、前奉宪檄劝谕，育婴仰见仁心善政，宁邑素无育婴堂，亦未存有公项，现虽于城乡立社，以一总首事、九散首事邀集百人，每救一婴，照前所议章程按月助钱，并经捐置田租，以冀贫家女婴，咸登寿宇。然租息仍觉有限，恐难济众，必增益田产，方为持久之谋。

一、乡会宾兴公助膏秣之费，载于志乘，原以惜寒畯而励英才，意甚善也，然邑志有其文而无其实。兹领款分润甚微，多有瑰奇隽异之才因囊空而不克与试者，埋没英贤，深为可悯，拟亦捐置田租，助其空乏。凡此三善，所赖一捐。兹议于同治五、六两年完饷时，仍照田捐助，每正饷一两之田捐钱三百文，带交县城团练总局收集，成款分别修建置产，现与各都绅耆询谋佥同。此外，有好义乐捐者，仍听其便。俟将来收捐

置田，以及修建费用各若干，另行禀报。谨将议办情形合词公恳转申批示遵办等情到县。据此，卑职查该绅等所议，系为培人才而保赤子起见，既据合词公恳，似应准如所请，理合据情转禀宪台，俯赐察核，批示饬遵。

年　表

同治四年，创建云山书院，六年告成。运同衔候选同知曾毓郯、同知衔广东候补知县刘汝康、州同衔监生潘本椝董其事。督修为州同衔候选县丞姜瑞芳、五品衔浙江候补从九刘大诰，监修为从九李春台。大门榜“云山书院”四大字，前署陕西巡抚刘典笔也。

同治五年，创修步云桥并桥亭，首事曾毓郯、刘汝康，董理刘大诰、姜瑞芳、陈燦远、李脩纹。

同治九年，建奎光阁、仰极台，监修为刘大诰、姜瑞芳。

同治十年，建希贤堂，监修为监生李瑞鹏、陕西补用县丞何桂。

同治十二年，凿鉴泉，置藏书阁。是年，邑绅刘典捐置经史子集，因为藏书阁以庋之。

同治十三年，建凌云亭。

院　长

同治戊辰院长周仁伟，号纯斋，岁贡生，五品衔，候选训导。

同治己巳至辛未院长姜于冈，号梧村，道光辛卯科举人，大挑知县改授靖州学正，加五品衔。

书院章程

一、院长为士林楷模，必择本邑宿学名儒，预年由地方官关聘，择期释奠，届期首事备舆迎接。

一、院长每年聘仪银二两，贽仪银八两，束脩银一百二十两，薪水银四十两，节仪银六两，夫马费钱六串，每月米五斗。

一、肄业生童，每月由官课评定正、附。生监正课五名，每名每月米三斗，膏火钱一串；附课五名，每名每月膏火钱八百文。童生正课三十名，每名每月米三斗，膏火钱八百文；附课三十名，每名每月膏火钱六百文，均由首士按发。又推广正课十名，每名每月膏火钱八百文，向由地方官捐廉按发。每月首事备花红钱八串，由院长扃试酌奖，课卷由首事备办。

一、院长跟随一名，随封银六钱，每月钱一串。

一、号房伺候院长，接送课题、课卷，誊写榜文，均须勤谨。至启闭门户，看守房屋，即解馆时毋得疏忽。如不中用，由首事更换。每年给银十二两，米三石六斗，路费钱六串。

一、东西共十六斋，设斋夫四名，备办火食。每士日二餐，认米一升，油盐柴菜钱二十四文，不许多取。每年首事帮斋夫钱各五串。

一、礼科每年给笔资钱十串。

一、学书每年给笔资钱三串二百文。

一、先师堂、先贤堂、崇道堂、希贤堂、文昌阁、奎光阁每夜各设神灯一盏，每年香油钱六串，交号房经管。

一、床架、桌凳等物，首事登明总簿，另开清单，交号房看管，外人不得借用。每年彻馆时，首事亲点，以免毁坏、匿失诸弊。

一、书院用费浩繁，修造匪易，首事不时察看，遇有毁坏渗漏之处，随即修整检盖。肄业诸生，亦宜珍惜。至斋夫及各色人等，如敢毁坏墙屋，损伤什物，小则估赔，大则送究。

一、各处租谷，每年秋收首事亲自过量，年清年款，不准折扣，亦不准将田私顶。如遇虫伤水旱，必先报知首事，验明酌减。无虫伤水旱，租息不清，扣规另佃，刁抗送究。其租谷佃规原有额收，首事不得任意加减。

一、各处塘坝、屋宇、仓廒有应修葺之处，首事验明酌量修葺，不得浮工浪用。其界址水分亦宜时常清查，以免日久互混，致滋争讼。

一、首事二人，每年夫马路费钱各五十串。议定三年交卸，出入账项，凭众算交下手，报销存案。如有侵蚀，公同追赔。果系廉明勤谨，三年后亦可留办，但必众允，不得私自恋充。

书院续定章程

一、书院首事二人，向例一人经管钱谷，一人登记数目，凡遇新旧交卸，务守旧章，以便稽核。其修整屋宇，踏勘田山等项，仍公同经理。

一、整饬士习，切禁洋烟。横市附近书院，每有无赖之徒开设烟馆，引诱少年子弟陷入其中，大为士习民风之害，历经首事会同都团禀官究革，随案惩创，已净根株。倘日久弊生，有仍敢违禁开设者，立即禀官严惩，毋稍宽贷。

一、书院门片、桌凳等项，责成东西斋夫收管，遇首事新旧交卸，照单查点，出具领字，交首事存记。倘有损失，估价着赔。

一、书院山场辽阔，每遇冬间解馆，书院无人，不肖之徒乘机盗窃树株。兹议责成供奉香灯人役巡查，每年加辛资钱三千文，遇有窃盗，登时捕获者赏钱二千文，登时送信因而捕获者赏钱一千文。其盗伐之犯，小则鸣团处罚，大则禀官究治。傥有徇情不举，及通同作弊者，查出重罚。

书院月课章程

一、官课交卷，定限两日为度，由号房盖用戳记解送。

一、起馆时，肄业生童上学，由号房造具名册，呈院长查阅。其未上学者，课卷概不解送。

一、院长每月扃课，例奖笔资，系居斋肄业生童，方准发给。其并未居斋诡名应课者，查明扣出，推奖取录较后之卷。

一、每月课米，系居斋肄业生童照院长第二次月课取列等第给发。其并未居斋冒名应课，及居斋未满十日者，均将课米扣除，推奖。

一、课米，初按官课评定给发。同治十一年，首事会同邑绅公议，以应课者多未居斋肄业之人，改归馆课评定。

书院藏书章程

一、书院置备书籍，责成号房收管，另置书目簿一本，记明函数若干，本数若干，随时登载。每本书面及首叶盖用“云山书院官书”图记。遇有续置书籍、法帖，均制夹板，以便收藏。

一、书籍每年四六两月曝晒二次，遇有霉坏、损失，责令赔补。

一、士子领阅书籍，开单交号房登记，遇各生赴试，及冬夏散馆时收取，逐一查验销簿。倘有遗失，估价着赔。

一、书籍宜随时整理、收藏，不得任意凌乱堆放。

一、书籍只许在院肄业生童领阅，不得借出院外，致有损失。

书院惜字文社章程

一、每年二月初三日为文昌祀期，首事先日入书院办理，敦请院长。质明，主祭与祭诸生均肃衣先期来宿，各帮祭费钱一百二十文。

一、首事家有游泮者加捐钱五串，掇高科登显仕者倍数酌捐，以广费资。

一、田业首事不得私加进规，每年亲收租谷。如遇天灾，验明酌减。其屋宇、塘圳有应修葺之处，首事酌量，不得浮开浪用。山场界址水分，时宜清查，以免互混。

一、捐项由首事择殷实掌管，一二生息，如有亏欠，首事赔补。

一、公择首事二人，领管钱谷契据，三年交卸，出入账项凭众算交下手，毋得侵蚀。

一、收字纸首事，每年著老成人二名，额收四季，一季各二十天，共给工食谷六石、钱八千文。

步云桥渡章程

道光年，首事王国安、王国良、杨尔爵、孙惟友、杨宗山、唐拔山、唐锡爵、万希圣、曾汉友、王凤元买萧维封水田三亩，买杨朝彬水田一亩，买陈虎山铺屋地基一所，又买杨朝彬水田二亩半，又买杨朝彬水田一丘，共计五契，均载十都五区地名长桥铺，正饷五分五厘，户名杉木桥，今更立步云桥，原佃规四十三串，岁收租八石。同治八年，被大水沙堆没田二亩，长减租五石。

同治五年，首事刘瀚生、姜香畹等买六都一区地名水云山储公祠业水田十五亩，价银肆百柒拾两，更户步云桥，饷七钱四分，佃规银壹百两，岁收租肆拾石。

同治五年，王我龄、与龄、鹤龄、锡龄将六都一区地名大西冲口河边田一亩，捐作桥亭地基，公建铺屋两进两厦，进庄钱叁拾串，岁纳店课钱壹拾串。

一、船桥碑亭修造匪易，用费多金，首事时宜察看，如居守者不惜物力，小则估赔，大则送究。

一、桥板，舟子宜勤谨看守，如不收管，被大水冲去，首事令其赔补。遇有牌木损伤，应即押住客商，报知首事，酌罚修复。

一、每岁桥亭检盖，桥梁细修，船渡油整，其工食均系居守者供给，料木、砖瓦、桐油等项，由首事备办。

一、田租、屋税均归首事收管，每年发舟子谷拾贰石外，应另生息，加置田亩，以备后来续修之资。所有出入账项，须凭书院首事核算。其捐契、买契，亦归书院首事收管。

一、首事定三年一更，必须本地廉明勤谨者充当。其已择者不得推诿，未择者不得钻充。

庙 祀

先师堂奉至圣先师神位，先贤堂奉四配神位，每年春秋上丁于兹释奠。先期，院长集诸生演礼，其祭器图式及礼仪备载县志，兹不复赘。先是书院新设，规模草创，仪文未备。同治十二年，董理李瑞鹏、何桂倡议举行祀典，礼用太牢兼牛、羊、豕三物。时邑绅前署陕抚刘典告养在籍，公请主祭，礼成后，各祠均一体致祀，其费即在书院租入内开销。惟事属创行，丰俭无定，尚须宽为筹备，额定章程，庶有遵守。

崇道堂祀朱子及胡五峰、张南轩两先生。五峰传文定之学，倡道衡山，晚游于宁，爱灵峰之胜，筑室讲学其中。时南轩从魏公在潭，因师事焉。子朱子闻南轩得胡氏学，自闽来潭，相与讲析。厥后讲学岳麓、城南，潇湘有洙泗之风，宁之灵峰实开其先云。

文昌阁祀文昌神位，每岁仲春初三日设特祀，经唐李氏、唐姜氏等捐置祭田，以租入供牲醴之用，详见《惜字文社碑记》。

奎光阁祀魁星神像，每届祀期，在书院望祭，夜间守者供奉香灯。

希贤堂在书院大门右偏，为屋三楹，祀宋礼部尚书易祓、忠臣朝奉郎张镗明、忠臣福建延平府知府张敏、孝子陕西西安府知府刘端、翰林院检讨陶汝鼐，并附祀明云南云龙州知州王陛及其子岁贡生维汉、王族裔孙逢原等，捐有书院膏火田亩。

学 规

圣贤教人之法，载于往籍者至详且备，皆欲学者以义理治其身心，而推以治人也。使徒优于文辞，而身心弗之检束，将流为无忌惮之小人而不自知。朱子谓，近世于学有规，其待学者为已浅，其意盖谓学者自待当厚，自治必严也。然昔人之为此者，皆本其躬行心得以诏后学，使之知所用力。因取往训之简明而深切者录之，以待有志者之审择焉。

朱子白鹿洞书院教条

父子有亲，君臣有义，夫妇有别，长幼有序，朋友有信。

右五教之目。尧舜使契为司徒，敬敷五教，即此是也。学者学此而已。而其所以学之之序，亦有五焉，具列如左：

博学之，审问之，谨思之，明辨之，笃行之。

右为学之序。学、问、思、辨四者，皆所以穷理。若夫笃行之事，则自修身以至于处事接物，亦各有要，具列如左：

言忠信，行笃敬。惩忿窒欲，迁善改过。

右修身之要。

正其谊不谋其利，明其道不计其功。

右处事之要。

己所不欲，勿施于人。行有不得，反求诸己。

右接物之要。

朱子曰：窃观古昔圣贤所以教人为学之意，莫非使之讲明义理以修其身，然后推以及人。非徒欲其务记览为词章，以钓声名、取利禄而已。今人之为学者，则既反是矣。然圣贤所以教人之法具存于经，有志之士，固当熟读深思而问辨之，苟知其理之当然，而责其身以必然，则夫规矩禁防之具，岂待他人设之而后有所持循哉？近世于学有规，其待学者为已浅矣，而其为法，又未必古人之意也。故今不复施于此堂，而特取凡圣贤所以教人为学之大端，条列如右，而揭之楣间。诸君其相与讲明遵守，而责之于身焉，则夫思虑云为之际，其所以戒谨恐惧者，必有严于彼者矣。其有不然，而或出于禁防之外，言之所弃，则彼所谓规者必将取之，固不得而略也。诸君其念之哉！

程董二先生学则

凡学于此者，必严朔望之仪，

昔日昧爽，值日一人主击版。始击，咸起盥漱，总栉衣冠。再击，皆升堂。师长帅弟子诣先圣像前，再拜，焚香讫，又再拜。退，师长西南向立，诸生之长者，帅以次东北向，再拜，师长立而扶之。长者一人，前致辞讫，又再拜。师长入于室，诸生以次环立，再拜，退，各就案。

谨晨昏之令。

常日击版如前，再击，诸生升堂序立。俟师长出户，立定，皆揖。次分两序，相揖而退。至夜将寝，击版，会揖如朝礼。会讲、会食、会茶，亦击版如前。

居处必恭，

居有常处，序坐以齿，凡坐必直身正体，勿箕踞倾倚，交胫摇足。寝必后长者。既寝勿言，当昼勿寝。

步立必正，

行必徐，立必拱，必后长者。毋背所尊，毋践阈，毋跛倚。

视听必端，

毋浮视，毋倾听。

言语必谨，

致详审，重然诺，肃声气，毋轻，毋诞，毋戏谑喧哗，毋及乡里人物长短及市井鄙俚无益之谈。

容貌必庄，

必端严凝重，勿轻易放肆，勿麤豪很傲，勿轻有喜怒。

衣冠必整，

勿为诡异华靡，毋致垢敝简率。虽燕处，不得裸袒露顶；虽盛暑，不得辄去鞋袜。

饮食必节，

毋求饱，毋贪味，食必以时。毋耻恶食，非节假及尊命不得饮，饮不过三爵，勿至醉。

出入必省。

非尊长呼唤，师长使令及已有急干，不得辄出学门。出必告，反必面，出不易方，入不逾期。

读书必专一，

必正心肃容，计遍数，遍数已足而未成诵，必须成诵，遍数未足，虽已成诵，必满遍数。一书已熟，方读一书，毋务泛观，毋务强记。非圣贤之书勿读，无益之文勿观。

写字必楷敬，

勿草，勿攲倾。

几案必整齐，

位置有伦，简帙不乱，书笥衣箧，必谨扃钥。

堂室必洁净。

逐日值日，再击版如前，以水洒堂上。良久，以帚扫去尘埃，以巾技拭几案，其余悉令斋仆扫拭之。别有秽污，悉令扫除，不拘早晚。

相呼必以齿，

年长倍者以丈，十年长者以兄，年相若者以字，勿以尔汝。书问称谓亦如之。

接见必有定。

凡客请见，师坐定，值日击版，诸生如其服，升堂序揖，立侍师长，命之退则退。若客于诸生中有自欲相见者，则见师长毕，就其位见之，非其类者，勿与亲押。

修业有余功，游艺有适性。

弹琴、习射、投壶，各有仪矩，非时勿弄。博弈鄙事，不宜亲学。

使人庄以恕，而必专所听。

择谨愿勤力者，庄以临之，恕以待之，有小过诃之，甚则白于师长，惩之不俊，众禀师长遣之，不许直行己意。苟日从事于斯而不敢忽，则入德之方，庶乎其近矣。

朱子曰：道不远人，理不外事，故古之教者，自其能食能言，而所以训导之整齐之者，莫不有法，而况家塾党庠术序之间乎？彼学者所由入孝、出弟、谨信，群居终日，德进业修，而暴慢放肆之气，不设于身体者，由此故也。番阳程端蒙与其友生董铢共为此书，将以教其乡人子弟而作新之，盖有古人小学之遗意矣。余以为凡为庠序之师者，能以是而率其徒，则所谓成人有德、小子有造者，将复见于今日矣。于以助于后王降德之意，岂不美哉。

饶氏鲁曰：《白鹿洞教条》乃文公朱先生所集圣贤之成训而学则者，乡先生程、董二公之所为文公，尝有取焉者也。今合二者而并揭之，一则举其学问之宏纲大目，而使人知所用力；一则定为群居日用之常仪，而使人有所持循，即大小学之遗法也。学者诚能从事于此，则本末相须，内外交养，而入道之方备矣。若夫近世之所谓规者，则文公不以施之鹿洞，而谓必不得已而后取之，故今亦不敢以之列于此云。

按，程畏斋先生《读书分年日程》一本，朱子之法修之，而《鹿洞教条》《程董学则》尤为全书纲领，兹特节录之，以备有志者之效法。书中大旨以德行为重，先经术而后词章，其论读经史诸法精详恳切，初见之似乎过于迂，若而行之日久，获效最深。尤足为近日学者失序无本、欲速不达之药石。全书俱在，诚使人奉一编为圭臬，则人材之成就无难媲美于古人矣。

集庆路江东书院讲义

程氏端礼曰：窃闻之朱子曰："为学之道，莫先于穷理；穷理之要，必在于读书；读书之法，莫贵乎循序而致精；而致精之本，则又在于居敬而持志。此不易之理也。"其门人与私淑之徒，会萃朱子平日之训，而节取其要，定为读书法六条：

循序渐进，

以二书言之，则通一书而后及一书；以一书言之，篇、章、句、字，首尾次第，亦各有序而不可乱也。量力所至而谨守之，字求其训，句索其旨。未得乎前，则不敢求乎后；未通乎此，则不敢志乎彼。如是，则志定理明，而无疏易陵躐之患矣。若奔程趁限，一向躐著了，则看犹不看也。近方觉此病痛不是小事。元来道学不明，不是上面欠工夫，乃是下面无根脚。其循序渐进之说如此。

熟读精思，

荀子说："诵数以贯之。"见得古人诵书，亦记遍数。乃知横渠教人读书必须成诵，真道学第一义。遍数已足，而未成诵，必欲成诵。遍数未足，虽已成诵，必满遍数。但百遍时，自是强五十遍时，二百遍时，自是强一百遍时。今所以记不得、说不去，心下若存若亡，皆是不精不熟之患。今人所以不如古人处，只争这些子。学者观书，读得正文，记得注解，成诵精熟，注中训释文意、事物、名件、发明相穿纽处，一一认得，如自己做出来底一般，方能玩味反复，向上有通透处。若不如此，只是虚设议论，非为己之学也。其熟读精思之说如此。

虚心涵泳，

庄子说："吾与之虚而委蛇。"既虚了，又要随他曲折去。读书须是虚心方得。圣贤说一字是一字，自家只平着心去秤停他，都使不得一毫杜撰。学者看文字，不必自立说，只记前贤与诸家说便了。今人读书，多是心下先有个意思了，却将圣贤言语来凑他底意思。其有不合，便穿凿之使合。其虚心涵泳之说如此。

切己体察，

入道之门，是将自己个已身入那道理中去，渐渐相亲，与已为一。而今人道在这里，自家在外，元不相干。学者读书，须要将圣贤言语，体之于心。如"克己复礼"，如"出门如见大宾"等事，须就自家身上体复。我实能克己复礼，主敬行恕否？件件如此，方有益。其切已体察之说如此。

著紧用力，

宽著期限，紧著课程。为学要刚毅果决，悠悠不济事。且如"发愤忘食，乐以忘忧”，是甚么精神！甚么筋骨！今之学者，全不曾发愤，直要抖擞精神，如救火治病然，如撑上水船，一篙不可放缓。其著紧用力之说如此。

居敬持志。

程先生云：“涵养须用敬，进学则在致知。”此最精要。方无事时，敬以自持，凡心不可放入无何有之乡，须是收敛在此。及应事时，敬于应事；读书时，敬于读书。使自然该贯动静，心无不在。今之学者说书，多是捻合来说，却不详密活熟。此病不是说书上病，乃是心上病。盖心不专静纯一，故思虑不精明。须要养得虚明专静，使道理从里面流出方好。其居敬持志之说如此。

程氏端礼曰：“此六条者，乃朱子教人读书之要，故其诲学者，告君上，举不出此，而自谓其为平日艰难已试之效者也。”窃尝论之，自孔子有“博学于文，约之以礼，亦可以弗畔矣夫”之训。以颜子之善学，其赞孔子“循循善诱”，亦不过曰“博学以文，约我以礼”而已。是孔子之教，颜子之学，不越乎博文、约礼二事，岂非以学者舍是无以为用力之地欤？盖盈天地间，万物万事，莫非文也。其文出于圣人之手，而存之于书者，载道为尤显，故观孔子责子路“何必读书，然后为学”之语，可为深戒，岂非读书为博文之大而急者欤？朱子曰：“约礼则只是这些子，博文各有次序，当以大而急者为先。”盖谓是也。然则，博文岂可不以读书为先？而读书又岂可不守朱子之法？朱子平日教人，千言万语，总而言之，不越乎此六条。而六条者，总而言之，又不越乎“孰读精思”“切己体察”之两条。盖熟读精思，即博文之功；而切己体察，即约礼之事。然而，欲学颜子之学者，岂可不由是而求之哉！今幸其说具存，学者读书，能循是六者，以实用其力，则何道之不可进，何圣贤之不可为！使朱子复生，身登其门，耳闻其诲，未若是之详且要也，学者可不自知其幸欤？世之读书，其怠忽间断者，固不足论。其终日勤劳，贪多务广，终身无得者，盖以读之不知法故也。惟精庐初建，端礼荒陋匪材，夫岂其任！承乏之初，敢以朱子读书法，首与同志讲之，期相与确守焉，以求共学之益。使他日义精仁熟，贤材辈出，则朱子之训不为虚语，精庐不为虚设，顾不美欤！

张杨园先生学规

杨园先生，伏处衡茅，系怀民物，其学术专以近里著己为主，卓然为一代纯儒。桂林陈文恭公尝称其学规二则，虽止为勉勖学徒之语，而于读书制行之大端，固已本末兼该，彻上彻下，实为亲切有味，不可以为于阔而忽之也。

澉湖塾约

初觉，睡初醒。即省昨日所业与今日所当为。

旦起，读经义一二条。先将正文熟诵精思，从容详味。俟有所见，然后及于传注，然后及于诸说。洗心静气以求其解，毋执己见以违古训，毋傍旧说以昧新知。乘此虚明，长养义理。

午膳后，敷述所看经义，以相质问。论说逾时，总期有当身心，勿宜杂及。

日间言语行事，即准于经义而出之，其有不合，必思所以。习心隐匿，种种自形，力使其去，旦昼梏亡，庶乎免矣。若人事罕接，则读史书一二种，无余力则已。非徒闻见之资，要亦择善之务。

日暮，检点一日所课，有阙则补，有疑则记，有过则自讼不寐，焚膏继晷。夫岂徒然对此？良宜深省也。右五条，日有定程。

问难之益，彼此共之。有疑则问，无惮其烦。不止书中义理为然。仆虽寡知，昔闻于师，敢不罄尽？其不知者，正可互相稽论，以求其明。勿以迟暮，惘惘而弃之也。

精神散慢，方寸憧憧，学者通患，惟主敬可以摄之。若劳攘之余，初欲习静，则钞录写仿，亦一道也。先儒云：便是执事敬。

古人诗歌，游咏寄托，前喆不废，特畏溺情丧志耳。余力涉之，亦兴观之助也。文字虽非急务，间一作之，以徵所得。右三条无定程，随时从事。

为学先须立大规模。"万物皆备于我"，天地间事，孰非分内事？不学，安得理明而义精？既负七尺，亦负父兄，愧怍如何。

功夫须是绵密，日积月累，久自有益。毋急躁，毋间断。急躁间断，病实相因。尤忌等待，眼前一刻，即百年中一刻，日月如流，志业不立，率坐等待之故。

修德行道，尽其在我；穷通得丧，俟其自天。营营一生，枉为小人者何限，流俗坑堑，陷溺实深，探汤履虎，未足为喻也。

凡人险难在前，靡有不知，能从而动心忍性者几人？在于少年，益宜优患存心，无忘修省之实。

近代学者，废弃实事，崇长虚浮，人伦庶物，未尝经心。是以高者空言无用，卑者沦胥以亡。今宜痛惩，专务本实，一遵《大学》条目，自格物、致知、诚意、正心、修身、齐家以往八条。以为法程。释义曰："塾者，熟也。诵之熟，讲之熟，思之熟，行之熟。"愿与子勉之矣。右五条，通言大指。

东庄约语

儒者之学，修身为本，罔间穷通，克己功夫，宁分老少？只求无忝所生，不负师友，在覆载中，有殊庶物而已。延平先生曰："爱身明道，修己俟时，不可一日忘于心。"此其准的也。

尺蠖屈以求信，龙蛇蛰以存身，物无大小，理固皆然。古人言学，藏先于修，游后于息，未有终日驰骋其耳目知思而能为益身心者也。盛年百务未历，履道坦如，尤以收敛翕聚为固基植本之计。夙兴夕惕，时哉弗可失也。

读书所期，明体适用。近代学者徒事空言，宜乎呫哔没齿，反己茫然，全无可述也。日用从事，一遵胡安定先生经义、治事以为之，则庶少壮岁月，不贻枉废之叹。

米盐、妻子，庶事应酬，道心处之，无非道者。苟使萦怀，豪杰志气不难因之损尽。是以出就燕闲，听睹不杂，心力益专，养德养身，二益均有。

古人淡泊明志，膏粱之习，克治宜先，长白山齑粥可取法也。今即未能，尚师其意。日以蔬食为主，间佐鱼肉，然总弗得兼味。

学问之道，固尚从容，然一任优游，难希自得。举其通病，不出五闲，闲思虑，闲言语，闲出入，闲涉猎及接闲人与闲事。果能“必有事焉”。其诸慆慢，非惟不敢，亦不暇矣。终日劳扰，实无事当做，总是闲。

王九溪先生学规

一、时常省问父母。

一、朔望恭谒圣贤。

一、气习各矫偏处。

一、举止整齐严肃。

一、服食宜从俭素。

一、外事毫不可干。

一、行坐必依齿序。

一、痛戒讦长毁短。

一、损友必须拒绝。

一、不可闲谈废时。

一、日讲经书三起。

一、日看《纲目》数页。

一、通晓时务物理。

一、参读古文诗赋。

一、读书必须过笔。

一、会课按刻蚤完。

一、夜读仍戒晏起。

一、疑误定要力争。

王九溪先生读经六法

一、正义。

二、通义。

三、余义。

四、疑义。

五、异义。

六、辨义。

读史六法

一、记事实。

二、玩书法。

三、原治乱。

四、考时势。

五、论心术。

六、取议论。

王九溪先生学箴九首

告我同斋，学先孝弟。景彼古人，明天察地。
随分自尽，殷勤问视。一念之诚，亦可养志。

力学何为，变化气质。气质有偏，好恶斯辟。
惩忿窒欲，式砭其疾。严肃整齐，下手要术。

瞬息千里，曰勇曰谦。勇以进取，谦受益焉。
匪甲匪胄，何以攻坚？不就规矩，不成方圆。

士先有守，壁立万仞。可穷可达，君子所性。
相彼腥膻，何如土粪！彼蚩者子，竟以身徇。

攻错维何，慎择其友。岂无良苗，杂彼稂莠。
近墨者缁，十有八九。愿得同心，盍簪纳牖。

裘马翩翩，识者所丑。饭可断齑，襟可见肘。
并力购书，百城富有。可以乐饥，千秋尚友。

日月不灭，万古六经。囊括万有，韬孕经纶。
史书廿二，纲目星陈。如何不学，长夜迷津。

人求多闻，时惟建事。治事有斋，苏湖之制。
礼乐兵农，经天纬地。错节盘根，用无不利。

岂无虚车，偶游诗赋。骚耶辨耶，亦李亦杜。
维三百篇，风人之祖。勿写佚情，名教是辅。

丁伊辅先生取友戒

凡人之学，取益不外乎师友。师或为礼数所拘，友则情意较密，其善恶所在，习染尤易。是宜劝善规过，相与有成。否则比恶怙非，未有不受其累者也。子曰："群居终日，言不及义，好行小慧，难矣哉！"小慧所包者广，要皆义之反也。在书院中尤易犯此，诸生自度，有犯此，即速改之，无则加勉焉。夫取友所以成德也，不能成德，而反以败德，亦何贵乎友也。

胜　迹

云山书院十景

长桥夕照

横市前里许，长桥古驿，宋南轩张子过此，留题处有"徘徊念今昔，领略到渔樵"之句。今镌诗碣于道左，邮亭夕照，木落江空，辄令人祇徊不能去。

云寺钟声

水云寺在山深处，云封古寺，夜半无人，疏钟断续，遥与书声相和答。

奎阁凌云

奎光阁俯瞰沩江，金碧照耀，插汉干霄。春秋佳日登楼远眺，四面云山尽在几席。

鉴泉印月

书院前方塘下，甃石为井，空山秋夜，月印澄泉，对之神恬气静，真足增长道心。

悬岩飞瀑

去书院三里许，滴水岩峰回路转，茅舍数家，桑麻鸡犬，别有洞天。悬岩间瀑布飞流，下有石如钵，水注下为盘涡，仿佛香严岩优钵昙花之胜。

太素元泉

循山天门而上，曲径盘纡，山家废圃中一钜石，嵚奇历落，名曰太素石。隙中一泓涌出，砑然窪然，味极清洌，命曰元泉。如入华山玉泉，院中缥缈有仙灵之气。

方塘倒影

出云路门外行数十武，村舍前方塘数亩，荇藻交横，潜鳞游泳。自东岸望之，院中楼阁涵虚，倒影尽入其中，小李将军金碧楼台，无此逸致。

水榭看山

仰极台俯临清池，凭阑瞻眺，千岩万壑，层见迭出，烟云变幻，不可名状。东坡《庐山》诗云："不识此山真面目，只缘身在此山中。"可悟看山之妙。

双江云树

去书院东十里，双河口邑，流沙河自滩山出，至此与沩水会，书院至县城舟行必经之地，雨后山溪骤涨，一篙新绿，孤艇斜阳，春树暮云，天然图画。

云壑晴岚

书院前两小天马山，竦碧压江，送青排闼，回望水云，双蘗诸峰干云薄雾，迥隔人寰，岚翠缤纷，日夕尤多佳气。

艺 文

云山书院记

刘典

书院，古之乡学也。所以培植人材者，莫大乎是。我邑书院三：一玉潭、一灵峰、一南轩，灵峰、南轩不知废于何时，至今存者玉潭。缙绅先生胥于此发迹，乃限于地，不能增广楹椽，后至者及门而返。余道光辛丑、壬寅间肄业其中，目击而心计之，未尝言。县治偏东北而西南袤长，西尤甚，百里以上多崇山。士人秉清淑之气，文而有质，不乏英多磊落之才。其耕田凿井未泽以诗书者，则似质胜于文，于以叹昔者之有书院，其用意深也。余尝思复其旧，久而未敢言。同治癸亥冬，余由浙臬丁艰回籍。过信州时，魏君隽卿良总理楚军粮台事务，过舟吊余，宿于舟，更阑言及建复书院，鼓舞不已。归而谋诸同人，咸翕然。从甲子二月既望，集曾君敬庄毓郯、罗君翊亭珍、潘君笏亭本椝、王君书霖懋昭于六都水云山，相其基址，咸以山水秀丽，局势开展，为壮观。遂议纠费，置田几百亩，岁收租千有余石。刻日兴工，建正屋四楹：最上为先师殿，次山长课艺处，次讲堂，又次为出入总会之门。左右各建两楹，分十六斋，共计一百五十八间。外垣可数百步，凿池以导源，泉流而不滞。池畔植桂竹与兰，亦馨亦郁。院后重峦叠嶂，佳木葱茏，樵者毁伤有禁。盖以学者藏修之余，息焉游焉，畅其机固必有赏心处也。

夫人之气质虽殊，而性禀则一，学所以化其殊而归于一也。五伦五事皆人所必由之道，或行之不著习矣！不察终身由之而不知者，未学者也。是故博学、审问、慎思、明辨以析其理，笃行以践其实。诚能百倍其功，则愚必明，柔必强。从此臻于纯粹，处为大儒，出为良佐，学之为功伟矣哉！若夫溺于词章，汩于功利，所学者浮躁浅露也，机械变诈也。寡廉鲜耻，无所不为，是学之为害甚于不学，又何望乎？董仲舒曰："正其谊不谋其利。"张敬夫曰："无所为而为者，义也；有所为而为者，利也。君子小人之分，只在义与利之间能弗。"审诸书院，近南轩之墓，因南轩书院之废而继兴之，游其中者，必有所感发而兴起也。

是举也，经始于同治乙丑冬，蒇事于丁卯春，董事为运同衔候选同知曾毓郯、同知衔广东候补知县刘汝康、州同衔监生潘本榘，督修为州同衔候补县丞姜瑞芳、五品衔浙江候补从九刘大诰，监修为从九李春台等，三年于兹，不惮劳瘁。邑之人咸踊跃赴公，捐资相助，是欲善有同心，可卜将来之人材益盛也。兹余奉命承乏陕甘，征车在途，不惶启处，喜美举之有成也。特停骖濡笔以记之。

奎光阁记

《周礼》大宗伯之职，以槱燎祀司中、司命。郑司农曰："司命，文昌宫星。"自科目取士，士大夫多谓科目之柄，司于文昌，而魁星实为文昌之辅。于是，天下学校祀文昌竞祀魁星。盖阴骘下民，相协厥居，燎祀以报之，亦敦本之意也。

北斗四星，方形为魁，亦为璇玑，三星直指为杓，亦为玉衡，斗魁缀联，文昌尤宜。仰迓灵光，栖燎升香，以崇报享。然栋宇卑陋，规模狭隘，则不足以为栖神之所而严祀事。克庵刘公自秦归，未数日，即至书院相度基址，指示于右偏天马峰外创建斯阁，以为文峰之应。

夫科目之设，钱竹汀宫詹尝言，聚数千万人之精神，取决于一二人之耳目，虽长于鉴别，岂无毫发之爽？谓必有神焉，以司之似矣！孟子曰："天爵，仁义忠信；人爵，公卿大夫。"圣贤教人先内后外，未始非神之意，其在祭法。苟有明民成教，宜与祀典。邑有先民典型俊髦之士，争志策励于忠孝，其内心固有油然不能自已者。

夫遇合或司之冥漠之中，而学问则尽人可以自主。古君子之为学也，博之当世之务，以广其志，体之身心之要，以要其归。然经世泽物之理，既已熟悉其源流，省躬克己之端，又已默定其根底。由是笔之书，则为文章；措之世，则为经济。此人材之所以日盛也。

自科举法兴，流弊渐起，学者见上之人，所取在辞，于是日夜磨砺其词，以求当于有司。听其言则是，问其志则非，甚则并其词不能工。徒欲冒昧一第，而不知有人间学问，亦大非科目取士之初心矣！然而，有碔砆必有和璧，有鱼目必有隋珠，以经义取士，而豪杰有用之才未尝不出于其中，特其志趣必卓然不同乎流俗。我邑素推才薮起家，儒素置身青云者，接踵相望，后进之士，益蒸蒸向风。韩魏公有言，精艺以求仕者，末也；得时以行道者，本也。士诚读孔孟之书，服程朱之教，高山仰止。明神在前，益殚其居敬、穷理之学，致其戒谨恐惧之功。所诵习者，皆修己治人之方。所发摅者，皆躬行心得之验。将见科目得人，真材日出，以尧舜君民为心，以一夫不获为耻，出其素蕴，可以奠生民而安社稷，撑天地而炳日星，岂惟一邑之光？世运人心，犹将赖之矣！然则斯阁之建，又岂仅以区区科目之荣邀惠于神之一顾也哉？

阁建于同治九年八月，凡五月而工竣，丹垩备，钟鼓，供像，设具器如式，金碧照耀，干霄插汉，凭栏一望，沩山、沩水之胜，如在几席。是役与仰极台并举，凡费三千三百六十缗，刘公捐银七百四十两，刘元尊军门端冕三百两，喻蓂生都转步莲三百两，以书院累年余赀而事以集。监修者为姜香畹、贰尹瑞芳、刘若亭少尉大诰，其额则刘公笔也。直书大概，用告来者。

仰极台记

天下之事惟公于其心而达众之情者，无不举之事，而或视为勤人而务不急，以为吾之所为，苟足以供吾之优游暇豫焉？斯可矣。何必劳而葺之，以利后人，而徒自取戾哉？彼盖私于其心而惟已之利，宜其所见之隘也。天下郡县书院堂庑斋舍之外，必有台池苑囿，以为登眺游息之所。钜人长者，每勤而兴之。盖乡之俊秀群萃州处，汲汲皇皇，以精其业，然良辰佳节，风日清美，必有一日之适，以休其心而畅其趣，而山川之佳胜，贤达之风流，复足以兴起感发其志气，其为有益于人也大矣！

克庵刘中丞既倡建书院于邑之水云山，越三年，开府秦中，复寓书里中父老，建台于其前，以其面北，署曰“仰极”，而亲书其额。未几，而中丞以太夫人年高，乞养归里。瑞松亦奉亲山居，当事聘主斯席，中丞岁一再至，顾瞻斯台，辄为徘徊不去者久之。每当时雨初歇，清风徐来，余以讲课余闲，获一登眺，樵歌牧唱与泉韵书声相互应答，平畴秀错，男耕女馌，《豳风》《无逸》之象，如在目前。东望横市，廛舍鳞次，澄江如练，双流交汇，鸡犬相闻，桑麻被野，则见圣朝仁育之深焉。西望沩山，上矗云表。官山之麓，张魏公父子之所藏也。魏公戮力时艰，志扶社稷，凛凛然鞠躬尽瘁之谊，上通神明。南轩阐明义利之辨，功在万世之人心，闻其风者，犹足以廉顽而立懦也。南望水云诸峰，蜿蜒迤逦，争奇角秀，不可绘画，朝岚暮霭，变态无穷，泉石幽深，令人有遗外声利之思。武侯躬耕南阳，其为学以淡泊宁静为宗，兹山之胜境与心会，尤足增长道心，殆有隐君子处其间乎？然则斯台之建，固非徒乐爽垲，遂娱赏而已也。昔范文正公功名满天下，事业满边隅，而白发忧边，尚惓惓于圭峰水月。中丞宣力东南，澄清关辅，自其为屏翰，仗鈇钺，即惓惓于兹山不置。盖道韵平淡，不以宠利萦怀，真有得于山水之乐者。其在秦中，上疏陈情有云："草野不忘朝廷，一日岂负君父。"

昔贤居庙堂之高则忧其民，处江湖之远则忧其君。中丞虽退居田里，芒鞋竹杖，徜徉于山巅水湄，其名斯台之意，盖犹欲胥乡之髦俊，歌咏诗书，优游礼让，于兴教劝学之中，共识尊君亲上之义，于以培成桢干，上报国家，其用心之公，所施甚远矣。后之君子登临俯仰，睹前人之勤于作德，其亦有奋然而起者。夫天下之事苟公其心以相照，宜无弗济者，独一台乎哉？是役与奎光阁同时经始，其落成月日及捐赀、监修姓名具见于《奎光阁记》中。观者谓其胜不减岳麓之赫曦台云。

希贤堂记

沩江山水清厚，代生人杰。自宋时析置宁乡，而易山斋先生遂以学问文章彪炳一代。宋末，张公镗起义勤王，提一旅之师佐文信国，间关险阻，百折不回，卒以身殉，大节凛然。明文皇时，张公敏御寇尤溪，力竭捐躯，后先一辙。刘公端出守关中，惠政及民，而执亲丧，哀毁庐墓，朝廷表其孝行。至密庵陶先生文章名世，孝友著称。鼎革之际，隐居不仕之数公者，所遭各异，树立亦各不同，而其硕学鸿文、奇节至行，要皆可师可法者也。数公游息之处，皆与水云山相近。书院为学者萃集之地，观感尤切，不可无以妥神灵。克庵刘公遂议建祠以修祀事，爰属李澍芸上舍、何雨畦二尹，择书院前右方隙地一区，庀材鸠工，葺宇三楹，缭以周垣，前为正门，费二百余缗。以同治辛未九月经始，阅两月而工竣，额曰“希贤堂”。自是而春秋致祀，可以容骏奔，光裸献矣。适王逢原上舍暨其族人俊彦等公捐赀及田亩，助士子膏火，而请以其祖瞻表公父子附祀。瞻表公，名陛天，性孝友，明季以明经司牧滇中，历著循声。子维汉，字云仲，父卒，万里扶榇，哀感路人。从姪兵燹散失，自粤访得之，资以田产。流寇肆掠，设法捍卫。岁饥，捐资募守，寇不入境，乡里赖之。尝读书白云寺，去兹山不二十里。二君高风笃行，媲美前贤，俎豆于诸公之列，均可无愧，遂并祀其主于兹堂。

夫诸君子事功风节，并垂简册，即无斯堂，无所于亏。至殉节诸公，忠肝义胆，身家不顾，于堂何有，而桑梓之典，则为有旷，使非乡于教化，兴于行谊，欲崇奖先贤以风厉来者，又谁与成此也？嗟乎！诸君子之没已数百年矣，登斯堂尚慨然想见其为人，彼夫当时穷达显晦之遭，固已如浮云变幻、沧桑改易，无复陈迹之留贻，而数君子志节文章，光焰常新。至于忠孝英灵之气，炳日星，镇河岳，尤足以扶世道而正人心。千百世下犹欲崇数亩之宫，以寄其高山景行之思，不可以瞿然憬悟，而思所以不朽之故也哉！瑞松乡里后学，寓砚兹山，因窃记数言，以告后人，俾有所考焉。

云山书院藏书阁记

《易象》云：“天在山中，大畜，君子多识前言往行，以畜其德。”盖展卷诵读，则上下千古，嘉言懿行，闻所未闻。智识于以精明，涵养于以深厚，非徒博闻强识，夸多斗靡而已也。自士人日骛帖括，而乡塾之间，大率束书不观，遂鲜真读书人，而天下几不获收读书之效矣。昔人尝谓皋、夔、稷、契，何书可读，而蔡虚斋先生谓此数公虽不读书，未尝不穷理，使皋、夔辈生今日，其能已于读书，但不肯为今日之俗学耳。斯诚学者之箴砭也。刘克庵先生既倡建书院于水云山，俾邑之人以实学实行，争自策励，复虑寒畯置书不易，乡曲见闻甚隘，不足为研精耽道之助，捐赀置书数千卷藏其中，以资学者诵习，而必不可少之书，仍陆续购储，而设藏书阁以庋。

夫古今载籍，浩博无涯，而要以有用为贵。有用之书，以关系学术治道为宗，其精要具载于六经，而散见于诸史子集，学者苟善读之，则通经致用，诚有如以《禹贡》治河、以《春秋》断狱、以《论语》治天下致太平，则书之为功于世大矣。非然者，徒资记诵，而无补身心，无关世道，甚至一旦得志，所行或背而驰焉。如孔光之不识进退字，张禹之不识刚正字，许敬宗之不识节义字，亦乌用读书为哉？是则非先生置书之意也。近时，益阳胡文忠公建箴言书院，广罗载籍，于《四库全书目录》经、史、子、集外，凡名人著述，有关世道之文，捐千金购之。盖欲振起士风，必先讲求器识，而抱守残缺则不足以旁搜远览，博通天人。克庵先生之意，盖又与文忠不谋而合者。夫一家之中，父兄之于子弟，望以文章，期以实用，为之延名师，取益友，积书史。谋之者既周且挚，未心能人人有成，而善气所流，见闻所及，中材之子必能束身寡过，为乡里善人。久之，亦必有隽异之材崛起而昌大其门。而况一邑之大，山川灵秀所钟，其私淑于前贤之教泽至深且远者乎？吾乡之士，苟能潜心实学，明体达用，他日必有以德行经济卓然名世者，斯其实不易副，而余固日以为多士望矣。是为记。书目及看守章程，备列于后。

惜字文社碑序

周仁伟

世无读书而不敬圣人之人，即无敬圣人而不惜字之人。特乡村茅舍、市阓通衢，故纸残墨，飘零践踏，不可胜计。而过焉者，恒熟视若无睹，非尽人之无知，抑倡率而劝谕之者无其人也。伟等募赀公建惜字文社，掌管生息，雇人收拾而焚化之。夫儒者修身力学，举凡理之所当为，心之所难安，力之所能致者，皆当随分以自尽，而福报之说不与焉。又况迪吉逆凶，存乎天理之不爽者，更捷如影响也。诸君力勷义举，将见本此惜字之念，以推于无穷。懔诸心典训，式如金玉；谨诸笔挥毫，勿为厉阶。慎于言，片语无伤忠厚；体诸事，防检俱溃大闲。是又扩而充之，以自求多福者矣，岂第于片纸只字掇拾而敬惜之也哉。

步云桥渡记

邑西九十里水云山，吐纳风云，千岩万壑，望之蔚然深秀，沩流经其下，环绕如带。江面广三十余寻，旧伐木为桥，旁设义渡，置田叁亩，以资舟子。惟租入至薄，舟坏不能复，桥亦屡修屡坍，行者病之。同治乙丑，邑人建书院于兹山之麓，轮蹄络绎，遂为孔道。爰集资重新是桥，并复义渡，而额其桥曰“步云”，属余为之记。

余维利济之事尽人宜为，亦视乎其心而已。心之所属，力虽不及为之，必求底于成。苟不属焉，即力能及者，亦卒不肯为。逡巡退避，相习成风，而事之不举者多矣。吾邑当百废具兴之后，工作频仍，诸君子好义急功，争先恐后，人心风俗之厚，为何如也。夫天下之大，生民之众，困苦颠连之有待于拯拔，流失败坏之有待于补救者，何限？苟有所甚迫于中，不以患之未形而缓其忧，即不以事之可诿而宽其责。欲贻众人以安，必先自其心之有所不安始，然则利济之事，岂独斯桥为然也哉？

书院之建，刘公克庵倡之，桥渡之修复，亦犹刘公之志，而首其事者，则曾君敬庄毓郯、刘君瀚生汝康也。昔南轩先生申明义利之辨，功在名教其过长桥有留题诗碣，宁人传诵至今，犹想见其流风余韵。兹桥相距不数里，皆负笈从游者往来必经之地，追维南轩夫子所以教人之意，与克庵先生欲吾乡人兴起于学之心，其亦有惄然不安，奋然以起者乎？然而盛衰靡定，兴废无常，善守善创，存夫其人，以斯桥之屡修屡圮，盖前人已成之举，得诸君子遵而守之，廓而大之，臻于完善，而后此之废坠与否，尚未可知，则又不能无望于后之君子也已。桥畔建屋数楹以居守者，置田二十二亩，岁入租四十三石，以资守者傭值及岁修之费。助资者悉泐名于石。董其役为刘君若亭、陈君灿远、姜君香畹，并悉志之，以告来者。

钟 铭

刘典

负万钧之重，而垂千载之名，将有钜人硕德应运而兴兮，以大庇乎苍生。吾以庆斯阁之成。

磬 铭

来匪泾水，产岂泗滨，击以知民，繄廊庙之珍。

鉴泉铭

壬申之春，克庵中丞聿来讲院，相择右隅，命凿一井，以引山泉，可汲可酌。越岁癸酉，夏秋大旱，汲者弗便。审视其前，平畴之中，似有泉脉，畚锸载兴，泉随涌出，甃以砖石，数日而竣。方广数尺，深可半寻，一泓莹然，洞鉴毛发，味尤甘洌。同人欢欣，请于瑞松，命曰鉴泉，爰系以铭。其词曰：

云山之曲沩水滨，平开一镜涵星辰。溥和甘兮润生民，勖哉多士占王明。永矢忠孝鉴精诚，于千亿祀视兹铭。

楹联

讲堂

知宁乡县事郭庆飏联云：

广庆正新开，乐此间化雨宜人，春风坐我；

前程当远到，望多士文章华国，经济匡时。

刘典联云：

为将十年，每思禁暴安民，愧无格致诚正本领；

读书万卷，须知明体达用，不外子臣弟友常经。

童秀春联云：

宰相须读书人，请业执经，即他日立朝地步；

秀才以天下任，正心诚意，在当初入学工夫。

先贤堂

姜于冈联云：

作圣道干城，真正渊源宗泗水；

肃士林拜跪，嵯峨庙貌镇沩峰。

崇道堂

姜于冈联云：

宣微旨以明，讲席几重曾鼎峙；

养正功宜报，祀筵并列此升香。

文昌阁

姜于冈联云：

文曰思，文曰明，辉光连斗极；

昌而炽，昌而大，芘荫到儒林。

奎光阁

姜于冈联云：

阁势穹窿，直参太皓；

神光煜烁，大启文明。

大门联云：

福地拥双峰，近南轩居，问道须从者里过；

文澜连二水，溯玉潭派，寻源都向此间来。

仰极台

姜于冈联云：

万丈光芒迎斗极；

四围烟景助文章。

又讲堂联云：

沩山沩水有奇光，读圣贤书，致用当储公辅器；

名儒名臣无二道，任天下事，存心须在秀才时。

崇道堂联云：

开绝学在城南岳麓以前，沩水灵峰留正脉；

续真传于乾道绍熙之际，中庸太极阐精言。

文昌阁联云：

忠孝成神，共仰星辰钟将相；

文章司命，原凭德行重科名。

奎光阁联云：

彩笔自凌云，有万丈光芒，上腾霄汉；

高楼真得地，看千秋人物，并壮江山。

仰极台联云：

图画自天开，喜双峰叠翠，二水过澜，争现名山真面目；

楼台平地起，看四野桑麻，万家烟火，尽成此处大文章。

希贤堂联云：

一龛萃忠臣孝子节士名儒，唐宋以还，共数千秋人物；

四面皆崇山峻岭茂林修竹，水云之曲，长留数亩祠堂。

凌云亭联云：

桃李阴中，幽径能来采药客；

石泉声里，危岩时倚看云僧。

卷　二

周瑞松辑

田　额

书院置膏火田，以垂久远，为国家培植人材，甚盛举也。创行伊始，规模有定，司事者经理得宜，岁租自归，核实田界分明，亦莫敢欺隐。特恐年湮代远，顽佃刁民，影射侵欺，不可卒问，或私自加规转种，致租入短少，清复遂难。兹将各田亩数、坵名、租额，详晰载入，以杜流弊。惟云山租无定额，岁有丰歉，谷价有贵贱，租入亦有赢缩，兹悉就现额书之，附载契券各约，庶后之君子，按籍而稽，得以随时整理云。

户名、佃规、租额及田名、坵数，除原契已经批明外，均在契批后接录，不另开载，以便检阅，仍载原立契券年月备考。又步云桥及惜字社田，另有首事经管，不归书院膏火开销，故契券附录于后，粮饷、田亩、租额，均见前章程及契券内，不载入总目，以免混淆。

粮饷总目

书院所置田业暨兑业、捐业、粮册，均更名云山书院。

六都一区窑笏嶺，饷一两一钱七分。

六都一区南田方郭家坝，饷一两三钱。

六都一区南竹山，饷一两一钱七分。

十都五区、十一区麻家屋场新塘冲姜家段，饷四两四钱一分。

十都十一区泥湖冲，饷一两七钱。

九都十四区留富塘，饷九钱一分九厘，系佃完。

八都九区横塘湾孙家冲，饷一两六钱三分。

六都一区黑门楼实竹塘，饷八钱七分五厘。

六都一区、十都五区屯田段，饷一两七钱五分三厘、边屯饷一钱七分七厘。

十都五区沙堆子，饷一两一钱八分七厘。

田额总目

窑笏嶺田三十一亩，因建书院，田多废处，租三十二石五斗，在六都。

南田方郭家坝田四十三亩，租九十石，在六都。

南竹山田四十一亩，租八十四石，在六都。

麻家屋场新塘冲姜家段田，共一百六十一亩，租三百八十一石，在十都。

泥湖冲田一百三十亩，租一百九十石，在十都。

留富塘田一契，租系八出斗，扣行斗谷七十二石，在九都。

横塘湾孙家冲田六十亩，租一百二十六石，在八都。

黑门楼实竹塘田一十四石四斗，租一百五十二石，在六都。

屯田段田七十三亩半，租一百一十五石，在六都、十都交界处。

少堆子田三十六亩，租九十六石，在十都。

书院后山场三契坡岭，共十余处，看守屋三所。

六都一区大西冲窑笏嶍田契

立买契人刘廷相偕男芳选、毓南、淇竹，今将六都一区地名大西冲窑笏嶍，原接魏姓契内荒熟水田三十一亩，大小不计坵，册载户名魏文清，正饷一两一钱七分正，并住屋、庄屋两处，瓦屋、茅屋、左右厢厦、横屋、杂屋、牛栏、猪牢、槽门、过厅、桁条、亮窗、包皮、门片、余坪、基地、堤围、墙垣、园土、粪荡、塘池、坝圳、鱼分、水分、围园、山场、竹木、荒坪、余地等项，悉行扫售。请凭中人杨礼阁、刘忠元等卖与云山书院公管为业，当日得受九九七底铜钱一千五百六十千文正，并底串、润笔、扦田酒席、出屋搬家、起佃，一切外费，概属在内。系廷父子亲手领足，未少个文，外未具领。其田山界址倘有不清，出笔人理落。此系甘愿，并无别情。自卖之后，凡属原接魏姓契内之田山、屋宇，已载未载、已垦未垦，扫卖无存，任合邑公管修建书院，更户输纳，永无过赎异言。如有隐匿契约，日后执出无用。今欲有凭，立此文契一纸，附书院首事永远轮流收执为据。

计批田园、山土四抵，东齐王田、王塘，转至垄坑；上下齐僧田，至大西冲河港中为界；南齐僧田，横截至上屋上首港路为界；西齐刘照凡园，骑仑墙脚直至下屋后竹山下首，由塘基出，以古檀树拆沟至下为界；秧田园外齐刘照凡田为界；北齐魏坟围为界。界内田园、山土并无混杂，屋宇、基地，上下一连两所。又观音坝水，其圳伴僧田塍直下水，由圳照额轮流，附书院公管，接注田亩无阻。又观音坝下阴械一道，至冷水坝，其冷水坝窖立天平左边，天平水入阴槭，水田圳路注田，附书院独管独注。又水塘二口，书院独注独管。又窖笏觜大湾坵浸水荡，附书院独车独注。又窖笏觜魏姓祖母王氏坟茔，坟后凭茔顶发尺二丈五尺，齐田砌石为界，坟右凭茔顶发尺二丈二尺，齐田砌石为界。凡蓄树木，魏人自扫，不得遮荫书院田。又老契内邱人坟一冢，系在魏坟禁内，不与书院相涉。又魏人兑契内蛇形山，原有架枧接注一批，久已废额，不须此水，魏将是业售刘。今刘转售书院，凡毗连业次，亦不得藉批架接。又田名大坵一坵，长坵二坵，小坵一坵，蜡树湾坵一坵，泉塘湾坵一坵，木匠厂一坵，亭子坵一坵，小田一坵，方坵一坵，路长坵一坵，三角坵一坵，连山坵二坵，杨家垅墈边一连三坵。

此业因建书院，故田多废处，大小共一十七坵，更户名云山书院，进规一百八十串，租三十二石五斗。

僧临轩兑田契

立兑田业文契人僧临轩师徒，今将六都一区地名大西冲口水田十亩，窖湾坵一坵，砧板坵一坵，桐子坵一坵，下砧板坵一坵，泉塘背上大坵一坵，长坵一坵，过水坵一坵，小方坵一连二坵。又沙子湾伴书院山脚田一连三坵，路下长坵一坵，兑与云山书院，首事刘瀚生、姜香畹等修造耕作管理。兑得书院水田十亩，大湾坵一坵，冷水坝大方坵一坵，小方坵一坵，大湾坵下长坵二坵，过水坵一坵，鹅颈坵一坵，葫芦坵一坵。此系以田兑田，各完各饷，水原各照契额荫注，比日扦踏过丈，并无彼窄此宽，又无互混不清。自兑之后，永无异言，今欲有凭，立兑契附书院永远收执为据。

此田半作书院基地，其余并入大西冲窖笏觜业内。

同治四年十月　日笔。

六都一区大西冲口建奎光阁地基契

立契出卖水田人王我龄、锡龄、鹤龄、与龄兄弟等，今将六都一区地名大西冲口前水田，丈谷七石，册载户名王云山，边出正饷五分一厘，凭中出卖与云山书院，以建奎光阁。当得受时值价钱七十七串正，系龄等亲手领足，永无异言。今欲有凭，立此文契，附书院永远收执为据，更户名云山书院。

同治九年七月　日笔。

六都一区南田方下郭家坝田契

立契出卖水田、屋宇、地基、筒车、坝圳、车埠、河洲、山场、竹木、粪荡、园土等项人刘凤泰兄弟，今因移业就业，商议将六都一区原接魏白乔之业，地名南田方下郭家坝水田四十三亩，册载户名魏寿，正饷一两三钱出售，尽问亲房人等，俱称不受，请凭中人黎南甸说合云山书院首事名下承接为业，当日得受九九七钱一千二百串文正。系凤泰兄弟亲手领足，未少个文，并杂项一概在内，毫无外费。此系情愿，并无谋勒，准折自卖之后，任云山书院修造，更户输纳，永无回赎异言。今欲有凭，立此卖契一纸，附云山首事永远收执为据。

计批东抵玉潭书院田为界，西抵陈田为界，北抵大河中为界，南抵玉潭书院田边路下三亩坵边魏圳，直至玉潭田为界，又南抵自屋右垣墙外水田，从圳口湾坵起及过圳二亩坵斜下之田，俱在契内。其抵外朱东坡圝仑，上齐举顶，下齐水坎，左右俱以两边坡中为界。赵家坡山一侧，上齐骑仑，下齐田塨，左抵刘堤，右抵坡中为界。田塨路上园一只，概附云山书院首事管理。其筒车二架、车埠一只，系书院独管。其有筒车港两边洲土及河中大坝，俱照筒车九股得二。又田名大河边上屋场田一坵，棉花坵一坵，秧田一坵，小荡坵一坵，上荡、中荡、下荡共田叁坵，抬头坵一坵，水牯脑田一坵，大方坵一坵，五亩坵一坵，方坵一坵，圳口湾坵一坵，二亩坵一坵，屠刀坵一坵，直坵一坵，小方坵一坵，大小共共计十七坵。契内小方坵今与屋场坵通作一坵。又同治九年重修郭家坝一座，十三年新架茅屋一宅，更户名云山书院，进规二百串，租九十石。

同治四年七月　日笔。

六都一区南竹山田契

立契绝卖田业人刘照凡兄弟，今因移业就业，合室商议，愿将六都一区水云山地名南竹山荒熟水田四十一亩，并塘池、圳坝、水源、屋宇、牛栏、仓廒、杂屋、单双门片、基地、墙堤、围垣、槽门、粪荡、山场、竹木、茶兜、棕桐、杉果等项，册载户名刘槐，正饷一两一钱七分五厘，悉行扫售。尽问亲疏人等，俱称不受，再四挽请中人姜茂兰、秦海门、陈燦远、刘中元说合，云山书院首事承接，归公管理。比日得受田价钱一千八百串正，系九九七底钱，系照凡兄弟亲手领足，并未短少个文，并包头、酒席、润笔、押字、扦田、起佃、底串诸费，一概在内。此系甘心绝单扫售，并无谋勒、准折等情。自卖之后已载未载，概属书院公上管理，倘有遗漏，字约日后检出交公，永无过赎异论。今欲有凭，立此绝卖文契，附书院公上收执为据。

计批南竹山庄屋一宅，杂正俱全，内外大小门片、桁桷、仓厫、槽门、垣内外余坪、粪荡，一概在内。田从癞子山坝起，随河直出冲口，沿河折转至魏人墓前滩田，由窑笏背抵书院田，随园塝山边绕上至癞子坝为界，无间无存，均属独管。庄屋、园内秧田系接僧田余水注荫，倘天年不顺，车四亩塘水由僧田栗树坵照额作圳放注。水塘二口，独管独放。癞子坝一座，系独管。坝上水源系接牛仑坡，僧人坝下水注荫，僧人不得截源作坉。窑笏鞘魏坟上额圳一条，接水注荫滩田。其山从月形山石鞘拆沟直上，骑仑分水绕上大仑顶，拆堤直下抵僧庄屋下首壕堤，至田边为界，其中坡隯中鞘一概在内。又癞子山从鹰鞘石齐仑脊直上癞子山仑顶，随仑顶转下，挨书院青龙山，骑仑分水直下窑笏鞘为界。围园二双，均在契内。又月形山江姓坟茔一冢，凭茔顶左右上下三丈。癞子山唐人妻坟一冢，各方二丈。廖坟一冢，周围五尺，只许标挂。窑笏鞘刘坟二冢三棺，俱照老契批载。塘鞘上龚人妻坟壹冢，左右上下凭茔顶壹丈伍尺，龚人女坟壹冢，左抵廖人坟禁上下，右凭茔顶壹丈伍尺，拆沟为界。窑园堤外刘中元坟山一块，上至下一十五丈，左至右七丈，窑园外田边龚人坟一冢，后抵田塝，前左右凭茔顶贰丈八尺，不得蓄禁荫田。又窑园内龚巨和坟一冢，穿心叁丈。又古冢三堆。又田名桂花坵二坵，塘槭坵一坵，细月形坵一坵，猪肚子坵一坵，大月形坵一坵，枧坵一坵，井方坵一坵，巴子坵一坵，进水坵一坵，巷子坵一坵，四亩垅共五坵，坝头坵一坵，亭子坵一坵，蜡树坵二坵，叉子坵一坵，坟山坵一坵，窑笏鞘滩上大小共六坵，屋上首园内秧田二坵，大小共三十坵，更户名云山书院，进规四百串，租八十四石。

同治五年八月　日笔。

十都五区、十一区麻家屋场新塘冲姜家段田契

立契出卖产业人李广亭偕男镇湘，今因移业就业，父子商议，情愿将父彩轩公原接李日新十都十一区地名新塘冲，李文焕、华国序、五仲文十都五区，地名麻家屋场，李辉先叔侄十都十一区地名姜家段并关分业，共

荒熟水田壹百陆拾壹亩，册载户名十都五区李彩轩，正饷四钱八分八厘正，李汇升正饷四钱八分二厘正，十都十一区李维镇正饷三两四钱四分正，并屋宇、山场、塘池、圳坝、沟荡、泉井、山林、竹木、余坪、基地、门框、门片、楼栿、楼板、古屏、亮窗、牛栏、仓屋、木枧、栏干、槽门等项，一概扫售。尽问亲房人等，俱称不受，只得挽请秦棣楼、李绶印、李映魁、李月江为中，出卖与云山书院承受管理，得受九九七底钱伍千串正，并包头、押字、酒席、润笔、底串、起佃、脱业、出屋、搬家等费一概在内。系广父子亲手领足，未少个文。其田山界址，就日扦踏明白，所有新老契约一概发交。倘有遗匿，日后执出无用，惟分关一部，附载契外田业，不便发出，钞粘附存。总之，四契关分产业，寸土寸木，毫无摘存。如有互混不清，系出笔人理落。此系心甘情愿，并无谋准等情，自卖之后，任受业人更户输纳，永无过赎异论。今欲有凭，立此绝卖文契一纸，附受业人永远收执为据。

计批麻家屋场住屋一宅，左首庄屋一宅，新塘冲庄屋一宅，住屋对门庄屋一宅，四处屋宇杂正俱全，门框、门片、楼袱、楼板、亮窗、古屏、花格、阑干、垣内外余坪、基地，一概在内。其田西抵本宅后秦田，齐大路横截为界；北抵姜家滩李绶印田为界；南抵刘会东栗树坧起，至李月江庄屋后打卦坧为界；东抵住屋对门庄屋后，下至内烂园古堤，抵喻姓坝湾田为界；新塘冲田一冲，牛角冲田一冲，均出冲抵沙泥塘为界。但四抵之内颇有间杂，不便细批，另开田单一纸附契。住屋门首月塘一口，住屋背后圝塘一口，新塘冲新塘一口，长塘一口，长塘尾上塘一口，双叉冲尾小塘一口，新塘冲庄屋门首塘一口，牛角冲塘一口，住屋对门庄屋门首塘一口，鱼泥水均属独管。下萧家塘一口，水照额注荫无阻。大泉塘水、小坝水，均照额注荫无阻。新塘冲塘水放出由李绶印、映魁二亩冲口小田经过，不得阻塞。沙泥塘屋侧古圳一条，新塘冲诸塘水照额经过，不得挡塞。其山从二亩冲进冲左鞝逢中直上仑顶，骑仑分水，左旋一路绕至黄荆坳，抵李映魁山为界。界内坡隨中臂软坳，均下齐田边，无间无存。又双叉冲进势左侧李绶印山一面，不在契内。姜家屋场滩上李绶印蒿叶垣、水碓垣、秧田垣、堆子垣、段中湾八升、猪肚子垣、二亩垣，系二亩冲塘、黄眼塘水荫注。若因旱，本塘水尽俟书院田开，新塘冲诸塘水放注，非历额荫注之田，亦得照样带放，李绶印不得擅行开塘自放。又刘照凡大鹅公垣，亦宜照样。又书院放新塘冲诸塘水或远或近，若由李人田内过水，作田者不得阻塞，放水者不得沥干，倘本田有水，过水者须照样存留。又内烂园田内李月江、李福斋兄弟过水圳一条，不得毁塞。新塘冲庄屋上首李鲁卿胜孚母何氏坟一冢，凭茔心发尺，各方二丈五尺。圝山背李人坟一冢，前后左右穿心四丈。沙泥塘尾上李华国父坟一冢，上下穿心八丈，左右穿心五丈。新塘冲李广亭摘存阴穴一处，上至下六丈，左至右六丈，窖石为界。又麻家屋后李祖母汪氏坟一冢，凭茔心起下二丈五尺，右一丈五尺，左一丈七尺，上二丈三尺，日后不得进葬砍伐。沙泥塘长仑背李陈氏坟一冢，无丈尺。新塘冲进冲右侧唐玉书坟，界上齐仑顶发尺，直下十丈，左右横过共八丈，四面拆沟为界。

又麻家屋场田名樟树垣二垣，老秧田一垣，尖二亩二垣，小方田一垣，五升垣一垣，当门垣一垣，井垣一垣，壶庐垣一垣，鲤鱼垣共四垣，小鹅公垣一垣，大鹅公垣一垣，三角垣一垣，三升垣一垣，路长垣一垣，陀背垣一垣，八升垣一垣，小平地垣一垣，方垣共四垣，水碓垣一垣，湾垣一垣，大平地垣一垣，过水垣一垣，茶盘垣一垣，当水垣一垣，大湾垣一垣，牌子垣二垣，姜家滩二垣，井背上桃叶垣二垣，晒谷垣一垣，土地垣二垣，竹山垣三垣，溢眼子垣一垣，带子垣二垣，白坟山二垣，三眼塘二垣，上土地垣一垣，月光垣二垣，秧田园内大小六垣，路湾垣二垣，大脑垣一垣，小三角垣一垣，圝塘背上共三垣，圝塘下共五垣。屋下首园内湾垣一垣，小田三垣。又小坝背田名路长垣一垣，鹅公垣一垣，三升垣一垣，四亩垣一垣，当水垣一垣，湾垣一垣，牌子垣三垣，七亩垣一垣，当上共三坵，峡子坵一坵，过水坵共四坵，堆子坵一坵，尖坵一坵，桃形坵一坵，烂园口上一坵，长坵一坵，枣核坵一坵，进水坵一坵，沙坵共三坵，枧坵一坵，打卦坵一坵，木林坝圳边小田共十一坵，老秧田一坵，新秧田一坵。又新塘冲、牛角冲两处大小共六十一坵。此契合共壹百柒拾玖坵，更户名云山书院，进规七百串，租叁百捌拾壹石。

同治三年十月　日笔。

十都十一区泥湖冲田契

立卖契人邓奉先父子，今将十都十一区地名泥湖冲，原接范美科兄弟叔侄等契内荒熟水田壹百叁拾亩，俱系新塘、月塘、大井坝水车放注荫，册载户名刘光烈，正饷一两七钱正，并瓦屋一只、茅屋二只，各屋左右厢厦、杂屋、门片、禾场、基地、园土、粪荡、围堤、墙院、大小围山、松杉、竹木、诸色树只、塘池、坝井、车埠、水圳、坉当、水分、鱼分、余坪等项，悉行出售。尽问亲房人等，俱称不受，挽请中人杨邦达、邓六[illegible]等，说合云山书院承接，阖邑公管为业。当日得受田价钱贰千叁百串文正，并底串、扦田、酒席、润笔、起佃，一切外费在内，系邓奉先父子亲手领足，未少个文。其田山界址比日扦交，倘有互混不清，出笔人向前理落，不与书院首士相干。此系甘愿，并无各情，自卖之后，凡属邓人原接范姓之田山、屋宇等项一笔扫售，毫无存留，任书院首士更户输纳，永无回赎异言。如有隐匿契约，日后执出无用，今欲有凭，立此卖契一纸，附书院首士轮流收执，永远为据。

计批水田，东抵新塘尾园内，齐土边为界。南抵甘姓田，齐圳直下为界，西抵姜姓田为界，北抵姜姓堤为界。四抵扦清明白，任公扫荫无阻。又批泥湖冲进冲右瓦屋一座，屋后大园一只，周围以堤为界。门首园一只，南岸侧牌山一岸，大园外出山右侧牌山一岸，进冲右茅屋一只。又屋后大围园一只，小围园三只，新塘北岸侧牌园一只，进冲左姜姓庄屋上首小园一只，进冲右瓦屋后园内范邓氏坟一冢，横直穿心一十五丈。又瓦屋后张姓坟一处，上至下八丈五尺，左至右十丈，屋后坐势左侧张人坟一处，至右十三丈五尺，上至下八丈。又瓦屋出门右张姓坟一冢，凭茔顶发尺，后三丈一尺，前一丈五尺，右一丈六尺，左一丈四尺。瓦屋出门左张人坟一处，横直三丈五尺。又批黄荆塘屋下手堤外张姓坟一处，上至下九丈，横三丈。屋门首蛇形鮹中张姓坟一处，横直穿心六丈。进冲左侧屋后园内邓忠滨坟一冢，邓姑母坟一冢，横共二丈五尺，直共二丈五尺。小园内邓忠孚坟一冢，横直穿心二丈。瓦屋出门左侧甘姓坟一冢，三棺，齐茔顶发尺，上下各二丈四尺，左右各二丈二尺，大井水姜人四股得二。又月塘水注荫姜人木马滩小田二坵，细山鮹谢文胜坟山一处，续葬祖母、母亲、伯父，坟茔四排，上齐大路直下至鮹穿心十丈，左抵水圳，至右田边横过七丈有额，田边任芟荫无阻。又田名新塘背上大小田六坵，新塘脚下小田一坵，路长坵一坵，桐子大坵一坵，带子坵一坵。又桐子坵一坵，当上一连大小六坵，上沙田一坵，下沙坵一坵，梨子树坵一坵，脚下大小田八坵，月光坵一坵，小田一坵，大方坵一坵，小方坵一坵，长坵一坵，裤裆坵一坵，穿眼子田一坵，圝坵一坵，湾坵一坵，瓜瓢坵一坵，枕脑坵一坵，桐子树坵脚下一连大小田五坵，秧田一坵，路长坵一坵，一连小田三坵，路长坵一坵，堤脚下长坵一坵，巷子口三角坵一坵，油榨坵一坵。又路长坵一坵，小田一坵，井坵一坵，荡坵一坵，大湾坵一坵，豆壳坵一坵，圝坵一坵，月塘背上一连二坵，湾坵一坵，猪肚坵一坵。又田一坵，尖坵一坵，袜子坵一坵，小田一坵，脑湾坵一坵，背上田一坵，小田一坵，长坵一坵，新开坵一坵，当门大坵一坵，荡坵一坵，脚下一连二坵，土地坵一坵，荡坵一坵，方坵一坵，小田一坵，抬坵一坵。又小田一坵，大井牛角坵一坵，小田一坵，三角坵一坵，脚下一连大小四坵，大井边田一坵，大井坵一坵，过槭坵一坵，枧坵一坵，圝坵二坵，小田一坵，白水坵一坵，门板坵一坵。又白水坵一坵，小田一坵，裤档坵一坵，方坵一坵，坝边上田一坵，方坵一坵，沙子坵一坵，曲尺坵一坵，涖坵一坵，小涖坵一坵，方坵二坵，猪肚坵一坵，濠沙坵一坵，当上秧田一坵，小田一坵，檀树坵一坵，细屋觜田一坵，抬坵一坵，堆公坵一坵，小塘槭一连二坵，大塘槭田一坵，弯弓坵一坵，方坵一坵，湾坵一坵，圝坵一坵，袜子子坵一坵，白水坵一坵，上牌子田大小四坵，节坵一坵，脚下一连大小六坵，长坵一坵，小湾坵一坵，竹高坵二坵，脚下小田二坵，窑坵一坵，背上一连大小三坵。又小田一坵，共一百五十坵，更户名云山书院，进规肆百零陆串，租壹百玖拾石。

同治四年四月　日笔。

九都十四区留富塘田契

立卖契人夏李氏率男锡畴、秉乾，孙谷秋兄弟等，将九都十四区地名留富塘公膳水田一契，册载户名夏桂轩，正饷玖钱壹分玖厘正，并屋宇、山场、园土、水源、坝圳等项，概售于云山书院公管为业，凭中李仙圃、谭锡亭、张竹村等议定，时值价钱壹千叁百叁拾串正。并正杂外费一概在内，系氏亲手领足，自卖之后，任公管理无异，立此为据。

计批屋门首田二坵，上抵夏有德田，下抵夏敬夫井坵，屋下首小坵一节，对井坵路直上土塝，由墙角余地外小路至古冢左边，凭举顶中分直上，抵夏斗南土沟，横过抵有德侧面土，直下照势过下熟土三梯，中分抵塘塝，转人行路至屋上首，四围窖石为界。屋后坳上土一处，北抵杨姓山土。西抵夏有德土，又抵自田。南抵夏镇定土，又抵夏有德田。由湾转至东，连田大小六坵，东南抵夏镇定田土，凭人行路直上，抵杨姓坟山为界。其田系窑塘水注荫。又洗马段田柒坵，上由千工塘背上大路起，至夏东元庄屋下首园门坵，下抵石鞜头塘背上，随田转抵千工塘背为界。其田系蝦公塘、湾塘水注荫。石鞜头园内熟土两块，四抵窑石为界。石鞜头上段大湾坵一坵，连五坵大小三坵，石鞜头塘水车荫大路脚下当子坵一坵，坝水注荫。杨家湾槽门外方坵一坵，杨家祠堂门首梭子坵一节，祠下首石头长坵二坵，段中夏姓一亩坵，背上小坵一坵，老河口大沙坵一坵，沙堤下边子坵三坵，上下抵夏敬夫田，右抵夏有德三亩坵为界。大坝口大堤脚下三角坵一坵，挨堤方坵一坵，堤下坝港港尾夏姓过水坵外，大坝坵一坵。契内染缸坝一座，塘槭坝一座，大坝一座，契内屯饷杨隆余肆分陆厘九毫。所有老契已发未发，照依新契管理。更户名云山书院，进规壹百伍拾串，租玖拾石，系捌出斗，扣行斗谷柒拾贰石。

同治三年八月　日笔。

八都九区横塘湾孙家冲田契

立卖契人喻宽一父子同侄锦绣兄弟，今将关分八都九区，地名横塘湾、孙家冲等处，原接张敦厚契内荒熟水田陆拾亩，并屋宇、门片、桁条、亮窗、牛栏、禾坪、基地、槽门、墙围、园土、粪荡、内外山场、诸色竹木、各塘坝圳、鱼分、水分、荒山、余地等项，册载户名张垣，正饷一两五钱二分，又张敦正饷一钱一分，悉行扫售。尽问亲房人等，俱称不受，挽请中人张绍南、张晓舲、喻俊明、喻维翰等，卖与云由书院公管为业。当日得受九三五色田价银壹千贰百伍拾贰两正，又价钱叁百贰拾串正，并银水、平面、底串、润笔、扦田、酒席、起当、清佃，一切外费，概属在内，系宽父子、叔侄亲手领足，未少分厘，外未具领，此系甘愿，并无别情。自卖之后，任合邑公管，更户输纳，永无回赎异言。其田山界址，比日扦清，凡属原接张敦厚契内之业，寸土尺木，扫卖无存，如有隐匿契约，日后执出无用。今欲有凭，立此绝笔卖契一纸，附书院首事永远轮流收执为据。

计批田自横塘塘基下起，正段直至下段樟树湾坵下小长坵止，抵张田为界，及河边两岸滩田，并荷叶塘进冲右边横冲小田五坵。又荷叶塘塘基下田一连至三角坵止，抵张田为界。又大新塘尾田左右冲田，又大新塘水田及孙家冲田屋对门滩田、黄土塘尾田及下滩田。又宁家冲口河边起，正冲、横冲、小冲田，并横塘右边塘角下田大小共计二百一十九坵，俱在契内，并无间杂。又瓦屋一进，茅屋一进，左右茅屋、瓦屋、横屋、过亭、厢厦、杂屋、槽门俱全。又山界屋下手荷叶塘进冲右边起，直至尾塘软坳，抵张山为界。当已挖沟转上骑仑分水，至大新塘尾天平坳，坪中直上骑仑至孙家冲，均系骑仑分水。抵戴山横塘基下河边山，随田转为界。屋对岸山齐横塘塘基直上，骑仑分水，一路下至板隮坡中水坑，直下抵刘山为界。内有横冲、直冲之山，除坟禁之外，概属书院管理。横塘鱼泥水分，原与刘各半，今书院得一半，一半之内三股，书院占二股，刘光谐与张允怀，鱼泥、水分共占一股。又大新塘水分，书院占二股，张允怀占水分一股，鱼泥系书院独管。新塘尾田任书院车浉，塘内不得取沟车浉，其余各冲大小塘共十五口，系书院独管独注。又桎木大坵领坝一座，宁家冲口河坝一座，横塘桥下坝一座，俱任书院放注堵塞。上田宁家冲腰塘尾横冲张敦厚母坟一冢，凭茔心起，上齐举顶，左右下各方三丈，任张蓄葬管理。黄土塘张喻氏坟一冢，凭茔心起，上齐举顶，左右下各方三丈，任张蓄葬。孙家冲仆坟一框四棺，齐茔心起，各方一丈。屋后黄人四伯父光宗夫妻坟茔合冢，各方一丈五尺蓄禁。宁家冲尾黄志端父坟一冢二棺，黄用专母坟一冢，上下左右各方四丈，禁内任志进葬、蓄禁、挂扫。黄土塘尾志端契内童坟三冢一框，各方二丈。黄土塘中背黄早林父坟一冢，上下左右各方一丈五尺。大新塘冲进冲右边小冲尾黄四凤姊坟一冢，上下左右各方一丈。右边陈坟一家，穿心一丈二尺。大新塘进冲右边井坡上黄殿选童坟一家，上下左右各方一丈。屋上首傅坟一家，上下左右各方一丈。宁家冲张东美坟一家，凭框起各方三丈。宁家冲进冲左边中嶍刘高明兄弟父母坟，一框二棺，凭茔心起，各方二丈，任刘蓄禁，不得进葬。屋对门宁家冲进冲左边冲尾隮中张定山坟一家，上齐举顶，左右下三方凭茔心起，各方二丈二尺，禁内任张兄弟蓄禁、进葬。横塘屋上首进冲左边新塘尾闵笃行妻坟一家，上齐乳顶，左右下凭茔心起，各方二丈三尺。宁家冲腰塘尾进冲右边上，小冲侧面王维国兄弟阴穴一处，上齐张祖母坟禁为界，左右下各方二丈三尺，任王进葬、蓄禁管理。宁家冲张东美坟上举顶，靠背喻宽一摘，存阴穴一处，横直穿心四丈五尺，下荷叶塘塘基下河港，任书院堵注。此批更户名云山书院，进规肆百伍拾陆串，租壹百贰拾陆石。

同治三年五月　日笔。

六都一区黑门楼实竹塘田契

立契出卖田山、屋宇人王谱笙兄弟等，今将六都一区地名黑门楼实竹塘，原接受王寿林之业，除售秦姓外，庄屋一只，水田壹拾肆石四斗，册载户名王槐庭，析分民饷捌钱柒分五厘。栗山坝一座，水塘、水荡一十一口，照额照股，车放荫注。并车埠、水路、圳坉、河堤、河坪、荒田，均照额管。后山由屋后起进冲，抵王鹤階尖峰仑，山脚左抵杨姓坟山，右抵秦姓壕堤。大围、小围及余坪、伏土、杂木、果木、茶蔬等项，概行出售，尽问亲房，俱称不受，请凭中人陈艺吾、罗翊廷等说合，本邑公局童圭农、刘翰生、邓绍香、李春翘等承受，以为实兴之业，议价九三五色布平银贰千玖百伍拾柒两五钱，又价钱壹百壹拾千文正。系王兄弟亲手领足，未少分厘，并杂项一概在内，毫无外费。其山田与王鹤阶所接原业，历系各半界址，比日扦清明白。凡属谱所置黑门楼、实竹塘业，悉行出售，并无存摘，且无重行典当续赎异言。如有互混不清，出笔人理落。今欲有凭，立此新契一纸，并王寿林出笔契一纸，杨姓契二纸，附交宾兴局收执，永远为据。

计批附交王鹤阶分山合约一纸，又批新屋场后进山左刘朝选坟，上至下七丈，左至右四丈，挖沟为界。新屋场进山右傅伯祥坟，齐杨姓坟界发尺，上至下五丈，左至右五丈，挖沟为界。老屋上首杨克昌祖母姜氏、母李氏共冢，横直穿心四丈五尺。杨克昌废穴，横直穿心四丈。又嫂坟横直穿心一丈五尺。又杨春明尖峰仑坟一冢，横直穿心四丈。张南亭坟一冢，一框三棺，横直穿心三丈五尺。尖峰仑团山内，杨全略房内，杨三吉坟共三十三冢，见坟横直穿心一丈二尺，不得伴棺进葬。实竹塘出山右大园内，杨振家鸿业祖母坟一框二棺，穿心五丈。鸿业母坟一冢三棺，穿心四丈。小园内杨振家母坟一冢，穿心四丈。鸿业妻坟一冢，穿心二丈。

又田名，从屋门首起，秧田一坵，园内大小三坵，塘基上小方坵一坵，伴墙小长坵一坵，大湾坵一坵，上三角坵一坵，小三角坵一坵，尖叶坵一坵，瓦槭塘下一连三坵，青山塘下大小共三坵，路长坵一坵，细塘水注荫田。长坵一排三坵，陀子坵一坵，当上小坵一连四坵，月塘水注荫田。大脑坵一坵，蠕颈坵一坵，背上小长坵一坵，蠕颈坵下小田一坵，当下长坵二坵，桃子坵一坵，脚下小坵一坵，细塘背上月形坵一坵，小方坵一坵，歪坵一坵。又方坵一坵，陀子坵一坵，小歪坵一坵，脚下小田一坵，大歪坵一坵，背上田二坵。杨姓坟下园内大小共三坵，大石板坵一坵，背上长坵一坵，上石板坵一坵，方坵一坵，新开坵一坵，石板坵背上水碓坵一坵，杨姓园下伴人行路一连二坵，小荡下□长坵一坵，上连三坵，共三坵。下连三坵，三坵上屋场湾大小共七坵，路边方坵二坵，五亩坵一坵，下屋场湾土地坵一坵，荡坵一坵，路边方坵一坵，新大坵二坵，逢水荡一坵，猪肚坵一坵，龙脑坵一坵，横长坵一坵，长崽辪一坵，新大坵背上三角坵一坵，河边上方坵二坵，小长坵一坵，高灯柱一连三坵。垄内一坵，三坵上沙坵一坵，下沙坵一坵，梅子坵一坵，当上一连三坵，石围子内三角坵二坵，半边大坵一坵，背上长坵一坵，大沙坵一坵，脚下槽坵二坵，当上三角坵一坵，四角坵一坵，牌子坵一坵，大三角坵一坵，上四方坵二坵，湖荡小方坵一坵，荡外小长坵一坵，荡上大歪坵二坵，当上小方坵一坵，罗丝屋场一连四坵，上滩内三亩坵一坵，脚下一连三坵，过水坵一坵，垄内一连三坵，木林坝堤内尖坵一坵，上长坵一坵，下长坵一坵，当上小尖坵一坵，长址下小歪坵一坵，蛇坵下一连二坵，抱袋坵一坵，上井坵二坵，下长坵一坵，三角坵一坵，隮坵一坵，共一百四十二坵，更户名云山书院。进规九五时色银贰百玖拾伍两，钱壹百壹拾串，租壹百伍拾贰石。

此业向系宾兴费田，后因云山膏火不敷，邑绅刘倬云、文德基等公议，筹款置三都陈姓一业，归作宾兴，将此业改归云山管理，禀县存案。

同治六年六月　日笔。

谢裕和兑契

立兑契人谢裕和，今因本年接买李福斋、菊元、厚堃等六都一区、十都五区地名屯田段水田柒拾叁亩半及屋宇、塘池、圳坝、围垣、园土、竹木等项一契，册载户名李立威，边正饷一两零一分三厘，李善全正饷七钱四分，李照边屯饷一钱七分七厘，不便管理，甘愿出兑。适云山书院首事李澍芸、何雨畦等因前年兑受僧闻佛所买陈玉洲兄弟十都五区、六都一区、十都十二区地名郝家段、郝家垄、五马垄水田肆拾伍亩及住宅东头屋宇、塘池、园土、围垣、竹木、圳坝等项一契，嗣陈将西头屋宇及水田叁拾伍亩，塘池、圳坝、竹木、园土，向书院续买。维时书院新建奎光阁、仰极台亏虚，勉强接受，负债未楚，甘愿将兑业、买业两契出兑，比凭秦海门、谭恒斋等说合彼此，裕将接买李业一契出兑与云山书院管理，并备找价钱壹千壹百壹拾串正，交首事李澍芸、何雨畦亲手领足，以还旧负。田价兑受得书院所兑僧闻佛业暨续买陈玉渊业两契，其彼此田业契据，比凭海等扦清，互交明白，毫无存留隐匿。自兑之后，各照老契兑契完饷管业，两无反悔异言。今欲有凭，立此兑契，附书院首事永远收执为据。

计批木林坝注荫田名下三亩坵一坵，下雷打坵一坵，上牌子坵一坵，上猪婆坵一坵，刘家崽觜占半下四亩一坵，下牌子坵一坵。又小坝水注荫田名：两节坵一坵，檀树二亩坵一坵，中檀树二亩一坵，陀子坵一坵，圳边下崽觜一坵，上四亩一坵，打挂坵一坵，下荡坵一坵，范家当上方坵一坵，圳边二坵，屋背后方坵一坵，碑坵一坵，园内秧田一坵，过水坵一坵，老秧田一坵，上抱脑坵一坵，下抱脑坵一坵，圳边大坵一坵，过水坵下荡坵一坵。又崽觜一坵，圳边三升坵一坵，当门坵一坵，圳边上崽觜一坵，大小共叁拾壹坵，更户云山书院，进规肆百伍拾串，租壹百壹拾伍石。

同治十三年十月　日笔。

云山书院首事何雨畦、李澍云兑田存案原禀为禀

请立案事。缘同治十年，王逢原等将僧隆昌等退还王维汉原施回龙山下水田四十五亩，并山场、屋宇等项，捐入云山书院，充作士子膏火，经裴前宪谕令云等具禀在案。旋云等将捐业兑得僧闻佛等所买陈玉洲郝家段田四十五亩，并住宅一头，为王姓捐业。嗣陈将摘存田屋向书院续买，维时书院新建奎光阁、仰极台亏虚，勉强接买，致该业进规钱壹千陆百串，仅得租谷七十余石。今秋，与邑绅刘朴堂等酌商，复将兑就捐业及续买陈

姓业，出兑与谢裕和，兑得谢裕和所买十、六两都接壤之屯田、段田业一契，得找价壹千壹百壹拾串，以该业内田四十五亩作王姓捐业，其余二十八亩半系书院自置业，计共田七十三亩半，共得租谷一百二十石，得规钱四百串。云等将所入找价佃规，还清旧负、重规，此系因时权变，规轻租多，事属可行。惟王姓捐业两经变兑，理合禀请赏赐、察核，批示立案，以垂久远，深为公便，上禀县批。据禀已悉，准予立案。

李致斋兑契以下各契均附录

立兑田文契人李致斋，今将祖遗父分关内六都一区地名屯田段，得受义字号内水田，当门坵一坵，圳边崽辫一坵，并桥当上东头庄屋、堤围、菜土，兑与胞侄菊元、侄孙厚堃名下管理。菊厚将该处分受仁字号内水田尖二亩一坵，并石家屋场东头庄屋、堤围、菜土，兑致管理。此系两房商议，甘愿兑就，并无找价，又无谋勒各情。自兑之后，守售听便，今欲有凭，立此兑契，互收为据。

计批小坝水分，均照老额注荫。

同治十二年九月　日笔。

郝家段、郝家垄、樟木垄、五马垄扫卖田契

立契扫卖荒熟水田、屋宇、门框、门片、亮窗、楼栿、楼板、槽门、仓厫、牛栏、猪圈、杂屋、塘池、坝圳、坝坉、车埠、河堤、河洲、余坪、泉井、粪荡、竹木、果树、园土等项人陈王洲、陈香圃偕侄湘舟、筠斋等四房，遵母命合志将父置田业十都五区、十都十二区、六都一区地名

郝家段、郝家垄、樟木垄、五马垄四处水田，叁拾伍亩，册载户名陈军全，正饷九钱三分正，一概扫卖。尽问亲疏人等，俱称不受。只得挽请中人谭禧臣、秦海门等说合云山书院承接为业，当日得受时值九九七底钱壹千肆百串正，包头、酒席、押字、扦清、润笔、上手、底串，一概在内，毫无外费。系陈人亲手领足，未少个文。自卖之后，概归书院管理，并无存摘，任书院更户输纳。倘有不清，有出笔人向前理落，不与受业人相干。今恐无凭，立此为据。

此业原系云山所置，后与谢裕和兑受屯田段业。

回龙由寺僧吐退字

立吐退田山、屋宇、塘坝、围园、菜土、竹木、余坪、基地人，回龙山僧闻佛派下昌隆、圣果等，今缘王逢原及俊彦、芝田、绍贤、简斋、克从、德胜、客斋、雪窗、拔廷等祖维汉公，于顺治八年将宁乡六都九区地名脚庵滩荒熟水田肆拾伍亩，并庄屋、山地，施与回龙山寺僧供佛。同治七年，因修志肇衅，王逢原以恳调核更事禀县，以势压乡愚、毁稿改刊事控府，以乘势藐宪背批、把持图索事控藩辕。隆等以背越砌诬、亏逃藐抗等事诉，旋又以退施绝讼事禀县，蒙宪批既愿退还施业，候传王族具领，更户完粮，并如呈详明立案，以杜讼端。并蒙谕饬卢秋农、秦海门、吴瑞兰、廖少亭等前往本寺，邀同王德造等与僧昌隆等，照依僧契田业界址，并王姓原施田亩，秉公逐细扦清各等因。今经卢秋农等清查，并邀刘克庵等入场扦清，并无互混。僧昌隆等甘将王姓原施田山、屋宇退还，王逢原等甘愿承领了事，以绝讼端。寺僧并无存留隐匿，自退之后，永无反悔异言。其有新老县志更改存案，王姓永无异言。今欲有凭，立此吐退一纸，附王姓收执为据。

王姓领退字

立领田山、庄屋、塘坝、围园、菜土、竹木、余坪、基地人王逢原、俊彦、芝田、绍贤、简斋、克从、德胜、容斋、雪窗、拔廷等，原前祖维汉公于顺治年间将六都九区荒熟水田四十五亩，并庄屋、山地，施与回龙山寺僧供佛。同治七年，因修志肇衅，原等以恳调核更事禀县，以势压乡愚、毁稿改刊事控府，以乘势藐宪背批、把持图索事控藩辕。僧昌隆等以背越砌诬、亏逃藐抗等事诉。旋又以退施绝讼事禀县，蒙宪批既愿退还施业，候传王逢原等具领，更户完粮，并如呈详明立案，以杜讼累，并蒙谕饬秦海门、卢秋农、吴瑞兰、廖铭亭等前往回龙山，邀同王德造等，与僧昌隆等照依僧契、田业、界址，并王姓原施田亩，秉公遂细扦清各等因。今经卢秋农等清查，并邀刘克庵等入场扦清，并无互混，僧昌隆等甘愿退还，原等亦甘愿承领了事。原等窃思：祖施供佛，何敢领回肥私，惟僧既递词愿退，又奉宪谕具领，不得不遵谕废施承领，以绝讼端。除领回改捐入云山书院，充作膏火外，合房商议，请凭刘克庵等领得僧昌隆等退还公祖维汉公原施之六都九区，地名脚庵滩荒熟水田四十五亩，册载户名聚仙岩僧闻佛，析正饷壹两陆钱伍分，并山场、屋宇、塘坝、围园、菜土、竹木、余坪、基地，接受改捐。其田山界址，比日三面扦交明白，寺僧并无存留隐匿。自废施承领后，彼此均无异言。其回龙寺原系古刹，查康熙年县志载：顺治十三年，邑人王维汉倡助重建。乾隆年县志载为：王氏屡世读书所，兵焚后，顺治十三年，山主王维汉重建。嘉庆年县志载：明成化时建，后毁。顺治三年，陶汝鼐重建。八年，王维汉读书其中，施田二十七亩，户名聚仙岩，饷壹两陆钱伍分。前后各志不符，年久无从查考。今施业既退，县志更改，无论维汉祖捐建与否，王族不称山主，永无异言。今欲有凭，立此领字，附回龙山寺僧永远收执为据。

王逢原等捐六都九区田契

立捐田山、屋宇、塘坝、围园、菜土、竹木、余坪、基地契人王逢原及俊彦、拔廷、克崇、芝田、德胜、容斋、简斋、雪窗、绍贤等，今因回龙寺僧昌隆等退还我祖维汉公原施本邑六都九区回龙山下荒熟水田四十五亩，册载户名聚仙岩僧闻佛户名，析正饷一两六钱五分，并山场、屋宇、围园、菜土、竹木、余坪、基地等项，原等合房商议，不欲据为己私，致废先人义举，甘愿将全业概行捐入云山书院，充作读书士子膏火。其田山、屋宇、界址，比凭刘克庵等扦交，书院经管何雨畦、李煦芸接管，并无存摘，又无佃规。自捐之后，任云山书院经管，更户完纳，议定将捐业原由，刊入云山书院志内。其原建施回龙寺山田瞻表维汉公父子神主，附入希贤堂内，永享祭祀。自捐之后，永无反悔异言。今欲有凭，立此捐契壹纸，并僧昌隆、胜果等吐退壹纸，附书院经管收执为据。

书院兑契

立兑契人云山书院首事何雨畦、李煦芸等，今将原接王维汉后裔王逢原等所捐六都九区脚庵滩荒熟水田四十五亩，册载聚仙岩僧闻佛户内，析正饷一两六钱五分正，并庄屋、山场、余坪、坝圳等项，一概出兑。凭刘克庵等兑与僧闻佛三房后裔僧昌隆、胜果等管理，实兑得僧闻佛后裔等所接六都一区暨十都十二区、十都五区，地名郝家段、郝家垅、樟木坝、五马坝四处荒熟水田四十五亩，册载六都一区户名陈茂，正饷一两一钱五分正，归云山书院管理。彼此田业相等，两无找价，自兑之后，永无异言，特立兑契壹纸，并发王姓捐契壹纸，附僧人收执为据。

计批田山、屋宇、塘池、坝圳，四抵界址，均照老契扦交管理，未及琐批。又批僧昌隆等书交王逢原等吐退壹纸，业经兑就，本应附发交僧收执，惟业系王姓捐入，若因业兑，概行发出，将来无从查考，因将吐退留存书院备查，书院不得执吐退管业。

僧闻佛后裔昌隆、胜果等兑田契后兑屯田段业

立兑契人僧闻佛后裔昌隆、胜果等，今将原接陈姓六都一区及十都十二区、十都五区地名郝家段、郝家垅、樟木垅、五马垅四处荒熟水田四十五亩，册载六都一区户名陈茂，正饷一两一钱五分出兑，请凭刘克庵等兑与云山书院，经管李照芸、何雨畦等接受管理，实兑得书院所受王维汉后裔王逢原等捐入书院之六都九区脚庵滩荒熟水田四十五亩，册载聚仙岩僧闻佛户内，析正饷一两六钱五分正，并庄屋、山场、余坪、坝圳，概归僧人管理，彼此田业相等，两无找价。自兑之后，永无异言，特立兑契一纸，并发陈姓新契一纸，老契十三纸，附书院永远收执为据。

此业系将王逢原等公捐脚庵滩田兑受，缘王维汉读书回龙山寺，将该田施僧供佛，后王裔因修志肇隙讦控僧，请退施绝讼，县批准饬僧扦清吐退，王遵示承领，因系伊祖善举，不忍领归肥私，情愿捐充膏火。嗣书院因不便管理，仍兑归僧管，僧等将此田兑归书院，其原委备见前附载契券及退领各约内。

僧临轩捐山契

立捐契僧临轩偕徒日晖、徒孙德明，去年阖邑绅粮刘瀚生等禀请，续建

书院于水云山，因坐势右侧与寺内之山毗连，僧因商之施主及护法绅粮李教溢、隆麓溪等，愿将僧管之癞子山，俗名猫面一面，上齐举顶，下齐田边，左右均齐老堤直上举顶，窖碑石为界，捐入云山书院为后山。特立捐契一纸，附书院首士等收管，其界址比日扦踏明白，嗣后界内之山场、竹木、园土、屋宇等项一并归书院，永远蓄禁修管，僧无反覆异言，今欲有凭，立此为据。

计批山脚齐田边一丈，书院不得蓄禁遮荫，僧人不得薅挖，任种田人扫杀田墈茅茨。此批。

同治四年八月　日笔。

水云寺僧日辉、僧德明捐泉井基地契

立捐契人僧日辉偕徒德明、商知、护法等将六都一区地名杨家垅泉塘基下田角一处，捐与云山书院经管何雨畦、李澍芸名下，以作泉井。自捐之后，永无反悔异言，今恐无凭，立此附书院永远收执为据。此井即鉴泉，僧先允捐基地后立契。

同治十三年十一月二十日　僧日辉笔。

水云寺僧临轩捐契

立捐山场契人僧临轩偕徒日辉、徒孙德明，今将六都一区云山书院屋后螺头山一边，上齐仑脊，下齐山脚，抵书院公山起，沿坡隳侧鞘绕至上手软坳，逢中为界。又捐螺头山背后山场，从观音坝石鞘起，上齐仑脊，下齐山脚，包坡隳中鞘侧排围园，一路绕至九亩冲乌龟鞘上坡中石沟为界。蒋家坳茅屋、园土在内，除摘存观音坝茅屋一宅，围园一只，螺头山软坳口下茅屋一宅，围园一连二只，九亩冲茅屋一宅，围园一只未捐外，一概捐与书院公上蓄禁管理。此系与施主、护法商议，甘愿出捐，毫无勉强。自捐之后，永无反覆异言，今欲有凭，立此捐契，附书院公上永远收执为据。

计批各处挨田山边上四丈，任僧佃人扫荫无阻。又批大西冲蒋家坳僧坟一冢，横直穿心十丈，不在契内。螺头山下刘人坟八冢，其丈禁上至下十四丈，上当左至右六丈五尺，下当左至右四丈，服刘管理。

同治五年四月　日笔。

僧日辉捐山契

立捐契人僧日晖同徒德明，今将僧管六都一区地名大西冲进冲口右侧山场一面，凭护法隆六溪、陈灿远等出捐与云山书院首事何雨畦、李煦芸名下，承受管理为业，永无反悔异言。今欲有凭，立此为据。

计批界址由冲口石觜起，骑仑伴书院山绕上举顶，凭书院山横截直下水沟，由水沟曲出冲口石觜，合围为界，此批。

七都安良公上捐十都五区沙堆子田契

立捐契人刘朴堂、陶柳堂、喻璘轩、廖鹿苹、周寿山等，今将七都安良公上原接王龙山十都五区地名沙堆子、谢眼塘荒熟水田叁十陆亩七分，户名隆月边，完正饷一两。黄忠恕边完正饷一钱八分七厘，并屋宇、圳坝、池塘、基地、车埠、坝埠及门片、桁袱、仓厫、杂屋、余坪、园土、堤围、竹木等项，一概扫捐与云山书院首事公管，以作膏火之资。此系合都商议，以公济公，毫无勉强。其田山界址，依照王人出笔契管理。自捐之后，任公上更户输纳，永无反覆异言。今欲有凭，立此捐契一纸，伴王人出笔契，附书院公上永远收执为据。

计批田山界址，照王人出笔契载：沙堆子房屋一宅、屋门首小塘二口，独管。黄家塘一口，照额公共注荫。共坉坝四，照额车放荫注。谢家塘对岸围陂，坝内额车埠，昼夜车潟无阻。其田屋门首方坵一坵，当上小田一坵，垣内秧田二坵，粪荡坵一坵，上方坵一坵，方坵下田一坵，隆人五亩坵背上方坵一坵，老秧田一坵，老秧田当上过水坵一坵，三亩坵一坵，大新塘侧上方坵一坵，下方坵一坵，下小田一坵，路长坵一坵，猪绳背上坵一坵，抬盘坵一坵，裤裆垅内一连五坵，黄家塘上小长坵一坵，又湾坵一坵，坝口坵一坵，棕树坵一坵，大方坵一坵，荡坵一坵，壶庐坵一坵，下田二坵，细壶庐坵一坵，三角坵一坵，土地坵一坵，共三十四坵。又接黄升禄谢眼塘业，陀背坵一坵，秧田坵一坵，庙山坵一坵，屋后方坵一坵，并西头正房一间，披厦一间，槽门内西头杂屋一间，其香火堂、槽门、园土、堤围、余坪、基地、车埠，均系三股得一，其余系隆珍泽、隆竟成管理。又沙堆子大新塘侧田亩，系黄家塘及坉坝水车放。由裤裆垄自田边额圳一条，经过注荫无阻，更户名云山书院，进规贰百串，租玖拾陆石。

同治四年十二月　日笔。

附云山书院惜字社捐契

七都十一区唐李氏、姜氏捐田契

立捐契人唐李氏、姜氏偕孙耀埠，今将翁汇庭置七都十一区地名新塘冲邹余饶业一契荒熟水田肆亩，册载户名更云山惜字社，正饷壹钱叁分，南漕照科，并佃规钱捌拾串，及山场、屋宇、园土、竹木、塘池等项，因亲房讼事，经裴宪讯明，氏愿出捐与云山书院首事李煦芸、何雨畦管理，以作惜字之资。其田山界址、水分、坟禁，均照老契批载。出捐之后，实系氏等心甘情愿，任书院首事更名、纳税、刻石、立碑，永无异言。今欲有凭，命孙耀埤书契一纸，附首事轮流收执为据。

计批田大小十坵，上自天平坳起，下抵唐自田为界。塘二口，独管独注，屋一进，大小五间。屋对岸山，上抵唐学海山，齐天平坳大路直上仑顶，骑仑分水直下，抵唐自山为界。屋后山骑仑分水，下出堤外，抵唐自山，上出堤外，抵唐学海山，亦齐天平坳大路直上仑顶，骑仑分水为界。内土畲垣，内粪荡、余坪，俱属首事管理，其中并无间杂。又批坟明山母唐氏坟一冢，凭茔心起各方一丈五尺，朝武母唐氏正位坟及五男共一冢，凭茔心起各方一丈五尺。朝武祖母及正位女共一堆，凭茔心起一丈五尺。腾芳及腾芳姊二堆共框，均凭茔心起各方一丈五尺。品琦母彭氏及妻唐氏、万一妻刘氏共一堆，凭茔心起各方一丈五尺。英仕冯氏及妻贺氏共一堆，凭茔心起各方一丈五尺。世维、世简共一堆，凭茔心起各方一丈。文绪、文辉、明亮三人共堆，凭茔心起各方一丈五尺。屋上首堤外日新及男绪元二堆，凭茔心起一丈五尺。世如子冢一堆，凭茔心起各方五尺。淑良母蔺氏一冢，凭茔心起一丈五尺。会元妻唐氏一冢，凭茔心起一丈五尺。东升一冢，凭茔心起一丈五尺。仁望心监瑞征明祖共一堆，凭茔心起各方一丈五尺。以上坟禁，凡属土边壕堤，日后任公种土作堤，邹人无异。以上坟禁，俱不得架造，其有邹天爵分关及各约未发，倘有各房隐匿，日后执出无用。

同治十年七月　日笔。

此业原捐入云山书院，充作士子膏火，后公议改归惜字社管理，禀县存案。

六都一区袁兆亨等捐铺地基契

立捐契人袁兆亨、向明全、聂有才、谢有元、熊胜益等，今将六都一区整贼公费，原接滩山铺、谢会畴铺基地一只，契一纸。又接谢其萃兄弟铺基地二只，契二纸，合愿出捐，凭周云先、何雨畦、姜香畹、李树芸、刘朴堂等捐与云山书院惜字社首士秦棣楼、姜干丞、杨橘洲、张秀斋、邓瑞林、李树南、李澍斋、刘淇竹、胡缙轩、雷鸣夏、姜楚隆、李寿崑、李干楠、杨韵兰等名下承管，以作祭会惜字之费。其界址比日扦清明白，倘有互混不清，有出捐人等理落，不与承受人相干。自捐之后，任公修造、管理、收取地税，守售听便，永无反覆异言。今欲有凭，立此捐契一纸，并老契二纸，附云山书院惜字社首士永远收执为据。

计批谢其萃兄弟出售石坳下河岸铺基地契一纸，原系谢有元收执，今已遗失，日后执出无用。此批。

同治十二年二月　日笔。

附步云桥契

步云桥亭地基捐契

立捐田契人王我龄、锡龄、鹤龄、与龄兄弟，今将六都一区地名大西冲口河边水田一亩，比凭秦棣楼、陈燦远捐与步云桥公渡，建立桥亭管理。此系乐捐，毫无勉强。自捐之后，两无异言。今欲有凭，立此捐契一纸，附步云桥公渡永远收执为据。

计批亭基丈尺，齐河堤内脚起，横陆丈，直六丈。又桥亭东南西三面，毋得蓄禁遮荫，其亭基丈尺，系木尺量定。

同治五年八月　日笔。

六都一区水云山储公祠田契

立契出卖储公祠田塘、屋宇、基地、园土、墙围、粪池等项。今因阖局商议移业就业，将原接地名水云山魏姓业水田十五亩，册载六都一区户名储节义，正饷柒钱四分正，说合云山书院首事刘翰生、姜香畹等承买，以为置渡建桥之费。当日得受布元价银肆百柒拾两正，杂项一概在内，交清领足。其田亩、水分、园土等项，均照汪巨周等出笔契管。此系心甘情愿，并无续赎异言，今欲有凭，立此卖契为据。

计批水云山口上面茅屋一宅，门片、楼袱、粪荡、园土、屋后及左右以壕堤为界，前以墙园为界。又屋后围内李国甫阴穴一棺，穿心三丈。又段中水田五亩，系院内小荡浸水及港水荫注。又田十亩，系泉塘水照额荫注。门首园土二块，河边园内土一块，大河边园下水田四亩，大小陆坵。段中从黄泥坵起，直至港边坟坪，水田陆亩，大小八坵。方坵下田二坵，二亩，系小水荫注。更户名步云桥，进规银壹百两，租肆拾石。

同治五年十二月　日笔。

十都五区长桥铺田契

立契出卖水田字人萧惟封，今将十都五区地名长桥铺私置围陂坝大瓴荫注水田三亩，大小八坵，册载户名萧五公，正饷三分。尽问亲房人等，俱称不受，只得再四挽请中人陈虎山说合，杉木桥首事王国安、王国良、杨尔爵、陈凤山、孙惟有、杨宗山、唐拔山、唐锡爵、万希圣、曾汉友、王凤元等名下承接为业。比日得受时值九五色布法银柒拾伍两正，凭中领足，并包头、酒席、润笔、押字、扦田、上手，一概在内，毫无外费。又无谋勒、准折等情，此系心甘情愿，倘有互混不清，出笔人向前理落，不与受业人相干。今恐无凭，立此文契一纸，附桥公上永远收执为据。

计批唐人屋后田东头一箱，油子荡一坵，柳树坵一坵，长坵一坵，西头一筒，老秧田一坵，老新开坵中间一箱，三湖荡中间一箱，峡子坵一坵。此批。

道光同治　年　月　日笔。

十都五区长桥铺田契

立契出卖水田人杨朝彬父子商议，将祖遗十都五区地名长桥铺滩上，倒垄里围陂坝大瓴水荫注水田壹亩壹坵，册载户名杨次贤，正饷二分五厘出售。尽问亲房人等，俱称不受，只得挽请中人隆有声、罗青选等说合，杉木桥首事曾凤泗等公接为业，当日凭中得受时值九五布平银叁拾伍两正，杂项一概在内，毫无外费。系杨父子亲手领足，心甘情愿，并无谋勒等情。倘有不清，不与桥众相干，有出笔人向前理落。自卖之后，任桥公上更户、纳税、管理无异。今恐人心不古，立文契一纸，附桥众永远收执为据。

十都五区长桥铺地基契

立契出卖屋地基人陈虎山，因年老无靠，只得将自置十都五区地名长桥铺屋宇，因水冲毁，仅存地基一所，四抵批载在后，出售。尽问亲族人等，俱称不受，再四挽请中人唐献章等说合，杉木桥首事等承接，建立桥屋，当日得受地价钱叁拾陆千文正，并押字、润笔、酒席，一概在内，毫无外费。系虎亲手领足，未少个文。此系心甘情愿，自置自卖，倘有外族滋言，有虎向前承当，不与桥首事相干。立此文契一纸，并发老契一纸，附首事收执为据。

计批四抵界址，南西抵大路为界，东北抵隆人田为界。

十都五区长桥铺田契

立契出卖水田人杨朝彬父子，今将十都五区坐落地名长桥铺内河坪水田二坵二亩，并河堤、余坪，一概在内，系围陂坝大塘楲水车注，册载户名杨次贤，分完正饷一分。尽问亲房人等，俱称不受，再四挽请中人隆大廷等说合，区内杉木桥首事王安里、曾毓侊等名下承受为业，以作修桥之费。其田四抵，比日扦踏明白，当凭中得受时值九五色布平银叁拾两正，系朝彬父子亲手领足，未少分厘，并包头、酒席、润笔、扦押，一概在内，毫无外费。自卖之后，任公管理，并无谋勒、典当、准折等情。倘有互混不清，出笔人向前理落，不与桥众相干。今欲有凭，立此文契一纸，附公上永远收执为据。

计批四抵界址，东抵陈田为界，南抵河堤外为界，西抵萧土为界，北抵唐田为界。大河车埠、圳路，照额管理。田边车埠一个，其老契字约未发者，杨人执出无用。

十都五区长桥铺田契

立契出卖水田人杨朝彬父子，今将十都五区地名长桥铺唐位国屋后河坪嘞边尾上小田一坵，围陂坝大械注荫水田出售。尽问亲房人等，俱称不受。再四挽请中人张兰亭等说合，杉木桥首事王三捷等承接管理。比日得受田价钱捌千伍百文正，并杂项一概在内，系彬父子亲手领足，未少个文。自卖之后，任公执契更户管理。其田四抵界址，批载契尾。此系心甘情愿，并无谋勒、准折等情，立此文契一纸，附公上永远收执为据。

计批田界，东抵萧田，西抵唐田，南抵大河堤，北抵唐人屋后夏沙土为界。又隆有声老契一纸，共计五契，均载十都五区地名长桥铺，正饷五分五厘，户名杉水桥。今更立步云桥，原佃规钱肆拾叁串，岁收租谷八石。同治八年，被大水沙推没田二亩，长减租五石。

山 场

姜启我等兑山契

立兑山场文契人姜启我、绍箕、淇泉、菊园，今将品分原接僧日辉六都一区地名大西冲进冲左侧下节山场，上抵姜国翼山为界，余照僧出笔契批为界，并庄屋、园土、竹木、茶果等项，凭刘克庵、谭禧臣、何理堂、何藕舲、姜香畹、刘竹亭等出兑与云山书院经管何雨畦、李煦芸名下管理为业。兑得书院于同治五年姜道逵公后裔明伦、乐周等所捐十都七区地名简家山进正冲右侧山场下一节，又正冲左山场一面，又脑山坑山场一节。二比扦交明白，并无互混，此系以山兑山，阔狭相敌，两无找价。自兑之后，永无翻废，今欲有凭，立此兑契一纸，附书院永远收执为据。

计批大西冲进冲左侧下节山界，从二水合襟石觜直上举顶，伴姜姓山骑仑，绕至大西冲口外观音山，下抵庄屋上围墙坑为界。由田塝上进大西冲随水沟直上，至二水合襟石觜合围为界。又大西冲和尚仑，上面峰木心开小钳窝，坐北朝南李小春母坟一冢，凭茔顶发尺，正裁尺上九尺，齐刘毓南坟山，禁下五丈，坐势右六丈，左四丈，均窖灰挖沟为界。和尚仑顶刘毓南坟一冢，凭茔顶发尺，上三丈，下五丈，进势右五丈，左三丈。内僧太极坟一冢，穿心二丈。大西冲和尚仑秦日基母坟一冢，凭茔顶发尺，各方三丈，窖石为界。大西冲黄有新祖坟一冢，上一丈三尺，下三丈七尺，左右穿心三丈。大西冲进义山上面虎形山内中乳阴地一穴，安葬李玉书，附葬李芳植，共穿心四丈。

同治十一年六月　日笔。

姜荣诏公后裔兑山契

立兑山场文契人姜荣诏公后裔国翼、鸿羽等，今将品分原接僧日辉六都一区地名大西冲内上一节山场并竹木、茶果等项，下抵姜启我山为界，余照僧出笔契批为界。凭刘克庵、谭禧臣、姜香畹、何藕舲、刘竹亭等，出兑与云山书院经管何雨畦、李煦芸名下承接管理为业，兑得原捐十都七区地名简家山进正冲右边山场一节，进枫树坑左边山场一面，进冒脑坑左边山场一面。当日二比扦交明白，并无互混。此系以山兑山，阔狭相当，两无找价，自兑之后，永无翻废异言。今欲有凭，立此兑契一纸，附书院永远收执为据。

计批大西冲上一节山界，从滴水岩起，伴谢姓山骑仑直上第二峰举顶，横截直下腰中水口石门阆，由石门阆过对面山直上举顶山，举顶直下石鞧，至二水合襟，水沟为界，随水沟直上抵滴水岩合围为界。

同治十一年六月　日笔。

书院兑山契以下各契约均附录

立兑山场文契人云山书院经管何雨畦、李煦芸，今因同治五年姜道逵公后裔明伦、乐周等所捐十都七区地名简家山归入云山书院，远窵不便管理，与刘克庵、谭禧臣、何理堂、姜香畹、何藕舲、刘竹亭等商议，割兑与姜启我、绍箕、淇泉橘园名下承接为业，任启我等阳修阴葬、开垦蓄伐管理，倘有互混滋论，雨畦、煦芸担当，不与启我等相干。兑得姜启我等品分原接僧日辉出笔六都一区地名大西冲进冲左侧下节山场，上抵姜国翼等山为界，余照接僧卖契批为界，并庄屋、园土、竹木、茶果等项，二比扦交明白，并无互混。此系以山兑山，阔狭相敌，两无找价，自兑之后，永无翻废异言。今欲有凭，立此兑契一纸，附姜永远收执为据。

姜择执等遵释字

立遵释字人姜择执等，今因同治五年捐归云山书院管理之十都七区地名简家山，与乾港冲荣诏公坟界毗连肇衅，姜绍承等以背据悄捐、奸抹图占事控择等，以揑理稳占、恳饬承管事诉绍承，又以诡捐奸占事控府一案，屡经县宪讯饬邑绅，扦交未妥，讼延数载，族谊几隳。缘诏公坟山界址，绍等欲执乾隆年间合约为凭，择等欲执道光年间合约为凭，彼此相持不决。兹有书院经管何雨畦、李煦芸，邀同刘克庵、谭禧臣、姜香畹等入场，劝令全族谊息讼端。评将荣诏公护坟界址不照新老合约，另行酌量山势地段扦清，坟后直至来仑举顶，由举顶左面骑仑绕至碾槽坑白叶子垠，上骑仑分水直下，抵小水沟为界，坟前直下抵本山脚水沟为界，坟左直下抵本山脚水沟为界，坟之右面下平正冲水沟起，从绍公庄屋、垣墙直至枫树冲小水沟，齐进冲进势水沟右嘞至冲尾，凭坡水中心直上山头，骑仑分水，随峰绕至诏公坟，来仑举顶，合围为界。界内任荣诏公墓下子孙永远管理，除前项扦清界址，暨推车仑、大梅子坑、冒脑坑、豹子坑山地外，其余概行捐归书院管理。界址扦交明白，毫无互混，择等甘心遵释，永远不得有异。其县志漏载诏公坟茔一节，既经呈明立案，下次修志补入，并无不可，除具结备案外，相应书立遵释字，附书院经管为据。

姜绍承等遵释字

立遵释字人姜绍承等，今因同治五年捐归云山书院管理之十都七区地名简家山，与乾港冲荣诏公坟界毗连肇衅，绍承等以背据悄捐奸抹图占事控，姜人善等以捏理稳占、恳饬承管事诉绍承等，又以诡捐奸占事控府一案，屡经县宪讯饬邑绅，扦交未妥，讼延数载，族谊几隳。缘诏公坟山界址，承等欲执乾隆年间合约为凭，善等欲执道光年间合约为凭，彼此相持不决。兹有书院经管何雨畦、李煦芸，邀同刘克庵、谭禧臣、姜香畹等入场，劝令全族谊息讼端。评将荣诏公护坟界址不照新老合约，另行酌量山势地段扦清，坟后直至来仑举顶，由举顶左面骑仑绕至碾槽坑白叶子垠，上骑仑分水直下，抵小水沟为界，坟前直下，抵本山脚水沟为界，坟左直下，抵本山脚水沟为界，坟之右面下平正冲水沟起，从诏公庄屋、垣墙直至枫树冲小水沟，齐进冲进势水沟右墈至冲尾，凭坡水中心直上山头，骑仑分水，随峰绕至诏公坟上，来仑举顶，合围为界。界内任荣诏公墓下子孙永远管理，除前项扦清界址，暨推车仑、大梅子坑、冒脑坑、豹子坑山地外，其余概行捐归书院管理。界址扦交明白，毫无互混，承等甘心遵释，永远不得有异。其县志漏载诏公坟茔一节，既经呈明立案，下次修志补入，并无不可，除具结备案外，相应书立遵释字，附书院经管为据。

书院兑山契

立兑山场文契人云山书院经管李煦芸、何雨畦。今将原捐入十都七区地名简家山进正冲右边山场一节，上凭老山坑口，横截直上仑埌，骑仑分水，绕下至枫树坑口对岸尖峰，横截直下水港，随水港曲上至老山坑口，合围拆堤为界。又枫树坑进冲左山场壹面，上从冲尾坡水中心直上仑埌，骑仑分水，绕山冲觜小埌，骑仑分水，直下枫树坑港口，过港齐自庄屋垣墙为界。又冒脑坑进冲左边山场壹面，坐右从白叶子埌骑仑分水直下，抵水沟为界。从水沟墈绕左至冒脑坑，坐势右腋坡水中心直上山头，骑仑转至白叶子埌，合围拆堤为界。远窎不便管理，与刘克庵、谭禧臣、何理堂、姜香畹、何藕舲、刘竹亭等商议，出兑与姜荣诏公后裔国翼、鸿羽等承接为业，任国翼等蓄伐管理，兑得国翼等品分原接僧日辉出售六都一区地名大西冲内上一节山场，下抵姜启我等山为界，余照僧日辉出笔契批为界。当日二比扦交明白，并无互混。此系以山兑山，阔狭相敌，两无找价，自兑之后，永无翻废异言。今欲有凭，立此兑契一纸，附姜国翼等永远收收执为据。

扦清姜姓山场字

立扦清字人云山书院经管何雨畦、李煦芸，今因同治五年，姜明伦、姜择执等捐归云山书院管理之十都七区地名简家山内姜荣诏公坟山，界址未及扦清，并姜族在山内架屋、开垦之户未及将山地退交，是以至今未能管理。姜荣诏公嗣孙绍承等与姜道逵公嗣孙人善等构讼，屡经县宪讯饬，邑绅勘扦，均未能妥，彼此相持，几无了日。雨等查姜族逵诏两房于乾隆年间所立荣诏公坟山合约内载界址：上至来仑举顶一百五十丈左右，前三面各方八十丈。道光年间，两房续立合约，载荣诏坟山界址：后由举顶直下第三峰，倒水横过，拆堤为界。右至下面骑仑，左至本身山脚小水沟为界；右从庄屋后骑仑直上，至横堤为界；左从小水沟直下转出正冲挨河，齐本身山脚直下，拆堤为界。两约比勘，后约所载界址，后前左三面丈尺较前约减少，右面丈尺与前约无殊。诏房欲照前约，逵房欲照后约，久持不决，势必使捐山义举终属乌有。而两房族谊废不复全，殊为可惜。因思该山既已捐出，而诏公护坟丈尺即较前约加增，在逵房全族谊更重于兴义举，约内所载诏公护坟丈尺，不为不广，即较前约所载酌量减少，山既归书院管理，逵房可捐，诏房独不可捐乎？执此两说与之评议，均愿不照新老合约，任雨等酌量扦清息讼。是以邀同刘克庵、谭禧臣、姜香畹暨逵、诏两房人众等，赴该山扦清荣诏护坟丈尺。坟后直至来仑举顶，由举顶左面骑仑绕至碾槽坑白叶子垠，上骑仑分水直下，抵小水沟为界，坟前直下，抵本山脚水沟为界。坟左直下，抵本山脚水沟为界。坟之右面下平正冲水沟起，从诏公庄屋、垣墙直至枫树冲小水沟齐进冲进势水沟，右堋直上至冲尾，凭坡水中心直上山头，骑仑分水直上，随小峰绕至诏公坟，来仑举顶，合围为界。界内任荣诏公墓下子孙永远管理，除前项扦清界址，并推车仑、大梅子坑、冒脑坑、豹子坑山地外，其余概捐归书院管理。界址扦踏明白，并无互混。自扦之后，永远照管，不得生异。今欲有凭，立此扦清字一纸，附诏房收执，并钞录附呈县案为据。

姜道逵公裔捐山契

立捐契人姜道逵公裔用晋、用升两房嗣孙明轮、敦仁、楚成、择执、居正、明哲、迈阶等，今因我祖逵公所管十都七区地名简家山，历任贫民樵采，朗载新老邑乘。近来樵采众多，山内树木砍伐无存，族之藉荒开垦架屋者，思为己有。房众见义举渐次废弛，爰禀邑尊饬退全义，幸开垦之户自知亏悔，甘愿退山归公遵结寝案。明轮等窃虑照管为艰，房众商议，愿将志载周围三十里及兑入之扦担坳，凭书院首事刘翰生、童介臣、曾敬庄、喻竹泉等捐入云山书院管理。此系房众商妥改义全义，并非一人私见，凡属简家山扦担坳等处山林、竹木、垦田、垦土，已载未载，已扦未扦，一概捐入书院管理。至山内有姜荣诏公坟山，皆协同荣裔鸿都等出具遵结，甘照道光二十二年合约，扦清管理。所有扦担坳兑就之推车仑、梅子坑、冒脑坑、豹子坑坟山外，其余寸土、寸木、水石不留，概附书院照捐契管理，任书院首事另佃、栽蓄、砍伐、开垦、架屋，我逵裔永远无凯觎异言。除禀请邑尊批饬改义全义，并各具遵结备案外，理合两房合书捐契一纸，附书院永远收执为据。

水云寺僧日辉山地契

立契出卖山地人僧日辉同徒德明，今将六都一区地名大西冲进冲左侧山场、园土、竹木、茶果、棕桐暨庄屋一所，割售与姜绍基、淇泉、菊园、启我暨姜荣诏公后裔国翼等名下承受为业。当凭护法隆六溪、陈灿远等议定，时值价钱贰百柒拾串正，并润笔、酒席、押字、打界等费一概在内，比日系僧亲手领足，未少个文。自卖之后，任姜绍基等阴葬、阳修、守售听便，永无异言。倘有互混不清，由出笔人理落，不与受业人相干。今欲有凭，立此卖契，附姜收执为据。

计批山脚扫荫二丈，又观音山胡姓坟，上抵陶坟为界，下抵刘坟为界，左右各方二丈五尺，系凭胡茔顶发尺。又大西冲进冲左边张谷芗阴穴一处，齐茔顶发尺，各方二丈五尺。又刘廷相坟一处，凭茔心发尺，各方三丈。

书院捐项

阖邑按田捐钱二万三千二百二十串。

刘克庵捐银一千一百七十两，又捐钱二千串。

七都刘朴堂等捐田一契，三十六亩。

张香恬捐钱四千串。

周渭臣捐银一千两。

高果臣捐银三百两。

王邵卿捐银一百两。

朱云崖捐银一百两。

喻庆勋捐银一百两。

杨琼丹捐银五十两。

谢茂卿捐银五十两。

刘茂才捐银五十两。

夏南魁捐钱三百串。

夏有德捐钱二百三十串。

刘廷相捐钱四十串。

姜流光公捐大柱四楹，价值钱三十串。

邓培荣捐大柱二楹，价值钱十串。

杨树型公捐大柱二楹，价值钱八串。

李荆山公捐大柱二楹，价值钱六串。

奎光阁仰极台捐项

刘克庵捐银七百四十两。

刘元尊捐银三百两。

喻蕡生捐银三百两。

书院续捐项

王逢原、王俊彦等公捐钱一百四十串，捐田四十五亩。

附录惜字文社捐项

唐姜李氏捐田四亩。

滩山公会袁兆亨等捐铺基地三只。

书院捐置山场

姜道逵公裔明轮等捐山一契。

水云寺僧临轩、日辉捐山三契。

书院藏书目录

圣谕广训。

钦定书经传说汇纂。

钦定诗经传说汇纂。

御纂周易折中。

钦定周官义疏。

钦定仪礼义疏。

钦定礼记义疏。

御注孝经。

钦定孝经集注。

御纂周易述义。

御纂诗义折中。

御纂性理精义。

御定康熙字典。

御批资治通鉴纲目。

钦定武英殿聚珍板书目一卷。

钦定四库全书考证一百卷。

御序悦心集五卷。

御选明臣奏议四十卷。

御批续通鉴纲目二十七卷。

钦定清汉对音字式一卷。

御纂春秋直解十二卷。

钦定武英殿聚珍版程式一本。

大清通礼十二本。

皇朝经世文编一百二十卷。

本朝馆阁诗赋二十本。

皇清经解一千四百零八卷，共一百九十种。

宋版易经十卷。

宋版书经十三卷。

宋版诗经二十卷。

宋版春秋三十卷。

宋版礼记二十卷。

经典释文三十卷。

易纬十二卷。

易原八卷。

易说六卷。

周易口诀六卷。

吴园周易九卷。

诚斋易传二十卷。

郭氏传家易说十一卷。

易象意言一卷。

易学滥觞一卷。

尚书详解五十卷。

融堂书解二十卷。

禹贡说断四卷。

禹贡指南四卷。

诗总闻二十卷。

续吕氏读诗记三卷。

毛诗经筵讲义四卷。

春秋释例十五卷。

春秋传说例一卷。

春秋经解十五卷。

春秋考十六卷。

春秋集注四十卷。

春秋辨疑四卷。

大戴礼记十二卷。

仪礼集释三十卷。

仪礼识误三卷。

仪礼释宫一卷。

论语意原四卷。

水经注四十卷。

方言注十三卷。

帝范四卷。

汉官旧仪二卷。

邺中记一卷。

两汉刊误十卷。

东观汉记二十四卷。

东汉会要四十卷。

麟台故事五卷。

五代会要三十卷。

五代史纂误三卷。

宋朝事实二十卷。

郑志三卷。

元和郡县志四十卷。

元丰九域志十卷。

舆地广记三十八卷。

（领）〔岭〕表录异三卷。

魏郑公谏续录二卷。

元朝名臣事略十五卷。

老子道德经二卷。

傅子一卷。

文子缵义十二卷。

夏侯阳算经三卷。

五曹算经五卷。

孙子算经三卷。

海岛算经一卷。

五经算术二卷。

周髀算经二卷。

九章算术九卷。

意林五卷。

唐语林八卷。

学林十卷。

能改斋漫录十八卷。

猗觉寮杂记二卷。

朝野类要五卷。

项氏家说十卷。

涑水纪闻十六卷。

公是弟子记四卷。

明本释三卷。

苏沈良方八卷。

小儿药证真诀三卷。

农桑辑要七卷。

考古质疑六卷。

绛帖平六卷。

宝真斋法书赞二十八卷。

瓮牖闲评八卷。

岁寒堂诗话二卷。

涧泉日记三卷。

云谷杂纪四卷。

浩然斋雅谈三卷。

碧溪诗话十卷。

文苑英华辩证十卷。

南涧甲乙稿二十三卷。

后山诗注十二卷。

乾道淳熙章泉稿二十七卷。

山谷诗注三十九卷。

归潜志十四卷。

墨法辑要一卷。

敬斋古今黈八卷。

直斋书录解题二十二卷。

文忠集十六卷。

燕公集二十五卷。

茶山集八卷。

絜斋集二十四卷。

文恭集四十卷。

蒙斋集二十卷。

陶山集十六卷。

南阳集六卷。

学易集八卷。

雪山集十六卷。

昆陵集十六卷。

浮溪集三十二卷。

简斋集十六卷。

攻媿集一百十二卷。

华阳集四十卷。

文定集二十四卷。

净德集三十八卷。

止堂集十八卷。

元宪集三十六卷。

西台集二十卷。

彭城集四十卷。

景文集六十二卷。

忠肃集二十卷。

柯山集五十卷。

祠部集三十五卷。

公是集五十四卷。

拙轩集六卷。

金渊集六卷。

琉球国志略十六卷。

闽政领要三卷。

正谊堂全书总目一本。

周濂溪集十三卷。

二程文集十二卷。

杨龟山集六卷。

张横渠集十二卷。

朱子文集十八卷。

陈膭夫集四卷。

尹和靖集一卷。

罗豫章集十卷。

李延平集四卷。

张南轩集七卷。

黄勉斋集八卷。

陈克斋集五卷。

许鲁斋集六卷。

薛敬轩集十卷。

胡敬斋集三卷。

诸葛武侯文集四卷。

司马温公集十四卷。

陆宣公集四卷。

韩魏公集二十卷。

文文山集二卷。

谢叠山集二卷。

方正学集七卷。

杨椒山集二卷。

二程粹言二卷。

伊洛渊源录十四卷。

上蔡语录三卷。

程氏家塾读书分年日程三卷。

朱子学的二卷。

学蔀通辨十二卷。

读书录八卷。

居业录八卷。

道南源委六卷。

困知记二卷。

续记二卷。

思辨录辑要二十二卷。

王学质疑五卷附录一卷。

读礼志疑六卷。

读朱随笔四卷。

问学录四卷。

松阳钞存一卷。

石徂徕集二卷。

高东溪集二卷。

真西山集八卷。

熊勿轩集六卷。

闻过斋集四卷。

魏庄渠集一卷。

罗整庵集存稿二卷。

张阳和集三卷。

汤潜庵集二卷。

陆稼书集二卷。

道统录二卷附录一卷。

朱子语类八卷。

二程语录十八卷。

广近思录十四卷。

近思录十四卷。

濂洛关闽书十九卷。

正谊堂文集十二卷。

小学集解六卷。

濂洛风雅九卷。

困学录集粹八卷。

养正类编十三卷。

居济一得八卷。

学规类编二十七卷。

正谊堂续集八卷。

渔洋精华录十二卷。

填词图谱八卷。

学政全书八十卷。

陈检讨集六本。

王右丞集二十九卷。

沧州近诗六本。

中庸图说二卷。

困学纪闻二十卷。

余冬叙录六十一卷。

考古类编十二卷。

陆宣公集十六卷。

庾开府全集十卷。

考古原始六卷。

读书录十一卷。

少陵全集二十七卷。

朱子全书六十六卷。

说苑二十卷。

朱子大全二十二本。

忠雅堂集三十卷。

思绮堂全集十卷。

储氏七种古文选十本。

十六种文类二十一本。

十三经注疏。

朱子纲目。

器　具

祭器

书柜三只

卷箱一只

方桌一百五十二张

小桌一百五十一张

书桌一张

大椅十六把

炕床二铺

茶几六把

床一百四十六铺

凳二百七十六条

碗柜一只

浏东狮山书院志

（清）李芸　萧振声　纂修
邓洪波　何君扬　点校

序

余权浏邑之明年，邑东人士以所修《狮山书院志》进，且属余一言以弁其端。公余披阅，窃见体例精严，纂辑详赡，其于形势之函邃、建置之沿革、规程之划一，亦既备为纪载，尽臻美善，而所覼缕叙述不厌其烦者，则尤在封禁捐输矣。

委巷猥琐之徒，类皆趋利而忘害，惟读书明理、急公仗义者，乃能蠲一己之利，以杜万世之害，且能蠲一己之利，以兴万世之利。狮山为寿沙，省脉所出，其地产石，可煅为灰，土人利其值，争为凿取，历年既久，陵谷几堙。嘉道间，大吏廉得其实，饬禁之，复谕士民捐赀购为官山，建文昌阁、义学于其上，嗣又因其地置书院焉。咸丰时，院毁于寇，乃迁建于今之高唐山，名仍旧。计始终其事者数十年，前后捐赀者六次，而乡之人无悋色，无懈志，良由好义，根于天性。抑以凿石伤脉，致省会迭遭回禄，其害匪止一乡。而书院之设，作育人才，以储为天下后世之用，其利亦匪止一乡也。

今观志之所载，其公愤之气、慷慨之情、荣德报功之典咸流溢于楮墨间。然则是书也，固非徒为纪风土、备典故而作，直将以示劝惩、寓鼓励、传不朽之盛事，动观感于来兹，关系岂浅尠哉！抑余更有进焉者，欧阳文公为邑传人，史称其文章道德卓然名世。文公世居邑东南山，其读书地流风余韵，梗概犹存。多士肄业于斯，当必有景仰前型、奋然继起，异日循吏儒林，彪炳史册，与文公后先辉映矣，岂第为一乡之志乘光哉。是则余所厚望也夫！

光绪四年岁在著雍摄提格莫春之初，诰授朝议大夫加盐运同衔赏戴花翎知浏阳县事补用直隶州尽先即补州江陵黄世煦撰。

序

自来学校立则士气奋兴，文运培则人材崛起，实赖有人焉为之擘画经营，鼓舞振作于其间也。浏阳踞省会上游，其东有狮山，盖要区焉。昔予羁宦京华，李芗舟学博以书来言："狮山旧建有文昌阁，近改为书院。"事闻诸朝，惜壬子土匪之变，尽归一炬，为可憾也。后予告养家居，学博亦解组归里，复致书言："书院迁高唐，其狮山仍建阁，兹与诸生修《狮山书院志》若干卷，述其大要"，以问序于予。予观学博与王寅窗上舍、王鉴湖茂才二三同志，慨然以振士气、育人材为己任。后值匪变，而鉴湖且遇难。既乃复讲舍、续奎宫，多士弦诵如昔，先后擘画经营，非具大力者不能，浏东诚大有人哉！

夫浏因龟山先生旧治也，先生以二程高第与士传习城南，流风未泯。而欧阳圭斋生浏东，淹贯伊洛诸儒源委，文章道德卓然名世，其先人仲斋讲学岳麓，为时贤推服。成叔居白云庄，部使者聘主浏阳文靖书院，升堂讲《孟子》承三圣章，言龟山传周程学而及豫章、延平至晦庵，实承道统，功可配孟子。山林老儒闻讲筵之复，至为出涕。可知浏为大贤过化之邦，淮川毓秀，代产哲人，其兴学固易易耳。

学博与诸生创修斯志，凡所以隆作育、筹久远者无弗至，盖欲使学者敦本茂实、酝酿宏深，勉为有用之材，以备圣朝之选，其鼓舞振作之意，至靡已也！士之生是乡者，得以从容涵泳，讲求实学，追踪前贤，安知不有仲斋、成叔、圭斋其人者接踵而挺生哉。士气因而奋兴，人材因而崛起，狮山名胜当与鹿洞、鹅湖并传不朽矣！遂书以复于学博并示诸生，以为何如也。

同治八年岁在屠维大荒落秋八月，赐进士出身翰林院编修内阁学士兼礼部侍郎周玉麒谨撰。

序

狮山特邑中一小蓬块耳，书院特一乡塾耳，曷足志？顾自经变乱，一邑之政事文学、风俗人心，于此可见，且不止一乡一邑，实有重系乎一省者，乌得以一小蓬块、一乡塾而忽之。

狮山雄踞上游，为一方锁钥。嘉庆时，居民凿石，伤省城地脉，方伯翕公、廉访徐公下禁令甚严。既而诸大吏相继督治，饬县之檄无岁不至，岁或十数至，令浏者咸以是为巨务。道光中，邑侯赵公、杜公先后躬亲捕治，历十五年虐焰始熄。卷石之地，诸上台决意禁之，久而不厌，何也？诚以一省大局攸关，非一乡一邑细故也。

先君子仙舫公与王丈菊初、周君佑仁诸前辈助县为方略以治之，思乡愚顽梗，善后宜筹，初建文昌阁，继拓为书院，费甚巨，事达于朝。培文风兼保重地，盖虑计深远矣！书院以咸丰壬子之变，迁建高唐，而狮山复建阁于斯地，力为培护，又岂仅为一乡计哉。

夫书院聚一乡子弟而教育之，延名宿、厚脩膏、肃条规以资钤束。才俊之士得以专精其业而不病于外驰，其成就必有远且大者。多士奋兴，而地以人重，狮山即名山矣，其维持重地有大焉者矣。芸夙凛庭训，继志图维，幸其事之成，悲其事之败，拳拳以修复为念。事过境迁，惧当年各大宪、各邑侯、各先辈培植之盛心湮没不传，无以知斯地之重，因与二三同人勉成斯志，使吾乡之士知是山匪一乡一邑之山，而为士者亦当为天下之士，而勿为一乡一邑之士，其亦庶乎其可也。

同治九年，岁在上章敦屈孟冬月上澣之吉日，香洲李芸谨撰。

序

书院储材为天下国家用，不以地之大小殊也。古者州有序，党有庠，拔其俊秀升之国学，贡之天子，公卿大夫由此其选。今书院之设于乡者犹是焉，草茅寒畯赖以陶成，足建伟烈而树不朽，不得以乡曲之士目之。我乡士气豪迈，因已然之势而振兴之，人材之崛起，殆未可尺度限。

道光时，创立狮山书院，盖务乎远者大者，为多士期焉。狮山初禁采石，乡人士并力经营，不惮龥阻，以一乡而为一省地脉计，所见固已远矣。因是建崇文之阁，辟讲舍以兴文教，则又计之大者。

粤逆窜省，设团练，获贼谍，土寇卒起，毁书院，乱迹大著，大兵至，聚而歼之。内患除乃能力御外寇，十余年为南省独当一面，盖贼之窥东藩者，赖我乡为障蔽，则所全尤大也。寇氛未靖，力图修复，迁建高唐，而故山仍建阁，时事变更而造士之局历劫不移，此岂僻陋之乡所能为哉！

李香洲刺史与诸前辈先后措置，不遗余力，念数十年官吏士民相与竭蹶图维，不特有功士林，并关阖省大局，事迹甚繁，惧其久而失实也，乃创修《狮山书院志》若干卷，冀以昭示来兹。书未成而刺史殁，兹乡人士续而授之梓。吾乡之士覩前贤之用心如是，当益奋其志气，竞趋于远大之途，为圣朝胜艰巨之任，岂第习文章、博科第、夸耀一乡云尔哉。抑又总之，楚南材薮，学校如林，最著者衡州之石鼓、衡山之南轩、道州之濂溪、长沙之岳麓、城南皆建于宋世，迄今七八百年，惟志岳麓、城南，何也？都会人物辐辏，非郡县学所及，不必志者多也。狮山与洞溪并建一乡之中，设书院二，而又列义学八，育材者可谓至矣，脱无远大之器为当世重，毋乃贻斯志诮乎？是所望于士之俊杰者。

光绪四年岁在著雍摄提格孟夏之朔，庚溪王应藻谨撰。

凡　例

一、是志编为八卷，首列图，次形胜，次书院，次祀典，次封禁，次捐输，次艺文，而终之以界址。其无关书院者不录。

一、是志专纪书院颠末，于创建、恢复、封禁、捐输数则纪载特详，虽案牍繁琐，难以悉述，亦必大书提要，而节录于分注之中。

一、祀典所载礼仪、祭器、祭品，遵照《会典》及邑中《丁祭礼乐备考》诸书，特节录以备春秋岁祀之用，不复识别。附祀思贤、乡善、本乡先生祀社之义，以有功书院，聊据报答之私衷云尔，非敢以侵祀典也。

一、志中参互分载，有见于前者，注“见某志”，有详于后者，注“详某志”。

一、志中有因类附载而后用特纪者，书院附条规、学规，后特纪院长，重教育也。有因类并纪，不列于附者。封禁狮山，兼详磊石，地脉所关，本无轩轾，拟诸合传例也。

一、志中所录艺文，外来文字及院长书某县，同县书某处，本乡书姓名，其因类附见者，不赘于编。

一、产业为修膏所出，计图久远，宜防脱漏，分注界址，不厌周详。田亩水利、山段地名，文义不必雅驯，字画亦难避省俗，如“泊”之为“珀”，“壩”之为“坝”之类，总期合于土俗方言，异时便稽核也。

一、志中书式，皆低二格以便抬写，小注应抬写者跳格书。注中两事文义不属者用圈以别之。封禁及创建、恢复，赖各大宪、各贤宰维持之力，其官职、姓名固宜表著以彰功德，而未敢直书其名，特用小注，以昭详慎。乡曲谫陋，体例未必悉符博雅君子，幸匡不逮。

修辑姓氏

倡修

补用同知直隶州候选知县前任常宁县教谕　李芸

六品衔议叙八品纪录二次　王应选

协修

五品封典江西试用县丞　李世缙

州同衔监生　马焕奎

六品衔广东试用县丞　李庆瑞

布政司经历衔监生　王显范

纂修

生员　萧振声

六品衔候选训导廪生　李蘅

候选训导考取八旗官学汉教习优贡　涂启先

候选训导附贡生　鲁沛霖

参订

监生　黎奎

五品翎顶候选教谕副贡　李世沆

从九衔　周永若

四品封典候选同知　罗性浓

提调

监生　黄显阶

生员　杨家馨

校对

附贡生　陈国俊

童生　彭锦春

生员　刘棻

童生　萧世椿

缮书

按察司照磨衔监生　李学瑭

童生　马炳甲

童生　李鸿仪

绘图

生员　李檠根

童生　欧兰畦

目录

卷　一

图　考

同治间，浏以大府命修邑志，狮山与洞溪及县南文华三书院悉图其规制于卷首。至于山川形胜，悉在县境全图之中，固不必别为摹绘也。第狮山久经官吏经营，立为书院，关系甚重。自遭虐焰，改建高唐，几于陵谷变迁，江山不可复识。爰取先后营建及形势大略图之，俾览者得一一实指其地，岂徒夸名胜、壮观瞻云尔哉！

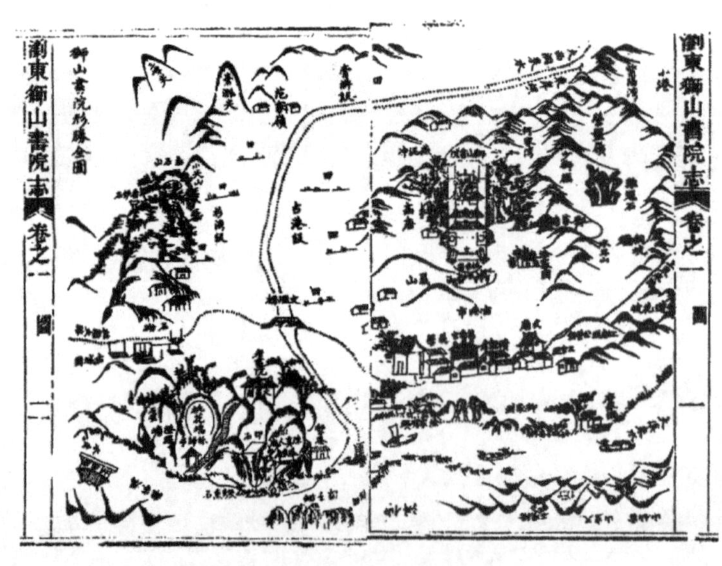

狮山书院形胜全图

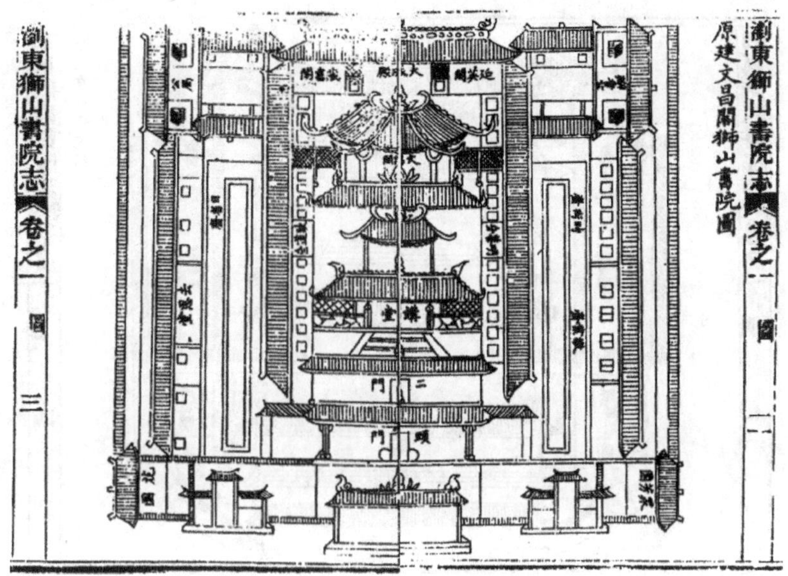

原建文昌阁狮山书院图

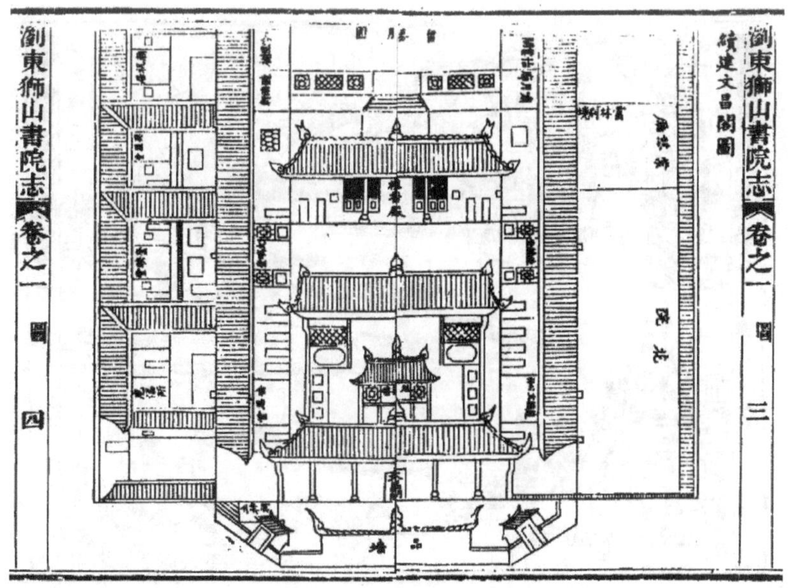

续建文昌阁图

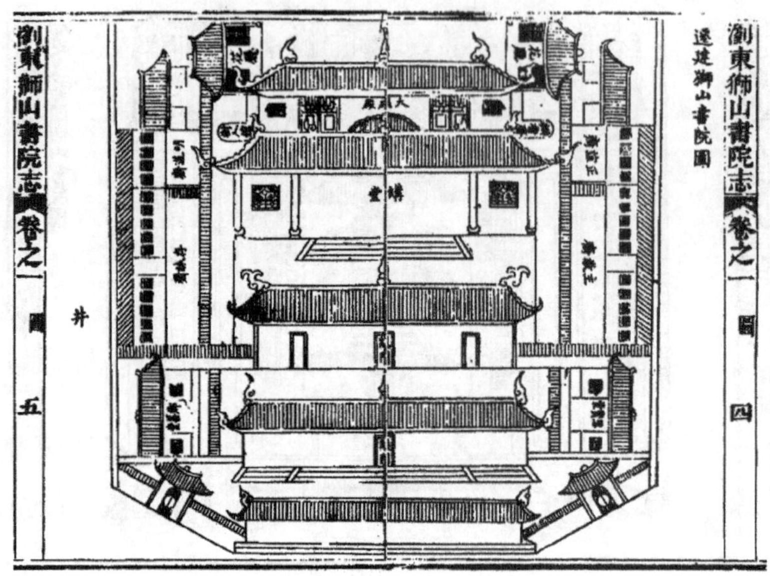

迁建狮山书院图

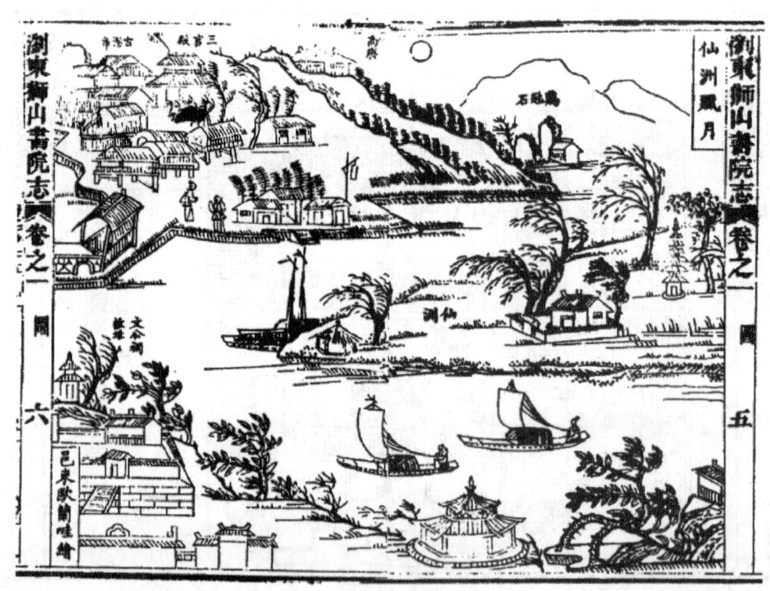

仙洲风月

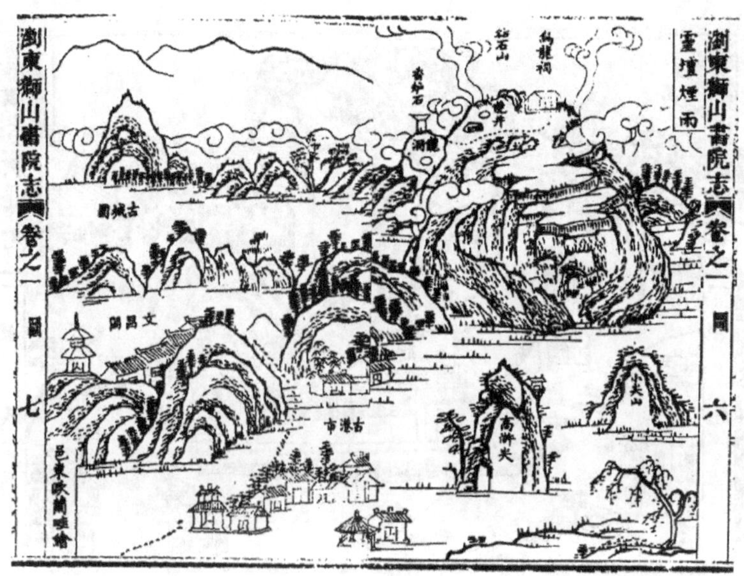

剡東獅山書院志 卷之一 圖 六
靈壇煙雨
剡東獅山書院志 卷之一 圖 七
文昌閣
古港市

江村漁火
剡東獅山書院志 卷之一 圖 七
剡東獅山書院志 卷之一 圖 八
文昌閣
古港市

灵坛烟雨

江村渔火

山寺钟声

天岩霁雪

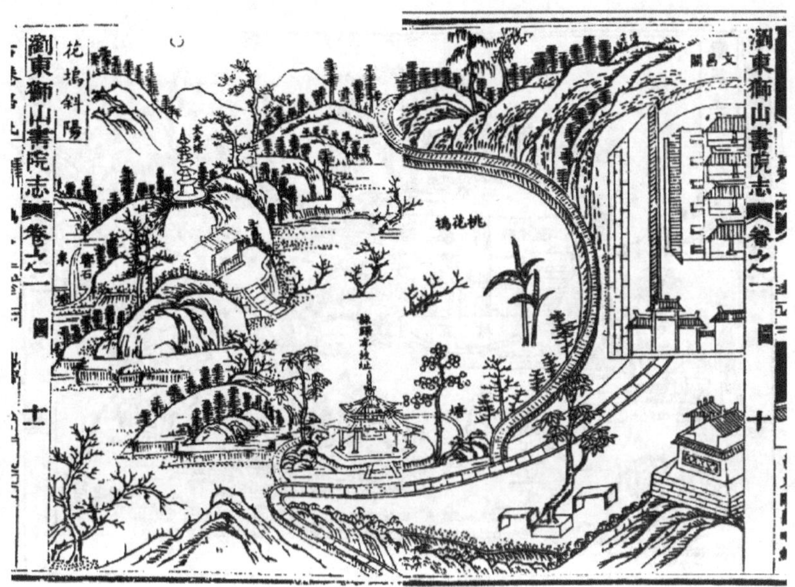

花塢斜陽
劉東獅山書院志 卷之一 圖 十一
劉東獅山書院志 卷之一 圖 十
文昌閣
桃花塢

劉東獅山書院志 卷之一 圖 十一
古港歸帆
劉東獅山書院志 卷之一 圖 十二
高浒尖
文昌閣
印石
仙洲

花坞斜阳

古港归帆

响石流泉

卷 二

形胜

寰宇之内，西北多山，东南多水。山国崇嶐而凝重，其人敦厚尚朴学；水乡清丽而阔大，其人聪秀尚文章。自制科兴，东南文风辄胜西北，地气使然也。邑志载：浏居万山中，西南稍平衍，东北半山谷。吾乡居东，山国耳，而狮山之胜，兼水乡焉，远峰环峙，宛若藩篱，旷宇中开，百数十里奥区之中，实涵大泽。高唐形势壮阔，四顾倍益雄奇，山水钟灵，合之两美，宜有伟人崛起其间者。圭斋芳躅，近在里闬，范水模山，亦足奋然兴矣。

狮 山

距今书院一里，自磊石山逶迤而南，至石坳，大道坦夷，忽跃起如怒狮，大溪西注，横当中流，为一方锁钥。山高数十丈，嵯峨独出，旁无部嵝。书院旧建山顶，大围、铜鼓峙其东，连云、石柱耸其北，后顾仙台三峰，前对雷仙天岩，诸山高掌，远跖环列，翠屏中间，平原旷野。上自白沙达浒官渡、河东、沔江三口，下及膏浒、仙洲、珠江，村市田庐，烟林云树，放眺纵横，了无障碍。山冢幽旷，屈蟠广厦亦层阶累级，大溪绕麓而过，滩声与松涛相间，昼夜不息。书院毁，其故址复建文昌阁，多士往来游息，得时览其胜焉。

高唐山

由少狮脑、鸡冠石蜿蜒而来，地平如掌，其西田畴空旷，磊石诸峰环卫拱立。东顾数十里，远岫低峦，间以村落，疏林密树，弥望青葱。前对天岩诸山，与狮山同。迁建书院后，佳木异卉，培植日茂，遂成胜地。

磊石山

在书院西，俗呼癞石山，中有天井、龙洞、悬钟洞、香炉石诸胜。邑志：一名乌龙山，怪石错列，斑驳骇目，其麓一石洞深数丈，其冢有泉不涸。旧有乌龙寺，明万历间，寺僧元彻示寂且瞑所，善士人周济尧至，祝曰："老僧莫向空中去。"僧答曰："明年仍布法雨来。"后祷雨辄应，勒"祈雨灵坛"字于石。寺废，后建祠。

膏浒尖

在书院之西北，属膏浒之原，冈峦起伏，经磊石山至狮山，珠联脉贯。府志：高埠段中纵横五里，突耸孤峰高数十丈，圆尖如笋，俗呼为山笋。色黑，内孕白沙，极粹重。

天岩山

距书院十余里，诸峰对面，排列如笋，如牙笏，如剑戟，虎豹怪奇。豁目峰巅，有石如张盖，土人呼轿顶山，酷肖，形家指为八座之徵。

狮子脑

为狮山最高处，三面皆危岩峭壁，面江而立，有吸尽西江之势，近瞰村落，远眺云山，极一山之胜概。

仙人岩

在狮子脑之左，崖高数仞，中开石室，下临深溪，甃以石梯，螺旋而上，相传为陈昭显真人趺坐处，土人于石室中塑像以祀。平江举人李传敏主讲书院时有联云："福地驻神仙，曾记飞凫留洞府；秘经传道德，欲召驯鹤护灵山。"

狮子潭

在狮山岩下，大溪水自大围山发源，众流交汇，奔注岩前，触石回旋，浪花簇涌，俗传为"狮子吐沫"。潭有鳜鱼石，石穴多鳜鱼。

仙　洲

在狮山前，一水中横，江田弥布，自芦中潭至青泥湾十余里，绿野平畴，农歌牧笛，清旷殊甚。

桃花坞

在狮山右，坞中多植桃，下开半月塘，塘外有石墩，上建咏归亭，坐对仙洲，为晚眺游憩之所。董事李芸旧有联云："半坞白云浮槛出，一洲绿影过江来。"

澄绿塘

在狮山右青枫岭下，有石壁二，以凿石烧灰，岁久而成，均高阔十余丈，矗立状若屏风。其一面江，石罅有流泉，下注成塘，水色山光，倒影澄澈。

古港市

在书院前，市为一乡通衢，贾人萃处，村舍相联，鸡犬闻声，炊烟四起，掩映林薄，殊有画意。迤东为桐坑山，内产豆子石，洁白圆润，小者如黄豆微，大者如蚕豆，间有淡红及紫绿者，采置磁盎，植水草最佳。

少狮脑

在书院后二里，巨石巉岩，形如狮子脑，故名。石中亦孕白沙如膏浒尖所产者。

鸡冠石

在书院后平地，怪石嵚岭，高累数仞，色黝黑，形肖鸡冠。

文汇桥

即古港桥。港水自大西山坪两洞发源，经三十六湾，历梅田、膏浒，曲折潆洄，流注狮子岩前，与大溪水合。旧有石桥，乾隆时周寀臣建。嘉庆中，其后裔募赀重修，立碑石坳，后圮。同治五年，众募改建。狮山与高唐仅隔一港，书院士子昕夕经过，易今名，董事王应藻为桥名说，载《艺文》。

古城园

在狮山右，周回数里，林深木茂，相传旧建城邑，今荒郊巨冢，城堡颓垣，故址仅存，志乘无考。

狮山八景

仙洲风月

狮山俯瞰仙洲，旷野平田，大溪绕抱，中有杨柳洲、厉家滩、柳家洲，草树绵芊，一碧无际，月夜风生，烟波荡漾，弥望皆清。

灵坛烟雨

磊石山有祈雨灵坛，触石云起，烟雨迷离，与狮山缥缈相接。

江村渔火

狮子潭深莫测，为鱼族渊薮，自古港至厉家滩，渔舟夜出，灯火远近如星光映水，点缀江干。

山寺钟声

山下有仙人岩、狮子庵，隔江有三官殿，古港有万寿宫、武庙，隐隐钟声，隔林遥送，莫辨其为何寺也。

天岩霁雪

岩石玲珑，形如镂刻，雪后诸峰皎洁如玉笋联班、银屏矗树。

花坞斜阳

坞多植桃，三面皆山，松阴蓊郁。坞外有咏归亭，花盛开时，夕阳红映，如火如荼，灿烂夺目。

古港归帆

江水绕岩而过，风帆上下，出青榆绿柳间，望可十余里，晚泊古港。

响石流泉

石壁面江，人语喧杂，响声内应。半壁石罅有瀑布飞泉，流注澄绿塘，泉声如环佩鸣。

卷　三

书　院

浏阳旧有文靖、南山二书院，一以杨龟山先生重，一以欧阳圭斋公重，今无一存者，考其兴废，皆当在胜国时。国朝乾隆中，邑人始建南台书院于城南，邑志称："龟山宰浏，与士传习城南，元汤荧即其地为文靖书院。"盖南台已建，而龟山之迹为不湮矣！圭斋居县东南山，其读书地流风遗韵，宜有以启迪后贤、振兴来学，顾南山不复有弦诵声，识者慨之。

自乡都已画，邑东延袤且逾百里，多士云蒸，亦不可以无教。圭斋《道州学记》云："周子生道州，学校兴废，于四方观瞻所系甚重。"言继前轨者必由学也。我乡圭斋故里，辟讲舍，聚生徒，使夫学者览乡先生遗迹而动其企仰，以蕲至于古之学者，各以其遇而树不朽，诚急务已！狮山之建，中遭兵燹，择胜地而迁之，故山且留精舍。邑中绍文靖而兹乃足媲南山庠序之教，设于乡闾，斯亦圣代学校如林之风也，缅贤令尹作育盛心与夫前贤创始之艰、恢复之力，又岂惟观瞻云尔耶？用次营建大略，入而学于其中者，庶知所奋焉！

狮山在县东四十里，道光六年，知县赵瑜以大吏禁民凿石，故令乡人输赀购其山，建文昌阁于其上，旁立义学。十年阁成，十九年董事李芸、王应选诸人敛赀拓为书院，规制甚备。

文昌阁后楹祀先师，左为延英阁，右为藏书楼，阁前楹为讲堂。东西夹巷，巷外为斋舍，东曰“明善”，曰“时术”，曰“敬业”，西曰“致道”，曰“日省”。东舍之北为瓣香斋，西舍之北为公廨，又西舍中立厅事为去思堂。讲堂外为龙门，为头门，为泮池，为屏墙。东西门门外山凸起，名狮子脑，上建楼及楚国文公祠。院外右有坡为二神祠，为咏归亭。

二十一年，白知县胡泰阶。廪生李芸、贡生汤诰、监生王应选、生员王洪钧、张道泉、刘步蟾等呈：

穷维慈湖创建，杨简布化饶州；石井留题，游绛著名嘉定。同文缅怀朱子，乐善共仰王淹；文化偶兴一时，芳名永留万古。邑东乡狮山曾经大宪访，系星沙省脉，浏水关山，取灰严商鞅之刑，采石下郑浑之禁。于是公捐义橐，买作官山。因而谋护岘碑，工兴石鼓，下营斋舍，上立文昌，颜曰“狮山书院”。时因费缺兰膏，致令席虚槐市。去岁青蚨再集，丹雘重新。墙加曾子之修，堂饰杨公之座。规模毕具，较易图功，详报久经，尤宜践实。

名山铎振，固堪培育人才，多士云从，更可关顾省脉。且地当八达，岭峙千寻，近市却远尘嚣，束缣胥便来往。一江水绕，洵能洗瀹心胸；四望峰高，尤足拓开眼界。矧以因水人稠，负山地广，境邻江右，界接巴州，大小七十八厢，纵横数百余里。人士繁则师道贵立，土宇广则学校宜分。纵有南台，久被梁公之化；宜师西涧，别劳张韨之修。所望现宰官，身造儒生福。堂添问字，室广传经。斯好学邴原无烦履蹑，授徒鳞士不待室营矣。见在乐捐虽众，观望犹多，恳援例言，编颁温谕，庶群疑共释，众志皆同，发镪囊中，流泉指上，重棱并赋，直同输帑。庄山二顷堪营，还待买田阳羡。厚束脩而金多郭，况颁廪眡而采惠修龄。夏课咸来，得庇千间广厦；春风共领，浑忘午夜寒毡。行见学校如林，风高汉代，弦歌在户，声满淮川。圭璋储东阁之求，金箭尽西清之选。莫不恩衔照命，赓延年颍水之歌；而且福寿铭心，上定国苏湖之颂。

县批：狮山书院创建有年，规模粗具。惟书斋湫隘，膏火缺如，尚虚讲席，呈请劝捐以成善举，且见好义急公，洵堪嘉尚。候即捐廉以倡，出示劝谕，庶几为山九仞，无亏一篑之功；广厦千间，足庇群英之集。该绅等仍俟捐有成数，汇齐呈明，即行详请优叙，以邀旌善之荣可也。

六月又谕董事云：书院为作育人才之地，全赖办理得人。狮山书院经费不足，曾经本县捐廉倡首，出示劝捐在案。兹查该首事汤诰、王应选、李芸、王应苹等品素端方，家咸殷实，掌醵金无虞蠹蚀，膺重任定启鸿图。惟希十分认真，一心共济，不可执一己意见，事辄独行，不可因众人觊觎，责轻旁委。行见人文鹊起，科第蝉联，俾该山与鹿洞齐名，斯地与鹅湖并重，本县实有厚望焉！

达其事于巡抚吴其浚，闻于朝。详捐输志。

二十四年春，知县赵光裕始试取生童肄业者，聘院长课之，岁如恒。

二十六年，山界四周筑土壕，于石坳立总门曰“云路”，知县王葆生出示禁侵盗。

咸丰二年八月，粤逆犯长沙，李芸及王应苹获贼谍，征义堂匪谋泄，遂为乱毁书院，应苹遇害。其年冬，匪平。

四年，巡抚张亮基檄知县袁青绶恢复书院。李芸、周烒度、鲁兴延诸人复以修复书院请，以军兴未暇也。

十年，李芬、罗赋懋诸人集众议之，距狮山东北里许为高唐山，地平衍，众决计迁书院其地，仍名曰“狮山”，经始于是年三月，凡二年而讫功。书院背北面南，屏墙东西，门迭级入，为院门，为龙门，为讲堂，当阶皆迭级。堂之东为延英阁，西为藏书楼，后楹祀先师，东西夹巷达诸精舍，东曰“正谊”、曰“主敬”，西曰“明道”、曰“存诚”。东舍之北为瓣香斋，西舍之北为树人馆，又北东西皆设厅事，厅前为花圃，当后楹北。其精舍之南，东为思贤堂，西为乡善堂，各当龙门之偏制，略如旧院而稍拓。费不赀，亦白官，敛于乡人而足之。详捐输志。

旧院故有文昌阁，同治元年李芸诸人始即旧院基谋修复之，白知县王汝惺。

是年八月，知县王谕董事李芸等：狮山书院奉前抚宪张札饬恢复在案，今书院既改建高唐山，文昌阁经杜前县详建于前，自应照原修复。所立春秋二祭祀典久废，急宜循旧以崇巨典。但需费甚急，如有捐赀较多，俟事竣后详请议叙，以示鼓励。

两役并兴，集赀不易，其阁凡七年而始成。

九年，由知县汪亮清以修复事白大吏。详略云：

窃据卑县职员李芸、汤绍纯、李庆咸、曾鸣冈、王应选、贝世冕、涂启先、张祖恩、李世沆、李华秾、张名远、罗性浓、李蘅、李永芩、李兴仑、生员刘棻、欧巨源、杨家馩、马隆望、马骧、廖炳忠，监生黄显阶、周泰昌、熊承年、杨永衔、周泰奎等呈称：邑东狮山自嘉庆二十年奉护抚宪翁、藩宪徐访系省脉重地，被居民凿石烧灰，致省城迭遭回禄，严饬封禁。迭奉抚宪巴康，藩宪裕，学宪程，臬宪万，府宪张、安、王、萨，邑尊谢、赵、林、杜先后严禁。道光八年，谕令地方绅士，买作官山，始克封禁。邑尊杜详请于山上建文昌阁，旁立义学。道光二十一年，邑尊胡谕令添建狮山书院，详请题咨邀给议叙。咸丰壬子，遭匪焚毁，抚宪骆具奏，抚宪张檄饬恢复。

咸丰八年，邑尊蔡谕将书院迁高唐山，具详在案。所遗狮山原址，遂成旷地，惟是该山久为神灵所栖，又系官山，实属重要之地。况各神像牌位有寄置庙宇者，有收存家宅者，殊不足以昭诚敬，亟应照旧修复。以经费为艰，迭禀邑尊胡、王、陈、刘示谕劝捐，将昔年捐立之奎映堂、德星堂、保仁堂所存余资，暨各绅耆捐输之数，共费三千余缗。经始于同治元年，落成于同治七年。屋三进，后楹为文昌神座，前楹建楼，上祀魁星，东为欧阳楚国文公祠，西为去思堂。阁外旁立山神、土神祠，内为文会堂、德蕴堂、奎映堂、德星堂、吟风榭、听雨轩、啸月廊、怡云阁等处，各工一律完竣。

窃该山自上宪访闻省脉攸关，士民情殷保护，封禁、建庙、修理、祭费，并此次续建，统计前后捐资三万六千余缗，在各户乐于捐输，均不愿邀奖叙。谨遵各前县谕，刊刻《浏东狮山书院志》，并将封禁缘由及各捐户姓名详载卷内，以垂不朽。见付剞劂，不日即可成书。

今书院虽移建，而与狮山仅一港之隔，士子得趋跄其地，足以尊桂籍而励科名，范身心而敦品行。况古港向为匪徒啸聚之区，得书院与文昌阁并峙，匪独培文教、振儒风，兼有正士端人，往来联络，可扶正气而变浇风。祀典由此而复，官山由此而全，地脉由此而保，遗爱由此而留，其关系匪浅鲜也。合将修复缘由造册绘图，公恳转详立案等情前来。卑职随即亲诣查勘所造楼阁等处，核与绘图无异，委系工坚料实，一律完固，除饬妥为经理，以垂久远。仍令将用项另行造册转报外，理合绘图造册，具文详请宪台，俯赐查核立案云云。

附阁立精舍，并为异时大庇多士计云。

书院条规

一、书院择老成殷实八人为首事，管理诸务。三年更换，留旧二人，添新六人，每年将出入存数若干揭示院门。倘有侵渔，即行罚赔更换。

一、甄别定额生监正课十名，副课十名，童生正课二十名，副课二十名。

一、书院每年以二月初十启馆，十月初十散馆。其生童膏火以八个月为率，正课每名每月钱八百，共六串四百。米三斗；共二石四斗。副课每名每月米三斗。共二石四斗。东西斋长二人，每名每月钱四百。其钱米均由书办发领，无课者自备食用，必须按月归结，不许久延。

一、不住斋生童，正课每月钱八百。无米。副课米减半，每月一斗五升。均须满足八课，少则按月扣除。自启馆日起，三课不到，即行扣除。

一、住斋生童有连取三次前三名者，副升正，额外升副；膏火以升课后算发。连取三次后三名者，正降副，副降额外。如生监住斋人数不满十名，必连取三次前二名方准升课，降亦连取三次后二名。

一、每月十三日堂课，生监超取五名，奖钱一串五百，童生上取十名，奖钱二串。初三、二十三馆课，超取五名，奖钱六百。上取十名，奖钱九百。逢八散课，超取三名，奖钱二百四十，上取五名，奖钱三百六十。

一、每月逢八，由院长别设一课，以经解、策论、诗赋各体命题，随取数多少，按逢三馆课发奖。

一、每年请县官二课，东西学官各一课，限三日内齐卷解送。

一、斋房先尽正副课住足，方准额外居住，均不许携带生徒。

一、藏书楼书籍交书办收管，诸生领看，必亲书领条，送还时面销领条，均不许携出院外。如有墨污损坏，即着购赔，领者慎之。

一、院内书办一名、门堂夫一名、斋夫二名，工食由公发给，诸生不许私自雇工。

一、斋房桌椅等物俱已足用，他处什物不得任意搬取，如有需用，须问明公局，随即归还。倘有遗失损坏，照物赔偿。

一、诸生获隽奖赏：入泮钱四串，本年未应课者不给。优拔、副贡钱八串，举人钱十二串，进士钱廿串，主事中书钱二十四串，翰林钱四十串，鼎甲钱六十串。

一、狮山文昌阁为书院重地，不准私自授徒起馆，所置什物专为春秋祭祀之用，不准搬移出借。其精舍本为异时多士肄业之所，但见在书院斋舍足敷生童居住，亦不得无故搬入。

书院学规

一、诸生初至，进谒院长，用全书夹单帖开具年貌、三代、里居，并注明住某斋某号，不住斋者亦须注明，以便稽查。

一、院中斋长二人，由院长择老成为之。遇有犯规之事，斋长劝令速改。倘怙过不悛，即禀院长逐出。如斋长徇隐，即行更换。

一、书院头、二门锁钥交斋长收领，每日晨启由门堂夫领取，每晚二梆后锁闭，不许出入。

一、每月堂课，书办按名造册，赍呈瓣香斋，发三梆后点名。诸生肃衣冠以次应名接卷，俟封门出题，限酉刻交卷，不准给烛。

一、馆课：斋内限本日交卷，斋外限次日交卷，违者不收。惟经古、策论遇题过多，斋内亦二日交卷。

一、不住斋者亲来应课，卷面盖“到斋应课”图记，取录以住斋论，膏火仍照不住斋算发。至斋外应课，十三堂课不列超等前五名、上卷前十名，余课不列超等前二名、上卷前三名。

一、每逢课期，既经领卷，自应交卷，倘有不交，正副课扣除膏火一月，额外不许再行应课。

一、课卷取前列者，由院长发延英阁共阅，以资观摩。

一、每课诗文及经古、策论、词赋，遇有佳构，院长于卷面签注“另誊送阅”字样，存藏书楼待选付梓。

一、诸生以事故外出及归家，均须见院长告假。除应试外，如有将房门锁闭踰一月限者，正副课扣除一月膏火。若出入无时，未经告假及十日不归斋者，禀院长逐出。

一、每月朔望，院长率诸生恭诣大成殿行礼。

一、诸生火食茶汤均由斋夫备办分送，不得入厨自操烹饪。宾客往来，非读书人不准留宿。

一、院长或自出训诫条规，有较严密之处，诸生必须恪遵，不得以书院旧规为借口。

书院院长以先后为次序

彭舒英，字石莽（庵），长沙副贡生。道光二十四年主讲，为掌教之始。持衡平允，士论翕然，今犹有能道之者。

程人炽，字炳堂，宁乡举人。道光二十五年主讲，并挈其三子至院，与诸生共学。其学尚根柢，论文以先正为宗而不戾于时。其年冬，诸生留之，以赴春官辞。同治三年，复主讲邑中南台书院。

李传敏，字逊吾，平江举人，由拔贡生中式。道光二十六年主讲。其学尚博识，以古文法课制艺，多自辟畦径，而议论悉本传注。于诸生课卷多所裁正，甚至有易全幅者。朝夕讲贯无倦容，如是者三载。二子元善、元吉以诸生随侍，与同门互相切劘。二十八年冬，赋诗留别，诸生依恋，至今犹奉为圭臬。著有《诗古文》二十余卷，待梓。

曹光汉，字西垣，长沙举人。道光二十九年主讲。论文宗先正，工楷法，书阴骘文，泐石嵌院壁。

吴敏树，字南屏，巴陵举人。道光二十八年任县学训导，三十年兼主狮山讲席。训课有方，从游者众。明年留之，以赴礼闱辞。性方毅，曾太傅与交甚笃。督两江时喜南屏老至，赋诗有"故人飞棹从天来"之句。晚岁筑室君山，自号柈湖居士。著有《柈湖诗钞》《柈湖文集》行世。

许如骏，字次苏，善化举人。咸丰元年主讲。其年值童试，每刻晷课诗文，督诸生甚勤。后官至按察使。

柳先赓，字芸胪，长沙举人。咸丰二年主讲。课士严勤，其年秋值征义堂匪之变，书院毁，诸生流离失所，不获卒业。

陈伊鼎，字冶卿，安徽举人。同治三年主讲，为迁建书院掌教之始。携其侄洞就读。性和平，论文以清正为宗，从游者七十余人。次年，赴全椒县学教谕任。

袁懋森，字省斋，长沙举人。同治四年主讲。课士殷勤，专宗经史，论文必规先正。貌庄重，弟子朝夕请见，悉接以礼。历三年，不少假以色，诸生以严见惮，于字之点画亦必不苟。先后主县南台、文华各书院，均有声，为邑中推服，事略载县志。

程椿寿，字少炳，宁乡举人。炳堂院长之长子，同治七年丁外艰，聘主讲习。文规先正，有父风，道光时随父读书院中，其年方入泮。父子先后主讲，亦美谈也。

左宜，字锡九，长沙举人。同治八年主讲。尚朴学，以立品为先。初至，即令诸生讲《小学》。好奖劝后进，见佳构辄叹赏，士多为之激发云。

胡钧学，字研堂，长沙举人。同治十一年主讲。勤于授教，每亲临斋舍与诸生论文，终日无倦容。更正诗文，一字不苟，是年门下士乡试获隽，为迁建书院发轫之初。十二年冬，留之不可，明年举进士。

但复旦，字湘浦，善化举人。同治十三年主讲。性朴厚，课士有法。其年冬，以足疾归，不起，诸生咸痛悼之。

宁辉钺，字夏卿，善化举人。光绪元年主讲。性严重，训课勤，佻达者咸惮之。次年留之，以妻死母老，躬亲奉养辞。

王介祺，字芸皆，安化举人。光绪二年主讲。教严极，示诫规约千余言，无敢犯者。堂课必诸生完卷始退，尤勤察斋舍，潜窥有攻苦者，虽文艺略逊，亦列高等，以示鼓励。惜一岁而去，不能留也。

文德基，字质夫，宁乡举人。光绪三年主讲。性简静，善病。挈其三子来院读书，秋初送子赴童试，归。

卷 四

祀 典

我邑文庙之祀，道光时考订乐章，诸生娴习礼仪、乐舞，春秋释奠，礼乐灿然大备，声容之盛，播遐迩矣。狮山书院建大成殿，祀至圣先师，巨典隆仪，固乡人士所夙娴者。古者弟子入学释菜，为入道之门，兹节录于编，冀后起之士得以随时习礼，致俨恪而效趋跄，肃威仪以循矩矱，雍容儒雅，涵泳靡涯，所裨非浅鲜也。而文昌、魁星诸神为书院所当祀，亦并纪焉。

大成殿①

邑中岁以春秋仲月上丁释奠，书院董事及诸生多与祭者。书院之祭在上丁后，卜日割牲，以院长主祭。先日，率诸生演礼，如院长离院，以董事老成者主祭。公服诣神，厨眂割牲，以豆取毛血瘗于坎退。宰夫预凿坎于宰牲之西。

① 原文无标题，依下文文昌阁例补。

祭日陈设

先师位前牛一、羊一、豕一、登一、大羹。铏二、和羹。簠二、黍稷。簋二、稻粱。笾十、一形盐、一鱎鱼、一枣、一栗、一榛、一菱、一芡、一鹿脯、一白饼、一黑饼。豆十、一韭菹、一醓醢、一菁菹、一鹿醢、一芹菹、一兔醢、一笋菹、一鱼醢、一脾析、一豚拍。炉一、灯二。殿内东设一案陈礼神，制帛一、香盘一、尊三、爵三，牲陈于俎，帛实于篚，尊实酒，承以舟疏、布幂、勺具，设福胙于东案尊爵之旁，加爵一，饮福之爵。设洗于东阶之下。

四配位前各羊一、豕一、铏二、簠二、簋二、笾八、一形盐、一镐鱼、一枣、一栗、一榛、一菱、一芡、一鹿脯。豆八、一韭菹、一醓醢、一菁菹、一鹿醢、一芹菹、一兔醢、一笋菹、一鱼醢。炉一、灯二。旁设一案陈礼神，制帛二、香盘二、尊二、爵六。东西二位同。

昧爽，主祭、与祭均公服祇候。

通赞：行春、秋祭礼。鼓初严，鸣钟。鼓再严。鼓三严。执事者各司其事。启户，盥手，主祭者就位，与祭各就位。迎神，上香。

引赞：上香，引主祭升阶。诣先师香案前，跪，叩首，兴，上香三，跪，叩首，兴。以次引诣四配位前，上香仪同。复位。

通赞：三跪九叩，兴。奠帛爵。行初献礼。

引赞：行初献礼。引主祭升阶，司尊者举幂酌礼，司帛者奉帛，司爵者奉爵。诣先师位前，跪，叩首，兴。奠帛，献爵。初献爵，跪，叩首，兴，诣读祝位。

通赞：主祭跪，皆跪。读祝。司祝至祝案前，跪案左，读毕，叩首，兴。奉祝版安于篚内，叩首，兴，退。

读毕。通、引同赞：叩首三，兴。以次引诣四配位前，献仪同。

引赞：复位。

通赞：行亚献礼。亚献奠爵于左，如初献仪。行终献礼。终献奠爵于右，如亚献仪，均无帛。

通赞：饮福受胙。

引赞：饮福受胙。诣受福胙位。

二人自东案一奉福酒、一奉福胙至先师位前，拱举退立于主祭之右。又二人自西案进，立于左。不赞。

引赞：跪，饮福酒。

右一人立递福酒。主祭者受爵，拱举以授。左一人跪接，兴。不赞。

引赞：受福胙。如饮福仪，叩首三，兴。复位。

通赞：谢胙，三跪九叩，兴。彻馔。送神。

通赞：三跪九叩，兴。奉祝帛，送燎。司祝、司帛至案前奉祝帛，由中道出。四配由东西阶出，均送燎所。焚祝帛，望燎，复位。礼成，钟鼓齐鸣。

祝辞

维先师德隆千圣，道冠百王，揭日月以常行，自生民所未有。属文教昌明之会，正礼和乐节之时。辟雍钟鼓，咸恪荐以馨香；泮水胶庠，益致严于笾豆。兹当春、秋仲，祗率彝章，肃展微忱，聿彰祀典。以复圣颜子、宗圣曾子、述圣子思子、亚圣孟子配。尚飨。

文昌阁

阁在狮山。每岁春以二月十四、秋以九月九日致祭，循旧规也。

帝君位前陈设

笾豆案一、爵垫一、登一、铏二、簠二、簋二、笾十、豆十、牛一、羊一、豕一、香案一、铜炉一、灯二。咸丰三年奉颁铜蜡台二六两重、黄蜡二枝。殿中设一案，少西北向，供祝板。东设一案陈礼神，制帛一、香盘一、尊一、爵三，牲陈于俎，帛实于篚，尊实酒，幂、勺具设洗如常，质明举事，礼仪与大成殿同。

祝辞

维神绩著西垣，枢环北极。六匡丽曜，协泰运之光华；百代垂灵，为人文之主宰。扶正久彰夫感召，荐馨宜致其尊崇。兹当仲春、季秋，用昭时享，惟祈歆格，克鉴精虔。尚飨。

魁星楼

楼旧在狮山脑，今于文昌阁前楹建楼。奉安神位，每岁春秋于祀文昌日致祭。

陈设

帛一、尊一、爵三、果品五盘、核桃、荔枝、龙眼、栗、枣。炉一、灯二、香盘一。

赞礼生赞：就位，诣神位前，上香三，复位。跪，叩首三，兴。诣神位前，奠帛爵。跪，读祝，叩，兴。复位。跪，叩首三，兴。焚祝帛。礼成。

祝辞

维神辉联熊壤，福耀狮山。西垣临阁道之躔，东璧近图书之府。属云梯之得路，须斗极以持衡。兹当祀事之期，用妥明禋之荐。从此灵晖朗映，泰运宏开。玉虎垣中，照耀蟾宫之桂；金鳌殿上，辉煌凤管之花。策天马以腾骧，翼帝车而转运。式崇燕享，丕振鸿图。尚飨。

欧阳楚国文公祠

祠旧在狮山脑，今于文昌阁之东南隅为堂。奉安神位，岁春秋祀魁星后致祭。

陈设

羊一、豕一、笾四、一形盐、一栗、一鹿脯、一枣。豆四、一菁菹、一鹿醢、一芹菹、一兔醢。炉一、灯二。

陈祝文于案右，设壶一、爵三、帛一、香盘一于案左。

赞礼生赞：就位，诣神位前，上香三。复位，跪，叩首三，兴。诣神位前，奠帛爵。跪，读祝，叩，兴。复位，跪，叩首三，兴。焚祝帛。礼成。

祝辞

维先生名重许燕，道传伊洛。卅年制诰，雄文宝贵天廷；三史纂修，大册光昭秘阁。驰谕而蛮獠可詟，献言斯颍盗能安。允留台谏之徽，特树奎章之望。文章经济，前朝巨篯长存；山水钓游，故土馨香宜荐。兹者堂依问字，馆近翘材。屹立崇祠，摩挱旧迹。怅遗风于马渡，梓里留香；修时祀于狮山，兰樽荐洁。伏冀神来宴娭，灵降嘉生。入学龙头，续金鳌之佳话；凌云骥足，绍天马之名材。谨慓瞻依，用伸答享。尚飨。

去思堂

堂在文昌阁之西南隅。祀湖南护抚布政使翁元圻、湖南按察使徐炘、浏阳县知县赵瑜、浏阳县知县杜金鉴。岁春秋于祀楚国文公日致祭。陈设、礼仪同。

祝辞

维先生望隆衡岳，泽沛湖湘。声华丕振潭州，德政长垂浏水。难忘伟绩，聊修石相之祠；无限讴思，共效文翁之祭。乞同歆乎燕享，俾大启厥鸿图。尚飨。

思贤堂

堂在书院东斋之南。祀出力董事人：邑廪生李春辉、职监王才桂、改名才榆。邑庠生周佑仁、一名国享。监生罗宗迪、监生王才植、监生李枝韡、监生李祚经、监生姜本楫、监生杨世贵、例贡生汤诰、前常宁县教谕候选同知直隶州李芸、职监生王应选、邑廪生王应苹、祀县昭忠祠。五品衔州同李芬、貤赠奉政大夫监生。罗赋懋。字建中，以字行。岁春秋以书院董事主祭。陈设、礼仪如去思堂。

祝辞

维先生德隆圭璧，望重枌榆。保障辛劳，培一乡之地脉；功勋丙耀，启百代之人文。多士竞仰鸿裁，凡仪用昭燕享。兹当春仲、秋季，肃展下忱；伏冀灵爽式凭，英光远庇。春雨报杏花消息，秋风扬桂子芬芳。培成梁栋之材，梯登十二；养到蛟龙之气，浪破三千。是所默祈，统维歆鉴。尚飨。

乡善堂

堂在书院西斋之南。祀乐捐多金，修建书院未邀奖叙者。名勒碑龙门内，陈设、礼仪与祀思贤同。

祝辞

维先生品重圭璋，望隆桑梓。束躬恪遵夫矩矱，雅意尤切于栽培。育才增广厦之欢，解橐荷多金之助。此日门盈桃李，登艺苑以蒙庥；他年材选楩楠，步花砖而颂德。兹当春仲、秋季，肃展微忱。恪崇报答之文，维冀精英之格。尚飨。

土神祠

祠在西斋外。陈设、礼仪与祀魁星同。

祝辞

维神德协乾元，功司坤载。钟扶舆之淑气，蔚奇杰于文人。辟广厦以庇欢颜，资大力而培胜迹。敦仁能爱，百年树桢干之材；致敬存诚，多士隆枣糕之报。恭伸芹献，聊表葵忱。惟祈格歆，是用昭告。尚飨。

井神祠

祠在西斋外。陈设、仪礼与祀土神同。

祝辞

维神功司井养，象协蒙亨。膏泽遍及乎闾阎，挹注不穷于朝夕。矧维多士，筮盍朋簪，实赖明神，福占用汲。觱沸偕词源并涌，寝馈难忘；苾芬趁旭日早升，涓埃略报。用伸虔告，伏冀格歆。尚飨。

山神祠

祠在狮山文昌阁屏墙内东偏。陈设、礼仪同前。

祝辞

维神望著巃嵸，灵昭屹崒。雨露咸资施布，民物悉赖生成。固一乡之藩离，作中流之砥柱。结关山以为水镇，保障千秋；答盛德以荐芳醪，馨香万古。伏祈歆格，丕锡休嘉。尚飨。

土神祠

祠在狮山文昌阁屏墙内西偏。陈设、礼仪同前。

祝辞

维神体立刚柔，物成终始。百昌咸资附丽，万汇悉荷生成。以斯山夙号名区，久称巨镇，仰坤灵之丕荫，俾泰运以重兴。盛典聿修，懋仪再举。用昭时事，冀锡宏庥。尚飨。

祭　器

登，用铜。口为回纹，中为雷纹，柱为饕餮形，足为垂云纹，盖上为星纹，中为垂云纹，盖口为回纹。通高六寸，深二寸，口径四寸九分，校围六寸九分，足径四寸七分。盖高一寸六分，径四寸六分，顶高三分。

铏，用铜。两耳为牺形，口为藻纹，次回纹，腹为贝纹，盖为藻纹、回纹、雷纹，上有三峰，为云纹，三足亦为云纹。高四寸一分，深四寸，口径五寸一分，底径三寸三分，三足高一寸三分。盖高二寸二分，三峰高一寸。

簠，用铜。面为夔龙纹，束为回纹，足为云纹，两耳附以夔龙，盖上有棱，四周旁亦附夔龙耳。通高四寸六分，深二寸一分，口纵六寸四分，横八寸，底纵五寸一分，横六寸四分。盖高一寸四分，上棱四周纵四寸一分，横六寸四分。外方内圆，受一斗二升。

簋，用铜。制圆而椭，口为回纹，腹为云纹，束为黼纹，足为星云纹，两耳附以夔龙，盖面为云纹，口为回纹，上有棱四出。通高四寸二分，深二寸一分，口径七寸二分，底径六寸。盖高一寸八分，上棱四出，高一寸一分。内方外圆，受一斗二升。

笾，编竹为之，以绢饰里，顶及缘皆髹以漆红色。通高五寸四分，深八分，口径四寸六分，足径四寸。盖高一寸九分，顶高四分。受四升。

豆，用铜。腹为垂云纹、回纹，校为波纹、金板纹，足为黻纹，盖为波纹、回纹，顶用绹纽。通高五寸五分，深二寸，口径四寸九分，校围二寸，足径四寸七分。盖高二寸二分，顶高五分。受四升。

炉，用铜。设靠以倚炷香，靠亦用铜。

灯，用铜。今用铜蜡台。

尊，用铜。纯素，两耳为牺首形。通高八寸六分，口径五寸一分，腹围二尺四寸，底径四寸六分。

爵，用铜。腹为雷纹，饕餮形。通高四寸六分，深二寸三分，两柱高七分，三足相距各一寸五分，高二寸。

俎，用木锡。里外髹以漆，正位红色，中区为三，纵六尺有奇，横三尺二寸，四周各铜环二，八足有跗，通高二尺六寸有奇，配位红色。中区为二，加盖，纵三尺九寸，横二尺八寸，左右各铜环二，六足有跗，通高二尺七寸有奇。

篚，编竹为之。四周髹以漆，红色，高五寸，纵五寸，横二尺二寸五分。足高一寸，盖高一寸七分。

幂，用锦缯为之。《会典》用疏布。

勺，用锡。柄为龙首形，曰龙勺。

洗，盥手水器。

祭　品

大羹，用犊牛全体，刷洗洁净，煮熟，不加盐料，别其脂腻，存清汁，勺之登。

和羹，用豚脊膂肉切片，牛汤焯过漉起，加盐、酱油、醋、芹、韭丝调匀。又切猪腰如荔形，覆面，加淡牛热汁浇满，勺之铏。

黍稷，用完洁者煮熟，稍冷，分盛于簠。

稻粱，用完洁者淘净，蒸熟，分盛于簋。

黑饼、白饼，用荞麦、白麦面拌以油蜜，以蜂蜜、榛、菱为馅，印成圆饼，炉干，实笾内。笾各二十。

榛，去壳，取肉白者实笾内，下丰上锐。

菱，去壳，取肉白者实笾内。

芡，取洁白者洗净，拌饧糖炒熟，实笾内。

枣，取鲜色者蒸熟去皮，实笾内。

栗，去壳，取肉白者实笾内。

鳊鱼，即大鲲洗净，和麻油、酱、醋，实笾内。

鹿脯，取肥者煮熟切方片，加盐、酱、姜、椒、角、茴，用时和麻油酒炒，实笾内。

形盐，取白盐作虎形，实笾内。

芹菹，取生者洗净，断之以四寸为度，不加盐料，实豆内。〇凡菹皆断以四寸。

韭菹，取生者洗净断之，渍以盐、姜、麻油，实豆内。

菁菹，蔓菁也，取生梗洗净，漉以沸汤，留青色断之，和盐、姜、油、醋，实豆内。

笋菹，去箨，剖为片，断之，沸汤焯过，和盐、姜、油、醋，实豆内。

醓醢，膊干肉，莝之杂粱面及盐，渍以美酒，涂置瓶中，百日则成醢。其汁多者为醓，实豆内。

兔醢、鹿醢、鱼醢，均实豆内。

豚拍，取豚肩方大块洗净，抹以油、酱、盐、蜜、醋、酒，蒸熟，实豆内。

脾析，牛百叶也，去皮切丝，沸以汤，和油、盐、醋、酱、葱、姜，酒炙之，香乃已，实豆内。

卷五

封禁

自黄河南徙，以山东为左臂，辅翼神京，国祚灵长，山川效顺，地脉所关重矣哉！狮山凿石，省会常遭回禄，铜山西倾，洛钟东应，理有固然，无足怪者。嘉道间，大吏下封禁令，建文昌阁，立书院，我乡文教由是兴焉。今书院毁而改迁，阁则毁而复建，岂独为省脉计，亦以我乡灵秀萃于此山，宜加培护耳。溯封禁经十余年，官吏、士民均极劳费，事虽琐，乌可略而弗志。爰摭其大略著于编，稽前哲之劳，知斯地之重矣。

狮山屹立江干，巨石嶙峋，周回里许。旧为民业，窑户环集，凿石煅灰，不知始于何时，岁久山皆破裂，今石壁撑空，高阔至十余丈皆凿痕也。东乡以狮山为锁钥，攻凿不已，有堑山湮谷之势，识者忧之。然以石多悬岩，易于采取，灰洁白而腻，近江便舟载，易售，获利厚巨。久，趋之者众，虽知其伤残地脉，不能禁也。

嘉庆二十年，护抚翁元圻、按察使徐炘廉其事，令县封禁。先是省中多火患，大吏时引为虑。或言省城地脉出浏阳，被凿伤致灾。时士人李春辉、王才桧等读书岳麓，护抚课士，询之，告以实，乃下禁令。山主闻禁惕息，而窑户、石工赖以存活者千余人，率多枝梧。十二月，李加怀等请县亲封。

二十一年，檄知县谢希闵亲诣封禁。

布政使翁、按察使徐檄县云：各属开窑烧灰，虽为便民之事，但须查明出石山场，无碍田园、庐墓，且不至有损地脉，方可开采。本司访闻该县离城四十里，地名枫林铺，有山名万家坳古港，有地名狮子山，均各凿取山石，开窑烧煅石灰。该处地脉系省城来龙过峡之处，通省攸关。仰该县亲诣，立即封禁。如有搭盖棚厂，概行拆毁，永远不许开挖。仍将封禁缘由，并取山主及保甲人等遵依甘结。限十日内申赍，以凭委员覆加勘验云云。

窑户李秀兰等请宽限，县谕：以狮子山见奉藩臬会札饬禁，限十日内将窑厂拆毁，何得藉有已采未烧之石，妄希再烧，图延时日。此系各大宪饬办之案，毋稍抗延，自取咎累。

并遣同知王显文覆视。

是年六月还报称：卑职接奉宪札饬，赴浏阳县查明万家坳、狮子山石灰窑厂是否封禁，有无私设棚厂凿烧情事。遵即驰抵浏阳，与该县谢令同诣查勘，均已拆毁封禁，并传各山主人等取具遵依各结，令其永远不准开挖云云。

然县官虽奉严檄，念贫民骤失恒业，务从宽治，而奸民恃众蟠踞，官至则封，去则如故。

二十二年至二十四年，李加怀等呈控各词、典史李天喜勘覆各详，及调销各窑户批约、遵封各，结节经羊、邵、方三令批谕，县牍甚繁，未录。

道光三年，知府王、缺名。知府安佩莲均饬县严禁。

是年三月，知府王檄：狮子山凿石烧灰，伤碍省脉，奉前藩宪、臬宪访闻，会札封禁，永远不准复开。兹本府访闻狮子山复聚多人，私行开挖，致省城迭遭回禄，合再札饬封禁。

六月、九月、十一月，知府安三次檄县，均不克封。

四年、五年，知府萨迎阿檄凡十二至。

四年二月檄：狮山复聚多人，私行开挖，倘再任弊搁，除委员查勘外，定将该县详参不贷。

五年三月，檄签发锁封飞提弊搁，经差解府究治，该县仍一面亲诣封禁。

时窑户诡以赁山为辞，知县赵瑜令业主还其赁金，谕导恺切，卒恋踞。

五年六月，李万金等控府，七月，李金斗等控县。县谕：以狮山久经各宪饬禁，某等胆敢违禁凿烧，藐法已极。既经札委永安司押封，仍候札催速诣封禁，倘窑户仍敢抗违，定即会营亲诣查拏，从严究办不贷。

十月谕李世凤等："该处山场因关省脉，久奉札饬封禁，迭经前县饬各山主遵照。本县莅任，又经照案饬封，仍各因循观望，本应按名拘究，姑念各窑户无知罹法，特先令尔等传谕查封，原系格外施恩。兹据禀各户均愿领价还山，而某等辄敢抗违不遵，藐玩已极，实难姑宽。除一面饬拏外，尔仍奉批严谕，各将分批山段名目及批价银数刻即投案，听候查究。"

又谕各窑户："该处有碍省脉，迭奉宪札，严饬封禁，并无准予复开之事。前因窑户批山烧灰，费有工本，诚恐一旦押逐出山，顿失恒业，当经示令山主退还批钱，搬徙出山。兹据称批佃山场，共计大批若干，自有批字可凭，候饬令如数退还至尔。批山烧灰，虽费工本，而历年采烧所获花利，奚止数倍。久奉宪札饬封，该民仍恋踞不遵，本县不即押逐，并令收回大批出山，已属格外施恩，该民应知感激遵行，毋得借口迁延，致干咎累。"

又谕吴某等："该山前经本县亲诣勘封，饬将棚屋拆毁，该民即遵照办理，毋得逶延，以身试法。"

十一月，又谕刘某等："山林陵麓之产，固系取材济用，但狮山关系省城来脉，久奉各宪饬封，复经本县勘明封禁。若有复开灰窑，即系恃强藐法，罪难姑宽。乃辄请于无碍山地，仍复烧灰，不特易启影射，且于通省大局有碍，讵可讨好于窑户，遂忘桑梓来脉耶？时货灰多由舟载，县役获灰船惩治，尚不敛戢。"

自令下至是已十年矣！六年，知府张凤枝檄治甚厉。

三月，以十八次严札飞催饬县，盖各大宪督促，府檄时至也。是年窑户李万贤争山，杀李仰高。十一月，李秉忠以抗官酿命控府，檄甚厉。

赵令谕士绅捐金购为官山，以清其源。并谕建文昌阁于山上。七年将代去，董事者以赵令贤而莅事久，五至狮山，洞悉吏役之弊，虑去后或遂废弛，乃陈诸弊端，语甚至。

五月，悬赏缉犯示云："东乡古港狮山，久经各前县取结遵封在案，前因各窑户私行凿烧，经本县饬令拆毁，又迭限封，并饬各船户毋许包揽装运。狮山石灰工匠毋许在该处打料佣工，又票饬各窑户户族交出抗不遵封之棚户，赴案究惩，乃延今日久，弋获甚属寥寥。尔等须知事关上宪，严檄封禁，不得任令抗延。如有能将抗不遵封之窑户拿获送究者，本县定即从优奖赏，有能全数拿获者，仍按名数分别奖赏。劝惩具在，决不食言。"

七月，周彦三等呈："窃闻陶士行东封金矿，岭号陶公；寇平仲北禁铜山，人名寇父。富弼修慈悲岭，陈登造爱敬塘。一事流传，千秋佳话。邑东狮子山者，寿沙省脉，浏水关山，久被凿烧，谁为护惜。忽焉大人有命，山嗤力士之开；而且大吏亲临，石禁巨灵之擘。羊公留意，雅护岘碑；谢眺关心，培持室岭。总虞地尽劫灰，毋使岭无完石。尤幸山川有福，草木逢春。竹马欢迎，叶凫飞莅。开张骏义，导育鸿恩。遂令鼠窜者咸知抱头，麕居者悉遵解体。石止洪初之凿，山俜愚公之移。将塞鬼岩神翻成笑谷，即闲云野鹤亦拜恩山矣。无何顽石难化，死灰复然，罔识云慈，翻成水玩。诡辞托出他山之石，远贩谁谙载宝之舟。造约占山，制人毙命，掘伤神庙，塌陷坟茔。利射蝇头，害贻通省，毒萌蔓尾，祸涂群生。三大宪钧论频颁，各明府公交车屡拒。情难宽恕，罪实贯盈。昔商君相秦，取灰于民田者戮；郑浑治魏，采石于坟山者刑。以狮山久费心劳，共为泪堕，缘承劝谕，敢献刍荛。请责革书吏，许功以赎之，并刑比胥徒，限期以迫之，告新来令尹，再密禀上官。三令严施，群奸敛戢。庶几功成保障，德重邱山。恩齐泰华之高，代永公侯之报。”

并呈学政程恩泽。其年秋，知县杜金鉴至。

学宪饬府提究，周彦三等又呈署县杜。杜谕：“该处石匠何名，销灰何处，该职等在乡，尽可详悉查明，密封具禀，本县自有禁阻之法。”

杜两署浏矣。三年署，七年再署。明年，密商士绅，竭力督捕。

五年，周佑仁、杨成理等呈：“狮山沐亲履勘，身冒凶锋，生心何安？敬呈各弊，以俟明察。棍徒所以无忌，虽恃亡命多人，实恃在城差歇包庇，如某私雕纛字木戳，包装包运，某坐上流运灰者，每船给与钱文，即予盖戳，差坐下流，见有戳者放，无戳者禀。窑户平日有公费给差，凡署内动静，先透消息，使窑户预防，即昨赐勘差早暗通，故凶器凶徒顷刻皆集。窑户将柴薪遮盖好窑，以损坏旧窑朦勘窑户批约。谢前县逐一调销，差主伪造挡塞。赵前县曾出赏格，差匿不贴。今欲拘窑户，莫如比差歇。差歇乃窑户线索，若遽改差，伊等囊橐既饱，置身事外，新差故辙复行。兹钞名单粘呈，恳照提比差歇，惧窑户自至，山自易封云云。”

旋获灰船入官，船户笞杖。时学宪程檄县严治，知府张连岁檄催杜令，专意封禁，不遗余力。

巡抚康绍镛疑有玩纵，遴邻邑士绅来密察，得窑户顽梗状。

八月，委绅湘乡进士易作梅、宁乡举人周丰万、刘校禄等呈覆："浏阳狮子山经各宪访闻，委员封禁，饬众绅士捐赀买作官地，窑户贿差复开。杜县十分认真，亲诣封禁，窑户敢持枪械抗官县差。故使各役四散，杜县入窑，已获要犯，朦杨县保逃，致令凿烧不休云云。"仍饬县限封。是年，府檄凡六至。

九年，四月，周彦三等控臬宪万、抚宪康均饬县封禁。董事者以事越多年，公私劳费不胜，乃吁布政使裕泰亲递治。

周彦三等呈："狮山原李姓祖业，批赁凿石烧灰。嘉庆时大宪访闻有伤省脉，委同知王亲诣封禁，山主批约一概调销，李卖契存库。是该地概归官，李既无分，某更无分，乃无分强占，禀县、禀府、禀臬均莫若何，禀辕沐批饬县究办，何敢再渎。但未沐批提，难容默置。职等衣食颇足，一切讼事从不屑干，祇缘赵仁县谕职等捐买该山入官，以全省脉。又劝捐建文昌阁，旁立义学，职等遵谕乐捐建造。乃山主李姓既卖已休，而窑户某等违禁强占，虽林县会营有示，赵县赏格有示，杜县一炬焦土有示，公然藐抗不封。不封则震动学宫，伤碍官署；不封则省城迭遭回禄，古冢多被塌陷，其害不小。此前各府札语，不封则不惟藐抗官法，易长刁风，抑且窝屯匪类，贻害地方。此杜县示语。职等从公起见，禀府，禀臬，批虽严而未提，学宪批提而不畏。虽札饬到县，县非不严，奈犯与差伙，加差又为串通，卧票不拘。即县亲诣，差将消息先通，将柴掩饰假遵，官过旋开。此饬县所以难封，不得不吁批提。夫提不轻批，原宪爱民至意，而此案非提转无以成宪爱，何也？案由上访，非民私讼，山已归官，又非彼此私争。若县可封，公禀数十次，宜多年禁止。若饬县可封，县诣十余次，何未闻凛遵。总以此案全局计无出提，提差则差到，提犯则犯到。差到着差比，交差自交犯，犯获着犯具，限犯自遵封。且差畏提累，犯畏差拘，即不讯而案可结，山可封。乡愚不至长刁，官法不至无灵，是一提可收全美，不得不渎辕而吁批提也。呈递即予提案，数月间遂一律封禁，皆此一呈请提之力，不可以词之俚而略之也。"

知府张锡谦连檄索之。

五月至十月，檄催不已，并承抚宪康、藩宪裕、臬宪万迭檄转行饬县，檄凡十二至。

杜令承檄严治，奸胥计穷，顽民始各帖息。于是偕委官从九徐銮勘视，以狮山概行封禁覆大吏，因请建文昌阁其上。其后余党犹有抗踞者，卒督营毁其巢，事乃寝。十年，阁始成，旁立斋舍为义学。

六月，杜令示谕："古港狮山，省城龙脉，淮水关山，关系匪轻，培植宜亟。见已禁止采石，逐一清理所买李姓山场及窑户棚屋地基，俱以契明价足，通详在案。惟是地既重大，计宜久远，因示公建文昌阁于其上，前楹两旁起造斋房，以为作育人材之计。业经本县于前月初九日亲临致祭，初十日饬工匠兴工，但鸠工庀材，需费浩大，将来修金膏火，不可不预为筹备。因念捐资固凭众力，劝捐先须多人，爰谕一乡绅耆人等，务宜赶紧劝捐，共成义举，上可仰赖神恩，下可作育子弟。该绅士等当踊跃图成，以副本县至意。"

二十年遂拓为狮山书院，其地益重，山石依然，无敢觊觎者矣。时谓狮山虽由大吏访禁，县官贤劳，而始于筹划，以成厥功者，董事数人力也。董事衔名详后。厥后复封禁磊石山。

磊石山在狮山后，旧有乌龙寺，废。见《形胜志》。嘉庆时，土人建乌龙祠，前楹祀刘猛将军。祠圮，道光时，乡人士复募建祠。

王应选、周莘农、卢文谟，严宝屏等募祠启云："粤稽典肇，禋宗祭旱之礼；经聿著地，存坛墠舞雩之祀。事宜修山川，以云雨为神明。禋有制方社之琴瑟，召庆报福无疆；能毋准功烈之条用，以肃馨香之荐。邑东磊石山神能祷雨，地有灵坛，寺号乌龙，泉同白鹤。僧元彻禅宗示寂，偈语犹传；周石松处士名高，芳踪尚在。沛甘霖而除旱魃，超苦海以济穷黎。府县志纪载綦详，邑人士祈求辄应。特以鸡园鹿苑，久为狐兔之墟；莲社蕉天，竟作蓬蒿之径。字镌瘦壁，争祈布泽为丰年；位设荒岩，何异暴巫于烈日。既属有功当祀，岂容食报仍虚？乙未夏间，苦逢久旱，敬偕同志恭诣灵山。瓦卦卜来，祇切一诚之感；天浆惠下，果符三日之占。德本无私，泽尤甚溥。依旬不爽，顿教禹甸回春；行路相欢，宜并苏亭志喜。曾许建庙，自应倡修。第思国号众香，船称大愿，荷慈航之普渡，资仁杖以同扶。设樽有利通衢，独木难支大厦。惟冀朱提共助，赤仄多输；俾得鸠工庀材，勤垣涂墍。坛场依旧，庙貌维新。荷灵雨流膏，岁岁奏迎神之曲；享甫田乐利，人人赓倬彼之章。”

按，周石松名济尧，僧元彻所善士人也，见邑志。

道光十一年，有凿石烧灰者，知县赵光裕檄县丞吴洪相诣勘，与狮山接壤，有碍省脉，代理县事戴琛和集讯封禁。集卢、杨、严、易、邹、叶六姓具结，附卷。其年秋，诸士绅复白赵令请禁，杨联升等亦请禁。出示甚严。

十八年，奸民有复请开者，知县国庆严饬不许。

谕该民：“前在狮山凿石烧灰，久经封禁，宽免治罪。其所存地果在断令首事承买之外，何至十余年之久置而不买。且该民于道光九年与刘高、杨贵棠限状，内称奉示，着令搬移拆毁，恳准宽限五日，一同拆毁，禀请验勘详销，并无请给买地价之语，其为应行封禁作为官地可知。何得藉称住屋毘连一语，希图影射。至磊石山与狮子山脉贯珠联，前因某等在该山凿烧被控，经前县委员勘明封禁，如果易、严、邹、叶等姓仍有赁人开凿烧灰之事，断难掩人耳目。地方邻保，庐墓攸关，岂肯徇情容隐。明因事隔年久，复图开凿，捏词耸听，姑予批饬。如敢违禁私开，定即严拿，从重治罪。”

然历年查禁，而窑户常私开。久之，开凿渐多。二十三年，书院董事与山主集议，均愿全公书禁约。

卢思潭后裔三十七名、柳应星后裔、叶绍芳合族、严远、秦远和、杨清、傅召林、易升山、邹占魁、王立轩、李祚松、陈禀全各书约。

二十四五年，闻仍有开凿者。李晛、周绍衡等屡请禁。二十六年董事周佑仁诸人白署县熊浦仁诣封。七月，周运衡复与罗宗源、王应选、李芸呈知府雷成朴，并缕呈布政使万贡珍，饬县诣封，署县王葆生拘窑户惩治，乃止。

吴学益、李祚松、李祚昆、李永富、李永发，贝逢运、陈昌湘、萧先慎、萧先光、吴启清、赖景照、吴学品、林成万、杨应猷、杨应观、杨应甲、杨召英、杨召瑚、林汉昌、林宏翥、杨应隆、杨召培、叶逢秀均具结，附卷。

旋出示云："磊石山与狮子山均系省脉过峡之处，附近书院又属文教重地，自应加意培植。前有在该山凿石烧灰，经各前县迭次勘封示禁在案。无如法久玩生，复有在山开凿，经各绅控，奉上宪饬禁，业经本县勘明，饬差带案责惩，并谕保正押令各窑户具结报案，悉遵封禁，合行出示晓谕。为此示仰该地诸邑人等知悉，嗣后永不许在磊石山凿石烧灰。如敢仍蹈前辙，该保甲及书院首事等公同指禀，立即严拿，究惩不贷。"

以磊石山悉遵封禁具覆。

详略云："卑职前奉宪台札饬封禁磊石山，旋据卑县职员周运衡等禀称，磊石山与狮山脉贯珠联。兹因居民在该山凿石烧灰，有碍省脉，经戴前县讯封。二十三年胆敢违禁复开，当禀赵县严禁，迭禀张县、刘县，迄今四载，恃强藐抗。窃该山上建龙神、刘猛将军庙及祈雨灵坛、龙湫等胜，详载志书，为一邑名胜，何忍坐视截伤等情。卑职随集人证查讯，各姓山场虽非强占官地，惟该山曾经封禁，复事凿烧，殊属刁顽，将窑户责惩，棚屋概行拆毁。见在出示封禁，毋许在该山凿烧，以全省脉。仍饬该处保甲人等随时稽查，合将封禁缘由具文详覆云云。”

咸、同间，以膏浒尖联磊石山麓，均系要地，悉由地方禁止采烧。今书院迁建高唐山，其鸡冠石、少狮脑蝉联诸山，灰窑甚多，亦由周姓祖祠筹金购其地，即周彦山、周佑仁、周运衡祖祠也。请县示禁，意以保邱墓兼全书院地脉也。谕者谓狮山相联之山，为一乡保障，故诸大姓护持最力云。

附封禁买山契目

道光六年十二月，买李振楚后裔胜储等狮山地基一契。

七年十月，买汤世锡屋基一契。

十一月，买罗南清河坳屋基一契。

又九年六月，买罗南清山内屋基一契。

七月，买罗王氏及子性魁屋基一契。

八月，买张清辉棚窑屋基一契。

买吴学益一契。

买吴学礼、吴福万、吴学全、李仕高四契。

买吴学文、吴学连二契。

买李加怀一契。

买李刘氏及子长祥、长春一契。

买李长秋一契。

买罗甫朝一契。

买袁长发一契。

买李宗贤一契。

十月，买吴学文、吴学用一契。

买吴学虎一契。

买吴张氏及子学绳一契。

十一月，买李传高一契。

十年二月，周简臣后裔光大等捐狮子山尾石坳凤形毟山场一契。

闰四月，黎玑衡捐狮山河下地基荒土二片一契。

道光十年六月，杨成理等以各契呈邑令杜存库。后因霉湿，邑令刘谕令董事收执各契，抄录钤印，匣盛存库，原为久远计。今附志于兹，以示勿谖。

封禁狮山各官衔名

护理湖南巡抚布政使翁元圻

湖南按察使徐炘

湖南巡抚巴哈布

湖南巡抚康绍镛

湖南布政使裕泰

湖南按察使万承凤

湖南学政程恩泽

知府张凤枝

知府安佩莲

知府萨迎阿

知府张锡谦

知县谢希闵

知县羊拱辰

知县林凤仪

知县赵瑜

知县杜金鉴

同知王显文

从九徐鋆

典史李天喜

知县方为霖

封禁磊石山少狮脑紫阳湾东岸坝上各官衔名

湖南布政使万贡珍

知府雷成朴

知县赵光裕

知县戴琛和

知县国庆

知县熊浦仁

知县王葆生

知县黄世煦

封禁狮山董事

李春辉　王才桂　周国享　罗宗迪　王才植

李枝韡　李祚经　姜本楫　杨世贵

封禁狮山经理

王才林　李祚瀍　李宗规　黎文光　马组绶
罗赋冠　刘位俟　马慎徽　王才桢　李宏远
黎光旦　李隆蕊　陈宗本　李正元　李泮辉
王才楷　梁国基　罗宗浦　卢文谟　罗宗淮
马观成　李恂久　王应烇　罗赋济　马允逵
周世组　欧其镡　贝凤翥　黎光台　江万年
杨代奎　王应昆　周心一　贝燕鹿　唐　融
鲁永亨　罗奎炳　王元音　熊启芹　黎文辅
柳礼源　萧同佐　张万菊　陈月恺　周镇五
杨默思　欧大玉　罗含礼　汤昌璧　萧同体
周用成　卜世培　周　灼　马昌先　罗赋雅
李庆楚　廖文怡　易金照　王世鉴　王永时

补遗：封禁狮山磊石山各官衔名

知县刘沄
知县汪传霖

卷　六

捐　输

朱子曰："雍州土厚水深，其民厚重质直，无郑卫淫靡之习，以善导之，则易以兴起而笃于仁义，成周之治是也；以猛驱之，亦足以强兵力农而成富强之业，嬴秦之政是也。"我乡土风强悍，能御巨寇，而好义急公，勇于为善，殆山川之气类秦中，而导之者善欤。道光时，建两书院，曰狮山，曰洞溪，皆以捐输成，而狮山费尤巨。始封禁，继建阁，终成书院，毁于匪复迁建，最后仍建阁，先后捐金以万数。咸、同间，邑中团防耗数十万，我乡输其半，财力殚矣。军务倥偬，虽通都大邑有不遑计及文教者，而偏隅之乡能于拮据中兴复学校，风俗之厚为何如！乐善由天性，亦关地灵哉！其捐输有未白诸官者，并纪之以示劝焉。

狮山自嘉道间大吏饬县封禁，数遣官察视，县令捕治十余年，不胜劳费，卒谕士绅购民业为官山，建文昌阁，立义学，皆赖捐输集事。初捐约三千金，立春祭曰奎映堂，继捐四百余金，为修理费，立秋祭曰德星堂，二堂皆以祀文昌名。道光二十一年，增建殿宇斋舍为狮山书院，捐银二万三百余两以白县。

李芸、王应选、汤诰、王洪钧、黎华抡、李枝煌、张道泉、王应苹、马昌群等呈："邑中狮山奉大宪访闻有碍省脉，禁止凿石烧灰，经杜前宪谕令捐赀买作官地，详请于山上建文昌阁，共三进，讲堂、斋舍俱备，为书院计。时因费缺，致未延师起馆。窃邑东自大围山至县二百余里之遥，地广人繁，不可无书院以资陶铸。狮山地当冲要，士子往来肄业，水陆均便。兹蒙倡捐膏火，兴立文教，实于地方大有裨益，遵谕劝捐，人心乐从，数月间成斯盛举，匪惟兴一乡文教，并可全一省地脉。但昔规模略具，多待经营，今增建斋舍等处，并购经、史、子、集藏之书楼，悉臻美备。其昔年买地建庙，原系众人醵捐，未便按名举报，现在所捐钱文，除添建等项用去外，俟买膏腴，为久远计。所有捐项若干、用费若干，理合具册赍呈，恳赐照例详请议叙云云。”

知县胡泰阶详请奖叙。

与县南募建文华事合详，略云：“窃惟明经之典，首重贤能；造士之方，先资作育。浏阳地方辽阔，户口殷繁，考之邑乘，向有文靖、南山、南台三处为生童就正之所，见存南台一所，其余久已废圮。迩来生齿益繁，文风日盛，往来士子或因长途跋涉，负笈维艰，或因斋舍无多，栖止乏术，不足以宏教育而励人材。卑职到任以后，查得距城四十里之古港狮山地方，前因居民凿石烧灰，有碍省脉，奉各上宪饬令封禁。经杜前县劝捐购买，兴建义学以全省脉，共造房屋二十八间。比因经费不足，未曾延师训课，惟是规模较小，斋舍不敷。卑职因公接见各绅，劝谕在该处改建狮山书院，并于离城九十里之沙溪文街市地方添建文华书院，以便生童就近肄业。各绅等皆踊跃乐从，卑职随捐银一千两为两书院倡，各首事分乡劝捐，共计乐捐银三万四千三百七十两零，合卑职捐银一千两，计银三万五千三百七十两零，分别兴工起造。

兹据狮山书院首事廪生李芸等呈报，狮山书院诰职王才本等捐银合卑职倡捐之数，共银二万三百四十两零，即在该处改建书院。自道光二十年至本年四月工竣，共计房屋八十三间。除原建旧料抵用外，实用工料银四千八百五十两零，又买经、史、子、集用银五百六十两，又置桌椅器皿等物用银三百四十两，共用银五千六百五十两零，尚存银一万四千六百九十两零。又据文华书院首事呈报云云。两处书院除用存银二万四千八百两零，均由首事置卖田业，以为每岁延师束脩、生童膏火及岁修之费，并据具结绘图及开支用修火以及经久章程，呈请核办前来。卑职随即亲诣两书院，逐一查勘所造房屋及置备书籍、器皿等物，与绘图造册相符，委系工坚料实，一律完固，所用各数，并无浮冒。又核首事捐簿及呈用数目，均属无异。查部颁捐输议叙章程内开‘绅民人等有乐善好施、急公报效，与议叙例相符者，准予议叙’等语。今卑县绅民等捐建书院共至三万余两之多，实属急公好义，自应照例分别议叙，以示鼓励。除捐银百两以下者，照例由县奖以花红匾额，一百两以上者另册详请督宪、抚宪奖以匾额外，所有劝捐最多、督工最久之首事李芸，可否仰乞给予八品职衔，以奖有功。又劝捐董事之岁贡生陈蕃庶、例贡生汤诰、监生李南雅、童生王应苹四名，可否仰乞给予议叙。又捐银一千两之童生刘大馥复劝捐督工，始终其事，最为出力，又捐银三百两以上之监生王应选、童生刘大镛，捐银二百两以上之童生甘崇勋、州同刘运秩均属劝捐、监工出力，应请从优议叙。其余捐银三百两以上之诰职王才本等三十七名及捐银二百两以上之俊秀黎志方、耆民曾文杰等九十五名，均请照例议叙。又卑职捐银一千两倡率劝捐，例得议叙，相应声明云云。”

二十二年，巡抚吴其浚上其事，得请如例。

节录部覆：“湖南浏阳官绅捐建狮山、文华二书院，该抚题请议叙。应将捐银一千两之署浏阳知县胡泰阶给予加一级，系倡捐出力，再给予纪录二次；捐银三百两以上之童生刘大镛、王应康等，各给予八品顶戴，至刘大镛、王应选均系董事出力，再各给予纪录二次；捐银二百两以上之耆民曾文杰，俊秀王应炳、李超凡等，应与仅系董事出力之廪生李芸、例贡生汤诰、监生李南雅、童生王应苹等，各给予九品顶戴。”

二十三年正月，由部咨发执照一百三十六张，狮山书院捐输并董事出力议叙计八十七张。

二十八年，以修膏不足白知县汪傅霖，续捐五千余金。

李芸、王应选、王应苹等呈：“邑东古港狮山，道光十年邑尊杜谕立文昌阁，并兴义学，费值兰膏尚缺，席教槐市空悬。道光二十年邑尊胡教羡鹅湖，规怀鹿洞，谕某等厚筹赤仄，广募青蚨，墙加曾子之修，帐比马融之设。书楼高矗，学舍宏开，圣殿巍峨，魁垣屹嶫。去思堂留遗爱，圭斋祠祀先贤。亭因归咏而风清，池以墨香而永秀。煌煌乎名山气象，大地规模矣！二十一年，详请议叙。大吏题褒嘉而奖善，盛朝命优叙以培材。一时士气云兴，人文星聚。束缣者凫趋而至，蹑蹻者鳞萃而游。岁聘名师，书带草生山内；材成文士，洛如花放庭前。负笈多，精舍转形狭隘；鼓箧众，膏金仍候增加。矧方伯季秋令颁，磊石严封山之禁；道宪仲冬札示，古港兴劝学之思。上官念切培文，下士情殷讲学。修龄米缺，廪饩尚赖筹谋；郭况金多，束脩方能丰润。故欲泽周艺圃，必须广惠书田。庶立千载之宏规，堪资造士；成一邑之盛举，端赖兴贤。大父师嘉惠士林，兴崇文教，金针课士，频邀鹤俸。隆颁玉尺量材，曾向狮山首选。喜文星之照命，冀大雅以扶轮。希给实收，并发印册，藉遵示谕，劝令捐输。俟成数而汇，恳申详请题咨而上邀议叙。将使颜欢寒士，乐广厦而身庇千间；何殊花种使君，采名香而手栽一县。”

以岁屡歉，越数载始得呈报。

三十年，由知县赵光裕请奖叙。

详略云：“窃据卑县廪生李芸、王应苹、职监王应选等呈称，邑东古港狮山书院经前胡县详请题咨在案。前缘费缺，经前汪县谕令续捐，给发实收捐册，比因岁歉，劝募维艰。沐捐廉银五百两以为倡率，职等遵即劝募，汤绍纯等共捐银五千余两。见在捐有成数，恳照例详请议叙。童生曾广槐、李华林奔走劝捐，最为出力，应请从优议叙，以示鼓励等情，并据造册具结，呈请核办前来。卑职复核无异，理合造册，具文详请题咨。再，卑职捐银五百两，倡率督办，例得议叙，相应声明。”

咸丰元年，巡抚骆秉章具题，得议叙如前。

节录部覆：“湖南浏阳县官绅续捐狮山书院经费，该抚提请议叙，应将册开捐银五百两之浏阳知县赵光裕给予纪录二次，系督办出力，再给予纪录二次；捐银三百两以上之童生汤绍纯、马曙二名各给予八品顶戴；捐银二百两以上之童生王应瑶等与未经捐银、仅系董事出力之童生李华林、曾广槐等二十七名，各给予九品顶戴。”

咸丰二年，由部咨发执照二十九张。

二年，书院毁。十年，迁建高唐山，用一万六千余缗。

同治三年，知县陈延泽以募捐恢复书院，具详。

详略云：“据卑县职员李芬、廖建中、曾鸣冈、涂襄治、王应选、刘献廷、李世沅、罗性应、鲁秉纯等呈称，邑东狮山书院，道光二十一年经赵前县详请，题咨在案。咸丰二年遭土寇焚毁，荡然无存，延搁数年，士子肄业无归。合乡生童以书院久废，禀请蔡前县，饬令公举首事，赶紧修复并亲履勘，谕令改建附近狮山之高唐地方。咸丰十年八月起建，同治三年六月工竣。共用经费一万六千一百四十余串，即于来岁延师起馆。为此绘图造册，呈恳查核，将复建情形详咨立案。至各户捐输数目多寡不等，均不愿邀奖叙，合并声明等情前来。卑职当即前往书院，逐一查勘所造房屋，核与绘图无异，委系工坚料实，一律完固，所用各数亦无浮冒，除饬令妥为经理以育人材而垂久远外，理合造具清册绘图，具文申赍云云。”

同治八年，大水坏庄田屋舍。九年，岁再歉，董事李世缙、马焕奎等募捐二千余金，皆乐输，未经呈报。

八年，续建文昌阁成，捐三千余金，由县以募捐修复，详请立案。见《书院志》。

先后捐输者六，请奖叙者二，不请奖叙者四，虽由士绅劝导有方，而乡人之慷慨慕义，亦概可想见，故附纪捐数人名，不厌烦琐云。

初次捐资为封禁狮山、修建文昌阁费，以余赀立春祭

王才桂。捐钱五百三十串。

王才桢。一名文新，捐钱五百串。

李三近堂。捐钱三百七十串。

以上三名，县牍系借垫后为捐项。

周郁文。捐钱二百串。

卢中山。捐钱一百二十串。

罗宗淮。捐钱一百一十串。

罗赋墀、赋畴、赋邠。捐钱八十串。

王才林、王才植、李耀厚、姜胜仲。以上四名，各捐钱一百串。

罗赋炯、马慎徽、马逢五、杨世贵、桥福田、周国享。以上六名，各捐钱五十串。

周儒三。捐钱三十六串。

梁学府、杨献廷、周诰祠、周简祠、周左川、梁叔贵、王清岩、罗宗治、久远桥。以上九名，各捐钱三十串。

马昌先。捐钱二十八串。

姜本徽、姜五位、姜守乐、姜盛笏。以上四名，各捐钱二十五串。

王四羲、罗赋藻。以上二名，各捐钱二十四串。

罗宗源、罗宗涛、罗宗鸿、罗宗溥、罗赋际、汤昌融、张公禄、欧演祠、李柏龄、王应垣。以上十名，各捐钱二十串。

周敬德、杨文恒。以上二名，各捐钱十八串。

李宗明、马鹏翥。以上二名，各捐钱十六串。

罗宗澍、罗文照、周启佑、夏平龙、孔韩怀、吴学贤、柳应星、马永耀、杨杰甫、王才楫、贝燕鹿、梁宝祠、陈岐龙、鲁显扬、彭昭登。以上十五名，各捐钱十五串。

马隆兴。捐钱十四串。

罗赋雅。捐钱十二串。

马以昭、汤昌璧、罗赋绅、李茂才、张开明、易金照、黎士才、文公济。以上八名，各捐钱十串。

陈宏杰、杨文星、罗宗峰、马六和、邱正朝。以上五名，各捐钱八串。

杨显宏。捐钱七串二百。

马文质。捐钱七串。

张廷灿、李祚明、邝元龙。以上三名，各捐钱六串。

周国选、李俊名、鲁锡九、廖宗盟、鲁振声、何亿顺、吴胜生、萧封岐、萧同体、张珍才、钟上贤、黄廷豪。以上十二名，各捐钱五串。

王二辉、熊启芹、廖九有、廖正昌、戴元邦、闵昭华、易惇义。以上七名，各捐钱四串。

赖良珍、余春发、罗金山、杨德显、汤德奎、符惠昌。以上六名，各捐钱三串。

王太源、陈光贤、李文思、廖魁黉、汤三益、江文宽、三元桥、张万槐、廖宏昌、毛绍衣、夏人龙、久长桥、文星桥。以上十三名，各捐钱二串。

余广盛、周兴公、李春圃、严凡琛、李宗淇、杨世球、江显光、周世南、陈宗藩、陈月恺、曾学文、王代宪、廖聿修、廖升平、廖秀让、廖徽五、袁大佐。以上十七名，各捐钱一串。

初次捐资为修理文昌阁费，以余资置产立秋祭

王才林。捐钱二百七串。

王才榜、王才梓、王才本、王才楷、王应网、李三近。以上六名，各捐钱十串。

王应选、王应燧、王洪钧、王应苹、王荫溥、王应辰、王应藻、王应兰、王应嵩、李芸、李芬、李葰、李枝南、李枝蕤、李枝晟、李枝蟠、李枝舒、李世声、周贡廷、汤诰、汤德翥、汤德规、汤储厚、汤蓄厚、卢华鼎、卢华疆、卢荣烱、杨代芝、罗赋枝、萧先培、罗赋楚、罗赋椵、罗赋亨、罗赋橿、周泰依、熊兴玟、熊俊源、罗性者、罗性帅、熊定贤、吴启堃、易大同、马廷桂、马昌培、张清寿、马永逵、欧堃、欧本倬、李枝培、李世佑、欧林源、贝耀鹏、杨永衔、杨永枢、杨永炳、杨永增、卜浚希、胡光煜、刘祖谦、杨代界、梁国基、卢世鼎、江长龄、贝耀焕、李宗元、卢荣河、李枝扬、李英、王应尊、卢荣焜、王显谟、黎文瑞、王应惇、王应琛、罗华科、罗赋灼、王应灼、王应蘗、王显猷、罗华芳、王才林、王显朝、王显奎、王显浏、黎光淮、王显升、李宗治、李善邦、王显清、周国铭、杨辅祀、马永愿、马永思、马湘、卜世培、周允昌、卜尔、萧同观、萧先绅、江显馨、卜世瀚、江显高、欧其镡、欧大美、周国清、江显磬、陈化漪、唐二知、张临寿、周儒三、欧本球、周世瑚、唐德意、

张临杰、欧大佺、马昌宏、马昌时、马昌益、杨代奎、杨乃卿、杨羲田、杨稑、王才东、汤昌融、邱熺连、吴涌福、江永和、江伯源、王应然、欧梅源、杨永灼、唐德昭、杨永松、周泰培、周国选。以上一百三十五名，各捐钱二串。

右捐输两次，初为奎映堂，续为德星堂，自建书院后，均归书院董事经理。春秋岁祀如旧。

三次捐资为增建书院费

王才林。捐钱六百二十串，县牍封禁时支用，谌克勤所缴邑中公项后，才林加利倍偿交邑乐局，此次增建书院作为捐数，未与各捐呈报。

汤昌融、王才棆、王应选、王应康、王廷俊、王应炯、张大崇、王应心、罗宗治、马昌猷、罗云中、李星彩、卜春膏、卜葆真、王显鹏、张步云、李维德。以上十七名，各捐田一石、钱六十串。姜守乐，捐钱三百六十串。右计十八名，均议叙八品顶戴。

李葳、王应炳、王应炘、王应琛、廖懋旃、廖懋为、廖懋涤、卜尔、钟远昭、刘时燠、刘献廷、刘我庠、刘焕章、刘开义、刘开治。以上十五名，各捐田八亩，钱四十串，均议叙九品顶戴。

李兰、李藩、李荃、李兴福、李枝明、李文琳、李文炳、李超凡、李春山、李枝晁、周文昭、周贡廷、周泰衡、周泰依、周日升、陈崇福、陈世桢、陈进修、周大培、杨永枢、陈国屏、廖楚材、廖懋鸣、涂邦俊、涂邦杰、陈顺桥、涂立升、涂文政、涂炳蔚、马士升、马昌培、罗年光、罗若彬、罗尊贤、罗有三、彭连城、彭采芹、彭祖淮、胡隆之、胡福崇、胡立柏、曾步升、曾文杰、吴济南、冯绍京、鲁兴藻、唐允升、欧导源、瞿家郎、施有恒、何辉连。以上五十一名，各捐钱二百四十串，均议叙九品顶戴。

李嗣羲、马世绶、邱庆余。以上三名，各捐钱一百串。

马诚远。捐田五亩。

卢文谟。捐田四亩。

颜文鼎。捐钱八十串。

罗华堂、华元。捐钱五十串。

罗正耀。捐钱四十串。

黎福田。捐钱二十四串。

李宗明、李观南、李文洒、李枝煌、李世基。以上五名，各捐钱三十串。

李隆波、李发英、李成玉、汤昌璧、陈在田、马昌逢、胡才兴、张端联、陈沧兴、谢成里、黎季方、萧翱翔。以上十二名，各捐钱二十串。

李隆光。捐钱十八串。

李赓英、胡子亮、卢恩覃、周兴保。以上四名，各捐钱十五串。

李大贞、陈载衡、吴朝拔。以上三名，各捐钱十二串。

李荆山、李文洵、王槐仁、罗正扬、罗正辉、罗化珍、张麟生、张启华、江汾源、江豫养、江显亭、江浑源、熊国安、熊奉山、柳应星、童龙凤、陈维则。以上十七名，各捐钱十串。

黎华璪、杨应丰、赵文耀。以上三名，各捐钱八串。

李芳春、李文珠、王应纲、熊元伦、邝元龙、叶元蓁、陈正宗、胡廷骥、周季成。以上九名，各捐钱六串。

李华英、李成训、王梅诏、周俪丁、张馨园、蓝炳奎、廖文怡、张振瑞、张铣、张铨、卢后嗣、林锡韶、欧梅源、万茂盛、周祉来、汤德规。以上十六名，各捐钱五串。

李成仁、陈佳泉、孔伯谅、练洪光、张仲岳、刘发志、罗正亮、胡朝鉴、曾光祖、曾荣贵。以上十名，各捐钱四串。

李际莲、张兴谋、刘淑愈、吴紫红、钟亮清、黄友顺、沈云从、江玉吾、汤万标、张元瑞、陈鹏九。以上十一名，各捐钱三串。

李永禄、周汝霖、黄立照、卢本棠、李正报、李维元、周启渭、陈守真、陈鹏翥、陈鹏武、陈岐龙、陈梧鹤、陈梧荣、陈梧兰、陈日修、陈敬修、陈昌忠、涂永昌、刘芳昭、刘恭俊、刘度南、刘信俊、刘佐范、刘正祖、刘日新、刘孔运、罗性攀、罗常玮、罗显韬、张懿、张清松、张世元、张世宽、曾宪春、曾秀沧、曾榜高、汤奎皋、杨赞廷、杨尧卿、吴冠南、吴振南、吴应铨、卢华美、卢亦山、江永和、江岱岩、江万祥、江济韩、江汉源、钟集祥、种廷榜、孔秉玉、孔伯常、孔九畴、孔三顺、孔如龙、冯隆喜、冯耀金、唐三阳、欧澧源、黄宏道、郭清茂、郭朝用、郝恩泰、郝士荣、包世公、古三周、傅兴谦、符自安、颜维启。以上七十名，各捐钱二串。

李秀清、李隆榆、周远光、周大定、陈梧山、陈易山、陈国辅、涂先方、涂诚勋、刘缙俊、刘宽俊、刘佐勋、刘思兰、刘高兴、刘时升、张和庆、张名儒、曾魁猷、汤升东、汤开榜、杨禹卿、吴鹤峰、吴万玑、谢普能、孔竹林、黄正纲、余载标、夏腾芳、朱学源、李德瑜。以上三十名，各捐钱一串。

四次捐资添补修膏

汤绍纯、马曙。以上二名，各捐田一石，钱二十串，均议叙八品顶戴。

李如兰、李辅宜、李隆山、王应瑶、王应瑜、王昌言、王曙东、曾载联、曾永清、曾国光、罗嘉模、孔卓、谢俊、江家凝、周羽仪、李襄、黎华楫、鲁周礼、曾学轩、卢怀德、李焕猷、罗性钦、林名远、涂炳南。以上二十四名，各捐田八亩，钱二十串，均议叙九品顶戴。

陈进、陈庆余、钟近义。以上三名，各捐钱二百串，均议叙九品顶戴。

五次捐资迁建书院

胡见人。捐田四石。

孔传史。捐田九亩。

江文济。捐钱六十串。

罗赋尉。捐钱五十二串。

李必荣、李登连、李呈祥。以上三名，共捐钱一百六十串。

周必诚、文公济、姜胜仲、陈方中、涂守中、王代秀、孔祀学、廖东来、李立南、曾文标、罗代吉、陈沧兴、汤英梅、罗瑞雯、冯来仪、黎献廷、王俊燮、鲁拔千、鲁应濂、江远凡、贝凤苞、陈楚贵、伍云瑞、熊希贤、陈其清、熊承道、冯仁静、陈其拔、谢献允、李枝芊、李永埙、万达龄、沈云从、欧章源、李枝瀹、冯日芳、欧滋圃、周虚舟、王兴贞、颜元星、黎华纪、罗明达、毛体正、贝九成、贝竹书、李世声、罗赋栢、彭昭禄、毛体忠、贝笙宾、贝翼臣、贝百轩、左辉池、黄福祥、左光明、贝荫棠、黎益燃、李德惇、李德廉、李德滋、李大贞、黎淦。以上六十二名，各捐钱五十串。

马允遴。捐钱三十串。

罗重熙、谢列宗、贝耀瑾、宋日萱、杨槐山、陈光颖。以上六名，各捐钱二十串。

鲁兴钟、鲁兴芬、鲁兴藻。以上三名，各捐钱十六串。

李伍训、邱锦堂。以上二名，各捐钱十五串。

鲁代鹏、罗大章、陈香泉、罗铢亭、陈隆兴、罗大纬、李五庆。以上七名，各捐钱十二串。

钟闻宇、廖序硎、鲁代俊、江家蕡、李世瞻、郭恒修、李玉润、陈寿泉、胡见贤、胡德润、刘佐策、李景堂、陈载衡、马景融、马允遇、李万扬、陈福兴、陈楚寿、卜宗政、贝耀瑜、贝耀馨、胡俊心、贝文湘、张启华、冯秀山、谭宗莲、李拜扬、何贤耀、涂家瑞。以上二十九名，各捐钱十串。

黎文培、陈照南、刘恭俊、刘缙俊、何芳名、李世洲、李景儒、李缙元、孙上达、廖大瑜、谢永尝、周永若、涂桂湘、张振纲、陈懋善。以上十五名，各捐钱八串。

胡琛辉、胡凤仪。以上二名，各捐钱七串。

谢鸣箫、黄元吉、王东山、梁学府、陈正咸、李仕简、李廷楷、李枝享、廖懋祥。以上九名，各捐钱六串。

黄仕发、涂先彰、吴达义、涂儒廉、涂儒珪、李世初、毛体杰、汤凤仪、张大荣、罗南桢、鲁永溢、江忠可、梁正坤、李鸿儒、李熏南。以上十五名，各捐钱五串。

胡懋基、胡斗方、鲁永冠、周长洪、李加楠、曾必受、魏定邦、魏国杰、袁荣组、王僳庭、张元楚、杨昌辉、邱洪斌、郭朝用、杨赞廷、罗楚江、鲁隆郁、钟四顺、谢纪文、黎汉槎、何达尧、罗在梧、罗作仁、罗调元、吴俊兴、李根远、刘德贵、王静斋、廖尚崇、熊开文、黎桢沅、黎允轩、李作彦、李倍生、罗祝元、周启汪、蓝启先、林道生、谢联兴、黄利诚、闵彰身、涂锡柱、邱观成、曾宠寰、陈端旺、何有唐、邱文成、涂五美、何书唐。以上四十九名，各捐钱四串。

曾茂行、古礼周、詹定兴、曾煌猷、万盛茂、涂洋溢、钟九祥、钟长享、张昌栋、张昌岳、贝世臣、贝盈山、贝蕴山、刘佐范、周成经、张昌升、陈光弼、罗仕涛、蔡光才、汤杰伦、朱德莪、李良发、黄章全、徐飞献、李德梅、张尚秀、姜绍銮、刘仕选、黎文忠、罗佳道、陈四达、周长顺、曾文兰、鲁鸣豫、曾显朗、张玉桂、罗显藻、郑光三、李曰贤、李大享、李明爻、李明德、李明垣、李凤南、李大艺、李绥来、李儒魁、李歌南、李魁明、李大省、李学诰、李学骥、李学员、李勷南、李克明、李六和、李仁臣、李捷元、刘纪升、李万林、黄立谟、张闻昌、廖尊荣、姜守富、姜本弼、姜本颐、姜绍珪、姜仁茂、刘淑愈、吴朝汉、廖大昭、李惟斌、李世科。以上七十三名，各捐钱三串。

戴楚俊。捐钱二串五百。

李枝应、李五琳、李永合、李世亮、李永廓、李三盛、李际连、刘先学、李英材、李思乐、李昌和、李儒芳、王应洵、梅田水路会、王廷鉴、王万丰、管德高、王履思、王廷安、周宏山、周瑞生、周世槐、周瑀蛟、周敦五、张达伟、张昌菊、罗联凤、张光璘、王祖兴、马福振、马昌嵩、萧先尧、杨永吉、黎炳青、汤祀宗、陶承丰、邱泰森、邱芳国、邱积庆、邱本如、邱自厚、钟捷兰、钟任发、钟信良、钟钦臣、赖五兴、陈三兴、张荣清、胡石润、邱绍龄、刘春隆、黄洪启、曾清贵、袁香睿、温国瑞、傅兴谦、涂儒瑭、豫昌会、涂世泰、涂世纲、罗润沧、涂松亭、陈达盛、郑代享、曾文远、何辉秀、陈光腾、蓝芳选、陈盛国、李又光、张继庆、陈永新、罗仕儒、杨瑞珍、胡光芹、罗致和、李学台、鲁代瞻、鲁仕光、彭绪庆、沈逢福、汤振模、彭均美、吴和顺、沈逢亮、袁集贤、曾文中、徐锦兴、王俊雕、谭文泮、谢文球、邹道圻、李枝寿、张临寿、冯璧山、罗兰芬、杨崇睦、魏大桢、曾元清、廖大宝、廖懋轩、谢才能、姜守仓、姜正发、周玉和、李世迪、李世侗、贝世衡、毛体注、邱德盛、李启荣、胡九廷、何名乐、钟五发、汤新照、巫山和、刘献才、周美成。以上一百十八名，各捐钱二串。

何连球、何连书、陈顺理。以上三名，各捐钱一串六百文。

邱清有、吴碧芳、刘成金、张明德、林亮章、吴球玉、梁三符、梁武开、谭显本、黄耀逵、钟唐臣、罗允明、崔泗兴、廉允传、姜本初、黎琢吾、何宗盛、马昌型、罗尚禄、罗仲衡、罗禹畴、张新南、夏寅陔、夏华封、王楚贤、周泰滨、罗良材、周能静、周永犹、黎泰进、罗致和、周可为、周华廷、周佑初、江得时、姜绍珂、姜宗公、周达五、李世昭、陈端南、萧瑟堂、马培南、卢二美、罗廷琡、蔡国光、卢武台、谢恩和、王兴曜、马昌维、黄玉印、张怡泰。以上五十一名，各捐钱一串。

汤四兴、廖懋光、高宗茂、陈冠禄、熊祥生、廖允隆、钟四兴。以上七名，共捐钱四十四串。

六次捐资续建文昌阁，费三千余缗，以奎映堂、德星堂钱八百五十四串抵用外，尚少二千余缗，书院经费不敷，乃募捐以足之

保仁堂。捐钱一百四十串。

古港义学、永和市义学、范家岭义学。各捐钱三十串。

三口义学、沿溪桥义学。各捐钱二十串。

周郁文、梁学府、柳应星、邱庆余、李兆冬、贝耀鹏、贝耀彩、贝耀韶、熊五典、张公禄、陈楚贵、杨久生、杨叨元、杨崇睦、文公济、黎福田、李三近、李宗仕、吴大清、孔华钟、卢富渭、唐泰兴、陈伯霖、汤诰、李芸、李兴锐、贝世芬、贝世嘉、汤英梅、左德畴、陈元开、周宝丁、熊兴玟、邱崧南、钟永久、梁贵森、唐期富、黄显阶、周庆山、周代鹏、童国秀、熊承年、李德瑜、陈德奎、卢美铭、胡旗镒。以上四十六名，各捐钱二十串。

李芸。加捐钱八十串。

邱庆余。加捐钱三十串。

毛体忠、李万扬、周国宽、戴益怀。以上四名，各捐钱十串。

贝耀寿、罗赋𡬶、万永渡、庆祥行。以上四名，各捐钱八串。

魏瑞兴、彭瑞兴、马昌谦、沈宏禧、罗大纬、胡德润。以上六名，各捐钱六串。

贝德铨、胡迪之、萧世芹、黄朝栋、黄云鸾、王庭诏、周柏岑、周柏立、周柏儒、周泰东、桥福田。以上十一名，各捐钱五串。

关永兴、童国华、黎明兆、张元吉、叶启昌、陶听松、罗树德、王秉钧、童国宝、江雍睦、罗显泰、李兴聚、王应嵩、马二兰、钟信良、王太源、卢启光、贝世臧。以上十八名，各捐钱四串。

戴曰礼、罗化珍、钟永远、巫三和、左代怀、杨二盛、王其庆、黄鸿翥、陈载兴、曾东升、钟钦臣、周泰蛟、姜本弼、李明伦、杨双美、江远春、杨怀山、姜守富、毛绍贤、余显杰、胡步三、胡紫轩、吴廷彩。以上二十三名，各捐钱三串。

李炳丰、李永合、李济连、李世珠、李永兰、李俊年、李朝钦、江先桃、陈辉先、贝就胜、胡文晖、杨云富、贝世安、古今山、陈楚寿、胡定万、王发仕、贝世丰、魏定邦、邝元龙、马三辅、陈方中、贝世埙、周世秋、蔡明珠、卜宗政、李四兴、周品衡、陈月明、陈南衫、彭仕和、温和厚、周泰尧、江家卫、马允遴、包世公、周国道、孔毓镇、孔继先、汤天锡、徐有楚、马允遇、孔毓璁、孔永猷、袁代庆、谭文汉、钟发森、同泰号、永新桥、王俊燮、郭恒修、杨代界、杨炳万、杨章甫、刘四茂、徐四善、乐善桥、永远桥、张怡源、童敦厚、童辉德、梁凯园、萧先尧、畲六合、林福昌、刘春隆、刘集成、刘四兴、罗进文、罗赋时、罗春辉、陈香泉、胡茂基、萧金定、江先春、官殿桥、邹世辅、罗长青、姜绍纯、唐明垣、卜世积、罗淑韶、螺子桥、陶树信、陶树光、鲁秉彝、石泉桥、欧章源、施云从、李亮舟、甘霖祀、吴天贵、冯李兴隆祀、杨开来祠。以上九十四名，各捐钱二串。

袁荣祖、袁香睿、袁集贤、萧兆丰、曾必受、孔贵金、萧福兴、罗华彩、罗承文、陈百平、汤杰伦、沈逢亮。以上一十二名，各捐钱一串六百。

林孔安、夏祖启、吴佳华、曾纪智。以上四名，各捐钱一串五百。

黎五美、刘先学。以上二名，各捐钱一串二百。

李祚发、李增广、李长仁、李裕明、李玉成、李祚晖、李大二堂、李兴蹉、李忠恕、李世训、李显春、李崇闻、李价卿、李必庆、李兴才、李翠广、李荣斋、周世鉝、李又光、李永青、李祖庭、李昌畬、周泰平、李儒芳、周世正、周永钊、周宇扳、周泰邦、周美成、周启汪、周临顺、周国田、周泰照、周文才、周代仁、周德清、周代京、周泰垣、周安渝、罗拔成、罗万顺、罗正贤、罗性谱、罗士儒、罗年标、罗惟杰、罗良德、罗南桢、罗永元、罗如凤、罗如规、罗年富、罗伯谟、胡文华、胡开端、罗致和、罗见五、王长安、王思贤、王得用、罗春岩、张永南、张焕英、张震英、张乾英、张孚英、张教英、张昌芾、陈四兴、陈德明、陈守芳、陈益川、陈春德、陈其足、陈庆荣、张代鹏、张新茂、戴文贤、戴十一廷、廖亦富、杨开友、杨成召、杨成元、杨赞廷、杨经国、张德攀、黄昌全、黄昌坦、黄昌文、黄运和、黄怡五、黄万先、黄清公、马有新、马嘉升、马昌黻、马星辉、马昌献、马鹏程、马聚裕、廖思齐、温万林、巫清芳、严仁尧、严学贵、巫文湖、林丙安、林荣富、林发相、严百顺、童本伦、林源宝、易世美、郑元柏、刘名汉、童则化、廖大宝、易光耀、刘毓远、刘元俊、刘德贵、刘兴九、曾元清、万本达、万盛茂、汤奎垣、汤协惻、柳代祥、柳富暹、林大华、贝藹吉、贝世英、贝世恂、胡宝航、胡光芹、童国荣、童国球、林晴堂、黄济潔、黄焕阶、万泰魁、万和号、钟我宾、蔡尊三、钟连清、唐今道、唐启禄、唐裕玉、谭三合、谭光均、谭爵荣、叶五福、唐大滜、曾显朗、曾纪贤、曾茂行、曾显科、廖荩臣、刘厚吾、彭绪述、朱联才、高膺先、范承享、余士美、冯璧山、吴添海、詹定兴、蓝先荣、赖正浩、王其清、王宏发、欧本科、陈德茂、陈宜宝、张昌岳、张良英、徐锦兴、赵文耀、张百永、谢文球、陈化锦、毛体杰、卢自成、刘三兴、杨三启、罗启善、陈金柏、江东顺、江石泉、周正元、陈四美、陶树先、黄宗瑞、杨世图、张玉桂、胡辉南、永兴祀、邱享先、李德瑜、河港桥、高兴田。以上二百一名，各捐钱二串。

补 遗

三次捐资

王才本。捐田八亩，钱四十串，议叙记录一次。

陈香泉。捐钱二十七串。

五次捐资

贝耀寿。捐钱二十五串。

周泰魁。捐钱十六串。

贝树德、卓宗藩、张思元、王扬钊。以上四名，各捐钱六串。

王静斋。捐钱四串。

吴甸邦。捐钱三串。

卢中山、卢荣勋、卢荣焕、卢荣焖、鲁永仑、卢荣焜、鲁隆栋、鲁隆佐、鲁维新、鲁隆蕴、鲁代瞻、鲁诒芳、鲁永国、鲁玉澄、鲁华彰、鲁咸熙、彭昭登、李贵斌、廖汝梅、戴国贤、李缙绅、李立南、李学骥、李大达、李曰贤、上东局、李荣祀、刘巨泉、刘敏俊、陈其拔、李学龙、贝竹书、江远扬、江本泉、戴成吾、欧中礼、欧怀瑞、欧位和、永市。以文堂、林道生。以上四十名，各捐钱二串。

张聚贤。捐钱一串二百。

李文彦、陶承萃、周泰侃、李全隆、施邦有。以上五名，各捐钱一串。

罗赋楚、罗赋懋、罗赋韶。以上三名，共捐钱一百串。

咸丰时，书院迁建高唐山，其地购之罗锡庆、罗锡禧、罗顺诒，值共二百五十串，盖三家公业也，而锡庆则书院董事，罗赋懋与其兄赋楚、弟赋韶公名也，当时不欲受值。以公业不克如愿，兹其后人性坚、性定、本晓承先志，捐还原值，并足百串之数，适斯志成，乃乐与书之。

六次捐赀

仙洲团。捐钱二十串。

陈家坊义学、泉塘义学、东门义学。以上三名，各捐钱十串。

闵彰声。捐钱二十串。

初次劝捐领事 已载封禁内

二次劝捐领事

王应选　王应苹　李　芸

三次劝捐领事

李祚经　陈化潾　陈化湳　陈　彬
张道泉　刘步蟾　李明博　李枝明
姜本楫　王应廉　卢世鼎　李明云
王荫溥　李　葰　杨永衔　李大任
欧定源　廖懋旃　陈礼霖　涂先声
涂文藻　胡廷榜　周　灼　汤德时
罗宗源　胡宾之　唐德昭　罗赋楚
何之冕　陈冠彩　周泰衡　卜葆真
卜　尔　梁国基　李文洛　周文波
廖文怡　周楚山　卢文谟　李枝煌
江浑源　张祖恩　欧其镡　李华秾
刘芳昭　孔传雅　刘度南　张清寿
李　茂　萧先培　汤德规　欧　堃
汤　诰　王洪钧　王应苹　王应选
李　芸　马观成

四次劝捐领事

曾广槐　萧先绅　李华林　孔　卓
李　芸　陈润鹏　卢文谟

五次劝捐领事

李　芬　罗赋懋　廖建中　王应选
李世沆　贝耀鹏　胡九绶　陈　圭
李大蓁　鲁沛霖　罗南华　汤兴梅
李世惇　姜本弼　王可宗　李香谷
张凤楼　罗　堃　曾启诚　李　隆
李钟骏　黄显阶　谢长隆　谢文华
邱崧南　涂馥崡　涂焕墀　陈禹卿
陈佳泉　李兴镜　鲁秉纯　贝爕珪
王显舒　贝世埙　胡见灼　冯耀松
廖家昭　周永若　周永观　周永祥
罗佳光　卜培斋　周泰魁　张解英
欧植源　唐权一　罗性膏　马昌炳
陈焕鳌　熊畅斋　李从庚　李白蓉
罗性浓　罗本丰　曾鸣冈　李鹍南
廖子庄　马焕奎　李世缙　黎　奎
王显范　李庆瑞　黎益基　王廷赓
何怀智　熊承年　刘兆涵　姜守区

吴万霖　刘秉钧　罗汝廉　梁恺园
钟信良　赖兴高　李敦厚　陈益浚
罗　谦　罗鸣山　张俊宾　杨崇睦
魏宏礼　钟周臣　杨家馨　李德藩
鲁秉彝　李学聪　彭锦春　闵世传

六次劝捐领事

贝耀鹏　李　葰　张祖恩　周泰昌
罗赋锡　熊承年　卢尔富　钟永久
陈其祥　陈源秀　罗　谦　王应浔
张万成　周伊清　毛鸿仪　李辉谟
马隆旺　李永馨　李兴镜　胡光达
梁恺园　李永芩　黄显阶　李祥麟
王长煋　陈永明　陈雨卿　黄立照
易盛选　罗　堃　胡寿南　李嘉升
唐其富　江再朝　杨永昭　郭名享
汤兴梅　罗尚禄　毛俊堂　刘　菜
罗赋时　罗龙樽　孔继同　罗连魁
卢华培　罗南田　邱大栋　贝福山
张才梅　陈观美　吴树屏　曾启成
贝世埙　李德瑜　胡光举　杨家馩
杨永衔　杨永饶　童竹吾　卜培斋
欧本梅　李世缙　吴天贵　马焕奎

补　遗

五次劝捐领事

欧祥禔　欧祥泗　李世恢

卷　七

艺　文

书院文章渊薮也，而志尚纪实，不列浮文，虽博采要，不能兼收也。然有关书院者，在所必录，当年之创造，乱后之修复，时事变更，所系甚重。其纪事之作，悉著于编，不深较其工拙。至铺陈名胜、摹绘山川，足壮艺林之色，凡书院登眺所及，亦因类而并纪之。若夫萤窗雪案、对景摅怀，虽土音之各操，亦风雅所不废。于匪焰后掇拾烬余，暨近日所见，录存崖略。异时多士奋兴，掞藻摛华，备朝廷制作之选，此特其嚆矢云尔。

记

修建狮山书院记

仁和赵光裕笛人

书院所以培植人材也，而厚人心、维世道，即于是乎在。浏阳纵横数百里，深山大壑，互错其中，称奥区焉。余三任斯土，其士气之纯、民情之朴、礼乐文章之炳蔚，盖素所目击而心喜者。顾地方辽阔，风气各殊，邑东狮山雄踞古港，地当孔道，良楛杂处，居民采石甚众，宵小混迹其间，当道引以为虑。道光初，始得禁止，立文昌阁其上，今乃就阁而拓为书院焉。

夫民俗之浇漓，非诗书无以返淳朴；土风之强悍，非礼义无以致敦厖。兹建书院于此，聚一乡之子弟而教育之，不数十年而人材之成就，必云蒸而霞起矣。彼蚩蚩之氓，习闻乎弦诵之声，熟睹乎儒雅之度，亦足以柔其强暴之气而动其好善之天。礼乐藉是以兴，邪慝藉是以泯，其为世道人心计，意深远也。李君仙舫、王君菊初倡建于前，而仙舫哲嗣芗洲与王寅窗、汤云轩、王鉴湖诸人竭力成之。经始于道光辛丑，落成于甲辰。构造之宏，修膏之备，经籍之储，凡为书院筹者至周且悉。前任胡君芝房以是与县南文华书院事，并白大府，达诸朝。余乃甄别起馆，且岁一再课其士，彬彬乎武城弦歌之风，而习俗亦为之大变矣。窃幸一时盛举，得自我而定其规也，乃濡笔而乐为之记。

修建狮山书院记

清泉欧阳甡云崖

浏阳之东有狮山，始建文昌阁，继建书院，培地脉而育人材也。嘉道间，上宪督之，邑令任之，众绅成之。地运因时而兴，文运因时而发，故其修建之功有足纪者。两间山水之秀多矣，岳麓自古甲天下，挹衡山之秀气，汇湘水之清流。至石鼓以鼓名，鼓钟鸣盛；朗江以江胜，江月涵清。人物昭运会之隆，文章得江山之助。书院宜择胜，有自来哉！狮山千寻拔地，一柱擎天；月照江心，水波环麓；烟开山面，文笔凌霄；腾紫而来，心常捧日；干青而上，足可登云。夫惟擅此奇观，故尔宏其杰构。牲六年课士，两席传经，见乎诗文之佳秀、品学之优长、士风之纯厚，因叹此地奇山奇水，蓄而必发，宜有伟人应运而兴。李芗舟、王鉴湖茂才、王寅窗上舍，士林夙望，雅意培才，倡建精庐，蔚为盛举。我知状元洲上，足副佳名，宰相台前，迭闻吉兆。上归鸿之阁，羽可为仪；登飞鶡之亭，足堪捷步。人文与天文并耀，士运偕地运同升。所裨岂浅鲜哉！因特纪之，以观厥效。

魁星楼记

长沙彭舒英石庵

道光甲辰岁，予忝狮山讲席，见夫黉舍宏开，精庐广辟，蔚然名山气象、大地规模矣！而魁星楼始成，董事者言，狮山向为群工凿石之区，奉大宪访饬封禁，道光庚寅岁创建文昌阁，旁立斋舍，为书院计。尔时庙貌荒凉、祀典疏略，洎辛丑醵金髹饰，巍然焕然，中立魁星神位祀焉。岁壬寅，复集同人绍前志，始得以成书院。顾讲堂即当魁星芝龛下，无论负笈，横经往来者履趾相错，而每值文课，旅进旅退，杂沓纷繁，虑神听之厌嚣也，乃规山之前峰，得半亩地，建楼于巅。今始落成，先生曷往观乎。

予登其楼，则见杰构巍峨，明窗四启，左枕磊石，右带清流，远眺云山，近瞰村落，烟霞缥缈，俯仰万状，一方之胜萃于斯楼，视昔之置诸阁中者，相去远矣。虽神之灵无所不在，而明爽洁清，必安斯宅，吾知佑启来学，靡穷期也。是为记。

欧阳楚国文公祠记

安仁欧阳厚均坦斋

狮山峙浏之东，势雄且厚。往岁余主讲岳麓，李仙舫茂才与余言甚详，谓山被居民凿石，有伤地脉，经封疆牧伯严饬封禁，杜明府属与二三同志募金购其山，建文昌阁。今秋，仙舫喆嗣芸以诸生来谒，谓狮山已成书院，事达于朝，复于书院前端建欧阳圭斋先生祠，乞予记之，以垂不朽。

窃惟先生为有元一代名臣，凡制、诰、策、命，纂修实录、大典、三史皆出其手。海内名山大川、释老之宫、王公贵人墓隧之石，得公文词以为荣，片言只字，流播人间，莫不知所宝贵，岂仅为浏邑光哉！闻考其里居故事，旧有南山书院，为公读书地，后改建祠，荒村僻壤，破壁颓垣，无文人学士以荐椒馨。邑侯王培生慨邑之祀公者，仅于南郊荒坪扫地以祭，近邑人于学宫旁建二贤祠，与杨龟山先生合祀，非耑祀也。夫以公之道德、经济、学问、著述如日星河岳，卓然宇宙，不可磨灭，后之人当何如歆仰爱敬焉！兹以狮山重要之地，居是乡者，前之人既体上意而力行之，后之人复踵前事而扩大之，以为国家培植人才计，且能修祀事、表幽微、绍前哲、启后学，俾从游斯地者得以瞻仰前徽，恍然生其效法之思，其有关学校岂浅哉！余固先生裔也，因乐为之记。尤望浏之人，景其流风余韵，而鼓舞奋兴于勿替也夫。

续建欧阳楚国文公祠记

李芸香洲

古来称文公者，朱、韩而外，公其一也。公幼时锐志营道，亲炙宋代诸遗老，私淑濂溪。官侍从，掌制诰，道德、经济、学问、文章卓然宇宙，不可磨灭，论者方之庐陵先生，为濂溪以后所仅见。奈明季兵燹，文献无徵，公之轶事久付蔓草荒烟。昔王尹培生有言："后学小子问先生姓字而茫不能对，良可概也。"

夫公既为浏人，山水钓游之地，宜父老可采访。何以旧时所居霞阳山、白云庄，与夫天马山麓南山书院胜地、张起岩《神道碑》所载成叔公葬郡东罗田木瓜埭，均不能实指为何所。但相传东乡兵马桥里许，公先人故茔尚在。公生马渡，即今东乡官渡。官渡之上欧家段、阳家园，俱公遗迹，心窃疑之。洎道光癸卯春，黄泥坳山屺，见《官荣桥碑》。碑载桥为公荣归乡里时建。明嘉靖庚戌，袁梅岩重修，万载龙中跃撰文。后复搜出曹尹鼎新所修邑志，朗载公为东乡人。读公文集，屡自言"居浏上焚黄告后土文"，有"昭告官荣桥、白云庵、后土神"之语，是不惟传之父老，且凭之金石，证之前志与其文集，公居东乡无疑矣。又邑续志载：县城池于元初迁居仁镇。居仁镇一云朱陵镇，在县东七十里，即今之官渡，足徵前所云兵马桥故茔及公生官渡、官渡上遗迹诸说，皆非浪传。

嗟乎！公之宅址、邱墓不可考，公先人仲斋公、成叔公俱一代名儒，其邱墓亦不可考，讵非憾事，而犹得实知公所居乡，亦不幸中之一幸耳。尝谓吾浏惟公与杨龟山先生宜各建专祠，邑学宫旁建二贤祠合祀，非耑祠也。学使黎致远因欧阳胜谦、尹际商之请，撰公祠碑记。祠在县南，为欧阳氏家庙，亦非耑祠。前芸等仿公南山芳躅，鸠建狮山书院，院前特建公祠。咸丰壬子，遭匪燹厄，理宜复祠，况确知公生长东乡，复祠之责尤归桑梓，能毋循瞽宗祀学、乡先生祀社之礼，尊有道以尚有德乎？今幸文昌阁续建，乃于阁前楹东隅肃设木主，萃乡人士重荐椒馨，故里之俎豆，谅公灵所乐为歆格者。芸学识芜陋，何敢谬为缀语。顾留心稽考，得其梗概，理宜昭示，俾共知瓣香发详之所自云。

续建狮山阁记

汤有光奎垣

狮山旧建文昌阁，增为书院，盖教文、培文合者也。同治戊辰秋登眺，则非矣。阁与院分建两地，安得费长房缩法合之？夫士生今世，蓄道德、能文章，而期用世，展经济不得不事科名，事科名不敢不尊桂籍，尊桂籍不敢坏心术、佻品行，裂文章道德为歧途。是故阁之俎豆埒楹奠。咸丰二年，概毁于燹。明年，大兵靖土氛。越数年，迁书院于对山之高唐，仍颜曰“狮山”，示不忘朔诸章缝，课肄如曩时。问道德学问在乎？曰在。文章在乎？曰在。桂籍权衡科名主宰何在乎？则是阁尚委诸榛莽也。董事绅曰：“岂不科名前重而后轻，桂籍隐尊而明废哉。”又数稔，乃修阁。阁胡不亦别迁？曰文赖阁培，山赖阁镇，不可迁也。惨自欃枪一指，六星芒寒，幸荷天威，偃武修文，化下逮偏隅，固已壁经出之烬余，槐市昌之移后矣。然过故墟者，观茂草终不免发周道嘅，览狼烽遗迹，犹记当年破胆，莫若扫平败瓦颓垣之址，神阁鼎新，庶几戴匡复煌，斗魁重朗，大开章缝颜。独惜书院港隔，士不获如曩，晨夕趋跄阁上，肃然起敬，法天文以贲人文，所恃距阁咫尺耳。面而望之，而狮山之怪石长松，蹲踞江干者，一一如镜，列于弦诵窗几之前。所谓期用世因而事科名、尊桂籍因而维心术之坏、品行之佻，范文章而归道德者，分之有在不在，合之无不在，其合之奈何？书院仍名狮山之书院，故是阁仍系书院之是阁也，法当思昔所以合，今所以分，与夫所以虽分若合之由，斧藻人文，必与天文焜映，未知视缩法何如。而心合之，较地合妙有甚焉者矣！虽然邑书院四，东列其二，义学八，大小绛帐、众家琴户，砚文不胜培，独以是阁归于其咫尺之对山，无乃蠡测乎。

续建去思堂记

李芸

初书院之西偏建去思堂，以杨素“楚人结去思”之意，祀翁方伯、徐廉访，赵、杜二明府，勒石以记，遭匪焰已十余年矣。夫功德之入人深者，虽千百世犹将歌泣怀之，神明奉之，岂数十载间而敢忘之。兹于奎阁前楹复构斯堂，谨续前记，以系讴思。

方伯讳元圻，字凤西，浙江余姚人。廉访讳炘，字晴浦，直隶天津人。嘉庆二十年，方伯为护抚，与廉访以狮山凿石访为省脉，饬县禁之，令甚严。后各大吏相继督促，卒如禁令。则为之前者，其功大也。赵明府讳瑜，字兰坡，云南大和人。道光时任浏，以封禁至狮山，尝登其冢，周览形胜，慨然曰：“是无论为省脉要地，第以浏阳论，一邑之胜在东乡，东乡之胜尤在狮山，必不可不力为保全。”因属先大夫仙舫公与王丈菊初，偕同事周君佑仁、杨君成理、王君秀峰、李君鄂园、罗君宗迪、族伯父五典，并力图之。复谕募金购其山，而害终莫除。已而杜明府至。杜讳金鉴，字晓平，浙江会稽人。亲诣治且受螳拒，各大宪飞檄如雨，委官络绎，乃谕首事集赀购窑户蓬屋，隐忍曲全，犹复蟠踞，直至会营捣巢，事乃寝。则为之后者，其心苦也。

夫以翁方伯、徐廉访开其先，赵明府图于继，杜明府成厥终，遗爱不可忘，忍令甘棠翦而岘碑湮乎。斯堂之建，仍颜曰“去思”，盖欲乡人士尸祝勿衰，与狮山共垂不朽云。

允臧梁记

李芸

文昌阁之建，始道光庚寅，迄辛丑增建书院，阁如故。咸丰壬子，粤逆窜长沙，征义堂匪乘风为乱，狮山各杰构悉遭虐焰。继大兵莅剿，搜查书籍什物，荡然无存，而阁之梁独得舁置古港公局，已十有四年矣。阁谋复建，亟需梁材，时寓局中，夜坐围炉，有旧工向言壬子搜梁事，因忆局坍塌，修建者再非压折即裁用耳。谈次恍悟，近建义仓，下卧巨木，得无是耶？烛而视之，果为斯梁，摩挲故物，涕泗交横，以圣神文教地尚虞变感沧桑，而斯梁独历劫不磨，隐隐有待，询属可异。

嗟乎！凡材病不用，用而罹奇祸、遭大变、摧残剥落、几经挫折而复为柱石、为桢干，古今屈指有几？而是梁也，诸艰踬踣、尘坌淹埋，终得出险履顺，叶奎宫隆栋之占，赖鬼神兮呵护，归大地兮尊崇，关系匪轻，存留非偶，因取“终焉允臧”之意，名曰“允臧梁”。卜吾乡轮囷多材，蔚为国器，可于斯材操其券。

狮子潭记

汤有光

同治七年中秋月夜，予偕友玩游狮山，步至断崖壁立，俯瞰朦胧，友指告曰：“此下有潭，相传潭深无底，中伏神鲤巨甚，偶一露鳞鬣。潭畔大石名鳜鱼石，石下为鳜窟。其水发源围山，奔流百余里，抵狮口，弯绕趋右，适当潭心，则曲荡圆涡，浪面作旋螺纹状。涡阔丈许，浮聚花沤，土人呼为‘狮子吐沫’。潭亦奇矣哉，盍往观？”予曰：“吐沫之说，事幻而景真，殆以活狮状是山者。神鲤疑即肥鳜，或杂巨鲤，土人骇其巨，从而神之，乌有神鲤潭潜而不龙门跃乎！深而无底，海眼则然耳，潭乌足当？惟螺纹水等之曲江流觞胜迹，是不可不往。”卒以崖险阻步，而归坐赏月筵，即景赋诗，且酌且思，良久豁然曰：“信矣，天下土譬肉，石譬骨，而水譬血，黄河顶昆仑，泄尾闾，其椎脊乎？长江大川其肠胃乎？小支流其经络脉乎？如是涡者，潭底必裂，玲珑石窍，吸流水渗注其中，然后潜穿他罅，或远或近，喷泉涌出，仍与小支流会，则经络脉之横斜道也。不然则脉穴也，以状狮潭，此注脉穴。及脉横斜道之水，指为狮血亦可。水势下吸，纹必上旋，罅路他通，水必长渗，犹之乎无底也，而花沤终古矣。其化机在以消为息之间。”

友颔其论，彻筵就榻。俟天明复往，径仙人崖，乃祖师岩，昭显真人昔经过坐处，洞石嵌空中，塑真人像。离此复百余武，达潭所，得见螺纹涡，昨忖潭底有石窍吸水，今例以潭上之仙崖洞窦，益证无讹。又安知神鲤之说，不果有豫兆多士登龙门者乎？观毕，烦告土人，“狮子吐沫”请改呼“狮子吞津”矣夫，而后山之以活狮状者确。

青浒尖记一名笋山尖

汤有光

笋山拔地卓笋，孤尖象火，《山火贲》曰：文峰尖上白沙象金，于卦为兑，合之火为革，盖又文峰而炳蔚者也。《洛书》阳五行，惟金迁火位、火迁金位，异于《河图》，故峰象逆克，以陶铸人文。特绾西南而凝七九，视凡塔造凌云，甃石肖金，迭七层象火者，皆人力耳。尖其天然，金火塔乎，理主崧降，鼎铉人杰。所憾居民过旅觊砂精洁，藉爆菽稻，于是陟尖掘采甚囊，赴遥村将砂易粟，岁采不下百数簣。吁！一愚公之力能损大行、王屋，矧峰小行、屋万万力，众千百愚公孙子日侵月削，几何不荡为平原哉？而尖不秃者，缘采非蜂拥，非筹量，陆续浮划，是以砂获潜滋，暗长弥满，尺寸破痕，貌补尺寸，实积补无算，番尺寸之寻丈，无假娲皇手，虽名息壤可也，即此足徵地灵。然无复鳌镇，以来天然塔金火元气矣，峰一变而象“剥”。刘向《别录》云：“凿山钻石，则地痛；人民多若蚤虱，则地痒。”是砂凿未骨深，拟诸蚤虱，侵非肤浅，殆介痛痒相半，抑痛过半，耐苦撑空，峰再变而象“困”，责崧降于“剥”“困”之秋，此何异剖浑沌氏支节，为孕铜山，岳攻取挫，制而祝其起乎？登眺尖头，辄为扼腕，里佣告曰：“砂酷重压肩，初不之觉，往往巅囊者返冈覆其半，冈囊者返麓覆其半。”信斯言也。倘禺疆护惜，灵示撙采意耶。胡逊鲧遗息壤灵迹，畚锸不可犯。意者火红阴阳，炭金白造，化炉半铸，人文半功用耶，则是象“贲”，象“革”，象《洛书》“西七南九”。砂尖士农兼宝，秀者挹其菁华，愚者分其利赖，破非两妨，不破反非两得也，所以夸：“娥子不必移而小，峰峦可傲大行屋。”前憾顿释，忭然按《易》法记之。

天岩山记

贝世登瀛仙

天岩山介邑东两溪中，砥柱也，迤逦数十里，高插霄汉，石壁四周峭立，如削堵，如城垣，其石如剑戟，如虎豹，或偃或仆，或大如屋，或高如笋，怪奇万状。悬岩瀑布一条，烟雨溟蒙，势拥江河而走，晴霁时红日射耀，则金紫炫目，光怪陆离，水声夷和，与禽语、樵歌相互答。岩之半有田，有鱼池，有磊石，绵亘为废垣址，有平地，宽敞可屯军，故元至正时，瞿文立筑堡遗迹也。岩之腹地孕一棋盘石，其形方广，可安四席。旁列钟鼓洞，以石击之，一则逄逄然，一则铿铿然，好事者谓昔有两仙尖罢戏，以手搏之者。其畔有石人立山中，人呼仙人石。

山分上中下三岩。上岩有萧仙祠甚灵，岁旱祷雨辄应；有两寺，无僧。中岩之东有随寄庵。下岩之顶有龙王庙。其麓有古风洞，洞中撑石柱，上有窍，名天窗，高约四五丈，阔可容百人。洞深不可底，闻有九洞，以束处若咽，复入之则寥阔，至三四洞，必蛇行而入，故无人穷探也。洞前有古风寺，寺南里许有泉如涌，亢旱不竭，灌田数百亩，泉上石罅中寿藤古木蟠拏若鳞爪，名神龙泉。予邻岩而居有年矣，历此山甚晰，惜此山隐于偏隅，不获与天台、虎邱诸名胜同传。惧山灵之我讥也，于是乎书。

游大围山记

万载李荣陛

南干劈脉内转，而势最雄者首万羊，而武功、大围、黄龙以次趋北，迄匡庐乃尽，皆穹窿秀绝，干云雨而挈巫衡，称江以南巨镇焉。匡庐尚矣，大围次洞天之十三。唐杜光庭传《白玉经》云：“周回三百里，为好生元上之天，在潭州醴陵县。”潭州今长沙，而山在浏阳东界，非醴陵也。《水经注》：“浏水出浏阳县东江州豫章县首禅山。导源西北流。”今宁州乃豫章分地，山正在其西界。宋欧阳忞《舆地记》云：“首禅山顶有白沙湖，广五十余里，流分四派，一为浏水，其三入岳之平江、豫章之分宁、袁之万载，冈峦盘踞四县。”《明一统志》用其说。《湖南通志》云：“大围一名首禅，在浏阳县东北一百五十里，东接新昌。”《西江志》云：“大沩在宁州西南一百五十里，东通新昌，南通兴国。”今按大沩山在益阳，唐释流取以配袁州仰山，曰沩仰，与大围音同迹异，而兴国亦在山北，《西江志》所云皆非也。

大围西则浏阳，东则宁州，诸书并举，来去名山，故有分流袁岳之别。南来天井栏水东入蜀江，北去连云山水西入平江，而天井东去者为大阳，东接新昌，连云北引过黄龙，北通兴国，则益推广言之耳。大围既耸镇江湖，其支络远延，皆献秀状，第就本山计之，一脊横陈五六十里，绕麓三百里，并四拱之山，周回不啻千里，足以名岳矣。道书于大洞天多荒诞，如王屋山虚言周回万里，惟大围为得实欤。

高村在山东南百余里，记所称水入万载者，惟此地足当之，路穿穹岭，旷日无人，故游愿久不果。归自湖南之明岁丁酉秋，山民毛氏来告某，比得地于邓岭，因是以逾黄洞，三日可达西峰之巅，盍往游乎？予喜从之。以九月初七日发高村，十六日回在山巅，仅二日游，事极草草，然于山川方体粗得其概，是不可无记。

盖此山绝胜，约有数端。他名山多驱使岩石，神锼鬼琢，离合以成奇，而大围际天皆土，望如阵云，自然严整，一也。他山过于险阻，末锐或不可措足，大围四周拔起三四十里，其巅转迤平，村坞通达，经行二日不厌，二也。他山攀陟未半已忧枯渴，而大围愈高愈润，空水相涵，动人江湖之兴，三也。他山聚奇，山内夹辅难匀，大围各面所临，兄弟儿孙依之连体，数百里为一叶大围之名，四也。此其荦荦尤大者。至于峰岩潭瀑，一方一曲之奇，世据其中者，莫能悉其涵孕。若斯宜其参错，海内名山为十二洞天之次矣。山北有月影，十年前古木阴冥，白日中犹如夜行；山南有星影，绝崿陷窦通光；西峰有雪影，秋时芦花摒映湖山间，类铺雪，遇风起花飚，尤飘瞥乱真焉。半岭以上气倍寒，冬夏云雪分据之，物产无稻而多药，药味大抵苦寒，莱菔特肥，颗以数斤计，他花实与下方亦异。

予游近霜降，红绿高下缤纷，然茅深虎迹多，不如中春燎后可舒步也。宿西峰时，问东道无知者。其逴远荒凉，山氓老死绝不往来，不知古之高流及志家何由标而纪之，博识哉，然亦有违实者。白沙，北麓村名也。山顶玉泉诸湖注此为大溪以趋浏，而诸湖惟天心形圆底，平周约千步，积水澄澄，余率为采药者所决，仅存沮洳。而记称白沙湖广五十里，水流分四县。计山岭南北相去十余里，何地以容之。此皆山经好奇，如所云长白山潭广八十里之类也。

然予尝游匡庐，蹑汉阳以探瀑源，其凹迤平滴，沥数丈外即聚为流泉，求分此山黄粱、夜珠，半亩之水不可得，其他山顶类然。是知诸湖之美，亦仅大围擅有之。古人所以奖借于斯欤！嗟乎！此山之雄也其四，暨无有名都会，道路往来无托足之所，是名虽震于往牒，而寻探者少，反不能比于武功、黄龙，则其深沉杳绝之趣，未知几时乃悉标著于人间耳。爰次数日目足所得，以为之记。

迁建狮山书院记

萧振声润生

狮山自道光时建书院，因文昌阁之旧而扩之也。咸丰壬子毁于匪。越二年，董其事者以修复谋于众。或曰："故山险，不吉，宜迁。"或曰："故山奇胜，不可弃。"斯二说者相持而未有以决也。迟之数岁，议迁者多，乃卜地于狮山之东北里许曰高唐，筑之、削之、椓之、约之，丹雘而涂塈之。凡二年而成，规制视旧院而加广，仍"狮山"名。鼓箧者趋而集，盈斋舍焉。而登故山者凭吊欷歔，尚以弃置为憾，因再建阁，附精舍，为读书别业。于是，士皆大欢，属振声为之记。

夫书院讲学地，以地讲学，非学择地讲。高唐，一狮山也，何择乎尔？士先器识而后文艺，志气存乎远大，乃能去世俗龌龊之见，而不为苟且侥幸之图，则其为学必有艰苦卓绝，矻矻穷年，以求致乎其极者。故处则为有道之士，出则为有用之才，书院造士，不当以是期之耶？而重于择地，非所以期士矣，何者？形家言不吉，是富贵利达，极卑鄙之说也。士务帖括、弋科名，皆以薄殖冀厚收，而为父兄者，又以卑鄙导之，耳濡目染，锢弊日深，才力聪明尽销磨于揣摩幸获之内，无一求实学者。甚且多方钻营，而群不以为耻，朱子所谓“利欲胶漆盆中”也，士风若此，直斗筲之量，安望成大器哉？人欲之熏炽，甚于匪徒之虐焰矣。故书院议迁可也，言不吉惑也。然奇故山而谓不可迁者，则又未尝不惑焉。自今书院观之，仙台、连云、雷仙三峰，诸山高掌远跖，宛列翠屏者如故，仙洲古港风月如故，归帆如故，花坞响石斜阳如故，流泉如故，天岩之霁雪、江邨之渔火、灵坛之烟雨、山寺之钟声，无不一一如故。狮山，一高唐也，而又何奇乎尔？

吾楚山水，莫奇于衡岳、洞庭，善游者偶一涉历，手擷衡峰七二，胸吞云梦八九。如必久处，则山中一樵子，湖上一渔翁而已，非善游者也。且浏东以大围山为最奇，《通志》一名首禅，列洞天之十三，海内艳称，而乡愚生长其中，老死不知其故。今书院朝夕见之，但望其云气，卜晴雨，未有担簦而往者，燕国江山之助，岂必绘之四壁为卧游哉？太史公周行天下名山大川，故其为文颇有奇气。此间才隽之士多峭刻，或近怪险，少博大昌明之气，奇而病狭亦所见隘耳。学者胸有丘壑，指顾间千态万状，无之而不奇，独狮山乎哉？高唐备狮山之胜，而和平过之，悉为书院，有谓之奇而吉可也，又乌乎不迁？振声尝登采石，笑谓其形类狮山，彼但以一诗人一名将重耳。我乡多奇士，苟扩大其志气，狮山岂第与采石峙乎？遂书此以解二者之惑，并为诸学者勗焉。

传

王鉴湖先生传

鲁沛霖石汀

先生讳应苹，鉴湖其字也，三口里人。县廪生。性严重，寡言笑，而平易近人，好引掖后进，与言学终日无倦容。道光时，与其从兄寅窗及李芗洲、汤云轩各前辈倡建狮山书院，董其事，士林益奉其言论为圭臬。时征义堂匪周国愚籍死党千数，岁一聚于古港野庙中，醵饮结盟，势甚张，众知其必为乱，无敢发其事者。已而其党曾世珍等倡众坐食，民大扰，先生捕其魁，白于县，请治如律，然卒不克诛匪党，于是恨先生。咸丰二年，粤逆犯长沙，先生与芗洲就书院设团练，侦缉严密，获贼投国愚书者二人，械送县，世珍及匪目邓万发大憾之，且积前忿，遂袭杀于道井，劫其家。事闻，赏给云骑尉世职，入祀昭忠祠。后闻人言，先生本归家中，途遇贼，从者曰："可姑伏田禾中。"先生怒曰："我岂草间求活者耶?"遽前叱贼，攒刺之。呜呼，壮哉!

说

文汇桥名说

王应藻庚溪

文汇名桥者，以东为文昌阁，西为书院，中甃以桥，由书院赴阁，由阁赴书院，两所必经，如水之注而汇于此也。桥先为周君彩臣所建，后圮，土人架以木，每当山水暴发，辄冲去。地为通衢，病涉久之，议修者众，费苦无出。李君晴波独任其事，倡首劝募，木易以石，计费千余缗，先名崇善桥，今改为文汇桥。过客笑曰："桥上通大小溪，抵江右界，下达邑城，行道络绎，秀而文者寡，不文者众，千万人之公桥也，百数十荐绅缝掖辈何得而私名之?"予乃为之说曰："夫文非侈，博雅风骚之谓，其谓孝悌忠信、礼义廉耻，古圣贤大经大法，炳日星，昭河岳，范彝伦，维世宙，士所共由，亦农工商贾、下逮毂击肩摩所莫外者，无地而不汇，独桥乎哉？无人而不汇，独题桥士乎哉？公莫公于此矣。自是往来无雅俗，宛皆斯文中掉臂游行者。"

启

倡建狮山书院启

李春辉仙舫

窃维古港狮山，寿沙龙护，科名所系，地脉攸关。小民无知，石效巨灵之擘；大人有命，山止力士之开。诸牧伯计切维持，竖碑比岘山之壮；各贤宰谋期久远，立学怀石鼓之规。大令捐廉以倡，众绅破钞以应。讲堂中建，经任听鱼；精舍旁开，才容吐凤。往来是路，恒怀兴学之思；景仰斯山，时结论文之念。爰于道光十六年，邀桑邦之俊彦，订兰谱之因缘。会上巳以联文，逢莫丁而致祭。诸仪具举，众器争呈，或进辛盘，或奉午椀，或制蒲席，或购荃床，或献象尊，或陈龙勺，或贡云笾于玉案，或供绛帐于珠龛。几几乎法物之场，文人之薮矣！复于文章岭畔、道德林前，种大夫松，栽君子竹，凿聪明井，辟智慧泉。浓樾荫而岭号慈悲，溉祀田则塘开爱敬。炉营惜字，用培文笔之峰；塔号题名，待握词垣之管。至二十年冬，西钱广醵，东阁宏兴，丕开孔氏之门，大修曾子之座。藻彩韦平之室，髹髹杨震之堂。厅铺宰相花砖，阶砌韩文锦石。司禄文昌在上，照命魁星居前。竟成大地规模，遂显名山气象。

惟虞缺费，敢效倡捐。虽数亩无多，砖抛敢期引玉；倘众囊共解，腋集便可成裘。所望仗义仁人，崇文大雅，念建书院为朱子一生本务，立义学乃希文万古勋名。因而太守田捐，学士钱助。币储敬德，饩备修龄。聘名师得厚修金，润寒畯不需乞米。成公塾即是家塾，道味贻子弟之腴；资砚田便广心田，书香下儿孙之种。将见春风共坐，夏课齐沾。甄陶理学名儒，琳琅万轴；安排状元宰相，风雨一灯。斯学校功高，咸赖礼门义路之设；而书田利溥，共收善禾性米之香。谨启。

跋

书李芗洲续建欧阳文公祠记后

邑南陶鹏汉翼云

李芗洲刺史编辑《狮山书院志》，内有《欧阳文公祠记》。夫先生为有元文学侍从之臣，制诰诸作奄有一代，与虞揭诸人并擅大名，何以王令培生语曰："后学小子，问先生姓字，茫不能对，无怪浏志多缺略也。"嗟乎！不有述古能文之士，世之湮没而不传者多矣。先生名在天壤，而生长之乡乃几无知之者乎？先生以足疾乞假归田，旋诏修宋辽金三史，起为总裁。未几，汝、颍盗横，阻兵不得归，遂薨于燕邸。盖由在朝之日多，还乡不久，又遗文散失，故旧时读书之所不复可考。芗洲刺史邀同学祠祀先生，并详考其所居址记之，盖使浏之人共知有先生者也，岂不盛哉！故乡俎豆，魂兮归来，有跫然者乎？益增予慨矣。附书记后并补侑，辞曰：

浏水黝兮浏山苍，首禅雪兮枫浦霜。猿夜啼兮山月凉，洲石粼兮芷兰芳。狮崖高兮讲坛张，宝书森兮近玉堂。大册炳兮天庙章，楚国文兮燕许强。片词流兮世所藏，代王言兮典且庄。白麻铮兮答琳琅，编实录兮孰比良。史忠论兮笔作铓，治具纪兮规河防。雄一代兮道并昌，祢濂洛兮圣化匡。探精妙兮入微茫，伟文擅兮景凤冈。英爽逶兮来珂乡，恣钓游兮昔徜徉。入枌社兮裙屐翔，幽谷秘兮耿有光。眺仙洲兮花坞旁，扶磊石兮响泉硠。奎躔奠兮左曲廊，列两楹兮盛酒浆。启后学兮帜词场，屑金玉兮扫粃糠，与终古今留瓣香。

四言古诗

狮山书院劝学箴

平江李传敏逊吾

醴泉自清，灵芝自庇。何源何根，为瑞如此？彼亦竟成，况为志士。宣圣志学，十五时起。茂先有言，成人在始。泰石岩岩，溜穿不已。一篑功亏，吾止则止。彼勤斯成，此怠斯毁。成毁之故，惟志是视。匪但成名，忠孝廉耻。乌能母哺，蜂惟王使。一粒鸡争，双飞燕鄙。物且有天，矧伊人矣。六季之才，五代之史。论定观人，人皆不齿。习与性成，所志斯靡。百年成之，一纵败礼。后之视今，不恐何恃？清夜危言，质之诸子。

五言古诗

谒狮山欧阳文公祠

李传敏

元运丧斯文，先生乃扶起。脱脱与巎巎，斗筲不足齿。先生大手笔，我少仰元史。经世修大篇，三史屡承旨。大集遭兵燹，所存尚绮丽。册诰皆裔皇，告天重诔谥。信可孚猺蛮，军政筹披靡。文章与功名，亘古无与比。岂知公所重，性分有微指。读书先器识，渊源有所始。公先有忠叟，士类皆翘企。厥考渤海侯，教授曾筮仕。道州谒濂溪，心法契莲沚。作人为家范，佑启公如此。狮山厦万间，浏东公故里。卓哉李茂才，为公特立祀。社祭乡先生，多士钦仰止。贱子忝主盟，有请愿长跪。家法皆教术，人师良有以。文采发天则，功业根性理。藻丽而浮夸，重为先辈鄙。不然元政污，公何扶纲纪。以此知公语，训公同乡士。羹墙庶见之，公或曰唯唯。后起有真儒，今昔互相视。

小憩青枫岭望响石流泉峭壁

黄济运景开

缓步江上归，一径逢峭壁。幽人坐危石，闲意静中觅。人语山答响，无语山亦寂。时有微风来，泉声涓滴滴。怪石现狰狞，嵚巇阻登历。洞口树阴森，烟云供幂㲯。心静顿枒杈，起灭互攻击。何以澄此心，清流时相涤。

澄绿塘

李兴锦少庚

一径息群籁，层云荡幽壑。中有澄绿塘，流泉欣有托。树影向空含，峭壁天然削。返照入江波，寒塘动潜跃。惊起发人言，响石声共作。讵有不平鸣，随起复随落。以此悟静机，风波免惊愕。泉本在山清，莫混江流浊。惟保贞洁操，山水自饶乐。

咏归亭晚眺

李棠眷西

向夕敛微雨，晴天江上开。夕阳烘桃花，渔舟横柳隈。牛笛趁烟晚，螺鬟衔月来。草亭逾坐久，落花数莓苔。

登磊石山

严翼宝屏

错落撑巉岩，登临径逦迤。豕突与虎蹲，形状难比拟。玲珑百窍开，顷刻烟云起。春风吹野香，间花搀屐齿。坐爱古灵坛，一勺龙湫水。祷神沛甘霖，三农色然喜。造化真好奇，神秀钟于此。应复有奇人，招我餐石髓。

鸡冠石

刘棨雨初

地形为卵黄，天形为卵白。气秉玉衡星，化作鸡冠石。宛侪膈膊群，不鸣风雨夕。树远疑高栖，花近助清格。岂是陈仓来，天然具羽翮。抑或罗子钟，山葬变灵魄。友或借他山，登喜雄冠客。对此奋雄飞，曙光鸣紫陌。

七言古诗

狮山咏怀

黄济川双溪

首禅山高千百丈，中产奇兽铜铁颣。一夜风雨吼层崖，木拔石裂水泱漭。蹴踏洪荒气益振，奔来古港蹲溪滨。蟠灵结秀回头顾，屹然不动化嶙峋。不知何年始凿石，纷纷斧锥集肘腋。地脉潜伤楚以南，二三贤豪深惋惜。奋激驱除不惮劳，狐群鼠党皆奔逃。遂令魁岸宛如昨，恍见掉尾凌波涛。山顶高建崇文阁，气象裔皇神俨恪。维时奎璧焕然新，文人履趾交相错。迩来领袖更殷勤，倡立书院起斯文。结构愈精厦愈广，经营斋舍日纷纭。由来东壁图书府，文光炳耀照千古。木铎从兹一振兴，行见彬彬媲邹鲁。我愿诸君来此游，甚勿志满与情偷。健行日月无停晷，虚受河海不择流。凤凰池头共联步，休愁琼林宴难赴。帝君冥漠作主张，潜驱狮灵开道路。

狮山晚眺

善化许如骏次苏

读书何必邱与索，看山何必嵩与霍。蓬莱嘉地无处无，万古浑沌谁剖凿。谪仙真是不凡材，划削榛芜露头角。江山终古待名流，俗眼模糊今始觉。我来浏水东复东，狮山秀绝青芙蓉。柱扶登临豁远目，四山匍伏罗心胸。狂歌信步到绝顶，此身直欲凌苍穹。举杯渴醉仙洲月，脱帽热沐桃花风。忽闻泉响下石壁，却讶绝壑走霹雳。仙人骑鹤飞上山，为我殷勤吹玉笛。陶然坐听不知晚，野寺鲸钟遥吼击。回首仙人渺何处，山色蒙蒙江水碧。

狮山感怀

周炡度茹坪

狮山雄峙江之中，势如百川能障东。众流翕聚归锁钥，一口吸尽波潨潨。江山如此见亦罕，本来造化施神功。砥柱一乡作保障，万家财赋由兹丰。石工劚劖肆追凿，山鬼啾啾愁内讧。赖有补天炼石手，灰劫力挽功何宏。奎阁巍峨护绝顶，六匡辉耀光熊熊。正气扶持示阴骘，孝友垂训兼臣忠。文人命脉赖主宰，显扬科第群推崇。肸蠁敬恭多受福，神原正直明且聪。兼喜缁帷宏乐育，一洗万古痴顽聋。文教蒸蒸遍浏水，光腾璧彩如长虹。胜地精庐二美并，士林欢诵声雷同。何意高岸变陵谷，广厦一炬焦成空。大息培文美结构，蒿莱满地悲无穷。几时墙屋曾子反，凤仍栖竹鸾栖桐。吁祷山神佑冥漠，文林依旧扬儒风。

雨霁望天崖山

王显范蓑汀

崒嵂天崖山雨中，望不见烟雾溟蒙。沓霭间，雷声隐隐驰紫电。一霎山色转新晴，遥峰迭嶂增光明。人生何必惊宠辱，谁为有余谁不足。个中变幻原无常，试看崖畔张棋局。

五言律诗

狮山即事 二十首选八

彭舒英

浏水潆如带，东山踞若狮。地灵知蕴蓄，人物富英奇。学校渊源在，诗书事业垂。从来弦诵处，倍切芷兰思。

广厦群叨庇，儒生福可知。讵夸容膝易，还为比肩随。长日披吟候，春风歌咏时。千秋争寸晷，莫负古人期。

岂是耽游览，春风笑我痴。间遵砂石径，小企墨香池。地拓弓三步，形开月半规。源头来活水，藻荇渐离披。

磊石天然立，伊谁予俗名。俗呼癞子山。水从山上活，泉是古来清。

洞老春难入，祠荒涧自生。睡龙何日起，霖雨遍沧瀛。

来访仙人宅，层岩数仞悬。白云盘古磴，红药长灵泉。门掩丹房寂，栏欹石菌鲜。何时听清磬，俗耳一泠然。

桑柘斜阳好，人家起暮烟。钟声摇古寺，篴韵度前川。犊返双扉远，鸦巢野树圆。牧童归去晚，笠影尚翩翩。

石磴随山曲，松杉夹道开。鸟声迎客细，蛙鼓向人催。峭壁云皆湿，遥峰雨欲来。逶蛇愁路滑，随意坐莓苔。

远水不知自，下山难觅源。乙形环古港，丁字绕云根。潮缓舟如醉，岩幽鸟不喧。隔溪茆屋小，三两未成村。

过狮山书院访院长曹西垣孝廉

巴陵吴敏树南屏

爱子精庐好，凭高胜赏俱。云间开讲席，花外俯耕墟。道豫弦歌化，人知弟子殊。曹以教习需次县尹，故云。惟余亦斋舍，未有竹松居。

谒狮山欧阳文公祠

邑西欧阳德正养泉

先民不可作，手泽无遗文。高揖衡湘秀，远追燕许群。鸿词弥宇宙，奥义抉邱坟。仰企流风在，心香一瓣焚。

前题

罗重熙默卿

吾楚人材薮，先生秀毓浏。文章雄一代，勋业炳千秋。俎豆故乡肃，风云峻阁收。渚苹聊一荐，仰止意悠悠。

仙洲晚渡

陈彬睢航

远瞰仙人崖，近涉仙洲浦。水落玩平沙，波浅荡轻橹。烟从鸦路归，月傍渔灯吐。迷离望狮山，一带松烟聚。

登磊石山乌龙寺

严翼

闲来探胜迹，祈雨旧坛场。风埽云根乱，泉流石髓香。层崖疑虎踞，古洞合龙藏。何以遣游兴，春来草自芳。

游仙人崖

冯华国松岩

一宝开仙境，云山四面遮。悬崖撑白石，溜滴走丹砂。古寺残碑在，旁有狮山寺。荒亭落日斜。迎神思奏曲，来此共餐霞。

花坞斜阳　八景选二

长沙朱衡石禅

春驻桃花坞，迢迢画正长。野亭绵韵事，山馆宕斜阳。微笑樽前赏，分阴惜处忙。渐看松顶月，倒影印横塘。

响石流泉

石傍深塘立，泉通石罅流。偶随群动响，并作一天秋。物我情谁了，机缄迹莫求。道心清似水，好更悟源头。

七言律诗

狮山春斋漫兴

李传敏

家园小别几春阴，镇日论文证此心。说士味从莺啭得，忆孙情逐蕨拳深。山河有意笼人住，花鸟能诗替我吟。绘出个中真妙趣，别肠那许一愁侵。

偕友人游仙人崖

李传敏

眼前便可证前身，今日同游即旧因。怪石吹云扶脚力，危楼招水洗心尘。漫言浮世皆如客，修到神仙竟有人。难得名山分一席，吾曹悟后更精神。

狮山赋别

李传敏

狮潭浏水百重清，前度桃花是汝情。转使汪伦烦我送，何堪杜宇伴君鸣。十年风雨论文酒，一路莺花护客程。归后吴刚仙斧利，桂香深处听秋声。

兼讲狮山书院

吴敏树

前年访友爱精庐，何意同人待我娱。千树拥门诸子列，四山环坐一川趋。儒官少事谁禁汝，院长添名自故吾。衹是盘飧无可称，平生传业最疏迂。

磊石山

马观成春园

怪绝山容百态陈，天开石貌耸嶙峋。奇花烔蔚长生药，古树崖悬不老春。螺磴藓盘青不断，龙湫藻迭翠无垠。奎垣矗矗遥相接，掩映灵坛若比邻。

何人瓶钵此羁游，寂寂荒苔历几秋。霖雨苍生千载系，云山绿影四围收。天池浐瀋关灵孕，地脉培持仗策筹。莫讶老僧向空去，庐山面目至今留。培持谓禁凿石也。

仙人崖

李华秾莩楼

悬崖峭壁俯江滨，鹤化当年此寄身。一水护门波作镜，半天入座月为邻。奇花地占名山福，小草香留古洞春。泉石至今有灵气，云烟高接翠无垠。

续建欧阳楚国文公祠

王应选寅窗

大册高文继楚祠，濂溪派接仰丰仪。庐陵谱合双才伟，淮水灵钟一代奇。墓碣楸梧人孰辨，钓游桑梓地谁知。差欣故里祠重建，岁奠椒浆慰所思。

前　题

李蘅晴波

词坛理窟两超伦，今古文公得几人。故里双溪雄楚国，华褒一字重元臣。前朝庙有遗田宠，后代祠留附阁新。独怅庐居兼厝兆，淮川莫辨九疑真。

春日游狮山

黎献彤云

乍解骖騑路八千，狮岩重遇感桑田。敢夸勋业铭钟鼎，欲涤尘埃面圣贤。紫院日高花晒蝶，绛帷风静鸟衔鳣。廿年烽火消无迹，桃李香花化雨天。

壬子三月，由南台至狮山访柳云胪同年，出所咏狮山八景相示，次韵和之。

长沙袁椒森省斋

仙洲风月

年来坐对状元洲，又见仙洲踞上游。两岸垂杨飘似线，一湾新水曲如钩。熏风有信偏宜夏，是日立夏。明月多情不必秋。我是蓬莱旧游客，送君回去有诗酬。

灵坛烟雨

出云为雨便神明，何必恒嵩与岱衡。崖岫待看烟漠漠，瓯娄喜见水盈盈。舞雩归咏冠童乐，巫峡游魂朝暮行。寄语山中豹隐者，莫夸文采误平生。

江村渔火

西岩曾说竹销烟，又见淮川水在田。皲椎老翁长濯足，敲针稚子倏齐肩。鲜鳞剩得和蔬煮，苦茗拈来候火煎。饮罢拕篷贪一睡，静闻钟磬暮江前。

山寺钟声

见说拈花一破颜，偶离尘境到深山。钟闻上界不知远，云与高僧相伴闲。往日禅心牢把捉，自家诗句费评删。道人只打莫轻打，贪睡先生老渐顽。

天岩霁雪

我来刚近麦秋天，遥望天岩雪意传。风起垂杨那作絮，寒生单袷悔祛绵。尖义漫斗诗情险，惨淡难摹睡味全。待到灞桥真景逼，好凭驴背企山前。

花坞斜阳

晓风杨柳最相宜，远近霞蒸落照移。凹凸暗藏春脉脉，陂陀留驻日迟迟。每当啼鸟催归候，正是看花得意时。拟坐琼筵拚一醉，待看明月挂高枝。

古港归帆

风生西北夕阳天，东岸人家望正悬。帆脚转开三尺水，竿头撞破一溪烟。遥知船里烹茶客，检点囊中贯酒钱。系罢绿杨何处去，但看樯影落吟边。

响石流泉

峭石临空数仞悬，应声如响悟前缘。江天未解喧闻籁，尘世从何静悟禅。影入有人曾面壁，心通何处不听泉。漫言聚处头能点，吾道腾天更跃渊。

仙洲风月

李传敏

仙洲清境拟蓬莱，四面银潮霁色开。青笠骑牛吹笛渺，绿杨飞絮过江来。披襟有约偕童冠，对影多情上榭台。霁月光风无限好，新诗付与辋川裁。

灵坛烟雨

老龙终古卧岩巅，吐出云烟暗楚天。疎磬有声空外湿，懒仙无影定中禅。天将泼墨供文思，客占灵山当散仙。遥把香炉山石祝，出山分润更无边。

江村渔火

狮潭水落石名鱼，夜夜沿溪宿老渔。红树夕阳收网后，绿窗明月上磴初。混来星斗波无定，照见楼台画不如。惟有满斋檠上影，夜阑同受此清虚。

山寺钟声

月落空江气正清，空山万籁寂无声。谁将古寺围三里，天为诸生警五更。风引欲随黄叶罥，泉搀如共白云行。上方入定余清净，仙佛居然眷属情。

天崖霁雪

庇来广厦笑颜开，共立程门许一陪。山似清才排玉笋，日如佳客上银台。供余诗思蓝田出，助尔春风黍谷回。寄语仙人休狡狯，携棋消九共衔杯。

花坞斜阳

咏归亭上憩吟身，童冠相随五六人。汲古绠绳能系日，在山花木解藏春。万松围住红如绮，一水横排绿过津。莫道黄昏无好景，晚来风月亦堪邻。

古港归帆

小西湖景别一方，远眺山人对混茫。世界浮如书画舫，人家住在水云乡。遥帆未落先能认，隔岸相呼喜若狂。我欲乘舟随访戴，金台诸友渺河梁。

响石流泉

青枫岭下听泉鸣，峭壁无言解应声。有语最宜顽石点，相期总要出山清。千年涛瀑怀衡麓，一院弦歌似武城。传语诸生毋洗耳，凭他流出画登瀛。

山寺钟声八景之一

李蘅

不知何寺吼鲸鱼，响彻寒山疾复徐。三径橘酣霜落后，半林枫冷月明初。醒来夜雨孤灯梦，读罢秋风一卷书。澄绿塘前松万树，隔林遥送夜窗虚。

续建文昌阁落成二首

李芸

投笏归来为此山，山容今始破愁颜。劫灰细觅枯松外，画阁仍开古石间。百堵凌云经手构，卅年胜地最情关。名区终赖神呵护，剩有梁材竟璧还。谓允臧梁，有记。

山中无复旧坛场，桂殿重开溯瓣香。一代大儒崇享祀，千秋名宦共烝尝。附建圭斋祠、去思堂。云山增色留槐桂，樽酒论文话梓桑。我与群贤曾有约，几时才辟校经堂。

五言绝句

仙洲风月八景选二

杨江万午峰

仙路通小洲，风月互清动。斋帘不上钩，光霁随窗空。

古港归帆

望归人未归，帆影出江树。恰好乘长风，破浪任来去。

七言绝句

杨柳洲

长沙柳先赓云卢

杨柳洲边入望遥，柳枝曾否种千条。至今惟有青青草，一带浓阴过短桥。

旧名闻说柳家洲，湘水淮川一派流。惭愧我才非子厚，柳洲人地至今留。

游仙人岩

平江李元善笛人

顽石听经也点头，况偕名士纵诗眸。分明眼界极高处，无怪神仙亦小留。

面壁还丹典训钦，龛坛我辈要登临。清修也比灵修样，芒屩归来一纵吟。

咏归亭

马昌煜瑍丁

一坞桃花三面松，江干一面柳阴浓。一亭水接仍山抱，都在渔歌牧笛中。

古港闲眺

李兴镜谏卿

拨马初分绣甸秧，家家新涨满池塘。田歌唱罢人归晚，无数蛙声送夕阳。

携榼来听山鸟鸣，下山去寻田水声。隔溪幽唱近复远，牛背牧儿孤笛横。

桃花坞

李盘根德斋

每爱仙乡远俗喧，人间能得几桃源。狮山一坞藏春色，鸡犬如仙昼掩门。

濂溪祠

廖中立晓耘

江上崇祠江畔横，江花江草隔江迎。不知江水层层绿，可似濂溪溪水清。

桃花坞感旧

李芸

十年人事等飘蓬，恨事元都观里同。前度刘郎今尚在，桃花无复笑春风。

濂溪祠感怀

李芸

浏江数百里流西，茂叔祠前首重低。一代钟灵山水福，何年名世媲濂溪。

古港竹枝辞

李世沆少初

仙人岩险傍溪边，仙地仙居证夙缘。
雨后钟声高送响，早知明日是晴天。
狮子潭前灯火红，渔村月夜混溟濛。

渔翁烂醉拖蓬睡，对对鸬鹚站短蓬。
柳家洲上足生涯，四季青葱罨画沙。
节气年年逢小满，齐收豌豆种棉花。
乌龙祠畔牧儿哈，短笛无腔阿滥堆。
唱罢一鞭挥犊去，树翻鸦背夕阳催。
仙洲河畔菜花黄，点点如金散夕阳。
转眼风光成绿野，才收秋插又分秧。
隔岸垂杨水一涯，石门境里有人家。
荆钗小妇忙无了，谷雨前都去采茶

杂　体

江村渔火　八景选三

鄞县沈道宽栗仲

小艇不知风浪险，狮潭深处，同维缆网，得游鯈如卧剑。供饔飧，江村酒熟三杯酽，返照依山暝色敛，家家蓬底孤灯闪。夜霭溟濛蟾影淡。沙头店，深宵散作星千点。右调渔家傲。

灵坛烟雨

看五风十雨丰殷久。拥仓箱，是处频年书大有。瓣香更焫灵坛，豫祝神明佑。妥灵旗一缕精禋，添卮酒。

癞石麓，层岩秀。有慈佛，一滴莲花漏。拘毘舍，邀伴侣，远近同奔走。祷乌龙，甘霖甘霔，先事应期，下策刑鹅，君休取。右调祭天神。

山寺钟声

迢迢永夜，梦转华胥，此心把握不住。百八蒲牢声在，乱山深处，凄清淡霜冷月，又随风翠微遥度。人静悄。是狂僧狂发梦中得句。

省记长安旅宿，数严城，紧慢十八宵杵。漏箭铜壶，传遍绀宫琳宇。祇今楚南寄迹，问更筹，卧听街鼓。拟待要，理商音琴调细谱。右调声声慢。

卷　八

界　址

书院修膏诸费，岁计千余金，皆取诸田租也。钱谷之数可按籍以稽，而田宅之授诸耕氓者，散布远近村落，不能涉陇亩而岁察之。历年既久，虑如坛壝。庙址虽属官地，有渐致侵削者矣。今董其事者身历田间，计亩而详籍之，附于斯志之末，为书院计长久也。狮山地脉所系最重，尺土亦宜护惜，并著于编。

书院界

迁建书院，地名高唐山。“唐”旧作“塘”，今去土旁。旧又名架上金盆岭。院后抵罗人山，筑壕，壕外斜出余地抵小路，挖沟为界。院左齐大路，右抵罗人山，筑壕为界。院前屏墙外，西抵王人山壕，直至义山为界。东随大路，直至罗人山为界。院东大路外地名涂家园，庄屋一所，山土一处，前齐周人田上路塝，塝下周人捐路一条，左右均齐坟山为界，山内木植俱全。又庄屋对岸木耳山一处，前齐山脚田塝，后齐大路，左右均齐李人山，挖沟为界。

狮山界

狮山自封禁后，杜县立碑石坳，以大路为界。无知顽民屡有侵占之事，各绅呈控数年，经县讯断，始得寝事，节录原案前后谳语，而界址朗然矣。

道光十一年，周佑仁、周世组等以强占禁山背案串盗呈控。

二十三年三月，李枝韡、周绍清等以占造官山、截脉毁路呈控。十月，周国益等以恳饬押毁呈控。

二十五年三月，周佑仁等以冒冢占造，李枝韡以占害官山、截毁官路，周绍清以听唆诡匿恳押着交迭控。县令刘集讯谳云："狮山系省城来脉重地，见建书院，应加培护。道光二十三年，某等在官山界内起造铺屋、开挖栽种，致周佑仁等具控。兹经集讯披阅原案卷宗，道光六年赵县示买山契载明前齐河脚，后齐石坳路下山脚，左右俱齐山脚为界，且有赵县亲勘印图确据，又有杜县窖立界碑。据所称书院石坳大路之山为伊祖坟山地，毫无执据足征，该石坳大路之内，概系官山无疑，占造铺屋开挖，殊属刁顽，应令拆毁，以全胜地。其旧葬古冢，祇许挂扫，不许进葬。该山四围竖立界碑，除旧冢外，概归公管，所有山内私行暗窖界石，日后掘出，概不足凭"云云。六月间复讯取，各遵结完案，数月后复行掘毁碑亭壕界。周佑仁等以违断藐法控，县以毁占官山控，府饬县勒拘究报。

二十六年六月，县令熊拘犯惩治，谳云："查道光二十三年某等在狮山官地占造铺屋，经前张县、刘县勘明审讯，因无契可呈，断令拆毁铺屋，归还官地，立碑取结完案，乃复倡众碎官界碑，掘毁壕墙碑亭，捏称有伤伊冢。如果属实，比时何不经论具控，其为捏情抵搪可知。本应按究，姑念到案俯首悔罪，从宽责惩，饬令照原修复，嗣后再不得藉坟滋事。所有官山界址，从石坳大路起，直下至横路围壕，壕尽处由王人田塍起，挨王人庄屋围墙斜转放至河下，由河岸放上至仙人岩，以河脚为界。又随正堂杜示界碑，直至流水沟外，上从山脚，下齐港水，中分为界，洲土尽属公管。山内四围概属官地，并无片土私业，案存礼科、工科。”

自张、刘、熊三令讯谳后，无敢复在界内滋事者。但咸丰壬子匪变，书院迁建高唐，越同治戊辰，文昌阁始续建，中间十余年，造庄屋、铺屋，赁居人看管，四围山土开挖者多。时事迭更，宜再为详纪。其界由石坳大路直下，随山转至王人庄屋后，皆筑壕，壕外皆有沟。云路门侧大路铺屋一所，挨山大路中间铺屋一所，又相连山内庄屋一所，文昌阁西偏山下庄屋一所。洲土一石五亩，庄屋门首石坑田二坵，澄绿塘田一坵，王人庄屋门首东偏墙下小田一坵，其土由小田起至河边，均齐土塛下王人田为界。土内由王人壕角至洲中之半，夹王人长土一片，阔约丈余。又石坳山背坳上庄屋一所，塛下熟土一岸，齐大路为界，屋后挨山流水沟脚下。接买罗、汤二姓熟土一岸，右齐狮子庵土，左齐李人土为界，前齐挨河大路，路下长土一片，抵河洲土沟为界。其山内木植，县示禁止樵采砍伐。

古港市铺屋

古港市上街头铺屋一所，计三进，内外门片什物俱全。仓厫二间，可储谷一千二百硕，前齐官街，后齐罗人园土塛，左齐罗人铺屋，右齐李人铺屋为界，左右墙壁公管。

又万寿宫门首铺屋一所，不计间，内外门片、上下装修什物俱全，前齐官街，后齐柳祠墙脚，左齐官街，右齐王人铺屋基为界，挨王人铺基墙在内。

涂家码头产业

涂家码头大路下相连田六坵，计田九亩。下齐河堤，堤上树木在内，右齐横路，左齐码头为界。横路下河塝上接连田一坵，计田一亩五分，毗连水圳一条，四至均抵罗人田为界。堤上牛车台一个，随田水圳车埠在内。磨盘洲柴坝一座，筒车二乘，与罗人公管，各得一半，照旧放荫。共计田一硕五分。

古港段产业

古港段东司阁李人屋侧，接连田二坵，计田五分，上齐李人田，下齐罗人屋角，右齐罗人田，左齐李人田为界，水圳在内。大路上老秧田一坵，计田一亩七分，上与左齐李人田，下与右齐大路为界。段中麻坵田一坵，计田一亩三分，上齐罗人田，下与左齐大路，右齐李人田为界，水圳在内，龙王坝水荫注。

又古港段龙王坝大圳下笃立下相连犁壁大坵田二坵，计田八亩，上齐大圳，下齐罗人田及自田，左齐李人田，右齐罗人田为界。接下犁壁坵田一坵，计田二亩，下齐温人田，左右均齐罗人田为界，龙王坝水荫注。共计田一硕三亩五分。

下仙洲产业

下仙洲谢家垅大路下菖蒲坵田一坵，计田四亩，上齐卢人田，下齐陈卢二姓田，左齐卢人田，右齐水圳为界，系黄泥塅汤家冲堤笕水荫注，水田陈人田内车埠放荫。狮形山老鼠鞘挨大路秧田一坵，接连田二坵，计田一亩三分，上齐大路水圳及周人田，下齐卢人田，右齐大路水圳，左齐卢人田为界。蔡鞘冲挨便水圳相连田四坵，计田二亩，下齐周人田，左右均齐山脚为界，便水圳在内。蔡鞘冲尾山下小田一坵，计田六合，井一口，三至齐山脚，下齐李人田为界。何树园埃山下隔一坵，十字坵田一坵，接连路上田一坵，路下连田三坵，计田五亩五分，右齐周卢二姓及茶会田，左齐王人田，上齐王周二姓田，下齐王人田为界。松树坵大路下方田一坵，计田二分五合，右齐胡人田，左齐松树坵，上下齐王人田为界。以上均系陂塘坝水荫注，共计田一硕三亩。穿坡山场一片，上至骑仑，下至山脚，左齐王人山，挖沟为界，右齐罗人山壕沟为界，山上树植俱全。

茶园产业

茶园庵前坟坪下田二坵，挨陈人山脚下田一坵，下齐马人田为界。挨马人田下田一坵，下齐李人田为界，计田一亩。大塘下相连田四坵，上齐陈人田，右齐陈人田，左齐马人田，下齐水圳为界，计田三亩，系大塘水荫注。大阳堘田相连田八坵，计田四亩，上齐陈人田，下齐马人水圳，左齐坟坪，右齐陈人马人田为界，系斋塘坝水荫注。共计田八亩。

石江产业

石江马家垅港口田五坵，计田二亩三分，上与左齐钟人田，下齐港口，右齐朱人田塝为界，水圳在内。上垅接连田六坵，计田三亩五分，四至均齐钟人田为界。挨上河边钟人田内田一小坵，河墈堤培在内。上垅挨右边相连田二坵，计田一亩三分，四至均齐钟人田为界。傅家坝大圳边相连田三坵，计田二亩一分，三至均齐钟人田，右齐大圳为界。傅家坝桥东岸边田一坵，计田三分，上下齐邱人田，右齐钟人田，左齐河中为界。傅家坝口田二坵，现被水涌成洲。以上田亩均系傅家坝水荫注，共计田一硕。

包家段产业

包家段鳌鱼背方坵田一坵，计田二亩，四至均齐王人田为界，过水圳一条在内。长坵田一坵，计田一亩五分，四至均齐王人田为界。挨长坵下小方坵田一坵，计田五分，四至均齐王人田为界。挨河墈上葫芦坵田一坵，计田五分，四至均齐王人田为界，均大洞坝水荫注。芦连坝口下边田一坵，计田一亩，上下齐卢人田为界，芦连坝水荫注。芦连坝圳上王家新屋石桥边长坵田一坵，计田五分。杉树陇圳墈上相连田二坵，计田五分，上齐王人田为界。又杉树陇圳墈上相连田四坵，计田一亩五分，上齐马人田，三至均齐王人田为界，过水圳一条在内，均系大王坝水荫注，共计田八亩。

梅田产业

地名梅田，庄屋一所，不计间，内外门片俱全，庄屋西偏墙外周人坟，后起随路直上，偏左包转至埃山进水坵止，高灯树下黄坑坝进水圳在内，挨山脚横过至丁江坝山背方坵墈上，纽转直下，至屋东角荒土止，相连大小田二十坵，计田一硕五亩。丁江坝山粫�下小田一坵，相连方坵一坵，三亩坵一坵，共计田四亩五分，上下左齐自田墈，右齐周人田为界，丁江坝进水圳一条在内。庄屋东偏墙外田二坵，相连石墈下上斗笠坵一坵，下斗笠坵一坵，挨大路铺厂坵一坵，随路包转至屋门首塘田墈上止相连田四坵，共计田七亩。庄屋门首塘田一坵，计二亩，偏右墈上井坵田一坵，三角坵一坵，长坵一坵，均随大路包转至墈。上捻颈坵一坵，接下秧田一坵，周人坟前小田二坵，地坪内田一坵，共计七亩五分。以上田亩均系丁江坝、黄坑坝、中坝、团口坝水通荫。庄屋后山场一面，上至骑仑分水，右齐丁江坝进水圳边山粫，左齐周人山坡底，挖沟直至田脚小坪土为界，山内竹木俱全。其田共计三硕六亩。

团口坝高垍牛车、水圳系同治丁卯年与众姓合买，众姓复立有合约。

滩头段产业

地名滩头石桥，大坵田一坵，计三亩，上齐孔人田，下及左右松陂坝荫圳为界。紫罗山孔人门首相连田二坵，计一亩，上齐大路，小圳在内，下齐孔人田，左右齐自田为界。大路上坑宕一个，上齐孔姓人字石墈为界。当上接连长坵田一坵，计二亩五分，上齐李孔二姓田，下齐孔人及自田为界，左齐荫圳为界。下连团坵田一坵，计二亩五分，下齐荫圳为界，左右均齐孔人田为界。坳上樟树园孔人坟后戽水坵田一坵，计田一亩五分，上齐孔人坟及田，下齐孔人田，右齐大路及孔人田，左齐荫圳为界。长塘田一坵，计田二亩五分，上齐孔人坟，下齐荫圳，左右均齐荫圳及孔人田为界。又长塘圳背田一坵，计田四亩，上下与左均齐荫圳，右齐孔人田为界。下麻园麻尾坵田一坵，计田三亩五分，上下均齐孔人田，左齐李人田，右齐荫圳为界，从荫圳右包转过水带田在内。以上均系松陂坝甲水荫注。方家冲口庵门首塘田一坵，计一亩，上下左均齐孔人田，右齐大路为界，系冲内塘水荫注。共计田二石一亩五分。

东冲产业

地名东冲，庄屋一所，不计间，内外门片俱全。屋后山场一面，骑仑倒水，照大河水出向，上齐甘人山，挖沟为界，下齐马人山牚，挖沟为界，山内树植俱全。又白茅冲山枣坡左边山一面，上至骑仑，下至罗人山土，右齐坡中罗马二姓山土为界。斋公坡左边山脑坡土一面，上至山顶，斜转偏右，齐李人山为界，下至山脚，左齐刘人山脚为界，坡内油茶、竹木、土块俱全。大王坡山土上至坡尾，自李人山脚起，至坡口止，坡右偏山一面照艮，上齐李人山，挖沟为界，下至坡口为界。坡左偏山一面照艮，上齐李人山，挖沟为界，下齐甘人山横窝，挖沟为界。白茅冲大窝口冲尾起，直至罗人田止，共大小田十四坵。偏右横冲大小田六坵，共计田三亩，上下及左均齐罗人田山脚，右齐罗人张人山脚为界，右边出水沟在内，均系本冲泉水荫注。荷树湾中沙洲河边田一坵，计田三分，上左齐罗人田，下左齐李人田为界，接连废田一坵，计田一亩九分，下左齐李人田，右齐河中为界。白茅洲老河陇田二坵，计田五分，接下废田七亩，直下至甘人田止，右边陇塝齐李人田及桥会田为界，左齐自业大路为界。肥田大王祠前相连大小田十坵，计田一硕二亩，上边照老河陇，包转至下边横过，齐李人田为界。甘人山边墩田及下陇内大小田十坵，计田三亩五分，上齐大王坡口田角，下齐庄屋东偏围墙横堤，右齐李蔡二姓田为界。横堤脑上河边田一坵，计田三分，上齐李人田，下齐横堤，左齐李人田，右齐河中为界。横堤下起至马人门首止田一陇，大小共二十一坵，计田一硕六亩五分，右齐河中，左齐自山脚为界，陇内老屋场坪土在内。以上均系中沙坝水荫注。共计田四硕五亩，内有废田八亩九分。

屋内木仓二间。

江楼段产业

江楼段契载：姜卢段大江陂竹山下屋一所，正屋二进，东西横屋、馀屋不计间，内外地坪、门楼、馀基、菜园、鱼塘、树木、门片俱全，墙外余屋数间，基址一块，齐李人庄屋滴水为界。江楼段上段李柳池塘屋门首大路边牛栏圳背田一坵，计田四亩，上齐李人田，下齐王人田，左齐李人田，右齐牛栏圳为界，此系龙潭坝牛栏圳水堵垍放荫，田当上进水圳一条在内。石笕上由龙潭坝上澎闸进水大圳至石笕进水处，照挑水埠大圳，直至大路，由大路包转至李人田止，相连并带田共十坵，计田二硕五亩，均系龙潭坝上澎闸独圳石笕渡水放荫。上澎闸分水处与下段众姓公窨闸石，下段西岸闸口，计阔二丈一尺，书院及众姓东岸闸口，计阔七尺。庄屋后西边围墙外相连田二坵，计田九亩，上下齐李人田，左齐庄屋围墙，右齐中圳为界，中圳在内。中圳背相连田二坵，计田三亩五分，上齐李人田，下齐圳，左齐中圳，右齐大圳为界。西边屋侧挨李人田壕塝起，随围墙包转至屋门首出路止，相连田四坵，计田六亩五分，下边随土壕及李庄屋围墙，包至圳边为界，土壕树木在内。东边屋侧田一坵，计田一亩五分，上及左右均齐李人田，下齐自田小圳为界。又东围墙外，自李人田起，随墙包转至屋门首出路止，相连田七坵，计田八亩，上随包转至大路，均齐李人田为界。大江陂大路边铺后田一坵，计田三亩五分，上齐大路，下齐李人田，右齐大圳，左齐筒车会田为界。以上系龙潭坝新闸中圳四日四夜水得一日一夜水通流放荫，大江陂大路在内。渡船码头上堘河塝上田一坵，计田一亩，上下及右均齐李人田，左齐河中为界。中堘李人田下田一坵，计五分，上齐李人田为界，下齐卢人田，右齐李人田，左齐河中为界。下墈河墈上田一坵，计田五分，上下与右均齐李人田，左齐河中为界。以上三处河边废田成洲在内，系龙潭坝大圳水荫注。庄屋门首鱼塘一口，外地坪小田一坵，内地坪田一坵，神堂后田一坵，共计田二亩五分。江楼段下段李人田墈下挑水埠大圳面上相连田二坵，计田六亩，上齐李人田墈下，右齐大圳，左齐李人田为界。挨墈下李人田下田一坵，计田五亩，上右齐李人田，下齐大圳，左齐卢李二姓田为界。以上田亩田李人田内小圳过水荫注。大路边挑水埠圳背田一坵，计田二亩，上齐卢人田，下齐大圳，左右均齐李人田为界，此田均系龙潭坝挑水埠堵垍半日水放荫。大共计田七硕八亩五分。

屋内木仓四间。

谭家冲产业

谭家冲冲尾荫塘一口，塘底、塘面、塘培在内，自塘下起偏右湾出至周人田止，共田一十六坵，第十坵偏右横冲口相连二坵，第十六坵偏右横冲口田一坵，左右两岸均齐周人山脚为界，两岸荫塘出水沟在内，共计田八亩。

小港产业

小港段庄屋一所，不计间，内外门片、门楼、地坪、楼板俱全。门首鱼塘一口，屋后山场一嶂，周围齐周人山，筑壕为界，壕基在内，山内晒厂、土块、杂正木植俱全。上金塘右岸松树背山场一嶂，上齐横冲，随左边包转纽至中辨，均齐谭人田为界，随中辨横过下边抵谭人坟坪，至张人壕塝为界，右齐周祠土，直上至横路荒坪为界，土外晒厂一只、荒坪一只。庄屋上手上金塘壕边土塝，下起至横路止，共田十二坵，计田一硕五亩。横冲口谭人大塘下第二坵田一坵，计田一亩，上下齐周祠田，左齐自田，右齐谭人田为界。又大塘下大小田六坵，计田三亩五分，下齐谭人田，左齐大路，右齐塝下水圳为界。挨左侧挨周人山下相连大小田七坵，计田二亩，上齐山脚，左齐水圳，右齐大路为界。谭人大塘水随田放荫，接下王家塘荫塘一口，塘上右边挨谭人田，下相连田三坵，计田一亩，塘左路上相连田二坵，计田二亩。塘下犁辨坵田一坵，横连方坵田一坵，方坵下相连田五坵，共计田五亩，下与右齐谭人田，左齐水圳为界，水圳在内。樟树冲口陈人坟右边相连田五坵，计田一亩，上齐罗人田，下齐路圳。陈人坟左边田一坵，计田二分，相连鸡婆塘荫塘一口，塘下相连田三坵，计田一亩，下齐大路，左齐路及周人山脚，右齐大路为界。鸡婆塘下横路边大小田一十二坵，计田四亩，上齐谭人田，下齐周人门首大路，右齐新塘水圳为界。新塘左塝上尖角田一坵，计田二分，横冲口直坵田一坵，计田四分，三至齐谭人田，右齐周祠田为界。中辨边垦田一坵，右连过水坵田一坵，计田四分，上下及右均齐周人田为界。中辨下田二坵，计田四分，三至均齐周人田，左齐谭人田为界。张人门首田下大路右边田三坵，计田一亩二分，右齐水圳，左齐路为界。大路左边黄泥大坵田一坵，接上相连田二坵，共计田四亩，上齐谭人田，左齐周祠田为界，黄泥大坵下相连田二坵，计田一亩五分，右齐路下抵谭人田为界。接连左边中㙟上直下相连田六坵，计田三亩，上齐谭人田，下齐横路，左齐周人田，左齐大路为界。庄屋门首上边秧田一坵，接上相连田二坵，共计田四亩，上齐周人田，下齐路及周人田，左齐大路，右齐自山脚为界。以上均系高圳水荫注。路下方坵田一坵，计田一亩，三至均齐周人田为界。庄屋门首塘外相连田三坵，计田一亩五分。段中大路下过水坵田一坵，计田一亩，四至均齐周人田为界。庄屋对岸水桐树下垍口田一坵，计田一亩五分，上下齐周人田，左齐周人山脚，右齐圳为界。接连周人田当上田一坵，计五分，接下路上相连田二坵，计三亩，上齐周人田，下齐路，左齐周人山脚，右齐圳。高垍横担坵一坵，计三分，三至齐周人田，右齐圳。横垍三分坵一坵，计三分，上齐谭人田，三至齐周人田。长段坝大脑坵一坵，连上田一坵，计二亩，三至齐谭人田，右齐圳，圳在内。圳右田一坵，计四分，上齐周人田，下左齐圳。黄花井陷田二坵，计一亩五分，挨田圳中老坝一座，此坝车荫黄花园田。黄花井直下挨圳相连田三坵，计一亩，上团坵田一坵，计田一亩三分，三至均齐周人田，右齐谭人田为界。下团坵田一坵，计田一亩三分，上齐谭人田，下齐杨人田，左右均齐周人田为界。周诰公祠左边接连田三坵，计田三亩，四至均齐周人田为界，路在内。猪婆弯相连田二坵，计田二亩，上齐谭人田，下齐陈人田，左齐查会田，右齐水圳为界，圳在内。兴盛大王祠前过水田一坵，计田八分，上与右齐谭人田，下齐陈人田，左齐周人田为界。王家坝口东岸方坵田一坵，计田一亩五分，四至均齐陈人田为界。段中小田一坵，计田二分，上与左齐谭人田，下齐周人田，右齐杨人田为界，段中消水直圳一条在内。铁炉塅上田一坵，计田八分，上左齐周陈二姓田，右齐谭陈二姓田为界。黄花园学堂坪接连田四坵，计田一亩八分，三至齐周人田，左齐谭人田为界。黄花园熟土一面，土上田二坵，土左团坵田一坵，土右田一坵，共计田一亩。挨右过水带田一坵，计田一分，屋下首周人山边带田一坵，计田一分，鬼子湖挨圳边田一坵，计田三分，上下齐查会田，左齐谭人田，右齐圳为界。接连当上田一坵，计田四分，老鼠凿挨大路田一坵，计田二分，上齐查会田，下左齐周人田为界。挨圳第二坵田一坵，计田一分，下金塘塘培下田二坵，计田一亩。以上系新塘水、高圳甲水及王家坝草鱼塘、黄花井、猪婆湾石宕、下金塘、谭人大塘水照田通流荫注及车埠荫注。屋内土仓二间，又小港上金塘庄屋一所，不计间，屋后山场一嶂，右齐周人山，挖沟为界，上左齐周人山，筑壕包转纽至屋对岸桐树坪下横冲口谭人田为界，壕基在内，壕内熟土三面，吃茶油、茶桐、菓杂正木植俱全。屋上手田四坵，挨左土塝下田一坵，屋下手田二坵，共计田二亩，屋对岸横冲口左偏山内土一面。大共计田八硕二亩，上金塘田内新开荫塘一口。

范家岭产业

范家岭庄屋一所，正二进，西偏横屋一进，偏厦余屋不计间，内外门片俱全，地坪门楼，门楼外出路直至圳口，石路在内。圳口码头一座，屋前后余基及右边围壕竹木在内，屋后山场以石壕为界，东边正房外齐彭人屋滴水为界，阶基在内。东边前后余基均齐彭人业为界，围墙在内，西边均以石壕为界。屋后山内余基一块，郑家园一只，下齐土箕坝圳塝，三至均齐梁人山为界。园下垦田一坵，庄屋门首长秧田一坵，五亩坵田一坵，共计田七亩。上齐大路，下齐自业及刘人田，左齐周、彭二姓田，右齐八都庙修身祀及梁人田为界。牛马厂田一坵，接连上边进水坵田一坵，共计田四亩，上齐吴人田，下齐彭人田，左齐吴、彭、刘三姓田，右齐刘人田为界。门首路下老秧田一坵，计田五分，上齐路，下齐刘人田，左齐刘、吴二姓田，右齐彭人田为界。庄屋西边石壕外相连田三坵，计田一亩，上齐周人山脚，右齐周人田，左齐石壕。接下连田一坵，计田八分，下齐大圳，左齐出路为界。梅树弯梁人庄屋侧田一坵，计田八分，上齐梁人田，下齐大路，左齐周人田，右齐梁、周二姓田为界。大路下长坵一坵，方坵一坵，计田一亩五分，上齐大路，下齐梁人田，左齐梁人田，右齐周人田为界。又大路下大脑坵一坵，王嘉田一坵，计田四亩，上齐大路，下齐梁人田，左齐吴人田，右齐梁人田为界。接连青龙坵一坵，计田一亩五分，上齐梁人田，下齐陈梁二姓田，左齐自田，右齐九龙桥田为界。挨左驼背坵一坵，计田二亩五分，大团坵一坵，计田一亩。驼背坵当上相连小田二坵，计田一亩，大团坵角上尖坵田一坵，计田五分。相连喇叭坵一坵，小团坵一坵，计田一亩。鞘头湾见龙桥下小田一坵，计田一分，上下均齐周人田，左右齐梁人田为界。大路边过水坵一坵，计田一亩五分，上下与右均齐贝人田，左齐梁人田为界。何家陇中子门裤裆坵田一坵，计田五分，四至均齐梁人田为界。陇内长坵一坵，计田一亩，上齐梁人田，下齐梁林二姓田，左齐贝人田，右齐梁人田为界，过水圳在内。陇内挨边石灰坵一坵，计田一亩五分，上左齐唐人田，下齐梁人田，右齐贝人田为界，挨左进水圳在内。[illegible]上中圳边枕头坵田一坵，计田三分，上齐贝人田，下齐中圳，左齐罗人田，右齐梁人田为界。光巷夹木子园大脑坵田一坵，计田二分，上齐陈人田，下右二至齐大路，左齐墈下贝人田为界。大脑坵墈下马王田一坵，计田三分，上齐周人田，下左齐梁人田。接连圳背牛角坵一坵，计田二亩，上齐圳，下齐梁人田，左湾齐陈梁二姓田，右湾齐陈彭二姓田为界。李人坟后第三坵田一坵，计田一分，上齐梁人田，三至均齐周人田为界。李人坟下小方坵一坵，计田三分，三至均齐罗人田，右齐李人坟前田为界。大路边杓碓坵一坵，计田八分，上齐大路，下齐吴人田，左齐周人田，右齐大圳。大圳墈上过水坵一坵，计田二分，上齐大圳，三至均齐陈人田为界。香炉坵一坵，计田四分，上齐大路，下齐彭人田，左齐陈人田，右齐吴人田为界。陈祠门首田一坵，计田一亩五分，上齐吴人田，下与左齐贝人田，右齐大圳为界。以上田亩均系西岸坝水通流放荫，樟树垍堵水放荫。彭人屋门首小田一坵，计田二分，上齐彭人田，下与左齐刘人田，右齐彭人田为界，门前缀头下关坝堵水放荫，屋下手垍一只在内。社田段挨港土箕坝圳边梁人田上田一坵，计田三分，上及左右均齐梁人田，下齐港口为界。上边接连田二坵，计田七分，四至均齐梁人田为界。梁人山下小田一坵，计田一分，上齐周人田，下齐贝人田，左齐山脚，右齐港水为界。郑家江壆上相连长田二坵，计田三分，上下及右均齐梁人田，左齐江壆为界，以上田亩系土箕坝水放荫。社田段段中刘人田下田一坵，计田三分，上齐刘人田，三至均齐梁人田为界。路边田一坵，计田四分，三至均齐梁人田，右齐路为界。直下大路左边相连油菜田一坵，鹅颈坵一坵，共计田一亩五分，三至均齐梁人田，右齐大路为界。梨树弄路下株树坵田一坵，计田一亩，上齐范家岭义学田，下右齐梁人田，左齐梁人及斗级会田为界。又圳边四方坵田一坵，计田一亩，上下均齐范家岭义学田，左齐圳，右齐梁人田为界。梁人门首壕下田一坵，计田二分，上齐范家岭义学土，下齐梁人田，左齐范家岭义学田，右齐梁人壕壆为界。以上田亩系何公坝条盘坧水荫注，樟树坝车水荫注。膏浒尖土一障，上齐尖顶，下齐壆脚，左齐李人土，挖沟为界，右齐梁人土，从围壕挖沟直上为界，吃茶木植在内。共计田四硕三亩七分。

黄冈桥产业

地名余家山，坳上萧祠门首上手东厕坵田一坵，计田一亩，相连路下田一坵，计田一亩。湾坵田一坵，计田一亩，过水圳在内，东西北均齐罗人田，南齐王人田为界，均系椏了坧甲水荫注。庄屋门首第三坵方坵田一坵，计田二亩，西南齐王人田，东北齐罗人田为界。庄屋下手壕侧月光坵田一坵，计田四分，四至均齐罗人田为界，均系罗家塘流汗坝水荫注。罗家塘圳壆上猪肚坵田一坵，计田一亩，东南北齐罗人田，西齐王人田为界。黄洞口挨圳落宕坵田一坵，计田一亩，西北齐王人田，东南齐罗人田为界，均系流汗坝水荫注。神山下西圳壆上井坵田一坵，计田一亩，四至均齐罗人田为界，系泉塘坝水荫注。陷田段圳壆下团坵田一坵，接下隔罗人田方坵田一坵，共计田二亩，四至均齐罗人田为界，系汤家坝水荫注。又余家山挨萧人山下蛇皮坵田一坵，计田五分，过水圳在内，东南西均齐王人田为界。大路下田一坵，计田五分，东西北齐王人田为界，南齐罗人田为界。隔罗人田田二坵，计田一亩三分，东西齐王人田为界，南北齐罗人田为界，均系流汗坝水荫注。朱木桥西圳墈上田一坵，计田一亩，挨中圳。墈上第二坵田一坵，计田五分，系流汗坝七甲下午水荫注。又隔罗人田田一坵，计田一亩五分，四至均齐罗人田为界，系泉塘坝水荫注。枫树山龖内挨圳第三坵长坵田一坵，计田三分，三至齐罗人田，一至齐王人田为界，系流汗坝水荫注。又江家园墈上田一坵，计田二亩，东齐王人田为界，北齐罗人田为界，西南齐江人田为界，系流汗坝罗家塘水荫注，其水由江人田过。黄泥湾方田一坵，计田一亩，系旱塘水荫注，北齐礼局田为界，东西齐王人田为界，南齐罗人田为界。牛栏前江人山下长坵田一坵，计田二亩，三至均齐王人田为界，系流汗坝水荫注，其水由王人田过。黄冈桥石彭洲上田二坵，计田一亩，西北齐罗人田为界，东南齐河为界，系汤家坝水荫注。黄冈桥街口庄屋一所，地坪余基园土西偏一边，前后均齐正厅，平中直出至门首田脚为界。通共计田二石二亩。

何家湾产业

地名何家湾，庄屋西偏一边，不计间，齐正屋中堂直出，至地坪田脚为界，出路一条。屋后竹山西偏一边，周围壕外挖沟为界。菜园一面，屋门首西偏接连田三坵，计田二亩，前与左齐罗人田，右齐路为界。门首圳下相连大小田四坵，共计田五亩，上齐大路，下齐周人田，左齐水圳，右齐墈为界。菖蒲夹相连田二坵，计田四分，左齐周人、罗人田，右齐罗人田为界。久长桥上手挨河相连田二坵，共计田一亩三分，接连墈上长坵田一坵，计田一亩二分，上齐水圳，左齐周马罗三姓田为界。久长桥遍上手河墈上田一坵，计田二分，上齐大路，下齐河中为界。李家洲犁背坵田二坵，计田二亩五分。礲墈上五分坵田一坵，计田五分，上下齐马人田，左齐冯人田，右齐周人田为界。又礲墈上五分坵田一坵，计田五分，上齐周人田，下齐罗人田，左齐罗人田，右齐马人田为界。牛角坵田一坵，计田三分，上齐周人田，下齐罗人田，左齐罗人田，右齐周人田为界。屋门首上偏挨圳长坵田一坵，计田二亩五分，上齐李人田，下齐大路及自田，左齐圳，右齐罗人田为界。油榨铺下手礲墈上大圳下相连田二坵，共计田二亩五分，上齐横路，下齐王人田，左齐马人田，右齐水圳为界。何家洲相连田三坵，挨上手接连小田二坵，共计田四亩，三至齐马人田，左齐墈为界。高墈上高坵田一坵，计田一亩五分，上齐以人田，下齐温人田，左齐墈，右齐梁人田为界。下膏浒门首上偏白虎坵田一坵，计田三亩五分，上下齐温人田，左齐自田，右齐圳为界。滥屋场坟下相连大小田五坵，共计田五亩，上齐温人田，下齐王人田，左右齐陈人田为界，田边古墓坪在内。又滥屋场下偏相连大小田四坵，共计田二亩五分，上齐王人田，下齐陈人田，左齐陈人田，右齐陈梁二姓田为界。杨家陇四亩坵田一坵，计田四亩，上齐王人、陈人田，下齐马人田，左齐温人田，右齐王人田为界。均系龙王坝水荫注。屋后彭家坡田一坵，计田一亩，四至均抵自山为界，龙王坝水车荫。彭家湾挨田山土一面，熟土二块，吃茶在内，齐陈人山，挖沟为界。又姜塘东岸塘墈上熟土一面，接连山一面，周围有壕基为界。又邓家洲尾挨河大路边田一坵，计田四分，上齐周人田，下齐李人田，左齐周人田为界。挨吴人坟侧接连田二坵，计田一亩，左齐罗人田，右齐周人田为界，龙王坝水荫注。

又下膏浒门首中段相连田二坵，计田三亩，上齐陈人、温人田，下齐王人田，左齐水圳，右齐马人田为界，龙王坝水荫注。通共计田四石四亩八分。

膏浒产业

水口庵妥田祠门首纲坵田一坵，计田二亩，上齐周人田，下齐桥会田，左右均齐周人会上田为界。鱼子塘周人屋路边井坵田一坵，计田一亩五分，上下与右均齐大路，左齐周人田及圳塝为界。庄屋门首左边大路下方坵田一坵，计田一亩，上下与右均齐周人田，左齐大路为界。塘边段方坵田一坵，计田一亩五分，上下与右均齐周人田，左齐大路为界。崇山口接龙桥方坵田一坵，计田二亩，上右齐周人田，下齐大路水圳为界，均系石王坝水荫注。

地名白鹭，树下长坵田一坵，计田一亩二分，上下右齐周人田，左齐陈人田为界。八分坵田二坵，计田二亩，四至均齐周人田为界。窑岩下接连田二坵，计田一亩五分，上下左均齐周人田，右齐河中为界。老桥墩下废田二坵，计田一亩七分，上下左均齐周人田，右齐河中为界。台上田一坵，计田一亩七分，四至均齐周人田为界，由圳水车埠荫注。营盘岭右手台上挨圳塝眼坵田一坵，小田一坵，共计田一亩八分，上齐罗人田，下齐周人田，左齐水圳，右齐大路为界，石王坝水荫注。台下接连田二坵，计田二亩五分，四至均齐周人田为界。老桥墩上挨河接连田四小坵，共计田五分，上左齐周人田，下齐自田，右齐河中为界。接下连田一坵，计田五分，左右下均齐周人田为界。老桥墩上长坵田一坵，计田五分，四至均齐周人田为界。西岸䃢边上靴坵田一坵，计田二亩五分，四至均齐周人田为界，西岸坝水荫注。右边眼坵田一坵，小岭下犁觜坵田一坵，共计田一亩五分，四至均齐周人田为界，石王坝笕水荫注。䃢良上团坵田一坵，接连小田一坵，共计田二亩，四至均齐周人田为界，东岸坝水荫注。周人坟坪左边挨路落宕坵田一坵，计田二分，上齐周人、马人田，下齐马人田，左齐周人田，右齐周人坟坪为界。周人坟前拜堂下拜堂坵田一坵，下齐马人田为界，接连圳背打卦坵田一坵，共计田五分，上齐马人田，下齐周人田，左齐周人田，右齐水圳车埠为界，车埠水圳在内。鸳鸯靴田上下接连二坵，共计田六分，上坵上齐周人塘墈及周人田，右齐马人田为界。下坵随接连山下大坵田一坵，计田二亩，左齐周人山壕脚，右齐水圳，车埠在内。左边随周人壕墈下小长田一坵，又接连壕墈下荷包坵田一坵，共计田五分，左齐周人田，下齐大路为界，均系石王坝水荫注，共计车埠九处。圳墈上庄屋一所，不计间，内外门片俱全，屋后山场、竹木、土块周围，齐周人山筑壕为界，壕基在内，左右均转至圳边，前齐圳脚为界。通共田三石一亩七分。

豆田湾石王坝圳墈上牛车一座，与马复初合造立约分荫。

赤塘柳树下产业

地名赤塘，柳树下老陂坝船坵田一坵，左角眼坵一坵，右当小田一坵，共计田三亩五分，上齐昭忠祠田，下齐王人田，左右均齐王人田为界。圳墈上井坵田二坵，墈下小田一坵，共计田三亩，上齐昭忠祠田，下齐罗人田，左齐罗人田，右齐圳为界，系老陂坝免陂坝水荫注。通共计田六亩五分。

小港中段产业

地名小港，陈人大屋下手墙下长坵田一坵，计田一亩五分，上下及左均齐陈人田，右齐自田及陈人田墈为界。又下手井边尖坵田一坵，刀柄坵田一坵，共计田二亩，上齐陈人田墈，下齐罗人田，左齐笕子坵自田，右齐陈人田为界，均系袁家坝、张家坝水荫注。王家坝圳东墈上田一坵，计田一亩，三至均齐陈人田，右齐圳为界，旱禾坮车水荫注。王家坝口圳上田二坵，计田五分，上齐李人田，下与左齐圳为界。袁家坝口圳上相连田二坵，计田一亩五分，上与左齐李人田，下齐陈人田，右齐圳为界，均系袁家坝、王家坝水荫注。袁家坝西岸圳上五分坵田一坵，计田五分，三至均齐陈人田，左齐圳为界。罗人荒坪下挨石路右偏五分坵田一坵，八分坵田一坵，共计田一亩三分，上齐罗人荒坪，下齐陈人田，左齐石路，右齐罗人田为界，系鬼子湖张家坝水荫注。通共计田八亩三分。

黄泥湾产业

黄泥湾庄屋一所，正二进，东西横屋、余屋不计间，内外门片俱全，地坪、门楼、晒厂、鱼塘、出路在内。屋后山场上齐陈人坟山，挖沟为界，左齐周人山，转至田角筑壕为界，右齐戴人山，挖沟为界，屋右冲内山土一面，上齐自山，下齐田塝，左齐戴人山，挖沟为界，右齐戴人土沟为界。戴人土下土一片，挨右冯人壕，直至冲口田角为界。戴人山内土一长片，计宽丈余，直上转右角抵冯人壕，下抵自土，左右均齐戴人土沟为界。冲土壕上山一嶂，上齐周人山大路，挖沟为界，下齐自土，左齐戴人山，挖沟为界，右齐冯人山壕为界。山内油茶、吃茶、杂正木槙在内。庄屋右边冲内土塝下，至范市义学田止，相连田三坵，义学田下相连连田二坵，荷包坵一坵，鳜鱼坵一坵，小田一坵，共计田三亩三分，上与右齐冯人山脚为界，下齐大路为界。大路下屎肚坵一坵，相连三角坵一坵，挨圳长坵一坵，出路左边四亩坵挨上一边接连田四坵，共计田六亩七分，上齐自田塝，下齐圳，左齐大路，右齐义学茶山坵为界。大路上方坵田一坵，相连田七坵，共计田五亩三分，上齐自田塝，下齐圳，左齐罗人田，右齐自田及大路为界。接连船底坵一坵，计田二亩二分，上齐罗人田，下与左齐义学田，右齐自田为界。船底坵左脚鱼坵一坵，影眼坵相连田五坵，共计田二亩五分，上左齐罗人、冯人田，下齐大圳为界。大湾内二亩坵田一坵，接连田四坵，计田四亩三分，上左齐自田，下齐罗人、冯人田，右齐义学田为界。挨义学田相连田二坵，计田一亩五分，上齐自田，下左齐罗人田，右齐义学田为界。庄屋左侧塝上晒厂起至山觜出水沟止，共田五坵，路塝下过水坵田二坵，共计田二亩三分。陈人坟前小田下长坵田二坵，计田五分。接连转至善福湾下塘右义学长坵塝上过水坵一坵，相连小田一坵，共计田五分，上下齐自田，左齐义学田，右齐罗人、钟人田为界。善福湾内周人土塝下山塘一口，左右均齐陈人壕基为界，塘下相连田七坵，计田七亩，下齐罗人田，左随大路转至张人坟前为界，拜堂下进水圳一条在内，右齐陈人山脚为界。停楼下闸口左边进水坵二坵，计田五分，上齐罗人、陈人田，下左齐陈人田为界，右齐闸口为界。闸下进水坵一坵，隔义学大老坵下龙头坵一坵，蛇坵田一坵，二亩坵一坵，下水坵田一坵，共计田三亩三分，上齐陈人田，下齐自田，左齐罗人田，右齐进水圳为界。进水圳右边箬笋坵田二坵，相连善福湾下塘下田三坵，共计田三亩，上齐罗人田，三至齐自田为界。二亩坵左当上八分坵一坵，接连小田一坵，共计田一亩，上下齐罗人田为界。陈人铺右田三坵，铺前田一坵，接连塝下小田一坵，方坵田一坵，共计田一亩八分，上齐陈人田及铺脚，下齐陈人田，左齐大王庙后陈人田，右齐大路为界。撑垍口陈人门首田一坵，计田八分，上左齐陈人山脚，下右齐圳为界，圳在内。檀树宕相连田二坵，计田一亩五分，上齐罗人田，三至均齐陈人田及沙圳为界。撑垍口陈人石板坵内挨路水圳一条，接下李人田内水圳一条在内，接下鱼子池黄泥田一坵，计田一亩，下左齐陈人田，右齐圳为界。高垍口第二坵田一坵，连下湾坵田一坵，共计田一亩五分，上齐陈人田，下齐罗人田，左齐戴人、陈人山脚，右齐大圳为界。戴人门首三角坵田一坵，计田二分，上齐自田湾坵角，下齐陈人田，左右均齐罗人、陈人田为界。接连三角坵下湾坵田一坵，计田一亩，上下均齐罗人田，左齐陈人田，右齐圳为界。山枣树下大路边田一坵，计田三分，上下左均齐陈人田，右齐大路为界。冯人门首右边田一坵，计田五分，上齐冯人田，下齐圳，左右均齐陈人田为界。冯人屋左田一坵，计田四分，上左齐冯人田，下齐圳，右齐陈人田为界。蓝家桥进水湾坵田一坵，计田八分，上齐圳，下右均齐李人田，左齐义学田为界。大路下相连二坵，义学田下小田一坵，共计田二亩。相连大路上田一坵，计田一亩五分，上齐李人田，下齐南昌会田，左齐李人田，右齐大路为界。圳上挨南昌会田带田一坵，计田二分，蓝家桥义学进水坵下小田起，至李人屋右相连田六坵，共计田五亩，下齐路，左右均齐李人田为界。李人腰带山右挨圳进水口边相连二坵，团坵一坵，共计田三亩，上齐腰带山脚，下齐李人田，左齐罗人田，右齐南昌会田为界。李人岸外墩下方坵田二坵，团坵田二坵，刀柄坵田一坵，共计田三亩五分，上齐李人田，下齐冯人、李人田，左齐冯人田及路，右齐冯李二姓及南昌会田为界。李人腰带山左壕下垍子口进水坵一坵，团坵田一坵，圳中节田一小坵，周人坟左坟鞘大坵田一坵，共计田三亩七分。墈边下黄豆田一坵，计田五分，上齐义学田，下右齐李人田，左齐义学高坵墈为界。李人屋左腰带山壕下蜡树坵田一坵，计田一亩，三至齐李人田，右齐路为界。接上新塘荫塘一口，石路下田一坵，计田一亩三分，上齐石路，下齐义学猪屎坵，猪屎坵内挨塘进水圳在内，左齐罗人田，右齐李人田为界。七拱塘荫塘一口，塘右方坵田二坵，小田一坵，扶持田一坵，梭立田一坵，共计田五亩五分。乌石塘下四亩坵田一坵，铜盆坵田一坵，共计田五亩。大圳右墈上葫芦坵田一坵，长坵田一坵，共计田二亩。吴人田下横坵一坵，计田一亩五分，下与右齐李人田，左齐冯人田为界。李人田下横长坵田二坵相连，右当上直坵田二坵，圳边眼坵一坵，共计田四亩五分，下右齐李人田，左齐大圳为界。大圳右墈上带田一坵，计田三分。王人庄屋门首鸡公坵田一坵，计田三分。挨直坵下三角坵一坵，隔义学田中高坵一坵，接下小长田一坵，共计田二亩。周人坟前田塅下三亩坵一坵，膏坵一坵，纱帽坵一坵，接连小田一坵，陷田一坵，隔冯人田陷田一坵，共计田四亩五分。剥脑山圳塅上田一坵，接连小田一坵，共计田一亩，上与右齐吴人田，下齐冯人田，左齐圳为界。老陂坝圳塅上田一坵，计田七分，三至齐冯人田，左齐圳为界。金家山井下田二坵，计田一亩五分，上齐罗人田，三至均齐冯人田为界。樟树坝左边进水口小田二坵，计田三分。接下挨南昌会田塅下田二坵，共计田二亩五分，下右齐李人田为界。相连左塅上方坵田一坵，计田五分。彭上长坵田一坵，计田一亩，上右齐义学田，下左齐冯人田为界。刺澎上田一坵，计田三分，上右齐李人田，下齐陈人田，左齐义学田为界。江家坾大路上方坵田一坵，计田一亩五分，上齐冯人田，下齐吴人田，左齐陈人田，右齐圳为界。以上均系石王坝水通流放荫。小港中段高坾边上坵田一坵，计田七分，上齐萧人田，下齐义学田，左齐圳，右齐李人田为界。陈家大屋下手塅下长坵田一坵，横连上笕子坵田一坵，共计二亩五分，上齐自田，下齐义学笕子坵，左齐陈人田，右齐路为界。义学笕子坵下尖坵田一坵，挨右路下方坵田一坵，共计田一亩二分，下左齐陈人田，右齐路及罗人田为界。石路上油菜田一坵，计田一亩五分，上下均齐陈人田，左齐周人田，右齐石路为界。接连左角下田一坵，计田五分，上齐周人田，下齐陈人田，左齐圳为界。陈家大屋门首台上方坵田一坵，计田一亩，上下右均齐陈人田，左齐义学田为界。以上系石王坝、袁家坝、王家坝、鬼子湖水荫注。周诰祠庄屋门首第二坵田一坵，计田一亩五分，上与右均齐杨人田，下与左均齐谭人田为界，系上小港新塘水荫注。通共计田十一石九亩。

其田原共十六石，庄屋一所，范家岭义学得四分之一，书院得四分之三，分收租息。田屋向未分画，兹清产入志，书院董事及义学董事梁凯园、周永纯、谭英才将田亩勘明，画出义学田四石一亩、书院田十一石九亩。其屋宇、山场，义学应得一分，但与书院事同一体，各应成就，以便管理。书院将大窑湾庄屋一所、山场、土块归义学管，义学将黄泥湾庄屋及山场一分归书院管，今所载皆书院之业，附识于此，以杜轇轕。

小溪傅家冲产业

地名谢家溪，下塘冲尾，彭人门首，挨大路，大小田六坵，计田五分，上与左右均齐彭人山脚为界，泉井、便水圳在内。接连田六坵，下连田一坵与李人公管各半坵，共计田五分，左齐彭人山脚，右与下均齐李人田为界，系冲内泉水荫注。傅家冲张人祖屋门首右边三亩坵田一坵，计田三亩，上下左均齐李人田，右齐大路及张人田为界。张人屋左挨港二亩坵田一坵，计田二亩，上右齐李人田，左齐港水，下齐张人田及育婴堂田为界，系杨家坝水荫注。张人祖屋上手颈架坵相连田二坵，共计田一亩五分，上齐育婴堂田，三至均齐张人田为界。七亩段脚长坵田一坵，计田七分，四至均齐张人田为界。塝塘塝上挨张、刘二姓业田一坵，计田二分，又裤裆坵一坵，接连左边挨港小田二坵，便水圳在内，共计田一亩五分，上齐刘李二姓田，下齐塘，右齐育婴堂与张人田为界，系杓碓坝水荫注。又塝塘水三分，得一分照田车荫。接连港背挨张人山脚下小田二坵，计田一分，小田上杓碓坡内熟土一块，计七丈余，上下齐张人土，左右齐张人山脚为界。通共计田一石。

跋

《狮山书院志》若干卷，吾友萧君润生辈赓李香洲先生之绪而成之者也。书院创建颠末，志中言之详。其为志也，体完而词洁，人皆见之，要其所以作是志之意，岂谓一隅之地，有此雕甍广厦、章缝弦诵为足夸耀一时已哉。今之书院，古乡校也。古者设学以明人伦，人伦者，达道也，达道有五，衍而为三百、三千以至无时无地莫不有当然之理，是皆所谓道。有道不知践，于是引之以学；学必效古人，于是使求之简编；学于简编，不能无藉师友之讲贯渐摩，于是辟其地而聚其人以教之，此古昔盛时所以治隆俗美也。今之书院何独不然？

吾邑介楚东隅，建置以来，传人绝少，盖山林枯槁，湮没不彰者有之矣。然而穷僻之区，一代声教所及，恒在百年以后，故师友渊源不广。苟渊源不广，非夫豪杰之士，能独立成不朽之业，虽通都大邑又几人哉。今为之书院以萃其材，使得相与砥砺于道德、经济、文章之涂，如聚货五都之市，各得其所欲而去。吾见师友之益日宏，地气殆将不足限人也。虽然天下书院多矣，月课、季试，学校中有市心君子又或病之，其甚者，训诂、词章之末且不及讲，纷纷然终日群居，甘显畔夫道，使世俗咸以儒相诟病，以为是豢不业之徒，相率而败民俗焉！此尤非古人设学之意。狮山之建也，当事竭其力，乡里输其财，其意当必有在，志其颠末，览之者可勃然兴哉。往余尝游狮山，不得是志而警觉之，故去道日远而不可悔。志成，润生以序告，谨赘言简末以谂来者。

光绪四年岁在戊寅孟夏中旬，舜臣涂启先谨识。

石山书院汇纪

（清）张颂卿　纂

邓洪波　何君扬　点校

卷　一

石山汇纪叙

古者天子、诸侯皆建学以教士，相沿且千百年。后更广其制为书院，聚生徒，使之讲明学术之醇疵，考究政事之得失，欲其明体而达用焉，盖人材之本而风俗之原也。特所为书院者，仅袭其名，竞习于文章词赋之末，而古人教士之意与教士之方荡然无有复存，则士之不出于实学也有由来矣。然一二贤者尊师取友，默消其浮薄嚣陵之气，而生其忠信笃敬之心，则犹有赖于是。欧阳子有言："致治之盛衰，视其学之兴废。"岂不谅哉！

浏阳为长沙剧邑，科名鼎盛，东西南三乡皆有书院。同治甲戌，北乡张君颂卿倡同事诸人复有募建书院之举，就地名以"石山"。经营以渐，精舍宏开，至甲申而始成，计用金钱若干缗。论者谓事为其难，志弥卓已。诸君复恐其久而无征也，纂为《石山汇纪》一书。凡斋堂之制，俎豆之数，与夫乐输之名氏，纤悉毕载，厘然秩然。若诸君者，亦极谋始之艰，而虑后之密矣！

湖南自朱张两夫子讲学岳麓、城南以来，人文寖盛，逮于国朝，勋业彪炳，复增置求忠书院及湘水校经堂、思贤讲舍，将以宏作育之化，续道学之传，甚盛事也。石山距省会尤近，异日者名师讲学其中，读书之彦，经明而行修，将士风益醇，民气益厚，上追乎古者教士之心，而缵朱张之绪，则贤才蔚起，不仅以掇巍科登膴仕为是邦幸矣，是余之望也夫，是余之愿也夫。

时光绪十年甲申二月，知浏阳县事萧山汤煊谨叙。

石山书院记

浏与平虽异郡，壤相接也。浏邑文物声明之盛，有远出乎平，并非大湖以南他州县所能企者。即如文庙丁祭之礼乐，彬彬称盛，盖有邹鲁之遗风焉。至书院所以育才，他州县得一已足，浏阳则自县城外，东、南、西三乡皆有书院，规模宏阔，物力殷腆，士之奋于科第者趾相接也，今北乡士绅复有肇建石山书院之举。

石山距县治百里。浏北之水源出石柱峰，石山当两溪合流处，崚嶒巀嵲，屹然砥柱，书院实建其上。同治甲戌，里绅张君颂卿匄集同志，醵金经始，讫光绪甲申而落成，盖一星终矣！前为讲堂三楹，堂后为文昌阁，阁后为文昌先代祠。堂之西为半学斋以居院长，又为居业斋居鼓箧诸生，俾得以时习礼。堂东为乡贤、名媛二祠，祀捐赀修建之有功书院者，计费金钱以缗计约三万有奇。又虑其久而无征也，爰辑《石山汇纪》一书。首绘书院图，凡堂室庭荣之制，祀典仪节、礼器、祭品暨乐输诸君之名氏，与其修脡餐钱、学田租课之数，巨细必登，可谓勤矣。县大夫萧山汤君斐斋既序其书，邦人士以考室溃成，来征文以纪岁月。

惟先王造士，既立学校于各府、厅、州、县，又择山水最胜之区，筑精舍，萃生徒，相与讲明圣人之道，而书院以兴。顾前史所载，前唐之丽正书院、崇正书院，皆秘阁藏书所，选官领之，非讲肄地也。自唐元和中，衡郡李宽读书石鼓山，宋初赐以书院额，为书院得名之始。厥后，朱张二子讲学岳麓、城南，湖湘正学大明，是为书院之极盛。熙朝文治覃洽，弦诵声遍列城，而浏尤称壮邑。诸君子此举，可谓能知本务者矣。

抑又闻君子之为学也，匪第治帖括、弋科名，用以哗世取宠而已，必将内治其身心性命，而外以备天下国家之用。其入道之要，则朱子《石鼓书院记》、张子《岳麓书院记》，言之详且尽矣。游斯地者，试取而寻绎之、体验之，计必有闻风而兴起者，繇是为真儒、为廉吏、为名臣，黼黻休明，胥于是乎出，书院庶不为虚设也夫。

覃恩诰授光禄大夫布政使衔贵州按察使加五级前浙江布政使赏戴花翎色尔固楞巴图鲁平江李元度谨记。敕授承德郎赐进士出身翰林院编修国史馆协修加二级邑人任贵震敬书。

石山书院叙

州县之有书院久矣，浏阳乡区以四。书院在县城者曰南台，迩者东、南、西各踵建于其乡，我乡顾无之，力未遑尔。独石山名自一隅地，准古义，于州序近似，经营以渐，精舍宏开，论者谓志为其难，识弥卓已。

物莫质于石，或以文著，玉且韫诸，尤文之文者，琢磨不极，则亦无由奉为席上珍。书院，琢磨人材之所也，《鹤鸣》之诗曰："可以攻玉，山石兆之"也。夫山踞上北乡戴家潭上流之右，迎溪突起数仞，形势绝殊。然其上怪石崒嵂崚嶒，平日鸟鼠之所栖伏，樵牧之所不至，舟舆徒行日近其侧，无过问焉者。斵之屏之，污涂窒旷，巉夷、近水、遥山，轩豁呈露，遂若群相奔赴于左右前后。髦士从而登焉，振衣凌云之慨，已不禁勃然油然忽生，于志意一转移间，气象又绝殊。其光向也固尝一至，于以叹相度之精审，且无间然。院既成，董事颂卿张君商同事诸君书来属记，以辞谫陋，不获。爰重诣院之上下内外而周览焉，其取材坚，督工慎，结构严密而疏通，心窃仪之，因有感也。

今夫泰岳之岩岩也，得孟子继孔圣，名并高，以岳视斯，犹之邱垤。后进步趋前哲，高下亦诚未容以道里计。然而学之志要，必极诸识力所能至而止，时命之说不与焉。庶不封于故步，而有以为高康对山江乡文士读书故地，非山之山，且以康传等而上可知矣。治术仰衷经术，二千余年来，若子、若史、若集，大文与经相表里者，经济寓焉，汗牛充栋，探之不能穷也。而往籍在今时，又几经辨论，异同、纯驳、偏全，于先路读者较易为别择者也。聚多士于兹，顾名必思义，毋糟粕置之，累层级以课之，毋一蹴几，毋自岩而返也。山乎山乎，其即长此山者，掖而进之，所取譬乎。使游焉、息焉，相与扩崇其志识，于古人伟业精言，静参大意所存，博反约，约通诸博。要不以空文之礰礰，旷乃日实事求是安在？非据德之端，斯不负书之名院，石山之灵，实式凭之。若夫广储有用书，为观摩之圭臬，创此者自愈力于后图矣。接壤诸君子倘深念乎，企予非远，共亟成之善，之善无逾乎此。异日巍然称天下士，洪惟朝廷史策光，山中当大有人在。岐阳之鼓，泗滨之磬，石则犹是也，域于隅、于乡、于县云乎哉。谨识其大，后之览者，当更有感于斯。

时光绪拾年甲申二月，廪膳生由军务保举道衔熊其光谨叙。

石山书院汇纪

纂修

张颂卿诰授奉直大夫。

柳敬臣邑庠生。

周岑梧廪膳生。

张水亭大学生。

张少牧大学生。

周得珊邑庠生。

协修

周心澄邑庠生。

张树吾大学生。

罗清溪大学生。

劝捐首士小引

天地生材，培植恒资人力；国家造士，甄陶遍及乡闾。则欲化被菁莪，材储棫朴，其必群倡义举，同心劝解橐之资；抑且身任贤劳，聚腋收成裘之效。庶几采昆冈之玉，磨就乎苍璧黄琮；聘席上之珍，增光乎明堂清庙。

我石山书院，山辉毓秀，水媚钟灵。金台名肖燕台，人思市骏；石柱峭如天柱，气薄长虹。深期雷雨蛟龙，春破三千之浪；定盼风云鹏鹗，秋抟九万之程。幸兹谦衷引劝，鼎力吹嘘，登高岳而呼，四山皆应；由平地以进，一篑竟成。领袖仗群英，此日立功不朽；管城纪实录，他年食报尤隆。

石山书院首事名目

督修

张颂卿诰授奉直大夫。

张闻笙登仕郎。

吉连章大学生。

周锄经大学生。

张湛丞郡增生。

石山书院缘首芳名

张养吾、名嘉、星晢、聘吾、坦斋、少卿、展蜚、桢祥、鸿笃、抡英、起人、锺吾、岳樵、桂兰、履祥、金香、文斗、肇一、兼三、九龄、光斗、修亭、名服、道美、绍典、苐田、南亮、茂兰。

张小亭、佐臣、咸池、云望、恒北、百忍、金堂、雪访、翰飞、且忱、义亭、松操、游泮、撝谦、心一、时辉、焕书、轿佑、轩昂、成佑、敏行、寿临、芳名、清斗、芝茂、亮彩、辉照、庭珍、馥兰、道则、涤新。

周蔼亭、得珊、桢新、干国、顺成、象新、扬眉、润成、书名、爱庐、志端、章连、章甫、遗庭、国政、上士、向离、清沂、虞廷、里贤、福临、齐典、双兴、嘉祥、国风、鹿樵、禄祥、麦秋。

柳敬臣、柳佑斗、柳持德、柳先绪。

戴习传、呈卿、简能、锡昌、雁秋、水臣、学山、介庭、抡辉、焌堂、桢祥、首魁、蔚亭、眉寿、开点、生明、池玉、盛周、成名、永升。

罗清溪、谷臣、搢绅、创阁、楚卿、能训、育芳、凝材、福量、耀章、吴舫、六龙。

罗师八、西台、登甲、培风、锡章、心量、运元、文彩。

暨瑞林、雁堂、兰台、熙载。

杨魁榜、正兴、体端、文钦。

吴拔吾、鸿儒、北滨、庆若、云谷、若珍。

祝龟山、祝印青、徐心一、徐蝉林、吉宝卿、吉敏卿、吉康衢、吉庆宜、吉奇逢、孔镇溪、孔旭吾、孔翰仙、王培从、王美奂、王长青、熊光南、熊鹏翥、熊培之、熊嘉谟、朱联绶、朱光奇、朱会吉、朱纯和、朱逢流、朱金辉、朱贵茂、朱文思、陈鼎卿、陈燮墀、陈元音、陈时俊、陈宗嗣、陈慎斋、刘贯吾、刘炳卿、李权贵、李朝景、李喜棠、李朝鹗、喻云卿、俞集五、丁松亭、丁汉卿、邓炳垣、曾以忠、沈彩云、沈升平、彭志道、彭枝林、文砚农、文绍纯、凌维汉、凌守廉、邱颂梅、游有道、谢成普、罗桂扬。

书院首事经理章程

一、书院经理，按捐主多寡公派，择老成殷实四人为首事，管理诸务，五年更换。每年将出入钱数若干，凭众核算，揭示讲堂。倘有侵渔，即行罚赔更换。

一、志载有祀钱伍串领会一名，祀钱拾串领会二名，有十五串、二十串者，照伍串例领会。每逢乙庚二年二月初三日，各肃衣冠与祭赴席。未载捐祀钱者，捐数虽多，无祀会。

一、所捐田亩地居星散，业行就地变卖，置买总庄，以便收纳。

一、所捐山场园土坡塘，各照契据界限栽插蓄禁管业。倘有侵渔盗偷，公同严究。

一、每年秋熟收租，限定四期收足。除天年量减外，有挂欠延搁，首事公同向问，毋得徇情。

一、粮载四十二都五甲，业经光绪六年禀请定案，每饷银壹两，加耗羡银壹钱，加库平银四分；每折银壹两，加库平银四分，照章赴柜，每年腊月总完。不扯上忙，不给票钱。

一、粜谷钱文，概存书院收贮，公仓封锁。经理人不准私挑归家，支展移借。

一、买田，首事公同商酌，就附近田接置，经理人不得将己田私自卖入，致生弊窦。

一、祀奉香灯，公择老成殷懃一人，务须逐日洒扫，阁中前后左右，常昭洁净；兼支管仓厫什物，尤必早晚看守，始终无懈，每年给谷拾硕。

一、正殿、奎星阁、乡贤、名媛四处，灯油每年四十八斤正，香钱另给。

一、春祭，常年祇预备一牛、一羊、一豕及各祭品，越宿行事，务昭诚敬。秋祭，八月十五，以四席为度。

一、春祭，每逢乙、庚二年办席伍十余棹，各项用费约计用钱伍十余串，逐一注簿，日后照章办理，毋擅增易。

一、办祭及执事人等，每年任经理首事柬请熟习礼仪者，先期赴局办理，未请者不得闖入。

一、祭器及各什物等项，春祭次日，经理首事逐一查验收捡，无论远近人等，概不租借，以免损破遗失。

一、经理首事，收谷粜谷及诸公务，每餐两荤两素为度，事竣不得流连，致耗公赀。

一、斋房棹橙什物，俱已足用。起馆时逐一点交注簿，散馆时逐一点交归还，毋得损坏遗失。如有守斋不法①，勾引比匪，随时逐出。

一、此项会积，除春秋二祭外，原为作育人才。入学者奖钱四串；食

① 法，原文作“去”，据文意改。

廪饩者，奖钱捌串；恩、拔、优、副、岁贡，奖钱十二串；中乡式者，奖钱三十串；进士奖钱四十串；主司中书奖钱五十串；翰林奖钱陆拾串；鼎甲奖钱捌拾串。但外来发卷、拜谒，概不应酬。即本乡邻境先年悭吝未捐者，亦不应酬。遇有是非，纵有关文教，均不准支取分文。

一、书院学规、斋规，近因朝廷日讲新学，故未及载。

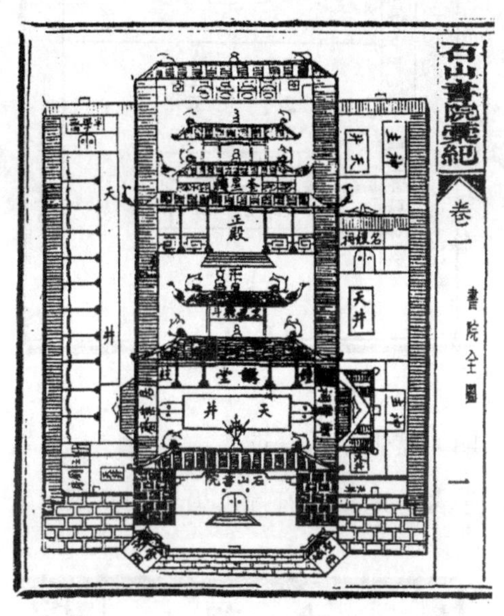

石山书院全图

课 式[①]

动土平基期，督修首事张颂卿选。

① 标题原缺，据底本版心补。

正殿定脚行墙期，监生张范吾选。

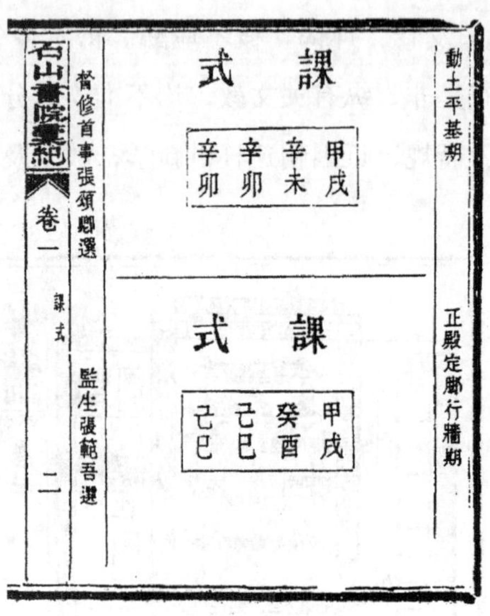
動土平基期
課式
甲戌 辛未 辛卯 辛卯
督修首事張頌卿選
正殿定脚行牆期
課式
甲戌 癸酉 己巳 己巳
監生張範吾選
石山書院彙紀 卷一 課式 二

头门定脚竖门期，监生张乐吾选。

正殿升梁期，乐吾再选，知府赖古愚鉴定。

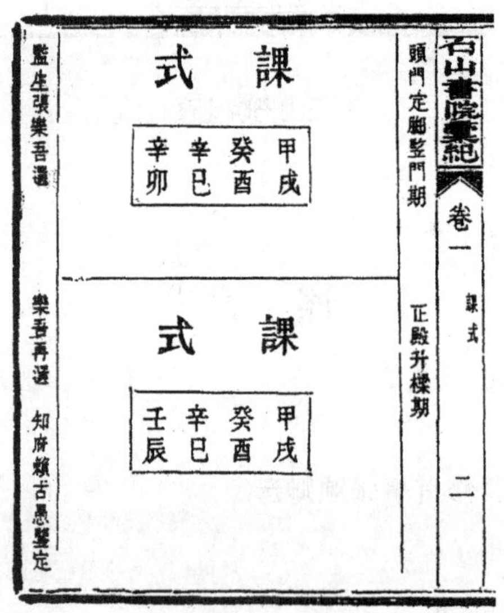
石山書院彙紀 卷一 課式 二
頭門定脚竪門期
課式
甲戌 癸酉 辛巳 辛卯
監生張樂吾選
正殿升樑期
課式
甲戌 癸酉 辛巳 壬辰
樂吾再選 知府賴古愚鑒定

帝君神位定脚修座期，后殿竖柱升梁期，监生候选县丞张聘吾选。

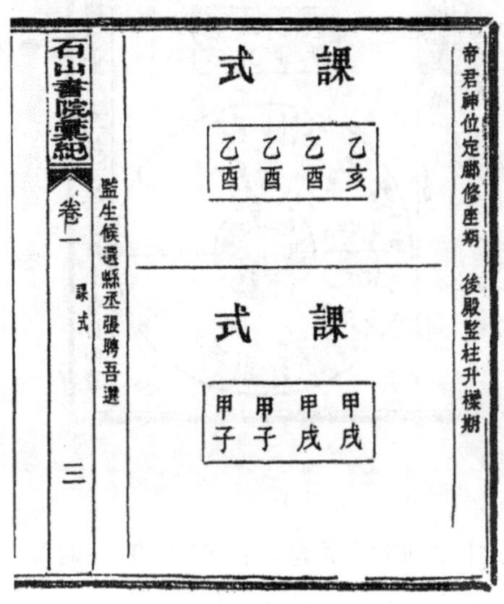

石山書院彙紀　卷一　課式　三

帝君神位定脚修座期　後殿竪柱升樑期

課式

乙亥　乙酉　乙酉　乙酉

課式

甲戌　甲戌　甲子　甲子

監生候選縣丞張聘吾選

讲堂竖柱上梁期，颂卿再选。

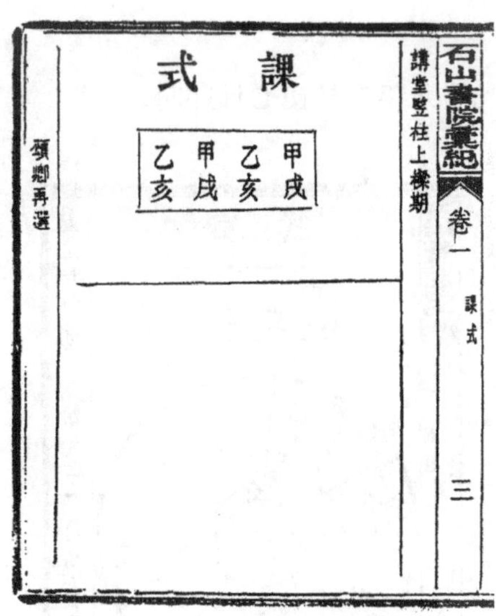

石山書院彙紀　卷一　課式　三

講堂竪柱上樑期

課式

甲戌　乙亥　甲戌　乙亥

頌卿再選

魁星塑像期，光绪元年正月十七日卯时。

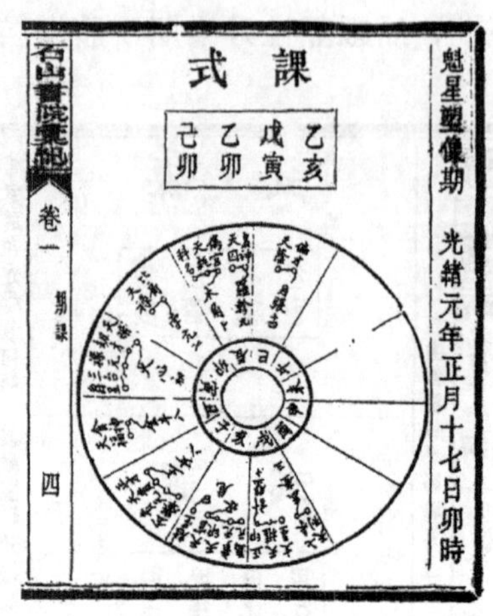

课章

四柱寅亥会局，日时归禄得秀，占东方旺，乘春令星盘，命坐未垣，天福天禄冲拱天官。魁星顶照，主星掌偏财，命度顶文星。四柱皆美，内盘均佳。依此塑像，得气受生，定主神灵显赫、科第峥嵘矣。

庚午科举人，拣选知县邵声鋆选。

魁星升位期，光绪元年二月初七日卯时。

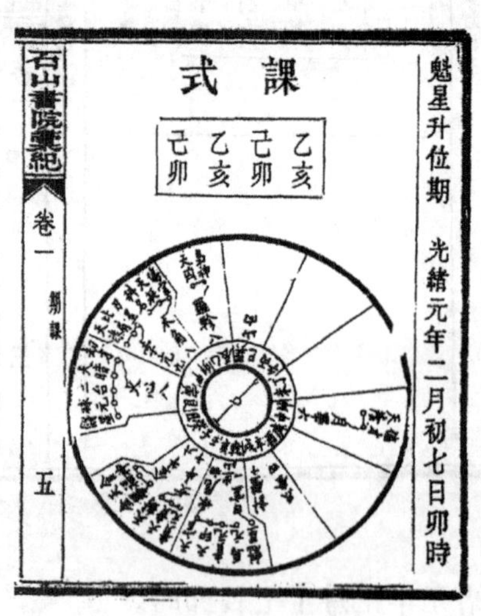

课章

外盘亥卯邀局，建禄、时禄均乘旺气，大有欣欣向荣之象。内盘大阳掌魁星，正到本山，水掌天官、天印，贵元、马元同步，科名天禄，三合钧照，大阳偏财，二弦关会。吉气所钟，于斯为盛。依此奉安神位，转盼春秋联捷，文武同升，值拱而俟之耳。

邵声鋈再选。

文昌帝君圣座恭修，光绪二年七月十八日申时吉课。

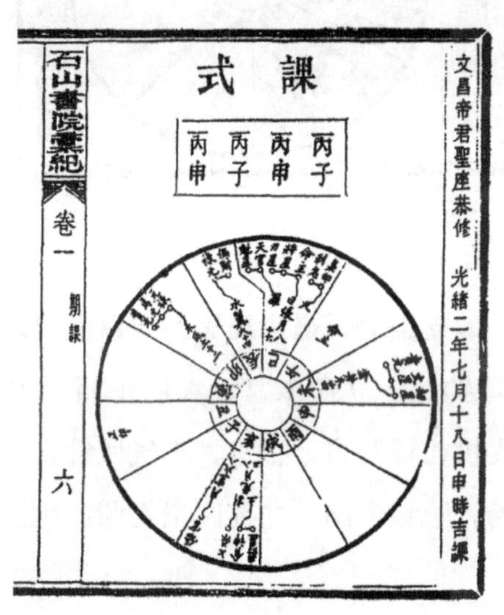

课章

外盘天元一气，地支双清尤妙。子作天官，申作文昌，名曰皇殿朝班贵格。内盘立命午垣，文明之地，官魁科名，左辅右夹。主星掌大阳，将星经度，贯科名官魁，贵气团结一方。得此吉期，恭塑圣像，定主神灵赫濯，科第连绵矣。

庚午科举人，拣选知县邵声鋈选。

文昌帝君升位，光绪二年十一月二十八日巳时吉课。

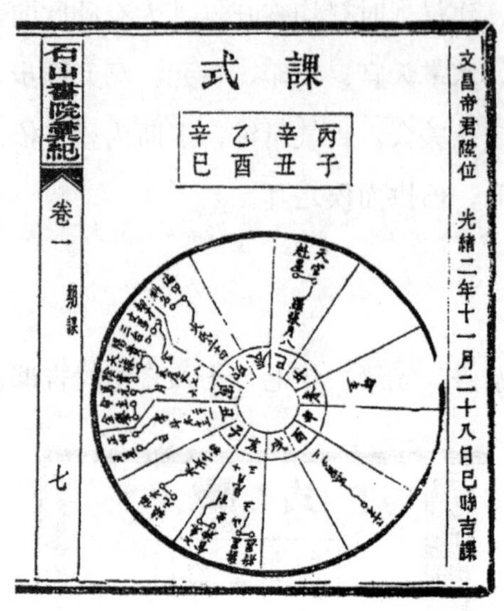

课章

外盘干临德合，地支金局，最为纯美。内盘爵星，将星守坐山，天官魁星对照，科名文星钓照。立命未宫，大阳正照，主星掌金舆，双贵同度。前引又与大阳夹拱，禄马贵元仝宫，吉气所钟，至斯而极。以此奉安神位，行见甲科乙榜，冠冕湘南，非徒闾里之荣已也。爰志数语于端，以为他日之券。

邵声鋆选。

石山形胜纪略

夫才之生也，天主之；才之成也，地主之。圣庙、文昌宫及书院为斯文根本之地，而书院则才之所由育、所由储也，故省会暨郡县罔不设焉。而设于乡者殊寥寥，以事大而成功难耳。然科甲之盛必由此。浏北上乡非无英才，而登科甲者尚少。乡之好善者思大振兴而宏造就，张君颂卿实首其事，相基于石山之巅，建立文昌宫，即其前为书院，旁置斋房。

余与张君交久，别去十一年矣。今来访，乃登览焉。见夫水绕山环，莫不输奇贡秀。而精神顾恋，情意欵深，山则仁也；上下一碧，澄清可鉴，水则知也。居业于此者，藉以陶冶性天，疏沦心灵，斯其制行也。由爱亲敬长而推之，无不旁皇周浃焉。其作文也由意清词洁而进之，无不博大精深焉。其造就有如此者。至其作法之妙，首乾，趾巽，两耳门一子午，一酉卯，接之龙图、龟书、数符，秉时策，长善后，从此人才鹊起，科甲蝉联。年逢巳、酉、丑、申、子、辰，皆有应，而膺高爵、食厚秩，以舒其致君泽民之略者，亦应踵相接也。其振兴有如此者。殿宇宏敞，墙垣坚固，足以妥神灵。斋房齐整，膏火充足，足以赡寒畯。起甲戌，迄甲申，始告厥成功。历年之久，首事者勤劳不懈，好德者乐输不悭，卒成不朽之盛事，使后之发名成业者追思致此之由，为之景仰焉，名与山共千古矣，遂濡笔以纪其略。

候补训导迁陵胡午桥氏撰。

八景诗[①]

……断繁霜外，乌鹊栖惊落月中。长乐晓春思寄远，姑苏客舫感从

① 八景诗，底本原缺，此据底本版心补。洪波按：查公藏书目，《石山书院汇纪》仅见于湖南图书馆，底本原缺一页，石山书院八景之名则失五，第四景之诗亦成残诗。抱残待补，惟期后之君子。

空。此心牢把何时住，莫受禅宗棒喝聋。

田火春渔

网将针代效宵功，槛外春低冉冉红。松炬星流平水活，山溪鱼足绣塍通。老渔宿浦招难上，秋燐穿林拟未工。日昨远方传尺素，江天寒对并霜枫。

野山秋烧

山腾远烧野秋明，鏖战南离画不成。飞电晴空忘起灭，落霞天半让纵横。笔花紫烂行文势，旌影朱翻纵猎情。檐角月昏灯欲炧，将母藜杖降星精。

北溪文塔

临溪涌出武岩岭，空际峻嶒妙干旋。波定泉光澄倒影，荫浓磴道护祥烟。望联杰阁辉奎壁，题胜浮图杂佛仙。桂蕊香时齐举首，烛龙衔耀月圆先。

粮饷案卷

具禀职员张名钰，生员柳瀚源，附贡周炬莲，监生喻万青、吉俊贝，职员张名音、周昆玉、孔广云等，为仿照完纳，请示饬遵事。

窃维建学明伦，国家抡养士之典；型仁讲让，草野敦向义之风。同治十三年，职等禀请前宪舒示，于北乡四十二都地名石山岭，募建石山书院，经营七载，今始告成。正殿、文昌宫、殿前奎星阁、后殿先代祠，前楹为讲堂，再前为头门，西偏附造斋房，名居业斋暨半学斋，东偏附造乡贤祠，又名媛祠。连年募捐膏火田，将及百亩，今正推收，立户册名石山书院。查浏邑各书院粮饷完纳，尚有旧规，户科确核。兹值征收饷折之际，理合预先禀明，以便赴柜完纳。

恭逢公祖大人雅意储才，深衷造士，卓望与衡峰并峙，渥恩偕湘水俱长。留不朽之甘棠，培联班之玉笋。至应仿照南台、狮山、洞溪、文华、文靖各书院成规完纳，赏赐批示，并恳饬房立案为永远章程，嘉惠士林，曷胜顶祝。谨禀。

邑侯张批：据禀已悉，所有应完粮饷，着将粮名明晰开呈，仍候核示。

续　禀

为遵示开呈，禀恳核示事。

职等北乡建立石山书院，各姓乐捐膏火田亩，今正推收，将各捐户田亩推入四十二都五甲，册名石山书院，共正米若干，科地丁银若干，南折银若干，漕米若干。所有各书院完纳地丁、南折，每地丁正银壹两，加耗羡银壹钱，加补库平银肆分，每南折银壹两，加补库平银肆分，均照公项粮名完纳。兹奉批饬，理合遵照南台、狮山、洞溪、文华、文靖等书院完纳。章程开明，禀恳公祖大人俯赐核示，深为公便。须禀。

邑侯张批：据禀已悉，仰即照章完纳，并候饬房立案可也。

祭器图

爵坫

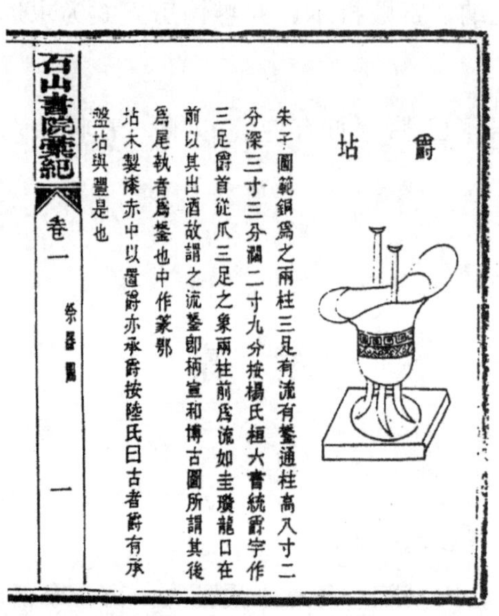

爵 坫

朱子圖範銅爲之兩柱三足有流有鋬通柱高八寸二分深三寸三分闊二寸九分按楊氏桓六書統爵字作三足爵首從爪三足之象兩柱前爲流如圭瓚龍口在前以其出酒故謂之流鋬卽柄宣和博古圖所謂其後爲尾執者爲鋬也中作篆鄂

坫木製漆赤中以置爵亦承爵按陸氏曰古者爵有承盤坫與豐是也

石山書院彙紀 卷一 祭器圖 一

《朱子图》：范铜为之，两柱三足，有流有鋬。通柱高八寸二分，深三寸三分，阔二寸九分。

按，杨氏桓《六书统》：爵字作三足。爵首从爪，三足之象。两柱前为流，如圭瓒。龙口在前，以其出酒，故谓之流鋬，即柄。《宣和博古图》所谓其后为尾，执者为鋬也。中作篆鄂。

坫，木制，漆赤，中以置爵，亦承爵。

按：陆氏曰：古者爵有承盘，坫与丰是也。

泰尊

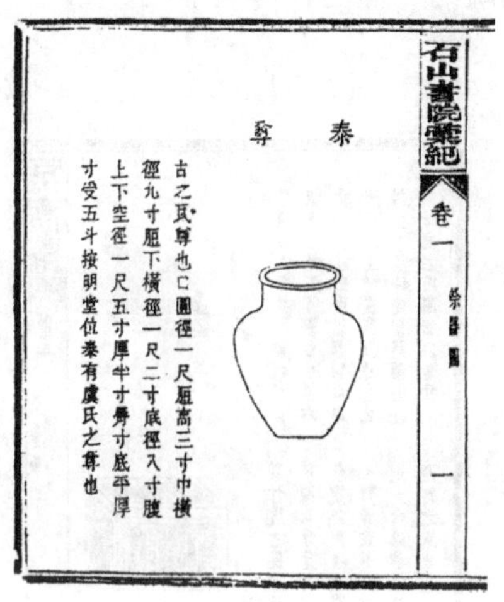

古之瓦尊也。口圆径一尺，脰高三寸，中横径九寸。脰下横径一尺二寸，底径八寸。腹上下空径一尺五寸，厚半寸。唇寸。底平，厚寸。受五斗。

按，《明堂位》：泰，有虞氏之尊也。

龙勺

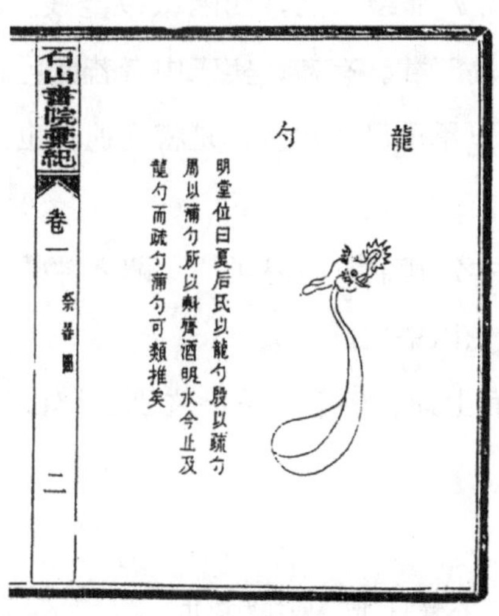

《明堂位》曰：夏后氏以龙勺，殷以疏勺，周以蒲勺，所以斞齐酒明水。今止及龙勺，而疏勺、蒲勺，可类推矣。

冪

石山書院彙紀 卷一 祭器圖 二

冪

周禮冪人掌共巾冪祭祀以
疏布巾冪入尊畫布巾冪六
彝王氏註曰用以冪物以事
言之則主於覆冒以禮言之
則主于設飾按聖門禮樂統
錦繪爲之四隅綴以金錢

以竹爲之長三尺廣一
尺深六寸足高三寸有
蓋實於中者若爵若膳
若幣若食不一而其制
則一合以承幣帛承筐
是將之遺意也

《周礼 · 幂人》：掌共巾幂。祭祀，以疏布巾幂八尊[①]，画布。巾幂。六彝。王氏注曰："用以幂物，以事言之，则主于覆冒；以礼言之，则主于设饰。"

按，《圣门礼乐统》绵绘为之，四隅缀以金钱。以竹为之，长三尺，广一尺，深六寸，足高三寸。有盖，实于中者若爵、若膳、若币、若食不一，而其制则一，合以承币帛、承筐，是将之遗意也。

鼎

《考工记》曰："六分其金，而锡居一，谓之钟鼎之齐。上有耳，下有足，有幂以覆之，有铉以举之。"

按，《士虞礼》有上鼎、中鼎、下鼎之别。《有司彻》有羊鼎、豕鼎、鱼鼎之分。

① 八尊，原文以形误作"入尊"，据《周礼》改正。

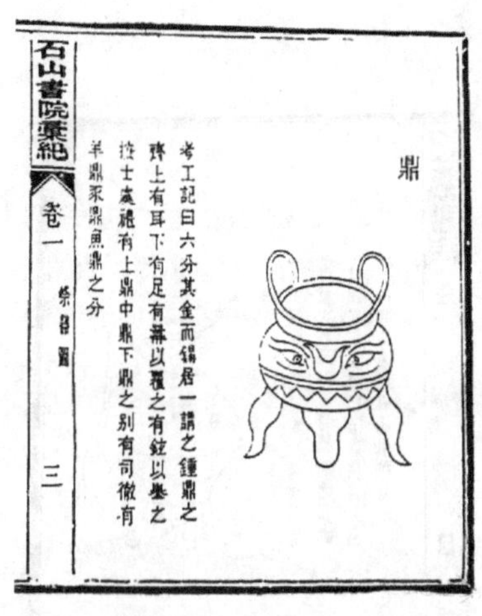

鼎

考工記曰六分其金而錫居一謂之鐘鼎之齊上有耳下有足有鼏以覆之有鉉以舉之

按士虞禮有上鼎中鼎下鼎之別有司徹有羊鼎豕鼎魚鼎之分

石山書院乘祀 卷一 祭器圖 三

俎

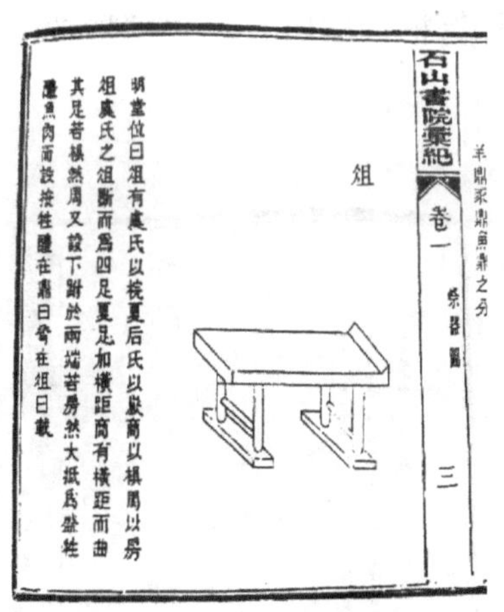

俎

明堂位曰俎有虞氏以梡夏后氏以嶡商以椇周以房俎虞氏之俎斷而爲四足夏足加橫距商有橫距而曲其足若椇然周又設下跗於兩端若房然大抵爲盛牲醴魚肉而設按牲醴在鼎曰胥在俎曰載

石山書院乘祀 卷一 祭器圖 三

《明堂位》曰："俎，有虞氏以梡，夏后氏以嶡，商以椇，周以房俎。"虞氏之俎，斲而为四足。夏足加横距。商有横距而曲其足若椇然。周又设下跗于两端若房然。大抵为盛牲、醴、鱼、肉而设。

按，牲、醴在鼎曰胥，在俎曰载。

铏柶

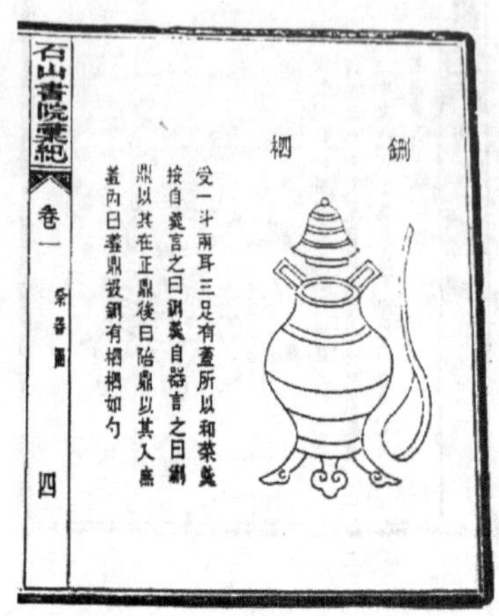
石山書院彚紀 卷一 祭器圖 四

鉶 柶

受一斗兩耳三足有蓋所以和菜羹
按自羹言之曰鉶羹自器言之曰鉶
鼎以其在正鼎後曰陪鼎以其入庶
羞內曰羞鼎扱鉶有柶柶如勺

受一斗，两耳，三足，有盖，所以和菜羹。

按，自羹言之曰铏羹，自器言之曰铏鼎，以其在正鼎后曰陪鼎，以其入庶羞内曰羞鼎。扱铏有柶，柶如勺。

登

石山書院彚紀 卷一 祭器圖 四

登

高一尺空徑二寸厚半寸爾雅豆謂之
登毛傳木曰豆瓦曰登按登盛大羹以
其[illegible]湆故有蓋

高一尺，空径二寸，厚半寸。《尔雅》：“豆，谓之登。”《毛传》：“木曰豆，瓦曰登。”

按，登，盛大羹，以其盛湇，故有盖。

笾

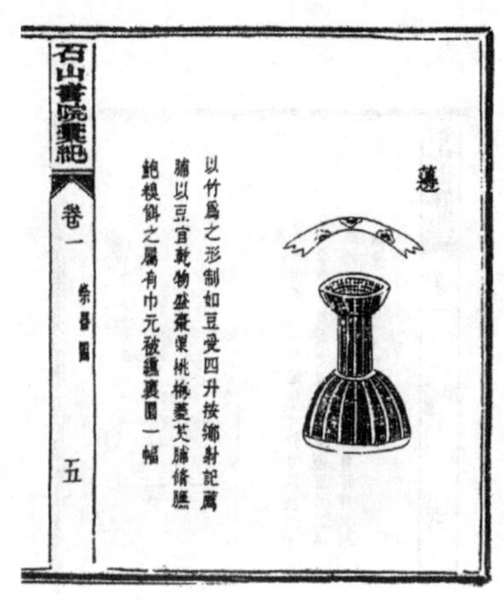

以竹为之，形制如豆，受四升。

按，《乡射记》：荐脯以豆，宜干物。盛枣、栗、桃、梅、菱、芡、脯、修、膴、鲍、糗、饵之属。有巾，(元)〔玄〕被纁里圜一幅。

豆

以木为之，受四升。

按，《乡射记》曰：醢以豆，宜濡物，盛昌本、脾析、豚拍之韲，醓嬴、兔、雁之醢，韭、菁、芹、笋之菹，麋臡、鹿臡之属。有盖取，称笾巾。

簠

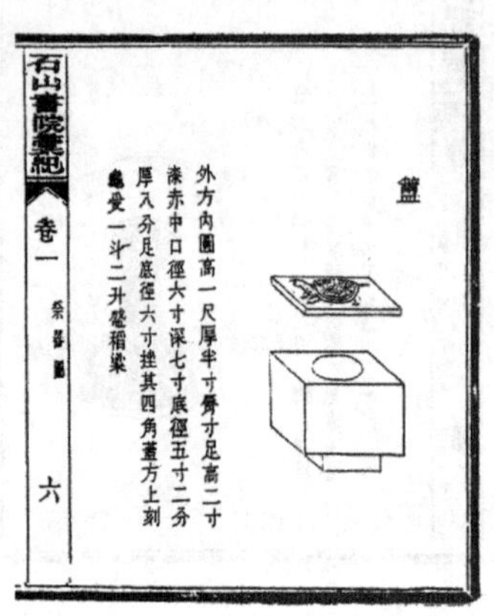
石山書院彙紀
卷一 祭器圖 六
簠
外方內圓高一尺厚半寸脣寸足高二寸
漆赤中口徑六寸深七寸底徑五寸二分
厚八分足底徑六寸挫其四角蓋方上刻
龜受一斗二升盛稻粱

外方内圆，高一尺，厚半寸，唇寸，足高二寸，漆赤。中口径六寸，深七寸，底径五寸二分，厚八分，足底径六寸。挫其四角，盖方，上刻龟。受一斗二升，盛稻粱。

簋

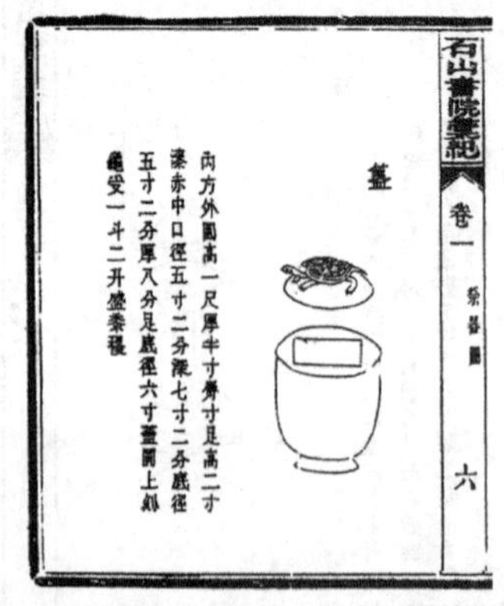
石山書院彙紀
卷一 祭器圖 六
簋
內方外圓高一尺厚半寸脣寸足高二寸
漆赤中口徑五寸二分深七寸二分底徑
五寸二分厚八分足底徑六寸蓋圓上刻
龜受一斗二升盛黍稷

内方外圆，高一尺，厚半寸，唇寸，足高二寸，漆赤，中口径五寸二分，深七寸二分，底径五寸二分，厚八分，足底径六寸。盖圆，上刻龟。

受一斗二升，盛黍稷。

陈设图

正殿陈设图

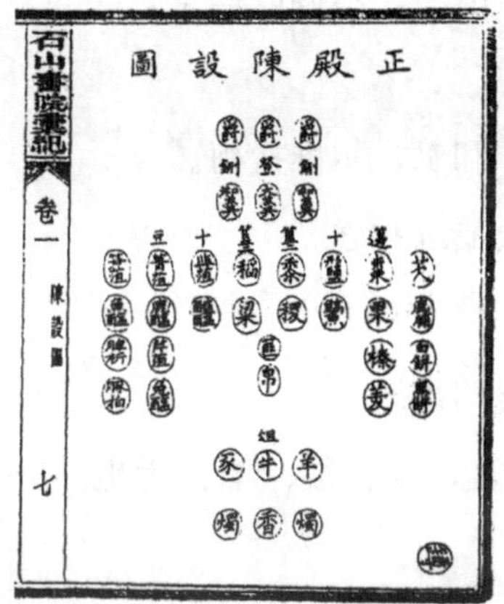

后殿陈设图

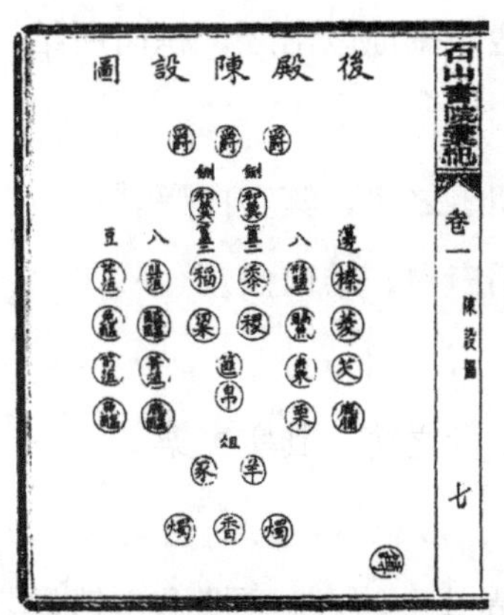

祭品备考

大羹

《礼乐记》:“大羹不和。”

按，注云:“大羹，肉湆，不调以盐菜。”

和羹

《书·说命》:“若作和羹，尔惟盐梅。”

按，注云:“羹须咸醋以和之。”

黍稷稻粱

《诗·秦风》:“每食四簋。”

按，《传》云:“四簋，黍、稷、稻、粱也。”朱子谓:“簠、簋，皆宗庙盛黍稷之器。”

形盐

《周礼·天官·笾人》:“朝事之笾，其实形盐。”《左传·僖公三十年》:“王使周公阅来聘，飨有昌歜、白黑、形盐。”

按，王氏曰:“形盐，掘地以出之，积卤所结，其形似虎。”

白黑

《周礼·笾人》:“朝事之笾，其实白黑。”

按，郑氏众云:“稻曰白，黍曰黑。”

枣栗

《周礼·笾人》:“馈食之笾，其实枣栗。”

榛

榛，似栗而小。《周礼·笾人》:“馈食之笾，其实榛实。”

菱芡

《周礼·笾人》:“加笾之实菱芡。”

韭菹

《周礼·天官·醢人》:“朝事之豆，其实韭菹。”

按，《侯鲭录》:“细切曰赍，全物曰菹。”郑氏康成曰:“切之四寸为菹。”贾疏:“四寸，以一握为限。”

菁菹

《周礼·醢人》:“朝事之豆，其实菁菹。”

按，郑氏康成曰:“菁，蔓菁也。”

芹菹

《周礼·醢人》:“加豆之实芹菹。”

按，郑氏康成曰:“芹，楚葵也。”

笋菹

《周礼·醢人》:“加豆之实笋菹。”

按，郑氏康成曰:“笋，竹萌也。”

醓醢

《周礼·醢人》:“朝事之豆，其实韭菹、醓醢。”

按，郑氏众曰:“醓醢，肉酱也。”郑氏康成曰:“作醢者，必先膊干其肉，乃后莝之，杂以粱麹及盐，渍以美酒，涂置瓶中，百日则成矣。”

鹿醢

《周礼·醢人》:“朝事之豆，其实菁菹、鹿臡。”

按，郑氏众曰:“有骨为臡，无骨为醢，皆肉酱。”

兔醢

《周礼·醢人》:“加豆之实，芹菹、兔醢。”

鱼醢

《周礼·醢人》:“加豆之实，笋菹、鱼醢。”

按，郑氏康成曰："凡菹醢，皆以气味相成。"今玩《周礼》文义，韭菹与醓醢配，菁菹与鹿醢配，芹菹与兔醢配，笋菹与鱼醢配，水陆之品其相配也，必有义存其间焉。

豚拍

《周礼·醢人》："馈食之豆，其实豚拍。"

按，郑氏、杜氏以拍为膊，谓胁也。或曰："豚拍，肩也。"

脾析

《周礼·醢人》："馈食之豆，其实脾析。"

按，郑氏众曰："脾析，牛百叶也。"

酒

《周礼·天官·酒正》："辨三酒之物，一曰事酒，二曰昔酒，三曰清酒。"

按，郑氏众曰："清酒，祭祀之酒。"郑氏康成曰："事酒，今之醳酒；昔酒，酋久白酒；清酒，冬酿接夏而成。"贾疏："昔酒，久酿；清酒，又久于昔酒。"

鳊鱼

《尔雅·释鱼》："鳊，大鰕。"注："鰕大者，出海中，长二三丈，须长数尺。今青州呼鰕鱼为鳊鱼。"又《说文》："鳊，大鰕也。"今祭品用白鱼，未详何据。

鹿脯

《礼·内则》："牛修鹿脯。"《说文》："肉干也。"《汉·东方朔传》："干肉为脯。"又《韵会》："薄析曰脯。"

祭品制法

大羹

用犊牛全体，刷洗洁净，大汤锅煮熟，不加盐料，撇其脂腻，止存清汁，勺之登内。

和羹

用豚脊膂肉，切薄片，煮牛淡汤焯过，漉起，加盐、酱油、醋、芹、韭丝调匀。又切猪腰如荔形，盖面，临时用淡牛肉热汁浇满，勺之铏内。

黍饭

用拣过黍米完洁者，用泉水淘净，沥干，放甑内蒸熟，盛于簠。

稷饭

如制黍法，盛于簠。

稻饭

用拣过稻米完洁者，水内淘净，捞入甑中蒸熟，盛于簋。

粱饭

如制稻法，盛于簋。

黑饼

用荞麦麫，拌以油蜜，内包蜂（密）〔蜜〕、熟榛菱为馅，印圆饼如掌大，炉干，笾二十枚。

白饼

用白麦面，如造黑饼法，笾二十枚。

榛

拣净仁洁白者，颗颗砌起，下丰上锐，与笾相称。

菱

拣净米洁白者，如砌榛法，实笾内。

芡

拣净实洁白者，如砌榛法，实笾内。

枣

用胶枣煮熟去皮，水润洁净，实笾内。

栗

拣净大栗，去皮，实笾内。

鱐鱼

用大鰕剖开洗浄，切薄片，加香油、咸醋，实内笾。

鹿脯

用肥美鹿肉，加盐、酱、姜、椒煮熟，切为小块，临时再用麻油炒之，实笾内。

形盐

用洁净白盐，拣颗象虎豹山形者，印为物象，实笾内。

芹菹

用洁净生芹，切作长段，不加和料，实豆内。

韭菹

用拣嫩生韭，切去本末，取中一段，以盐渍之，实豆内。

菁菹

用拣过菁莱，以汤芼之，切小段，加盐、姜、油、醋调和，实豆内。

笋菹

用洁净干笋，盐水煮过，切方片，加盐、姜、油、醋调和，实豆内。

醓醢

用猪膂肉，切小方块，加油、盐、姜、椒、茴香、葱白拌肉，煮熟，以香为度，实豆内。

鹿醢

用活鹿肉，碎切，制法如醓醢，实豆内。

兔醢

用活兔肉，碎切，制法如醓醢，实豆内。

鱼醢

用活鱼，碎切，制法如醓醢，实豆内。

豚拍

用猪肩膊肉，取方大块，抹以油、酱、盐、蜜、醋、酒，蒸熟，实豆内。

脾析

用牛羊肚子百叶，撇去黑皮，切作细修，沸汤焯过，加油、盐、醋、酱、葱、姜、酒拌匀，再炒，以香为度，实豆内。

酒

用清酒久窨而洌者，以郁金香煮之，贮各尊。

乐 章

春夹钟清均，倍应钟起调，秋南吕清均，仲吕起调。

迎神　丕平

秉气兮灵躔，翊文运兮赫中天。

伬仩伬伍仜，仩伬伍仜伍伬仜

蜺旌兮戾止，雕俎兮告虔。

伬仩伬仩伬，伬仜伍伍仜

迓神庥兮于万斯年。

伬伬仜伍仩伬仩伬

奠帛初献　俶平

神之来兮笾簋式陈，神之格兮几筵式亲。

伬仩伍伬伍伍仩伬，伬仜伬伍仩伬仜伍

极昭章兮灵贶，致蠲洁兮明禋。

伍伬仜伍仩伬，仩伬伍仜仩伬

升香兮伊始，居歆兮佑我人民。

伬仜伍仩伬，伬仜伍伍伬仩伬

亚献　焕平

再酌兮瑶觞，灿烂兮庭燎之光。

伬仩伬伍仜，伬仩伬仩伬伍仜

申虔祷兮神座，俨陟降兮帝旁。

仉伬仩伍仉伬，伍仩伬伍伬伬

粢醴洁兮齐遨将，终景运兮灵长。

伬仉伬伍仩仉伬，伬仩伍伬仉伬

终献　煜平

礼成三献兮乐章三终，覃敷元化兮繄神功。

伬仉伬伍仩仉伬伍仩，仉伬伬仩五仉伬伍

馨香达兮肸蠁通，歆明德兮昭察寅衷。

伬仉伍仩仉伬伍，仩伍伬仩仉伬仉伬

彻馔　懿平

备物兮惟时，告彻兮终礼仪。

伬仉伬伍仩，伬仩伍伬仉伬

神悦怿兮鉴在兹，垂鸿佑兮累洽重熙。

仉伬伍仩仉伬仩，仩伍仉伬仉伬仉伬

送神　蔚平

云骈驾兮风旗招，神之归兮天路遥。

伬仉伬伍仩伬伬，伍仩伬伍伬仉伬

瞻翠葆兮企丹霄，愿回灵眷兮福我朝。

仩伬伍仩伍伬仩，仮伬仩伍仩伩仮伬

望燎

烟煴降兮元和气，神光炳兮梓潼之阿。

伬仮伍伩伍仮伩，仮伩伍仩仮伩伍伩

化成耆定兮橐弓戢戈，文治光兮受福则那。

仮伩伬仩伍仮伩伍仩，仩伍伬仩仮伩仮伬

文昌正殿春秋祭仪注

通：行春、秋祭礼。鼓初严。鼓再严。鼓三严。执事者各司其事。启户。各官盥手。

引：各官盥手。

通：承祭官就位，陪祭官就位。迎神，举迎神乐，奏丕平之章。上香。

引：上香，诣香案前，跪，叩首，兴。初上香，亚上香，三上香。跪，叩首，兴。复位。

通：三跪九叩首，兴。奠帛爵，行初献礼。举初献乐，奏俶平之章。

引：行初献礼，诣醴尊所。司尊者举幂酌醴，司帛者捧帛，司爵者捧爵，诣帝君神位前。跪，叩首，兴。奠帛，献爵。初献爵，跪，叩首，兴。

通：就读祝位。读祝生诣读祝所，跪，叩首三。不赞。

引：主祭官跪。

通：各官皆跪。乐止，读祝。读毕，读祝生兴，捧祝版安于帝君位前篚内，跪，照承祭官叩首，兴。不赞。读毕。

引：叩首，叩首，叩首，兴。复位。

通：行亚献礼，举亚献乐，奏焕平之章。

引：行亚献礼，诣醴尊所。司尊者举幂酌醴，执爵者捧爵，诣帝君神位前。跪，叩首，兴。献爵，亚献爵。跪，叩首，兴。复位。

通：行终献礼，举终献乐，奏煜平之章。

引：行终献礼，诣醴尊所。司尊者举幂酌醴，执爵者捧爵，诣帝君神位前。跪，叩首，兴。献爵，终献爵。跪，叩首，兴。复位。

通：彻馔，举彻馔乐，奏懿平之章。送神，举送神乐，奏蔚平之章。三跪九叩首，兴。捧祝帛、香馔送燎。执事各诣帝君神位前，跪，三叩，兴。不赞。司祝捧祝，司帛捧篚，司香捧香，司爵捧馔，恭送燎所，由中道出。焚祝帛香馔。各官诣燎所，眡燎。复位，礼成，钟鼓齐鸣。

祝文

惟神迹著西潼，枢环北极。六匡丽曜，协昌运之光华；累代垂灵，为人文之主宰。扶正久彰夫感应，荐馨宜致其尊崇。兹届仲春、秋，用昭时祀。尚其歆格，鉴此精虔。尚飨。

文昌后殿春秋祭仪注

通：行春、秋祭礼。执事者各司其事。承祭官盥手。就位，迎神，上香。

引：上香。就上香位，跪，叩首，兴。上香，三跪，叩首，兴。复位。

通：二跪，六叩首，兴。奠帛爵，行初献礼。

引：行初献礼，诣醴尊所。司尊者举幂酌醴，司帛者捧帛，司爵者捧爵，诣帝君先代神位前，跪，叩首，兴。奠帛献爵。初献爵，跪，叩首，兴。

通：就读祝位。读祝生诣读祝所，跪，叩首三。不赞。

引：承祭官跪，读祝。读毕，读祝生兴，捧祝版安于文昌先代位前篚内，三叩首，兴。不赞。读毕，承祭官叩首，叩首，叩首，兴。复位。

通：行亚献礼。

引：行亚献礼，诣醴尊所。司尊者举幂酌醴，执爵者捧爵，诣帝君先代神位前，跪，叩首，兴。亚献爵，跪，叩首，兴。复位。

通：行终献礼。仪同亚献。复位。

通：彻馔。送神，二跪六叩首，兴。捧祝帛香馔送燎，司祝捧祝，司帛捧篚，司香捧香，司爵捧馔，恭送燎所。焚祝帛香馔，承祭官眂燎。复位，礼成。

祝文

祭引先河之义，礼崇返本之思。矧夫世德弥光，延赏斯及。祥钟累代，炯列宿之精灵；化被千秋，纬人文之主宰。是尊后殿，用答前庥。兹值仲春、秋，肃将时事，用伸告洁，神其格歆。尚飨。

奎星阁仪注

赞：就位。上香，三跪，献帛，献爵。初献爵，亚献爵，三献爵。读祝，叩首，叩首，叩首，兴。焚祝帛，礼毕。

祝文

惟神魁杓应宿西垣，临阁道之躔；武库分司东壁，近图书之府。属云梯之得路，须斗极以持衡。兹当祀事之期，用妥明禋之荐，从此灵晖朗映，泰运宏开。玉虎垣中，照曜蟾宫之桂；金鳌顶上，辉煌凤管之花。策天马以腾骧，翌帝车而转运。式崇燕享，丕启鹏图。尚飨。

卷 二

乡贤祀纪

忠臣为国忘家，大廷等神明之奉；豪侠疏财好义，比户兴拜祝之思。有功德于民则祀，自古维昭道至善，殁世不忘，于今为烈。况我石山书院之建也，隐扶名教，丕振文风。诸君子倡导于前，落成楼阁；乡先生乐从于后，用助修膏。慷慨挥金，咸羡泉流艺圃；从容割土，直看粟种书田。培成鸾凤之才，梯登十二；养到蛟龙之气，浪破三千。多士获庆鹏抟，大家实劳骥率。爰留棠荫，像铸金人，祀入芝龛，荣登木主。静言思之，传为士林佳话；为其贤也，用酬明德馨香。

张姓合族

张公僖，字偁伯，唐河南节度使。子滔一，马部侍郎；滔二，兵部员外郎，给粮厅；滔三，马部给事中领贵州坪坝卫。

张姓长房

张公滔一，唐马部侍郎。子孟四十九郎、孟五十郎。

张姓二房

张公滔二，讳淮，号图济，唐兵部员外郎，给粮厅。子孟芸、孟敏、孟蕴、孟德。

张姓三房

张公滔三，字源深，唐马部给事中，领贵州坪坝卫。子孟埙、孟篪、孟贻。

桥上

戴公匡思，字承务，后梁。子师诚、师随。

新田

罗公添荣，字德章，宋代。子象贤。

苗田

朱公建常，字经庵，号迁一，宋代。子忠国。

吴姓族祖

吴公中立，字不倚，号岳峙，一号崇高，元代。子用斌、用礼。

桐溪湾

李公芳梅，讳雪筠，元代。子宗江、宗河、宗淮、宗济。

泮春

周公子青，号韩潮，元代。子纲远、纲达。

桥上

文公芳成，字启元，号首矩，元代登仕郎。子从显。

许家冲

李公宗济，字恩泽，元代登仕郎。子本璜。

泮春

周公纲远，字自南，明代登仕郎。子念熙、念芳。

晓铿

杨公名标，字禄贤，号源贵，明代员外郎。子教化。

塘前

吉公彦琍，字鼎玉，号朝选，明代邑庠生。子从郁，国学生。

秧田

罗公继琇，字璠玙，明代。子志启。

浅船岭

徐公万通，字汉深，号运达，明代修职郎。子思冕，邑庠生；思珍，大学生。

山田

彭公善英，字正修，明代。子如海、如明、如岳。

土桥

吉公从浚，字川源，号觉斋，明代廪膳生，丙子科举人。子仁端，廪膳生；仁林；仁鵞，郡庠生。

塝头

周公美珠，字若玉，明代邑廪生。子盛德，邑庠生。

土桥

吉公仁鵞，字来仪，明代郡庠生，子正肃，邑庠生；正耕、正田。

洞溪市江背

罗公瑶孙，字玉珂，明代贡生。子添辉、添曜、添樟。

晓铿

杨公前昂，字珑洲，号江楼，明代。子徽启、徽国、徽佐。

泮春

周公万辉，字耀朝，明代登仕郎。子允洒，登仕郎；允泽，国学生。

相公殿

张公再瑄，字璧玉，号蓝田，明代。子得金。

丁家冲

柳公添鉴，字肇基，明代。子茂堂、茂良。

泮春

周公永逵，字鸿飞，号署鹏，明代儒林郎。子大本，州同衔。

苗田

朱公志定，字敬修，明代登仕郎。子立乡、立党、立让。

培上

张公宇新，字时征，号道洸，明代中议大夫。子正和，同知衔；正兴，奉直大夫。

泮春

周公永达，字鹏摇，明代。子大表、大谅、大策、大丕。

泮春

周公永迪，字署云，明代。子大科，吏员；大勇，大学生，诰封奉直大夫；大儒，吏员；大哲；大彪。

向坪

戴公才松，字节显，号秀亭，明代。子国崇。

泮春

周公大恺，字恻隐，明代登仕郎。子思绅、思堂、思儒、思勉、思盛。

丁家冲

柳公入旺，字义公，明代大学生。子清贤、清廉。

苗田

朱公立埙，字先德，明代登仕郎。子正高、正敦、正衡、正连。

秧田

罗公文律，字道崇，号栗山，明代国学生。子朝生、朝都、朝润、朝儒、朝敦、朝伦。

大屋场

张公兴尊，字西畴，号实颖，明代。子忠俭、忠让、忠寄。

萝佳山

张公邦御，字西潭，号流芳，明代寿民。侄国仁。

秧田

罗公朝润，字泽溥，号沛园，明代国学生。子胜稳、胜穡、胜委、胜香。

螺梭殿

张公讳裕后，字玉厚，号少泉，明代。子兴楚。

泮春

周公政贵，字绍梅，明代。子存俵、存章。

晏家滩

刘公开元，字子初，号甫亭，明代郡廪生。子斐章、汉章、琥文、灿文、宗文。

萝佳山

张公国仁，字泷泉，明代。子启琳、启榫、启绤、启悟、启惕、启沩。

楼前

张公兴府，字石峰，明代。子忠洺。

汉头

周公国高，字思吾，明代。子志贤、志欣、志琥、志让、志谦、志辐、志议。

楼古

张公九宗，字应遵，号奋庭，明代。子邦奇、邦念、邦乡、邦意。

洞溪市

暨公宗兰，字绍梅，明代。子宏纹、宏斌、宏祖、宏日。

石函

戴公嗣榜，字思山，明代监生。子德阳、德升。

棉花园

张公启铭，字慎初，号盛山，明代。子显仁、显义、显信。

洞溪市

暨公宏日，字秀宇，明代。子文彬、文学、文秉、文韬、文略、文煌。

国朝

坝口

罗公朝彬，字国辉，号光廷，修职郎。子达韬、达略、达煌、达高、达秀。

姚坊

周公士瑝，字膺佐，大学生。子升腾，从九职；升级，从九职。

墈头山

张公启盛，字恭简，号居敬，修职郎。子显荃，登仕郎；显妙；显蕃，登仕郎；显葵。

锺灵屋

杨公永锺，字伯英。子世春、世拔、世举、世琦。

下邳

吴公荣英，字杰人，国子监典籍。子宗远；宗近，登仕郎；宗鹏。

高陂段

陈公大宗，字继先。子祖琼、祖琳、祖玙、祖瑾。

祝家源

祝公泰忠，字若岐，登仕郎。子德福，大学生；德寿。

秧田

罗公显仁，字添安，号厚莽，邑庠生。子达尊，贡生；达政，大学生。

浅船岭

徐公愈德，字与仁，号时宜，例进士。子渭珍；后周，儒林郎。

高培

张公国湖，字士潢，号蓬瀛，从九职。子启诰；启机；启树，登仕郎；启衡，貤赠儒林郎。

秧田

罗公昌兴，字公廷，号乡宠。子显护、显峨、显耆。

江边

周公登福，字晁宗，号隽德，翰林院待诏。子科陶；科淮，登仕郎；科榆。

向坪

戴公仁兴，讳元晃。子祖裕。

大安里

吴公国信，字载周，号仪绍，登仕郎。子兴盈，登仕郎。

泮春

周公士邦，字三鼎，号豆馨，奉政大夫。子登铎，登仕郎；登镇，登仕郎；登鹏，登仕郎；登钧，登仕郎。

大阳坪

周公鼎乾，字恒升，号寿山，奉政大夫。子政荣、政华、政富、政贵、政光、政瞾。

向埠岭

蒋公定寿，字克超，号仕华。子应隆、应山。

姚坊

周公科联，字闻亲，貤赠奉直大夫。子名育；名芳；名善，从九职，貤赠儒林郎，诰赠奉直大夫；名权，貤赠登仕郎。

神背冲

刘公道武，字闻韶，号乐吾。子隆任、隆鳞、隆乘、隆德。

菊家园

张公显鳌，字作商，号钓滨。子登旦、登首。

竹湾源

戴公应麟，字超凡，号杰斋，从九职。子福兰、福得、福恩、福寿。

茶子坳

喻公和景，字彤云，号星阶，登仕郎。子傅德，大学生；傅纶。

姚坊

周公登夔，字盖华。子科运、科深、科□。

西冲

沈公德儒，字世先。子定纲、定絪。

大安里

吴公兴盈，字殿文，号举贤，登仕郎。子隆明，州同职；隆玥，从九职；隆星；隆斗，大学生。

秧田

罗公显名，字桂芳，号馥斋。子达冬、达传、达信、达律、达旭。

下邳

吴公朝后，字绍南，号湘楚，登仕郎。子国开，登仕郎；国辟、国闾、国阅、国闱。

浅船岭

徐公以琅，字后周，号添宝，旌表五代，赠儒林郎。子晴川，儒林郎；禹疏，登仕郎，晋赠奉直大夫；汉川、清兮。

高培

张公启树，字记奋，号东导。子显鹍、显鹓、显鹏、显鵰、显鷟、显鸑、显鶊鸖、显鵧。

丁家冲

柳公兴魁，字豪士，号艺圃，儒林郎。子万纹，监生；万绶；万缕；万纬，敕封登仕郎。

湾里屋

张公显蕢，字后选，号青岩，一号黼亭。子登沂、登澳、登沣、登溧。

高培

张公启衡，字记舆，号佩绅，赠儒林郎。子显德，监生，敕封儒林郎，貤赠奉直大夫；显垓；显垠；显埏。

韩家巷

张公登精，字纹胜。子名霞；名述，貤赠登仕郎；名衡。

姚坊

周公名善，字清濂，号心斋，捐名推恩登仕郎，貤赠儒林郎，晋赠奉直大夫。子望澜，大学生；望七，敕赠儒林郎，诰赠奉直大夫。

花园

张公峻印，字光晟。子宏航，登仕郎；宏裕；宏箈；宏奏，貤赠登仕郎；宏桢。

石山下

张公名经，字有书。子峻激、峻浠、峻汉。

坝口

罗公华[illegible]，字拔猷，号贡益。子富禧、富滨、富纯。

高陂段

陈公绍津，字芳沅，号济人，赠奉直大夫。子余彬，诰赠奉直大夫。

泮春

周公科条，字承组，貤赠登仕郎。子名闻；名虚；名绅，从九职。

楼古

张公显纹，字绍科，号尚古，赠登仕郎。子登第，从九职；登任。

浅船岭

徐公昌海，字晴川，号源远，赠儒林郎。子礼樌；礼柏，大学生；礼松，登仕郎；礼材，儒林郎；礼楼，诰赠奉直大夫。

神湾

周公名材，字后秀，貤赠儒林郎。子望春，敕赠儒林郎，诰赠中议大夫；望冬，封登仕郎，赠儒林郎，晋赠奉直大夫。

鸡公陂

熊公廷富，字承馨，号德门，登仕郎。子显宗；显道；显爵；显录；显遇，监生。

泮春

界坊源周公科镇，字道远，貤赠奉政大夫。子名秉；名任；名睦，貤封登仕郎，晋赠奉政大夫。

高陂段

陈公绍淮，字位南，号北山，赠奉直大夫。子余菊，从九职；余秩，诰赠奉直大夫；余东，从九职；余量，从九职。

鸭头

王公国贤，字智纹，号达书，赠登仕郎。子盛茂；盛敏，大学生；盛隆，从九职；盛馥。

浅船岭

徐公昌河，字禹疏，号九轩，登仕郎，赠奉直大夫。子桓干，登仕佐郎，貤赠奉直大夫；则韶；逢高，敕赠修职郎；顺宽；乔松，例授登仕佐郎，诰封奉直大夫；巍松；斗环，敕赠登仕佐郎。

洞溪市

暨公齐辉，字儒扬，号珪斋，原号玥亭，貤封登仕郎，貤赠奉直大夫。子芳芬，例授登仕郎，诰赠奉直大夫；芳筠，貤赠登仕郎；芳衢，大学生。

下邳

吴公国权，字经衡，号平斋，贡生。子兴韵，例授昭武都尉；兴泳，例授昭武都尉；兴进，国学生；兴峰，敕赠儒林郎；兴纪，敕封儒林郎。

山枣岭

吴公朝挺，字存心。子国醇、国乐、国韶，貤赠登仕郎；国相，从九职。

鸡公陂

熊公廷贵，字献成，号文斋。子显梅；显树，从九职；显栏；显柏；显栊。

谢家段

谢公发瑞，字纪祥，号绍山。子人吉、人星、人奉、人旨、人诏。

楼古

张公显绅，字光裕，号笏堂，赠登仕郎。子登捷、登阀，从九职。

坝田里

张公宏慧，字智士。子开秩、开叙。

韩家巷

张公名霞，字清贵。子峻言；峻麟，貤赠登仕郎。

文家巷

文公耀金，字楚珍，号宝庄。子光宗、光贤、光俊。

高培

张公显德，字以馨，号懋斋，大学生，敕封儒林郎，貤赠奉直大夫。子登巍，州同职，诰封奉直大夫；登寿，大学生；登霍，议叙八品职衔；登献，貤赠登仕郎。

夏家园

张公峻兼，字三才。子宏录、宏志、宏锺、宏铭、宏鏻。

韩家巷

张公名述，字远谟，貤赠登仕郎。子峻台，从九职。

浅船岭

徐公礼樻，字宣赞，号天赐，又号彩服。子明熙。

江背冲

沈公定骞，字抟九，号万里，赠奉政大夫。子立校，诰赠奉政大夫；立荣，敕赠儒林郎；立材，诰授奉政大夫；立梁，大学生；立槐，敕授儒林郎；立树，例授登仕佐郎。

泮春

周公名燮，字理阳，敕赠儒林郎。子望塔；望绍；望隆；望阙，大学生；望德；望冰。

泮春

周公望德，字顺成，号炳南，州同职。子朝锡。

楼下垅

罗公开和，字六合。

柏岩

王公祖琛，字楚书，号南园，大学生，赠奉直大夫。子光甲；光南；光烈，从九职位，诰封奉直大夫。

大阳坪

周公铨优，字馥彰，号桂亭，耆职，例授登仕郎，晋授修职郎，旌表五代。子昆杰，职监生；昆标，九品衔。

西冲

罗公纯骥，字监二，号郁超。子熙仪、熙杰、熙伟。

蛇园

张公登茂，字丛林、号长青，赠登仕郎。子名瑶；名琼；名翠，从九职。

大屋场

张公名俎，字迟宗，貤赠登仕郎。子峻岣；峻赞；峻学，从九职。

棉花园

张公宏猷，字溪山，号南里，登仕郎。子开蔽、开莨、开芝。

神湾

周公望春，字舒和，敕赠儒林郎，诰赠中议大夫。子朝耀，州同职；朝善，监生，诰赠中议大夫。

山田

戴公生棣，字载厚，号衡清。子瑞复、凭复、熙复、采复。

坝田里

张公峻枢，字齐政，号玉亭，赠登仕郎。子宏灿，从九职；宏耀；宏蒸。

锺灵屋

张公登咸，字德五。子名东。

楼古

张公显普，字成山，号阜兮，赠登仕郎。子登清，诰封奉直大夫。

鸭头

王公盛仰，字维高，号邱山，貤登仕郎。子思庆，例授登仕郎。

浅船岭

徐公礼材，字作荣，号朝栋，儒林郎。子明煐；明煌；明薰，大学生。

丁家冲

柳公万纬，字腾桂，号兰芳，封登仕郎。子世林、世枝，从九职；世极；世梯，例授登仕郎。

枇树坑

徐公礼桢，字桓干，号茂斋，登仕郎，貤赠奉直大夫。子明烈，敕赠修职郎；明燻，登仕佐郎；明燮，诰授奉直大夫；明炳，登仕佐郎；明耀，诰赠奉直大夫。

夏家园

张公宏寿，字久怀，号锦堂。子开轫，国学生。

花园

张公宏奏，字和铃，号元音，赠登仕郎。子开甲，从九职。

山田

戴公生杰，字达士，号焕远，修职郎。子彰复，大学生；彩复，布政司理问。

楼古

张公登第，字翊事，号云阶，登仕郎。子名馥，大学生；名司，从九职。

培上

张公凤南，字益楚，号秦臣，赠登仕郎。子文煜；文炯；文焕，从九职。

周落

陈公整兴，字雄辉，诰赠奉直大夫。子宗慈，州同加二级；宗宙，监生；宗厚，监生；宗献，监生；宗型，从九职；宗香，从九职；宗荫，例贡生。

中院段

孔公毓伯，字锺松，号石玉，封登仕郎。子传忠，例授登仕郎；传慧，例授登仕郎；传兰，例授修职校尉；传祺，例授登仕郎加翰林院待诏；传河。

楼古

张公登任，字裕事，号升阶。子名厚，议叙从九品衔；名德。

溪江

熊公廷飞，字遇隆，号澍村，登仕郎。子显毅，大学生；显铭；显经；显谋；显巍，敕封儒林郎。

黄土仑

包公治逢，字端庭。子国泰、国顺。

排里

张公宏扬，字旦香，号春园。侄孙继珍、继宝。

中院段

孔公传授，字振法，号师圣。子继桂，登仕郎；继枝。

秧田

罗公荣袭，讳常珍，例授登仕郎。子华深、华行。

乾璧园

张公峻巍，字经卷，貤赠登仕郎。子宏道；宏义，从九职。

花园

张公宏荫，字瑞青，号春山。子开围、开仰、开榜、开篪。

洞溪市

暨公芳芬，字怀恕，号香圃，登仕佐郎，赠奉直大夫。子俊光，七品顶戴，诰赠奉直大夫，晋赠中议大夫；俊翔，议叙九品州同加二级，貤赠奉直大夫。

鸭头

王公盛敏，字廷干，号槐轩，大学生。子思畴，大学生；思俊，登仕郎；思彬，大学生。

中院段

邓公再文，字黄诏，号流光。子明启、明缃。

高陂段

陈公余秩，字西成，号秋圃，赠奉直大夫。子朝浚，附贡生，州同加二级。

鸭头

王公盛隆，字廷辉，敕封登仕郎。子思彩，从九职；思杰。

洞溪市

暨公芳筠，字礼春，号竹村，赠登仕郎。子俊典，例授登仕郎；俊求，八品顶戴；俊秩；俊仪，大学生。

石牛陂张公开好，字懿德，号秉臣。子继复。

楼下垅罗公开韫，字玖林，号玉泉。子建烺、建锡。

高培张公登巍，字建衢，号瞻岩，一号小山，州同职，诰封奉直大夫。子名钰，布理问职加二级，授奉直大夫；名钧，监生，保奏县丞。

丁家段

丁公国顺，字流辉，号心田，登仕郎。子文蔚，国学生；文林，邑庠生。

界坊柳

柳公世表，字然章。子炳轩，保举八品衔，候选府经厅。

晓铿

杨公学通，字为政，号德一。子际广、际楷。

楼下垅

罗公开铨，字十美，号吾禄。子建南、建铭。

相公殿

张公峻音，字金玉，号钰亭，从九职，保举八品州同衔，保举县丞加一级，钦加五品衔。子宏堉；宏伦，监生，保举州同衔；宏箴。

晓铿

杨公学裕，字维恩，号才优。子际科，貤封登仕郎；际钿，例授修职郎；际铨，例贡生。

楼古

张公登清，字瑞生，号蔼亭，封奉直大夫。子名实，诰授奉直大夫。

枇树坑

徐公礼楚，字桥嵩，号翘斋，登仕郎，封奉直大夫。子明燫，州同职，加二级，诰授奉直大夫。

高培

张公登寿，字建敦，号仁山，大学生。子名庚，监生；名飀；名座。

新田

罗公纯化，字缙绅，号乐山，九品衔。子熙鸣，从九职；熙鹊。

丁家冲

柳公世槐，字献奇，号陶门，赠登仕郎。子永昶，例授登仕郎；永善；永培。

大阳坪

周公昆岐，字豳风，号创基，登仕郎。子高稷、高秬、高穛、高稌。

楼古

张公登阀，字映浦，号锦亭，登仕郎。子名业，大学生；名愤。

山田

吉公廷渭，字高明，号贤哲。子荣安、荣乐、荣恕、荣作。

培上

张公凤毛，字高启。子文润、文泮、文洽、文波。

山枣岭

吴公国相，字和林，号金阶，登仕郎。子兴顺，例授登仕郎。

毛尾澡

陈公大和，字德礼，号裕和，登仕郎。子远浚。

西冲

唐公体懋，字亮英，号坦白，登仕郎。子义质。

章佳源

戴公生懋，字钦典，号敬先，大学生。子琇莹，诰赠奉直大夫；琇璠，勅封承德郎。

韩家巷

张公峻台，字有光，号辉三，登仕郎。子宏馨，大学生；宏集；宏致。

泮春

周公朝梧，字挺秀，从九职；子廷福。

洞溪市

暨公俊光，字含宏，号坦堂，七品顶戴，诰赠奉直大夫，晋赠中议大夫。子廷貤，大学生，诰赠奉直大夫，晋赠中议大夫。

萝佳山

张公继来，字随行。侄绪崇、绪班。

泮春

毛家鞘周公名桢，字干国，号美材，登仕郎。子望峰、望湘、望气、望月。

棉花园

张公蔌，字彩瑞，号从璋。子继中、继慕。

相公殿

张公峻阶，字桂兰，号芳斋，登仕郎。子宏举，大学生。

相公殿

张公宏翥，字鸣凤，号诚思，赠登仕郎。子开铭；开浣，从九职；开听。

高培

张公登霍，字建楚，号心一，一号中山，议叙八品职衔。子名淦、名实、名在、名次。

晓铿

杨公学镜，字鉴庭，号方诸。子际芹、际名、际中。

中院段

孔公传慧，字立勋，号镇溪，登仕郎。子继杰，邑廪生；继道，山东文庙五品执事官。

洞溪市

暨公俊翔，字云卿，号蒸吾，议叙九品授登仕郎，州同加二级，貤赠奉直大夫。子廷树，七品顶戴；廷绶，大学生；廷献，七品顶戴，赠奉直大夫。

神湾

周公朝善，字最乐，号兰室，监生，赠中议大夫。子廷兴，主事衔加五级，诰授中议大夫。

泮春迁居马尾濠。

周公望统，字四端，登仕郎。子朝发、朝首、朝翮。

高培

张公登献，字建廷，号右泉，赠登仕郎。子名源，从九职；名静。

石山下

张公宏贞，字晚书。子开昱。

晓铿

杨公际科，字辅榜，号上珍，封登仕郎。子时乐；时勋，府检校职；时馥。

江背冲

沈公立校，字学林，号则三，赠奉政大夫。子思倬，诰封奉政大夫；思仪，大学生。

韩家巷

张公名俄，字鹤皋，诰封武功将军。子峻植；德亮，钦赐花翊，尽先即补甘肃协镇。

中院段

孔公继怀，字茂森，号履春，山东文庙七品执事官。子广善、广义。

泮春

周公名峻，字占春，号魁首，登仕郎。子望佑，大学生。

章佳源

戴公晶复，字琇莹，诰赠奉直大夫。子益光，州同职。

枫林老杨

张公世徽，字慎五，号式臣。子代阶。

塅头山迁居枇树坑。

张公峻杞，字发理。子宏俾、宏瀞、宏光、宏洙、宏潭。

下邳

吴公隆举，字刚健，号鹄轩，赠登仕郎。子万程，从九职。

江背冲

沈公立材，字贤林，号培山，授奉政大夫。子思侍。

秧田

罗公富贵，字能训，号师半，封奉政大夫。子贵育，州同加二级。

大屋场

张公峻详，字呈瑞，貤封登仕郎。子宏祠；宏贵，从九职。

大源洞

陆公传顺，号自明，州同衔加二级，授奉直大夫。子河汉、河燕、河瑞、河岳。

界坊源

周公望鸿，字金龄，号羽仪，登仕郎，授奉政大夫。子朝英、朝玺。

山上

罗公富申，字舒祥，号福禄。子贵思、贵耕、贵孟。

洞溪市

暨公廷貤，字锡章，号金门，大学生，诰赠奉直大夫，晋赠中议大夫。子荣题，监生，诰封奉直大夫，晋封中议大夫。

石牛陂

张公应魁，字四山，贡生。子邦念，邑庠生；邦杰，吏员；邦直，邑庠生；邦基，邑庠生；邦士；邦政；邦学。

坝田里

张公得华，字仁丽。子大林、大奇。

晓铿

杨公前英，字豪士，号杰臣。子徽鸾、徽爵、徽言、徽韬。

下邳

吴公从斌，字镇宇，号廷重。子伯椿、伯清、伯正。

吴公从节，字孝廉。子伯全，邑庠生。

吴公伯鼐，字能和，号普晹，贡生。子本弼、本粥。

吴公伯鼎，字能调，号和羹，福建泉州府晋江县县丞。子本爵；本源，任湖广省提督塘务府事；本泉。

大安里

吴公朝赋，字纹茂，号重修，赠登仕郎。子国仁；国义；国礼；国智；国信，登仕郎；国靖。

安全里

吴公兴盛，字位升，号名传，貤赠修职郎。子隆祥，修职郎；隆玗，登仕郎；隆辉。

锺灵屋

张公登载，字德厚。子名河，耆职。

秧田

罗公南华，字文表，号庄书，赠登仕郎。子富淇，登仕郎；富箴，儒林郎；富颖，国学生。

桥上

戴公伦复，字百年，号长庆，赠登仕郎。子益光、益趾，登仕郎；益禄、益兆、益芳、益庭。

山田

戴公永复，字遐昌，号长清。子益源。

谭家冲

陈公清藩，字庶邦。子传裕。

秧田

罗公荣乐，字添喜，号怡颜。子合景。

晏安滩

刘公俊贤，字在位，号邱园。子人厚、人籍、人多、人穆、人英。

晓铿

向公镇能，字高怀、子宗训、宗伦、宗辅、宗榜。

山田

严公远荣，字武桂。子创成。

树林段

萧公应德，字树凤。子家益、家余。

石牛陂

张公绪亮，字耀彩，号竹溪，大学生，选用县丞，保举通判，钦加五品衔，遇缺即补甘肃知县。子昌炳。

高培奖主

张公名钰，字构辉，号颂卿，诰授奉直大夫。子峻颐，大学生；峻复。

楼下里奖主

张公名音，字闻笙，登仕郎。子鹏辉、鸿辉。

名媛祀纪

天地精英间出，半毓名姝；国家文治光昌，多由阴教。韦氏母节门之秀，开绛账以传经；王夫人林下之风，藉清谈以讲学。我石山书院之建也，才子从容好义，每自荻画相成，丈夫踊跃培文，大抵兰房内助。慈云裔荫，上襄修脡之资；吉雨香霏，毕具须眉之气。既坤仪而共仰，自节概以难湮。今当缕述芳徽，道扬懿德，纪贤媛之传，彤管荣增；比神女之祠，芝龛祀永。乘云拜瑶池金母，群仙春献桃盘；对月酬玉府嫦娥，多士秋斟桂酒。此日青箱普惠，自无不栉之书生；他年黄绢成词，应有题碑之国士。

张姓合族

张母晏氏，唐代一品夫人。子滔一，马部侍郎；滔二，兵部员外郎，给粮厅；滔三，马部给事中。

张姓长房

张母赵氏，唐代一品夫人，续配萧氏，三配韩氏。子孟四十九郎、孟五十郎。

张姓二房

张母王氏，唐代一品夫人；欧阳氏、魏氏。子孟敏、孟蕴、孟芸、孟德。

张姓三房

张母黄氏，唐代一品夫人。子孟埙、孟篪、孟贻。

泮春

周母左氏，元代。子纲远，从九职；纲达。

泮春

周母李氏，明代。子允洒，例赠登仕郎；允济，国学生。

萝佳山

张母沈氏，明代。子启琳、启挥、启俗、启悟、启惕、启沩。

国朝

秧田

罗母汪氏。子荣洋；荣滚，大学生；荣湖；荣江，大学生。

大阳坪

周母张氏，诰赠宜人。子政荣、政华、政富、政贵、政光、政习。

秧田

罗母张氏、吉氏。子荣笔，大学生；荣峻；荣椿；荣楷，貤赠登仕郎；

荣蘖，诰封奉政大夫；荣湘，大学生。

丁家冲

柳母沈氏，例授安人。子万纹，监生；万绶；万缕；万纬，敕封登仕郎。

石山下

张母刘氏。子峻激、峻浠、峻汉。

鸭头

王母庐氏，例授孺人。子盛茂、盛敏，大学生；盛隆，从九职；盛馥。

高培

张母吉氏，敕赠安人；贺氏，貤赠宜人。子登巍，州同职，诰封奉直大夫；登寿，大学生；登霍，议叙八品职衔；登献，貤赠登仕郎。

神湾

周母张氏，敕赠安人；吴氏，诰赠淑人。子朝耀，州同职；朝善，监生，诰赠中议大夫。

丁家冲

柳母袁氏，敕封孺人。子世林、世枝，从九；世极；世梯，登仕郎。

晏家滩

刘母胡氏，旌表百岁，五代同堂，敕封安人。子人卓、人重、人哲、人慧、人玉、人官、人睦。

楼古

张母杨氏，貤赠九品孺人。子登清，诰封奉直大夫。

洞溪市

暨母吴氏，诰赠宜人；张氏。子俊光，七品顶戴，赠奉直大夫，晋赠中议大夫；俊翔，议叙九品州同，加二级，貤赠奉直大夫。

周乐

陈母张氏，诰赠宜人；胡氏。子宗慈，州同加二级；宗宙，监生；宗厚，监生；宗献，监生；宗型，从九职；宗香，从九职；宗荫，例贡生。

花园

张母李氏，貤赠九品孺人；徐氏。子开申，从九职。

培上

张母袁氏，貤赠九品孺人。子文煜、文炯、文焕，从九职。

鸭头

王母吴氏。子思畴，大学生；思俊，登仕郎；思彬，大学生。

萝佳山

张母朱氏。子继铸、继错。

晓铿

杨母陈氏。

洞溪市

暨母袁氏，貤赠九品孺人。子俊典，例授登仕郎；俊求，八品顶戴；俊秩；俊仪，大学生。

高培

张母罗氏，诰封宜人。子名钰，布理问职，加二级，授奉直大夫；名钧，监生，保奏县丞。

夏家园

张母罗氏。子继沼、继沚。

楼古

张母陈氏，诰封宜人。子名实，诰授奉直大夫。

章佳源

戴母罗氏，貤赠宜人。子琇莹，诰赠奉直大夫；琇璠，敕封承德郎。

石山下

张母陆氏。子开旦、开杲、开晃、开昺。

相公殿

张母柳氏，例封孺人；周氏。子宏举，大学生。

泮春

周母刘氏，旌表节孝。子望佑，大学生。

锺灵屋

张母邓氏。子峻燕、峻敏，邑庠生；峻椽。

下邳

吴母吉氏，貤赠恭人；周氏。子兴韵，例授昭武都尉；兴泳，例授昭武都尉；兴进，国学生；兴峰，敕赠儒林郎；兴纪，敕封儒林郎。

许家冲

李母童氏，例封孺人；徐氏。子本璜。

大安里

吴母左氏、李氏。子隆明，州同职；隆玥，从九职；隆星；隆斗，大学生。

下邳

吴母罗氏，貤封孺人。子国开，登仕郎；国辟；国闾；国阅；国围。

万家洞

邹母徐氏。子和元、和亨、和利、和贞。

谢家塘

萧母饶氏。子贵友、贵辅。

秧田

罗母刘氏，诰封宜人。子贵育，州同职。

南源

吴母张氏，貤赠孺人；周氏。子隆懋，大学生；隆精。

泮春

周母暨氏、焦氏，诰赠淑人；徐氏；吉氏。子廷兴，诰授中议大夫。

卷　三

捐钱小引

盖闻职司泉府，周官垂掌布之文；利产铜山，汉代兴铸帑之制。圆象天而方象地，意取流通；聚于己而散于人，美昭利用。况欲培成国宝，储作席珍。是须骑鹤仙人，解出缠腰万贯；岂徒饮马豪客，轻将挂杖三投。今幸雅意殷勤，高风慷慨。效疏广以挥金，多财益智；慕伏波而散币，守虏怀惭。封启紫标，助多士锦标高夺；库开黄榜，培斯文蕊榜先声。同擅万中之长，青钱入选；既受五铢之惠，黄绢题名。

捐建奎文阁各会芳名

利济渡，捐钱六百千文。

康乐堂，捐钱十二千文。

崇正堂，捐钱二十千文。

寿致祥，捐钱二十千文。

四十一都，捐钱一百三十千文。

四十二都，捐钱一百五十千文。

四十三都，捐钱一百千文。

五十六都，捐钱五千文。

五十九都，捐钱二千文。

五十九都五甲许李，捐钱三千文。

各团

全吉团，捐钱三十五千文。

全福团，捐钱三十千文。

福升团，捐钱一千文。

福祺团，捐钱一千文。

福懋团，捐钱一千文。

福介团，捐钱一千文。

福履团，捐钱一千文。

福祉团，捐钱一千文。

福臻团，捐钱一千文。

福绥团，捐钱一千文。

全仁团，捐钱三十千文。

仁安团，捐钱一千文。

仁心团，捐钱一千文。

仁寿团，捐钱一千文。

仁德团，捐钱一千文。

仁政团，捐钱一千文。

大吉团，捐钱三十千文。

吉星团，捐钱一千文。

吉临团，捐钱一千文。

吉昌团，捐钱一千文。

吉泰团，捐钱一千文。

吉祥团，捐钱一千文。

吉庆团，捐钱一千文。

吉安团，捐钱一千文。

吉康团，捐钱一千文。

吉成团，捐钱一千文。

相公殿

同庆祀，捐钱二十四千文。

合庆祀，捐钱十五千文。

常明灯，捐钱四十千文。

正直祀，捐钱十二千文。

香炉祀，捐钱二十千文。

长香祀，捐钱三十千文。

永庆祀，捐钱十千文。

咸临祀，捐钱八千文。

王爷祀，捐钱一千文。

普周祀，捐钱十六千文。

长庆祀，捐钱七千文。

普庆祀，捐钱二十千文。

永佑祀，捐钱十千文。

祥庆祀，捐钱十千文。

保和祀，捐钱十千文。

永绥祀，捐钱三千文。

四甲罗王陈，捐钱四千文。

和平祀，捐钱五千文。

周二甲，捐钱三千文。

周三甲，捐钱六千文。

周八甲，捐钱十千文。

柳十甲，捐钱二千文。

灯彩祀，捐钱五千文。

旗伞祀，捐钱八千文。

神舆祀，捐钱十千文。

神驷祀，捐钱三千文。

关爷祀，捐钱二千文。

西杨许，捐钱二千文。

张吕祀，捐钱十二千文。

石柱峰

普庆祀，捐钱四千文。

长香祀，捐钱三千文。

金石山

关圣祀，捐钱一千文。

庆真祀，捐钱一千文。

天师祀十四日，捐钱一千文。

天师祀十五日，捐钱一千文。

天师祀十六日，捐钱五百文。

天师祀十七日，捐钱五百文。

天师祀十八日，捐钱二千文。

观音祀，捐钱八百文。

关圣祀罗衔寺，捐钱一千文。

辖神祀张罗刘，捐钱二千文。

五姓相公祀周刘丁汤熊，捐钱二千文。

常庆祀麻衣庙，捐钱八千文。

常庆祀丁家庙，捐钱八千文。

华念一灯会麻衣庙，捐钱二千文。

大陂坝张姓，捐钱六千文。

福寿桥山田，捐钱二十千文。

乐善桥，捐钱一千文。

双星桥枫林正洞，捐钱三千二百文。

佛岭路会，捐钱二千文。

佛岭福应祠，捐钱一千文。

流功祠，捐钱二千文。

吾主祠灯会，捐钱一千文。

众升桥杨小洞，捐钱二千文。

杨家桥，捐钱一千文。

清湘团中记，捐钱四千文。

丹霞寺，捐钱二十四千文。

罗汉寺东院，捐钱二十一千文。

罗汉寺西院，捐钱十六千文。

石鞘头城隍祀，捐钱一千文。

捐建书院并捐膏火名目

周姓合族

周子青裔，捐钱一百串文，捐祀钱十千文。

周纲远从九职。裔，捐钱五十千文。永贤裔，捐祀钱五千文。大相裔，捐祀钱五千文。大恺从九职。裔，捐祀钱五千文。

周永嵩裔，捐钱一千文。

周朝梧从九职。裔，捐钱五十千文，捐祀钱五千文。

周盛昭裔，捐钱一千文。

周德启裔，捐钱二千文。

周池秀裔，捐钱二千五百文。

周大恺从九职。裔，捐钱五十千文，捐祀钱五千文。

周启贤裔，捐钱九千文。

周理阳赠儒林郎。裔，捐钱五十千文，捐祀钱五千文。

周顺成，州同职。捐钱五十千文，捐祀钱五千文。

周政衡，从九职。裔，捐钱五千文。

周传家裔，捐钱二千文。

周琬琳从九职。裔，捐钱五千文。

周滋兰，从九职。捐钱二千文。

周永贤裔，捐钱二千文。

周福卿裔，捐钱二千文。

周永逵裔，捐钱五十千文，捐祀钱五千文。

周承俎赠登仕郎。裔，捐钱五十千文，捐祀钱五千文。

周安仁登仕郎。裔，捐钱三千文。

周政贵裔，捐钱五十千文，捐祀钱五千文。

周三鼎赠奉直大夫。裔，捐钱五十千文，捐祀钱五千文。早仕（登仕郎）裔，捐祀钱五千文。捐钱一千文。

周凌霄登仕郎。裔，捐钱一千文。

周爱莲裔，捐钱四千文。

周望佑，监生。捐钱一百串文，捐祀钱十千文。

周恒心耆职。裔，捐钱五千文，捐祀钱五千文。

周四端从九职。裔，捐钱五十千文，捐祀钱五千文。

周子先，监生。捐钱一千文。

周锡龄，郡庠生。捐钱四千文。

周富魁裔，捐钱一千文。

周俊彦裔，捐钱一千六百文。

周国政，监生。捐钱二千文。

周望宪，从九职。捐钱十六千文，捐祀钱五千文。

周同升，捐钱三千三百文。

周良辅，捐钱一千文。

周辉彩，捐钱二千文。

周干国，登仕郎。捐钱五十千文，捐祀钱五千文。

周科镇赠奉政大夫。裔，捐钱五十千文，捐祀钱五千文。

周遐龄，蓝翎五品。捐钱一千文。

周金龄从九职，赠奉政大夫。裔，捐钱五十千文，捐祀钱五千文。

周翥龄，监生。捐钱二千文。

周定阳，监生。捐钱二千文。

周永达裔，捐钱五十千文，捐祀钱五千文。

周膺佐监生。裔，捐钱五十千文，捐祀钱五千文。

周闻亲赠奉直大夫。裔，捐钱五十千文，捐祀钱五千文。

周清濂赠奉直大夫。裔，捐钱五十千文，捐祀钱五千文。

周京良裔，捐钱五十千文，捐祀钱五千文。

周自芳裔，捐钱四千文。

周哲宣裔，捐钱二千文。

周绍文裔，捐钱二千文。

周望梅裔，捐钱八千文。

周定员，邑增生。捐钱一千文。

周廷晋，例贡生。捐钱一千文。

周朝萁，监生。捐钱五千文。

周绍昌，邑庠生。捐祀钱五千文。

周荣昌，邑庠生。捐钱四千文。

周绍辉，邑庠生。捐祀钱五千文。

周福临，捐钱一千文。

周垂裕，捐钱一千文。

周永迪裔，捐钱五十千文，捐祀钱五千文。

周晁宗翰林院待诏。裔，捐钱五十千文，捐祀钱五千文。

周云岑登仕佐郎。裔，捐钱五千文，捐祀钱五千文。

周丰玉裔，捐钱一千文。

周最荣州同职。裔，捐钱十二千文。

周最乐监生，赠中议大夫。裔，捐钱二百串文，捐祀钱二十千文。

周镜中，封奉直大夫。捐钱五千文。

周得中，州同职。捐钱八千文。

周清沂，监生。捐钱五千文。

周乐之，捐钱二千文。

周典福六共裔，捐钱二千文。

周用贵，捐钱二千文。

周添雨，捐钱二千文。

下周

周万辉裔，捐钱一百串文，捐祀钱十千文。

周政典从九职，赠奉直大夫。裔，捐钱一千文。

周全欢登仕郎，赠奉直大夫。裔，捐钱一千文。

周克谐裔，捐钱四千文。

周学名裔，捐钱六千文，捐祀钱五千文。

周升庭，捐钱二千文。

周绍贤裔，捐钱八千文，捐祀钱五千文。

周康衢裔，捐钱五千文，捐祀钱五千文。

周菊开，捐钱一千文。

周肇文裔，捐钱三千文。

周奇才裔，捐钱六千文。

周八士堂，捐钱二千文。

皂角祠城隍祀，捐钱三千文。

大阳坪

周恒升赠奉政大夫。裔，捐钱一百串文，捐祀钱十五千文。

周馥彰耆职，例授登仕郎，旌表五代同堂。裔，捐钱五十千文，捐祀钱五千文。

周豳风授登仕郎。裔，捐钱五十千文，捐祀钱五千文。

汉头

周美珠邑廪生。裔，捐钱五十千文，捐祀钱五千文。

周国高裔，捐钱五十千文，捐祀钱五千文。

周敦常裔，捐钱七千文，捐祀钱五千文。

周三桂裔，捐钱十千文。

周澄清，捐钱二千文。

周麓樵，监生。捐钱一千文。

周凤翔，捐钱一千文。

张姓合族

张偁伯唐河南节度使。裔，捐钱一百串文，捐祀钱十千文。

张姓长房

张滔一唐马部侍郎。裔，捐钱五十千文，捐祀钱五千文。

张璧玉裔，捐钱五十千文，捐祀钱五千文。

张恭简修职郎。裔，捐钱五十千文，捐祀钱五千文。

张鹏安裔，捐钱一千文。

张廷杰登仕郎。裔，捐钱三千文。

张廷达登仕郎。裔，捐钱三千文。

张志陵，赠登仕郎。捐钱一千文。

张桂兰，授登仕郎。捐钱一百串文，捐祀钱十千文。

张发理裔，捐钱五十千文，捐祀钱五千文。

张砚田裔，捐钱一千文。

张涤新，从九职，赠父鸣凤登仕郎，祖父峻韫以孙瑶阶赠定远将军。捐钱五十千文，捐祀钱五千文。

张金玉从九职，加五品衔，授奉政大夫。裔，捐钱一千文。

张坤载，监生。捐钱五十千文，捐祀钱五千文。

张绅警，捐钱一千文。

张华玉以子宏官保举花翎游击衔，赠昭武将军。裔，捐钱五千文，捐祀钱五千文。

张崇轩，保举花翎游击衔。捐钱一千文。

张先斗，监生。捐钱三千文。

张曙升，捐钱二千文。

张楚玉，监生。裔，捐钱一千文。

张光第，郡增生。裔，捐钱一千文。

张福哲，赠登仕郎。裔，捐钱一千文。

张献祥，从九职。捐钱五千文。

张纯一裔，捐钱三千文。

张九林，从九职。捐钱一千文。

张知来裔，捐钱二千文。

张元念裔，捐钱一千五百文。

张考成，捐钱一千文。

张廷宪裔，捐钱五千文。

张科第裔，捐钱五千文。

张圻瑞议叙从九职，钦加六品军功。裔，捐钱五千文。

张砥廉，捐钱一千二百文。

张令典，捐钱一千文。

张立诚，监生。捐钱一千文。

张风从祀，捐钱三千文。

张解吉，捐钱三千文。

张仕相裔，捐钱三千文。

张袭玉裔，捐钱一千文。

张守典，捐钱一千五百文。

张宽平，捐钱一千二百文。

张正泰裔，捐钱一千五百文。

茨树坝，捐钱六千文。

张思祖祀，捐钱五千文，捐祀钱五千文。

张经卷赠登仕郎。裔，捐钱五十千文，捐祀钱五千文。

张河清裔，捐钱一千文。

张圆陵，捐钱二千文。

张文澜裔，捐钱一千文。

张俊选裔，捐钱五十千文，捐祀钱五千文。

张肯夫，廪生。捐钱一千文。

张树梧裔，捐钱一千文。

张宣扬，耆职。裔，捐钱一千文。

张求益，邑庠生。捐钱一百串文，捐祀钱十千文。

张荣发，捐钱一千文。

张会友，监生。捐钱三千文。

张宣政，捐钱一千文。

张宣绪，捐钱一千文。

张再珠裔，捐钱一千文。

响石桃林保，捐钱三千文。

南冲

张赵氏唐代一品夫人。裔，捐钱五十千文，捐祀钱五千文。

张邦焕裔，高培。捐钱五千文。

张士潢从九职。裔，捐钱五十千文，捐祀钱五千文。

张记奋登仕郎。裔，捐钱五十千文，捐祀钱五千文。

张记舆赠儒林郎。裔，捐钱五千文。

张以馨监生，封儒林郎，赠奉直大夫。裔，捐钱五十千文，捐祀钱五千文。

张吉氏赠安人，晋赠宜人。裔，捐祀钱五千文。

张建衢州同职，晋封奉直大夫。裔，捐钱二百串文，捐祀钱二十千文。

张建敦监生。裔，捐钱五十千文，捐祀钱五千文。

张建楚议叙八品职衔。裔，捐钱五十千文，捐祀钱十千文。

张建廷以子名源从九职赠登仕郎，妻周氏封九品孺人，旌表节孝。裔，捐钱五十千文，捐祀钱十五千文。

张量宽裔，捐钱一千文。

张显蒂裔，住乱石坪。捐钱一千文。

张持恩，住黄土仑。捐钱一千文。

张鸣洛裔，住许家冲。捐钱三千文。

张化堂，捐钱一千文。

张书堂，捐钱一千文。

张辉玉裔，蛇园。捐钱一千文。

张辉祥裔，捐钱一千文。

张显鹤裔，捐钱一千文。

张礼陶裔，捐钱一千文。

张丛林赠登仕郎。裔，捐钱五十千文，捐祀钱五千文。

张祥凤，捐钱一千文。

张华贵，捐钱一千文。

张作商裔，蒋家园。捐钱五十千文，捐祀钱五千文。

张一元裔，捐祀钱五千文。

张作梅裔，捐钱一千文。

张叨生裔，捐钱一千文。

张景元裔，捐钱一千二百文。张鼎调，捐钱一千五百文。

张化龙，邑庠生。捐钱九千文，捐祀钱五千文。

张西畴裔，大屋场。捐钱五十千文，捐祀钱五千文。

张迟宗赠登仕郎。裔，捐钱五十千文，捐祀钱五千文。

张峻详封登仕郎。裔，捐钱五十千文，捐祀钱五千文。

张文胜裔，韩家巷。捐钱五十千文，捐祀钱五千文。

张清贵裔，捐钱五十千文，捐祀钱五千文。

张远谟赠登仕郎。裔，捐钱五十千文，捐祀钱五千文。

张有光登仕郎。裔，捐钱五十千文，捐祀钱五千文。

张宏浔从九职。捐钱一千文。

张鸿皋以子德亮钦赐花翎，即补甘肃协镇，封武功将军。裔，捐钱五十千文，捐祀钱五千文。

张寿龄裔，捐钱七千文，捐祀钱五千文。

张和声耆职。裔，捐钱一千文。

张学成，捐钱一千文。

张书庭，捐钱一千文。

张奇珍，捐钱一千文。

集贤桥，捐钱五千文。

花瓶祀，捐钱二千文。

张云衢裔，茶子山。捐钱六千文，捐祀钱五千文。

张树德裔，捐钱二千文。张松柏，捐钱一千文。

张姓二房

张滔二唐兵部员外郎，给粮厅。裔，捐钱一百串文，捐祀钱十千文。

张石峰裔，楼下。捐钱五十千文，捐祀钱五千文。

张成材裔，捐钱一千文。

张投春，捐钱一千文。

张新明裔，捐钱一千四百文。

张九书裔，捐钱一千文。

张祥麟，监生。捐钱五千文。

张廷扬，捐钱一千文。

张欣艺裔，捐钱五千文，捐祀钱五千文。

楼古

张光裕赠登仕郎。裔，捐钱五十千文，捐祀钱五千文。

张映浦从九职，妻凌氏封孺人，旌表五代同堂。裔，捐钱五十千文，捐祀钱五千文。

张名实州同职，授奉直大夫，妻罗氏封宜人。裔，捐钱二百串文，捐祀钱二十千文。

张以林，捐钱一千文。

张以春，捐钱一千文。

张九宗裔，捐钱五十千文，捐祀钱二十千文。

张神灯祀，捐钱一千五百文。

张田玉裔，捐钱五千文，捐祀钱五千文。

张春林，捐钱一千文。

张刚应裔，捐钱二千文。

张凌云，捐钱一千文。

张泮林，捐钱一千五百文。

张廷贵，捐钱二千文。

张绍科裔，捐钱一百五十串，捐祀钱十五千文。

张君肇裔，捐钱一千文。

张对峰裔，捐钱一千文。

张谟训，捐钱三千文。

张用吉，捐钱一千文。

张姓三房

张滔三唐马部给事中，领贵州坪坝卫。裔，捐钱一百串文，捐祀钱十千文。

张应魁裔，石牛陂。捐钱五十千文，捐祀钱五千文。

张懿德裔，捐钱五十千文，捐祀钱五千文。

张耀彩监生选用县丞，加五品衔，即补甘肃知县。裔，捐钱五十千文，捐祀钱五千文。

石牛陂坝田里乾陂坝会，捐钱五千文。

石牛陂夏家园冬至祀，捐钱三千文。

张盛山裔，棉花园。捐钱五十千文，捐祀钱十五千文。

张胜升裔，捐钱一千五百文。

张馨兰裔，捐钱二千文。

张光儒裔，捐钱二千文。

张溪山耆职。裔，捐钱五十千文，捐祀钱十千文。

张泰兰裔，捐钱四千文。

张华云裔，捐钱一千文。

张祥生裔，捐钱一千文。

张庆云裔，捐钱一千文。

张彩瑞裔，捐钱五十千文，捐祀钱五十千文。

张林瑞，捐钱一千文。

张圻瑞裔，捐钱一千文。

张道美，捐钱二千五百文。

众姓大桥会，捐钱六千文。

张三才裔，夏家园。捐钱五十千文，捐祀钱五千文。

十五会，捐钱十千文。

冬至祀，合石山下排里山。捐钱三千文。

张常美，捐钱五千文，捐祀钱五千文。

张九槐裔，捐钱五十千文，捐祀钱五千文。

张南川裔，捐钱三千四百文。

张五龙，捐钱一千文。

张大顺裔，捐钱五十千文，捐祀钱五千文。

张旦香裔，排里。捐钱五十千文，捐祀钱五千文。

张添琦，住浅船岭。捐钱三千文。

张席珍，住浅船岭。捐钱五百文。

张有书裔石山下。捐钱一百串文，捐祀钱十千文。

张遗祖裔，捐钱二千五百文。

张创书裔，捐钱五十千文，捐祀钱五千文。

张晚书裔，捐钱五十千文，捐祀钱五千文。

张开年，捐钱一千文。

张轩昂，捐钱五十千文，捐祀钱五千文。

张得华裔，坝田里。捐钱四千文。

张大林裔、大奇裔，捐钱五十千文，捐祀钱五千文。

张齐政以子宏灿从九职赠登仕郎，妻吉、罗俱赠孺人。裔，捐钱一千文。

张宏灿从九职。裔，捐钱五十千文，捐祀钱五千文。

张智士裔，捐钱五十千文，捐祀钱五千文。

张达道耆职。裔，捐钱一千文。

张一阳裔，捐钱一千文。

张得钊裔罗佳山。捐钱二千文。

张流芳寿民。裔，捐钱五十千文，捐祀钱五千文。

张国仁裔，捐钱一百串文，捐祀钱十五千文。

张爱珑裔，捐钱一千四百文。

张禹闻裔，捐钱一千二百文。

张魁春裔，捐钱一千二百文。

张朱氏，捐钱五十千文，捐祀钱五千文。

张用辉，捐钱一千文。

张继来裔，捐钱五十千文，捐祀钱五千文。

张献书，捐钱一千文。

张五见，捐钱一千文。

张光晟登仕郎。裔，花园。捐钱五十千文，捐祀钱五千文。

张福高从九职，父宏奏赠登仕郎，母李、徐赠九品孺人。裔，捐钱一百串文，捐祀钱十千文。

张瑞青登仕郎。裔，捐钱五十千文，捐祀钱五千文。

张见宾，捐钱三千文。

大阳祀，捐钱一千文。

张盛先裔，沙园。捐钱一千文。

张明轩裔，捐钱一千文。

张有能裔，南源。捐钱五千文，捐祀钱五千文。

张奇珍裔，捐钱一千文。

张上珍，捐钱一千文。

张楚明裔，捐钱二千文。

张楚昆裔，捐钱一千文。

张慎惇裔，捐钱二千文。

掊上

张道洸中议大夫。裔，捐山价钱十千文。

张汝洲裔，捐山价钱六千文。

张凤安，捐山价钱六千文。

张时征裔，捐钱五十千文，捐祀钱五千文。

张辉照，从九职，父益楚赠登仕郎，母袁赠九品孺人。捐钱一百串文，捐祀钱十千文。

张芹藻，捐钱五十千文，捐祀钱五千文。

张庭珍，捐钱七千文。

张来庭裔，捐钱三千文。

张昌仪，捐钱二千文。

张云湘，捐钱一千文。

张喜祥，捐钱一千文。

张凌云，捐钱一千文。

张德邻，捐钱一千文。

张贵九，捐钱一千文。

张记修，捐钱一千文。

老新城隍祀，捐钱三千文。

张裕俊裔，螺丝殿。捐钱五十千文，捐祀钱五千文。

柳姓丁家冲

柳添鉴裔，捐钱五十千文，捐祀钱五千文。

柳权五裔，捐钱一千文。

柳敦典裔，捐钱六千文。

柳炳奎，监生。捐祀钱五千文。

柳槐公裔，捐钱一千文。

柳景玉裔，捐钱五千文，捐祀钱五千文。

柳成隆从九职。裔，捐钱一千文。

柳义公监生。裔，捐钱五十千文，捐祀钱五千文。

柳继宗从九职。裔，捐钱六千文，捐祀钱五千文。

柳征亮，监生，父振秀授登仕郎。捐钱一千文。

柳时夏监生。裔，捐钱一千文。

柳瀚源，邑庠生。捐钱一千文。柳豪士授儒林郎，妻沈封安人。裔，捐钱一百串文，捐祀钱十千文。

柳胜桂以子世梯从九职，封登仕郎，妻袁封九品孺人。裔，捐钱一百串文，捐祀钱十千文。

柳叙典，监生，父永昶授登仕郎，母沈赠孺人。捐钱五十千文，捐祀钱五千文。

柳奇逢，捐钱一千文。

柳逢运裔，大屋里。捐钱二千文。

柳禹门裔，捐钱一千文。

柳南金，捐钱二千文。

柳其台，捐钱一千五百文。

柳持德裔，捐钱一千文。

柳添祥裔，戴公源。捐钱三千文。

柳功杰裔，捐钱三千文。

柳甘澍，捐钱四千文。

柳书生裔，捐钱一千文。

柳常庆，捐钱一千文。

柳天相，捐钱一千文。

柳兰亭，保举八品衔，候选府经厅。捐钱五十千文，捐祀钱五千文。

鸭头

王雄启裔，捐钱五千文。

王谓韶裔，捐钱二千文。

王智纹赠登仕郎。裔，捐钱一百串文，捐祀钱二十千文。

王维高赠登仕郎。裔，捐钱五十千文，捐祀钱五千文。

王廷干监生。裔，捐钱一百串文，捐祀钱十千文。

王廷辉封登仕郎。裔，捐钱五十千文，捐祀钱五千文。

王廷兰裔，捐钱三千文。

王昭潭，从九职，父思庆赠登仕郎，母周赠九品孺人。捐钱一千五百文。

王道兴，捐钱四千文。

王阳春，捐钱二千文。

王爱卿，捐钱一千五百文。

王见金，捐钱一千五百文。

王茹芹，捐钱一千四百文。

王选拔，捐钱一千文。

王大喜，捐钱一千文。

王华富，王家湾。捐钱五千文，捐祀钱五千文。

晓铿

杨源贵明代员外郎。裔，捐钱五十千文，捐祀钱五千文。

杨江楼裔，捐钱五十千文，捐祀钱五千文。

杨为政裔，捐钱五十千文，捐祀钱五千文。

杨维恩裔，捐钱五十千文。

杨魁榜，例贡生。捐祀钱五千文。

杨鉴廷裔，捐钱五十千文，捐祀钱五千文。

杨小春裔，捐钱一千文。

杨国书，捐钱一千文。

杨时亨，捐钱二千文。

杨辅榜封登仕郎。裔，捐钱五十千文，捐祀钱五千文。

杨戴氏以子时勋府检校职，封孺人。裔，捐钱三千文。

杨际隆，从九职。捐钱十千八百文。

杨俊才，捐钱四千二百文。

秋菊兴会，捐钱三千文。

杨敦本祀，捐钱七千文。

杨振源，捐钱一千五百文。

杨陈氏，捐钱廿七千四百。

杨伯英裔，住锺灵屋。捐钱五十千文，捐祀钱五千文。

杨吉临，住李家坡。捐钱二千文。

杨友顺，捐钱一千文。

洞溪市

暨立诚裔，捐钱一千文。

暨彦迪裔，捐钱五千文，捐祀钱五千文。

暨仁琴，捐钱五千文。

暨宗兰裔，捐钱五十千文，捐祀钱五千文。

暨秀宇裔，捐钱五十千文，捐祀钱五千文。

暨儒扬封登仕郎，貤赠奉直大夫。裔，捐钱五十千文，捐祀钱五千文。

暨齐六，捐钱二千五百文。

暨阳春裔，捐钱一千文。

暨怀恕登仕郎，貤赠奉直大夫。裔，捐钱二百串文，捐祀钱二十千文。

暨礼春赠登仕郎。裔，捐钱一百串文，捐祀钱十千文。

暨和丸堂，捐钱一千文。

暨楚材，捐钱一千文。

暨良材，捐钱二千文。

暨四伦裔，捐钱一千五百文。

暨雁堂，监生，诰封奉直大夫，晋封中议大夫。加捐钱五十千文，捐祀钱五千文。

吴姓合族

吴中立裔，捐钱五十千文，捐祀钱五千文。

吴从斌裔，捐钱五十千文，捐祀钱五千文。

吴从节裔，捐钱五十千文，捐祀钱五千文。

吴伯鼐贡生。裔，捐钱五十千文，捐祀钱五千文。

吴伯鼎儒林郎。裔，捐钱五十千文，捐祀钱五千文。

吴杰人国子监典籍。裔，捐钱五十千文，捐祀钱十五千文。

吴存心裔，捐钱五十千文，捐祀钱五千文。

吴绍南登仕郎。裔，捐钱一百串文，捐祀钱十千文。

吴朝赋赠登仕郎。裔，捐钱五十千文，捐祀钱五千文。

吴国信登仕郎。裔，捐钱一百五十千，捐祀钱二十千文。

吴国权贡生。裔，捐钱一百串文，捐祀钱十千文。

吴国相登仕郎。裔，捐钱五十千文，捐祀钱五千文。

吴兴盛修职郎。裔，捐钱五十千文，捐祀钱十千文。

吴勉怀裔，捐钱五十千文，捐祀钱五千文。

吴振鲲，从九职，父隆举赠登仕郎，母罗赠九品孺人。捐钱五十千文，捐祀钱五千文。

吴建寅，从九职，旌表五代。裔，捐钱五千文，捐祀钱五千文。

吴兴韵例授昭武都尉。裔，捐钱三千文。

吴兴泳例授昭武都尉。裔，捐钱十千文。

吴兴进国学生。裔，捐钱十四千文。

吴兴峰封儒林郎。裔，捐钱六千文。

吴兴纪封儒林郎。裔，捐钱十四千文。

吴拔吾郡优庠生。裔，捐钱十千文。

吴国祜裔，捐祀钱五千文。

吴锡蕃裔，捐祀钱五千文。

吴长益，捐钱五千文，捐祀钱五千文。

吴思仁裔，捐钱三千四百文。

吴安澜裔，捐钱三千文。吴冠贤裔，捐钱二千文。

吴克运，从九职。捐钱二千文。

吴名扬裔，捐钱二千文。

吴隆明州同职。裔，捐钱一千文。

吴隆玥登仕郎。裔，捐钱一千文。

吴隆斗国学生。裔，捐钱一千文。

吴万翱贡生。裔，捐钱一千文。

吴万育，监生。捐钱一千文。

吴万缮，监生。捐钱一千文。

吴万纲，登仕郎。捐钱一千文。

吴万训，修职郎。捐钱一千文。

吴万幸，登仕郎。捐钱一千文。

吴万筐，监生。捐钱一千文。

吴代宣，监生。捐钱一千文。

吴代珍，监生。捐钱一千文。

吴代珠，从九职，父廷赞授登仕郎。捐钱一千文。

吴发藻，监生。捐钱一千文。

吴国珧，邑庠生。捐钱一千文。

吴兴训，从九职。捐钱一千文。

吴兴揆，从九职。捐钱一千文。

吴兴鹤，从九职。捐钱一千文。

吴兴法，从九职。捐钱一千文。

吴刚方，监生。捐钱一千文。

吴万信，从九职。捐钱一千文。

吴隆得，保举蓝翎守备。捐钱一千文。

吴占魁，捐钱一千文。

吴维贤，捐钱一千文。

吴玉林，捐钱一千文。

吴正化，捐钱一千文。

吴正平，捐钱一千文。

吴致和，捐钱一千文。

吴积厚，捐钱一千文。

吴勉怀裔，加捐钱六千文。

沙田保，捐钱一千文。

江口段会，捐钱一千文。

戴姓合族

戴匡思裔，捐钱五十千文，捐祀钱五千文。

桥上

戴前徽，捐钱十千文，捐祀钱五千文。

戴金鸣，登仕郎。捐钱十千文，捐祀钱五千文。

戴扬声，登仕郎。捐钱十千文，捐祀钱五千文。

戴伦复，捐钱五十千文，捐祀钱五千文。

戴安兰，大学生，旌表百岁。捐钱二千文。

戴逢源裔，捐钱一千文。

戴纶绅裔，捐钱一千文。

戴焌堂，候补县丞。捐钱五千文。

戴七甲秋分祀，捐钱十千文。

山田

戴象野裔，捐钱一千五百文。

戴辉誉裔，捐钱四千文。

戴焕远修职郎。裔，捐钱五十千文，捐祀钱五千文。

戴载厚裔，捐钱五十千文，捐祀钱五千文。

戴永复，捐钱五十千文，捐祀钱五千文。

戴冕章，登仕郎。捐钱五千文，捐祀钱五千文。

戴礼和，捐钱五千文，捐祀钱五千文。

戴五甲秋分祀，捐钱五千文。

戴彭二人锺祀，捐钱四千文。

戴修德裔，捐钱一千五百文。

戴作人裔，捐钱一千五百文。

戴瑞临裔，捐钱一千五百文。

戴伟瞻裔，捐钱一千文。

戴焕伟裔，捐钱一千文。

戴方来裔，捐钱一千文。

戴禹平裔，捐钱二千文。

戴永庆祀，捐钱一千文。

戴城隍祀，捐钱一千文。

戴福主祀，捐钱一千文。

竹湾源

戴鼎正裔，捐钱二千文。

戴祖旺裔，捐钱二千文。

戴超凡裔，捐钱五十千文，捐祀钱五千文。

戴蓝田，登仕郎。捐钱五千文。

戴美田，大学生。捐钱五千文。

戴诚身，儒林郎。捐钱五千文。

戴多义，登仕郎。捐钱一千文。

戴崇让，捐钱二千文。

上坪

戴元晃裔，捐钱五十千文，捐祀钱五千文。

戴才松裔，捐钱五十千文，捐祀钱五千文。

戴久叨裔，捐钱十七千文。

戴应富裔，捐钱二千文。

石函

戴思山裔，捐钱五十千文，捐祀钱五千文。

戴昌期，捐钱一千文。

戴源迪裔，捐钱二千文。

戴寿明，捐钱一千文。

源上

戴斗寰裔，捐钱五千文，捐祀钱五千文。

戴生纯，捐钱七千文，捐祀钱五千文。

戴魁宏，捐钱二千文。

戴魁朝，捐钱一千文。

戴香树，捐钱五千文，捐祀钱五千文。

戴远怀，捐钱五百文。

章佳源

戴钦典，捐钱一百千文，捐祀钱十千文。

戴琇云，捐钱五十千文，捐祀钱五千文。

戴慎典，捐钱一千文。

井头

戴源彰裔，捐钱十二千文。

戴开祥，捐钱一千文。

潘家尖

戴再仁裔，捐钱十千文。

罗姓[①]

秧田

罗文律大学生。裔，捐钱五十千文，捐祀五千文。

罗朝润大学生。裔，捐钱五十千文，捐祀钱五千文。

罗添安裔，捐钱五十千文，捐祀钱五千文。

罗吉氏、罗张氏裔，捐钱五十千文，捐祀钱二十千文。

罗汪氏裔，捐钱五十千文，捐祀钱五千文。

罗能训，诰授奉政大夫。捐钱一百千文，捐祀钱十千文。

罗名玉，捐钱五十千文，捐祀钱五千文。

罗显潢裔，捐钱一千文。

罗崇德、明德裔，捐钱四千文。

罗卓森堂，捐钱一千文。

罗文表登仕郎。裔，捐钱五十千文，捐祀钱五千文。

罗继琇裔，捐钱五十千文，捐祀钱五千文。

罗公廷裔，捐钱五十千文，捐祀钱五千文。

① 罗姓，底本无，依下文吉姓例补。

罗桂芳裔，捐钱五十千文，捐祀钱五千文。

罗达律裔，捐钱一千文。

罗荣广裔，捐钱一千文。

罗运元，捐钱一千文。

罗士元，捐钱一千文。

罗楚卿，捐钱五十千文，捐钱五千文。

坝口

罗达署、达煌裔，捐钱五十千文，捐祀钱五千文。

罗博器裔，捐钱三千文。

罗舒祥，捐钱五十千文，捐祀钱五千文。

罗福庆，捐钱五十千文，捐祀钱五千文。

楼下垄

罗六合，捐钱五十千文，捐祀钱五千文。

罗玖琳裔，捐钱五十千文，捐祀钱五千文。

罗十美裔，捐钱五十千文，捐祀钱五千文。

罗敦本裔，捐钱三千文。

罗致和，捐钱二千文。

罗新起，捐钱一千五百文。

罗长寿，捐钱一千文。

罗早贵，捐钱一千文。

罗雪礼，捐钱一千文。

罗见发，捐钱一千文。

罗香山裔，捐钱一千文。

罗金书，捐钱一千文。

罗合一，捐钱五千文，捐祀钱五千文。

罗贵甫裔，捐钱一千二百文。

罗后林，捐钱二千文。

罗玉堂，捐钱一千文。

新田罗德彰裔，捐钱五十千文，捐祀钱五千文。

罗晋升，登仕郎。捐钱五十千文，捐祀钱五千文。

西冲罗监二裔，捐钱五十千文，捐祀钱五千文。

罗纯熙，登仕郎。捐钱一千文。

柏岩罗光明，捐钱一千五百文。

罗有明，捐钱一千五百文。

罗高明，捐钱一千五百文。

罗步瀛，捐钱十二千文，捐祀钱五千文。

罗迎祥，捐钱六千三百文。

罗庭爵裔，捐钱二千文。

罗煌恩，捐钱一千文。

洞溪市江背

罗玉珂贡生。裔，捐钱五十千文，捐祀钱五千文。

罗宗哵裔，捐钱一千文。

罗煌照裔，捐钱一千文。

罗坤华裔，捐钱二千文。

罗文生裔，捐钱一千二百文。

罗惠名，捐钱一千文。

罗梅魁，捐钱一千文。

罗培元，捐钱一千文。

罗育方，登仕郎。捐钱一千文。

罗兰台，捐钱一千文。

罗魁斗，住谢家段。捐钱一千文。

吉姓

吉彦琍邑庠生，住塘前。裔，捐钱五十千文，捐祀钱五千文。

吉彦瑢，住江口段。捐钱五千文，捐祀钱五千文。

吉从浚住土桥，廪生，明永乐丙子举人。裔，捐钱五十千文，捐祀钱十千文。

吉仁鶱，郡庠生。捐钱五十千文，捐祀钱五千文。

吉一匡，住上屋冲。捐钱十千文，捐祀钱五千文。

吉德份裔，住土桥。捐钱二千文。

吉继畴裔，捐钱五千文。

吉齐贵裔，住丁家漕。捐钱六千文。

吉芳书裔，捐钱二千文。

吉齐贤裔，捐钱一千文。

吉芳音裔，捐钱三千文。

吉芳烈裔，捐钱三千文。

吉俊庚，捐钱二千文。

吉俊利，捐钱四千文。

吉俊南裔，捐钱三千文。

吉俊先，捐钱二千文。

吉廷霄，捐钱二千文。

吉廷躬，捐钱三千文。

吉廷亭，登仕郎。捐钱五千文。

吉廷谓，捐钱一千五百文。

吉廷章，住西湾。捐钱二千文。

吉荣蕚，捐钱二千文。

吉荣汝，登仕郎。捐钱五千文。

吉荣奇，捐钱三千文。

吉五福，捐钱一千五百文。

吉庆春，捐钱一千文。

吉懋庭，捐钱一千文。

吉懋辉，捐钱二千文。

吉荣彬，捐钱一千文。

吉西怀裔，捐钱三千文。

吉巨川，捐钱一千文。

高明住山田。捐钱五十千文，捐祀钱五千文。

吉廷春登仕郎。捐钱十千文。

吉廷秋登仕郎。捐钱五千文。

吉培兰住龙坑冲。捐钱三千文。

吉定成住龙坑冲。捐钱一千文。

吉光楚住塘前。捐钱二千文。

吉耀丁邑庠生。捐祀钱五千文。

吉经魁住坳上。捐钱一千文。

吉梅岭登仕郎。捐钱五千文。

吉五四住枫林。捐钱一千文。

吉见喜住枫林。捐钱一千文。

浅船岭

徐万通敕授迪功郎。裔，捐钱五十千文，捐祀钱五千文。

徐与仁例进士。裔，捐钱斯尼五十千文，捐祀钱五千文。

徐后周，五代同堂，敕赠儒林郎。捐钱五十千文，捐祀钱五千文。

徐晴川，敕授儒林郎。捐钱五十千文，捐祀钱五千文。

徐禹疏貤赠奉直大夫。裔，捐钱五十千文，捐祀钱五千文。

徐天赐裔，捐钱五十千文，捐祀钱五千文。

徐作荣，例授儒林郎。捐钱五十千文，捐祀钱五千文。

徐桓干，貤赠奉直大夫。捐钱五十千文，捐祀钱五千文。

徐乔松，诰封奉直大夫。捐钱五十千文，捐祀钱五千文。

徐升平裔，捐钱一千文。徐茂梅，捐钱一千文。

陈姓①

高陂段

陈继先裔，捐钱五十千文，捐祀钱五千文。

陈芳沅赠奉直大夫。裔，捐钱五十千文，捐祀钱五千文。

陈绍淮赠奉直大夫。裔，捐钱五十千文，捐祀钱五千文。

陈西成，赠奉直大夫。捐钱五十千文，捐祀钱五千文。

陈庶邦，捐钱五十千文，捐祀钱五千文。

陈清襄，大学生。捐钱一千文。

石上

陈公恒裔，捐钱十六千文。

陈邦怀，捐钱三千六百文。

陈朝瑞，捐钱二千文。

陈坤阳，捐钱一千文。陈南阳，捐钱一千文。

陈金瑞，捐钱一千文。陈时俊，捐钱一千文。

陈赞先，捐钱一千文。

花园

陈明高裔，捐钱五千文。

陈晃山，捐钱二千文。

陈俊杰，捐钱一千五百文。

双汀

陈邵部，捐钱廿一千五百。

---

① 陈姓，底本无，依上文吉姓例补。

陈瑞玑，捐钱六千文。

陈双合，捐钱三千文。

陈光泮，捐钱四千文。

陈道彰，捐钱二千文。

陈桂馥，捐钱二千文。

下方山，捐钱三千文。

柏岩

陈宪章裔，捐钱四千文。

陈世清例贡生。裔，捐钱五千文。

陈庆颀，捐钱一千文。

周乐

陈整兴，诰赠奉直大夫。捐钱一百千文，捐祀钱十千文。

毛尾皂

陈德礼裔，捐钱五十千文，捐祀钱五千文。

陈绍奎，捐钱二千文。

枫林

陈二清，捐钱一千文。

陈世桃，捐钱一千文。

陈廷贵，捐钱一千五百文。

陈祖文，捐钱一千文。

陈其奉，捐钱一千文。

陈德馨，捐钱一千文。

沈姓[①]

西冲

① 沈姓，底本无，依上文吉姓例补。

沈世先裔，捐钱五十千文，捐祀钱十千文。

沈光衢裔，捐钱一千文。沈步才裔，捐钱一千文。

江背冲

沈万里，诰赠奉政大夫。捐钱五十千文，捐祀钱五千文。

沈学林，诰赠奉政大夫。捐钱五十千文，捐祀钱五千文。

沈培山，诰授奉政大夫。捐钱五十千文，捐祀钱五千文。

沈良禧，儒林郎。捐钱五千文。

沈文行，程花冲。捐钱一千文。

沈道揆，捐钱一千文。

沈道大，捐钱一千文。

沈陟山，枫林。捐钱一千文。

沈望喜，捐钱三千文。

沈赞品，捐钱一千文。

沈明宗，捐钱一千文。

刘姓①

晏家滩

刘斐章裔，捐钱五十千文，捐祀钱五千文。

刘升平裔，住大阳坪。捐钱五十千文，捐祀钱五千文。

刘后贤裔，捐钱五十千文，捐祀钱五千文。

刘文开裔，住柘庄。捐钱三千文。

墈头

刘华夏，登仕郎。捐钱五千文。

刘舞舟，捐钱三千文。刘会章，捐钱一千文。

刘光甫，捐钱一千文。

---

① 刘姓，底本无，依上文吉姓例补。

刘城隍祀，捐钱一千文。

刘祭扫会，捐钱一千文。

刘开韶裔，住神背冲。捐钱五十千文，捐祀钱五千文。

刘望贤，住向坪。捐钱一千二百文。

刘达吾，住小埠。捐钱一千文。

刘英会、春星共，枫林。捐钱三千六百文。

刘德久，捐钱二千文。

刘孔璋，捐钱一千文。

刘荣发裔，捐钱三千文。

刘富楚，捐钱二千文。

刘二春，捐钱一千文。

刘禄名，捐钱一千文。

刘信才，捐钱一千五百文。

刘景有，捐钱一千文。

刘耀盛，捐钱一千文。

刘茂清裔，朱家棚。捐钱四千文。

刘行道，捐钱十二千文，捐祀钱五千文。

苗田

朱建尝裔，捐钱五十千文，捐祀钱五千文。

朱志定裔，捐钱五十千文，捐祀钱五千文。

朱志银裔，捐钱十千文，捐祀钱五千文。

朱立埙裔，捐钱五十千文，捐祀钱五千文。

朱文占登仕郎。裔，捐钱六千文，捐祀钱五千文。

朱克昌裔，捐钱四千文。

朱士友裔，捐钱二千文。

朱源泉裔，捐钱二千文。

朱联科，大学生。捐钱五千文。

朱联绶，大学生。捐钱十千文。

朱和邻，捐钱二千文。

朱诚远，捐钱二千文。

朱志美，捐钱一千文。

朱广嗣，捐钱一千文。

朱永昌，捐钱一千文。

朱星照，捐钱一千文。

朱惠吉，登仕郎。捐钱一千文。

朱光奇，捐钱一千文。

朱汉湘，捐钱一千文。

朱凌云，住向坪。捐钱一千文。

朱曜元，捐钱一千文。

中院段

孔彦光裔，捐钱七千文，捐祀钱五千文。

孔毓瑞，貤赠登仕郎。捐钱十二千文，捐祀钱五千文。

孔石玉登仕郎。裔，捐钱五十千文，捐祀钱五千文。

孔师圣裔，捐钱五十千文，捐祀钱五千文。

孔传忠，例授登仕郎。捐钱六千文。

孔振熙登仕郎。裔，捐钱五十千文，捐祀钱五千文。

孔继桢，从九职。捐钱一千文。

孔继怀，山东文庙七品执事。捐钱五十千文，捐祀钱五千文。

孔传秉，登仕郎。捐钱九千文，捐祀钱五千文。

孔继甫，登仕郎。捐钱五千文。

孔继荣，邑庠生。捐祀钱五千文。

孔裕接，捐钱一千文。

孔裕兴，捐钱一千文。

孔继考，捐钱二千文。

孔继刚，捐钱二千文。

孔洪清裔，浅船岭。捐钱四千文。

孔成名，捐钱二千文。孔时康，捐钱二千文。

李姓①

桐溪湾

李宗淮、宗济兴富裔，捐钱五十千文，捐祀钱十五千文。

李兴富裔，捐钱四千文。

李久成，钦加五品衔，赏戴花翎。捐钱一千文。

李枝荣裔，捐钱一千文。

李定位，登仕郎，住山庄。捐钱十千文。

许家冲

李宗济赠登仕郎。裔，捐钱一百千文，捐祀钱十千文。

李云寅裔，捐钱六千文。李云先裔，捐钱四千文。

李超万裔，捐钱一千文。

李张氏，旌表节孝。捐钱一千文。

李志维，住向坪。捐钱一千五百文。

李思义，捐钱二千文。

李选青裔，住墙背。捐钱五千文。

李延庆，捐钱一千文。

李后贤裔，住山田。捐钱二千文。

李远东裔，住枫林。捐钱一千文。

李辉成，捐钱一千文。

---

① 李姓，底本无，依上文吉姓例补。

李纯青，捐钱一千文。

李权衡，捐钱一千文。

李展成登仕郎。裔，捐钱十千文，捐祀钱五千文。

李耀发，捐钱一千文。

溪江

熊子立裔，捐钱五千文，捐祀钱五千文。

熊昭融裔，捐钱二千文。

熊遇隆裔，捐钱五十千文，捐祀钱十千文。

熊维尚，登仕郎。捐钱五千文。

熊光鼎裔，捐钱五千文。

鸡公陂

熊承馨裔，捐钱五十千文，捐祀钱五千文。

熊献成裔，捐钱五十千文，捐祀钱五千文。

秦三和，住秦家滩。捐钱七千文。

黎屈张，新竹田。捐钱七千文。

桥上七洞

文芳成裔，捐钱五十千文，捐祀钱五千文。

文楚珍裔，捐钱五十千文，捐祀钱五千文。

文五福，登仕郎。捐钱一千文。

文峨眉，捐钱二千文。

文砚农，大学生。捐钱一千文。

文经五，捐钱一千文。

文年魁，捐钱三千文。

文玉书，捐钱二千文。

文黄菊，捐钱四千文。

文试魁，捐钱一千文。

祝家源

祝子添裔，捐钱二千文。

祝荣贵裔，捐钱一千文。

祝左前裔，捐钱六千文。

祝若岐裔，捐钱五十千文，捐祀钱十千文。

祝闻宗裔，捐钱三千文。

祝千秋，奉直大夫。捐钱一千文。

祝向宾，登仕郎。捐钱二千文。

祝介眉，大学生。捐钱二千文。

丁家段

丁心田裔，捐钱五十千文，捐祀钱十千文。

丁有言裔，捐钱一千文。

丁见闻裔，捐钱五百文。

丁二六裔，捐钱五百文。

丁瑞生裔，捐钱五百文。

丁达廷裔，捐钱五百文。

谢家段

谢绍山裔，捐钱五十千文，捐祀钱五千文。

谢玉朝裔，捐钱十二千文，捐祀钱五千文。

谢允锺裔，捐钱十二千文，捐祀钱五千文。

谢开铭裔，捐钱十二千文，捐祀钱五千文。

西冲

唐亮英，捐钱五十千文，捐祀钱五千文。

唐国宝，捐钱二千文。

唐培兰裔，住金堂冲。捐钱十二千文。

唐书贵裔，住南源。捐钱一千文。

唐光斗，住毛洞。捐钱七千文。

唐仁绥裔，住柏岩。捐钱一千文。

唐台明，捐钱二千文。

彭正修裔，住山田。捐钱五十千文，捐祀钱五千文。

蒋克超裔，住向埠岭。捐钱五十千文，捐祀钱五千文。

黄桂芳，住柘庄。捐钱一千文。

黄秋成，捐钱一千文。

薛先廷，捐钱五千文，捐祀钱五千文。

陆自明，奉直大夫，住大源洞。捐钱五十千文，捐祀钱五千文。

柏岩

王祖琛裔，捐钱五十千文，捐祀钱五千文。

王潜修，登仕郎，住桎材林。捐钱五千文，捐祀钱五千文。

喻彤云，捐钱五十千文，捐祀钱五千文。

喻集吾，捐钱二千文。

林秀生裔，捐钱二千文。

周四连裔，捐钱一千文。

黄克昌裔，捐钱二千文。

锺远柏，捐钱二千文。徐厚德，捐钱三千文。

周礼征，捐钱一千文。

高家礼，住西冲。捐钱一千文。

吕道显，住洞溪市。捐钱一千文。

陈玉峰，捐钱一千文。

向三盛，捐钱七千文。

向高怀，捐钱五十千文，捐祀钱五千文。

黄三兴祀，住南岸。捐钱一千文。

鄢开万裔，捐钱二千文。

聂华美裔，住丁家澡。捐钱二千文。

向坪

邢奕贤，捐钱三千文。

邢文维裔，捐钱五千文，捐祀钱五千文。

邢冬至祀，捐钱二千文。

邢金山裔，捐钱二千文。

邢能辉，捐钱一千文。

陈景辉，捐钱一千文。

杨得五，捐钱二千文。

曾发冬，捐钱一千文。

杨召秋，捐钱一千文。

张朝贤，捐钱一千文。

张声祥，捐钱一千文。

陈元池，捐钱一千文。

叶八义，捐钱二千文。

锺光选，捐钱二千文。

卢达略裔，住卢家湾。捐钱七千文。

卢清选裔，捐钱一千五百文。

游德邻，住谢家段。捐钱十二千文，捐祀钱五千文。

涂大发，捐钱十千文。

涂青云，捐钱一千文。

王宏林，捐钱一千文。

罗怡顺、维顺，住东冲。捐钱一千六百文。

程合景，住东冲。捐钱一千文。

萧树凤，住树林段。捐钱五十千文，捐祀钱五千文。

萧富临裔，住谢家塘。捐钱五十千文，捐祀钱五千文。

邹千祥，住相公市。捐钱五十千文，捐祀钱五千文。

徐三喜，住茶子山。捐钱五千文。

焦禄升，住丁家段。捐钱一千文。

汤继芳，住丁家段。捐钱一千文。

严创成，住山田。捐钱五十千文，捐祀钱五千文。

常永成，捐钱一千文。

凌青策裔，住桥上。捐钱五千文，捐祀钱五千文。

凌高希裔，捐钱八千文。

枫林

邓黄诏裔，捐钱五十千文，捐祀钱五千文。

寻衡鉴，捐钱一千文。

曾以忠，捐钱六千文。

寻明安，捐钱一千五百文。

枫林正洞

涂杨魁，捐钱六千文。

温连应裔，捐钱一千五百文。

吴正化裔，捐钱三千文。

谭文有，捐钱一千文。

卜锦书，捐钱一千文。

雷秋高，捐钱一千五百文。

杨占梅，捐钱六千文。

张式成，捐钱五十千文，捐祀钱五千文。

傅望林，捐钱一千文。

枫林横洞

邱志华，登仕郎。捐钱五千文，捐祀钱五千文。

锺招喜，捐钱五千文，捐祀钱五千文。

锺成贵，捐钱一千文。

汤竹义，登仕郎。捐钱五千文，捐祀钱五千文。

周元三，登仕郎。捐钱一千文。

周腾鲤，捐钱二千文。

周德启，捐钱二千文。

杨大庭，捐钱一千文。

李正达，捐钱二千文。

周瑞林裔，捐钱一千文。

包端庭，捐钱五十千文，捐祀钱五千文。

包显年，捐钱六千文，捐祀钱五千文。

张清斗，捐钱十五千文，捐祀钱五千文。

周昌荣，捐钱五千文，捐祀钱五千文。

张德照，捐钱四千文。

余忠秀裔，捐钱一千文。

余华安，捐钱三千五百文。

余才林，捐钱四千文。

杨九发，捐钱一千二百文。

杨丁儒，捐钱一千文。

杨万里，捐钱二千文。

卢华明，捐钱一千文。

卢华交，捐钱一千文。

蓝明文，捐钱一千文。

周世绪，捐钱五十千文，捐祀钱五千文。

周义桃，捐钱一千文。

王良秀，捐钱十千文。

锺发富，捐钱一千文。

张德和，捐钱一千文。

锺生迟，捐钱一千文。

暨芳郊，捐钱一千文。

黄祖恩，住春坪。捐钱五千文，捐祀钱五千文。

黄发轫，捐钱三千文。

黄秦书裔，捐钱二千文。

黄得贵，捐钱二千文。

黄芹山裔，捐钱一千四百文。

补捐

张名镜，貤赠奉致大夫，住相公殿。捐钱一千文。

张正榜，住相公殿。捐钱二千文。

张光第，郡增生，住相公殿。加捐祀钱五千文。

张宣扬，耆职，住锺灵屋。加捐钱四十九千文，捐祀钱五千文。

张乐吾，监生。加捐祀钱五千文。

张峻响，登仕郎，住南普。捐钱一千文。

张云连，住南冲。捐钱一千文。

张炳霞，武庠，署理甘肃甘州副府保五口花翎守备。捐钱一千文。

张务滋裔，住楼古。捐钱二千文。

张信吾裔，住张家山。捐钱四千文。

张继忠，捐钱二千文。

周朝郁，邑庠生，住泮春。捐钱四千文。

周朝告，登仕郎。捐钱一千文。

周思仁，登仕郎。捐钱一千文。

罗湘名，大学生，住楼下垄。加捐祀钱五千文。

周全芳，登仕郎。捐钱一千文。

杨英显裔，住晓铿。加捐钱四十三千文，捐祀钱五千文。

暨熙载，诰授奉直大夫，住洞溪市。捐钱一千文。

李乐寿裔，住硖石。捐钱二十千文。

李开顺，捐钱一千文。

武公共，捐钱十二千文。

周润岚，住泮春神湾。加捐钱五十千文，捐祀钱五千文。

罗见发，住窑上。加捐祀钱五千文。

跋[①]

吾乡历无书院，同治甲戌岁，亲家张君颂卿及诸君子，鸠同志者捐金创之，就地名以“石山”。石山者，双渟河岸之山也。石柱峰列其前，培文塔枕其后。山以右陆行达乎邑垣，山以左舟行通乎省会。张君相其阴阳，观其流泉而为是举，真匠心善用矣！至于构造之壮阔、修膏之充足、条约之说明，凡所为书院计者，至周且密。因纪其原委，汇为一书，以昭示来许。亦曰前之人善于创，使后之人善于因，而诸君子作育人才之盛心，已可概见。

昔朱子讲学岳麓，张子讲学城南，由是湖湘正学昌明，蒸蒸日上，士之淑其身以淑世者，代有伟人，风教流传，至今未艾。以故咸、同之世，人才辈出，建功立业，扫清中外。若曾湘乡、左湘阴，以及江、罗、王、李诸公，皆文士也。而勋烈烂如，为朝廷所嘉赖，历有明徵。张君之鸠建书院，其亦鉴此而为之乎。

《诗》曰：“他山之石，可以攻玉。”有志之士肄业于此者，不斤斤风气，揣摩训诂、词章之习，而以颜子之四勿、曾子之三省互相磨礲，以求圣人之道，储为有用之学，斯无负乎以“石山”命名之意也。余故乐为之题其简末云。

同治甲子科并补行咸丰辛酉科举人拣选知县彭子铨谨跋。

---

① 编按，底本“跋”在卷一之后，公移至卷三末尾。

浏东洞溪书院志

（清）罗汝廉　辑
邓洪波　丁利　点校

序

光绪二十三年，予奉檄权浏阳篆。明年春，天子下诏将以六科取士，天下翕然，议更学制，浏阳亦有并建致用学堂之议。众志不坠，八月以后，斯议遂废。未几，予将赴衡山任去，邑东洞溪书院董事诸君乞序其所为书院志。予不文，又未遑卒读，辞之，请益坚。伏念予承乏斯土，当旱荒之后，不暇留心学校，既恧然自惭。尝以公宿洞溪两夕，乐其地之幽旷，略询颠末，知其久以费绌未延师，为嗟叹者久之。今诸君亟成斯志，将使览者追创建之难，或相与共起维持之，以造一方之秀俊，其意良厚，亦不可拂也。

嗟乎！学校之不务实也，非一世矣，词章流为剽窃，考据流为破碎，求所谓明德、新民，学古大人之学，隐居求志，心古天民、大人之心者，几无人知之，而况能讲学而则效之。学术卑，士习坏，野无明体达用之才，朝无安上全下之彦，天下熙熙率皆嗜利，无耻外人环伺，几不复以我为国，识者恸之。书院之设，集数千百户之财，竭二三贤豪之力，聚一方之英才，弦诵其间，岂仅以得什伯能文之士，掇魏科、膺显仕，谓足为乡里光荣已哉？必也检束身心，研穷载籍，良师益友，讲贯切磋，以古大人之学为志，以古天民大人之事自期，坚富贤不处、贫贱不去之操，贞富贵不淫、贫贱不移之力，可穷可达，不至使当世以儒相诟病，斯于贤士夫创始之盛心，都人士捐赀之疋惠与诸董事先后经纪不懈之成劳，可谓无负。然则斯志也，于兹数者，纪载特详，学子览之，其亦可以感奋而兴矣乎！

洞溪虽僻，养成人材以助当世之用，当不远矣！风尘俗吏于斯土为有缘也，拭目望之矣。

光绪二十五年秋八月，知衡山县事奉节黎墉筑云甫谨撰。

序

浏邑张家坊之洞溪书院，创始自道光季年，例贡生张君良赞独力建文昌祠为义学，其妻陈氏嗣又以夫遗命，出巨赀广基址为书院，择贤能任之。讵事忽中变，构讼几十年乃定谳，请之当路，名曰“洞溪书院”，为浏东公地，与狮山书院同弦诵作而颜欢，寒士饮水者固当思源也。余作吏久荒学殖，自浙告养归，光绪甲午聘膺讲席，二三君子偶谈及书院颠末，辄叹经始图终，动多掣肘，盖成事之难如此。而洎夫既成，则同声啧啧，佥称良赞夫妇，实首尸厥功。至不避嫌怨，坚忍以求克济，则张君奎楼为不可及焉。同治六年，土匪焚先圣殿，墙壁为墟，完者尚存三之一。时则张君镜硂、周君韫山集同志推广捐赀，修复旧观，一切章程备具。今年戊戌之秋，余道过书院，诸君子言辑志已脱稿，属为商榷。

余既知其事之详，窃于都人士拳拳致意也。书院自各行省及郡县无地无之，读圣贤书，日涵濡于国家教泽，而学术人心乃有背驰决裂至于不可究诘者，此何故哉？则以利误之也。利之误在常人者，犹曰见利忘义，即书院讼事可见。利之误在学人者，极其求富贵利达之心，何所不至。即幸而见用于世，岂知不负所学者为何事耶？而世犹动谓科举不足得真才。以余观，自来巨人硕德，其进身未尝非帖括词章，而其立身自有本末，惟能无利一己之心，乃能行利天下之道。咸、同间中兴伟绩，盛称楚材，其人非皆师友互相砥砺者耶？浏之东乡，风气郁久必泄，有志之士果能守道而不惑于邪辞，不昏于利欲，则培养终见明效，其为书院光者，且不独科名已也。谨序。

赐进士出身前户部主政历任浙江开化钱塘平阳县知县告养回籍万载汤肇熙谨撰。

序

洞溪书院，特邑东一乡塾耳，曷为志？然其事实有不可略者，故特志之，以示不忘也。道光季年，张君良赞家饶于财，晚年无子，特建文昌祠为义学。嗣其妻陈氏以夫遗命，拓址基为书院，费甚巨，更割膏腴田以备修脯，诚义举也。厥后讼兴，赖张君奎楼、李君培斋诸君子维持调护，克底于成，名曰洞溪书院。岁延名师，月课生童，与狮山书院同，事达于朝。越同治丁卯，寇忽起，爇毁其半，曩为弦诵之地，竟成灰烬之场，良可慨矣！旋董事张君镜硂、周君韫山奉邑侯盛公命，倡捐以图修复，于是踊跃兴工，新圣殿，迁奎阁，复讲舍，百废具举，以成厥终。

嗟乎！文运之险阻艰难，文教之扶持培植，盖戛戛其难之矣。而官吏与吾乡人士先后捐产输金，孜孜焉以是为急务，非所谓好义根于天性者欤？今二三同志惧先辈扶持名教、作育人材之盛心久而或湮，是用汲汲修辑斯志也。夫浏东居首禅山下，地僻山深，传人绝少。欧阳文公世居浏东，家学渊源，为有元一代名臣。相传其读书南山，距洞溪仅里许，有南山或即其地，未可知也。方今国家忧盛危明，需材孔亟，吾乡多士果能广求实学，景仰前徽，勉为有用之材，以备圣朝之选，则地以人重，今之洞溪，且与昔之南山并传矣！若夫肄业其中，业不精而荒于嬉，行不成而毁于随，蹈子衿佻达之风，忘士林卧碑之戒，是亦甘自暴弃而已，夫岂古人设学之意哉！孰得孰失，用以告吾乡之来学于斯者。是为序。

光绪二十六年庚子仲春月，侯选训导李临谨撰。

凡 例

志为书院作，凡七门，分上下二卷，纪成劳，示来哲，俾勿忘造士雅意而已。非有关书院事不入，方志家铺张名胜、矜夸文藻之习，皆所必祛。书院之图，俾后之有所据以修葺。形胜八景，于义无取，聊并附营建之后，不另标图说。

洞溪之建，当日一家义塾耳。夫怀远虑，妇守成言。弦诵未闻，鼠雀遽起，财力耗竭，官吏迁延，董其事者，触比羝羊，祸忧塞马，令人寒心。数年之间，欢颜广厦，顿竭脂膏矣。事求可，功求成，勇于任事，拂乱所为，谓有数存，然耶？否耶？今享其成，敢忘所自，营建之志，义在于斯，从短从长，详略异趣，阅者谅之。

朱子有云："于学有规，待士已浅。"近世学校囿于俗学，以利相诱，非有定章，人趣于竞，然将大有造于一乡，要非去其故方不可。白鹿之揭示，象山之讲章，安定之经义治事，体是以立教，其庶几乎！谁将西归，怀之好音，聊志章程，尚怀古昔。

上以是求，人以是应，我以是求，人以是应。今之书院院长，岂不视吾之所求哉？洞溪启馆以来，名师多矣，表其主讲年月，以志去思，其已没而尤令人不谖者，别为列传。至为表为传，取便观览，或泥史例，讥其杂厕，亦所勿辞。

书院为日尚浅，诸生罕闻著述，若文章尔雅、吟咏多才者，则有之矣。其人生存，极嫌标榜，志例不登。即或遗编散著，煌煌大作，无关书院，亦从割爱。为书院志艺文，不为艺文作志，一脔之尝，勿讶其少。若夫寓公有作，苟关书院，佳即录之，可无嫌也，不在此例。

古礼久亡，学者无典礼瞽宗之教，穷年矻矻，耳不闻乐声，目不睹礼器，拜起且多失度，何况其他？祀典本通行之礼，录而布之，肄业及之，其为习礼之嚆矢乎，阅者勿哂其迂陋。

张氏捐田庐，一倡都人士踊跃观成，邪许一呼，又得邀冠带之荣，两次议叙，至入捐金约逾五万。其当年散户零捐，暨同治、光绪间续募入主之捐，为数且不訾，表其姓氏，垂诸有永，礼亦宜之。

书院僻在一隅，所捐田产往往在数十里外，硗瘠畸零，不啻三之一，售其甚者以易膏腴，在后之善经纪者因时措置尔。然租入有常，正供有常，均不可以不记。汇而稽之，出入之有余不足，亦可略得其大凡耳。

是志仿官书例，正文低二格；恭遇朝廷及列圣、皇上字样，如式抬格，小注空格；遇先师及诸神祇字样，正文、小注均空格。惟祀典门正文抬格，遇恭讳字样，均用恭代，字加方围。

目 录

卷上之一

营 建

古者党庠、州序，必将有师生居处，饮食器用之需，其为民自为谋，抑朝廷为之措置，莫可考已。近世省会书院，且往往赖醵金以济，何论州县。洞溪本山僻，张君良赞捐其独建之义学为基，当事者于是大呼将伯以成之，劳且费弗惜。而朝廷例叙捐者及首事者有差，虽民力自为之，是不啻朝廷所措置，岂不曰养士育才，于是焉在哉。藏修游息其中，宜思所以副盛意矣。志营建第一。

捐建书院始末

洞溪，张家坊西一村落，张氏世居其地。有例贡生曰良赞者，家少有而好义，即其地建文昌阁，为一境义学，道光十七年兴工。并割膏腴田壹百贰拾亩充经费，计田种十二石，岁入租谷二百四十石，又捐店屋五所，岁入租钱六十千。时道光二十年庚子。也。二十年四月，良赞自以捐建义学恳详立案，禀呈县主胡泰阶，及里邻户首李文溱、罗铢明、李暹、刘名湘、李豫、罗淑章、陈化浦、李元善、张崇厚、张元清，以循例呈请事协禀略曰："邑有张良赞者，居家孝友，立品端方，捐赀以助宾兴，情殷培植，解囊而捐义地，惠及贫民，他如赡族施棺，减粮救饥，不可枚举。现立文昌阁为义学，捐田产十二石，每年收租二百四十石，以作肄业经费。核其捐数，共计银八千四百两。伏查礼部则例载，士民人等捐修公所，于地方有裨益者，捐银至千两以上，得请旨建坊，如有应行旌表而请议叙者，呈吏部议定等语。今该贡生虽不敢自矜善行，职等公道难泯，理合禀请，俯赐申详，照例给予旌表，以广皇仁而奖善行。”奉县批准申详，旋奉抚宪裕批饬立案。

良赞无子，既两立嗣皆废，虑义学无人经理，必举田产悉授里中贤者，为可久也。未及举而疾忽革，乃属其戚族，诫其妻陈氏曰：“吾不可为矣！吾死，汝速择外人管义学出入，慎无废吾命。”陈敬诺。二十七年，良赞卒，遂召众，遵遗命行之。众以张君祖恩、李君元善辈可□任，商其同母弟化依，即化漪。请于陈而授之，则议改义学为书院以状白，邑侯萧品三辄嘉之。于是定书院名曰“洞溪”，上大府请募捐以成之。明年，有涎赞产者，以控继兴讼，遂牵连书院。祖恩等初谓书院藉赞义学为基，募于乡可指日成也，亟白官行之。

咸丰二年即启馆，所聘多名师，远近士子麇至，斋舍至不能容。而讼累凡五年始解，于是耗费多而心力瘁矣。当是时，承平久，乡井尚称富庶，数年间劝输银壹万柒千馀两，邑侯赵光裕详请议叙，巡抚骆秉章会题，得请如例。巡抚骆以捐建书院工竣等事会题请旨，奉到部覆略云：“湖南浏阳县官绅捐建书院膏火，该抚题请议叙。奉谕旨，该部议奏：应将捐银五百两之浏阳县知县，今升补桂阳直隶州知州赵光裕，给予记录二次，系督办出力，再给予记录二次。未经捐银，仅系董事出力之议叙八品顶戴张祖恩、议叙九品顶戴张名远等各给予记录二次。捐银一千两之捐职从九张嘉喜、监生李元善等各给予盐知事职衔。至张嘉喜、李元善等均系董事出力，再各给予记录二次。捐银三百两之监生李祥、张召棠、李文斌，童生李品璋、李开熙、张光祖、李成章，俊秀张吉临、万永芳等各给予八品顶戴，至李祥、张召棠等以系董事出力，再给予记录二次。未经捐银，仅系董事出力之监生李开芳、童生张君恩与捐银二百两之童生曾联辉等各给予九品顶戴。至曾联辉、张品题、张步青等均系董事出力，再给予记录二次。已故贡生张良赞之妻张陈氏捐田价银二千余两，请照例旌表建坊。礼部查湖南浏阳县捐建义学改为书院之已故贡生张良赞之妻张陈氏遵夫遗命，捐田值银二千余两，与建坊旌表之例相符，应如所请，准其旌表，仍给予‘急公好义’字样，并据该抚声明，饬令自行建坊，无庸给予坊银。至该抚疏内声称，除零星捐户饬县自行查办等语，应如所请办理等因具题。于咸丰二年五月十一日，奉旨依议。钦此。”

计所入银自增斋舍、备什器外，购产费号逾万金，实则捐田者多硗瘠，亩数又不实，且捐八亩者与捐钱百六十缗者，均抵银二百两，在事者急于招徕，忍不与校，经费究仍不足，称贷多金，于是频年白县劝捐。至咸丰十一年，辛酉。先后捐入银又二万五千三百一十两，邑侯邓尔昌复详请议叙，署巡抚毛鸿宾会题，并得请如初。巡抚毛题本略云：“浏阳县洞溪书院因经费不敷，经该县士民踊跃捐输，共银二万五千三百二十两，添补束脩膏火之赀，洵属急公好义，自应照例分别议叙，以示鼓励。除捐银十两以上者饬县自行奖励外，所有造册捐银三百两之俊秀徐方清等八名，应请照例给予八品顶戴。捐银二百两之俊秀刘得朋等一百一十四名，应请照例各给予九品顶戴。又劝捐董事出力之张文进等十三名，应请照例给予议叙，以示鼓励。谨会题请旨。”嗣奉部覆：“核减，准叙董事出力人员四名，余捐生概邀准如例。”

朝廷嘉惠士林与贤长官造士一方之盛心，不可忘已，先后倾囊者均邀冠带之荣。良赞妻陈且如例旌表，给予“急公好义”额，令其自行建坊，好义者亦可以兴矣！自是添产入租，经费尚不十分支绌。然从前称贷之款，为缗钱六千七百有余，尚未能偿也。同治四年，乙丑。即有慨然举充捐款者。张昌芾、李元善各垫月钱一千数百缗，余垫数百数十千者不一，概见乐捐表。

无何姜庐段土匪窜万载，过书院，毁圣殿及斋舍，士林忾叹，竞言修复。八年，邑侯盛赓捐百金为倡，复劝乡人输赀，而军兴已久，供亿孔多，民力惫矣，不能如咸丰初之踊跃。重以水旱洊至，租入多减，董其事者乃量入为出，次第完善。久之，始得移建文昌阁于圣殿后，拓斋舍十余间，连岁鸠工庀材，计又费钱七千五百余缗。余赀已罄，称贷未悉偿，束脩膏火必探取当年租息，以应岁稍歉或有意外之需，立形匮乏。昔之称贷未偿者，均愿充续捐，不求偿矣。均见乐捐表。然非集捐增产，俾常年出入相抵，宽然有余，终无以善后。良赞夫妇好义之心，董事张君等不避劳怨之苦，均不可虚负也，亟企足以俟来者。

书院营造位置纪略

张君良赞之建义塾也，正中为堂，西向前为前堂，又前为大门。堂之左为屋不一，张君居之。堂之右为文昌阁，其屋亦不一，张君盖费四千金成之。既捐为义学，其后改书院，乃即其中堂祀先师，而仍祀文昌于右。同治六年，土匪毁圣殿，八年修复，乃移文昌阁于后冈。出圣殿侧左夹巷循磴道五十级而上，是为斗文阁，为书院最高处。其下为圣殿，为讲堂，覆以亭，为龙门，为头门。左厢房上下三间，为存诚斋，为藏书处。东亭厅为亦乐斋，凡三间，斋上为揽英阁，院长设榻处，斋下二间为庖湢所。下为崇义祠，祀良赞夫妇，凡三间。再下为仓厫，皆旧建也。文昌阁四间，为斗文斋。讲堂四间，为志道斋。右厢房上下三间，为主敬斋。西亭厅为梓敬堂，祀邑侯提倡有功与捐赀诸君子。左右四间，为养心斋。前有二斋，循巷入曰“诚意”，曰“敬业”，各五间。绕以垣。其外为蔬圃，有塘，皆续建也。合计凡四十间。

书院形胜纪略

洞溪书院枕张家坊而西向，其右一水西来，屈曲东注。其左为南山相传为欧阳圭斋读书处，未知是否。山麓，重冈北迤，若遇水止。前拓平畴，如盂如掌。四山迭拱，时露远秀。在山谷中能使人心目开朗，往时有八景之目：

曰官桥古碣

距书院三里许，即今三眼桥，平畴绿野，一水中贯，两岸人家，竹树交映如画。相传元欧阳圭斋先生已显，里人建官荣桥于是地，后圮。明嘉靖庚寅，西山袁佑复之，龙中跃记诸石，略曰："桥以□险昭仁道也。东乡梅□□官荣桥存焉。桥之名'官荣'，始于□□欧阳圭斋先生位居翰宪，所著述海内人皆诵之，荣□闾里，故请其桥为官荣桥。有袁君西山乐□不倦，富而好礼，见其桥□□也，慨然鸠工庀材，不惜千金费以成之，盖善行人也。而□□心不□绍欧阳君之休，亦且遍为尔德，利普及于无穷，赞曰：善哉洋洋，桥□之彰。作□□后，重建其光。徒杠既成，万古悠长。西山袁老，百世永□。□斋接踵，天报之常。"末署"嘉靖庚寅岁孟夏月吉旦，梅岩西山袁佑重立，万邑庠生龙中跃书"。

曰云岽斜阳

云起岽在书院北，周围七八里，望之如屏，遇雨则云雾电霭，咫尺迷茫，晴则霁色烘山谷，树影杂沓可辨。

曰石涧渔歌

张坊下无厄岭，石积磊磊，有冈横亘如桥，为上游锁钥，石牛眠水中。下有龙潭，深不见底，渔者或泅其中，云有石穴二，鱼族薮焉。春夏之交，举网垂钓以百计。或言常有龙潜伏，又言水出大溪口。

曰桃林牧笛

桃林段在书院北，绿野平畴，衍布弥满，入秋则黄云蔽陇，石溪水过其前，澎湃有声，与牧歌樵唱互相答应。

曰龙山雪霁

聚龙山在书院前，最高耸，山巅有雷音寺、观音庙，旱潦祷之即应。

曰龟邑烟消

龟山在书院西北，有塘半亩，草葱芊弥望，极旱不涸。时喷烟村落间，塘养鱼曷肥美。

曰佛寺晨钟

西来山在书院东南，庙塑佛如生，方丈清幽，有罗汉松一株，大四尺，枝叶扶疏，前代所植也。有二洼，俗传为油盐，并不足信。庙钟重千觔，音清越可听，殆古器也。

曰仙岩夜月

仙姑岩，书院若倚为枕，高插云表，自下而上，路崎岖不易行，约五六里始得抵其巅。有庙，四面皆石，祀观音及七姑神，甚灵异。石炉镌“明隆庆三年祀”六字。外翼以阑，扶阑俯视，四十余丈旁有洞，较石穴略宽广，怪石丛积，色最圆莹，产水晶苗，得一片置案头，有袖中东海意。产木香、何首乌、黄精、云母、石髓等药。天高秋爽，听山鸟啾唧，长天一色，令人生遗世想。

皆流连光景，不出方志家窠臼。观其字句俪偶，似非天然凑合。然环列书院四旁，亦足以涤烦襟，生静气焉。若夫聚龙之麓，山深境僻，动陷绝地。

同治六年，土匪之役，苟蚤刺知其东窜，预伏要害以待匪，必不得乘虚猝毁我精庐也。则万山之中，主客异执，其形胜亦有可言者。

洞溪形胜图

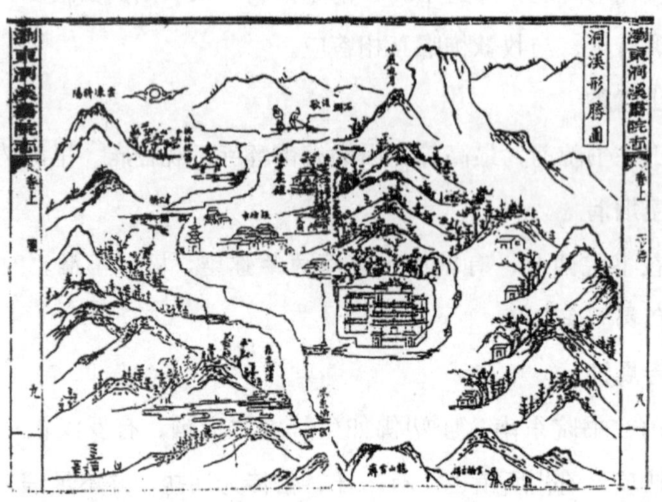

洞溪书院图

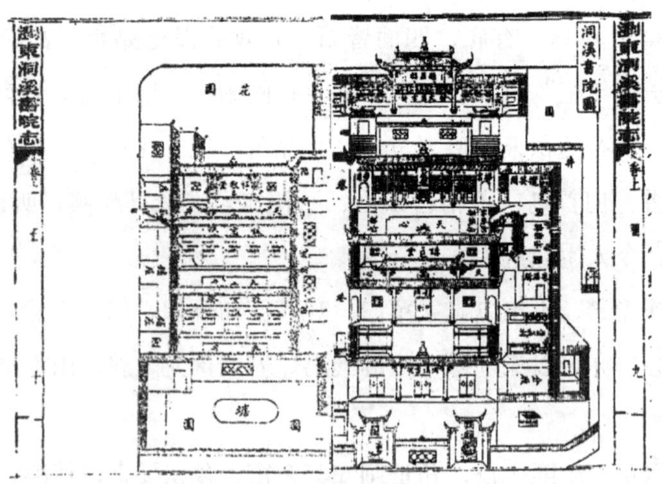

卷上之二

章　程

语云："有治人，无治法。"徒法岂能自行哉？虽然事有不画一则不行者，即如古人学校，春诵、夏弦、秋学礼、冬读书，有正业在瞽宗，在上庠有定地，若此之类。勒成法，垂旧章，苟可以无变，萧规曹随，颟若画一可也。势有所阻，善有可从，损之益之，终不失其本意，则旧章其滥觞也，亦非刍狗也。志章程第二。

书院原定章程

一、书院作育人材，全赖师长，每岁照南台成规，听首事择其品学兼优者自行聘请。先为申明定规，二月初一起馆，十一月初一散馆。每年束脩钱一百二十串，聘仪钱四串，贽仪钱六串，节仪钱六串，迎送钱六串。至院长火食，仰斋夫办备，不另备薪水。

一、每岁启馆时，院长率同肄业生童谒圣入学，首事公备贽仪，生童不必另备。

右延师启馆章程二条。

一、每年十一月，总理首事禀请邑尊示期甄别，着礼科办卷弥封，取录生监正课五名，副课五名，童生正课十名，副课二十名，一体送院肄业。

一、膏火无论学内外，正课发米三斗，钱六百文，副课发米三斗，不发钱，一年内共发膏火八个月。凡经县取定者，俟其来院上学应课，即依县取次第，发一月膏火。其上学之期以三月初一为度，倘过期不到，除课不给。其余七个月，必由院长本月堂课评定正、副，依次给发本月膏火。

一、每月课卷均办弥封，由院长评定后，无论前后一概列榜，不得摘漏。

一、堂课，以每月二十三日为期。黎明时击梆三通，无论内外学各带笔砚出堂静候，院长点名出题，作文一篇，诗一首，不准入房挟带，限申刻交卷，继烛不收。

一、每月堂课，甄别正、副。倘生监不满十名之数，总以三分定课，一为正课，一为副课，一为额外，额外不发膏火。童生不满三十名之数，亦以三分平分定课，额外亦不发膏火。三分不均，其多者，推入正、副课内。

一、每月初三、十三课，生监奖超等五名，第一名奖钱二百文，二名奖钱一百六十文，三名奖钱一百二十文，四名、五名均奖钱一百文。童生奖上卷十名，第一奖钱二百文，二名奖钱一百六十文，三名奖钱一百二十文，四名至十名各奖钱一百文。斋外作文付卷应课者，不准取列前三名。如来斋内作文，无论住斋不住斋，须盖住斋图记，则斋外准作斋内论，其奖钱照次第给发。若人数太少，无论内外，以二人取一为度。

一、月课奖赏，无论有课无课，均一体按例给发，惟当课有课者不发奖，无课者仍照逢三月课例奖。

一、未经甄别来院肄业者，亦不必另备束脩、贽仪，但无膏火。倘有逢三三课叠取前三名者，除奖赏外，升作正课，照发膏火，以后作为正课。惟学内住斋人数较少，须示限制。如住斋不满十人，额外者若三课叠取前二名，方升正课，不满六名，必须三课叠取第一名，方升正课。其降课亦依此例计筹。

一、无论学内学外住斋肄业者，倘堂课多在额外，住斋日多，所应得米数较少，则以每日一升为度。如在斋百日，仅取三个月课，应得米九斗者，应补米一斗，以满一日一升之数，总以应得之米与住斋之日相推算，不足者补，有余者一任领去。

一、学内学外课均照甄别案取定原额应课，以凭升降。学外课不得移入学内，学内课不得降为学外，其有学外甄别时考学内者，原系有志上进，自应准其以学内上学应课。若到院后又复应学外课者，系骑考内外，碍难听其自便，虽经院长取录，断不给发膏火。其余散课，亦不准给奖钱。

一、每月十八经古课，院长兼出四书题，但时文不给赏。古学、经学、史学、算学卷内外前列，照逢三课奖赏，如内不列超等，外不列上卷，均不给奖。

一、邑尊每岁二课，春三月初八，秋八月初八。每逢课期前三日，着人诣县署请题。题至，将原封呈院长开拆，牌示应课者，预向书办报名，以便领卷。限三日赍斋，开列名册，即并课卷封送县署，俟县评定，领卷归院，送呈院长开拆，贴榜晓谕，课卷散发各斋。斋外应课者，其卷暂存书办处，俟本人领回，不得遗失。

一、教谕、训导每岁各一课，四月初八归教谕课，九月初八归训导课，其请题送课卷俱如县式。

一、每课遇有佳文及经古杂文可留者，院长于卷面注明“另誊待选”，交经理首事收入藏书阁候梓。

一、科岁在院肄业游泮者，奖钱六串，中乡试者奖钱十串，中进士者奖钱二十串，点词林者加奖钱五十串，中书、主事即用加奖钱三十串，均宜在院题名致祭，方准给发。

右课式膏奖章程十六条。

一、住斋人数既多，院长或难查及。每岁由院长择立斋长一人。斋内有事，应否禀院长，须先告知斋长，看事体如何。倘有不守学规者，斋长必先禁谕之，不听则禀明院长，毋得隐匿。其斋长每年给薪水钱三串文。

一、书院为造材作育之地，诸凡游戏事均不宜近，而牌赌、洋烟尤为士习之累，入其途而不自戒者，无论有课无课，不准住斋。住斋而倘有偶及牌赌、洋烟者，查出即禀明院长逐出斋外，庶免染及同类，而贻玷士林。

一、每逢朔、望，书办、门堂夫早起，发头梆，随诣各神前，安排香烛、拜垫，始发二梆，生童各备衣冠。少时发三梆，请院长升堂，率生童诣各神前行香。

一、斋内饭食、柴煤，由书办、斋夫预备。住斋者每天帮米一升，油盐、小菜火钱二十文，有办各荤者，油盐钱不必另给，亦不得过用油盐。如自备油盐、小菜者，每天只帮钱十二文。有客及工人在斋吃饭者，每餐帮钱二十文。生童倘有荡餐，须注簿照扣。其灯盏、照油、细茶，生童自备。至火食必每月给清，倘有拖欠，致斋夫受累，应由斋夫告知首事，将行李什物押抵。

一、生童入院上学，不论有课无课者，均宜出钱一百文，其钱归六十与书办，归二十与院长之随丁，归二十与门堂夫、斋夫均分。散馆时，住斋者另给斋夫钱一百文，以作洗衣服事之资。

一、每日早饭后，斋夫出街一次，各有应买之物概交斋夫办齐，毋得时着往还。

一、书院近市，傍晚即关锁头门，以防贼盗。斋夫无故不得擅自开门、私行夜出，违者逐斋。

一、各斋床、桌、椅、凳及碗、盏什物，均录清单载入簿据，交斋夫照管收拾，倘有遗失损坏，向斋夫赔还。

右杂事章程八条。

领借藏书章程

一、藏书须公举读书勤谨人经管。凡领书看者宜自书领条，由经管给发。

一、藏书卷帙浩繁，立册簿一本，逐部书目，载记若干函册，名曰“洞溪珍藏”。无论斋内斋外人等，未书领条，不得擅行携去翻阅，以免遗失。

一、领书条式，须写某人某月日领某书。斋内准一次领某部几本，限五日缴还，依次再领。斋外准一次领某部书几本，限半月缴还，依次再领。倘或违限不缴，罚钱一百文。若有污坏及遗失者，按书成本并力钱赔偿。经管人不得徇情，以昭公允。

一、领书期，斋外限每月初一、十五日，斋内限每旬逢一、五日。经管人如期守候收发，即或有事外出，须请慎重人代理，毋得致误。

一、藏书处宜洁净，安置高阁封锁。逢夏秋初天气暖和时候，逐一检晒一次。既收束整齐，必俟热气退尽，然后逐部查检入架，不得乱杂次第。

一、藏书借阅，不准圈点及添注、加批等项，如或遇原书本来缺页者，即送交经管签记，并于书目内注明，以备抄补。

一、领书阅看须加意护惜，不得吃烟，不得饮食，以致火燃污蔑。阅后安放须择干净处，慎毋近盐卤，以致霉烂。

一、凡领书看者，如书中有图，不许任意摹临，恐墨迹线痕，以至界址差移，并不得遗失此图，违者作污损书论。

一、凡来院领书者，编号领条，即交管手照号查检，在讲堂静候，不准至藏书处索取翻阅。

一、经管人平日检点书籍，按期给发，并执领条登册，验看有无污坏，责任匪轻，辛劳可念，公议酌量薪水钱二串文。

增补课程

一、课程兼读、看、问、记四项。读经兼读史，经先六经、《周官》，史先四史、《明史》，是为专精之书，而思辨贵专精子部。看则性理诸子归经类，掌故、舆地兼泰西政书、史志归史类，是为涉猎之书，而学问必先专门。问则举读看诸书之疑义。记则述读看诸书之心得。每日应各自定课程，不容旷误。

一、诸生以经书成诵、文理平通者为头班。单日治经，上午温专经，下午看经类书。双日治史，上午读专史，下午看史类书。四项各自定数目，上、下午均须用两时工夫，读则发声朗诵，看则沉吟思索。

一、诸生有治经未毕、文理稍滞者为二班。每日上午读经，下午则单日看《四书解》及性理书，双日看《纲鉴》及《经世文编》并泰西政书，亦须各定数目，上下午用两时工夫，与头班同。

一、诸生每日寤时，默《四书》三五页，披衣起，盥漱毕，读古文。午膳后，抄书习字约一点钟，乃看书。傍晚，读诗，单日古近体，双日试帖赋。晚膳后，读时文。均须定篇数、遍数。

一、每月朔、望，轮温诸经若干本。晦日出堂默写所习专经及《四书》，由院长摘挑，如数全默者酌赏，错漏字句与错漏章段，分别记过。

一、诸生读看诸书有所心得，可随时札记，其有疑义，并可另订质疑册，朔、望呈院长评阅。

增补斋规

一、亲师取友，进道之基。请业请益，必敬谨谦恭，不可稍形傲慢。

评文讲艺，即不餍心，亦宜顺受，不得以拂意失尊师之礼，方为大器。

一、一岁之长，酌先伯兄，世子入学，与众齿让，长幼之道通于友朋，久敬于是基焉。诸生聚处，必敦礼让，年长学优宜矜人之不能，其幼少者宜修父事、兄事之仪。如有很戾乖异，傲上凌下者，分别记过。

一、衣冠言动，道之所贵。异色衣服，实侪妇女优伶，君子耻之。至吃食鸦片，非直坏品，精枯神惫，此身若废，有犯此者，立即斥逐。若夫博奕弹唱，非艺林所宜有，一律禁止，违者记过。

一、安定弟子，不问可知。苟出门结党，携手攀肩，放肆佻达，故挑衅端，市井深相诟病，于心安乎？有似此者记过。其私出冶游者，立即斥逐。

一、圣门言仁，莫先强恕。同学之中妄分党与，忿争忮害，欺凌扰乱，很戾斗殴，此鄙薄之行也。所学何事，有犯此者记过。

卷上之三

院　长

经师易得，人师难求，固已，然卒未尝绝也。禄利之途开，学者惟求速化，虽有良师与之适道，而不欲其如之何哉。考之于古，若文翁化蜀、文中子讲学河汾、胡安定教授湖州大都专且久，而人材出焉。洞溪自启馆以来，拥皋比者未尝三年，淹也春风时雨，愈心向往之矣。志院长第三。

院长主讲年表

熊冲之，字云程，县西乡举人，咸丰二年壬子主讲。

邱庆诰，字紫山，县西乡举人，咸丰四年甲寅主讲。

郭昆焘，字意诚，湘阴县举人，咸丰五年乙卯主讲。

姚腾汉，字庶侯，湘阴县举人，咸丰六年丙辰主讲。

李如昆，字竹浯，龙山县举人，咸丰七年丁巳主讲。

王永时，字际田，本乡举人，咸丰八年戊午主讲。

邱景仑，字海琼，县西乡亚元，咸丰九年己未、同治元年壬戌主讲。

周湘鏞，字月船，长沙县举人，咸丰十年庚申、十一年辛酉主讲。

袁懋森，字省斋，长沙县举人，同治二年癸亥主讲。

吴德襄，字称三，醴陵县拔贡，同治三年甲子主讲。

汤戊三，字春浦，江西万载县举人，光绪十年甲申、十一年乙酉、十四年戊子主讲。

潘梓材，字朦堂，江西万载县举人，光绪十二年丙戌主讲。

陈鸿业，字舰舟，长沙县举人，光绪十三年丁亥主讲。

熊清河，字月弢，江西新昌县举人，光绪十五年己丑主讲。

汤肇熙，字绍卿，江西万载县进士，由主事改官知县，光绪二十年戊午主讲。

黎先汇，字东湖，县城举人，光绪二十一年己未主讲。

院长列传

邱庆诰，字紫山，县西人，三中副榜，乃中式。温厚庄重，文如其人。咸丰四年主讲。教先器识，士有跅弛佻达者亦肃然敛戢。后主南台书院，亦如之。浏文庙旧无乐舞，庆诰父之稑博考沉思，学于曲阜而归，手订《丁祭礼乐谱》行之。庆诰承其业，时与诸生讲求，当时浏士知乐者故多云。次子景仑，字海琼，戊午科亚元，谨厚有父风，文雅正亦如其人。咸、同间两主讲席，士论翕然。

李如昆，字竹浯，龙山县拔贡，中顺天乡试举人，咸丰初任浏阳训导。博学多通，诗文皆入古。喜读书，每手一卷，注目不旁瞬，尝谓“读书一字不放过，有未得，且反复阅之，虚心以迎之，久而滞解，读他书却易”，其专精若此。静谧而重听，和易近人，绝无矜躁气，善谈论，从容有度，娓娓不可厌。偕诸生游眺，往往即物指点，俾有所领悟。主讲洞溪一年，其后尝招诸生之秀者数人入署中，令纵览经籍，谓“世方需材，诸生当琢磨成大器也”。朝夕启发，屡举“学以广才，静以成德”二言为训，殷殷如父兄。惜当时囿贴括之学者，多枘凿不相入，辄为太息不置。

袁懋森，字省斋，长沙县举人。朴质浑厚，终日俨然，言笑不苟。居讲席一年，谆谆以立品为训，揭劝诫程规于堂，期于文行交进。语简而严，士皆慑服，无敢不率者。其论文亦甚精审，改窜如家塾师，字画讹错，必一一摘批卷眉，亦当时所罕。嗣掌教南台、狮山、文华皆有年，今论人师者，犹奉为矜式。

汤戍三，字春浦，江西万载县举人。性和易而教极严肃，不时遍巡斋舍，士罕荒嬉，有不率者立斥去之，不少贷。阅诸生课艺，必有所点窜，诸生多受其益。凡三主讲席，先后如一日。其同邑汤肇熙，字绍卿，以主事改官知县，解组归，主讲洞溪，喜论文，往往点铁成金，诸生亲之。数贤院长者，有万载两汤之目。

卷下之一

艺 文

史志艺文列书目而已，方志则往往录诗文有关于其地者为一编。君子或讥其非志体，以谓当别为文征，否则或因事坿入，其论诚当然，作者亦不尽然之矣。若夫名山广厦，纪其事始末非方志比鸿篇雅什，苟为书院作，过而存之，未可讥也。志艺文第四。

文

洞溪书院记

院长周湘黼月船

盈天下郡县皆有书院，萃所隶之秀良而陶冶之，所以补学校之未备也。吾郡浏邑设书院四：其在城南曰南台，邑之南曰文华，邑之东曰狮山，曰洞溪。惟洞溪远距城百二十里，缘县属地势辽阔，弟子之居游恒苦不相及，即其地以广其教，一时著籍烝烝，皆向于文学，甚盛事也。

咸丰十年，余应聘主讲洞溪书院，观其规模整肃，条理精详，心窃重之，而张君奎楼等诸君董其事。奎楼言于余曰：“此间乡未有书院也，居人士悼人文之郁湮，尝有志而未之逮。”道光末，贡生张君良赞度其地，为屋若干，鸠工庀材，不资群力，逾年而讲堂、学舍轮奂聿新。邑之人高张君之义，相与捐赀，以集其事。咸丰初，始遴师而训士焉。由是揽山川之胜景，区而为八。官桥古碣动幽情也，佛寺晨钟发深省也。驻云岽之斜阳，待仙岩之夜月，左望龙山，右瞰龟岛，烟消雪霁，气象万千。他如游石涧、步桃林，则牧笛渔歌，其音互答，皆洞溪之助也。余以为扶舆之灵郁而必宣，此地林壑茂深，川流滉瀁。居其间者，知必有魁梧奇伟之材接踵而起，相与砥砺切劘，通经而致用。士之肄业于兹，惟其实不惟其名，是在勉之而已。良赞未有子，既独建书院，易箦时，复语其妻陈氏，出私租二百余石，增益膏火。余谓其贤过人远也。

其二

李照莲晴川

扶舆清淑之气，渐开水郭山村，人皆兴于学问，斯文之统遂行于荒陬，与圜桥璧水同风。大围为浏邑之镇，其南麓曰洞溪，溪之南有义学焉，曰洞溪书院，奎楼张子与同事诸君之所经理也。先是，张君良赞以其地灵秀，可作育人材。尝于戊戌之岁建文昌阁，阁成即建书院，讲堂斋舍，高楼幽轩，百堵林立。当此之时，尚未暇言释菜也。良赞没，其妻陈氏遵夫遗命，捐田十石，为院中膏火之资。族子藉嗣欲攘之，控诉连年始结，乃请援议叙例劝捐。迨壬子春，聘师教授。余以他事至院，诸君请记以文。且曰：是役也，良赞开创于先，邑侯赵玉成于后。奎楼不避艰险，身任始终，诸君子复左提右挈焉。盖其原委于此，此可见书院之设顺乎人心，虽艰难不能阻其诚，强御不能遏其势，后之君子，可以慨然兴矣。

今夫日月之经天也，无幽不烛；江河之行地也，无远不周。圣人之道，内焉可以淑身心，外焉可以治家国，犹天之有日月也，地之有江河也。其在真心向道者，破辞章之习，行仁义之途。诗书以沦其灵，道德以成其性，大本立矣。又讲求经世大法，伊、周之文德，方、召之武功，入则与天子致升平，出则为黎民平祸乱。然后体用兼赅，人不目儒生为迂阔。古人以学校造士，意在斯乎，意在斯乎！方今寇乱频仍，人情震恐，尤当忠孝节义，共成众志之城。若平居不能为圣贤，临事岂能卫社稷？况士为四民之首，一言一行，人胥效焉。能以坊表为心，自不忍躬自菲薄。非然者，有文无实，出处皆非，是为有负立学之意，林壑怀惭，且诵北山移文以让之矣。

重修洞溪书院记

张祖恩奎楼

呜呼！任事之难也。《易》言贞吉，贞宜吉尔。又往往言贞吝，言贞凶。贞也，犹有吝且凶，天道固不测耶，抑人谋之不臧耶！昔者，良赞氏之捐田庐为义学贞也，其妻陈听诚，割而与之，亦贞也。余与李君元善辈应其请，谋藉其所捐，成一方书院，以广作人之念，白于官成之，似不可谓非贞也。未几，而争产者起，讼牵余辈，可谓吝矣。未几，赫余要诸途而闭诸室，稍稍受搒毒，而益吝矣。久之，投谤书于曾文正公之匭，亟檄逮余与元善下狱，家人饮泣，闻者咋舌，可不谓凶乎。

嗟乎，一念作人，忧患恐惧相乘，而几不可已难矣哉。今十余年矣，于我心时戚戚然幸也。当日者，族姻贷我以金，友朋助我以谋，正人君子脱我于危难，又得二三贤邑侯劝输之力，弦诵中辍而复兴。余乃得替人而可以自逸，盖居然贞吉矣。不虞土寇之猝，毁我先师之堂也，栖士之舍也，又何吝也。赖都人士倾囊，至再至三，而韫山周君与吾族弟镜硂始得修复之。今落成矣，可以遂作人之志矣。吝去凶消，自兹其永贞吉矣乎。鸣呼！任事之难也，贞莫大于作人，而余躬受其吝与凶，敬告镜硂，亦日兢兢焉图所以作人之行，而不负良赞氏之心。人谋臧矣，天道岂真不测耶？则听之可也。是为记。

劝诫诸生程规并引

院长袁懋森省斋

为劝诫事。盖闻学之不讲，圣人且以为忧；敏则有功，吾辈所当共励。浏邑山川清淑，实钟灵毓秀之区；洞溪林壑邃深，尤育德储才之薮。仆星沙下士，泉石闲人，谬膺当事之知，忝任师资之责。正其谊，明其道，董江都之至论常钦；行乎途，游乎源，韩昌黎之训词夙懔。直摅愚见，用告英才。

夫所读何书？不外《语》《孟》《学》《庸》之理；所学何事？惟是子、臣、弟、友之经。论文艺不计躬行，纵藉甚声名，有识者讥其浅陋；本躬行以为文艺，则发皆和顺，赏音者挹其菁华。愿诸君自拔于寻常，勿徇乎流俗。在家则孝弟之惟谨，督责不烦乎父兄；在院则规矩之必循，功课毋荒于夙夜。勿以群居而燕僻，勿以无事而縻游。有过则规，相观而善。幸值文明之运，得亲教育之休。膏火不费己之财，薪水不劳己之力。专心致志，何事不可求精？得意忘言，何时不可自乐？倘任小德之出入，终为大德之瑕疵。总之，文以载道，身不行道，是谓虚车；辞必立诚，意有未诚，何劳外饰？所贵言行并饬，内外交修。此时表率里闾，不愧四民之首；他日功施家国，岂惟一艺之名？所系匪轻，宜知自重。福泽厚汝，优戚玉汝。此生莫负乎生成，父母欲之，乡人荣之，诸君宜勉为君子。非迂论也，有厚望焉。所有增立程规，条列于后。

一、来此肄业，务实功非以为名也。其各订功课册一本，逐日注载所习之经，自某处起至某处止，又何代古文，何人时艺几首，临何法帖若干字。总期日有进益，毋自虚张。限十日一缴阅，以便按其曾经用功之处即试之。

一、为学宜静养，不宜躁动。非万不得已之事，不宜轻出。即出亦须告，反亦如之，庶使我得悉其行止，徐以觇其梗概也。如有出外不常伏案者，非跅弛不羁之士，必肆无忌惮之人矣。

一、馆课以征心得，评骘甲乙，自有定衡，安有情面之见？闻有以偏爱为嫌者，比以邪心相觑也。仆老拙而直，矢无回护，诸君宜努力精进，只求自胜，不求胜人。一有争心，不独非师友切磋之方，亦且孤首事诸公之意，乌在其为学者也。

一、为学先看人品，如博奕、饮酒，是世所谓不孝。士人置身学舍，岂复有此？第间有借口旷达者以为无伤，因而有立脚未定者尤而相效。堤防一决，江河难返矣。诸君宜慎择之。如有不遵，立行扣逐。

诗

洞溪八景五律

长沙周岳瑊渔□

官桥古碣

徙倚官桥路，溪盘石碣深。前型媲樊蔡，流水无古今。日炙苔花裂，云寒墨晕沉。柳亭时驻马，遗迹有人寻。

佛寺晨钟

古寺疏钟起，人天同寂时。寒僧立孤阁，惊鸟乱高枝。溪月淡初落，佛灯残不吹。上方闻独早，猛省未应迟。

云岽斜阳

峰高入云际，暮霭正霏微。村犊下寒径，晚鸦鸣夕晖。林疏烟影补，石响瀑泉飞。难得萧闲趣，行吟曳杖归。

仙岩夜月

空明一片月，飞堕碧岩前。危磴薜萝上，曲栏星斗悬。天高见秋影，山静澹尘缘。倚石贪孤坐，琴声亦悄然。

龙山雪霁

积雪诸峰隐，苍茫晓霁开。云收寒色去，山带嫩晴来。远树搀烟出，轻飏戛竹回。诗人吟兴健，瘦马一鞭催。

龟邑烟消

小邑围苍翠，旁通竹院西。烟空如水净，山远贴云低。飞鸟天难尽，归樵路木迷。前村几椽屋，傍树短檐齐。

石涧渔歌

夹涧生白石，深湾渔唱幽。泉声清入曲，人意爽如秋。渡水随风递，沿溪唤月留。仙源知不远，洞口驻扁舟。

桃林牧笛

一笛横牛背，人间独汝闲。穿花着红雨，裂石响苍山。影隔云留住，村遥月送还。寻踪芳径晚，缓缓踏苔斑。

其二　骚体

院长　汤肇熙绍卿

官桥古碣

流水兮涓涓，缭绕兮荒烟。烟荒荒兮草蔓蔓，卧龟趺兮宛然。苔钱绣兮土花剥，童敲火兮牛砺角。遗篆迹兮模糊，历风霜兮荦确。景先贤兮欧阳，流清风兮孔长。功兴德兮不朽，此邦人兮荐馨香。荐馨香兮何许，采荔丹兮蕉黄。策余蹇兮狮山，鼓余舟兮官渡。身□楫兮奈何，蹇行行兮且住。羌怀古兮思今，手摩挲兮日暮。狮山、官渡俱浏地名，狮山有欧阳文公祠。

云岽斜阳

秋风猎猎兮，吹余鬓以飘飕。牵薜荔与女萝兮，陟缥缈之峰头。黄竹密而复深兮，薯苗青而连畴。屋落落以几家兮，隐寒云而悠悠。忽虞渊之将入兮，览晚景之迴幽。林猿啸以欺人兮，石马嘶而啾啾。爰呼鹤与归来兮，山中不可以久留。

石涧渔歌

细雨兮斜风，短蓑兮青笠。傍西岩兮夜眠，溯清波晓汲。煮菰米兮炊荻花，彼渔子兮渔为家。木叶落兮秋风起，溪毛凋兮寒潭沚。芦密密兮蓼疏疏，水粼粼兮石齿齿。荷笞箵兮相于，照星火兮乂鱼。鱼鳞跳兮策策，水禽飞兮拍拍。岸有影兮烟明，滩流光兮明白。月白兮水光微，携渔灯兮来归。放渔棹兮发渔歌，明朝买酒醉如何。

桃林牧笛

放牛兮桃林野，骑牛背兮如骑马。三四五兮牧童，吹短笛兮秋风。秋风寒兮落日，早牛努力兮吃细草。饮牛兮水限，叩牛角兮归来。归来兮若何，信口兮长歌。饱黄昏兮不脱蓑，卧明月兮山之阿。

龙山雪霁

天地皓兮银光溶溶，山蜿蜒兮化为白龙。龙兮何白，山兮积雪。烘春云兮鲜华，抒紫烟兮明灭。落画图兮波中，满洞庭兮清色。

龟邑烟消

涉石涧之潺湲兮，眺重峰兮叠岭。何庵画之天然兮，洵丹青之妙境。旁人指以告余兮，此龟湖之烟景也。如雁峰之阴雨兮，如巫峡之行云。如香炉之日照兮，但缥缈而絪缊。余欲望湖兮湖在山巅，余欲望山兮山在烟深。策余马兮徐上，拍余舟兮荡荡。攀玉笋兮莲红，俯娥池兮月朗。乐容与兮溯洄，与青烟兮来往。

佛寺晨钟

碧云兮深深，暝烟兮沉沉。访高僧兮未遇，宿古刹兮西林。灯微明兮半龛，佛对人兮无语。四山空兮夜长，忽清钟兮数杵。钟数杵兮自鸣，盘相答兮一声。星寥寥兮在天，月光光兮欲坠。霜风打兮寒窗，惊五更兮渴睡。

仙岩夜月

蹑芒屩兮仙岩，岩峭削兮履危阶。泉潺潺兮石齿齿，拾柏子兮掇松钗。上有洞兮如斗，白云封兮洞口。立金枝兮翠旗，姑之灵兮长居之，怅九嶷兮神女，隔君山兮帝子。欲溯洄兮无从，脉脉处兮孤踪。闲容与兮远眺，数峰青兮未了。夜鹤怨兮老猿惊，忽月出兮皎皎。月皎皎兮清光，调冰孙兮弄新凉。山有堂兮水有梁，秋兰秀兮秋菊芳。若有人兮意徨，翩归来兮夜茫茫，曳水佩兮摇风裳。

洞溪书院纪成二律

李元善培斋

轮产捐金建学宫，事关创始嘱邻翁。方邀知已和衷济，讵料同舟似敌攻。精卫冤几沉北海，瓣香愿已祝南丰。廉明折狱同庐奂，遂使人行在镜中。

水山佳处壮榱题，讲舍凌高数仞齐。槛外垂阴遮绿柳，窗前照读见青藜。文章价重宜金马，涵养功深到木鸡。最喜此时多士集，洞溪几欲比濂溪。

卷下之二

祀　典

孟子曰："恭敬之心，礼也，人皆有之。"古之典礼者诏礼于瞽宗，三千三百，学子以时肄业，彬彬然渐进于尔雅矣。礼有五经，莫重于祭，释奠先师，庠序中尤当急讲者。录今学宫所通行之仪，仰秩祀之崇想，馨香之永作，其敬恭以致其如在之诚，亦检束之一助矣。志祀典第五。

释奠仪节

县城文庙，岁以春秋仲月上丁释奠。书院之祭在上丁后，卜日割牲，以院长主祭。先日，率诸生演礼。如院长离院，以董事老成者主祭。公服诣神，厨眂割牲，以豆取毛血瘗于坎退。宰夫预凿坎于宰牲之西。

祭日陈设：

先师位前牛一、羊一、豕一、登一、大羹。铏二、和羹。簠二、黍稷。簋二、稻粱。笾十、一形盐、一鱃鱼、一枣、一栗、一榛、一菱、一芡、一鹿脯、一白饼、一黑饼。豆十、一韭菹、一菁菹、一醓醢、一鹿醢、一芹菹、一兔醢、一笋菹、一鱼醢、一脾析、一豚拍。炉一、灯二。殿内东设一案，陈礼神制，帛一、香盘一、尊三、爵三，牲陈于俎，帛实于篚，尊实酒，承以舟疏，布幂、勺具设福胙于东案尊爵之旁，加爵一、饮福之爵。设洗于东阶之下。

四配位前各羊一、豕一、铏二、簠二、簋二、笾八、一形盐、一镐鱼、一枣、一栗、一榛、一菱、一芡、一鹿脯。豆八、一韭菹、一醓醢、一菁菹、一鹿醢、一芹菹、一兔醢、一笋菹、一鱼醢。炉一、灯二。旁设一案，陈礼神制帛二、香盘二、尊二、爵六。东西二位同。

昧爽，主祭、与祭均公服祇候。

通赞：行春秋。祭礼。鼓初严。鸣钟。鼓再严。鼓三严。执事者各司其事。启户、盥手、主祭者就位。与祭者各就位。迎神。上香。

引赞：上香。引主祭升阶。诣先师香案前。跪。叩首。兴。上香三。跪。叩首。兴。以次引诣四配位前，上香如仪。复位。

通赞：三跪九叩。兴。奠帛爵。行初献礼。

引赞：行初献礼。引主祭升阶，司尊者举幂酌礼，司帛者奉帛，司爵者奉爵。诣先师位前。跪。叩首。兴。奠帛。献爵。初献爵。跪。叩首。兴。诣读祝位。

通赞：主祭跪。皆跪。读祝。司祝至祝案前，跪案左。读毕，叩首，兴。奉祝版安于篚内，叩首，兴。退。

读毕。通、引同赞，叩首三。兴。以次引诣四配位前，献仪同。

引赞：复位。

通赞：行亚献礼。亚献奠爵于左，如初献仪。行终献礼。终献奠爵于右，如亚献仪，均无帛。

通赞：饮福受胙，诣受福胙位。

二人自东案一奉福酒、一奉福胙至先师位前，拱举退立于主祭之右。又二人自西案进立于左。不赞。

引赞：跪，饮福酒。

右一人立递福酒。主祭者受爵，拱举以授。左一人跪接，兴。不赞。

引赞：受福胙。如饮福仪。叩首三，兴。复位。

通赞：谢胙，三跪九叩，兴。彻馔，送神。

通赞：三跪九叩，兴。奉祝帛，送燎。司祝、司帛至案前奉祝帛，由中道出，四配由东西阶出，均送燎所。焚祝帛，望燎，复位。礼成，钟鼓齐鸣。

附祝辞：

维先师德隆千圣，道冠百王。揭日月以常行，自生民所未有。属文教昌明之会，正礼和乐节之时。辟雍钟鼓，咸恪荐以馨香；泮水胶庠，益致严于笾豆。兹当春秋仲，祇率彝章，肃展微忱，聿彰祀典以复圣颜子、宗圣曾子、述圣子思子、亚圣孟子配。尚飨。

祀文昌仪节

文昌阁在洞溪，每岁春秋卜日致祭，循旧规也。

帝君位前陈设：

笾豆案一、爵垫一、登一、铏二、簠二、簋二、笾十、豆十、牛一、羊一、豕一、香案一、铜炉一、灯二。咸丰三年奉颁铜蜡台二、六两重黄蜡二枝。殿中设一案，少西北向，供祝版，东设一案，陈礼神制，帛一、香盘一、尊一、爵三，牲陈于俎，帛实于篚，尊实酒，幂、勺具设洗如常。质明举事，礼仪与大成殿同。

附祝辞：

维神绩著西垣，枢环北极。六匡丽曜，协泰运之光华；百代垂灵，为人文之主宰。扶正久彰夫感召，荐馨宜致其尊崇。兹当仲春，季秋。用昭时享。惟祈歆格，克鉴精虔。尚飨。

祀魁星仪节

魁星楼在文昌阁前，每岁春秋于祀文昌日致祭。陈设帛一、尊一、爵三、果品五盘、核桃、荔枝、龙眼、栗、枣。炉一、灯二、香盘一。

赞礼生赞：就位，诣神位前，上香三，复位。跪，叩首三，兴。诣神位前，奠帛爵。跪，读祝，叩首，兴。复位，跪，叩首三，兴。焚祝帛。礼成。

附祝辞：

维神职掌人文，位居楼阁。南山依然屏障，东璧雅近图书。上百尺之高梯，青云得路；撑一枝之彩笔，彤管扬辉。兹当祀事之期，用抒明烟之荐。从此垣光远映，昌运宏开。射斗有文，多士分蟾宫之曜；传经接武，七星肇鳌禁之辉。洞溪看浪破三千，帝阙将程开九万。用伸薄享，藉答灵躔。尚飨。

祀土神仪节

陈设、礼仪与祀魁星同。

附祝辞：

维神德协乾元，功同坤载。钟扶舆之淑气，蔚奇杰于文人。开广厦以庇欢颜，资大力而培胜迹。敦仁能爱，百年树桢干之材；致敬存诚，多士隆枣糕之报。恭伸芹献，聊表葵忱。惟冀格歆，是用昭告。尚飨。

祀梓敬堂崇义祠仪节

岁于释奠后，董事二人分祀梓敬堂捐赀诸公及张公良赞暨配陈孺人，陈设帛爵酒肴，行一跪三叩如仪。

附祝辞：

维先生望隆桑梓，惠洽胶庠。慕以财之发身，乐与人以为善。急公好义，囊倾光学之钱；养士育材，里辟欢颜之厦。普弦歌于僻壤，多赖匡襄；馨俎豆于名山，不忘报答。兹当春秋仲，用肃明禋。庶鉴悃忱，敢期歆格。尚飨。

附祀良赞夫妇祝辞：

维先生夫妇圭璋望重，环佩声清。阁建文昌，既千金而不惜；堂成学舍，匪一木之能支。夫以远志为怀，妇克成言是守。急公好义，沐圣代之褒嘉；积德累仁，深士林之感戴。兹当春秋仲，肃展微忱。仰祈格歆，用申昭告。尚飨。

附祭器

登：用铜。口为回纹，中为雷纹，柱为饕餮形，足为垂云纹。盖上为星纹，中为垂云纹，盖口为回纹。通高六寸，深二寸，口径四寸九分。棱围六寸九分。足径四寸七分。盖高一寸六分，径四寸六分，顶高三分。

铏：用铜。两耳为牺形。口为藻纹，次回纹。腹为贝纹。盖为藻纹、回纹、雷纹。上有三峰，为云纹。三足亦为云纹。高四寸一分，深四寸，口径五寸一分，底径三寸三分。三足高一寸三分。盖高二寸二分。三峰高一寸。

簠：用铜。面为夔龙纹，束为回纹，足为云纹。两耳附以夔龙。盖上有棱，四周旁亦附夔龙。耳通高四寸六分，深二寸一分，口纵六寸四分，横八寸，底纵五寸一分，横六寸四分。盖高一寸四分。上棱四周纵四寸一分，横六寸四分。外方内圆，受一斗二升。

簋：用铜。制圆而椭，口为回纹，腹为云纹，束为黼纹，足为星云纹。两耳附以夔龙。盖面为云纹，口为回纹，上有棱四出。通高四寸二分，深二寸一分，口径七寸二分。底径六寸。盖高一寸八分。上棱四出，高一寸一分。内方外圆，受一斗二升。

笾：编竹为之，以绢饰里。顶及缘皆髹以漆红色。通高五寸四分，深八分，口径四寸六分，足径四寸，盖高一寸九分，顶高四分。受四升。

豆：用铜。腹为垂云纹、回纹，棱为波纹、金板纹，足为黼纹，盖为波纹、回纹，顶用绹纽。通高五寸五分，深二寸，口径四寸九分。棱围二寸，足径四寸七分。盖高二寸二分，顶高五分。受四升。

炉：用铜。设靠以倚炷香，靠亦用铜。

灯：用铜。今用铜蜡台。

尊：用铜。纯素，两耳为牺首形。通高八寸六分，口径五寸一分。腹围二尺四寸，底径四寸六分。

爵：用铜。腹为雷纹，饕餮形。通高四寸六分，深二寸三分。两柱高七分。三足相距各一寸五分，高二寸。

俎：用木锡裹，外髹以漆。正位红色。中区为三，纵六尺有奇，横三尺二寸。四周各铜环二,八足有跗，通高二尺六寸有奇。配位红色，中区为二。加盖，纵三尺九寸，横二尺八寸。左右各铜环二。六足有跗。通高二尺七寸有奇。

篚：编竹为之。四周髹以漆，红色。高五寸，纵五寸，横二尺二寸五分。足高一寸。盖高一寸七分。

幂：用锦绘为之。《会典》用疏布。

勺：用锡。柄为龙首形，曰龙勺。

洗：盥手水器。

祭 品

大羹：用犊牛全体，刷洗洁净，煮熟，不加盐料，别其脂腻，存清汁，勺之登。

和羹：用豚脊膂肉，切片，牛汤焯过，漉起，加盐、酱油、醋、芹、韭丝调匀。又切猪腰如荔形，覆面，加淡牛热汁浇满，勺之铏。

黍稷：用完洁者煮熟，稍冷分盛于簠。

稻粱：用完洁者淘净，蒸熟分盛于簋。

黑饼白饼：用荞麦、白麦面拌以油蜜，以蜂蜜、榛、菱为馅，印成圆饼，炉干，实笾内。笾各二十。

榛：去壳，取肉白者实笾内，下丰上锐。

菱：去壳，取肉白者实笾内。

芡：取洁白者洗净，拌饧糖炒熟，实笾内。

枣：取鲜色者蒸熟去皮，实笾内。

栗：去壳，取肉白者实笾内。

鳊鱼：即大鲲，洗净，和麻油、酱、醋，实笾内。

鹿脯：取肥者煮熟切方片，加盐、酱、姜、椒、角、茴，用时和麻油，酒炒，实笾内。

形盐：取白盐，作虎形，实笾内。

芹菹：取生者洗净，断之以四寸为度，不加盐料，实豆内。

韭菹：取生者洗净，断四寸，渍以盐、姜、麻油，实豆内。

菁菹：蔓菁也，取生梗洗净，漉以沸汤，留青色，断之四寸，和盐、姜、油、醋，实豆内。

笋菹：去箨，剖为片，断以四寸，沸汤焯过，和盐、姜、油、醋，实豆内。

醓醢：膊干肉莝之，杂粱面及盐，渍以美酒，涂置瓶中，百日则成醢。其汁多者为醓，实豆内。

兔醢、鹿醢、鱼醢：均实豆内。

豚拍：取豚肩方大块洗净，抹以油、酱、盐、蜜、醋、酒，蒸熟，实豆内。

脾析：牛百叶也，去皮切丝，沸以汤，和油、盐、醋、酱、葱、姜，酒炙之，香乃已，实豆内。

卷下之三

捐　资

民之秉彝，好是懿德，岂不然哉？士人读书，苟徒为荣禄计，是直一人一家事耳，何与于乡井？乡井之人乃相与出其财力以为宫室器具而养之，且惟恐其不赡，此岂檀越施舍，豢彼缁流比耶？必以为教者能育才，学者能成材，收十得五，将佐国家以庇我民焉，我有子弟亦或与于是矣。于是慷慨输赀而不惜，咸视为分所当为，斯好懿德之一端也。《诗》曰："彼君子兮，不素餐兮。"为士者可无念哉，可无念哉！志捐赀第六。

议叙捐生表

咸丰二年议叙

捐五百两以上	邑侯赵光裕捐银五百两，给予纪录二次，系督办出力，再给予纪录二次。贡生张良赞之妻张陈氏捐田值银二千余两，照例旌表，仍给予"急公好义"字样，准其自行建坊。从九职张嘉喜、监生李元善各捐银一千两，各给予盐知事职衔，系董事出力，再各给予纪录二次
捐三百两以上	监生李祥、张召棠、李文斌，童生李品璋、李开熙、张光祖、李成章，俊秀张吉临、万永芳九名，各给予八品顶戴。李祥、张召棠系董事出力，再给予纪录二次

续表

捐二百两以上	童生曾联辉、张品题、张步青、李应森、罗霖澍、张名达、张选青、李岐山、李增荣、李秉恭、李岳宗、李占魁、李应时、张成功、李维藩、李芝芳、张宿文、张辅朝、张炳权、吴泰阶、张开源、张必升、张文开、张文峰、吴尚璋，俊秀张育佳、张名高、李杜文、廖文瑞、蔡有兴、张大宏、何泮章、张玉[illegible]、高恒暹、张瑞临、郑胡元、郑廷元、谢中馨、郑日高、郑日升、郑发元、赵奎、周庆源、王家泰、陈星焕、曹应奎、黄瑶阶、罗名标，耆民张百崇四十九名，各给予九品顶戴。曾联辉、张品题、张步青系董事出力，再给予纪录二次

咸丰十一年议叙

捐三百两以上	俊秀徐方清、谢三才、蔡名成，童生李树秾、刘佐镇、刘文波，耆民胡炳章七名①，各给予纪录二次
捐二百两以上	俊秀刘得朋、刘时雍、刘郁文、杨光明、李锦华、林福星、李采芹、李之盘、李文林、李长乐、李树屏、李意诚、李林春、罗华林、罗青林、罗九成、罗开云、罗凤诰、罗云逵、罗云章、陈福祯、陈鸾翥、曾凤楼、曾光前、曾腾芳、陈兴泰、陈封第、陈步高、陈万际、梁景发、蔡美成、陈定中、胡香泉、胡文圃、李上珍、李上升、钟永清、廖文琮、曾德三、刘佐国、刘正时、刘正明、罗琴南、罗筵禧、吴曰瑚、曾炳星、罗绍纪、王运兴、张辉廷、林长春、周宗潮、陈润书、林桂馨、周英才、张日麟、涂焕尧、陈旺兴、张瑞仪、李升三、廖永绣、罗鸣冈、林鹤松、张超拔、罗肇先、谢兴祥、张吕菊、李名成、张有光、朱光楚、李孔昭、林炳章、何有权、郑春茂、谭光照、张名道、蓝振声、钟晖吉、吴文全、李云忠、张发盛、林文柏、陈盛兴、李长青、郭恒修、罗绳祖、张玉成、张文恭、罗新甲、曾辉祖、高锦堂、王采彦、谭顾朗、张庥英、张用舒、曾鸿禧、胡绍贤、李应兰、张席珍、李树芳、张天恩、涂韫玉、张青莲、张廉英、李秉年、李元用、李元备、张有升、张文定、刘祖荣、郑开榜、周历祥，童生罗开灵、罗际隆、谢长隆，一百一十四名，各给予九品顶戴。又童生刘元塾、张森、罗云祥、张文繁四名，系董事出力，照例给予议叙

右咸丰中两次详请议叙，均奉准如例。其捐有缴银若钱者，有以田估银者，当日概以银数上闻，今亦不复识别矣。

梓敬堂所祀捐赀名氏表

捐百千以上	张良赞暨妻陈氏捐文昌阁屋宇全所、田种十二石，约值银八千四百两；邑侯赵光裕、邑侯萧品三、邑侯蔡式钰、邑侯盛赓均系出力督办，邑侯盛并捐钱百千，合崇享祀，以志去思
捐五十千以上	罗若灏捐钱六十四千文。 罗正亮、罗文[illegible]各捐钱五十千文

① 七名，原作“八名”，据实际人数改正。

续表

捐二十千以上	周兴儒捐钱四十八千文 涂文绶捐钱三十千文 涂文郁捐钱三十千文 王才本捐钱三十二千文 张昌鄗捐钱四十千文 王楚珊捐钱二十千文 张召棠、李元善、张祖恩、曾联辉、张震英、李春嘉、李春台、张璆英、张菊英、张乾英、张琅英、张教英、张麟生、张凤生、张俊山、张偨山、张廷桂、张光科、张光魁、张光辉、张光南、张昌立、张昌绶、李召章、李才英、李发英、李儒雅、李儒楠、李青云、李超伦、李振伦、李尚伦、李春旺、李春彩、李成玉、李大和、罗正耀、罗文连、罗文瑄、罗若信、罗润双、罗富万、陈海贤、陈以谦、陈殿登、陈宣锳、陈南智、陈楚楠、陈永瑞、陈贤彩、陈能学、陈光弼、陈亮辉、陈楚贵、陈方中、王元高王定拔、王盛美、王定高、黄朝敏、黄永登、黄宗琇、黄兆禄、林栋翊、林兴昭、林石玉、曾光祖、杨瑞珍、唐昌廷、刘成骞、曾永魁、廖忻荣、廖大瑜、万清高、胡训袍、邱正朝、赵以茂、谢钦宝、赖和宾、张昌芹、张昌芸、蓝岳中、温茂仁、高膺洪、邓文星、罗文珍、张昌印、张昌邵、张昌卿、李受福、李仕衡、罗宗澍、罗调元、罗赋封、陈作舟、陈懋善、陈沧兴、陈能振、涂品五、王才林、王才果、王俊燮、王代淙、王兴珍、王其庆、王京彦、刘佐笪、刘巨溓、刘清开、周宗潮、张隆英、张瑞联、张旺联、张文斌、张思元、李焕文、李又光、李复澄、左鼎三、左修斋、谢辉云、谢成星、谢和坤、曾盛祖、黄兆禄、蓝正柱、宋日萱、贝华垣、萧仁贤、黎先旦、凌友文、林南京、王廷接、李添佑、胡才兴、王世兴、曾洪浩，以上各捐钱二十四千文 张嘉喜廿千文
捐十二千以上	李大贞捐钱十六千文 廖升荣捐钱十四千文 张光鏻、张万怀、张崇厚、张明德、张昌栋、张光道、张文魁、张肇荣、张玉鹏、张昌岳、张昌亨、张朝辉、张大伦、张仁清、张和英、张大鸿、张兰英、张玉富、张发兴、张连玉、张俊豪、李升芳、李绍侃、李明依、李苍颜、李明楚、陈佳泉、李积山、李文溱、李德济、李世玑、李享心、李儒赓、李子科、李来英、李文宣、李世统、李儒梗、李儒枧、李儒楠、李儒柱、李儒栊、李宗棨、李明定、李鼎荣、罗铢缙、罗铢亭、罗大凤、罗兴韶、罗仕涛、罗联凤、罗礼佐、陈均兴、陈兴祯、陈世桢、陈能行、陈永高、陈耀兴、陈南山、陈光轸、陈楚谦、陈步青、陈焕忠、陈楚贵、陈冠篆、陈贵玑、陈宗芳、陈光华、陈进修、陈南袗、陈能兴、涂聪、涂　明、涂守忠、涂馥悬、涂馥崡、涂儒玉、涂朋连、涂馥安、涂一鹏、涂裕华、王来聘、王东山、王国宾、王邦彦、王文漪、王庭栋、王学魁、刘正宗、刘佐静、刘子招、刘成升、刘佐动、刘广堂、刘佐乎、刘受禄、刘淑愈、周望南、周兴道、戴宗荣、唐大滰、唐光训、巫楚章、巫仕祯、曾详行、曾朝达、曾湖汪、曾品高、曾宏琳、曾文栎、曾尚坤、黄有万、黄琮魁、黄琮秀、黄拔俭、吴球玉、吴瑞桢、吴永旺、吴永通、廖大昭、廖涵世、廖敷荣、廖上达、廖序柳、万朝聪、万春旺、杨登亮、杨崇睦、杨有富、蓝先荣、蓝正田、高膺先、高锦堂、高世虞、温俊才、温全春、马粤亮、马世琮、邱秀贤、龚荣登、邱仕义、钟麟祥、俞先茂、何兰馨、何辉秀、何盛兴、林秉章、范承享、俞玉发、萧赞良、谢宗列、鲁永国、鲁兴藻、鲁隆栋、鲁隆佐、郭恒修、郭朝用、蔡尊三、蒋孝庆、谭文泮、卜世稿、周思诚、杨昌俸、张解英、周焕奎、涂启先、张廷琏、张昌芬、张廷柱、张毓英、张骥英、张骐英、张元英、张宜英、张庆英、张府英、张庥英、张廉英、张康英、张席英、张厢英、张豫英、张俊哲、张俊士、张俊朋、张俊槐、张俊柏、张俊枢、张俊梓、张俊儒、张俊吉、张俊杏、

续表

捐十二千以上	张俊兴、张俊典、张俊宾、张俊其、张俊荣、张俊棐、张俊棠、张俊梁、张俊有、张俊本、张昌度、张相明、张贵升、张俊尧、张俊燕、张俊翼、张俊羽、张俊斯、张俊鸿、张俊馥、张七贤、张以贤、张九贤、张国贤、张申贤、张郡贤、张播贤、张序贤、张在贤、张俊佼、张可贤、张钦贤、张业贤、李应兰、李袭林、李应星、李嘉琳、华盛丁、李德林、李应嵩、李应乔、李瑞煊、李瑞煜、邓玉贵、张结英、张文隽、张文光、张英坤、张英培、张良英、张元楚、杨文厚、林名远、曾耀祖、邱业新、邱业裕、宋清焕、宋楫芳、宋庚元、李伯桃、李召德、李儒密、李世文、潘启南、王梅诏、王廷安、王清溪、王代廷、温吉照、万本选、谢辉振、林奇丁、古良伟、谢干烈、谢宝棠、李锦城、李秉兴、李盛铨、钟天锡、巫□玉、李昌荣、郑春茂、郑永芳、龚恒和、陈仁举、陈开魁、邹守旦、林亮章、林正九、曾寰高、谢宗烈、刘秀仁、张开瑞、李克明、李应贵、胡光集、林曰棣、李朝升、李若蕢、朱家升、李德寿、李如怀、张超宗、朱鼎科、张以明、温俊兴、温桂发、温能发、杨章甫、涂焕昌、张相明、曾九清、邓正高、彭绪连、罗定元、周文藻、张万英、邓玉贵、张暹贤、张舒贤、张十贤、张示贤、罗汝廉、张俊朝、张俊围、张荷英、陈永新、温良期、张怀道、李品超、李瑞临、李瑞旸、曾特秀、陈华坤、房柱玉、罗子让、黄会隆、王松龄、林正喜、曾学思、曾永崇、曾永茂、曾九祥，各捐十二千文 王俊皋、李永昌、李梅錸、陈来庭，各十二千

右祀各邑宪者，提挈玉成，谊不可谖，盛宪且能捐廉为倡也。祀捐赀诸君，其捐多寡不一，盖募捐凡数次，入主之议，前后轻重不齐也。祀张君良赞夫妇，饮水思源也，别祀于东堂，不以杂厕。诸公且后有夫妇捐赀者，庶几亦可祔祀也。近募捐有未收者，或已收而未及登者，尚俟他日按类补入。

乐捐散数名氏表

乐捐名数	张召棠捐钱一千五百千文 李元善捐钱一千四百千文 张祖恩捐钱四百千文 李春嘉、李春台共捐钱三百四十六千文 张菊英捐钱三百千文 张琅英、张璆英共捐钱三百千文 张乾英捐钱一百三十千文 张震英捐钱一百千文 曾联辉捐钱五十二千文 张昌芹捐钱三百千文 张昌芸捐钱六十千文 罗正亮捐钱五十千文 罗文[illegible]捐钱五十千文

续表

散捐名数	张坊九老东丰惜字炉捐钱一百千 敦仁祀李仕衡、茶仁兴各一十四千 狮山书院二十千 达浒大团十五千 张肇荣、雷学思十一千 李云标、罗大平、黎献廷、罗若凤、罗鼎祥、万才玉、林永端、吴全章、罗泮永、凌有仁、洪廷万、张金泮、张金声、永和义学各十千 萧同秀九千 王进思堂、胡氏家塾各八千 王乾一七千 胡子亮、李廷皆、张昌煜、卜珍修、张信宗、卜潜希、沿溪义学、黄秀开、黄秀桂、张浩仁、张其祥各六千 张芳仁、吴开祥、张文昌、张宏英、温立万、李升阳、房维湘、房兴乔、刘洪全、陈定朝、陈良畴、曾广龙、张坊英、张馨英、陈化桃、罗运魁、邱道章、陈作旺、陈作伦、曾梁裔、李梅秀、陈南雯、陈南联、毛体王、唐垂章、钟日兴、黄观明、郑开榜、张如悦各五千 李万扬、陈天恒、罗永元、廖恩荣、卜宗政、廖家训、李思永、何连书、陈福兴、谢三兴、温俊贤、温道玫、罗墨卿、陈福裔、赵文耀、谢必田、李大文、陈发兴、张维元、罗班斑、郑日升、陈允圃、蓝启先、泉塘义学、梁中明、陈宗芳各四千 汤玉成、黄清芳、张日联、谢抡三、李德良、李永清、李辉宗、廖升荣、廖捷荣、廖财荣、周成经、萧孔烈、陈旺兴、何盛兴、林大仁、周代京、陈业南、唐监作、邱长远、何四和、李四丰、杨世远、温俊道、黄寿南、詹红贵、梁丙扬、唐开大、李永传、李龙发、杨子高、谢名有、陈永昌、张魁南、钟象璠、陈耀湘、陈达盛、俞茂先、厉达遗、李锦华、唐上魁、萧盛通、巫文魁、陈能振、万胜茂、刘必富、傅必光、廖茂让、李襄南、陈学海、陈尚达、何连球、陈楚贵、刘德贵、陈光朝、陈三星、陈永茂、唐锡光、黄成珍各三千 罗若升、厉达渊各二千四百 陈炳彧、吴文贵、王全兴、刘绍书、黄秀兰、唐开诰、唐英桥、罗尚魁、欧荣鉴、曾兴荣、王代升、邱荣四、刘学海、瞿能立、廖家弦、罗淑贤、谢标枫、罗大章、李淑权、曾祥裔、陈标祥、梁敦元、黎敏德、李世海、陈化锦、曾德元、陈保和、谭光照、张二贤、宋碧茂、吴家秀、厉永华、黄久红、邱胜富、廖懋兰、鄂洪华、陈月荣、冯明腾、陈业禧、李昌佑、刘接兴、王相明、梁兴裔、杨声文、彭星祥、陈光鉴、李世远、谢赦叨、黄永能、何秀茂、罗鼎先、凌诚意、张继嵩、谢文球、陈占大、张俊连、赖长其、周立生、张贵波、杨子寿、戴兴接、萧盛通、李端球、邱云万、练红光、杨绅高、李万杨、李丹桂、刘寿敦、胡才兴、唐裕玉、吴日璋、张平洲、谢瑞福、卜淑贤、陈载衡、谢洪文，各二千 黄明宗、蓝光凤各一千六百 廖茂仁、温发连各一千五百 黄桂发一千二百 何开大、黄文坤、龚明波、陈世柄、邓新财、李春朝、钟锦凤、卜宗琬、张洪高、卜德修、陈能琮、吴经联、詹定兴、李吾身、李学能、李尊三、同仁堂、余才成、陈立芹、李筱高、李世初、黎贻德、黎昆楼、邱德盛、李世科、张怡泰、李德滋、陈希求、黄宗锦、温发俊、陈炳锡、黄本礼、李洪兴、王新彦、袁先亮、李明大、曾显浪、王发盛、刘福履、李隆耀、张俊万、王开芳、张逑亮、张近亮、杨上栋、杨上荣、杨上开、杨上琼、杨上秀、曾世达、曾星德、陈开典、梁桥琳、梁盛琳、黄寿连、陈楚当、杨云兴、梁廷发、张贵云、曾国鳌、谢钦宝、黄能耀、张代云、施绪瑄、张俊升、李兴朝、李献九、陈作辉、曹金虎、叶正兴、邱福享、钟可泰、

续表

散捐名数	温欲耀、温国辅、温相辅、温步高、温凤侥、温凤清、温凤和、温裕明、温锦魁、罗鸣纲、罗如贵、邱升文、梁亮三、梁中兴、谢家兰、谢芬兰、施绪章、周积行、周小楼、周家海、巫文魁、李秀荣、李正业、房宗玉、罗冠贤、李华千、徐才儒、戴洪质、罗君贵、杨成贤、杨成琳、何四友、卜三贤、张人瑞、俞龙湘、俞龙振、廖义兴、刘友学、王廷珀、王廷鉴、廖万钟、曾兴财、李春昉、何东海、李儒千、谢国定、毛鸿宾、谢国新、廉子德、陈楚堂、唐肇球、陈楚楷、陈葆光、陈源秀各一千文① 刘荣章、贝韵琴各一千文② 刘子山、翁学明各一千文 陈廷吉十千文

右乐捐诸人，当咸同间书院支绌时，应首事称贷之请，先后共垫钱六千余缗。同治四年，众议提三年租入偿二千馀缗，余劝其概作捐输，诸允之。嗣提两年租入偿钱一千有六十缗，适遇土匪之役，修复尚劳筹款，不复提偿。近始议提款四百六十缗，符三年摊偿之议，其余一切作捐。除愿入主者列梓敬堂所祀捐生表外，余数悉列于此。至先后劝捐有畸零不能入主者、有他义举挹注不必入主者，概作散捐，今并以列表，亦俾弗忘云。

① 一千文，疑为“一千一百文”之误。

② 各一千文，疑为衍文。

卷下之四

产业

孟子曰："无恒产而有恒心者，惟士为能。"士人读书谈道，皇皇然问舍求田，鄙矣，不足与言有为矣。然君子之教，必使中材可勉，侈言谋道不谋食。苟瓮飧不继，犹能专心学业者，几人哉！好行其德者，辟讲舍，割膏腴，不则醵金货田宅，所以为学子地者周矣。可感也，可念也，谁司出入，又可不善经纪之欤？志产业第七。

原捐产业

一、文昌宫前后田山一处，庄屋一所，道光二十七年张良赞捐。交捐契一纸，张泰清田契、张才峰兄弟田契、张才敦田契各一纸，上年因讼呈案。计田种壹拾石，岁纳正米伍石，佃户岁交额租壹百伍拾石零捌斗、内除作坝谷贰石。油租贰觔，又右侧店屋数间，佃户岁交店租钱叁串文。

一、鸭婁冲田山一处，庄屋三间，咸丰三年罗文玶捐。交捐契一纸、黄焕琳卖契一纸，计田种贰斗，岁纳正米陆升，佃户岁交额租叁石。

一、窑前牛眠塘田山一处、庄屋一所，咸丰四年刘佐国捐。交捐契一纸，陈义枋卖契、林宏耀卖契、林步青卖契、林宏旺卖契、林维盛、宏高卖契、林宏辉卖契、李相先卖契各一纸，计田种伍石叁斗贰升，岁纳正米叁石贰斗，佃户岁交额租玖拾贰石。

一、窑前牛眠塘下段田一处、庄屋四闲，咸丰四年谢长隆捐。交捐契一纸，计田种壹石贰斗，岁纳正米柒斗贰升，佃户岁交额租贰拾石。

一、河塘义埠冲田山一处、庄屋一所，咸丰元年张嘉喜捐。交捐契一纸，计田种叁石叁斗，岁纳正米贰石，佃户岁交额租叁拾肆石。

一、河塘上冷井田山一处、庄屋一所，咸丰三年吴大阶捐。交捐契一纸，计田种捌斗，岁纳正米肆斗，佃户岁交额租壹拾贰石。

一、义埠冲刘家坳阿垦田山土一处，光绪十三年陈琅勋捐。交捐契一纸，范大洪卖契一纸，计田谷伍石，山土三处，佃户谷租每岁平分，油租四六派分。

一、高岭巴焦阿田山一处、庄屋半所，咸丰三年万清高捐。交捐契一纸，计田种壹石，岁纳正米伍斗，佃户岁交额租壹拾捌石。

一、洪沙杨梅馕田一处，道光三十年李杜交捐。交捐契一纸，计田种捌斗，岁纳正米肆斗玖升，佃户岁交额租壹拾贰石。

一、胡家湾毛大门前西馕田一处，咸丰四年胡香泉捐。交捐契一纸，计田种玖斗，岁纳正米陆斗，佃户岁交额租壹拾伍石。

一、胡家湾后背段田一处，咸丰 年胡文囿捐。交捐契一纸，计田种捌斗，岁纳正米伍斗，佃户岁交额租壹拾贰石。

一、永和市萧家冲田一处，咸丰三年刘时雍捐。交捐契一纸，计田种捌斗，岁纳正米伍斗陆升，佃户岁交额租壹拾陆石。

一、小河子八叠岭田一处，道光三十年李增荣捐。交捐契一纸，计田种捌斗，岁纳正米肆斗捌升，佃户岁交额租壹拾陆石。

一、田心坳岭田一处，咸丰五年谭德兴捐。交捐契一纸，计田种壹石，岁纳正米伍斗，佃户岁交额租壹拾捌石。

续购产业

一、书院侧小坑子田一处，同治十一年价买陈来喜之业。存契一纸，计田种伍斗，岁纳正米壹斗陆升；又大福园田并土一处，同治十一年价买萧声松、声鳌之业。存契一纸，计田种叁斗贰升伍合，岁纳正米贰斗壹升；又大部园屋宇一所，同治十一年价买张才班之业。存契一纸。上三契共一庄。佃户岁交额租壹拾壹石伍斗。

一、书院河背油榨背中段田一处，光绪元年价买李昌维之业。存契一纸，计田种肆斗，岁纳正米贰斗壹升；又田一处，光绪元年价买李乔崇之业。存契一纸，计田种肆斗，岁纳正米贰斗叁升。上二契共一庄。佃户岁交额租壹拾伍石伍斗。

一、狗西岭田山一处，庄屋一所，光绪三年价买罗运璧之业。存契一纸，计田种贰石，岁纳正米捌斗伍升，佃户岁交额租叁拾捌石。

一、岩前下庄子田山一处，庄屋一所，光绪四年价买罗运衡之业。存契一纸，计田种叁石，岁纳正米壹石柒斗伍升，佃户岁交额租伍拾伍石。

一、茶子坳石桥头田一处，光绪七年价买罗联声之业。存契一纸，计田种肆斗，岁纳正米壹斗捌升，佃户岁交额租柒石伍斗。

一、金湖段湖秋窝田山一处，光绪八年价买罗联雯之业。存契一纸，计田种壹石，岁纳正米叁斗柒升，佃户岁交额租贰拾石。

一、书院上手大坑里虾蟆塘等处田一处，光绪十九年价买陈来贵之业。存契一纸，计田种壹石柒斗伍升，岁纳正米柒斗陆升，佃户谷租每岁平分。

一、才公桥油榨一所，店屋数间，同治六年奉拨卜宏修之业。佃户岁交额油租贰百觔，店租钱贰串贰百文；又光绪十八年价买林仁忠兄弟等鸟立湾榨圳田土一处。存契一纸，计垦田一坵，田谷壹石，圳水十分有五，佃户岁交租钱肆串伍百文；又光绪二十二年价买林元松榨圳一处。存契一纸，计圳水十分有一，佃户岁交租钱玖百文。

一、茶子坳金湖段田山一处，庄屋一所，光绪二十二年价买张俊性之业。存契一纸，计田种叁斗柒升伍合，岁纳正米贰斗，佃户岁交额租柒石伍斗，小租钱壹串文。

一、茶子田一处，光绪二十四年价买张俊槐之业。存契一纸，计田种叁斗伍升，岁纳正米伍升，佃户岁交额租柒石。

按：书院产业，当日捐户或自割田亩，或纳钱他购，大率地多瘠而亩虚，捐户姓字既概见捐赀门议叙捐生表。其田有旧与他义举就便易管者，有择其最硗瘠而别售之者，不能虚存原捐姓氏，阅者谅之。至现在各业中，亦尚有当售者，须度其田价，可以补购原租，相时行之。

跋

余髫年，即闻里中张良赞先生辟义学于洞溪，既张奎楼、李培斋诸先生白诸官，拓为书院。咸丰二年，延邑西熊云程师主讲，遂读书其中。凡募捐之劳、讼蔓之累，与夫兵燹之酷、缮葺之艰，皆身亲见之。盖于兹四十有八年矣，而院书入不敷出，当事者拮据不可言谋，辑其始末为志，亦使乡人知有举之莫可废，庶几有玉成之者。以余历年久闻见真，招使任搜辑之役。

余惟江淹言“修史之难，无过于志”，以史家志一朝宪章，故难。若乡曲琐记，宜非史志比。爰不辞而与诸君子发箧讨论，当年所录案牍，折叠厚数寸，募捐之册、土木工作与频年出入之籍盈数笥。昔之当事者概作陈人，必一一理其绪，究其实，此握管，彼持筹，穷数人之力，搜寻稽核，或四三日始能毕一事。久之，乃悉其中之艰难曲折，而叹向之亲见之者直皮毛耳。当日急于观成，且修建，且启馆，且构讼，且募捐，捐未入手而几耗其半，急则称贷以济。先后贷钱至六千余缗，积亏至今。其田又多硗瘠，租入靡定额，一岁或不能供一岁修膏。至于子衿四散，弦诵数停。此其支绌之由，外人乌能尽知之。无怪乎毁谤布流，食桑葚而不怀好音也。嗟乎！善后之图，犹一篑之亏，亟有望于有心作人者。

志成，诸君子以后序请，于是乎书。抑余往日读书不知专力为己，勉自立于三不朽之一，随波逐流，至于今老矣，泯泯无闻，不堪回首，其有愧于良赞氏与诸董事为何如，并愿举以为来者告也。

光绪二十五年岁在己亥季冬月，绶丞罗汝廉谨识。

责任编辑：雷坤宁　翟金明
封面设计：林芝玉

图书在版编目（CIP）数据

清代湖南乡村书院志 /（清）曹维精等辑著；邓洪波等点校 . — 北京：
人民出版社，2022.11
ISBN 978－7－01－020171－9

I. ①清…　II. ①曹…②邓…　III. ①书院－教育史－湖南－清代
IV. ① G649.299.64

中国版本图书馆 CIP 数据核字（2018）第 286548 号

清代湖南乡村书院志
QINGDAI HUNAN XIANGCUN SHUYUAN ZHI

〔清〕曹维精　胡林翼　周瑞松 等辑著
邓洪波　兰 军　姚 岳　赵瑶杰 点校

人民出版社 出版发行
（100706　北京市东城区隆福寺街 99 号）

北京中科印刷有限公司印刷　新华书店经销

2022 年 11 月第 1 版　2022 年 11 月北京第 1 次印刷
开本：710 毫米 ×1000 毫米 1/16　印张：47.5
字数：637 千字

ISBN 978－7－01－020171－9　定价：158.00 元

邮购地址 100706　北京市东城区隆福寺街 99 号
人民东方图书销售中心　电话（010）65250042　65289539